기/본/에/충/실/한

2024
포인트
세법
핵심이론

Tax law

PREFACE
머/리/말

본 저서는 동시에 출판되는 세법개론의 자매서로서 세법개론의 학습과정에 있어서 이해도를 높이기 위해 집필되었다. 세법을 학습할 때에는 세법개론 기본서로 학습하는 것이 기초를 다지는 데에 가장 좋은 방법이겠으나, 방대한 분량으로 인하여 세법 입문자들이 학습에 어려움을 겪고 있는 것을 감안하여 입문자들이 기본서를 보기 위한 징검다리 역할을 하는 교재의 필요성을 인식하고 집필한 교재가 본 저서라고 할 수 있겠다.

저자는 본 저서를 다음의 사항에 중점을 두고 집필하였다.

> 첫째 세법개론과 동일한 목차로 구성하여 본 교재로 학습한 후 세법개론을 학습했을 때 학습효과가 극대화되도록 하였다.
>
> 둘째 중요한 부분은 도식화하여 세법의 조문을 이해하는 데에 도움이 되도록 하였다.
>
> 셋째 본 교재와 동시에 출판되는 객관식 세법과 동일한 목차로 구성하여 객관식 세법 학습 시 빠르게 이론을 정리할 수 있도록 하였다.

책을 집필하는 과정은 저자의 고민과 시간이 필요한 과정이지만 출판단계에서는 저자의 용기가 필요하다는 생각이 든다. 개정판이 나오고 난 후에 나오는 조언과 충고는 저자가 감사하고 소중하게 받아 안아서 4판을 집필할 때에는 더욱 좋은 책을 만들 것을 약속드린다.

마지막으로 이 책이 출판되기까지 물심양면으로 도움을 주신 도서출판 미래가치 사장님과 편집하느라 고생하신 편집자님께 감사를 드리며 개정판 머리말을 마칠까 한다.

2024년 2월 집무실에서
공저자 **원용대 · 구범서**

CONTENTS
목/차

제1편 부가가치세법

제1장 기본이론 3

제1절 부가가치세의 개념 및 목적 3
제2절 부가가치세의 유형 3
  Ⅰ. 개요 3
  Ⅱ. 국민총생산형(GNP형) 3
  Ⅲ. 소득형(NNP형) 4
  Ⅳ. 소비형 4
제3절 부가가치세의 과세방법 4
  Ⅰ. 개요 4
  Ⅱ. 전 단계 거래금액공제방식 5
  Ⅲ. 전 단계 세액공제방식 5
  Ⅳ. 가산법 5
제4절 국경세 조정 6
  Ⅰ. 의의 6
  Ⅱ. 생산지국 과세원칙과 소비지국 과세원칙 6
  Ⅲ. 현행 부가가치세법상 국경세 조정제도 6
제5절 부가가치세의 경제적 효과 7
  Ⅰ. 긍정적 효과 7
  Ⅱ. 부정적 효과 7

제2장 총 칙 8

제1절 정 의 8
제2절 납세의무자 9
  Ⅰ. 개요 9
  Ⅱ. 납세의무자의 의의 9
  Ⅲ. 납세의무자의 범위 및 구분 10
제3절 신고, 납세지 13
  Ⅰ. 개요 13
  Ⅱ. 납세지 13
  Ⅲ. 사업장의 범위 13
  Ⅳ. 주사업장 총괄납부 16
  Ⅴ. 사업자 단위 과세 18
  Ⅵ. 과세관할 19
제4절 사업자등록 20
  Ⅰ. 개요 20
  Ⅱ. 등록절차 20
  Ⅲ. 사업자등록의 사후관리 22
  Ⅳ. 미등록 또는 위장등록의 제재 23

제3장 과세거래 24

제1절 재화의 공급 24
  Ⅰ. 개요 24
  Ⅱ. 재화의 공급의 의의 및 범위 24
  Ⅲ. 재화의 간주공급 25
  Ⅳ. 재화의 공급으로 보지 않는 경우 28
제2절 용역의 공급 30
  Ⅰ. 용역공급의 개념 및 범위 30
  Ⅱ. 용역의 자가공급 31
  Ⅲ. 용역의 공급으로 보지 않는 경우 31
제3절 재화의 수입 32
  Ⅰ. 취지 32
  Ⅱ. 재화수입의 범위 32
제4절 부수재화 및 부수용역 32
  Ⅰ. 개요 32
  Ⅱ. 부수재화 및 부수용역의 범위 33
제5절 공급시기 및 공급장소 34
  Ⅰ. 공급시기 34
  Ⅱ. 공급장소 37

제4장 영세율 적용과 면세   38

제1절 개요 38
  Ⅰ. 영세율과 면세제도의 특성 비교 38
  Ⅱ. 환수효과와 누적효과 39
제2절 영세율 39
  Ⅰ. 개요 39
  Ⅱ. 영세율에 대한 상호주의 적용 40
  Ⅲ. 영세율 적용 대상거래 40
제3절 면세 45
  Ⅰ. 총칙 45
  Ⅱ. 재화 또는 용역의 공급에 대한 면세 ... 46
  Ⅲ. 재화의 수입에 대한 면세 53
  Ⅳ. 면세포기 53

제5장 과세표준과 납부세액   55

제1절 과세표준 55
  Ⅰ. 일반적 과세표준 계산 55
  Ⅱ. 특수한 경우의 과세표준 계산 59
제2절 납부세액 68
  Ⅰ. 계산구조 68
  Ⅱ. 매입세액공제 68
  Ⅲ. 과세·면세 겸영사업자의 공통매입세액
      안분계산 특례 74
  Ⅳ. 대손세액공제 80

제6장 세금계산서 및 납세절차   82

제1절 세금계산서 82
  Ⅰ. 개요 82
  Ⅱ. 그 밖의 과세자료 88
  Ⅲ. 매입자발행세금계산서 91

제2절 신고와 납부 93
  Ⅰ. 과세기간 93
  Ⅱ. 과세관할 94
  Ⅲ. 예정신고와 납부 94
  Ⅳ. 확정신고와 납부 95
  Ⅴ. 재화의 수입에 대한 신고·납부 95
  Ⅵ. 세금계산서합계표의 제출 96
제3절 결정과 경정 97
  Ⅰ. 의의 97
  Ⅱ. 결정·경정의 사유 97
  Ⅲ. 추계결정·경정의 방법 97
  Ⅳ. 결정·경정기관 99
제4절 징수와 환급 99
  Ⅰ. 징수 99
  Ⅱ. 환급 100
제5절 대리납부 101
  Ⅰ. 개요 101
  Ⅱ. 대리납부의무자 102
  Ⅲ. 대리납부 절차 102
제6절 신탁 관련 납세의무 확장에 대한 납부 특례 등 ... 104
  Ⅰ. 개요 104
  Ⅱ. 고지의 효력 104
  Ⅲ. 징수기준일 105
제7절 전자적 용역을 공급하는 국외사업자의 용역
    공급과 사업자등록 등에 관한 특례 105
  Ⅰ. 도입취지 105
  Ⅱ. 과세대상 105
  Ⅲ. 간편사업자등록 106
  Ⅳ. 신고·납부 107

CONTENTS
목/차

제8절 재화의 수입에 대한 부가가치세 납부의 유예 ··· 107
- Ⅰ. 개요 ·· 107
- Ⅱ. 요건 ·· 107
- Ⅲ. 절차 ·· 108

제9절 가산세 ·· 110
- Ⅰ. 개요 ·· 110
- Ⅱ. 가산세의 중복적용 배제 ················· 111

제7장 간이과세   112

제1절 개요 ·· 112
- Ⅰ. 의의 ·· 112
- Ⅱ. 일반과세와 간이과세의 비교 ············ 112

제2절 간이과세의 범위 및 적용시기와 과세유형변경
·· 113
- Ⅰ. 간이과세의 범위 ······························ 113
- Ⅱ. 적용시기와 과세유형변경 ·················· 114
- Ⅲ. 과세유형의 전환통지 ························ 116
- Ⅳ. 간이과세의 포기 ······························ 116

제3절 과세표준과 세액 ································ 118
- Ⅰ. 계산구조 ··· 118
- Ⅱ. 과세표준과 세액 ······························ 118

제4절 납세절차 ·· 124
- Ⅰ. 신고와 납부 ···································· 124
- Ⅱ. 예정부과와 납부 ······························ 124
- Ⅲ. 납부의무의 면제 등 ·························· 125

제2편 법인세법

제1장 총 칙   129

제1절 법인세 납세의무 ································ 129
- Ⅰ. 개요 ·· 129
- Ⅱ. 법인의 납세의무자 ·························· 129
- Ⅲ. 법인세 과세대상 소득의 종류 ··········· 130
- Ⅳ. 신탁소득에 대한 실질과세 ················ 130

제2절 법인의 사업연도 및 납세지 ················ 131
- Ⅰ. 사업연도 ··· 131
- Ⅱ. 납세지 ·· 134

제2장 각 사업연도 소득   137

제1절 세무조정 ·· 137
- Ⅰ. 개요 ·· 137
- Ⅱ. 결산조정 ··· 138
- Ⅲ. 신고조정사항 ···································· 138

제2절 소득처분 ·· 139
- Ⅰ. 개요 ·· 139
- Ⅱ. 소득처분의 주체 및 대상 ················· 139
- Ⅲ. 소득처분의 유형 ······························ 139
- Ⅳ. 소득처분에 대한 사후관리 ················ 142

제3장 익금, 익금불산입   144

제1절 익금의 개념 및 범위 ························· 144
- Ⅰ. 익금의 의의 ···································· 144
- Ⅱ. 수익의 범위 ···································· 144
- Ⅲ. 주요 익금항목 ································· 145

제2절 익금불산입 · 148
- Ⅰ. 익금불산입 대상 · 148
- Ⅱ. 평가이익 등의 익금불산입 · 150
- Ⅲ. 외국자회사 수입배당금액의 익금불산입 · 151
- Ⅳ. 일반법인의 수입배당금액의 익금불산입 · 153

제3절 의제배당 · 155
- Ⅰ. 개요 · 155
- Ⅱ. 의제배당의 유형 · 155

제4장 손금, 손금불산입 160

제1절 개 요 · 160
제2절 손 금 · 160
- Ⅰ. 개요 · 160
- Ⅱ. 손금의 범위 · 161

제3절 손금불산입 · 164
- Ⅰ. 개요 · 164
- Ⅱ. 손금불산입의 범위 및 세금과 공과금 · 164

제4절 기부금 손금불산입 · 166
- Ⅰ. 개요 · 166
- Ⅱ. 기부금의 개념 · 166
- Ⅲ. 기부금의 요건 · 167
- Ⅳ. 기부금과 유사 비용과의 구분 · 167
- Ⅴ. 기부금의 종류 및 손금산입 한도액 · 168
- Ⅵ. 기부금의 평가 및 귀속시기 · 170

제5절 기업업무추진비 손금불산입 · 171
- Ⅰ. 기업업무추진비 및 간주기업업무추진비의 의의 · 171
- Ⅱ. 기업업무추진비의 평가 및 귀속시기 · 172
- Ⅲ. 기업업무추진비의 손금불산입 · 172
- Ⅳ. 자산계상한 기업업무추진비의 손금불산입 · 174

제6절 과다경비 등의 손금불산입 · 175
- Ⅰ. 인건비 · 175
- Ⅱ. 복리후생비의 손금불산입 · 178
- Ⅲ. 여비 등의 손금불산입 · 178
- Ⅳ. 공동경비의 손금불산입 · 178
- Ⅴ. 업무와 관련 없는 자산(비용)의 손금불산입 · 179

제7절 업무용승용차 관련비용의 손금불산입 · 180
- Ⅰ. 업무용승용차 관련비용의 손금불산입 등 특례 · 180

제8절 지급이자 손금불산입 · 184
- Ⅰ. 개요 · 184
- Ⅱ. 차입금 및 차입금 이자의 범위 · 184
- Ⅲ. 지급이자 손금불산입 내용 · 184
- Ⅳ. 징벌적 목적의 손해배상금 등에 대한 손금불산입 · 189

제5장 감가상각비이 손금산입 190

제1절 개 요 · 190
- Ⅰ. 감가상각의 의의 · 190
- Ⅱ. 세무상 감가상각의 특징 · 190

제2절 감가상각 대상 자산 · 191
제3절 감가상각 계산요소 · 194
- Ⅰ. 감가상각 기초가액 · 194
- Ⅱ. 내용연수 · 195
- Ⅲ. 감가상각방법과 상각범위액 계산 · 199
- Ⅳ. 감가상각비 시부인 계산 · 202

제6장 준비금 및 충당금의 손금산입 211

제1절 준비금 및 충당금의 의의 · 211
제2절 준비금의 손금산입 · 211
제3절 대손충당금의 손금산입 · 214
- Ⅰ. 대손금 · 214
- Ⅱ. 대손충당금 · 215

CONTENTS
목/차

제4절 퇴직급여충당금의 손금산입 ········ 219
  Ⅰ. 개요 ·· 219
  Ⅱ. 퇴직급여충당금의 손금산입 및 세무조정 ··· 219
  Ⅲ. 퇴직연금 충당금의 손금산입 및 세무조정 ··· 222

제5절 구상채권상각충당금의 손금산입 ······ 224

제6절 일시상각충당금 및 압축기장 충당금의 손금산입
·· 224
  Ⅰ. 개요 ·· 224
  Ⅱ. 국고보조금, 공사부담금, 보험차익의
     손금산입 비교 ·· 225

제7장 손익의 귀속시기 등   227

  Ⅰ. 개요 ·· 227
  Ⅱ. 손익의 귀속사업연도의 적용원칙 ············· 227
  Ⅲ. 거래유형별 손익의 귀속시기 ······················ 227
  Ⅳ. 한국채택국제회계기준 적용 보험회사에 대한
     소득금액 계산의 특례 ································ 232
  Ⅴ. 기업회계기준과 관행의 적용 ······················ 233

제8장 자산·부채의 평가   234

제1절 자산의 취득가액 ································ 234
  Ⅰ. 취득가액 산정의 일반원칙 ·························· 234
  Ⅱ. 취득가액 산정의 특수원칙 ·························· 235
  Ⅲ. 보유자산에 대한 취득가액의 변동 ··········· 236

제2절 자산·부채의 평가 ··························· 237
  Ⅰ. 재고자산의 평가 ·· 237
  Ⅱ. 유가증권 등의 평가 ····································· 239
  Ⅲ. 외화자산·부채의 평가 및 과세표준
     계산 특례 ·· 243

제9장 합병 및 분할 등에 관한 특례   245

제1절 합 병 ··· 245
  Ⅰ. 개요 ·· 245
  Ⅱ. 합병에 대한 법인세 과세체계 ···················· 246
  Ⅲ. 비적격합병 ·· 247
  Ⅳ. 적격합병 ·· 248
  Ⅴ. 합병 시 피합병법인의 주주에 대한
     과세(의제배당) ··· 254
  Ⅵ. 합병차익 자본전입 시 의제배당 ··············· 255

제2절 분 할 ··· 256
  Ⅰ. 개요 ·· 256
  Ⅱ. 분할에 대한 법인세 과세체계 ···················· 257
  Ⅲ. 분할 당사자별 과세문제 ····························· 258

제3절 물적분할, 현물출자, 교환에 대한 과세특례 · 261
  Ⅰ. 물적분할시 분할법인에 대한 과세특례 ······· 261
  Ⅱ. 현물출자 시 과세특례 ································· 264
  Ⅲ. 교환으로 인한 자산양도차익 상당액의
     손금산입 ·· 265
  Ⅳ. 이월결손금 공제 제한 ································· 266

제10장 부당행위계산의 부인   267

제1절 부당행위계산의 부인 개념 ············ 267
  Ⅰ. 개요 ·· 267
  Ⅱ. 부당행위계산 부인의 효력 ·························· 267
  Ⅲ. 부당행위계산 부인의 적용요건 ·················· 268
  Ⅳ. 판정시기 ·· 268

제2절 시가의 개념과 산정방법 ················· 269
  Ⅰ. 시가의 의의 ·· 269
  Ⅱ. 시가의 적용 ·· 269

제3절 부당행위 계산부인의 유형 ·················· 271
   Ⅰ. 개요 ··· 271
   Ⅱ. 고가매입·저가양도 ······················ 272
   Ⅲ. 가지급금인정이자의 계산 ············· 274
   Ⅳ. 불공정 자본거래 ························· 277

제11장 영리내국법인의 과세표준과 세액계산 285

제1절 과세표준 ····································· 285
   Ⅰ. 개요 ··· 285
   Ⅱ. 소득공제(유동화전문회사 등에 대한 소득공제)
   ·· 286
   Ⅲ. 비과세 ······································ 286
   Ⅳ. 이월결손금 ································ 287
제2절 세 율 ··· 290
   Ⅰ. 원칙 ··· 290
   사업연도가 1년 미만인 법인의 경우 ···· 290
제3절 세액공제 ···································· 291
   Ⅰ. 외국납부세액공제 ······················· 291
   Ⅱ. 재해손실에 대한 세액공제 ··········· 294
   Ⅲ. 사실과 다른 회계처리로 인한 경정에 따른
      세액공제 ···································· 295
   Ⅳ. 최저한세 ··································· 296
   Ⅴ. 감면 및 세액공제액의 계산 ·········· 301

제12장 신고, 납부 304

제1절 중간예납, 원천징수, 수시부과 ·········· 304
   Ⅰ. 중간예납 ··································· 304
   Ⅱ. 내국법인의 이자소득 등에 대한 원천징수 ···· 306
   Ⅲ. 수시부과 ··································· 310

제2절 과세표준 신고와 자진납부 ··············· 311
   Ⅰ. 과세표준의 신고 ························ 311
   Ⅱ. 자진납부 ··································· 314
   Ⅲ. 성실신고확인서 제출 ··················· 315
제3절 과세표준의 결정 및 경정, 징수와 환급, 가산세
   ·· 316
   Ⅰ. 결정 및 경정 ····························· 316
   Ⅱ. 징수와 환급 ······························ 319
   Ⅲ. 가산세 ······································ 320

제13장 법인과세 신탁재산의 각 사업연도의 소득에 대한 법인세 과세특례 321

제1절 통 칙 ··· 321
   Ⅰ. 개요 ··· 321
   Ⅱ. 신탁소득의 과세 ························ 321
   Ⅲ. 법인과세 신탁재산의 설립 및 해산 등 ···· 322
제2절 과세표준과 그 계산 ······················· 323
   Ⅰ. 법인과세 신탁재산에 대한 소득공제 ······· 323
   Ⅱ. 신탁의 합병 및 분할 ··················· 324
   Ⅲ. 수탁자 변경시 법인과세 신탁재산의
      소득금액 계산 ···························· 324
제3절 신고·납부 및 징수 ························ 325
   Ⅰ. 법인과세 신탁재산의 신고 및 납부 ······· 325
   Ⅱ. 법인과세 신탁재산의 원천징수 ············· 325

제14장 연결납세제도 326

   Ⅰ. 의의 및 효과 ····························· 326
   Ⅱ. 용어정리 ··································· 326
   Ⅲ. 적용대상 ··································· 327
   Ⅳ. 연결지배 ··································· 327

CONTENTS
목/차

Ⅴ. 연결사업연도 및 납세지 ·············· 328
Ⅵ. 연결납세방식의 적용신청 및 승인 ·········· 329
Ⅶ. 연결납세방식의 취소 및 포기 ·············· 329
Ⅷ. 연결자법인의 추가 및 배제 ·············· 331
Ⅸ. 각 연결사업연도 소득금액의 계산 ········ 332
Ⅹ. 각 연결사업연도 과세표준 등의 계산 ······ 336
Ⅺ. 연결법인의 산출세액의 계산 ·············· 339
Ⅻ. 신고 및 납부 ·············· 339

제15장 영리내국법인의 청산소득에 대한 법인세 343

Ⅰ. 개요 ·············· 343
Ⅱ. 납세의무자 ·············· 343
Ⅲ. 청산소득의 과세표준 ·············· 343
Ⅳ. 청산기간 중에 발생하는 각 사업연도
   소득의 처리 ·············· 344
Ⅴ. 신고 ·············· 345

제16장 토지등양도소득에 대한 과세특례 346

Ⅰ. 과세대상 ·············· 346
Ⅱ. 양도소득 및 산출세액의 계산 ·············· 347
Ⅲ. 양도소득의 귀속사업연도 ·············· 348

제17장 비영리법인의 법인세 납세의무 349

Ⅰ. 개요 ·············· 349
Ⅱ. 구분경리 ·············· 350
Ⅲ. 비영리 내국법인의 과세특례 ·············· 351

제3편 소득세법

제1장 총 칙 357

Ⅰ. 납세의무자 ·············· 357
Ⅱ. 납세의무의 범위 ·············· 360
Ⅲ. 과세소득의 범위 ·············· 361
Ⅳ. 소득의 구분 ·············· 362
Ⅴ. 과세기간 및 납세지 ·············· 362

제2장 거주자의 종합소득에 대한 납세의무 364

제1절 과세표준의 계산 및 세액계산의 순서 ········ 364
Ⅰ. 과세표준의 계산 ·············· 364
제2절 금융소득(이자소득 및 배당소득) ·············· 365
Ⅰ. 이자소득 ·············· 365
Ⅱ. 배당소득 ·············· 368
Ⅲ. 금융소득 과세방법 ·············· 371
제3절 사업소득 ·············· 374
Ⅰ. 개요 ·············· 374
Ⅱ. 사업소득의 범위 ·············· 374
Ⅲ. 비과세 사업소득 ·············· 374
Ⅳ. 사업소득금액의 계산 ·············· 377
Ⅴ. 사업소득의 과세방법 ·············· 387
Ⅵ. 소득세법상 사업소득과 법인세법상
   각 사업연도 소득의 비교 ·············· 389
제4절 근로소득 ·············· 392
Ⅰ. 개요 ·············· 392
Ⅱ. 근로소득의 종류 ·············· 392
Ⅲ. 근로소득의 범위 ·············· 393
Ⅳ. 근로소득금액의 계산 ·············· 402

- V. 근로소득에 대한 원천징수시기 및 과세방법 ···· 403
- VI. 근로소득의 수입시기 ································· 404

제5절 연금소득 405
- I. 개요 ·· 405
- II. 연금소득의 범위 ···································· 405
- III. 연금소득금액의 계산 ······························ 408
- IV. 연금소득의 귀속시기 및 과세방식 ········· 411

제6절 기타소득 414
- I. 개요 ·· 414
- II. 기타소득의 범위 ···································· 415
- III. 기타소득금액의 계산 ······························ 418
- IV. 기타소득의 귀속시기 및 과세방식 ········· 419

제3장 종합소득금액 계산 및 종합소득금액 계산특례 423

제1절 종합소득금액의 계산 원칙 423
제2절 부당행위계산의 부인 423
- I. 개요 ·· 423
- II. 적용요건 ·· 423
- III. 적용대상 거래 ·· 424
- IV. 시가의 계산 ··· 424
- V. 부인의 효과 ··· 425

제3절 공동사업에 대한 소득금액 계산의 특례 426
- I. 개요 ·· 426
- II. 소득금액 계산 특례 ································ 426
- III. 공동사업합산과세 ··································· 427
- IV. 공동사업장에 대한 특례 ························· 428
- V. 출자공동사업자의 배당소득에 대한 과세방법 ·· 428

제4절 결손금 및 이월결손금의 공제 430
- I. 개요 ·· 430
- II. 결손금과 이월결손금의 통산 ·················· 430

제5절 채권 등에 대한 소득금액의 계산 특례 434
- I. 개요 ·· 434
- II. 원천징수 특례 ·· 434

제6절 기타소득금액 계산 특례 436
- I. 비거주자 등과의 거래에 대한 소득금액 계산의 특례 ·· 436
- II. 상속의 경우의 소득금액의 구분 계산 ····· 436
- III. 중도해지로 인한 이자소득금액 계산의 특례 ···· 436

제4장 종합소득 과세표준과 세액의 계산 437

제1절 종합소득공제 437
- I. 개요 ·· 437
- II. 인적공제 제도 ·· 438
- III. 연금보험료 공제 ···································· 441
- IV. 주택담보노후연금 이자비용 공제 ··········· 442
- V. 특별소득공제 ··· 442

제2절 조세특례제한법상 소득공제 444
- I. 신용카드 등 사용금액에 대한 소득공제 ···· 444
- II. 기타 조세특례제한법상 소득공제 ··········· 448

제3절 종합소득공제의 배제 및 공동사업에 대한 소득공제 특례 등 449
- I. 종합소득공제의 배제 ······························ 449
- II. 소득세 소득공제 등의 종합한도 ············· 449

제4절 세액의 계산 450
- I. 세율 ·· 450
- II. 세액계산 특례 ·· 450
- III. 세액공제 ·· 458
- IV. 최저한세 ·· 470

CONTENTS
목/차

제5장 신고, 납부 — 471

제1절 과세기간 중 신고, 납부, 결정, 징수 — 471
- Ⅰ. 중간예납 — 471
- Ⅱ. 부동산매매업자의 토지 등 매매차익 예정신고와 납부 — 473
- Ⅲ. 원천징수 — 474

제2절 확정신고납부등 — 477
- Ⅰ. 종합소득 과세표준확정신고 — 477
- Ⅱ. 납부 — 479
- Ⅲ. 성실신고확인서 제출 — 480
- Ⅳ. 사업장현황신고 — 481
- Ⅴ. 지급명세서의 제출 — 482
- Ⅵ. 매입자발행계산서 — 483

제3절 결정과 경정 — 484
- Ⅰ. 개요 — 484
- Ⅱ. 결정과 경정의 사유 — 484
- Ⅲ. 결정과 경정의 방법 — 485

제4절 세액의 징수와 환급 — 488
- Ⅰ. 세액의 징수 — 488
- Ⅱ. 환급 및 충당 — 489
- Ⅲ. 소액부징수 — 489

제5절 기타 신고 및 의무 등 — 490
- Ⅰ. 의의 — 490
- Ⅱ. 장부의 유형 — 490

제6절 가산세 — 492

제6장 퇴직소득세 — 496
- Ⅰ. 개요 — 496
- Ⅱ. 퇴직소득의 범위 및 현실적인 퇴직의 범위 — 496
- Ⅲ. 퇴직소득세의 계산 — 498
- Ⅳ. 과세방법 및 수입시기, 확정신고 — 500

제7장 양도소득세 — 502

제1절 통칙 — 502
- Ⅰ. 양도의 정의 — 502
- Ⅱ. 양도의 범위 — 502

제2절 양도소득의 범위 — 504
- Ⅰ. 부동산 및 그에 관한 권리 — 504
- Ⅱ. 주식 및 출자지분 — 504
- Ⅲ. 기타자산 — 506
- Ⅳ. 파생상품 등의 거래 또는 행위로 발생하는 소득 — 508
- Ⅴ. 신탁수익권의 양도로 발생하는 소득 — 508

제3절 양도 또는 취득의 시기 — 509
- Ⅰ. 원칙 — 509
- Ⅱ. 상황별 자산의 양도 및 취득시기 — 509

제4절 양도소득 비과세등 — 510
- Ⅰ. 개요 — 510
- Ⅱ. 파산선고에 의한 처분으로 발생하는 소득의 비과세 — 511
- Ⅲ. 비과세되는 농지의 교환 또는 분합 — 511
- Ⅳ. 1세대1주택 비과세 — 512
- Ⅴ. 직전거주주택보유주택 등의 양도소득금액 비과세 — 517
- Ⅵ. 양도소득세 비과세 또는 감면의 배제 등 — 518

제5절 양도소득금액의 계산 ········· 519
  Ⅰ. 개요 ····································· 519
  Ⅱ. 양도가액 및 취득가액 등의 산정 ····· 520
  Ⅲ. 장기보유특별공제 ······················ 529
  Ⅳ. 구분계산 및 결손금의 통산 ········· 531
  Ⅴ. 양도차익 및 양도소득 산정의 특례 ······ 532

제6절 과세표준 및 세액의 계산(중과세 포함) ······ 536
  Ⅰ. 과세표준의 계산 ······················· 536
  Ⅱ. 세액의 계산 ···························· 536
  Ⅲ. 중과세 ··································· 538

제7절 신고, 납부 ···························· 539
  Ⅰ. 양도소득과세표준 예정신고 ········· 539
  Ⅱ. 양도소득과세표준확정신고 ·········· 540
  Ⅲ. 추가 신고납부 특례 ··················· 541
  Ⅳ. 양도소득과세표준과 세액의 결정·경정 및 통지 ································ 541
  Ⅴ. 양도소득세의 징수 및 환급 ········· 542
  Ⅵ. 주식 등에 대한 장부의 비치·기록의무 및 기장 불성실가산세 ··············· 543
  Ⅶ. 감정가액 또는 환산취득가액 적용에 따른 가산세 ································ 543

제8절 국외자산 양도에 따른 양도소득세 ······ 544
  Ⅰ. 국외자산 양도소득의 범위 ·········· 544
  Ⅱ. 국외자산의 양도가액 및 필요경비등 ····· 544
  Ⅲ. 국외자산의 산출세액 ················· 545

제9절 거주자의 출국 시 국내 주식 등에 대한 과세특례 ·· 546
  Ⅰ. 거주자의 출국 시 납세의무 ········· 546
  Ⅱ. 국외전출자 국내주식 등에 대한 과세표준의 계산 ························ 546
  Ⅲ. 국외전출자 국내주식 등에 대한 세율과 산출세액 ······························· 547
  Ⅳ. 국외전출자 국내주식 등에 대한 신고·납부 및 가산세 등 ·························· 548

세법개론

TAXATION LAW
세 법 개 론

PART
01

부가가치세법

제1장 기본이론
제2장 총 칙
제3장 과세거래
제4장 영세율 적용과 면세
제5장 과세표준과 납부세액
제6장 세금계산서 및 납세절차
제7장 간이과세

제1장 기본이론

제1절 부가가치세의 개념 및 목적

1. 개념

부가가치세란 재화나 용역이 생산 또는 제공되거나 유통되는 모든 단계에서 기업이 창출한 부가가치를 과세표준으로 하여 과세하는 조세이며 그 부담은 거래 상대자에게 전가되어 **최종적으로는 소비자가 그 부담을 지도록** 하는 일반소비세이다.

2. 목적

이 법은 부가가치세의 과세(課稅) 요건 및 절차를 규정함으로써 부가가치세의 공정한 과세, 납세의무의 적정한 이행 확보 및 재정수입의 원활한 조달에 이바지함을 목적으로 한다.(부법 1)

제2절 부가가치세의 유형

I 개요

부가가치를 계산함에 있어 자본재구입액을 어떻게 취급하느냐에 따라 부가가치세는 국민총생산형, 소득형, 소비형으로 나누어진다.

II 국민총생산형(GNP형)

구분	부가가치 내용	장·단점
지출측면	소비재구입액+자본재구입액	과세범위가 넓은 장점이 있으나 투자를 억제하고 누적효과가 발생하는 단점이 있다.
소득측면	총매출액-중간재구입액	
분배측면	임금+이자+지대+이윤+감가상각비	

Ⅲ 소득형(NNP형)

구분	부가가치 내용	장·단점
지출측면	소비재구입액+자본재구입액(자본재구입액-감가상각비)	감가상각비 계산에 있어 기술적인 어려움이 있다.
소득측면	총매출액-중간재구입액-감가상각비	
분배측면	임금+이자+지대+이윤	

Ⅳ 소비형

소비형은 국민총생산형에서 자본재구입액을 차감한 금액 즉, 총매출액에서 중간재 구입액과 자본재구입액을 차감한 금액을 부가가치로 보는 개념으로, 총 소비액이 부가가치가 되어 그 성격이 최종소비자에게 공급하는 가액인 소매 매상세와 같고, 부가가치의 범위가 가장 좁다. 소비형은 감가상각비를 계산하지 않으며, 중간재와 자본재를 구별하지 않기 때문에 **제도의 운영이 간편하고, 자본재구입액에 과세하지 않으므로 투자 비용을 저하시켜 투자를 촉진시키는 장점이 있다. 우리나라가 채택하고 있는 방법**이다.

구분	부가가치 내용	장·단점
지출측면	소비재구입액	범위가 협소한 단점이 있으나 투자촉진적인 장점이 있다.
소득측면	총매출액-중간재구입액-자본재구입액	
분배측면	① 임금+이자+지대+이윤-자본재구입액 ② 임금+이자+지대+이윤-순자본재구입액	

제3절 부가가치세의 과세방법

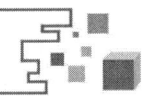

Ⅰ 개요

부가가치로부터 부가가치세액을 산출하는 방법에는 공제법과 가산법이 있고, 공제법은 다시 전단계거래액공제법(직접공제법)과 전단계세액공제법(간접공제법)으로 분류하고 가산법은 직접가산법과 간접가산법으로 분류한다.

Ⅱ 전 단계 거래금액공제방식

> 매출액 − 매입액 = 부가가치액
> 부가가치액 × 세율 = 납부세액 또는 환급세액

Ⅲ 전 단계 세액공제방식

> ① 공급가액 × 세율 − 매입가액 × 세율 = 납부세액 또는 환급세액
> ② 공급가액 × 세율 − 수취세금계산서상 세액 = 납부세액 또는 환급세액

이론상으로는 ①의 산식을 적용하여 납부세액을 산출해야 하지만 실제로는 ②의 산식을 이용한다. 이는 매입한 금액이 객관적으로 입증된다고 하더라도 **세금계산서를 수취하지 않으면 매입세액공제를 받지 못한다는** 의미이다. 이를 수정된 전단계세액공제법이라고 한다. 이에 대한 장단점은 다음과 같다.

장점	① 거래가 있을 때마다 세액을 계산하므로 각 품목별 부담세액을 정확히 알 수 있고, 이로 인해 수출입에 대한 국경세의 조정이 편리하다. ② 각 품목별로 면세 또는 경감세율을 설정하기 편리하다. ③ 세금계산서에 세액이 별도로 표시되므로 세액의 전가과정이 명료하다. ④ 수입하는 재화에 사업자 비사업자를 불문하고 용이하게 부가가치세를 과세할 수 있다. ⑤ 매입세액공제를 받기 위해서는 세금계산서를 교부받아야 하므로 세금계산서의 수수가 자발적으로 이루어질 수 있다.
단점	① 거래발생시마다 세금계산서를 교부해야 하고 이를 처리해야 하므로 사업자의 업무가 증가된다. ② 세금계산서를 교부받지 않아 매입세액을 공제받지 못하면 과세표준 금액이 창출한 부가가치를 초과하는 모순이 발생한다. ③ 부가가치세의 과세물건이 부가가치라고 하는 논리를 불투명하게 한다.

Ⅳ 가산법

직접가산법	부가가치세 = (임금+이자+지대+이윤−순투자액) × 세율
간접가산법	부가가치세 = (임금×세율)+(이자×세율)+(지대×세율)+(이윤×세율)−(순투자액×세율)

제4절 국경세 조정

Ⅰ 의의

국경세 조정이란 국제 거래의 대상이 되는 재화에 대한 간접세의 과세권을 조정하는 것으로 원산지국 과세원칙과 소비지국 과세원칙이 있다.

Ⅱ 생산지국 과세원칙과 소비지국 과세원칙

1. 생산지국 과세원칙

생산지국 과세원칙이란 국제 거래의 대상이 되는 재화에 대해서 생산지국에서 재화를 수출시에는 간접세를 부과하고 수입 시에는 간접세를 부과하지 않는 원칙을 말한다.

2. 소비지국 과세원칙

소비지국 과세원칙이란 국제거래의 대상이 되는 재화에 대하여 생산지국에서 수출 시에는 간접세를 면세 또는 환급하고 수입재화에 대해서는 국내에서 생산된 재화와 동일하게 과세하는 원칙으로 국가 간의 세율 차이에 따른 재화의 가격 경쟁력의 왜곡 문제가 발생하지 않는 장점을 가지고 있다.

Ⅲ 현행 부가가치세법상 국경세 조정제도

1. 영세율 제도

부가가치세법상 영의 세율이 적용되는 재화 또는 용역을 공급하는 때에는 거래상대방으로부터 거래 징수하여야 할 세액이 영이 되므로 실질적으로 거래 징수할 금액은 없게 되며, 거래상대방은 부가가치세의 부담이 전혀 없이 당해 재화 또는 용역을 사용·소비할 수 있게 된다. 따라서 영세율이 적용되는 재화 또는 용역의 공급에 대하여는 **부가가치세가 완전면세** 된다.

2. 재화의 수입에 대한 과세

국외에서 재화를 공급하는 자에 대해서는 국내에서 부가가치세를 과세할 수 없는 것이 원칙이지만 소비지국 과세원칙을 실현하기 위하여 재화의 수입에 대해서는 **부가가치세 과세대상에 포함**시킨다.

제5절 부가가치세의 경제적 효과

I 긍정적 효과

1. 수출의 촉진 및 국제수지의 개선
수출에 대해서는 소비지국 과세원칙에 따라 수출 물품에 과세되었던 부가가치세에 대하여 환급받기 때문에 완전 면세효과가 발생하는 한편 수입 재화에 대해서는 국내 물품과 동일하게 과세됨으로써 수출촉진과 함께 상대적으로 수입억제 효과를 발생시킨다.

2. 투자유인 효과
투자재에 대해서는 매입세액이 공제됨으로써 부가가치세에 대한 부담이 없으므로 투자촉진 효과와 함께 기술혁신, 자본집약적산업의 발전 등 경제성장에 기여한다.

3. 세수확보 및 예측의 용이성
대부분의 부가가치세 과세대상 거래는 세금계산서의 교부에 의하여 확인되므로 세액의 자동 검증이 가능하고 조세의 누락 및 포탈의 여지도 줄어들게 되므로 국가의 입장에서는 세수확보 및 세수의 예측이 용이하게 된다.

II 부정적 효과

1. 조세부담의 역진성
부가가치세는 원칙적으로 모든 재화와 용역의 공급에 대하여 단일세율로 적용되고 세 부담 전액이 소비자에게 전가되므로 소득에 대하여 부담이 역진적으로 된다.

2. 물가상승 효과
부가가치세는 최종소비자에게 조세부담이 전가되므로 재화 및 용역의 가격은 부가가치세액만큼 상승하게 된다.

3. 세무행정 및 기업회계상 비용의 증대
전 단계 세액공제를 채택하고 있는 현행 부가가치세는 세금계산서의 수수를 기본전제 요건으로 하고 있기 때문에 이에 따른 세무당국 및 기업의 업무량 증대와 경비지출이 불가피하다.

제2장 총칙

제1절 정의

본법에서 사용하는 용어의 뜻은 다음과 같다.(부법 2)

1. "재화"란 재산적 가치가 있는 물건 및 권리를 말한다. 물건과 권리의 범위는 다음과 같다.
   ① 상품, 제품, 원료, 기계, 건물 등 모든 유체물(有體物)
   ② 전기, 가스, 열 등 관리할 수 있는 자연력

2. "용역"이란 재화 외에 재산적 가치가 있는 모든 역무(役務)와 그 밖의 행위를 말한다.

3. "사업자"란 사업 목적이 영리이든 비영리이든 관계없이 사업상 독립적으로 재화 또는 용역을 공급하는 자를 말한다.

4. "간이과세자"(簡易課稅者)란 직전 연도의 공급대가의 합계액이 8,000만원에 미달하는 사업자로서, 간이과세 규정에 따라 간편한 절차로 부가가치세를 신고·납부하는 개인사업자를 말한다.

5. "일반과세자"란 간이과세자가 아닌 사업자를 말한다.

6. "과세사업"이란 부가가치세가 과세되는 재화 또는 용역을 공급하는 사업을 말한다.

7. "면세사업"이란 부가가치세가 면제되는 재화 또는 용역을 공급하는 사업을 말한다.

8. "비거주자"란 「소득세법」에 따른 비거주자를 말한다.

9. "외국법인"이란 「법인세법」에 따른 외국법인을 말한다.

제 2 절 납세의무자

I 개요

납세의무자란 세법에 의하여 부가가치세를 부담하는 자로부터 징수하여 국가에 납부할 의무가 있는 자를 말한다. 부가가치세법은 과세대상에 따라 부가가치세 납세의무자를 다르게 규정하고 있다.

II 납세의무자의 의의

1. 영리목적의 유무에 관계없음

납세의무자의 범위에 있어서 영리목적의 유무에 관계없는 이유는 부가가치세가 간접세이기 때문에 입법 당시부터 **최종소비자에게 세 부담이 전가되도록** 예정되어 있기 때문이다.

2. 사업의 구분 및 범위

1) 사업의 구분

재화나 용역을 공급하는 사업의 구분은 이 영에 특별한 규정이 있는 경우를 제외하고는 통계청장이 고시하는 **해당 과세기간 개시일 현재의 한국표준산업분류**에 따른다.(부령 4 ①) 용역을 공급하는 경우 건설업과 유사한 사업은 한국표준산업분류에도 불구하고 건설업에 포함되는 것으로 본다.(부령 4 ②)

2) 사업의 범위

(1) 원칙

납세의무자를 규정한 사업상 독립하여 재화 또는 용역을 공급하는 자라고 함은 **부가가치를 창출해 낼 수 있는 정도의 사업 형태를 갖추고 계속 반복적인 의사로 재화 또는 용역을 공급하는 자**를 말한다.

(2) 부동산매매업의 구분기준

부동산매매업의 경우에는 부동산의 매매 또는 그 중개를 사업 목적으로 나타내어 부동산을 판매하거나, **사업상의 목적으로 1 과세기간 중에 1회 이상 부동산을 취득하고 2회 이상 판매하는 경우** 계속 반복적인 것으로 보아 부가가치세 납세의무를 진다(부가칙 2 ②).

3. 독립적의 의미

사업상 독립적이라는 의미는 법적으로 **자기책임 또는 자기계산이 충족되어야 하는 것으로 해석**되고, **인적독립성과 물적독립성을 그 내용**으로 한다. 또한 소득세가 과세되지 않는 농가부업은 독립된 사업으로 보지 않는다. 다만, 소득세법 시행령에 따른 민박·음식물판매·특산물 제조·전통차 제조 및 그 밖에 이와 유사한 활동의 경우에는 이를 독립된 사업으로 본다(부가칙 2 ③).

> ⊕ 참고 **부동산매매업의 범위**
> 건설업과 부동산업 중 재화의 공급으로 보는 부동산매매업은 다음과 같다.
> ① 부동산의 매매 또는 중개를 목적으로 나타내어 부동산을 판매하는 경우에는 부동산의 취득과 매매 횟수에 관계없이 부동산매매업에 해당한다.
> ② 사업상의 목적으로 1과세기간에 1회 이상 부동산을 취득하고 2회 이상 판매하는 경우와 과세기간별 취득 횟수나 판매 횟수에 관계없이 부동산의 규모, 횟수, 태양 등에 비추어 사업활동으로 볼 수 있는 정도의 계속성과 반복성이 있는 때에는 부동산매매업에 해당한다.
> ③ 주거용 또는 비주거용 및 기타 건축물을 직접 또는 총괄적인 책임을 지고 건설하여 분양·판매하는 주택신축판매업과 건물신축판매업은 부동산매매업에 해당한다.
> ④ 부동산매매업을 영위하는 사업자가 분양목적으로 신축한 건축물이 분양되지 아니하여 일시적·잠정적으로 임대하다가 양도하는 경우에는 부동산매매업에 해당한다.
> ⑤ 과세사업에 계속 사용하던 사업용고정자산인 건축물을 매각하는 경우에는 재화의 공급으로 부가가치세가 과세되나, 부동산매매업에는 해당하지 않는다.

> ⊕ 참고 **농민이 모래를 판매하는 경우 납세의무자 여부 (부가집 3-0-3)**
> - 자기의 농토에서 주로 논농사에 종사하는 농민 김성실은 보유하고 있던 밭(田)을 논(畓)으로 개간하던 중 품질이 좋은 모래를 발견하여 이를 인근의 건설업자에게 1억원을 받고 판매하였다. 이 경우 김성실이 판매한 모래에 대하여 부가가치세를 과세하여야 하는지 여부
> - ☞ 모래를 판매하는 것은 부가가치세 과세대상이나 농민의 지위에서 해당 모래를 일시적으로 공급하여 「부가가치세법」상 납세의무자(사업자)로 볼 수 없기 때문에 부가가치세를 신고·납부할 의무가 없다.

4. 재화, 용역의 공급

사업자에 해당하기 위해서는 부가가치세의 **과세대상인 재화·용역을 공급**해야 한다. 사업자가 부가가치세가 과세되는 재화를 공급하거나 용역을 제공하는 경우에는 해당 사업자의 사업자등록 여부 및 공급 시 부가가치세의 거래징수 여부에 불구하고 해당 재화의 공급 또는 용역의 제공에 대하여 부가가치세를 신고·납부할 의무가 있다.(부기통 3-0-1)

Ⅲ 납세의무자의 범위 및 구분

1. 납세의무자의 범위

1) 납세의무자

사업자와 재화를 수입하는 자로서 개인, 법인(국가·지방자치단체와 지방자치단체조합을 포함), 법인격이 없는 사단·재단 또는 그 밖의 단체는 이 법에 따라 부가가치세를 납부할 의무가 있다.(부법 3 ①) 또한 내국법인이 청산을 하기 위하여 해산등기를 하고 청산 중에 있는 경우에도 상법에 따른 계속 등기 여부에 불구하고 사실상 사업을 계속하는 경우에는 납세의무가 있다.(부기통 3-0-5).

2) 신탁 관련 납세의무

(1) 원칙 : 수탁자

「신탁법」 또는 다른 법률에 따른 신탁재산(해당 신탁재산의 관리, 처분 또는 운용 등을 통하여 발생한 소득 및 재산을 포함)과 관련된 재화 또는 용역을 공급하는 때에는 「신탁법」에 따른 **수탁자가 신탁재산별로 각각 별도의 납세의무자**로서 부가가치세를 납부할 의무가 있다. 이 경우 수탁자(공동수탁자가 있는 경우 대표수탁자를 말함)는 해당 신탁재산을 사업장으로 보아 사업자등록을 신청하여야 한다.(부법 3 ②, 부법 8 ⑥)

(2) 예외 : 위탁자

위에도 불구하고 다음 중 어느 하나에 해당하는 경우에는 「신탁법」에 따른 **위탁자**가 부가가치세를 납부할 의무가 있다.(부법 3 ③)

① 신탁재산과 관련된 재화 또는 용역을 **위탁자 명의로 공급**하는 경우
② **위탁자가 신탁재산을 실질적으로 지배·통제**하는 다음의 경우
   ㉠ 수탁자가 위탁자로부터 신탁재산을 수탁받아 **부동산개발사업을 목적으로 하는 신탁계약을 체결한 경우로서 그 신탁계약에 따른 부동산개발사업비의 조달의무를 수탁자가 부담하지 않는 경우**. 다만, 수탁자가 법률에 따른 재개발사업·재건축사업 또는 가로주택정비사업·소규모재건축사업의 지정개발자인 경우는 제외한다.
   ㉡ 수탁자가 법률에 따른 사업대행자 또는 재개발사업·재건축사업 또는 가로주택정비사업의 사업대행자인 경우
   ㉢ 위탁자의 지시로 수탁자가 위탁자의 특수관계인에게 신탁재산 관련 재화 또는 용역을 공급하는 경우
   ㉣ 「자본시장과 금융투자업에 관한 법률」에 따른 투자신탁의 경우
③ 그 밖에 신탁의 유형, 신탁설정의 내용, 수탁자의 임무 및 신탁사무 범위 등을 고려하여 대통령령으로 정하는 경우

(3) 수탁자의 신탁재산별 사업자등록의 예외

수탁자가 납세의무자가 되어 사업자등록을 신청하는 경우로서 다음의 요건을 모두 갖춘 경우에는 둘 이상의 신탁재산을 하나의 사업장으로 보아 신탁사업에 관한 업무를 총괄하는 장소를 관할하는 세무서장에게 사업자등록을 신청할 수 있다(부령 11 ⑪).

① 수탁자가 하나 또는 둘 이상의 위탁자와 둘 이상의 신탁계약을 체결하였을 것
② 신탁계약이 다음의 어느 하나에 해당할 것
   ㉠ 수탁자가 위탁자로부터 「자본시장과 금융투자업에 관한 법률」에 따른 부동산 또는 지상권, 전세권, 부동산임차권, 부동산소유권 이전등기청구권, 그 밖의 부동산 관련 권리를 위탁자의 채무이행을 담보하기 위해 수탁으로 운용하는 내용으로 체결되는 신탁계약
   ㉡ 「자본시장과 금융투자업에 관한 법률」에 따른 신탁업자가 무체재산권(지식재산권을 포함)을 수탁하여 운용하는 신탁계약

ⓒ 「저작권법」에 따른 저작권신탁관리업을 영위하는 자가 저작권을 수탁하여 운용하는 신탁계약

ⓔ 「기술의 이전 및 사업화 촉진에 관한 법률」에 따른 기술신탁관리업을 영위하는 자가 기술과 그 사용에 관한 권리를 수탁하여 운용하는 신탁계약

(4) 공동수탁자의 연대납세의무

수탁자가 납세의무자가 되는 신탁재산에 둘 이상의 공동수탁자가 있는 경우 공동수탁자는 부가가치세를 연대하여 납부할 의무가 있다. 이 경우 공동수탁자 중 신탁사무를 주로 처리하는 대표수탁자가 부가가치세를 신고·납부하여야 한다.(부법 3 ④)

(5) 위탁자 지위 이전 시

위탁자의 지위를 이전하는 경우 납세의무자는 기존 위탁자로 한다.

2. 납세의무자의 구분

부가가치세법에서는 면세제도와 간이과세제도를 두고 있다. 이러한 면세제도와 간이과세제도로 인하여 모든 납세의무자가 동일한 납세의무를 지는 것은 아니다. 즉 부가가치세법상 납세의무자는 사업자와 재화를 수입하는자 이고, 사업자의 납세의무는 간이과세자와 사업자로 나뉘며, 사업자는 면세사업자와 과세사업자로 나뉜다. 이 경우 과세되는 사업과 면세되는 사업을 겸영하는 사업자는 과세 및 면세사업겸영자라고 하고 있다.

3. 신탁 관련 제2차 납세의무 및 물적납세의무

1) 제2차 납세의무

수탁자가 납부하여야 하는 다음의 어느 하나에 해당하는 부가가치세 또는 강제징수비를 **신탁재산으로 충당하여도 부족한 경우에는** 그 신탁의 수익자(신탁이 종료되어 신탁재산이 귀속되는 자를 포함)는 지급받은 수익과 귀속된 재산의 가액을 합한 금액을 한도로 하여 그 부족한 금액에 대하여 납부할 의무를 진다. (부법 3의2 ①). 이때 신탁의 수익자가 제2차 납세의무를 지는 경우에 신탁의 수익자에게 귀속된 재산의 가액은 신탁재산이 해당 수익자에게 이전된 날 현재의 시가(時價)로 한다.(부령 5의3 ①)

① 신탁 설정일 이후에 「국세기본법」에 따른 법정기일이 도래하는 부가가치세로서 해당 신탁재산과 관련하여 발생한 것

② ①의 금액에 대한 강제징수 과정에서 발생한 강제징수비

2) 물적납세의무

부가가치세를 납부하여야 하는 위탁자가 다음 중 어느 하나에 해당하는 부가가치세 등을 체납한 경우로서 그 위탁자의 다른 재산에 대하여 강제징수를 하여도 징수할 금액에 미치지 못할 때에는 해당 **신탁재산의 수탁자**는 그 신탁재산으로써 이 법에 따라 위탁자의 부가가치세 등을 납부할 의무가 있다.(부법 3의2 ②)

① 신탁 설정일 이후에 「국세기본법」에 따른 법정기일이 도래하는 부가가치세로서 해당 신탁재산과 관련하여 발생한 것

② ①의 금액에 대한 강제징수 과정에서 발생한 강제징수비

제3절 신고, 납세지

I 개요

납세지란 사업자가 「부가가치세법」에 따른 납세의무 및 협력의무를 이행하고 과세관청이 부과권과 징수권을 행사하는 기준이 되는 장소로서 부가가치세는 **사업장마다 신고·납부**하여야 한다. 그리고 부가가치세의 과세표준과 세액의 결정 또는 경정하는 때에 그 부가가치세의 납세지를 관할하는 과세관청의 장 외의 자가 행한 결정 또는 경정처분은 그 효력이 없다.

II 납세지

1. 원칙

사업자의 부가가치세 납세지는 **각 사업장의 소재지**로 한다.(부법 6 ①) 사업장은 사업자가 사업을 하기 위하여 거래의 전부 또는 일부를 하는 고정된 장소로 하며, 사업장의 범위에 관하여 필요한 사항은 대통령령으로 정한다.(부법 6 ②)

2. 특례

1) 사업장이 존재하지 않는 경우

사업자가 사업장을 두지 않으면 사업자의 **주소 또는 거소(居所)**를 사업장으로 한다.(부법 6 ③)

2) 사업자 단위 과세사업자의 경우

사업자 단위 과세사업자는 각 사업장을 대신하여 그 사업자의 본점 또는 주사무소의 소재지를 부가가치세 납세지로 한다.(부법 6 ④)

III 사업장의 범위

1. 사업장의 의의

사업장은 부가가치를 창출하는 장소이며, 납세의무 및 협력 의무를 이행하여야 할 독립된 부가가치세의 장소적 단위이다.

2. 일반적인 사업장의 기준

사업장은 사업자 또는 그 사용인이 상시 주재하여 거래의 전부 또는 일부를 행하는 장소로 한다(부법 6 ②).

3. 의제사업장(부령 8)

구분	사업장
광업	광업사무소의 소재지.
제조업	최종제품을 완성하는 장소. 다만, 따로 제품 포장만을 하거나 용기에 충전만을 하는 장소와 저유소(貯油所)는 제외한다.
부동산임대업	부동산의 등기부상 소재지
건설업, **부동산매매업**, 운수업	법인 : 법인등기부상의 소재지(등기부상의 지점 소재지 포함)
	개인 : 그 업무를 총괄하는 장소
	부동산등기부상의 소재지
	부동산상의 권리만 대여·전대 : 그 업무를 총괄하는 장소
	법인의 명의로 등록된 차량을 개인이 운용하는 경우 : 법인의 등기부상 소재지(등기부상의 지점 소재지를 포함)
	개인의 명의로 등록된 차량을 다른 개인이 운용하는 경우 : 그 등록된 개인이 업무를 총괄하는 장소
수자원 개발·공급업	그 사업에 관한 업무를 총괄하는 장소
무인자동판매기 운영업	
국가·지방자치단체 등의 과세사업	
소포우편물 방문접수 배달업	
한국토지공사 등의 부동산임대업	
한국철도공사가 영위하는 사업	그 사업에 관한 업무를 지역별로 총괄하는 장소
다단계판매원	다단계판매업자의 주된 사업장의 소재지(다만, 별도의 사업장 또는 등록한 사업장이 있는 경우 제외)
송유관설치사업자	그 사업에 관한 업무를 총괄하는 장소
비거주자 또는 외국법인	비거주자 또는 외국법인의 국내사업장
사업장을 설치하지 않은 경우	사업자의 주소지 또는 거소지
「전기통신사업법」에 따른 전기통신사업자가 기획재정부령으로 정하는 이동통신역무를 제공하는 전기통신사업	법인인 경우 : 법인의 본점 소재지
	개인인 경우 : 사업에 관한 업무를 총괄하는 장소
국가, 지방자치단체 또는 지방자치단체조합이 공급하는 면세용역에 해당하는 사업	사업에 관한 업무를 총괄하는 장소. 다만, 위임·위탁 또는 대리에 의하여 재화나 용역을 공급하는 경우에는 수임자·수탁자 또는 대리인이 그 업무를 총괄하는 장소를 사업장으로 본다.
기타의 경우	위 사업장 이외의 장소도 사업자의 신청에 의하여 추가로 사업장으로 등록할 수 있다.(무인자동판매기 운영업 제외)

4. 직매장과 하치장

1) 직매장
직매장은 사업자가 자기의 사업과 관련하여 생산 또는 취득한 재화를 직접 판매하기 위하여 특별히 판매시설을 갖춘 장소를 말하며 **직매장은 사업장**으로 본다(부령 8 ③).

2) 하치장
하치장은 사업자가 단순히 자기의 사업과 관련하여 생산 또는 취득한 재화를 보관·관리하기 위한 시설만을 갖춘 장소를 말하며, **하치장은 별도의 사업장으로 보지 않는다**. 다만, 보관업을 영위하는 사업자의 보관·관리시설은 하치장이 아니다.

5. 기타의 장소

1) 추가 사업장 등록
사업장 이외의 장소도 사업자의 신청에 의하여 추가로 사업장으로 등록할 수 있다. 다만, 무인자동판매기를 통하여 재화·용역을 공급하는 사업의 경우에는 그러지 않는다.(부령 8 ④)

2) 사업장을 설치하지 않은 경우
사업장을 설치하지 않은 경우에는 사업자의 주소 또는 거소를 사업장으로 한다.(부령 8 ⑤)

3) 비거주자 또는 외국법인의 경우
비거주자 또는 외국법인의 경우에는 「소득세법」 또는 「법인세법」에 규정하는 장소를 사업장으로 한다.(부령 8 ⑥)

6. 임시사업장

1) 개요
등록된 정상적인 사업장이 있는 사업자가 기존사업장 외에 각종 경기대회·박람회·국제회의 기타 이와 유사한 행사가 개최되는 장소에서 국세청장이 정하는 바에 따라 임시사업장을 개설하는 경우에는 그 **임시사업장은 기존사업장에 포함**되는 것으로 한다(부법 6 ⑤ 2).

2) 임시사업장의 개설 및 폐쇄신고

(1) 개설

임시사업장을 개설하려는 자는 임시사업장개설신고서를 해당 임시사업장의 사업개시일부터 10일 이내에 임시사업장의 관할 세무서장에게 제출(국세정보통신망에 의한 제출을 포함)하여야 한다. 다만, 임시사업장의 설치기간이 10일 이내인 경우에는 임시사업장 개설신고를 하지 않을 수 있다(부령 10 ②).

(2) 폐쇄

임시사업장을 개설한 자가 그 임시사업장을 폐쇄한 때에는 그 **폐쇄일로부터 10일 이내**에 임시사업장폐쇄신고서를 당해 임시사업장의 관할 세무서장에게 제출하여야 한다(부령 10 ④).

Ⅳ 주사업장 총괄납부

1. 개요

1) 의의

주사업장 총괄납부란 2 이상의 사업장이 있는 사업자(사업장이 하나이나 추가로 사업장을 개설하려는 사업자를 포함)가 주사업장 관할 세무서장에게 주사업장총괄납부를 신청한 때에는 부가가치세 납부세액 또는 환급세액을 각 사업장마다 납부하거나 환급받지 않고 **주사업장에서 각 사업장의 납부세액 또는 환급세액을 총괄하여 납부하거나 환급**받을 수 있는 것을 말한다(부법 51 ①).

2) 취지

부가가치세법에서 주사업장 총괄납부 제도를 두고 있는 이유는 납부세액의 납부 시기와 환급세액의 환급 시기가 일치하지 않음으로써 납세의무자에게 **자금 경색의 부담을 줄 우려가 있기 때문에 이를 경감** 하기 위해 도입되었다.

3) 효과

(1) 총괄납부

총괄납부 시 특히 유의할 점은 사업장 간의 납부세액을 통산한다는 의미가 과세표준 및 매출세액과 매입세액을 사업장간에 통산하여 납부세액을 총액으로 산정하라는 것은 아니라는 점이다〈간세 1235-2453, 1977. 8. 9〉. 즉, **각 사업장별로 매출세액과 매입세액을 따로 계산하여 납부세액 또는 환급세액을 계산하고 이들을 서로 합산 또는 상계하여 그 잔액을 납부하거나 환급**받는다는 의미이다.

(2) 재화의 공급의제 규정의 적용배제

주사업장 총괄납부 사업자 또는 사업자 단위 과세사업자가 총괄납부 또는 사업자 단위 과세의 적용을 받는 과세기간에 **직매장으로 반출하는 것은** 이를 재화의 공급으로 **보지 않는다**. 다만, 주사업장 총괄납부 사업자가 세금계산서를 발급하여 관할 세무서장에게 신고한 경우에는 그러지 않는다(부법 10 ③ 2).

2. 요건

1) 총괄납부 대상사업자

주사업장에서 부가가치세를 총괄납부할 수 있는 사업자는 **둘 이상의 사업장을 가진 사업자**(사업장이 하나이나 추가로 사업장을 개설하려는 사업자를 포함)로서 법인 및 개인을 모두 포함한다.

2) 주사업장

주된 사업장은 법인의 본점(주사무소를 포함) 또는 개인의 주사무소로 한다. 다만, **법인의 경우에는 지점**(분사무소를 포함)을 주된 사업장으로 할 수 있다(부령 92 ①).

3) 총괄납부 적용신청

(1) 계속사업자

주된 사업장에서 총괄하여 납부하려는 자는 그 납부하려는 **과세기간 개시 20일 전에** 주사업장 총괄납부신청서를 주된 사업장의 관할 세무서장에게 제출(국세정보통신망에 의한 제출을 포함)하여야 한다(부령 92 ②).

(2) 신규사업자

다음에 해당하는 자가 주된 사업장에서 총괄하여 납부하려는 경우에는 다음에 따른 기한까지 주사업장 총괄납부신청서를 주된 사업장의 관할 세무서장에게 제출(국세정보통신망에 의한 제출을 포함)하여야 한다(부령 92 ③).

① 신규로 사업을 시작하는 자 : 주된 사업장의 **사업자등록증을 받은 날부터 20일 이내**
② 사업장이 하나이나 추가로 사업장을 개설하려는 자 : 추가 사업장의 **사업개시일로부터 20일 이내**(추가 사업장의 사업 개시일이 속하는 과세기간 이내로 한정)

3. 변경신청

주사업장 총괄납부 사업자는 다음의 사유가 발생한 경우에는 다음의 구분에 따른 관할 세무서장에게 사업자의 인적사항·변경 사유 등이 적힌 주사업장 총괄납부변경신청서를 제출(국세정보통신망에 의한 제출을 포함)하여야 하며, 변경신청서를 제출한 날이 속하는 과세기간부터 총괄하여 납부한다(부령 93 ②).

① 종된 사업장을 신설하는 경우 : 그 신설하는 종된 사업장 관할 세무서장
② 종된 사업장을 주된 사업장으로 변경하고자 하는 경우 : 주된 사업장으로 변경하고자 하는 사업장 관할 세무서장
③ 사업자등록 정정사유에 해당하는 경우 : 그 정정사유가 발생한 사업장 관할 세무서장
④ 일부 종된 사업장을 총괄납부대상 사업장에서 제외하고자 하는 경우 : 주된 사업장 관할 세무서장
⑤ 기존의 사업장을 총괄납부대상 사업장에 추가하고자 하는 경우 : 주된 사업장 관할 세무서장

4. 적용 제외 및 포기

1) 적용 제외

주사업장 총괄납부 사업자가 다음 중 어느 하나에 해당하는 경우에는 주사업장총괄납부를 적용하지 않을 수 있다.(부령 94 ①)

① 사업내용의 변경으로 총괄납부가 부적당하다고 인정되는 때
② 주된 사업장의 이동이 빈번한 때
③ 기타 사정변경에 의하여 총괄납부가 적당하지 않게 된 때

2) 적용 포기

(1) 포기신청
주사업장 총괄납부 사업자가 주사업장총괄납부를 포기하고 각 사업장에서 납부하려고 할 때에는 그 **납부하려는 과세기간 개시 20일 전에** 주사업장 총괄납부 포기신고서를 주된 사업장 관할 세무서장에게 제출(국세정보통신망에 의한 제출을 포함)하여야 한다(부령 94 ②).

(2) 통지
주사업장총괄납부를 적용하지 않게 되거나 포기한 경우에 주된 사업장 관할 세무서장은 지체없이 그 내용을 해당 사업자와 주된 사업장 이외의 사업장 관할 세무서장에게 통지하여야 한다(부령 94 ③).

3) 효력발생
주사업장총괄납부를 적용하지 않게 되거나 포기한 경우에는 그 적용을 하지 않게 된 날 또는 포기한 날이 속하는 과세기간의 다음 과세기간부터 각 사업장에서 납부하여야 한다(부령 94 ④).

Ⅴ 사업자 단위 과세

1. 개요

1) 의의
동일한 사업자가 2 이상의 사업장이 있는 경우로서 사업자 단위로 등록한 사업자 단위 과세사업자는 그 사업자의 본점 또는 주사무소(主事務所)에서 총괄하여 신고·납부할 수 있다. 이 경우 그 사업자의 본점 또는 주사무소는 신고·납부와 관련하여 이 법을 적용할 때 각 사업장으로 본다.(부법 6 ④)

2) 취지
사업자 단위 과세제도는 사업장별 과세원칙에 따라 각 사업장별로 납부(환급)세액의 신고·납부, 사업자등록 및 세금계산서 교부를 하게 되면 그 절차가 복잡하여 과세관청이나 납세자 모두 불편하고 비효율적이므로 사업자의 **납세편의**를 제고하기 위한 제도이다.

3) 효과

(1) 사업자 단위 과세
사업자 단위 과세의 승인을 얻은 경우 사업자는 사업자 단위 과세 적용사업장의 관할 세무서장에게 과세표준과 세액을 **총괄하여 신고·납부**하여야 한다. 따라서 신고·납부와 관련하여 사업자 단위 과세 적용사업장 이외의 사업장 즉, 종된 사업장은 신고·납부의무가 없다.

(2) 직매장반출재화의 공급의제 규정 적용배제
사업자 단위 과세사업자가 사업자 단위 과세의 적용을 받는 과세기간에 판매목적으로 직매장에 반출하는 것은 재화의 공급으로 보지 않는다.

2. 사업자 단위 과세 등록 및 포기

1) 등록

(1) 신규사업자

신규로 사업을 시작하려는 사업자가 둘 이상의 사업장이 있는 경우에는 사업자 단위로 등록할 수 있으며, 이 경우 **사업개시일부터 20일 이내**에 본점 또는 주사무소에 대하여 사업자등록신청서를 본점 또는 주사무소 세무서장에게 제출(국세 정보통신망에 의한 제출 포함) 하여야 한다.

(2) 기존 사업자(부법 8 ③)

이미 등록한 기존 사업자가 사업자 단위로 등록하려는 경우 사업자 단위 과세사업자로 **적용받으려는 과세기간 개시 20일 전까지** 사업자 단위 과세 등록신청서를 본점 또는 주사무소 세무서장(관할 또는 그 밖의 모든 세무서장을 말함)에게 제출(국세 정보통신망에 의한 제출 포함) 하여야 한다.

2) 포기

사업자 단위 과세사업자가 각 사업장별로 신고·납부하거나 주사업장총괄납부를 하려는 경우에는 그 납부하려는 과세기간이 시작하기 20일 전에 사업자 단위 과세 포기신고서를 사업자 단위 과세 적용사업장 관할 세무서장에게 제출하여야 한다.(부령 17 ①) 사업자 단위 과세 적용사업장 관할 세무서장은 사업자 단위 과세 포기신고서의 처리결과를 지체 없이 해당 사업자와 종된 사업장의 관할 세무서장에게 통지하여야 한다.(부령 17 ②)

3) 효력 발생

사업자 단위 과세를 포기한 경우에는 그 포기한 날이 속하는 과세기간의 다음 과세기간부터 사업자 단위 과세 포기신고서에 적은 내용에 따라 각 사업장별로 신고·납부하거나 주사업장총괄납부를 하여야 한다. (부령 17 ③)

Ⅵ 과세관할

사업자에 대한 부가가치세는 납세지를 관할하는 세무서장 또는 지방국세청장이 과세하며(국기법 7 ①), 재화를 수입하는 자에 대한 부가가치세는 납세지(「관세법」에 따라 수입을 신고하는 세관의 소재지)를 관할하는 세관장이 과세한다(국기법 7 ②).

제4절 사업자등록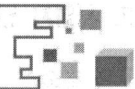

I 개요

1. 의의

사업자등록이란 부가가치세 업무의 효율적인 운영을 위하여 납세의무자의 사업에 관한 일련의 사항을 세무관서의 공부에 등재하는 것이다. 그러나 사업자등록증의 발급이 해당 사업자에게 사업을 허용하거나 사업경영을 할 권리를 인정하는 것은 아니다.

2. 사업자등록의 필요성

사업자등록은 과세행정의 능률화를 위해 설정하는 제도로써 과세관청이 납세자로 하여금 등록번호를 모든 거래 관계 서류에 명시하도록 하여 납세의무자의 과세에 관한 주요 사항들의 인지를 용이하게 하고 상호대사를 통한 과세자료의 양성화를 기함으로써 근거과세 및 공평 과세를 실현하려는데 그 목적을 두고 있다.

II 등록절차

1. 등록신청

1) 원칙

사업자는 **사업장마다 사업개시일부터 20일 이내**에 사업장 관할 세무서장에게 등록하여야 한다. 다만, 신규로 사업을 시작하려는 자는 사업개시일 이전이라도 사업자등록을 신청할 수 있다.(부법 8 ①)

2) 특례

(1) 타 관할 접수

사업자는 사업자등록의 신청을 사업장 관할 세무서장이 아닌 다른 세무서장에게도 할 수 있다. 이 경우 사업장 관할 세무서장에게 사업자등록을 신청한 것으로 본다.(부법 8 ②)

(2) 사업장이 둘 이상인 사업자의 사업자등록

사업장이 둘 이상인 사업자(사업장이 하나이나 추가로 사업장을 개설하려는 사업자를 포함)는 사업자단위로 해당 사업자의 본점 또는 주사무소 관할 세무서장에게 등록을 신청할 수 있다.(부법 8 ③)

(3) 사업자 단위 과세사업자 사업자등록

사업장 단위로 등록한 사업자가 사업자 단위 과세사업자로 변경하려면 사업자 단위 과세사업자로 적용받으려는 과세기간 개시 20일 전까지 사업자의 본점 또는 주사무소 관할 세무서장에게 변경등록을 신청하여야 한다.

2. 신청서의 제출 및 발급

1) 제출

사업자등록 신청서에는 법령에 따른 서류를 첨부하여야 한다. 다만, 신규사업자의 경우에 해당 법인의 설립등기 전 또는 사업의 허가·등록이나 신고 전에 등록을 하는 때에는 법인설립을 위한 사업허가신청서 사본, 사업등록신청서 사본, 사업신고서 사본이나 사업계획서로 이에 갈음할 수 있다.(부령 11 ③)

2) 발급

(1) 원칙

신청을 받은 사업장 관할 세무서장은 사업자의 인적사항과 그 밖에 필요한 사항을 적은 사업자등록증을 신청일부터 2일 이내(토요일, 공휴일, 대체휴일 또는 근로자의 날은 산정에서 제외)에 신청자에게 발급하여야 한다. 다만, 사업장시설이나 사업 현황을 확인하기 위하여 국세청장이 필요하다고 인정하는 경우에는 발급기한을 5일 이내에서 연장하고 조사한 사실에 따라 사업자등록증을 발급할 수 있다.(부령 11 ⑥)

(2) 등록거부

사업자등록의 신청을 받은 세무서장은 신청자가 사업을 사실상 개시하지 아니할 것이라고 인정되는 때에는 등록을 거부할 수 있다.(부령 11 ⑦)

(3) 직권등록

사업자가 등록을 하지 않는 경우에는 관할 세무서장이 조사하여 등록시킬 수 있다.(부령 11 ⑥)

(4) 보정요구

사업장 관할 세무서장은 사업자등록의 신청 내용을 보정(補正)할 필요가 있다고 인정될 때에는 10일 이내의 기간을 정하여 보정을 요구할 수 있다. 이 경우 해당 보정 기간은 발급기간에 산입하지 않는다(부령 11 ⑫).

3. 등록의제

다음에 해당하는 경우에는 부가가치세법상 사업자등록이 있는 것으로 본다.

① 개별소비세 또는 교통·에너지·환경세의 납세의무가 있는 사업자가 「개별소비세법」 또는 「교통·에너지·환경세법」에 따라 신고를 한 경우에는 해당 구분에 따른 등록신청 또는 신고를 한 것으로 본다.(부법 8 ⑩).
② 「소득세법」 및 「법인세법」에 따라 등록한 자로서 면세사업을 경영하는 자가 추가로 과세사업을 경영하려는 경우 사업자등록 정정신고서를 제출하면 부가가치세법상 사업자등록신청을 한 것으로 본다(부령 11 ⑩).
③ 다단계판매원이 「방문판매 등에 관한 법률」에 따라 다단계 판매업자에게 등록을 하고 도매 및 소매업을 경영할 목적으로 다단계판매업자에게 도매 및 소매업자로 신고한 경우 해당 다단계판매원이 사업자 등록 신청을 한 것으로 본다. 다만, 납부의무가 면제되지 않는 다단계판매원과 다단계판매원이 상시 주재하여 거래의 전부 또는 일부를 하는 별도의 장소가 있는 경우에는 해당 다단계판매원에 대해서는 그러하지 않는다(부령 11 ⑧).

Ⅲ 사업자등록의 사후관리

1. 사업자등록의 정정

정정 사유	재발급기한
① 상호를 변경하는 때 ② 통신판매업자가 사이버몰의 명칭 또는 「인터넷주소자원에 관한 법률」에 따른 인터넷 도메인 이름을 변경하는 때	신청일 당일
① 법인 또는 「국세기본법」의 규정에 의하여 법인으로 보는 단체 외의 단체의 대표자를 변경하는 때 ② 사업의 종류에 변동이 있는 때 ③ 사업장(사업자 단위 과세사업자의 경우에는 사업자 단위 과세 적용사업장)을 이전하는 때 ④ 상속으로 인하여 사업자의 명의가 변경되는 때 ⑤ 공동사업자의 구성원 또는 출자지분의 변경이 있는 때 ⑥ 임대인, 임대차 목적물·그 면적, 보증금, 차임 또는 임대차기간의 변경이 있거나 새로이 상가건물을 임차한 때 ⑦ 사업자 단위 과세사업자가 사업자 단위 과세 적용사업장을 변경하는 때 ⑧ 사업자 단위 과세사업자가 종된 사업장을 신설 또는 이전하는 때 ⑨ 사업자 단위 과세사업자가 종된 사업장의 사업을 휴업하거나 폐업하는 때	신청일로부터 2일

2. 휴업·폐업의 신고

1) 원칙

사업자등록을 한 사업자가 휴업 또는 폐업(사실상 폐업한 경우를 포함)을 하거나 사실상 사업을 시작하지 않게 될 때에는 지체 없이 인적 사항 등을 적은 휴업(폐업)신고서를 세무서장(관할 세무서장 또는 그 밖의 세무서장 중 어느 한 세무서장)에게 제출(국세정보통신망에 의한 제출을 포함)하여야 한다.(부령 13 ①)

2) 합병의 경우

법인이 합병할 때에는 합병 후 존속하는 법인(신설합병의 경우에는 합병으로 설립된 법인) 또는 합병 후 소멸하는 법인이 인적사항 등을 적은 법인합병신고서에 사업자등록증을 첨부하여 소멸법인의 폐업 사실을 소멸법인의 관할 세무서장에게 신고하여야 한다(부령 13 ④).

3) 법령에 따라 허가를 받거나 등록 또는 신고 등을 하여야 하는 사업의 경우

법령에 따라 허가를 받거나 등록 또는 신고 등을 하여야 하는 사업의 경우에는 허가, 등록, 신고 등이 필요한 사업의 주무관청에 휴업(폐업)신고서를 제출할 수 있다.

3. 등록말소

사업자가 폐업하거나 다음의 사유에 따라 등록한 후 사실상 사업을 시작하지 않게 되는 경우에는 사업장 관할 세무서장은 지체 없이 그 등록을 말소하여야 한다.(부법 8 ⑧, 부령 15 ②)

① 폐업한 경우
② 사실상 폐업한 경우 또는 신규로 사업을 시작하려는 자가 사업개시일 이전에 사업자등록신청을 하였으나 다음에 해당하는 사유로 사실상 사업을 시작하지 않게 되는 경우
　㉠ 사업자가 사업자등록을 한 후 정당한 사유 없이 6개월 이상 사업을 시작하지 않는 경우
　㉡ 사업자가 부도 발생, 고액 체납 등으로 도산하여 소재 불명인 경우
　㉢ 사업자가 인가·허가 취소 또는 그 밖의 사유로 사업을 수행할 수 없어 사실상 폐업상태에 있는 경우
　㉣ 사업자가 정당한 사유 없이 계속하여 둘 이상의 과세기간에 걸쳐 부가가치세를 신고하지 않고 사실상 폐업상태에 있는 경우
　㉤ 그 밖에 사업자가 ㉠부터 ㉣까지의 규정과 유사한 사유로 사실상 사업을 시작하지 않는 경우

4. 사업자등록의 갱신

관할 세무서장은 부가가치세 업무의 효율적인 처리를 위하여 필요하다고 인정하는 때에는 사업자등록증을 갱신 발급할 수 있다.(부령 16)

Ⅳ 미등록 또는 위장등록의 제재

1. 미등록 및 허위등록 가산세

사업자 또는 국외사업자가 다음 중 어느 하나에 해당하는 경우에는 다음에 따른 금액을 납부세액에 더하거나 환급세액에서 뺀다.(부법 60 ①)

① 사업자가 법정 기한까지 등록을 신청하지 않은 경우에는 **사업개시일부터 등록을 신청한 날의 직전일까지의 공급가액 합계액의 1%**
② 전자적용역을 공급하는 국외사업자가 사업의 개시일부터 20일 이내에 간편사업자등록을 하지 아니한 경우에는 **사업 개시일부터 등록한 날의 직전일까지의 공급가액 합계액의 1%**
③ 사업자가 타인의 명의로 사업자등록을 하거나 그 타인 명의의 사업자등록을 이용하여 사업을 하는 것으로 확인되는 경우 그 타인 명의의 **사업개시일부터 실제 사업을 하는 것으로 확인되는 날의 직전일까지의 공급가액 합계액의 1%** 다만, 다음의 경우는 제외한다.
　㉠ 사업자의 배우자 명의로 사업자등록을 하는 경우
　㉡ 상속으로 인하여 피상속인이 경영하던 사업이 승계되는 경우로서 그 피상속인(상속개시일부터 상속세 과세표준 신고기한까지의 기간 동안 상속인이 피상속인 명의의 사업자등록을 활용하여 사업을 하는 경우로 한정)명의로 사업자등록을 하는 경우

2. 매입세액불공제

등록을 하기 전의 매입세액을 매출세액에서 공제할 수 없다. 다만, 공급시기가 속하는 과세기간이 끝난 후 20일 이내에 등록을 신청한 경우 등록신청일부터 공급시기가 속하는 과세기간 기산일까지 역산한 기간 내의 것은 제외한다.(부법 39 ① 8)

제3장 과세거래

제1절 재화의 공급

I 개요

재화의 공급에는 계약상 또는 법률상의 모든 원인에 의하여 재화를 사용 또는 소비할 수 있는 소유권(배타적 권리, 점유)을 이전하는 실질적 공급과 최종소비자의 지위에서 사업자 자신이 사용 또는 소비하거나 면세사업에 전용하는 등 일정한 사유에 해당하는 경우 재화의 공급으로 의제하는 간주공급이 있다.

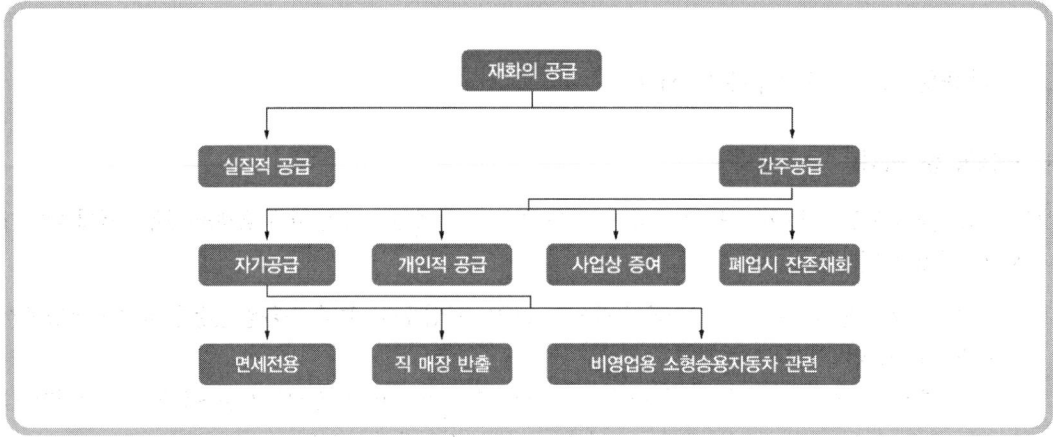

II 재화의 공급의 의의 및 범위

1. 재화의 의의

"재화"란 재산적 가치가 있는 모든 유체물(有體物)과 무체물(無體物)을 말한다(부법 1 ②).
과세대상이 되는 재화의 구체적 범위는 다음과 같다.

구분	구체적범위
유 체 물	원료, 상품, 제품, 비품, 기계장치, 건축물 등 모든 유형적 물건
무 체 물	전기, 열, 빛, 에너지 기타 관리할 수 있는 자연력
권 리	영업권, 산업재산권, 광업권 등 재산적 가치가 있는 권리
기 타	선하증권, 창고증권, 화물상환증 등

2. 재화의 공급의 범위

재화의 공급은 계약상 또는 법률상의 모든 원인에 의하여 재화를 인도(引渡) 또는 양도(讓渡)하는 것으로써 다음에 규정하는 것으로 한다.(부법 9 ①, 부령 18 ①)
① 매매계약
② 가공계약
③ 교환계약
④ 강제경매, 수용, 현물출자 등
⑤ 기타

Ⅲ 재화의 간주공급

1. 개요

재화의 간주공급이란 실질적 공급에는 해당하지 않으나, 세 부담없는 소비와 납세자의 자금경생 부담 완화를 위해 공급으로 보는 경우를 말한다.

2. 자기생산 취득재화

사업자가 자기의 과세사업과 관련하여 생산하거나 취득한 재화로서 다음의 어느 하나에 해당하는 재화를 자기생산·취득재화라 한다.
① 공제대상 매입세액, 그 밖에 이 법 및 다른 법률에 따른 매입세액이 공제된 재화
② 사업양도로 취득한 재화로서 사업양도자가 매입세액을 공제받은 재화
③ 수출에 해당하여 영(零) 퍼센트의 세율을 적용받는 재화

3. 재화의 자가공급

1) 개요

재화의 자가공급이란 사업자가 자기의 사업과 관련하여 생산하거나 취득한 재화를 자기의 사업을 위하여 **직접 사용하거나 소비**하는 것을 말한다.

2) 재화의 자가공급에 해당되지 않는 경우

사업자가 자기의 사업과 관련하여 생산하거나 취득한 재화를 자기의 과세사업을 위하여 다음의 예시와 같이 사용하거나 소비하는 경우에는 재화의 공급으로 보지 않는다(부기통 10-0-1).
① 자기의 다른 사업장에서 원료·자재 등으로 사용하거나 소비하기 위하여 반출하는 경우
② 자기 사업상의 기술개발을 위하여 시험용으로 사용하거나 소비하는 경우
③ 수선비 등에 대체하여 사용하거나 소비하는 경우

④ 사후 무료 서비스 제공을 위하여 사용하거나 소비하는 경우
⑤ 불량품 교환 또는 광고 선전을 위한 상품진열 등의 목적으로 자기의 다른 사업장으로 반출하는 경우

3) 종류

(1) 면세전용

사업자가 자기의 과세사업과 관련하여 생산하거나 취득한 재화로서 자기생산·취득재화를 자기의 면세사업 및 부가가치세가 과세되지 아니하는 재화 또는 용역을 공급하는 사업을 위하여 직접 사용하거나 소비하는 것은 재화의 공급으로 본다(부법 10 ①).

(2) 비영업용 소형승용자동차와 그 유지를 위한 재화

다음 중 어느 하나에 해당하는 자기생산·취득재화의 사용 또는 소비는 재화의 공급으로 본다.(부법 10 ②)

① 사업자가 자기생산·취득재화를 매입세액이 매출세액에서 공제되지 않는 「개별소비세법」에 따른 다음의 자동차로 사용 또는 소비하거나 그 자동차의 유지를 위하여 사용 또는 소비하는 것

㉠ 배기량이 2천씨씨를 초과하는 승용자동차와 캠핑용자동차
㉡ 배기량이 2천씨씨 이하인 승용자동차(배기량이 1천씨씨 이하인 것으로서 대통령령으로 정하는 규격의 것은 제외)와 이륜자동차
㉢ 전기승용자동차

② 운수업, 자동차 판매업 등 업종의 사업을 경영하는 사업자가 자기생산·취득재화 중 「개별소비세법」에 따른 자동차와 그 자동차의 유지를 위한 재화를 해당 업종에 직접 영업으로 사용하지 않고 다른 용도로 사용하는 것

* 개별소비세법에서 규정한 자동차란 다음의 자동차를 말한다.
 ① 배기량이 2천씨씨를 초과하는 승용자동차와 캠핑용자동차
 ② 배기량이 2천씨씨 이하인 승용자동차(배기량이 1천씨씨 이하인 것으로서 길이가 3.6미터 이하이고 폭이 1.6미터 이하인 것은 제외)와 이륜자동차
 ③ 전기승용자동차(「자동차관리법」에 따른 세부기준을 고려하여 대통령령으로 정하는 규격의 것은 제외)

(3) 판매목적 직매장 반출

사업장이 둘 이상인 사업자가 자기의 사업과 관련하여 생산 또는 취득한 재화를 **판매할 목적으로 자기의 다른 사업장에 반출**하는 것은 재화의 공급으로 본다. 다만, 다음 중 어느 하나에 해당하는 경우는 재화의 공급으로 보지 않는다.(부법 10 ③)

① 사업자가 사업자 단위 과세사업자로 적용을 받는 과세기간에 자기의 다른 사업장에 반출하는 경우
② 사업자가 주사업장 총괄납부의 적용을 받는 과세기간에 자기의 다른 사업장에 반출하는 경우. 다만, 세금계산서를 발급하고 관할 세무서장에게 신고한 경우는 제외한다.

3. 개인적공급 및 사업상증여

1) 개인적공급

사업자가 자기의 사업과 관련하여 생산하거나 취득한 재화를 자기나 그 사용인의 개인적인 목적 또는 그 밖의 목적으로 사용·소비하는 경우 사업자가 그 대가를 받지 않거나 시가보다 낮은 대가를 받는 것은 재화의 공급으로 본다.(부법 10 ④) 다만 사업자가 자기의 사업과 관련하여 실비변상적이거나 복리 후생적 목적으로 자기의 사용인에게 재화를 무상으로 공급하는 것으로서 다음에 예시하는 것에 대하여는 재화의 공급으로 보지 않는다(부령 19의2).

① 사업을 위해 착용하는 작업복, 작업모 및 작업화를 제공하는 경우
② 직장 연예 및 직장 문화와 관련된 재화를 제공하는 경우
③ 다음의 어느 하나에 해당하는 재화를 제공하는 경우. 이 경우 각 목별로 각각 사용인 1명당 연간 10만원을 한도로 하며, 10만원을 초과하는 경우 해당 초과액에 대해서는 재화의 공급으로 본다.
  ㉠ 경조사와 관련된 재화
  ㉡ 설날·추석, 창립기념일 및 생일 등과 관련된 재화

2) 사업상증여

사업자가 자기의 사업과 관련하여 생산하거나 취득한 재화를 자기의 고객이나 불특정 다수인에게 증여(贈與)하는 경우에 과세되는 재화의 공급으로 보는 것은 증여되는 재화의 대가가 주된 거래인 재화공급의 대가에 포함되지 않는 것으로 한다. 다만, 다음 중 어느 하나에 해당하는 경우에는 과세되는 재화의 공급으로 보지 않는다.(부법 10 ⑤, 부령 20)

① 사업을 위하여 대가를 받지 않고 다른 사업자에게 인도 또는 양도하는 견본품
② 「재난 및 안전관리기본법」의 적용을 받아 특별재난지역에 공급하는 물품
③ 사업자가 자기의 사업과 관련하여 생산하거나 취득한 재화를 자기사업의 광고 선전 목적으로 불특정 다수인에게 광고 선전용 재화로서 무상으로 배포하는 경우(부기통 10-0-4)
④ 사업자가 자기의 제품 또는 상품을 구입하는 자에게 구입당시 그 구입액의 비율에 따라 증여하는 기증품 등(부기통 10-0-6)
⑤ 자기적립마일리지 등으로만 전액을 결제받고 공급하는 재화

4. 폐업시 재고재화

1) 개요

사업자가 사업을 폐업하는 경우 남아 있는 재화는 자기에게 공급하는 것으로 본다. 사업개시 전 등록한 경우 사실상 사업을 시작하지 않게 되는 경우에도 또한 같다.(부법 10 ⑥)

2) 폐업시 재고재화로서 과세하지 않는 경우

① 사업자가 사업의 종류를 변경한 경우 변경전 사업에 대한 잔존재화
② 동일사업장 내에서 2 이상의 사업을 겸영하는 사업자가 그 중 일부 사업을 폐지하는 경우 해당 폐지한 사업과 관련된 재고재화
③ 개인사업자 2인이 공동사업을 영위할 목적으로 한 사업자의 사업장을 다른 사업자의 사업장에 통합하여 공동명의로 사업을 영위하는 경우에 통합으로 인하여 폐지된 사업장의 재고재화
④ 폐업일 현재 수입신고(통관)되지 않은 미도착재화
⑤ 사업자가 직매장을 폐지하고 자기의 다른 사업장으로 이전하는 경우 해당 직매장의 재고재화

Ⅳ 재화의 공급으로 보지 않는 경우

1. 담보제공

질권·저당권 또는 양도담보의 목적으로 동산·부동산 및 부동산상의 권리를 제공하는 것은 재화의 공급으로 보지 않는다.(부법 10 ⑨ 1, 부령 22)

2. 사업의 양도

1) 의의

사업의 양도란 사업장별로 그 사업에 관한 모든 권리와 의무를 포괄적으로 승계시키는 것(「법인세법」의 요건을 갖춘 분할의 경우 및 양수자가 승계받은 사업 외에 새로운 사업의 종류를 추가하거나 사업의 종류를 변경한 경우를 포함)을 말한다(부령 23).

2) 사업양도의 요건

(1) 사업장별 사업의 승계

사업양도에 해당하기 위해서는 **사업장별로 그 사업에 관한 모든 권리와 의무를 포괄적으로 승계시키는 것**을 말한다.(부령 23)

(2) 사업에 관한 모든 권리와 의무

사업양도에 해당하기 위해서는 사업장별로 그 사업에 관한 모든 권리와 의무를 포괄적으로 승계시켜야 한다. 다만, 사업과 직접 관련이 없거나 사업의 동일성을 상실하지 않는 범위 내의 미수금, 미지급금, 사업과 관련없는 토지·건물 등에 관한 것은 제외하여도 사업의 양도로 본다.(부령 23)

(3) 사업의 동일성 유지

사업의 양도에 해당하려면 최소한 사업의 양도 시점에는 양도인과 양수인의 사업 간에 동일성이 유지되어야 할 것(조심2010중1105, 2010.6.24.)이며 양수도 당시 다른 업종을 영위하고 있는 양수인이 사업을 양수도 하는 경우가 아니면 새로운 업종 변경이나 추가는 양수일 이후에 가능하다는 것에 유의하여야 한다.

3) 사업양도 중 매입세액공제가능한 경우

사업양도 시 부가가치세 대리납부 규정에 의하여 **사업을 양수받는 자가 대가를 지급하는 때에 그 대가를 받은 자로부터 부가가치세를 징수하여 납부한 경우**는 양수자의 부가가치세 매입세액공제가 가능하다.
(부법 10 ⑧ 2 단서)

3. 조세의 물납

사업용 자산을 「상속세 및 증여세법」 및 「지방세법」에 따라 물납하는 것은 재화의 공급으로 보지 않는다.(부령 24)

4. 특정 창고증권의 양도

다음 중 어느 하나에 해당하는 것은 재화의 공급으로 보지 않는다.(부령 18 ② 1, 2)

① 보세구역에 있는 조달청 창고에 보관된 물품에 대하여 조달청장이 발행하는 창고증권의 양도로서 임치물의 반환이 수반되지 않는 것
② 보세구역에 있는 런던금속거래소의 지정창고에 보관된 물품에 대하여 같은 거래소의 지정창고가 발행하는 창고증권의 양도로서 임치물의 반환이 수반되지 않는 것

5. 위탁가공을 위한 무상반출

사업자가 위탁가공을 위하여 원자재를 국외의 수탁가공 사업자에게 대가 없이 반출하는 것은 재화의 공급(영세율 적용분은 제외)으로 보지 않는다.(부령 18 ② 3)

6. 특정 석유류의 소비대차(무위험차익거래방식)

법률에 따라 비축된 석유를 수입통관하지 않고 보세구역에 보관하면서 국내사업장이 없는 비거주자 또는 외국법인과 무위험차익거래 방식으로 소비대차하는 것은 재화의 공급으로 보지 않는다(부령 18 ② 4)

7. 공매, 경매, 수용에 의한 양도

다음 중 어느 하나에 해당하는 것은 재화의 공급으로 보지 않는다.(부령 18 ③)

① 「국세징수법」에 따른 공매(같은 법에 따른 수의계약에 따라 매각하는 것을 포함)에 따라 재화를 인도하거나 양도하는 것
② 「민사집행법」에 따른 경매(같은 법에 따른 강제경매, 담보권 실행을 위한 경매와 「민법」·「상법」등 그 밖의 법률에 따른 경매를 포함)에 따라 재화를 인도하거나 양도하는 것
③ 「도시 및 주거환경정비법」, 「공익사업을 위한 토지 등의 취득 및 보상에 관한 법률」등에 따른 수용절차에서 수용대상 재화의 소유자가 수용된 재화에 대한 대가를 받는 경우
④ 「도시 및 주거환경정비법」에 따른 사업시행자의 매도청구에 따라 재화를 인도하거나 양도하는 것

8. 신탁재산의 소유권 이전 등

1) 신탁재산의 소유권 이전

신탁재산의 소유권 이전으로서 다음의 어느 하나에 해당하는 것은 재화의 공급으로 보지 않는다.(부법 10 ⑨ 4.)

① 위탁자로부터 수탁자에게 신탁재산을 이전하는 경우
② 신탁의 종료로 인하여 수탁자로부터 위탁자에게 신탁재산을 이전하는 경우
③ 수탁자가 변경되어 새로운 수탁자에게 신탁재산을 이전하는 경우

2) 위탁자의 지위 이전

「신탁법」에 따라 위탁자의 지위가 이전되는 경우에는 기존 위탁자가 새로운 위탁자에게 신탁재산을 공급한 것으로 본다. 다만, 신탁재산에 대한 실질적인 소유권의 변동이 있다고 보기 어려운 다음의 경우에는 신탁재산의 공급으로 보지 않는다.(부법 10 ⑧)

① 집합투자업자가 다른 집합투자업자에게 위탁자 지위를 이전한 경우
② 신탁재산의 실질적인 소유권이 위탁자가 아닌 제3자에게 있는 경우 등 위탁자의 지위 이전에도 불구하고 신탁재산에 대한 실질적인 소유권의 변동이 있다고 보기 어려운 경우

제2절 용역의 공급

I 용역공급의 개념 및 범위

1. 용역의 개념

용역의 공급은 계약상 또는 법률상의 모든 원인에 의하여 역무를 제공하거나 재화·시설물 또는 권리를 사용하게 하는 것으로 한다.(부법 11)

2. 용역공급의 범위

다음에 해당하는 것은 용역의 공급으로 본다.(부령 25)

1) 건설업의 경우

건설업에 있어서는 건설업자가 건설자재의 전부 또는 일부를 부담하는 것

2) 단순가공의 경우
상대방으로부터 인도받은 재화에 자기가 주요 자재를 전혀 부담하지 않고 단순히 가공만 하여 주는 것

3) Know-how 제공의 경우
산업상·상업상 또는 과학상의 지식·경험 또는 숙련에 관한 정보를 제공하는 것

4) 외국법인이 제공하는 용역
외국법인이 제공한 용역의 중요하고도 본질적인 부분이 국내에서 이루어졌다면 그 일부가 국외에서 이루어졌더라도 용역이 공급되는 장소는 국내라고 보아야 한다(대법원 2006. 6. 16. 선고 2004두7528, 7535).

Ⅱ 용역의 자가공급

사업자가 자신의 용역을 자기의 사업을 위하여 대가를 받지 않고 공급함으로써 다른 사업자와의 과세형평이 침해되는 경우에는 자기에게 용역을 공급하는 것으로 본다.(부법 12 ①) 그러나 현재로서는 기획재정부령에서는 이에 관하여 규정하고 있지 않은 관계로 실질적으로 용역의 자가공급으로서 과세대상으로 하고 있는 것은 없다.

Ⅲ 용역의 공급으로 보지 않는 경우

1. 용역의 무상공급

사업자가 대가(對價)를 받지 않고 타인에게 용역을 공급하는 것은 용역의 공급으로 보지 않는다. 다만, 사업자가 특수관계에 있는 자에게 다음을 제외한 사업용 부동산의 임대용역 등을 공급하는 경우에는 공급으로 본다(부법 12 ②).
① 법률에 따라 설립된 산학협력단과 대학 간 사업용 부동산의 임대용역
② 공공주택사업자와 부동산투자회사 간 사업용 부동산의 임대용역

2. 근로의 제공

고용관계에 따라 근로를 제공하는 것은 용역의 공급으로 보지 않는다.(부법 12 ③)

제3절 재화의 수입

I 취지

과세대상인 재화의 수입은 동일한 재화가 국내에서 생산되어 소비되는 경우와 과세형평을 도모하기 위한 정책적 목적과 국제적인 소비지국 과세원칙에 따라 국내에서 소비되거나 사용될 것으로 예상되는 것에 대하여 부가가치세를 과세하기 위함이다.

II 재화수입의 범위

재화의 수입은 다음 중 어느 하나에 해당하는 물품을 우리나라에 반입하는 것으로 한다. 이 경우 보세구역을 거치는 것은 보세구역에서 반입하는 것을 말하는 것으로 외국에서 보세구역으로 재화를 반입하는 그 자체는 재화의 수입에 해당하지 않는다.(부법 13)

① 외국으로부터 우리나라에 들어온 물품(외국 선박에 의하여 공해에서 채취되거나 잡힌 수산물을 포함)으로서 수입신고가 수리되기 전의 것
② 수출신고가 수리된 물품. 다만, 선적되지 않은 물품을 보세구역에서 반입하는 것은 재화의 수입으로 보지 않는다.

제4절 부수재화 및 부수용역

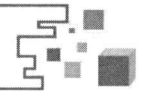

I 개요

부수재화·부수용역의 과세의 범위·공급시기·공급장소 등은 모두 주된 재화 또는 용역의 공급에 따라 판단되므로 부수재화·부수용역에 대한 과세 또는 면세가 수평적으로 공평하지 못하다는 비판을 받고 있기도 하지만, 거래 관행을 존중하고 주된 부분과 부수되는 부분의 구분계산에 따른 비경제성을 배제하며 세무행정의 편의와 능률 제고 및 납세의무자의 부가가치세 순응을 기하는데 그 의의가 있다.

Ⅱ 부수재화 및 부수용역의 범위

1. 주된 거래 관련

주된 재화 또는 용역의 공급에 부수되어 공급되는 것으로서 다음 중 어느 하나에 해당하는 재화 또는 용역의 공급은 주된 재화 또는 용역의 공급에 포함되는 것으로 본다.(부법 14 ①)

1) 종류

(1) 공급대가의 부수성

해당 대가가 주된 재화 또는 용역의 공급에 대한 대가에 통상적으로 포함되어 공급되는 재화 또는 용역을 말하며 대가의 포함성 여부는 통상성에 의하여 판단한다.

(2) 거래의 관행성(부수재화의 공급)

거래의 관행으로 보아 통상적으로 주된 재화 또는 용역의 공급에 부수하여 공급되는 것으로 인정되는 재화 또는 용역을 말한다.

2) 세무상 처리

주된 거래인 재화 또는 용역의 공급에 부수되는 재화 또는 용역의 공급의 경우에는 이를 **독립된 별개의 과세대상인 재화 또는 용역의 공급으로 보지 않고** 과세, 면세 여부를 주된 재화 및 용역에 따른다.

2. 주된 사업 관련

주된 사업에 부수되는 다음의 어느 하나에 해당하는 재화 또는 용역의 공급은 별도의 공급으로 보되, 과세 및 면세 여부 등은 주된 사업의 과세 및 면세 여부 등을 따른다.(부법 14 ②)

1) 종류

(1) 일시 · 우발적 공급

주된 사업과 관련하여 우연히 또는 일시적으로 공급되는 재화 또는 용역을 말한다.

(2) 부산물 재화

주된 사업과 관련하여 주된 재화의 생산 과정이나 용역의 제공 과정에서 필연적으로 생기는 재화를 말한다.

2) 세무상 처리

주된 사업에 부수되는 재화 또는 용역의 공급의 경우에는 이를 **독립된 별개의 과세대상인 재화 또는 용역의 공급으로 보게 된다.** 따라서 부가가치세 과세 및 면세의 여부도 주된 사업과 별도로 판단을 해야 한다. 그러나 주된 사업이 면세인 경우에는 면세를 우선적으로 적용하고 부산물 등은 주산물에 따라 과세 여부를 판단해야 한다.

제5절 공급시기 및 공급장소

I 공급시기

공급시기란 재화 또는 용역의 공급이 어느 시점에서 이루어진 것으로 할 것인지를 결정하는 시간적 기준으로서 세금계산서의 발급, 부가가치세의 거래징수 및 신고·납부시기 등을 결정하는 요소이다.

1. 재화의 공급시기

구분	공급시기
일반적 공급시기	① 재화의 이동이 필요한 경우 : 재화가 인도되는 때 ② 재화의 이동이 필요하지 않은 경우 : 재화가 이용 가능하게 되는 때 ③ ①과 ②를 적용할 수 없는 경우 : 재화의 공급이 확정되는 때
조건부 및 기한부 판매	그 조건이 성취되거나 기한이 지나 판매가 확정되는 때
재화공급의 특례	① 면세전용, 비영업용 소형승용차구입 및 유지비용, 개인적공급에 의하여 재화의 공급으로 보는 경우에는 재화가 사용 또는 소비되는 때 ② 판매목적 타 사업장 반출에 의하여 재화의 공급으로 보는 경우에는 재화를 반출하는 때 ③ 사업상증여에 의하여 재화의 공급으로 보는 경우에는 재화를 증여하는 때 ④ 폐업 시 재고재화에 의하여 재화의 공급으로 보는 경우에는 폐업일
무인 판매기를 통한 공급	사업자가 무인 판매기에서 현금을 꺼내는 때
수출재화	① 내국물품을 외국으로 반출하거나 중계무역에 해당하는 수출의 경우에는 수출재화의 선(기)적일 ② 원양어업 및 위탁판매에 해당하는 수출의 경우에는 수출재화의 공급가액이 확정되는 때 ③ 위탁가공무역 방식의 수출 또는 외국인도 수출의 경우에는 외국에서 해당 재화가 인도되는 때
보세구역 내에서 보세구역 밖의 국내 재화 공급	수입신고 수리일
폐업 전 공급한 재화	공급시기가 폐업일 이후에 도래하는 경우에는 그 폐업일
위탁판매	수탁자 또는 대리인의 공급을 기준으로 하여 공급시기 규정을 적용한다. 다만, 위탁자 또는 본인을 알 수 없는 경우에는 위탁자와 수탁자 또는 본인과 대리인 사이에도 별개의 공급이 이루어진 것으로 본다.
리스거래	사업자가 법률에 따라 등록한 시설대여업자로부터 시설 등을 임차하고 그 시설 등을 공급자 또는 세관장으로부터 직접 인도받은 경우에는 그 사업자가 공급자로부터 재화를 직접 공급받거나 외국으로부터 재화를 직접 수입한 것으로 보아 공급시기 규정을 적용한다.

2. 용역의 공급시기

구분	공급시기
일반적 공급시기	① 역무의 제공이 완료되는 때 ② 시설물, 권리 등 재화가 사용되는 때 ③ ①을 적용할 수 없거나 대가를 받기로 한 때를 공급시기로 볼 수 없는 경우 역무 제공이 완료되고 공급가액이 확정되는 때
조건부 및 기한부 판매	그 조건이 성취되거나 기한이 지나 판매가 확정되는 때

둘 이상의 과세기간에 걸친 용역의 공급 등	① 사업자가 부동산임대용역을 공급하는 경우로서 다음 중 어느 하나에 해당하는 경우 : 예정신고기간 또는 과세기간의 종료일
	  ㉠ 사업자가 부동산임대용역을 공급하고 전세금 또는 임대보증금을 받는 경우
	  ㉡ 사업자가 둘 이상의 과세기간에 걸쳐 부동산임대용역을 공급하고 그 대가를 선불 또는 후불로 받는 경우
	  ㉢ 사업자가 부동산을 임차하여 다시 임대용역을 제공하는 경우로서 전세금 또는 보증금에 대한 간주임대료의 과세표준을 계산하는 경우
	② 용역을 둘 이상의 과세기간에 걸쳐 계속적으로 제공하고 그 대가를 선불로 받는 경우 : 예정 신고기간 또는 과세기간의 종료일
	③ 사업자가 「사회기반시설에 대한 민간투자법」의 방식을 준용하여 설치한 시설에 대하여 둘 이상의 과세기간에 걸쳐 계속적으로 시설을 이용하게 하고 그 대가를 받는 경우 : 예정신고기간 또는 과세기간의 종료일

폐업 전 공급한 재화	폐업 전에 공급한 용역의 공급시기가 폐업일 이후에 도래하는 경우에는 폐업일

3. 할부 또는 조건부로 용역을 공급하는 경우 등의 재화 또는 용역의 공급시기

다음 중 어느 하나에 해당하는 경우에는 **대가의 각 부분을 받기로 한 때**를 공급시기로 본다. 다만, ②와 ③의 용역제공의 경우 공급시기 이후에 받기로 한 대가의 부분에 대해서는 역무의 제공이 완료되는 날을 그 용역의 공급시기로 본다.(부령 29 ①)

① 다음에 해당하는 **장기할부조건부** 또는 그 밖의 조건부로 용역을 공급하는 경우(부칙 19)
  ㉠ 2회 이상으로 분할하여 대가를 받는 것
  ㉡ 해당 용역의 제공이 완료되는 날의 다음 날부터 최종할부금 지급기일까지의 기간이 1년 이상인 것
② **완성도기준지급조건부**로 용역을 공급하는 경우
③ 다음에 해당하는 **중간지급조건부**로 용역을 공급하는 경우(부칙 20)
  ㉠ 계약금을 받기로 한 날의 다음 날부터 용역의 제공을 완료하는 날까지의 기간이 6개월 이상인 경우로서 그 기간 이내에 계약금 외의 대가를 분할하여 받는 경우
  ㉡ 「국고금 관리법」에 따라 경비를 미리 지급받는 경우
  ㉢ 「지방재정법」에 따라 선금급을 지급받는 경우
④ **공급단위를 구획할 수 없는 용역을 계속적으로 공급하는 경우**

4. 재화의 수입시기

재화의 수입시기는 「관세법」에 따른 수입신고가 수리된 때로 한다(부법 18).

5. 재화 및 용역의 공급시기의 특례(세금계산서의 공급과 발급시기)

1) 원칙

사업자가 재화 또는 용역의 공급시기가 되기 전에 재화 또는 용역에 대한 대가의 전부 또는 일부를 받고, 그 받은 대가에 대하여 세금계산서 또는 영수증을 발급하면 그 세금계산서 등을 발급하는 때를 각각 그 재화 또는 용역의 공급시기로 본다.(부법 17 ①)

2) 세금계산서 발급일로부터 7일 이내에 대가를 받은 경우

사업자가 재화 또는 용역의 공급시기가 되기 전에 세금계산서를 발급하고 그 세금계산서 발급일부터 7일 이내에 대가를 받으면 해당 세금계산서를 발급한 때를 재화 또는 용역의 공급시기로 본다.(부법 17 ②)

3) 세금계산서 발급일로부터 7일이 지난 후 대가를 받은 경우

대가를 지급하는 사업자가 다음의 어느 하나에 해당하는 경우에는 재화 또는 용역을 공급하는 사업자가 그 재화 또는 용역의 공급시기가 되기 전에 세금계산서를 발급하고 그 세금계산서 발급일부터 7일이 지난 후 대가를 받더라도 해당 세금계산서를 발급한 때를 재화 또는 용역의 공급시기로 본다.(부법 17 ③)

① 거래 당사자 간의 계약서·약정서 등에 대금 청구 시기(세금계산서 발급일)와 지급시기를 따로 적고, 대금 청구 시기와 지급시기 사이의 기간이 30일 이내인 경우

② 재화 또는 용역의 공급시기가 세금계산서 발급일이 속하는 과세기간 내(공급받는 자가 조기환급을 받은 경우에는 재화 또는 용역의 공급시기가 세금계산서 발급일부터 30일 이내)에 도래하는 경우

4) 할부로 재화와 용역을 공급하는 경우

사업자가 할부로 재화 또는 용역을 공급하는 경우 등으로서 다음의 **공급시기가 되기 전에 세금계산서 또는 영수증을 발급하는 경우에는 그 발급한 때를** 각각 그 재화 또는 용역의 공급시기로 본다.(부법 17 ④)

① **장기할부판매**로 재화를 공급하거나 장기할부조건부로 용역을 공급하는 경우의 공급시기
② 전력이나 그 밖에 **공급단위를 구획할 수 없는 재화를 계속적으로 공급**하는 경우의 공급시기
③ **공급단위를 구획할 수 없는 용역을 계속적으로 공급**하는 경우의 공급시기
④ **외국항행용역의 공급으로서 「상법」에 따라 발행된 선하증권에 따라 거래사실이 확인**되는 경우의 공급시기(용역의 공급시기가 선하증권 발행일로부터 90일 이내인 경우로 한정)

Ⅱ 공급장소

1. 개요

공급장소는 소비지국 과세원칙에 의거 재화나 용역이 국내에서 공급된 것인지 국외에서 공급된 것인지를 구분하여 부가가치세 과세 여부를 판단하기 위한 기준이 되는 장소이다. 부가가치세는 우리나라가 과세권을 행사할 수 있는 곳에서 이루어지는 거래에 대하여 과세하는 것이 원칙이므로 **국외에서 제공한 재화나 용역은 과세하지 않는다.**

2. 공급장소

1) 재화의 공급장소

재화가 공급되는 장소는 다음에 해당하는 곳으로 한다.(부법 19 ①)

① 재화의 이동이 필요한 경우 : 재화의 이동이 시작되는 장소
② 재화의 이동이 필요하지 않은 경우 : 재화가 공급되는 시기에 재화가 있는 장소

2) 용역의 공급장소

용역이 공급되는 장소는 다음에 해당하는 곳으로 한다.(부법 20 ①)

① 역무가 제공되거나 재화·시설물 또는 권리가 사용되는 장소
② 국내외에 걸쳐 용역이 제공되는 국제 운송의 경우 사업자가 비거주자(非居住者) 또는 외국법인인 경우에는 여객이 탑승하거나 화물이 직재(積載)되는 장소
③ 전자적 용역의 경우 용역을 공급받는 자의 사업장 소재지, 주소지 또는 거소지

제4장 영세율 적용과 면세

제1절 개요

I 영세율과 면세제도의 특성 비교

항목	영세율제도	면세제도
개념	• 재화 또는 용역의 공급에 대해 0의 세율을 적용하는 것	• 법령이 정한 재화 또는 용역의 공급 및 수입재화에 대해 부가가치세를 면제하는 것
목적	• 국제적 이중과세 방지 • 수출 촉진 • 특정산업 육성 등 조세정책 목적	• 부가가치세의 역진성 완화 • 부가가치세 법이론 존중 • 공익목적 등 조세정책 목적
면세정도	• 완전면세 : 최종단계에 영세율을 적용하면 각 거래단계에서 창출한 모든 부가가치에 대하여 그 전부가 면세됨(매입세액 환급, 원가 산입 불가)	• 부분면세 : 모든 거래단계에 면세를 적용하면 완전히 면세되나, 최종단계에만 면세하면 면세단계에서 창출한 부가가치만 면세되고 그 이전단계에 대해서는 과세됨(매입세액을 환급하지 않고 비용 또는 원가 처리함).
거래의 성질	• 과세대상 거래. 0의 세율을 적용할 뿐이므로 과세표준에 포함되고 의무이행의무가 있음	• 과세대상거래가 아님. 그러므로 과세표준에 포함되지 않고 의무이행의무도 없음
과세사업자의 여부	• 과세사업자임. 그러므로 과세사업자인 간이과세자에게도 영세율을 적용할 수 있음. 다만, 간이과세자에게는 환급하지 않음.	• 과세사업자가 아니고 면세사업자임 (영세율 적용대상인 재화·용역과 학술연구단체 또는 기술연구단체가 공급하는 재화·용역은 면세를 포기할 수 있음)
적용대상자	• 내국법인과 거주자에게는 조건없이 적용하지만 외국법인과 비거주자에게는 상호주의에 의함	• 부가가치세법상 사업자가 아니므로 제한이 없음.
적용대상 재화·용역	• 수출하는 재화 • 국외에서 제공하는 용역 • 선박 또는 항공기의 외국항행용역 • 기타 외화획득 재화·용역 • 특정산업보호육성등 조세정책상의 재화·용역(조세특례제한법 등)	• 국민기초생활필수품과 기초생활용역 • 국민후생용역 • 문화관련 재화·용역 • 부가가치의 생산요소인 재화·용역 • 기타 공익목적 등 조세정책상의 재화·용역(조세특례제한법 등)
경제적 효과	• 중간단계에 영세율을 적용하고 그 다음 단계에서 과세하면 환수효과가 발생하며, 이 경우 소비자가격은 부가가치세만큼 상승함(상세한 내용은 이론편 참조).	• 중간단계에서 면세하고 그 다음단계에서 과세하면 환수효과와 누적효과가 발생하고 이 경우 부가가치세 상당액과 누적효과 상당액의 합계액만큼 소비자가격이 상승함.
의무이행	• 부가가치세법상의 제반의무 이행(사업자등록, 신고납부, 세금계산서 교부 및 그 합계표 제출, 기장의무 등). 다만, 대리납부의무는 없음	• 교부 받은 세금계산서 합계표의 제출과 대리 납부의무만 있고 그 외의 의무는 없음(소득세법상 계산서교부 및 그 합계표 제출의무와 사업장 현황신고의무가 있음)

항목	영세율제도	면세제도
서로 같은 점	① 재화 또는 용역의 공급시 거래징수하지 아니하며, ② 영세 또는 면세를 적용하는 당해 단계에서 창출한 부가가치에 대하여는 부가가치세를 과세하지 않고, ③ 매입처별세금계산서 합계표를 제출하여야 하고, ④ 원칙적으로 품목을 기준으로 적용하고 사업자를 기준으로 적용하지 않는다.	

Ⅱ 환수효과와 누적효과

1. 환수효과

'환수효과'란 영세율을 적용한 중간단계에서 창출한 부가가치에 대한 세액이 **최종단계에서 거래징수됨으로써** 그 면제된 부가가치세가 국고로 환수되어 면제가 **취소되는 것**을 말한다. 이는 영세단계에서 창출한 부가가치에 대한 세액과 그 영세단계에서 환급받은 금액(매입세액으로 공제받은 것)이 당해 과세단계에서 환수되어지는 효과를 말한다.

2. 누적효과

중간거래단계에 면세를 적용하고, 다음 단계에서 과세하는 경우에는 환수효과와 누적효과가 동시에 발생한다. 여기서 '누적효과'란 면세 전단계에서 과세된 부가가치세가 최종단계에서 다시 과세됨으로써 중복과세될 뿐만 아니라 면세 전단계의 부가가치세에 대해서도 부가가치세가 과세되는 것을 말한다.

제2절 영세율

Ⅰ 개요

1. 의의

영세율이란 특정한 재화 또는 용역의 공급에 대하여 영의 세율을 적용하고 그 전 단계에서 부담한 부가가치세를 공제 또는 환급함으로써 **부가가치세 부담을 완전히 면제하는 제도**를 말한다.

2. 취지

부가가치세는 소비세로서 국내에서 소비되는 재화나 용역에 대해서만 과세되어야 하는 것이 원칙이므로 영세율 제도는 재화나 용역을 소비하는 나라에서 과세한다는 소비지국 과세원칙에 따라 국내에서 소비되지 않는 수출재화 등에 대하여 이미 과세된 부가가치세를 환급하기 위한 조정세율 제도이다.

3. 목적

영세율을 적용하는 목적은 다음과 같다.

① 국제적 이중과세의 방지
② 수출 촉진
③ 국가정책 목적

Ⅱ 영세율에 대한 상호주의 적용

영세율은 거주자와 내국법인에만 적용하는 것을 원칙으로 하며 사업자가 비거주자 또는 외국법인인 경우에는 그 외국에서 대한민국의 거주자 또는 내국법인(內國法人)에 대하여 동일한 면세를 하는 경우에만 영의 세율을 적용한다.(부법 25 ①)

Ⅲ 영세율 적용 대상거래

1. 개요

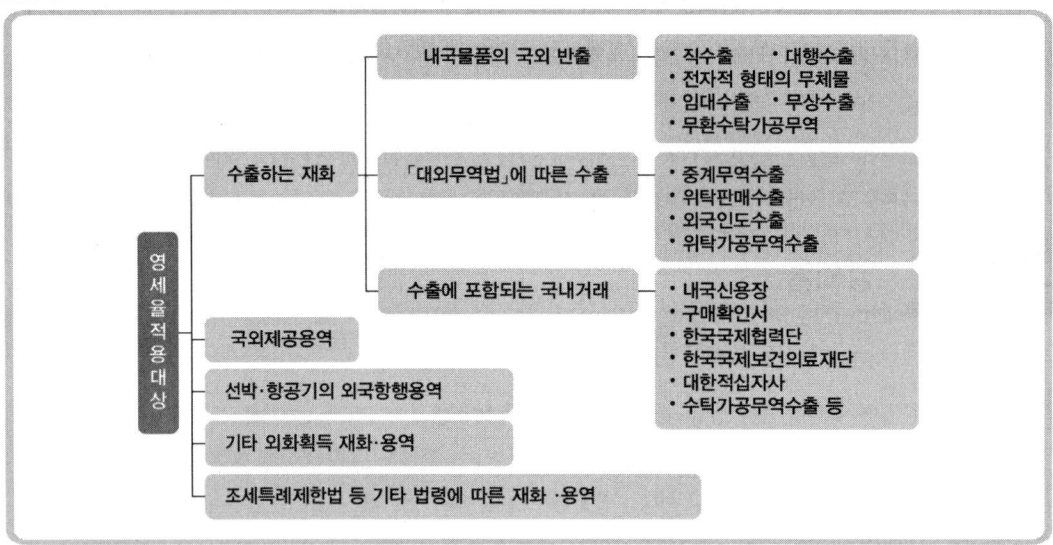

2. 수출하는 재화

1) 본래 의미의 수출재화
① 내국물품(우리나라 선박에 의하여 채포 된 수산물을 포함)을 외국으로 반출하는 것(직수출)
② 국내의 사업장에서 계약과 대가 수령 등 거래가 이루어지는 다음 중 어느 하나에 해당하는 것
  ㉠ 중계무역 방식의 수출
  ㉡ 위탁판매 수출
  ㉢ 외국 인도 수출
  ㉣ 위탁가공무역 방식의 수출
  ㉤ 국외 수탁가공 사업자에게 원료를 대가없이 반출하여 가공한 재화를 양도하는 경우 그 원료의 반출

2) 수출재화에 포함되는 경우(T/I 발급대상)
① 사업자가 내국신용장 또는 구매확인서에 의하여 공급하는 재화(금지금은 제외)
② 사업자가 한국국제협력단에 공급하는 재화(한국국제협력단이 사업을 위하여 당해 재화를 외국에 무상으로 반출하는 경우에 한함)
③ 사업자가 한국국제보건의료재단에 공급하는 재화(한국국제보건의료재단이 사업을 위하여 해당 재화를 외국에 무상으로 반출하는 경우만을 말함)
④ 사업자가 「대한적십자 조직법」에 따른 대한적십자사에 공급하는 재화(대한적십자사가 사업을 위하여 당해 재화를 외국에 무상으로 반출하는 경우만을 말함)
⑤ 사업자가 다음의 요건에 의하여 공급하는 재화
  ㉠ 국외의 비거주자 또는 외국법인과 직접 계약에 의하여 공급할 것
  ㉡ 대금을 외국환은행에서 원화로 받을 것
  ㉢ 비거주자 등이 지정하는 국내의 다른 사업자에게 인도할 것
  ㉣ 국내의 다른 사업자가 비거주자 등과 계약에 의하여 인도받은 재화를 그대로 반출하거나 제조·가공 후 반출할 것

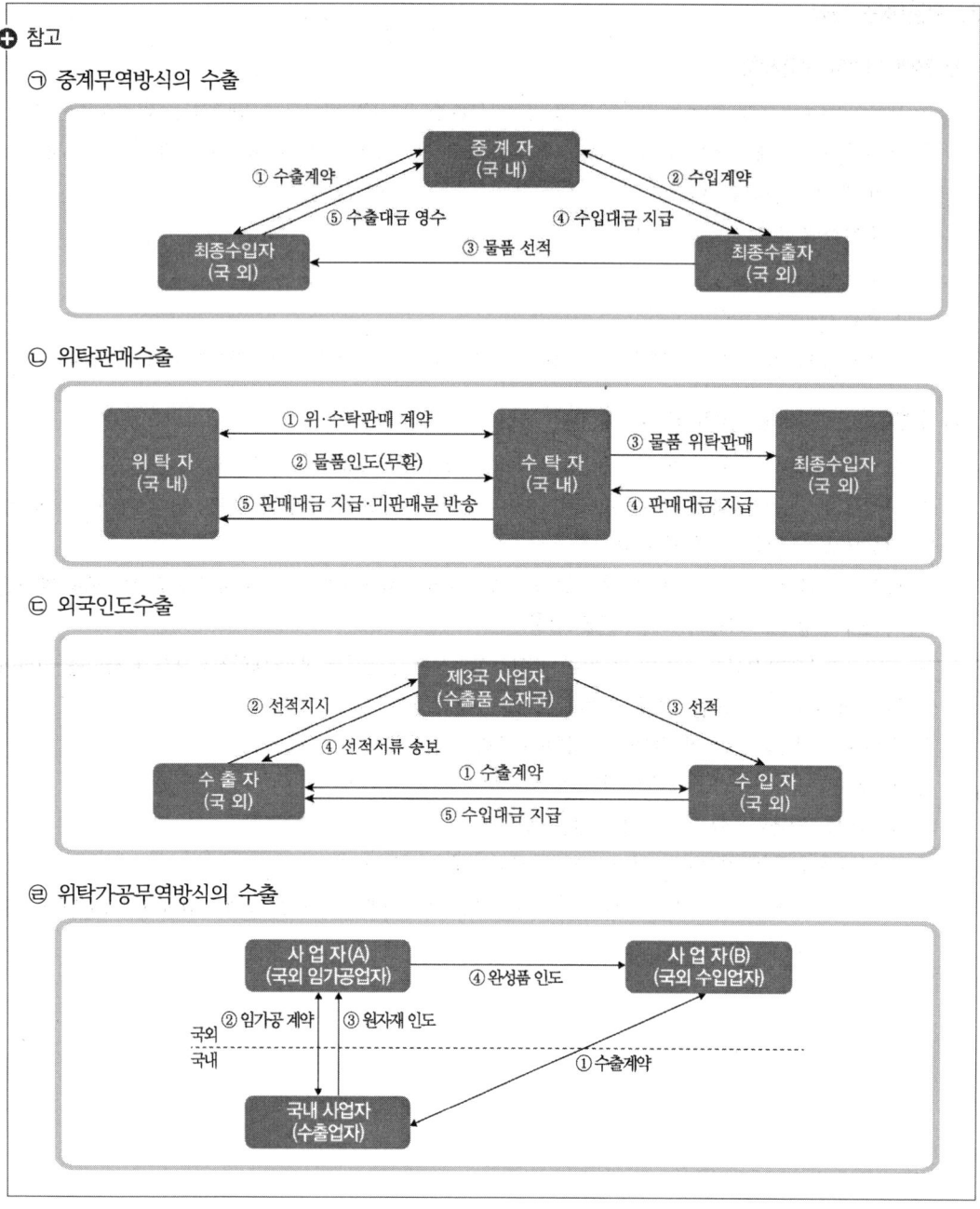

3. 국외에서 제공하는 용역(T/I 발급대상)

국내에 사업장을 가지고 있는 사업자가 국외에서 용역을 제공하는 경우에는 해당 용역을 제공받는 자의 대금결제수단에 관계없이 영세율이 적용된다(부법 22, 부령 32 ①).

4. 선박 또는 항공기의 외국항행 용역

1) 외국항행용역

외국항행용역은 선박 또는 항공기에 의하여 여객이나 화물을 국내에서 국외로, 국외에서 국내로 또는 국외에서 국외로 수송하는 것을 말하며, 외국항행 사업자가 자기의 사업에 부수하여 공급하는 재화 또는 용역으로서 다음의 것을 포함한다.(부법 23 ②)
① 다른 외국항행 사업자가 운용하는 선박·항공기의 탑승권을 판매하거나 화물운송계약을 체결하는 것
② 외국을 항행하는 선박 또는 항공기 내에서 승객에게 공급하는 것
③ 자기의 승객만이 전용(專用)하는 버스를 탑승하게 하는 것
④ 자기의 승객만이 전용하는 호텔에 투숙하게 하는 것

2) 국제운송용역

다음 중 어느 하나에 해당하는 용역은 외국항행 용역의 범위에 포함된다.(부령 32 ②)

① 운송주선업자가 국제복합 운송계약에 의하여 화주(貨主)로부터 화물을 인수하고 자기 책임과 계산으로 타인의 선박 또는 항공기 등의 운송수단을 이용하여 화물을 운송하고 화주로부터 운임을 받는 국제운송용역
② 「항공사업법」에 따른 상업서류 송달용역

5. 기타 외화를 획득하는 재화 또는 용역

외화를 획득하기 위한 재화 또는 용역의 공급으로서 다음 중 어느 하나에 해당하는 경우에는 영세율을 적용한다.(부법 24 ①)

① 외교공관 등에 재화 또는 용역을 공급하는 경우
② 외교공관 소속 직원 등에 재화 또는 용역을 공급하는 경우
③ 비거주자 또는 외국법인에게 재화나 용역을 공급하는 경우
  ㉠ 국내에 사업장이 없는 비거주자 등에게 공급되는 재화 또는 용역으로서 그 대금을 외국환은행에서 원화로 받는 것은 영세율을 적용한다. 다만, 전문, 과학 및 기술 서비스업에 해당하는 경우 상호주의에 따른다.
  ㉡ 국내에 사업장이 있는 비거주자 등과 직접 계약하여 공급하는 재화 또는 용역 중 전문 과학 및 기술 서비스업에 해당하는 재화 또는 사업에 해당하는 용역. 다만, 그 대금을 해당 국외 비거주자 또는 외국법인으로부터 외국환은행에서 원화로 받는 경우로 한정한다.

④ 수출재화임가공용역(거래상대방이 비거주자 등이 아니면 T/I 발급대상)
  ㉠ 직접 도급계약에 의한 수출재화임가공용역에 대해서는 영세율을 적용한다. 다만, 사업자가 부가가치세를 별도로 적은 세금계산서를 발급한 경우는 제외한다.
  ㉡ 내국신용장 또는 구매확인서에 의한 수출재화임가공용역에 대해서는 영세율을 적용한다.
⑤ 외국을 항행하는 선박 및 항공기 또는 원양어선에 공급하는 재화 또는 용역.
⑥ 외국정부기관 등에 공급하는 재화·용역
⑦ 우리나라에 상주(常住)하는 국제연합군 또는 미합중국군대에 공급하는 재화 또는 용역
⑧ 관광진흥법 시행령에 따른 일반여행업자가 외국인 관광객에게 공급하는 관광알선용역. 다만, 그 대가를 외국환은행에서 원화로 받는 경우로 한정한다.
⑨ 외국인전용판매장 또는 주한외국군인 및 외국인선원 전용 유흥음식점업을 경영하는 사업자가 국내에서 공급하는 재화 또는 용역. 다만, 그 대가를 외화로 받고 그 외화를 외국환은행에서 원화로 환전하는 경우로 한정한다.

제3절 면세

I 총칙

1. 면세의 의의

소비세의 역진부담을 완화하기 위하여 또는 사회·문화·공익 및 조세제도의 여러가지 정책목적상 혹은 소비되는 재화와 용역의 성격상 이러한 재화·용역에 대하여 부가가치세를 부과하지 않는 경우가 있는데 이를 면세제도라고 일컫는다.

2. 면세의 효과

면세의 효과는 그 면세되는 재화 또는 용역을 공급하는 사업자단계에서 창출되는 부가가치에 상당하는 부가가치세만 면제하게 되고, 이로 인해 당해 사업자로부터 그 면세되는 재화 또는 용역을 공급받는 **최종소비자가 그만큼의 부가가치세 부담을 경감**받게 된다.

3. 면세제도의 장점 및 단점

1) 장점

최종소비자의 세 부담 경감이라는 조세제도로서 정책목표를 달성할 수 있다.

2) 단점

면세제도에는 다음과 같은 단점이 있다.

① 누적과세 또는 중복과세의 문제가 내재되어 있다.
② 상호검증의 지장을 초래한다.
③ 조세의 중립성 저해
④ 투자유인의 제한
⑤ 과세사업자와의 상대적 경쟁력 약화

ⅠⅠ 재화 또는 용역의 공급에 대한 면세

재화 또는 용역의 공급에 대한 부가가치세의 면제 범위는 다음과 같다.(부법 26 ①)

구분	부가가치세 면제대상
기초생활 필수품	① 미가공식료품, 농·축·수·임산물 ② 수돗물, 연탄 및 무연탄 ③ 여객운송용역 ④ 주택과 그 부수토지의 임대용역 ⑤ 여성용 생리처리 위생용품 등
국민후생	① 의료보건용역, 혈액 ② 교육용역 등 ③ 주택법에 따른 공동주택 관리규약에 따라 관리주체 또는 입주자대표회의가 제공하는 복리시설인 공동주택 어린이집의 임대용역
문화	① 도서·신문·잡지·통신 및 방송 등(광고 제외) ② 예술창작품·예술행사·문화행사·아마추어운동경기 ③ 도서관·과학관·박물관·동물원 또는 식물원에의 입장 등
부가가치 생산요소	① 토지 ② 금융·보험용역 ③ 인적용역
조세정책	① 우표, 인지, 증지, 복권 및 공중전화, 담배
공익목적	① 자선 등 공익단체가 무상 또는 실비로 공급하는 재화 ② 국가 등이 공급하는 재화 또는 용역 ③ 국가 등에 무상으로 공급하는 재화 등
관세 면제 (수입시)	① 미가공식료품 ② 도서·신문·잡지 ③ 과학·교육·문화용 수입품 ④ 공익목적으로 기증되는 재화 ⑤ 여행자 휴대품, 외교관 물품 등 ⑥ 재수입재화 및 수출조건의 일시수입재화 ⑦ 기타 관세가 무세이거나 감면되는 재화 등

이때 면세되는 재화 또는 용역의 공급에 통상적으로 부수되는 재화 또는 용역의 공급은 그 면세되는 재화 또는 용역의 공급에 포함되는 것으로 본다.(부법 26 ②) 또한 사업자는 부가가치세가 면제되는 재화 또는 용역의 공급으로서 영세율 적용의 대상이 되는 것과 특정 재화 또는 용역의 공급에 대하여는 부가가치세의 면제를 받지 않을 수 있다.(부법 28 ①)

1. 미가공식료품 등

1) 면세대상 미가공 식료품

미가공식료품은 식용(食用)으로 제공되는 농산물, 축산물, 수산물과 임산물, 소금으로서 가공되지 않거나 탈곡·정미·정맥·제분·정육·건조·냉동·염장·포장이나 그 밖에 **원생산물 본래의 성질이 변하지 않는 정도의 1차 가공을 거쳐 식용으로 제공하는 것**으로 한다(부법 26 ①, 부령 34 ①) 또한 미가공식료품은 당해 재화가 국내생산이거나 외국으로부터의 수입인지를 불문하고 모두 면세로 한다. 미가공식료품에는 다음의 것을 포함한다(부령 34 ②).

① 김치, 두부 등 기획재정부령으로 정하는 단순가공식료품(제조시설을 갖추고 판매목적으로 독립된 거래단위로 포장하여 공급하는 것을 제외하되, 단순하게 운반편의를 위하여 일시적으로 포장하는 경우를 포함)
② 원생산물 본래의 성질이 변하지 않는 정도로 1차 가공을 하는 과정에서 필수적으로 발생하는 부산물
③ 미가공식료품을 단순히 혼합한 것
④ 쌀에 식품첨가물 등을 첨가 또는 코팅하거나 버섯균 등을 배양한 것으로서 기획재정부령으로 정하는 것

2) 식용으로 제공되지 않는 국산 농·축·수·임산물

우리나라에서 생산된 것으로서 식용으로 제공되지 않는 농산물, 축산물, 수산물, 임산물 등의 제1차 산업 생산물은 해당 원생산물 또는 그 원생산물 본래의 성질이 변하지 않는 정도의 원시가공을 거친 것에 대해서 면세한다. 식용으로 제공되는 것이라면 국산인지 외산인지를 불문하고 면세되나, 식용으로 제공되지 않는 것이라면 해당 재화가 **우리나라에서 생산된 것에 한해서만 면세**한다. 즉, 다음의 세 가지 요건을 동시에 충족하여야 한다.(부법 26 ①, 부령 34 ③)

① 농·축·수·임산물에 해당 될 것
② 원생산물 또는 본래의 성상이 변하지 않는 원시가공 정도의 범위 내이거나, 원시가공을 거치는 과정에서 필수적으로 발생하는 부산물일 것
③ 우리나라에서 생산된 것으로서 식용으로 제공되지 않을 것

2. 의료보건 용역의 범위

의료보건 용역은 다음에서 규정하는 것(「의료법」 또는 「수의사법」에 따라 의료기관 또는 동물병원을 개설한 자가 제공하는 것을 포함)과 혈액으로 한다.(부령 35)
① 「의료법」에 따른 의사·치과의사·한의사·조산사 또는 간호사가 제공하는 용역(「국민건강보험법」에 따라 요양급여의 대상에서 제외되는 진료용역은 제외) 및 접골사·침사·구사 또는 안마사가 제공하는 용역
② 「의료기사 등에 관한 법률」에 규정하는 임상병리사·방사선사·물리치료사·작업치료사·치과기공사 또는 치과위생사가 제공하는 용역
③ 「약사법」에 규정하는 약사가 제공하는 의약품의 조제용역
④ 「수의사법」에 규정하는 수의사가 제공하는 용역. 다만, 가축, 장애인 보조견, 기초수급자가 기르는 동물 및 법령에 따른 수산동물에 대한 진료용역 및 이외의 질병 예방 및 치료를 목적으로 하는 동물의 진료용

역으로서 농림축산식품부장관 또는 해양수산부장관이 기획재정부장관과 협의하여 고시하는 용역(반려동물 포함)
⑤ 「사회적기업 육성법」에 따라 인증받은 사회적기업 또는 「협동조합기본법」에 따라 설립인가를 받은 사회적협동조합이 직접 제공하는 간병·산후조리·보육 용역
⑥ 법률에 따라 국가 및 지자체로부터 위탁받은 자가 제공하는 의료보건 용역
⑦ 장의업자가 제공하는 장의용역과 「장사 등에 관한 법률」에 따라 사설묘지, 사설화장시설 또는 사설봉안시설을 설치한 자가 제공하는 화장, 묘지분양 및 관리업 관련 용역 및 지방자치단체로부터 공설묘지, 공설화장시설 또는 공설봉안시설의 관리를 위탁받은 자가 제공하는 화장, 묘지분양 및 관리업 관련 용역
⑧ 「응급의료에 관한 법률」에 따른 응급환자이송업자가 제공하는 응급환자이송용역
⑨ 「하수도법」에 따른 분뇨수집·운반업의 허가를 받은 사업자와 「가축분뇨의 관리 및 이용에 관한 법률」에 따른 가축분뇨수집·운반업 또는 가축분뇨처리업의 허가를 받은 사업자가 공급하는 용역
⑩ 「감염병의 예방 및 관리에 관한 법률」에 따라 소독업의 신고를 한 사업자가 공급하는 소독용역
⑪ 「폐기물관리법」에 따라 생활폐기물 또는 의료폐기물의 폐기물처리업 허가를 받은 사업자가 공급하는 생활폐기물 또는 의료폐기물의 수집·운반 및 처리용역과 폐기물처리시설의 설치승인을 받거나 그 설치의 신고를 한 사업자가 공급하는 생활폐기물의 재활용용역
⑫ 「산업안전보건법」에 따라 보건관리전문기관으로 지정된 자가 공급하는 보건관리용역 및 작업환경측정기관이 공급하는 작업환경측정용역
⑬ 「노인장기요양보험법」에 따른 장기요양기관이 장기요양인정을 받은 자에게 제공하는 신체활동·가사활동의 지원 또는 간병 등의 용역
⑭ 「사회복지사업법」에 따라 보호대상자에게 지급되는 사회복지서비스 이용권을 대가로 국가 및 지방자치단체 외의 자가 공급하는 용역
⑮ 「모자보건법」에 따른 산후조리원에서 분만 직후의 임산부나 영유아에게 제공하는 급식·요양 등의 용역

3. 교육용역의 범위

교육용역은 **주무관청의 허가 또는 인가를 받거나 주무관청에 등록 또는 신고된** 학교·학원·강습소·훈련원·교습소 또는 그 밖의 비영리단체나 「청소년활동진흥법」에 따른 청소년수련시설, 「산업교육진흥 및 산학연협력촉진에 관한 법률」에 따른 산학협력단 또는 「사회적기업 육성법」에 따라 인증받은 사회적 기업 및 과학관·박물관·미술관에서 학생·수강생·훈련생·교습생 또는 청강생에게 지식·기술 등을 가르치는 것 및 「영유아보육법」에 따른 어린이집(국공립어린이집이나 직장어린이집이 위탁하여 운영하는 경우를 포함)을 운영하는 것으로 한다. 다만, 다음의 학원에서 가르치는 것은 제외한다.(부령 36)

① 「체육시설의 설치·이용에 관한 법률」의 무도학원
② 「도로교통법」의 자동차운전학원

4. 여객운송용역

여객운송용역에 대하여는 면세를 적용한다. 다만, 다음의 어느 하나에 해당하는 여객운송 용역은 제외한다(부법 26 7).
① 항공기, 고속버스, 전세버스, 택시, 특수자동차, 특종선박(特種船舶) 또는 고속철도에 의한 여객운송 용역
② 삭도, 유람선 등 관광 또는 유흥 목적의 운송수단에 의한 여객운송 용역

5. 면세하는 도서, 신문, 잡지 등의 범위

국민의 문화생활과 직접 관련된 도서(도서대여 및 실내 도서열람 용역 포함)·신문·잡지·관보·뉴스통신 및 방송에 대해서는 부가가치세를 면제한다. 다만, **광고는 제외**되며, 우표(수집용 우표는 제외), 인지(印紙), 증지(證紙), 복권 및 공중전화는 면세한다.

6. 면세하는 담배의 범위

「담배사업법」에 따른 담배로서 다음의 어느 하나에 해당하는 것은 면세를 적용한다(부법 26 10).
① 「담배사업법」에 따른 판매가격이 200원(20개비 기준) 이하인 것
② 「담배사업법」에 따른 특수용담배로서 영세율이 적용되는 것을 제외한 것

7. 금융·보험 용역의 범위

금융용역은 부가가치의 구성요소이므로 다음의 요건을 갖춘 금융보험 용역은 부가가치세가 면제된다. 한편 자신의 주된 사업에 부수하여 금융보험용역과 동일 또는 유사한 용역을 제공하는 자는 면세되는 금융·보험 용역에 포함된다. 다만, 다음은 제외한다.

① 복권·입장권·상품권·지금형주화 또는 금지금에 관한 대행 용역
② 기업합병 또는 기업매수의 중개·주선·대리, 신용정보서비스 및 은행업에 관련된 전산시스템과 소프트웨어의 판매·대여용역
③ 부동산의 임대용역
④ ① 및 ②에 규정된 것과 유사한 용역 및 감가상각자산의 대여용역(「여신전문금융업법」에 의한 시설대여업자가 제공하는 시설대여용역을 제외)

8. 부동산

1) 토지

(1) 토지의 공급

과세사업자가 토지를 과세사업에 사용(사업용 건축물의 부속토지 등)하다가 공급하든 면세사업에 사용하다가 공급하는지에 관계없이 부가가치세가 면제된다.

(2) 토지의 임대

건축물과 토지의 임대용역(전, 답, 과수원, 염전 임대 제외)은 부가가치세법을 도입할 당시에는 면세대상이었으나 세원양성화목적에서 과세대상으로 전환하였다.

2) 주택 및 부수토지

(1) 개요

상시 주거용으로 사용하는 건물인 주택과 이에 부수되는 토지로서 "기준면적"을 초과하지 않는 토지의 임대에 대하여는 부가가치세를 면제한다.(부법 26 ① 12, 부령 41) 다만, 별장, 콘도미니엄, 주말농장주택, 기숙사, 펜션 등 임시 주거주택과 사업을 위한 주거시설로서의 주택임대(숙박용역)용역은 부가가치세가 과세된다.

(2) 면세의 범위

① 주택

주택이란 상시 주거용으로 사용하는 건물을 말하고, 상시 주거용이란 그 건물의 실제 형태나 공부상(건축물대장 또는 등기부등본 등)의 상황에 불구하고 기본용도나 목적의 개념에서 생활의 근거를 삼아 주소나 거소가 될 수 있는 건물을 말한다.

② 부수토지

토지의 임대는 원칙적으로 부가가치세 과세대상이나 주택에 부수되는 토지에 대해서는 주택임대용역으로 보아 부가가치세를 면제한다. 다만, 부속토지라 하여 무한정 면세하는 것이 아니라 다음의 면적(기준면적)을 초과하지 않는 범위 내에서 면세한다.

㉠ 주택의 연면적(지하층의 면적, 지상층의 주차용으로 사용되는 면적 및 주택건설기준 등에 관한 규정에 따른 주민공동시설의 면적을 제외)

㉡ 건물이 정착된 면적에 5배(국토의 계획 및 이용에 관한 법률의 규정에 따른 도시지역 밖의 토지의 경우에는 10배)를 곱하여 산정한 면적

③ 토지임대부 분양주택 토지의 임대(2024.7.1. 이후 시행)

「주택법」에 따라 토지소유자가 토지임대부 분양주택(국민주택규모로 한정)을 공급받은 자에게 토지임대부 분양주택의 토지를 임대하는 경우 주택과 이에 부수되는 토지의 임대로 본다. 이 경우 토지임대의 범위는 ②와 동일하다.

(3) 겸용주택에 대한 면세

주택과 사업용 건물이 함께 있는 겸용건물의 주택면적은 다음과 같이 계산한다.

구분	건물분 면세 범위	부수토지분 면세 범위
주택면적> 사업용건물면적	주택면적 + 사업용건물면적	MIN(㉮, ㉯) ㉮ : 부수토지 총면적 ㉯ : MAX[건물연면적, 건물정착면적 × 5배(도시지역 외 10배)]
주택면적≤ 사업용건물면적	주택면적	MIN(㉮, ㉯) ㉮ : 토지총면적 × (주택연면적 / 건물연면적) ㉯ : MAX[주택연면적, (건물정착면적 × 주택연면적 / 건물연면적)× 5배(도시지역 외 10배)]

3) 입주자대표회의 등이 제공하는 공동주택 어린이집의 임대 용역

「공동주택관리법」에 따른 관리규약에 따라 관리주체 또는 입주자대표회의가 제공하는 「주택법」에 따른 복리시설인 공동주택 어린이집의 임대 용역을 제공하는 경우 면세를 적용한다(부법 26 13).

9. 인적용역

1) 개요

개인이 고용계약이나 도급계약, 위임계약 등 그 명칭이나 형식에 관계없이 **근로자 등을 고용하지 아니하고 물적설비 없이 독립된 자격으로 공급하는 용역은 부가가치를 창출하는 요소**이다. 따라서 개인이 물적시설 없이 근로자를 고용하지 않거나 근로자와 유사하게 노무를 제공하는 자를 사용하지 않고 독립된 자격으로 용역을 공급하고 대가를 받는 인적용역은 면세하도록 하고 있다.

2) 인적용역의 범위(부령 42)

인적(人的) 용역은 독립된 사업(여러 개의 사업을 겸영하는 사업자가 과세사업에 필수적으로 부수되지 않는 용역을 독립하여 공급하는 경우를 포함)으로 공급하는 다음의 용역으로 한다.

(1) 개인이 물적시설 없이 근로자를 고용하지 않고 독립된 자격으로 용역을 공급하고 대가를 받는 다음의 인적용역

① 저술·서화·도안·조각·작곡·음악·무용·만화·삽화·만담·배우·성우·가수 또는 이와 유사한 용역
② 연예에 관한 감독·각색·연출·촬영·녹음·장치·조명 또는 이와 유사한 용역
③ 건축감독·학술 용역 또는 이와 유사한 용역
④ 음악·재단·무용(사교무용을 포함)·요리·바둑의 교수 또는 이와 유사한 용역
⑤ 직업운동가·역사·기수·운동지도가(심판을 포함) 또는 이와 유사한 용역
⑥ 접대부·댄서 또는 이와 유사한 용역

⑦ 보험가입자의 모집, 저축의 장려 또는 집금(集金) 등을 하고 실적에 따라 보험회사 또는 금융기관으로부터 모집수당·장려수당·집금수당 또는 이와 유사한 성질의 대가를 받는 용역과 서적·음반 등의 외판원이 판매실적에 따라 대가를 받는 용역
⑧ 저작자가 저작권에 의하여 사용료를 받는 용역
⑨ 교정·번역·고증·속기·필경(筆耕)·타자·음반취입 또는 이와 유사한 용역
⑩ 고용관계 없는 사람이 다수인에게 강연을 하고 강연료·강사료 등의 대가를 받는 용역
⑪ 라디오·텔레비전 방송 등을 통하여 해설·계몽 또는 연기를 하거나 심사를 하고 사례금 또는 이와 유사한 성질의 대가를 받는 용역
⑫ 작명·관상·점술 또는 이와 유사한 용역
⑬ 개인이 일의 성과에 따라 수당이나 이와 유사한 성질의 대가를 받는 용역. 이 경우 "일의 성과에 따라 일시적으로 수당 또는 이와 유사한 성질의 대가를 받는 용역"은 개인이 독립된 자격으로 용역을 공급하고 대가를 받는 것으로 개인적 자격 등을 기준으로 하여 기계시설 등 물적 용역과 관계없는 순수한 노동용역의 성질을 띠는 용역을 말한다(대법원 1983. 6. 28. 82누312).

(2) 개인, 법인 또는 법인격 없는 사단·재단, 그 밖의 단체가 독립된 자격으로 용역을 공급하고 대가를 받는 다음의 인적용역

① 「형사소송법」 및 「군사법원법」 등에 따른 국선변호인의 국선변호, 「국세기본법」에 따른 국선대리인의 국선대리 및 기획재정부령으로 정하는 법률구조(法律救助)
② 기획재정부령으로 정하는 학술연구용역과 기술연구용역
③ 직업소개소가 제공하는 용역 및 상담소 등을 경영하는 자가 공급하는 용역
④ 「장애인복지법」에 따른 장애인보조견 훈련 용역
⑤ 외국공공기관 또는 「국제금융기구에의 가입조치에 관한 법률」에 따른 국제금융기구로부터 받은 차관자금으로 국가 또는 지방자치단체가 시행하는 국내사업을 위하여 공급하는 용역(국내사업장이 없는 외국법인 또는 비거주자가 공급하는 용역을 포함)
⑥ 「민법」에 따른 후견인과 후견감독인이 제공하는 후견사무 용역
⑦ 「가사근로자의 고용개선 등에 관한 법률」에 따른 가사서비스 제공기관이 가사서비스 이용자에게 제공하는 가사서비스
⑧ 「파견근로자 보호 등에 관한 법률」에 따른 근로자파견 용역 및 「직업안정법」에 따른 근로자공급 용역(2024.7.1. 이후 시행)
⑨ 물건의 제조·건설·수리 또는 이와 유사한 것으로서 기획재정부령으로 정하는 용역을 계약에 의하여 다른 사업자의 사업장(다른 사업자가 제공하거나 지정한 경우로서 그 사업자가 지배·관리하는 장소를 포함)에서 그 사업자의 생산시설을 이용하여 제공하는 용역(2024.7.1. 이후 시행)

10. 예술창작품 및 문화·예술·체육분야 등

11. 종교, 자선, 학술, 구호 등의 공익 목적 단체가 공급하는 재화 또는 용역으로서 면세하는 것의 범위

종교, 자선, 학술, 구호(救護)등 공익을 목적으로 하는 단체가 **실비 또는 무상으로 공급**하는 재화 또는 용역은 면세를 적용한다.

12. 국가, 지방자치단체 또는 지방자치단체조합이 공급하는 재화 또는 용역으로서 면세하는 것의 범위

공적 단체의 거래에 대하여는 부가가치세를 면제한다. 다만, 다음에 해당하는 재화 또는 용역은 민간업체와 경쟁 관계에 있기 때문에 민간업체와의 공정경쟁을 위하여 부가가치세를 과세한다(부령 46, 부칙 35).

① 「우정사업 운영에 관한 특례법」에 따른 우정사업조직이 「우편법」에 따른 선택적 우편역무 중 소포우편물을 방문 접수하여 배달하는 용역과 같은 선택적 우편역무 중 기획재정부령으로 정하는 용역
② 「철도의 건설 및 철도시설 유지관리에 관한 법률」에 따른 고속철도에 의한 여객운송용역
③ 부동산임대업, 도매 및 소매업, 음식점업·숙박업, 골프장 및 스키장 운영업, 기타 스포츠시설 운영업. 다만, 다음 중 어느 하나에 해당하는 경우는 제외한다.
 ㉠ 국방부 또는 「국군조직법」에 따른 국군이 「군인사법」에 따른 군인, 「군무원인사법」에 따른 일반군무원, 그 밖에 이들의 직계존속·비속 등 기획재정부령으로 정하는 사람에게 제공하는 소매업, 음식점업·숙박업, 기타 스포츠시설 운영업(골프 연습장 운영업은 제외) 관련 재화 또는 용역
 ㉡ 국가, 지방자치단체 또는 지방자치단체조합이 그 소속 직원의 복리후생을 위하여 구내에서 식당을 직접 경영하여 음식을 공급하는 용역
 ㉢ 국가 또는 지방자치단체가 「사회기반시설에 대한 민간투자법」에 따른 사업시행자로부터 사회기반시설 또는 사회기반시설의 건설용역을 기부채납 받고 그 대가로 부여하는 시설관리운영권

Ⅲ 재화의 수입에 대한 면세

관세가 무세(無稅)이거나 감면되는 재화 등의 수입에 대하여는 부가가치세를 면제한다(부법 27).

Ⅳ 면세포기

1. 개요

사업자는 부가가치세가 면제되는 재화 또는 용역의 공급으로서 영세율 적용의 대상이 되는 것과 법소정의 재화 또는 용역의 공급에 대하여는 부가가치세의 면제를 받지 않을 수 있다.(부법 28 ①)

2. 면세포기 대상

부가가치세가 면제되는 재화 또는 용역의 공급이 다음에 해당하는 경우에는 사업자의 신고에 의하여 부가가치세의 면제를 적용하지 않을 수 있다.(부법 28 ①) 다만, 시행령에 위임되어있는 규정은 ①과 ④이므로 시행령에 위임되어 규정되지 않은 것은 면세포기할 수 없다고 본다.

① 영세율이 적용되는 재화 또는 용역
② 주택과 이에 부수되는 토지의 임대용역으로서 면세대상인 것
③ 저술가·작곡가나 그 밖의 자가 직업상 제공하는 인적(人的)용역으로서 면세대상인 것
④ 종교, 자선, 학술, 구호, 그 밖의 공익 목적 단체가 공급하는 재화 또는 용역으로서 면세대상인 것

3. 면세포기 신고

부가가치세의 면제를 받지 않으려는 사업자는 면세포기 신고서에 의하여 관할 세무서장에게 신고(국세정보통신망에 의한 신고를 포함)하고, 지체없이 등록하여야 한다.(부령 57)

4. 면세포기 효력

면세를 포기하면 **면세포기 신고서를 신고한 날로부터 과세**하며 부가가치세 과세사업자로서의 모든 권리와 납세의무를 이행하여야 한다. 또한 일단 면세포기 신고가 되면 신고한 날부터 **3년간은 해당 면세포기한 재화와 용역의 공급에 대하여는 부가가치세를 면제받지 못한다**(부법 28 ②). 한편, 면세포기의 효력은 면세포기된 해당 재화 및 용역에 계속되므로 해당 사업을 양수한 경우에도 승계되며, 3년간도 계속 적용된다. 사업장을 이전한 경우에도 정정신고에 불문하고 면세포기는 유효하다(부기통 12-47-4).

5. 면세 재적용 신고의 절차

면세포기 신고일 부터 3년의 기간이 지난 뒤 다시 부가가치세를 면제받으려면 면세적용신고서를 발급받은 사업자등록증과 함께 소관세무서에 제출하여야 한다(부령 58). **면세적용신고서를 제출하지 않은 경우에는 계속하여 면세를 포기한 것으로 본다.**(부법 28 ③)

제5장 과세표준과 납부세액

제1절 과세표준

I 일반적 과세표준 계산

1. 개요

과세표준이란 과세기간이 경과함으로써 추상적으로 발생한 납세의무를 구체화하기 위하여 해당 과세기간에 대한 세액산출의 기준이 되는 과세물건의 가액을 말하며, 전단계세액공제방식을 택하고 있는 부가가치세의 과세표준은 매출세액의 산출기준인 재화 또는 용역의 공급가액이 된다.

2. 과세표준계산의 일반원칙

1) 원칙

재화 또는 용역의 공급에 대한 부가가치세의 과세표준은 해당 과세기간에 공급한 재화 또는 용역의 공급가액을 합한 금액으로 한다.(부법 29 ①) **공급가액은 다음의 가액**을 말한다. 이 경우 대금, 요금, 수수료, 그 밖에 어떤 명목이든 상관없이 재화 또는 용역을 공급받는 자로부터 받는 금전적 가치 있는 모든 것을 포함하되, **부가가치세는 포함하지 않는다.**(부법 29 ③)

① 금전으로 대가를 받는 경우 : 그 대가
② 금전 외의 대가를 받는 경우 : 자기가 공급한 재화 또는 용역의 시가(時價)
③ 폐업하는 경우 : 폐업 시 남아 있는 재화의 시가
④ 자가공급(직매장반출 제외)규정에 의하여 재화 또는 용역을 공급한 것으로 보는 경우 : 자기가 공급한 재화 또는 용역의 시가
⑤ 자가공급 중 직매장 반출 규정에 의하여 재화를 공급하는 것으로 보는 경우 : 해당 재화의 취득가액 등을 기준으로 「소득세법 시행령」또는 「법인세법 시행령」에 따른 취득가액을 공급가액으로 본다. 다만 취득가액에 일정액을 더하여 공급하여 자기의 다른 사업장에 반출하는 경우에는 그 취득가액에 일정액을 더한 금액을 공급가액으로 한다.
⑥ 외상거래, 할부거래, 마일리지 등으로 대금의 전부 또는 일부를 결제하는 거래 등 그 밖의 방법으로 재화 또는 용역을 공급하는 경우: 공급 형태 등을 고려하여 대통령령으로 정하는 가액

2) 과세표준 계산 시 부당행위계산 부인이 적용되는 경우

특수관계인에 대한 재화 또는 용역(수탁자가 위탁자의 특수관계인에게 공급하는 신탁재산과 관련된 재화 또는 용역을 포함)의 공급이 다음의 어느 하나에 해당하는 경우로서 조세의 부담을 부당하게 감소시킬 것으로 인정되는 경우에는 공급한 재화 또는 용역의 시가를 공급가액으로 본다.(부법 29 ④)

① 재화의 공급에 대하여 부당하게 낮은 대가를 받거나 아무런 대가를 받지 않은 경우
② 용역의 공급에 대하여 부당하게 낮은 대가를 받는 경우
③ 용역의 공급에 대하여 대가를 받지 않는 경우로서 사업자가 특수관계인에게 사업용 부동산의 임대용역을 공급하는 것

3) 기타 거래유형별 과세표준(부령 61 ②)

거래구분	과세표준
• 외상판매 및 할부판매	• 재화의 총가액
• 장기할부판매 • 완성도기준지급조건부 또는 중간지급조건부로 재화나 용역을 공급하는 경우 • 계속적으로 재화나 용역을 공급하는 경우	• 계약에 따라 받기로 한 대가의 각 부분
• 기부채납	• 해당 기부채납의 근거가 되는 법률에 따라 기부채납된 가액. 다만, 기부채납된 가액에 부가가치세가 포함된 경우 그 부가가치세는 제외한다.
• 공유수면매립 용역	• 「공유수면매립법」에 따른 총사업비
• 사업자가 보세구역 내에 보관된 재화를 다른 사업자에게 공급하고, 그 재화를 공급받은 자가 그 재화를 보세구역으로부터 반입하는 경우	• 그 재화의 공급액에서 세관장이 부가가치세를 징수하고 발급한 수입세금계산서에 적힌 공급가액을 뺀 금액. 다만, 세관장이 부가가치세를 징수하기 전에 같은 재화에 대한 선하증권이 양도되는 경우에는 선하증권의 금액을 공급가액으로 한다.
• 사업자가 헬스클럽장이나 노인복지시설 등을 둘 이상의 과세기간에 걸쳐 용역을 제공하고 그 대가를 선불로 받는 경우	• 해당 금액을 계약기간의 개월 수로 나눈 금액의 각 과세대상기간의 합계액.
• 사업자가 「사회기반시설에 대한 민간투자법」을 준용하여 설치한 시설에 대하여 둘 이상의 과세기간에 걸쳐 계속적으로 시설을 이용하게 하고 그 대가를 받는 경우	• 해당 재화의 취득가액 등을 기준으로 한 공급가액
• 위탁가공무역 수출	• 완성된 제품의 인도가액

> **⊕ 참고 기부채납**
> - 기부채납이란 국가 또는 지방자치단체가 부동산 등의 소유권을 무상으로 받아들이는 것을 말하며, 기부는 「민법」 상의 증여와 같고, 채납은 승낙에 해당한다.
> - 국가 등에 무상으로 기부채납하는 자산은 부가가치세가 면세되는데, 국가 등에 자산을 기부채납하고 일정기간 무상사용수익권을 얻는 경우에 있어서는 자산을 「무상으로」 기부채납한 것이 아니므로 과세재화의 공급으로 보며〈국심 88전 538, 1988. 7. 8 ; 국심 88서 1263, 1989. 1. 14〉, 이 때의 과세표준은 목적물을 실제로 인도하거나 사용가능할 때의 기부채납자산의 시가로 한다.

4) 마일리지 등의 과세표준

(1) 자기적립마일리지

자기적립마일리지의 과세표준은 다음의 금액을 합한 금액으로 한다.

① 마일리지 등 **외의 수단으로 결제**받은 금액
② 자기적립마일리지 등 외의 마일리지 등으로 결제받은 부분에 대해 재화 또는 용역을 공급받는 자 외의 자로부터 **보전받았거나 보전받을** 금액

(2) 자기적립마일리지 외의 마일리지

자기적립마일리지 외의 마일리지의 경우 다음의 경우에 해당하면 공급한 재화 또는 용역의 **시가**를 과세표준으로 한다.

① 자기적립마일리지 등 외의 마일리지 등으로 결제받은 부분에 대해 재화 또는 용역을 공급받는 자 외의 자로부터 보전받았거나 보전받을 금액을 보전받지 않고 자기생산취득재화를 공급한 경우
② 자기적립마일리지 등 외의 마일리지 등으로 결제받은 부분에 대해 재화 또는 용역을 공급받는 자 외의 자로부터 보전받았거나 보전받을 금액과 관련하여 **특수관계인으로부터 부당하게 낮은 금액을 보전받거나 아무런 금액을 받지 아니하여 조세의 부담을 부당하게 감소시킬 것으로 인정되는 경우**

5) 외화의 환산

(1) 개요

재화나 용역을 공급하고 그 대가를 외국통화나 그 밖의 외국환으로 받은 경우에는 다음의 구분에 따른 금액을 그 대가로 한다(부령 59).

① 공급시기가 되기 전에 원화로 환가한 경우 : 환가한 금액
② 공급시기 이후에 외국통화나 그 밖의 외국환 상태로 보유하거나 지급받는 경우 : 공급시기의 외국환거래법에 따른 기준환율 또는 재정환율에 따라 계산한 금액

(2) 외환차액의 과세표준 계산

공급시기 이후에 그 대가를 외화로 받는 경우에는 공급시기의 환율에 따라 결정된 금액을 공급가액으로 하는 것이므로, 공급시기 이후의 환율변동으로 인하여 발생하는 외화환산차손익은 해당 공급가액에 영향이 없다(부기통 29-59-1).

6) 과세표준의 포함 여부

과세표준에 포함하는 금액(부기통 29-61-2)	과세표준에 제외하는 금액(부법 29 ⑤)
① 현물로 받는 경우에는 자기가 공급한 재화 또는 용역의 시가	① 매출할인, 매출에누리 ② 환입(還入)된 재화의 가액
② 장기할부판매 또는 할부판매 경우의 이자상당액	③ 공급받는 자에게 도달하기 전에 파손·훼손 또는 멸실(滅失)된 재화의 가액
③ 대가의 일부로 받는 운송보험료·산재보험료·운송비·포장비·하역비 등	④ 재화 또는 용역의 공급과 직접 관련되지 않은 국고보조금과 공공보조금
④ 개별소비세와 교통·에너지·환경세 및 주세와 그 교육세 및 농어촌특별세 상당액	⑤ 공급에 대한 대가의 지급이 지체되었음을 이유로 받는 연체이자
	⑥ 봉사료 등 다만, 사업자가 그 봉사료를 자기의 수입금액에 계상하는 경우에는 제외하지 않음
	⑦ 반환조건부 용기대금과 포장비용

7) 과세표준에서 공제하지 않는 경우

사업자가 재화 또는 용역을 공급받는 자에게 지급하는 다음에 해당하는 금액(貸損金額)은 과세표준에서 공제하지 않는다.(부법 29 ⑥)

① 재화 또는 용역을 공급한 후의 그 공급가액에 대한 대손금
② 거래처와 사전약정에 따라 일정기간의 수금실적 및 판매실적에 따라 거래처에 지급하는 장려금
③ 사업자가 완성도기준지급 또는 중간지급조건부로 재화 또는 용역을 공급하고 계약에 따라 대가의 각 부분을 받을 때 일정금액을 하자보증을 위하여 공급받는 자에게 보관시키는 하자보증금(부기통 13-48-6)
④ 수출대가의 일부로 받는 관세환급금
⑤ 수탁판매업자가 부담한 판매촉진비〈서면3팀-1082, 2007. 4. 10〉

3. 재화의 수입에 대한 부가가치세 과세표준

재화의 수입에 대한 부가가치세의 과세표준은 그 재화에 대한 관세의 과세가격과 관세, 개별소비세, 주세, 교육세, 농어촌특별세 및 교통·에너지·환경세를 합한 금액으로 한다.(부법 29 ②)

4. 공급대가에 부가가치세 포함 여부가 불분명한 경우

사업자가 재화 또는 용역을 공급하고 그 대가로 받은 금액에 부가가치세가 포함되어 있는지가 분명하지 않은 경우에는 그 대가로 받은 금액에 110분의 100을 곱한 금액을 공급가액으로 한다.(부법 29 ⑦)

Ⅱ 특수한 경우의 과세표준 계산

1. 과세면세 겸영사업자의 과세표준 안분계산

1) 원칙(공급가액 기준으로 안분)

사업자가 공통사용 재화를 공급하는 경우에는 다음에 따라 계산한 금액을 공급가액으로 한다. 다만, 휴업 등으로 인하여 직전 과세기간의 공급가액이 없는 경우 공급한 날에 가장 가까운 과세기간의 공급가액에 의하여 계산한다.(부령 63 ①)

$$\text{(해당재화의 공급가액)} \times \frac{\text{재화를 공급한 날이 속하는 과세기간의 직전과세기간의 과세되는 공급가액}}{\text{재화를 공급한 날이 속하는 과세기간의 직전과세기간의 총공급 가액}} = \text{과세표준}$$

2) 특례(사용면적 기준으로 안분)

다음에 따라 납부세액이나 환급세액을 사용면적 비율에 따라 재계산한 재화로서 과세사업과 면세사업에 공통으로 사용되는 재화를 공급하는 경우 그 과세표준은 원칙에 불구하고 다음 산식에 의하여 계산한다.

① 당해 과세기간 중 과세사업과 면세사업의 공급가액이 없거나 그 어느 한 사업의 공급가액이 없는 경우로서 예정사용면적 비율에 따라 공통매입세액을 계산하는 경우
② 토지를 제외한 공통사용건물의 신축·취득과 관련된 공통매입세액을 계산하는 경우
③ 공통매입세액을 정산하는 경우
④ 납부세액 및 환급세액을 사용면적 비율에 따라 재계산한 경우

$$\text{해당재화의 공급가액} \times \frac{\text{재화를 공급한 날이 속하는 과세기간의 직전과세기간의 과세 사용면적}}{\text{재화를 공급한 날이 속하는 과세기간의 직전과세기간의 총사용면적}} = \text{과세표준}$$

3) 적용배제

다음 중 어느 하나에 해당하는 경우에는 원칙적인 규정에도 불구하고 해당 재화의 **공급가액을 전액 과세표준**으로 한다.(부령 63 ③)

① 재화를 공급하는 날이 속하는 과세기간의 직전 과세기간의 총공급가액 중 면세공급가액이 5% 미만인 경우 다만, 해당 재화의 공급가액이 5천만원 이상인 경우는 제외한다.
② 재화의 공급가액이 50만원 미만인 경우
③ 재화를 공급하는 날이 속하는 과세기간에 신규로 사업을 개시하여 직전 과세기간이 없는 경우

2. 토지와 건물을 함께 공급하는 경우 과세표준 안분계산

사업자가 토지와 그 토지에 정착된 건물 및 그밖의 구축물 등을 함께 공급하는 경우에 그 건물 등의 공급가액은 실지거래가액에 의한다. 다만, 다음의 어느 하나에 해당하는 경우에는 아래 표에 따라 안분계산한 금액을 공급가액으로 한다(부령 64)

① 실지거래가액 중 토지의 가액과 건물 또는 구축물 등의 가액의 구분이 불분명한 경우
② 사업자가 실지거래가액으로 구분한 토지와 건물 또는 구축물 등의 가액이 아래 표에 따라 안분계산한 금액과 30% 이상 차이가 있는 경우 다만, 다른 법령에서 정하는 바에 따라 가액을 구분한 다음의 사유에 해당하는 경우는 제외한다.
　㉠ 다른 법령에서 정한 토지 또는 건물의 양도가액을 따른 경우
　㉡ 건물이 있는 토지를 취득하여 건물을 철거하고 토지만 사용 하는 경우

구 분	과세표준 계산방법
① 실거래가액이 모두 있는 경우	• 구분된 건물 등의 실지거래가액
② 감정평가액이 모두 있는 경우	• 감정평가법인등이 평가한 **감정평가액**에 비례하여 안분계산
③ 기준시가가 모두 있는 경우	• 공급계약일 현재 **기준시가**에 비례하여 안분계산
④ 기준시가가 일부 있는 경우	• 먼저 **장부가액**(장부가액이 없는 경우 취득가액)에 비례하여 안분계산 • 기준시가가 있는 자산에 대하여는 그 합계액을 다시 기준시가에 비례하여 안분계산
⑤ 기준시가가 모두 없는 경우	• **장부가액(장부가액이 없는 경우 취득가액)**에 비례하여 안분계산
⑥ 국세청장이 정한 과세표준안분 계산방법	• 토지와 건물 등의 가액을 일괄 산정·고시하는 오피스텔 등의 경우 　→ 토지의 기준시가와 국세청장이 고시한 건물의 기준시가에 비례하여 안분계산 • 건축 중에 있는 건물과 토지를 함께 양도하는 경우 　→ 해당 건물을 완성하여 공급하기로 한 경우에는 토지의 기준시가와 완성될 국세청장이 고시한 건물의 기준시가에 비례하여 안분계산 • 미완성 건물 등과 토지를 함께 공급하는 경우 　→ 토지의 기준시가와 미완성 건물 등의 장부가액(장부가액이 없는 경우 취득가액)에 비례하여 안분계산

3. 겸용주택에 대한 면세

주택과 사업용 건물이 함께 있는 겸용건물의 주택면적(면세면적)은 다음과 같이 계산한다.

1) 주택면적 > 상가면적 → 전체를 주택으로 보아 건물 임대료 면세

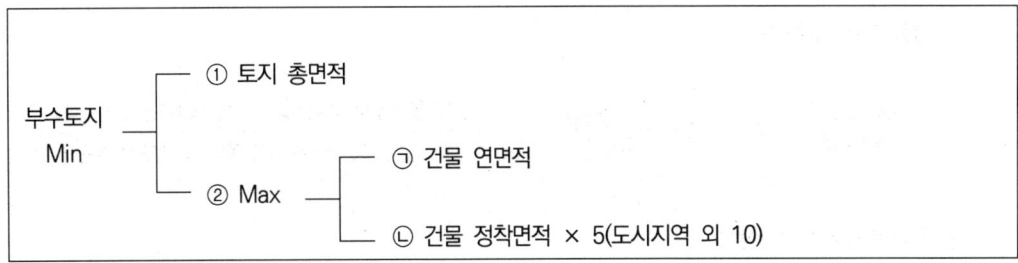

2) 주택면적 ≤ 상가면적 → 주택만 주택으로 보아 주택 및 주택부수토지 임대료 면세

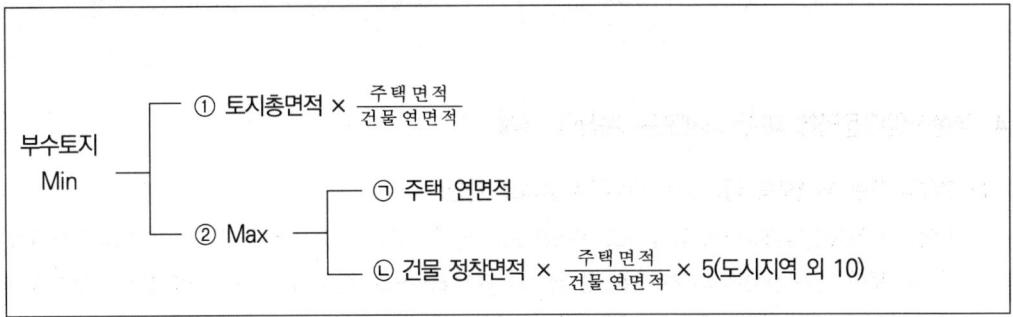

4. 자가공급 등에 대한 과세표준의 계산

1) 원칙

과세사업에 사용한 재화가 **감가상각자산**에 해당하는 경우에 당해 재화를 간주공급으로 보는 때에는 다음의 산식에 의하여 계산한 금액을 당해 재화의 시가로 본다. 또한 재화의 취득가액은 매입세액을 공제받은 해당 재화의 가액으로 한다.

① 건물 또는 구축물

> 해당 재화의 취득가액 ×(1 − 5% × 경과된 과세기간 수) = 시가(과세표준)

② 기타의 감가상각자산

> 해당 재화의 취득가액 ×(1 − 25% × 경과된 과세기간 수) = 시가(과세표준)

2) 면세전용의 경우

과세사업에 제공한 **감가상각자산**을 면세사업에 일부 사용하는 경우에는 다음의 계산식에 따라 계산한 금액을 공급가액으로 하되, 그 면세사업에 의한 면세공급가액이 총공급가액 중 5% 미만인 경우에는 공급가액이 없는 것으로 본다.

① 건물 또는 구축물

$$\text{해당 재화의 취득가액} \times \left(1 - 5\% \times \text{경과된 과세기간 수}\right) \times \frac{\text{면세사업에 일부 사용한 날이 속하는 과세기간의 면세공급가액}}{\text{면세사업에 일부 사용한 날이 속하는 과세기간의 총공급가액}}$$

② 기타의 감가상각자산

$$\text{해당 재화의 취득가액} \times \left(1 - 25\% \times \text{경과된 과세기간 수}\right) \times \frac{\text{면세사업에 일부 사용한 날이 속하는 과세기간의 면세공급가액}}{\text{면세사업에 일부 사용한 날이 속하는 과세기간의 총공급가액}}$$

4. 부동산임대용역에 대한 과세표준 계산의 특례

1) 전세금 또는 임대보증금을 받는 경우(간주임대료 계산)

사업자가 부동산임대용역을 공급하고 전세금 또는 임대보증금을 받는 경우에는 금전 이외의 대가를 받는 것으로 보아 다음 산식에 의하여 계산한 금액을 과세표준으로 한다.(부령 65 ①) 이 경우 사업자가 계약에 따라 전세금 또는 임대보증금을 임대료에 충당한 경우에는 그 금액은 제외한다.

$$\text{전세금·임대보증금} \times \text{과세대상 기간의 일수} \times \frac{(1년 \ 정기예금이자율)}{365(윤년 \ 366)} = \text{과세표준}$$

2) 과세·면세 부동산임대용역을 함께 공급하는 경우

과세되는 부동산임대용역과 면세되는 주택임대용역을 함께 공급하여 그 임대구분과 임대료 등의 구분이 불분명한 경우에는 다음의 산식을 순차로 적용하여 과세표준을 계산한다.(부령 65 ④)

단계별	내용
제1단계	총임대료를 산출한다.
제2단계	예정신고기간 종료일 또는 과세기간 종료일 현재의 시가표준액을 기준으로 총임대료를 건물분과 토지분으로 안분한다. ① 토지분임대료 = (임대료 + 간주임대료) × $\dfrac{\text{토지의 기준시가}}{\text{토지의 기준시가 + 건물의 기준시가}}$ ② 건물분임대료 = (임대료 + 간주임대료) × $\dfrac{\text{건물의 기준시가}}{\text{토지의 기준시가 + 건물의 기준시가}}$

단계별	내용
제3단계	토지분과 건물분 각각에 대하여 과세분(주택 외의 건물과 그 부속토지)과 면세분(주택과 그 부속토지)으로 안분하여 과세분만 과세표준으로 산출하는 바, 이 경우 임대면적을 안분 기준으로 한다. 예정신고기간 또는 과세기간 중 면적이 변동 된 경우에는 면적을 적수로 계산하여 산출한다.(부칙 48) ① 과세토지분 임대료 = 토지임대료 × $\dfrac{\text{과세토지 임대면적}}{\text{총 토지 임대면적}}$ ② 건물분임대료 = 건물임대료 × $\dfrac{\text{과세건물 임대면적}}{\text{총 건물 임대면적}}$ ③ 과세표준 = 과세토지분 임대료 + 과세건물분 임대료

3) 2과세기간에 걸친 장기임대용역의 경우

사업자가 둘 이상의 과세기간에 걸쳐 부동산임대용역을 공급하고 그 대가를 선불이나 후불로 받는 경우 해당 금액을 계약기간의 개월 수로 나눈 금액의 각 과세대상 기간의 합계액을 공급가액으로 한다.

사례 [1]

개별소비세 과세물품 수입 시 과세표준 계산 사례 (부가집 29-0-3)

박통일이 프랑스에서 개별소비세 과세물품을 1,000,000원에 구입하여 세관장에게 수입신고 하는 경우 부가가치세액 계산

구분	가액	계산근거
① 과세(물품)가격	1,000,000	
② 관세	80,000	①×8%
③ 개별소비세	75,600	(①+②)×7%
④ 교육세	22,680	③×30%
⑤ 농어촌특별세	7,560	③×10%
⑥ 부가가치세 공급가액	1,185,840	①+②+③+④+⑤
⑦ 부가가치세액	118,854	⑥×10%

참고 주요 3법 간주임대료의 적용대상 정리

구분		부가가치세	법인세	소득세
대상자		제한 없음	부동산임대업을 주업으로 하는 영리내국법인. 단, 추계시는 모든 영리내국법인에 적용	제한 없음
과세물건	토지	○ (전 답 등 제외)	○	○
	주택과 부속토지	X	X (단, 추계하는 때에는 적용대상이 된다)	X (추계시에는 3주택 이상이고 보증금 합계액 3억원 이상인 경우에만 적용)
	건물 (주택외)	○	○	○ (2인 이상에게 임대한 경우 임차인별로 각각 계산)
	부동산상의 권리	○	○	○
산출공식		(보증금 등 - 지하도 건설비) × 일수 × 정기예금이자율 ÷ 365(366) ※ 건설비는 기부채납한 것에 한함 ※ 과세, 면세 구분 없으면 면적기준 안분계산함	추계시 : 보증금 적수×정기예금이자율÷365 추계외 : (보증금 적수 - 건설비적수) × 정기예금이자율÷365 - (금융수익 중 이자, 할인료, 배당금, 신주인수권처분익, 유가증권처분익) ※ 건설비에 토지가액은 제외	추계시 : 보증금적수×정기예금이자율÷365(366) 추계외 : (보증금적수 - 건설비상당액의 적수)×정기예금이자율÷365(366) - (보증금 운용소득 중 이자, 할인료, 배당금) ※ 건설비에 토지가액은 제외

사례 [2]

고가·저가 공급에 대한 공급가액 계산 사례 (부가집 29-0-2)

도매업 및 서비스업을 겸영하는 사업자 "갑"이 20×2 제1기 과세기간 중 매출처 "을"에게 아래와 같이 재화 또는 용역을 공급한 경우 공급가액 계산 방법

과세대상	시가	거래금액	"을"과의 관계	과세표준
재화1	10,000,000	5,000,000	특수관계인	10,000,000
재화2	10,000,000	5,000,000	특수관계인 외	5,000,000
재화3	10,000,000	15,000,000	특수관계인	15,000,000
재화4	10,000,000	15,000,000	특수관계인 외	15,000,000
재화5	10,000,000	(무상공급)	특수관계인	10,000,000
재화6	10,000,000	(무상공급)	특수관계인 외	10,000,000
용역1	10,000,000	5,000,000	특수관계인	10,000,000
용역2	10,000,000	5,000,000	특수관계인 외	5,000,000
용역3	10,000,000	15,000,000	특수관계인	15,000,000
용역4	10,000,000	15,000,000	특수관계인 외	15,000,000
용역5	10,000,000	(무상공급)	특수관계인	0
용역6	10,000,000	(무상공급)	특수관계인 외	0

사례 [3]

과세·면세 공동사용재화 공급가액 계산 사례 (부가집 29-63-1)

【거래 사례】

과세사업과 면세사업을 겸영하는 사업자가 사옥(부동산)을 20×1년 제2기에 12억원(부가가치세 제외)에 매각하였다. 토지 및 건물가액이 불분명하고, 감정가액은 없으며(기준시가 : 토지 6억원, 건물 4억원) 공급가액이 아래와 같은 경우 공급가액 계산 방법

구분	20×1년 제1기	20×1년 제2기
과세분	10억원	5억원
면세분	6억원	20억원
합계	16억원	25억원

【계산 방법】
  (1차) 토지 및 건물가액 안분계산
    ① 건물 = 12억원 × 4억원/(6억원+4억원) = 480,000,000원
    ② 토지 = 12억원 × 6억원/(6억원+4억원) = 720,000,000원
  (2차) 건물가액 과·면세 사용분 안분계산
    건물분 공급가액 = 480,000,000 × 10억원/16억원 = 300,000,000원

사례 [4]

토지·건물·기계장치 함께 공급 시 공급가액 안분계산 사례 (부가집 29-64-1)

【거래 사례】
과세사업자가 토지, 건물 및 기계장치를 150억원(부가가치세 별도)에 일괄 양도하였다.

구분	취득가액	장부가액	기준시가	감정가액
토지	50억원	50억원	40억원	80억원
건물	40억원	30억원	20억원	
기계장치	30억원	20억원		15억원

【계산 방법】
(1단계) 장부가액을 기준으로 1차 안분계산
  ① 토지 = 150억원 × 50억원 / 100억원 = 75억원
  ② 건물 = 150억원 × 30억원 / 100억원 = 45억원
  ③ 기계장치 = 150억원 × 20억원/100억원 = 30억원
(2단계) 토지와 건물의 합계액(①+②)을 기준시가에 의한 2차 안분계산
  ④ 토지 = 120억원 × 40억원/60억원 = 80억원
  ⑤ 건물 = 120억원 × 20억원/60억원 = 40억원 (3단계) 과세표준 : ③ + ⑤ = 70억원

사례 [5]

부동산임대용역 공급가액 계산 사례 (부가집 29-65-1)

【거래 사례】
부동산임대업자(개인) 진종식이 상가·주택 겸용건물을 다음과 같이 임대하는 경우 20×1년 제1기 (1. 1. ~ 6. 30.) 부가가치세 공급가액 계산 방법(1년은 365일로 가정)
- 임대차계약 내용 : 보증금 302,486,188원, 월임대료 3,000,000원(부가가치세 별도)
- 기준시가 : 건물 2억원, 토지 3억원
- 건물(단층) 임대면적 : 상가 300㎡, 주택 200㎡
- 건물 부속토지 면적 : 800㎡
- 도시구역 내이고, 정기예금이자율은 1.8% (가정)

【계산 방법】
① 총 임대료 계산 : 20,700,000원
  월세수입 : 3,000,000원 × 6개월 = 18,000,000원
  간주임대료 : 302,486,188원 × 1.8% × 181일/365일 = 2,700,000원
② 건물 및 토지 임대료 구분
  건물 분 : 20,700,000원 × 2억원/(2억원 + 3억원) = 8,280,000원
  토지 분 : 20,700,000원 - 8,280,000원 = 12,420,000원
③ 과세대상 부속토지 계산
  과세분 토지면적 : 800㎡ × 300㎡/(300㎡+200㎡) = 480㎡
④ 신고대상 공급가액 : 12,420,000원
  상가 건물 : 8,280,000원 × 300㎡/(300㎡ + 200㎡) = 4,968,000원
  상가 토지 : 12,420,000원 × 480㎡/800㎡ = 7,452,000원

사례 [6]

폐업시 잔존재화 공급가액 계산 사례 (부가집 29-66-1)

【거래 사례】
부동산매매업 및 제조업을 영위하는 사업자가 20×3. 6. 15. 폐업하였으며, 폐업시 잔존재화의 내역이 다음과 같을 때 부가가치세 공급가액 계산 방법

구분	취득(사용)일	취득·제조원가	잔존재화 가액	비고
건물1	20×2. 2. 1.	500,000,000원	700,000,000원 (매매가액) 425,000,000원 (장부가액)	사업용 고정자산 (제조장 사용)
구축물	20×2. 4. 30.	100,000,000원	120,000,000원 (매매가액) 90,000,000원 (장부가액)	사업용 고정자산 (제조장 사용)
건물2	20×2. 6. 1.	300,000,000원	400,000,000원 (폐업당시 시가)	재고자산 (매매용)
기계장치	20×2. 7. 30.	250,000,000원	100,000,000원 (장부가액)	사업용 고정자산 (제조장 사용)
제품	20×3. 6. 1.	200,000,000원	240,000,000원	제조장 생산물

* 매매가액은 폐업일 이후 매매된 가액임

【계산 방법】

구분	경과된 과세기간	계산근거	공급가액
건물1	×1. 1. 1. ~ '×2. 12. 31	500,000,000원 × (1-5%×4)	400,000,000원
구축물	'×2. 1. 1. ~ '×2. 12. 31.	100,000,000원 × (1-5%×2)	90,000,000원
건물2	-	재고자산은 폐업 당시 시가	400,000,000원
기계장치	'×2. 7. 1. ~ '×2. 12. 31.	250,000,000원 × (1-25%×1)	187,500,000원
제품	-	재고자산의 경우 폐업 시 시가	240,000,000원
합계			1,317,500,000원

제2절 납부세액

I 계산구조

납부세액은 매출세액(대손세액을 뺀 금액으로 함)에서 공제대상 매입세액, 그 밖에 이 법 및 다른 법률에 따라 공제되는 매입세액을 뺀 금액으로 한다. 이 경우 매출세액을 초과하는 부분의 매입세액은 환급세액으로 한다.(부법 37 ②)

① 납부세액 = 매출세액 - 매입세액(매출세액≥매입세액)
② 환급세액 = 매입세액 - 매출세액(매출세액<매입세액)

납부세액을 기준으로 사업자가 최종 납부하거나 환급받을 세액은 다음 계산식에 따라 계산한다.(부법 37 ③)

$$\text{납부하거나 환급받을 세액} = A - B + C$$

※ A : 납부세액 또는 환급세액
※ B : 신용카드 등의 사용에 따른 세액공제, 전자세금계산서 발급 전송에 대한 세액공제 및 그 밖에 이법 및 다른 법률에서 정하는 공제세액
※ C : 「부가가치세법상」 가산세 및 「국세기본법」 규정에 따른 가산세

II 매입세액공제

1. 개요

부가가치세법상 매입세액은 다음의 요건을 갖춘 세액을 말한다(부법 38 ①). 따라서 이 요건을 갖추지 못한 경우에는 비록 매입에 따른 부가가치세를 부담하였다 하더라도 부가가치세법상의 매입세액이 될 수가 없다.

① 사업자가 자기의 사업을 위하여 사용하였거나 사용할 목적으로 공급받은 재화 또는 용역에 대한 부가가치세액(사업양수도 시 부가가치세 대리납부 규정에 따라 납부한 부가가치세액을 포함)
② 사업자가 자기의 사업을 위하여 사용하였거나 사용할 목적으로 수입하는 재화의 수입에 대한 부가가치세액

2. 공제되지 않는 매입세액

다음의 매입세액은 매출세액에서 공제하지 않는다.(부법 39)

1) 의무를 태만하였거나 불이행함으로 인하여 공제하지 않는 매입세액

(1) 매입처별세금계산서합계표 미제출 등의 경우의 매입세액

매입처별세금계산서합계표를 제출하지 않은 경우의 매입세액(미제출) 또는 제출한 매입처별세금계산서합계표의 기재사항 중 거래처별 등록번호 또는 공급가액의 전부 또는 일부가 적히지 않았거나 사실과

다르게 적힌 경우 그 기재사항이 적히지 않은 부분 또는 사실과 다르게 적힌 부분의 매입세액(불분명) 다만, **다음에 해당하는 경우의 매입세액은 제외**한다.(부령 74)

① 발급받은 세금계산서에 대한 매입처별세금계산서합계표 또는 신용카드매출전표등의 수령명세서를 **과세표준수정신고서와 함께 제출**하는 경우
② 발급받은 세금계산서에 대한 매입처별세금계산서합계표 또는 신용카드매출전표등 수령명세서를 **경정청구서와 함께 제출하여 경정기관이 경정**하는 경우
③ 발급받은 세금계산서에 대한 매입처별세금계산서합계표 또는 신용카드매출전표 등 수령명세서를 기한 후 과세표준신고서와 함께 제출하여 관할 세무서장이 결정하는 경우
④ 발급받은 세금계산서에 대한 매입처별세금계산서합계표의 거래처별 등록번호 또는 공급가액이 착오로 사실과 다르게 적힌 경우로서 발급받은 세금계산서에 의하여 **거래사실이 확인**되는 경우
⑤ 경정에 있어서 사업자가 발급받은 세금계산서 또는 발급받은 신용카드매출전표 등을 **경정기관의 확인을 거쳐 정부에 제출**하는 경우 (매입처별세금계산서 합계표 불성실가산세 적용대상)

(2) 세금계산서 미수취 및 부실기재

세금계산서를 발급받지 않은 경우(미수취) 또는 발급받은 세금계산서 또는 수입세금계산서에 필요적 기재사항의 전부 또는 일부가 적히지 아니하였거나 사실과 다르게 적힌 경우의 매입세액(공급가액이 사실과 다르게 적힌 경우에는 실제 공급가액과 사실과 다르게 적힌 금액의 차액에 해당하는 세액) 다만, **다음에 해당하는 경우의 매입세액은 제외**한다.(부령 75)

① 사업자등록을 신청한 사업자가 **사업자등록증 발급일까지의 거래**에 대하여 해당 사업자 또는 대표자의 주민등록번호를 직이 발급받은 경우
② 발급받은 세금계산서의 필요적 기재사항 중 일부가 착오로 사실과 다르게 적혔으나 그 세금계산서에 적힌 나머지 필요적 기재사항 또는 임의적 기재사항으로 보아 **거래 사실이 확인**되는 경우
③ 재화 또는 용역의 공급시기 이후에 발급받은 세금계산서로서 해당 공급시기가 속하는 과세기간에 대한 **확정신고기한까지 발급**받은 경우
④ 발급받은 전자세금계산서로서 국세청장에게 전송되지 아니하였으나 **발급한 사실이 확인**되는 경우
⑤ 전자세금계산서 외의 세금계산서로서 재화 또는 용역의 공급시기가 속하는 과세기간에 대한 **확정신고기한까지 발급받았고, 그 거래 사실도 확인**되는 경우
⑥ 실제로 재화 또는 용역을 공급하거나 공급받은 사업장이 아닌 사업장을 적은 세금계산서를 발급받았더라도 그 사업장이 총괄하여 납부하거나 사업자 단위 과세사업자에 해당하는 사업장인 경우로서 그 **재화 또는 용역을 실제로 공급한 사업자가 납세지 관할 세무서장에게 해당 과세기간에 대한 납부세액을 신고하고 납부한 경우**
⑦ 재화 또는 용역의 공급시기가 속하는 과세기간에 대한 확정신고기한이 지난 후 세금계산서를 발급받았더라도 그 **세금계산서의 발급일이 확정신고기한 다음 날부터 1년 이내이고 다음 어느 하나에 해당하는 경우**
  ㉠ 「국세기본법 시행령」에 따른 과세표준수정신고서와 경정 청구서를 세금계산서와 함께 제출하는 경우

ⓒ 해당 거래 사실이 확인되어 납세지 관할 세무서장, 납세지 관할 지방국세청장 또는 국세청장(이하에서 "납세지 관할 세무서장 등"이라 함)이 결정 또는 경정하는 경우

⑧ 재화 또는 용역의 공급시기 전에 세금계산서를 발급받았더라도 재화 또는 용역의 공급시기가 그 세금계산서의 발급일부터 6개월 이내에 도래하고 해당 거래 사실이 확인되어 납세지 관할 세무서장 등이 결정 또는 경정하는 경우

⑨ 다음의 경우로서 그 **거래 사실이 확인되고 거래 당사자가 납세지 관할 세무서장에게 해당 납부세액을 신고하고 납부한 경우**

㉠ 거래의 실질이 위탁매매 또는 대리인에 의한 매매에 해당함에도 불구하고 거래 당사자 간 계약에 따라 위탁매매 또는 대리인에 의한 매매가 아닌 거래로 하여 세금계산서를 발급받은 경우

㉡ 거래의 실질이 위탁매매 또는 대리인에 의한 매매에 해당하지 않음에도 불구하고 거래 당사자 간 계약에 따라 위탁매매 또는 대리인에 의한 매매로 하여 세금계산서를 발급받은 경우

㉢ 거래의 실질이 용역의 공급에 대한 주선·중개에 해당함에도 불구하고 거래 당사자 간 계약에 따라 용역의 공급에 대한 주선·중개가 아닌 거래로 하여 세금계산서를 발급받은 경우

㉣ 거래의 실질이 용역의 공급에 대한 주선·중개에 해당하지 않음에도 불구하고 거래 당사자 간 계약에 따라 용역의 공급에 대한 주선·중개로 하여 세금계산서를 발급받은 경우

㉤ 다른 사업자로부터 사업(용역을 공급하는 사업으로 한정)을 위탁받아 수행하는 사업자가 위탁받은 사업의 수행에 필요한 비용을 사업을 위탁한 사업자로부터 지급받아 지출한 경우로서 해당 비용을 공급가액에 포함해야 함에도 불구하고 거래 당사자 간 계약에 따라 이를 공급가액에서 제외하여 세금계산서를 발급받은 경우

㉥ 다른 사업자로부터 사업을 위탁받아 수행하는 사업자가 위탁받은 사업의 수행에 필요한 비용을 사업을 위탁한 사업자로부터 지급받아 지출한 경우로서 해당 비용을 공급가액에서 제외해야 함에도 불구하고 거래 당사자 간 계약에 따라 이를 공급가액에 포함하여 세금계산서를 발급받은 경우

㉦ 매출에누리 또는 할인에 해당하는 금액을 공급가액에서 제외해야 함에도 불구하고 거래 당사자 간 계약에 따라 이를 공급가액에 포함하여 세금계산서를 발급받은 경우(공급하는 자가 해당 금액을 공급가액에서 제외하는 수정세금계산서를 발행하지 아니한 경우에 한함)

⑩ 부가가치세를 납부해야 하는 **수탁자가 위탁자를 재화 또는 용역을 공급받는 자로 하여 발급된 세금계산서의 부가가치세액을 매출세액에서 공제받으려는 경우**로서 그 거래 사실이 확인되고 재화 또는 용역을 공급한 자가 납세지 관할 세무서장에게 해당 납부세액을 신고하고 납부한 경우

⑪ 부가가치세를 납부해야 하는 **위탁자가 수탁자를 재화 또는 용역을 공급받는 자로 하여 발급된 세금계산서의 부가가치세액을 매출세액에서 공제받으려는 경우**로서 그 거래 사실이 확인되고 재화 또는 용역을 공급한 자가 납세지 관할 세무서장에게 해당 납부세액을 신고하고 납부한 경우

(3) 등록 전 매입세액

등록(등록은 등록신청일을 기준으로 함)을 하기 전의 매입세액. 다만, 공급시기가 속하는 과세기간이 끝난 후 20일 이내에 등록을 신청한 경우 등록신청일부터 공급시기가 속하는 과세기간 기산일까지 역산한 기간 내의 것은 제외한다.

2) 거래의 성질에 따라 공제하지 않는 매입세액

(1) 사업과 직접 관련이 없는 지출에 대한 매입세액

사업과 직접 관련이 없는 지출에 대한 다음에 해당하는 매입세액은 매출세액에서 공제하지 않는다.

① 법인세법 또는 소득세법에서 규정한 업무 무관비용
② 법인세법에 따른 공동경비 중 분담 기준 금액을 초과하는 금액

(2) 비영업용 소형자동차의 구입과 임차 및 유지 관한 매입세액

「개별소비세법」에 따른 개별소비세 과세대상 자동차(운수업, 자동차판매업, 자동차임대업, 운전학원업, 경비업 및 이와 유사한 업종에 직접 영업으로 사용되는 것은 제외)의 구입과 임차 및 유지에 관한 매입세액

(3) 기업업무추진비 등의 지출에 관련된 매입세액

법인세법 및 소득세법에서 규정한 기업업무추진비 및 이와 유사한 비용의 지출에 관련된 매입세액

(4) 면세사업에 관련된 매입세액

① 토지의 취득 및 형질변경, 공장부지 및 택지의 조성 등에 관련된 매입세액
② 건축물이 있는 토지를 취득하여 그 건축물을 철거하고 토지만을 사용하는 경우에는 철거한 건축물의 취득 및 철거비용에 관련된 매입세액
③ 토지의 가치를 현실적으로 증가시켜 토지의 취득원가를 구성하는 비용에 관련된 매입세액

3. 의제매입세액

1) 의의

사업자가 부가가치세를 면제받아 공급받은 농산물·축산물·수산물 또는 임산물을 원재료로 하여 제조·가공한 재화 또는 창출한 용역의 공급에 대하여 과세되는 경우(**면세를 포기하고 영세율을 적용받는 경우는 제외**)에는 면세농산물등을 공급받거나 수입할 때 매입세액이 있는 것으로 보아 일정 금액을 매입세액으로 공제할 수 있는 바, 이를 의제매입세액공제라 한다.(부법 42 ①)

2) 공제요건

의제매입세액의 공제요건은 다음과 같다.

① 등록된 부가가치세 과세사업자이어야 한다.
② 면세로 공급받은 농산물·축산물·수산물 또는 임산물이어야 한다.
③ 농산물 등을 원재료로 하여 재화를 제조·가공 또는 용역을 창출하여야 한다.
④ 제조·가공한 재화 또는 창출한 용역의 공급이 과세되어야 한다.

3) 공제액의 계산

(1) 공제율

구분	공제율
음식점업	① 「개별소비세법」에 따른 과세유흥장소의 경영자 : 2/102
	② ① 외의 음식점을 영위하는 개인사업자 : 개인사업자인 경우에는 8/108 (과세표준 2억원 이하인 경우에는 9/109)
	③ ① 외의 음식점을 영위하는 법인사업자 : 6/106
제조업	① 과자점업, 도정업, 제분업 및 떡방앗간을 경영하는 개인사업자 : 6/106
	② ① 외의 제조업을 경영하는 사업자 중 중소기업 및 개인사업자 : 4/104
	③ ①, ② 이외의 사업자 : 2/102
위 이외의 사업	2/102

(2) 한도

① 원칙

	과세표준 (6개월)	공제한도	
		음식점업	음식점 이외의 업종
개인	1억원 이하	75%	65%
	1억원~2억원	70%	
	2억원 초과	60%	55%
법인		50%	

② 농수산물 매입시기가 집중되는 제조업에 대한 공제한도 계산 특례

위 규정에도 불구하고 다음의 요건을 모두 충족하는 사업자는 제2기 과세기간에 대한 납부세액을 확정신고할 때, 해의 1월 1일부터 12월 31일까지에 공급받은 면세농산물 등의 가액에 공제율을 곱한 금액에서 제1기 과세기간에 의제매입세액으로 공제받은 금액을 차감한 금액을 매입세액으로 공제할 수 있다.

㉠ 제1기 과세기간에 공급받은 면세농산물등의 가액을 해의 1월 1일부터 12월 31일까지에 공급받은 면세농산물등의 가액으로 나누어 계산한 비율이 75% 이상이거나 25% 미만일 것

㉡ 해당 과세기간이 속하는 해의 1월 1일부터 12월 31일까지 동안 계속하여 제조업을 영위하였을 것

4) 의제매입세액의 안분계산

(1) 개요

의제매입세액의 안분계산은 공통매입세액 안분계산 규정을 준용한다(부가칙 56 ④, 부기통 17-62-4). 안분계산은 다음의 계산식에 따른다.

> 의제매입세액이 공제되는 농산물 등의 가액
> = 공통매입 농산물 등의 가액 × $\dfrac{\text{과세공급가액}}{\text{총공급가액}}$
>
> • 의제매입세액 = 의제매입세액이 공제되는 농산물 등의 가액 × 공제율

(2) 안분계산의 정산

의제매입세액의 안분계산은 공통매입세액 안분계산 규정을 준용하여 **예정신고 시에는 우선 예정신고기간의 공급가액을 기준으로 의제매입세액을 계산·공제하고 확정신고 시에는 당해 과세기간 전체의 공급가액을 기준으로 다시 정산해야 한다.**

5) 의제매입세액의 추징

의제매입세액공제 규정에 따라 매입세액으로서 공제한 면세농산물 등을 그대로 양도 또는 인도하거나 부가가치세가 면제되는 재화 또는 용역을 공급하는 사업, 그 밖의 목적에 사용하거나 소비할 때에는 그 공제한 금액을 납부세액에 가산하거나 환급세액에서 공제하여야 한다.(부령 84 ④)

사례 [1]

의제매입세액 계산 사례

【거래 사례】

개인사업자인 "갑"은 정육점과 음식점을 겸영하고 있다. 20×1년 제2기 과세기간 동안 축산물 2,000kg를 24,400,000원("갑"이 지급한 운임 400,000원 포함)을 구입한 경우 의제매입세액공제액 계산 방법

1. 축산물 사용내역

   축산물 사용내역 : 판매분 600kg, 음식조리분 1,000kg, 재고분 400kg(기초재고는 없음)

2. 20×1년 2기 과세기간 공급가액 명세(부가가치세 제외)

   축산물 공급가액 : 12,000,000원

   음식용역 공급가액 : 40,000,000원

【계산 방법】

1. 의제매입세액공제대상 원재료 가액
   - 24,400,000원 - 400,000원 = 24,000,000원

2. 의제매입세액공제액 계산
   - 음식용역에 사용된 부분 : 24,000,000원 × (1,000kg/2,000kg) × (9/109) = 990,825원
   - 재고로 남은 부분 : 24,000,000원 × (400kg/2,000kg) × (9/109) × 40,000,000원/ 52,000,000원
     = 304,869원
   - 의제매입세액공제액 : 1,295,694원

Ⅲ 과세 · 면세 겸영사업자의 공통매입세액 안분계산 특례

1. 공통매입세액의 안분계산

1) 의의

공통매입세액의 안분계산이란 사업자가 과세사업과 면세사업 등을 겸영하는 경우에 과세사업과 면세사업 등에 관련된 매입세액의 계산은 **실지귀속에 따라 하되, 실지귀속을 구분할 수 없는 공통매입세액은 총공급가액에 대한 면세공급가액의 비율 등 공통매입세액 안분기준을 적용**하여 안분하여 계산하는 것을 말한다.(부법 40)

2) 안분계산요건

공통매입세액의 안분계산 규정을 적용하여야 할 사업자는 다음의 요건을 모두 충족하여야 한다.

① 과세사업과 면세사업(비과세사업 포함)을 겸영하는 사업자일 것
② 과세사업과 면세사업에 공통으로 사용되거나 사용될 것
③ 실지귀속이 불분명한 매입세액일 것
④ 불공제대상 매입세액이 아닐 것

3) 안분계산방법

(1) 공급가액이 존재하는 경우

과세사업과 면세사업 등을 겸영(兼營)하는 경우로서 실지귀속(實地歸屬)을 구분할 수 없는 공통매입세액이 있는 경우 면세사업 등에 관련된 매입세액은 인원 수 등에 따르는 등을 제외하고 다음 계산식에 따라 안분하여 계산한다. 다만, **예정신고를 할 때에는 예정신고기간에 있어서 총공급가액에 대한 면세공급가액***의 비율에 따라 안분하여 계산하고, 확정신고를 할 때에 정산한다.(부령 81 ①)

  * 면세사업 등에 대한 공급가액과 사업자가 해당 면세사업 등과 관련하여 받았으나 과세표준에 포함되지 않는 국고보조금과 공공보조금 및 이와 유사한 금액의 합계액을 말한다.

$$\text{면세사업에 관련된 매입세액} = \text{공통매입세액} \times \frac{\text{면세공급가액}}{\text{총공급가액}}$$

(2) 공급가액이 존재하지 않는 경우

① 안분계산 특례(추정비율)

해당 과세기간 중 과세사업과 면세사업 등의 공급가액이 없거나 그 어느 한 사업의 공급가액이 없는 경우에 해당 과세기간에 대한 안분 계산은 다음의 순서에 따른다. 다만, **건물 또는 구축물을 신축하거나 취득하여 과세사업과 면세사업 등에 제공할 예정 면적을 구분할 수 있는 경우에는 ⓒ을 ⊙ 및 ⓒ에 우선하여 적용**한다.(부령 81 ④)

  ⊙ 총 매입가액(공통매입가액을 제외)에 대한 면세사업 등에 관련된 매입가액의 비율
  ⓒ 총 예정공급가액에 대한 면세사업 등에 관련된 예정공급가액의 비율
  ⓒ 총 예정사용면적에 대한 면세사업 등에 관련된 예정사용면적의 비율

※ 토지를 제외한 건물 등에 대하여 공통매입세액 안분계산을 하였을 때에는 그 후 과세사업과 면세사업의 공급가액이 모두 있게 되어 공급가액에 따라 공통매입세액을 계산할 수 있는 경우에도 과세사업과 면세사업의 사용면적이 확정되기 전의 과세기간까지는 예정사용면적의 비율을 적용하고, 과세사업과 면세사업의 사용면적이 확정되는 과세기간에 과세기간의 사용면적 비율에 따라 공통매입세액을 정산한다.(부령 81 ⑤)

② 공통매입세액의 정산

예정신고를 할 때에는 **예정신고기간에 있어서 총공급가액에 대한 면세공급가액의 비율, 총사용면적에 대한 면세 또는 비과세 사용면적의 비율에 따라 안분하여 계산하고, 확정신고를 할 때에 정산**한다.(부령 82)

㉠ 총매입가액 및 총예정공급가액에 의하여 매입세액을 안분계산한 경우

$$\text{가산 또는 공제되는 세액} = \text{총 공통매입세액} \times \left(1 - \frac{\text{면세공급가액}}{\text{총공급가액}}\right) - \text{기공제세액}$$

㉡ 총예정사용면적에 의하여 매입세액을 안분계산한 경우

$$\text{가산 또는 공제되는 세액} = \text{총 공통매입세액} \times \left(1 - \frac{\text{면세사용면적}}{\text{총사용면적}}\right) - \text{기공제세액}$$

4) 안분계산의 배제

다음 중 어느 하나에 해당하는 경우 해당 재화 또는 용역의 매입세액은 전액 공제되는 매입세액으로 한다.(부령 81 ②)

① 해당 과세기간의 총공급가액 중 면세공급가액이 5% 미만인 경우의 공통매입세액 다만, 공통매입세액이 5백만원 이상인 경우는 제외한다.
② 해당 과세기간 중의 공통매입세액이 5만원 미만인 경우의 매입세액
③ 재화를 공급하는 날이 속하는 과세기간에 신규로 사업을 시작하여 직전 과세기간이 없는 경우

2. 공통매입세액의 재계산

1) 의의

공통매입세액의 재계산이란 **감가상각자산**에 대하여 공통매입세액의 안분계산에 따라 매입세액이 공제된 후 공통매입세액 안분기준에 따른 비율과 감가상각자산의 취득일이 속하는 과세기간(그 후의 과세기간에 재계산한 때는 그 재계산한 과세기간)에 적용되었던 **공통매입세액 안분기준에 따른 비율이 5% 이상 차이가 나면 납부세액 또는 환급세액을 다시 계산하여 해당 과세기간의 확정신고와 함께 관할 세무서장에게 신고·납부**하는 것을 말한다.(부법 41)

2) 납부세액 또는 환급세액의 재계산 요건

① 공통매입세액을 안분계산한 경우일 것
② 면세공급가액(국고보조금 포함) 또는 면세사용면적의 비율이 증감(그 차이가 5% 이상)된 경우일 것
③ 「소득세법 시행령」 또는 「법인세법 시행령」에 따른 감가상각자산일 것

3) 재계산방법

납부세액 또는 환급세액의 재계산에 따라 납부세액에 가산 또는 공제하거나 환급세액에 가산 또는 공제하는 세액은 다음의 계산식에 따라 계산한 금액으로 한다.

① 건물 또는 구축물

$$\text{해당 재화의 매입세액} \times (1 - 5\% \times \text{경과된 과세기간 수}) \times \text{증감 면세공급가액비율 또는 면세사용면적비율}^*$$

② 기타의 감가상각자산

$$\text{해당 재화의 매입세액} \times (1 - 25\% \times \text{경과된 과세기간 수}) \times \text{증감 면세공급가액비율 또는 면세사용면적비율}^*$$

4) 재계산 시기

예정신고 시에는 공통매입세액 재계산을 할 필요가 없으며, 확정신고 시에만 재계산하여 해당 과세기간의 확정신고와 함께 관할 세무서장에게 신고·납부하여야 한다.

5) 적용배제

(1) 감가상각자산의 자가공급 등

납부세액 등의 재계산을 하지 않는다.(부령 83 ④)

(2) 공통사용 감가상각자산의 공급

그 공급일이 속하는 과세기간의 직전 과세기간 공급가액의 비율에 따라 그 공급가액을 면세와 과세로 안분계산하여 과세표준을 계산한다.

3. 과세전환 감가상각자산의 매입세액공제

1) 의의

과세전환 감가상각자산의 매입세액공제란 당초 면세사업에 사용 또는 소비되어 매입세액이 공제되지 않는 감가상각자산을 과세사업용으로 전환하여 사용 또는 소비하는 경우 당초 공제받지 못한 매입세액 중 일부를 매입세액으로 공제하는 것을 말한다(부법 43).

2) 과세전환 감가상각자산의 매입세액공제 요건

① 면세사업에 사용하기 위한 자산에 해당하여 면세사업 관련 매입세액으로 불공제된 감가상각자산일 것
② 해당 감가상각자산의 취득일이 속하는 과세기간 이후에 과세사업에 전용하거나 과세사업과 면세사업에 겸용으로 사용 또는 소비할 것
③ 과세사업 또는 과세사업과 면세사업에 공통으로 사용·소비하는 날이 속하는 과세기간에 대한 확정신고 시 '과세사업 전환 감가상각자산 신고서'에 의해 사업장 관할 세무서장에게 신고할 것

3) 매입세액공제액의 계산

(1) 과세사업으로 전부 전환하는 경우

① 건물 또는 구축물

$$\text{전환 매입세액} = \text{취득시 면세사업 관련 불공제매입세액} \times (1 - 5\% \times \text{경과된 과세기간 수*})$$

② 기타 감가상각자산

$$\text{전환 매입세액} = \text{취득시 면세사업 관련 불공제매입세액} \times (1 - 25\% \times \text{경과된 과세기간 수*})$$

(2) 과세사업과 면세사업에 공통으로 사용·소비하는 경우

사업자가 매입세액이 공제되지 않은 감가상각자산을 과세사업과 면세사업에 공통으로 사용하거나 소비하는 때에 공제하는 세액은 다음의 산식에 따라 계산한 금액으로 하되, 그 과세사업에 의한 과세공급가액이 총공급가액 중 5% 미만인 경우에는 공제세액이 없는 것으로 본다.(부령 85 ②)

① 공급가액이 존재하는 경우

$$\text{공제세액} = \text{전환 매입세액} \times \frac{\text{과세사업에 사용한 날이 속하는 과세기간의 과세공급가액}}{\text{총공급가액}}$$

② 공급가액이 존재하지 않는 경우

㉠ 안분계산 특례(추정비율)

해당 과세기간 중 과세사업과 면세사업의 공급가액이 없거나 그 어느 한 사업의 공급가액이 없는 경우에 그 과세기간에 대한 안분계산은 다음의 순서에 의한다. 다만, 취득 시 면세사업과 관련하여 **매입세액이 공제되지 않은 건물에 대하여 과세사업과 면세사업에 제공할 예정면적을 구분할 수 있는 경우에는 ⓒ를 ⓐ 및 ⓑ에 우선하여 적용**한다.(부령 85 ③)

ⓐ 총매입가액에 대한 과세사업에 관련된 매입가액의 비율
ⓑ 총예정공급가액에 대한 과세사업에 관련된 예정공급가액의 비율
ⓒ 총예정사용면적에 대한 과세사업에 관련된 예정사용면적의 비율

㉡ 공통매입세액의 정산

안분하여 계산한 매입세액을 공제한 경우에는 면세사업용 감가상각자산의 과세사업용 사용 또는 소비로 과세사업과 면세사업 등의 공급가액 또는 과세사업과 면세사업의 **사용면적이 확정되는 과세기간에 대한 납부세액을 확정신고할 때에 다음의 계산식에 따라 정산**한다.(부령 85 ④)

$$\text{가산 또는 공제되는 세액} = \text{전환 매입세액} - \text{기공제 매입세액}$$

4) 신고

매입세액이 공제되지 않은 감가상각자산을 과세사업에 사용하거나 소비할 때에는 그 과세사업에 사용하거나 소비하는 날이 속하는 과세기간에 대한 확정신고와 함께 과세사업전환 감가상각자산 신고서를 작성하여 각 납세지 관할 세무서장에게 신고하여야 한다(부령 85 ⑤). 따라서 예정신고시에는 매입세액을 공제하지 않고 **확정신고하는 때에만 공제**한다.

사례 [2]

신축하는 건축물의 매입세액 안분계산 사례 (부가집 40-81-6)

【거래 사례】 사업자 (주)북악이 20×1. 1. 1. 사옥을 신축하여 20×1. 4. 10. 준공한 후 건설업, 부동산임대업, 학원업을 운영하기 위하여 다음과 같이 사옥을 사용하는 경우 20×1년 제1기 과세기간에 공제받을 수 있는 매입세액공제 방법

구분	건물용도 및 면적				신축관련 매입세액	x1년 제1기 공급가액			
	지층	1~2층	3~4층	5층		면세		과세	
면적	100㎡	300㎡	400㎡	200㎡		건설업	학원업	건설업	임대업
용도	주차장	건설업 (과·면세 겸업)	임대업 (과세)	학원업 (면세)	3억원	3억원	1.5억원	7억원	5천만원

1) 지층은 주차장(이용료 무료)과 보일러실(건축물 난방용)이다.
2) 층별 예정사용면적과 용도는 사업계획서 및 건축물대장에 의하여 객관적으로 확인 되었으며 실제 준공 후 당초 계획에 따라 사용되었고 공급가액은 준공 후 해당 과세기간에 발생된 부가가치세 공급가액과 면세수입금액임

【계산 방법】

(1단계) 면적에 따라 실지귀속이 확인되는 매입세액 계산

① 과세사업 관련 매입세액 (3-4층) : 전액 공제

$$300,000,000원 \times \frac{400㎡}{(100㎡ + 300㎡ + 400㎡ + 200㎡)} = 120,000,000$$

② 면세사업 관련 매입세액 (5층) : 전액 불공제

$$300,000,000원 \times \frac{200㎡}{(100㎡ + 300㎡ + 400㎡ + 200㎡)} = 60,000,000$$

③ 전체 건축물 공통사용면적 관련 매입세액 (지층) : 3단계 안분계산 대상

$$300,000,000원 \times \frac{100㎡}{(100㎡ + 300㎡ + 400㎡ + 200㎡)} = 30,000,000$$

(2단계) 일부 과세·면세사업 공통사용면적에 대한 매입세액 안분계산

위 1단계에서 건설업 사업부문에만 사용되는 건축물의 신축관련 매입세액 (90,000,000원)을 ㈜북악의 해당 과세기간 과·면세 공급가액의 비율로 안분계산하여 불공제세액을 계산한다.

$$90,000,000원 \times \frac{300,000,000}{(700,000,000 + 300,0000,000)} = 27,000,000$$

(3단계) 전체 과세·면세사업 공통사용면적에 대한 매입세액 안분계산
  지층에 귀속되는 매입세액 (30,000,000원)의 경우 특정 사업부문에 전속되는 것이 아니므로 당해 사업장에서 발생된 모든 과세공급가액과 면세공급가액의 비율로 안분계산하여 불공제세액을 계산한다.

$$30,000,000원 \times \frac{300,000,000 + 150,000,000}{(300,000,000 + 150,000,000) + (700,000,000 + 50,000,000)} = 11,250,000$$

(4단계) 불공제 매입세액 합계
  98,250,000원(60,000,000원 + 27,000,000 + 11,250,000)

사례 [3]

공통매입세액 안분계산 및 정산 (부가집 40-82-1)

【문제】 개인사업자가 과세사업과 면세사업을 겸영하기 위하여 20×1.3.1.부터 사업을 개시하여 각 과세기간 동안 발생된 공통매입세액, 수입금액이 아래와 같은 경우 각 과세기간별 공통매입세액에 대한 안분계산 및 정산 방법

(단위 : 천원)

구분	공통매입세액	예정공급가액 과세분	예정공급가액 면세분	실제공급가액 과세분	실제공급가액 면세분	비고
x1년 1기	8,000	120,000	40,000	0	0	
x1년 2기	16,000	120,000	40,000	50,000	0	
x2년 1기	10,000	150,000	50,000	0	40,000	
x2년 2기	4,000	-	-	180,000	60,000	
x3년 1기	2,000	-	-	120,000	80,000	

【계산 방법】

1. 각 과세기간별 공통매입세액 안분계산

귀속	안분계산 방법	계산 내역	공제가능 매입세액
x1년 1기	예정공급가액	8,000 × 120,000/160,000	6,000
x1년 2기	예정공급가액	16,000 × 120,000/160,000	12,000
x2년 1기	예정공급가액	10,000 × 150,000/200,000	7,500
x2년 2기	공통매입세액 정산	아래 정산내역 참조	3,000
x3년 1기	당해 공급가액	2,000 × 120,000/200,000	1,200

2. 공통매입세액 정산

  공통매입세액은 과세사업과 면세사업의 공급가액이 모두 발생한 20×2년 2기에 정산함
  • 공급가액이 확정되는 과세기간까지의 공통매입세액 합계액
   8,000천원 + 16,000천원 + 10,000천원 + 4,000천원 = 38,000천원
  • 20×2년 2기 공급가액에 대한 과세·면세비율
   180,000천원 / (180,000천원 + 60,000천원) = 0.75

> - 공급가액이 확정되는 과세기간 전까지 공제세액 합계액
>   6,000천원 + 12,000천원 + 7,500천원 = 25,500천원
> - 당해 과세기간 공통매입세액 정산액
>   38,000천원 × 0.75 - 25,5000천원 = 3,000천원

Ⅳ 대손세액공제

1. 의의

대손세액공제란 사업자가 부가가치세가 과세되는 재화 또는 용역을 공급하고 외상매출금이나 그 밖의 매출채권의 전부 또는 일부가 공급을 받은 자의 대손사유로 대손되어 회수할 수 없는 경우에는 대손세액을 그 대손이 확정된 날이 속하는 과세기간의 매출세액에서 빼는 것을 말한다.(부법 45 ①)

2. 대손사유

대손세액의 공제사유는 다음에 따라 대손금으로 인정되는 사유를 말한다.(부령 87 ①)

① 「소득세법 시행령」및 「법인세법 시행령」에 따라 대손금(貸損金)으로 인정되는 경우
② 「채무자 회생 및 파산에 관한 법률」에 따른 법원의 회생계획인가 결정에 따라 채무를 출자전환하는 경우. 이 경우 대손되어 회수할 수 없는 금액은 출자전환하는 시점의 출자전환된 매출채권 장부가액과 출자전환으로 취득한 주식 또는 출자지분의 시가와의 차액으로 한다.

3. 공제시기 및 공제기한

사업자가 부가가치세가 과세되는 재화 또는 용역을 공급한 후 그 **공급일부터 10년이 경과된 날이 속하는 과세기간에 대한 확정신고기한까지** 확정되는 대손세액(결정 또는 경정으로 증가된 과세표준에 대하여 부가가치세액을 납부한 경우 해당 대손세액을 포함)으로 한다.(부령 87 ②) 한편 6월 30일에 대손이 발생한 경우 6개월이 경과한 날을 계산 시 「민법」에 따른 기간 계산에 따라 초일불산입에 의하여 기산일이 7월 1일이 되므로 다음 해 1월 1일이 6개월이 경과한 날이 된다.

4. 대손세액의 공제방법

1) 대손이 확정된 경우

(1) 공급자

대손세액공제액은 과세되는 재화 또는 용역의 공급에 대한 일정요건의 외상매출금·기타 채권 중 대손금액에 대하여 다음과 같이 산식을 적용하여 계산하여 **매출세액에서 뺀다.**

$$\text{대손세액} = \text{대손금액(부가가치세 포함)} \times \frac{10}{110}$$

(2) 공급받는 자

재화 또는 용역을 공급받은 사업자가 대손세액에 해당하는 금액의 전부 또는 일부를 매입세액으로 공제받은 경우로서 그 사업자가 폐업하기 전에 재화 또는 용역을 공급하는 자가 대손세액공제를 받은 경우에는 그 재화 또는 용역을 공급받은 사업자는 관련 대손세액에 해당하는 금액을 대손이 확정된 날이 속하는 과세기간에 자신의 **매입세액에서 뺀다**.

2) 대손금액의 전부 또는 일부가 회수된 경우

(1) 공급자

사업자가 대손금액의 전부 또는 일부를 회수한 경우에는 그 대손금액에 관련된 대손세액을 회수한 날이 속하는 과세기간의 **매출세액에 가산**한다.

(2) 공급받는 자

매입세액에서 대손세액에 해당하는 금액을 뺀(관할 세무서장이 결정 또는 경정한 경우를 포함) 해당 사업자가 대손금액의 전부 또는 일부를 변제한 경우에는 변제한 대손금액에 관련된 대손세액에 해당하는 금액을 변제한 날이 속하는 과세기간의 **매입세액에 가산**한다.(부법 45 ④)

5. 공제절차

재화 또는 용역의 공급자로서 대손세액 공제를 받으려 하거나, 재화 또는 용역을 공급받은 자로서 대손세액을 매입세액에 더하려 하는 경우에는 부가가치세 **확정신고서**에 대손세액 공제(변제)신고서와 대손사실 또는 변제사실을 증명하는 서류를 첨부하여 관할 세무서장에게 제출(국세정보통신망에 의한 제출을 포함함)하여야 한다(부령 87 ④)

제6장 세금계산서 및 납세절차

제1절 세금계산서

I 개요

1. 개요

1) 의의

세금계산서란 거래징수의무자인 사업자가 재화 또는 용역을 공급하는 때에 그에 대한 부가가치세를 거래상대방으로부터 징수한 사실을 증명하기 위하여 발급하는 계산서를 말하며, 재화의 수입 시 세관장이 수입자로부터 부가가치세를 징수하고 발급하는 수입세금계산서를 포함한다.

2) 기능

구분		구체적인 기능
매입세액공제로 전전기능		세금계산서에 의하여 매입세액으로 공제되며, 이를 위해 거래시마다 세금계산서의 발행을 통하여 거래징수하도록 의무화
과세자료의 기능	상호대사	세금계산서를 발급하는 자나 발급받는 자는 모두 이를 과세당국에 제출해야 하고 이러한 세금계산서는 EDP에 의하여 집계·분류·분석되어 불성실한 세금계산서 취급자를 상호 대사하는데 활용된다.
	선행조세	세금계산서는 과세재화용역을 공급하는 사업자 측면에서 보면 자기의 공급가액을 표시하는 증거자료가 되고 동시에 공급받는 자에 대하여는 원가를 구성하는 매입자료로서 매출액 측정기준이 된다.
거래증빙의 기능	세금영수증	사업자가 과세대상 거래에 대한 부가가치세를 징수하였음을 증명
	청구서·영수증	외상거래에 따른 청구서, 현금거래에 따른 영수증 역할
	송장	사업자가 공급한 구체적인 재화 또는 용역을 표시
	증빙서류	사업자가 공급받은 재화 또는 용역을 확인할 수 있는 증빙자료
	과세자료	과세관청에 제출되어 근거과세 및 공평과세의 기초자료로 활용

2. 기재사항

사업자가 재화 또는 용역을 공급(부가가치세가 면제되는 재화 또는 용역의 공급은 제외)하는 경우에는 다음의 사항을 적은 세금계산서를 그 공급을 받는 자에게 발급하여야 한다.(부법 32 ①)

필요적 기재사항	임의적 기재사항
① 공급자의 등록번호, 성명 또는 명칭	① 공급자의 주소
② 공급받는 자의 등록번호. 다만, 공급받는 자가 사업자가 아니거나 등록한 사업자가 아닌 경우에는 고유번호 또는 공급받는 자의 주민등록번호	② 공급받는 자의 상호·성명·주소
③ 공급가액과 부가가치세액	③ 공급자 및 공급받는 자의 업태·종목
④ 작성연월일	④ 거래종류, 공급품목, 단가와 수량
	⑤ 공급연월일, 기타 등
	⑥ 사업자단위 과세자의 경우 실제로 거래되는 종사업장의 상호 또는 소재지

3. 발급의무자

1) 원칙

재화 또는 용역을 공급하고 세금계산서를 공급받는 자에게 발급하여야 하는 자는 납세의무자로 등록한 일반사업자이므로 미등록사업자, 간이과세자(신규사업자 및 직전연도 공급대가 4,800만원 미만인지), 면세사업자, 폐업자는 세금계산서를 발급할 수 없다.

2) 위탁판매 등 특수한 경우의 세금계산서의 발급(부령 69)

(1) 위탁판매 또는 대리인에 의한 판매의 경우

위탁판매 또는 대리인에 의한 판매의 경우에 수탁자 또는 대리인이 재화를 인도하는 때에는 수탁자 또는 대리인이 **위탁자 또는 본인의 명의로 세금계산서를 발급**하며, 위탁자 또는 본인이 직접 재화를 인도하는 때에는 위탁자 또는 본인이 세금계산서를 발급할 수 있다. 이 경우에는 수탁자 또는 대리인의 등록번호를 덧붙여 적어야 한다.

(2) 위탁매입 또는 대리인에 의한 매입의 경우

위탁매입 또는 대리인에 의한 매입의 경우에는 공급자가 위탁자 또는 본인을 공급받는 자로 하여 세금계산서를 발급한다. 이 경우에는 **수탁자 또는 대리인의 등록번호를 덧붙여 적어야 한다.**

(3) 위탁자 또는 본인을 알 수 없는 경우로서 위탁매매를 하는 경우

위탁자 또는 본인을 알 수 없는 경우로서 위탁매매 또는 대리인에 의한 매매를 하는 해당 거래 또는 재화의 특성상 또는 보관·관리상 위탁자 또는 본인을 알 수 없는 경우에는 **수탁자 또는 대리인으로부터 재화를 공급받은 것으로 보아 세금계산서를 각각 발급**하여야 한다.

(4) 수용에 의한 재화의 공급

수용으로 인하여 재화가 공급되는 경우에는 위탁판매의 경우를 준용하여 해당 사업시행자가 세금계산서를 발급할 수 있다.

4. 발급시기

1) 원칙

세금계산서는 사업자가 재화 또는 용역의 **공급시기에** 공급받는 자에게 발급하여야 한다.(부법 34 ①)

2) 특례

(1) 대가의 각 부분을 수령하면서 발급하는 경우

장기할부판매, 장기할부조건부 용역이나 공급단위를 구획 할 수 없는 재화나 용역을 계속적으로 공급하는 경우에는 대해서는 대가를 받기 전에라도 세금계산서를 발급할 수 있으며 그 발급하는 때를 공급시기로 본다(부법 17 ④).

(2) 공급시기 전에 발급하는 경우(선발행 세금계산서)

① 세금계산서 발급일로부터 7일 이내에 대가를 지급 받는 경우

사업자가 재화 또는 용역의 공급시기가 도래하기 전에 세금계산서를 발급하고 그 세금계산서 발급일부터 7일 이내에 대가를 받으면 해당 세금계산서를 발급한 때를 재화 또는 용역의 공급시기로 본다.(부법 17 ②)

② 세금계산서 발급일부터 7일 경과 후 대가를 지급받는 경우

"①"에도 불구하고 대가를 지급하는 사업자가 다음 중 어느 하나에 해당하는 경우에는 재화 또는 용역을 공급하는 사업자가 그 재화 또는 용역의 공급시기가 되기 전에 세금계산서를 발급하고 그 세금계산서 발급일부터 7일이 지난 후 대가를 받더라도 해당 세금계산서를 발급한 때를 재화 또는 용역의 공급시기로 본다.(부법 17 ③)

㉠ 거래 당사자 간의 계약서·약정서 등에 대금 청구시기(세금계산서 발급일)와 지급시기를 따로 적고, 대금 청구시기와 지급시기 사이의 기간이 30일 이내인 경우

㉡ 재화 또는 용역의 공급시기가 세금계산서 발급일이 속하는 과세기간 내(공급받는 자가 조기환급을 받은 경우 재화 또는 용역의 공급시기가 세금계산서 발급일부터 30일 이내)에 도래하는 경우

(3) 공급시기 이후에 발급하는 경우

사업자가 다음 중 어느 하나에 해당하는 경우에는 재화 또는 용역의 공급일이 속하는 달의 다음 달 10일까지 세금계산서를 발급할 수 있다.(부법 34 ③)

① 거래처별로 달의 1일부터 말일까지의 공급가액을 합계하여 해당 월의 말일자를 작성연월일로 하여 세금계산서를 발급하는 경우
② 거래처별로 달의 1일부터 말일까지의 기간 이내에서 사업자가 임의로 정한 기간의 공급가액을 합하여 그 기간의 종료일을 작성연월일로 하여 세금계산서를 발급하는 경우
③ 관계 증명서류 등에 따라 실제거래사실이 확인되는 경우로서 해당 거래일을 작성연월일로 하여 세금계산서를 발급하는 경우

5. 수정세금계산서

사유	세무처리
① 처음 공급한 재화가 환입(還入)된 경우	재화가 환입된 날을 작성일로 적고 비고란 붉은색 글씨로 쓰거나 음의 표시 발급
② 계약의 해제로 재화 또는 용역이 공급되지 않은 경우	계약이 해제된 때에 그 작성일은 계약해제일로 적고 비고란에 붉은색 글씨로 쓰거나 음의 표시를 하여 발급한다.
③ 계약의 해지 등에 따라 공급가액에 추가 또는 차감되는 금액이 발생한 경우	증감 사유가 발생한 날을 작성일로 적고 추가되는 금액은 검은색 글씨로 쓰고, 차감되는 금액은 붉은색 글씨로 쓰거나 음(陰)의 표시를 하여 발급한다.
④ 재화 또는 용역을 공급한 후 공급시기가 속하는 과세기간 종료 후 25일 이내에 내국신용장이 개설되었거나 구매확인서가 발급된 경우	그 작성일은 처음 세금계산서 작성일을 적고 비고란에 내국신용장 개설일 등을 덧붙여 적어 영세율 적용분은 검은색 글씨로 세금계산서를 작성하여 발급하고, 추가하여 처음에 발급한 세금계산서의 내용대로 세금계산서를 붉은색 글씨로 또는 음(陰)의 표시를 하여 작성하고 발급한다.
⑤ 필요적 기재사항 등이 착오로 잘못 적힌 경우	처음에 발급한 세금계산서의 내용대로 세금계산서를 붉은색 글씨로 쓰거나 음(陰)의 표시를 하여 발급하고, 수정하여 발급하는 세금계산서는 검은색 글씨로 작성하여 발급한다. 다만, 과세표준 또는 세액을 경정할 것을 미리 알고 있는 경우는 제외한다.

사유	세무처리
⑥ 필요적 기재사항 등이 착오 외의 사유로 잘못 적힌 경우	확정신고기한 다음 날부터 1년 이내에 세금계산서를 작성하되, 처음에 발급한 세금계산서의 내용대로 세금계산서를 붉은색 글씨로 쓰거나 음(陰)의 표시를 하여 발급하고, 수정하여 발급하는 세금계산서는 검은색 글씨로 작성하여 발급 다만, 과세표준 또는 세액을 경정할 것을 미리 알고 있는 경우는 제외한다.
⑦ 착오로 전자세금계산서를 이중으로 발급한 경우	처음에 발급한 세금계산서의 내용대로 음(陰)의 표시를 하여 발급한다.
⑧ 면세 등 발급대상이 아닌 거래 등에 대하여 발급한 경우	처음에 발급한 세금계산서의 내용대로 붉은색 글씨로 쓰거나 음(陰)의 표시를 하여 발급한다.
⑨ 세율을 잘못 적용하여 발급한 경우	처음에 발급한 세금계산서의 내용대로 세금계산서를 붉은색 글씨로 쓰거나 음(陰)의 표시를 하여 발급하고, 수정하여 발급하는 세금계산서는 검은색 글씨로 작성하여 발급한다. 다만, 과세표준 또는 세액을 경정할 것을 미리 알고 있는 경우는 제외한다.
⑩ 일반과세자에서 간이과세자로 과세유형이 전환된 후 과세유형전환 전에 공급한 재화 또는 용역에 ① 부터 ③ 까지의 사유가 발생한 경우	당초 세금계산서 작성일자를 수정세금계산서의 작성일자로 적고, 비고란에 사유발생일을 부기한 후 추가되는 금액은 검은색 글씨로 쓰고 차감되는 금액은 붉은색 글씨로 쓰거나 음(陰)의 표시를 하여 수정세금계산서를 발급할 수 있다.
⑪ 간이과세자에서 일반과세자로 과세유형이 전환된 후 과세유형전환 전에 공급한 재화 또는 용역에 ① 부터 ③ 까지의 사유가 발생하여 수정세금계산서나 수정전자세금계산서를 발급하는 경우	처음에 발급한 세금계산서 작성일을 수정세금계산서 또는 수정전자세금계산서의 작성일로 적고, 비고란에 사유 발생일을 덧붙여 적은 후 추가되는 금액은 검은색 글씨로 쓰고 차감되는 금액은 붉은색 글씨로 쓰거나 음(陰)의 표시를 해야 한다.

6. 전자세금계산서

1) 의의

전자세금계산서란 법인사업자와 직전 연도의 사업장별 재화 및 용역의 공급가액의 합계액이 8천만원(2024.6.30. 까지 1억원) 이상인 개인사업자가 다음 중 어느 하나에 해당하는 방법으로 발급하는 것을 말하며, 전자세금계산서 의무발급 개인사업자에 최초로 해당하는 경우부터 계속하여 전자세금계산서 의무발급 개인사업자인 것으로 본다.

① 「조세특례제한법」에 따른 전사적(全社的) 기업자원 관리설비를 이용하는 방법
② 재화 또는 용역을 실제 공급하는 사업자를 대신하여 전자세금계산서 발급업무를 대행하는 사업자의 전자세금계산서 발급 시스템을 이용하는 방법
③ 국세청장이 구축한 전자세금계산서 발급 시스템을 이용하는 방법(e-세로)
④ 전자세금계산서 발급이 가능한 현금영수증 발급 장치 및 그 밖에 국세청장이 지정하는 전자세금계산서 발급 시스템을 이용하는 방법

2) 발급의무자

(1) 일반적인 경우

법인사업자와 직전 연도의 사업장별 재화 및 용역의 공급가액(면세공급가액을 포함)의 합계액이 8천만원(2024.6.30. 까지 1억원) 이상인 개인사업자는 전자세금계산서를 발급하여야 한다.

(2) 발급기간

사업장별 재화 및 용역의 **공급가액의 합계액이 8천만원(2024.6.30. 까지 1억원) 이상인 해의 다음 해 제2기 과세기간부터 전자세금계산서를 발급**하여야 한다. 다만, 사업장별 재화와 용역의 공급가액의 합계액이 「국세기본법」에 따른 수정신고 또는 결정과 경정으로 8천만원(2024.6.30. 까지 1억원) 이상이 된 경우 수정신고 등을 한 날이 속하는 과세기간의 다음 과세기간부터 전자세금계산서를 발급하여야 한다.

3) 전자세금계산서 발급·전송에 대한 세액공제 특례사업자가 전자세금계산서를 2024년 12월 31일까지 발급(세금계산서 발급명세를 국세청장에게 전송한 경우에 한정)하는 경우

직전 연도의 사업장별 재화 및 용역의 공급가액(부가가치세 면세공급가액을 포함)의 합계액이 3억원 미만인 개인사업자 및 해당 연도에 신규로 사업을 시작한 개인사업자는 전자세금계산서 발급 건수에 따라 200원을 해당 과세기간의 부가가치세 납부세액에서 공제할 수 있다. 이 경우 공제한도는 연간100만원으로 정한다.(부법 47 ①)

7. 수입세금계산서

세관장은 수입되는 재화에 대하여 부가가치세를 징수할 때(재화의 수입에 대한 부가가치세 납부의 유예 규정에 따라 부가가치세의 납부가 유예되는 때를 포함)에는 수입된 재화에 대한 세금계산서를 수입하는 자에게 발급하여야 한다(부법 35 ①). 이 경우 수입되는 재화에 대하여 부가가치세의 납부가 유예되는 때에는 수입세금계산서에 납부유예 표시를 하여 발급한다(부령 72 ①).

8. 세금계산서 발급의무의 면제 등

다음에 해당하는 경우에는 세금계산서 발행을 하지 않을 수 있다.

① 택시운송 사업자, 노점 또는 행상을 하는 자 등의 사업자가 공급하는 재화 또는 용역
② 소매업 또는 미용, 욕탕 및 유사 서비스업을 경영하는 자가 공급하는 재화 또는 용역. 다만, 소매업의 경우에는 공급받는 자가 세금계산서 발급을 요구하지 않는 경우로 한정한다.
③ 간주공급 재화(면세전용, 자가공급, 개인적공급, 사업상증여, 폐업 시 잔존재화)
④ 영세율이 적용되는 재화 또는 용역
⑤ 그밖에 국내사업장이 없는 비거주자 또는 외국 법인에 공급하는 재화 또는 용역. 다만, 다음의 어느 하나에 해당하는 경우는 제외한다,
  ㉠ 그 비거주자 또는 외국법인이 해당 외국의 개인사업자 또는 법인사업자임을 증명하는 서류를 제시하고 세금계산서 발급을 요구하는 경우
  ㉡ 외국법인연락사무소에 재화 또는 용역을 공급하는 경우
⑥ 부동산임대용역 중 간주임대료
⑦ 공인인증기관이 공인인증서를 발급하는 용역. 다만, 공급받는 자가 사업자로서 세금계산서의 발급을 요구하는 경우는 제외한다.
⑧ 비거주자 또는 외국법인에게 공급하는 재화 또는 용역 등
⑨ 간편사업자등록을 한 사업자가 국내에 공급하는 전자적 용역
⑩ 공급받는 자에게 신용카드매출전표 등을 발급한 경우 해당 재화 또는 용역

II 그 밖의 과세자료

1. 신용카드매출전표 등의 발행 및 수취

1) 대상 사업자

간이과세자 및 영수증 발급대상 일반과세자(법인사업자와 직전 연도의 재화 또는 용역의 공급가액의 합계액이 10억원을 초과하는 개인사업자는 제외)가 과세되는 재화 또는 용역을 공급하고 세금계산서 발급시기에 신용카드매출전표 등을 발급하는 경우 세액공제의 대상이 된다.

2) 신용카드매출전표등 발행에 따른 혜택

(1) 영수증으로 간주
영수증을 발행할 수 있는 사업자(법인은 제외)가 부가가치세가 과세되는 재화 또는 용역을 공급하고 세금계산서의 발급시기에 신용카드매출전표 등을 발행한 경우 해당 신용카드매출전표 등은 영수증으로 본다.(부법 36 ⑤)

(2) 신용카드매출전표 등 발급에 대한 세액공제
신용카드매출전표 등을 발급하거나 전자적 결제수단에 의하여 대금을 결제받는 경우에는 **연간 1천만원을 한도로 하여 발급금액 또는 결제금액의 1.3%를 세액공제**한다.

(3) 신용카드매출전표 등에 의한 매입세액공제
사업자가 일반과세자로부터 재화 또는 용역을 공급받고 부가가치세액이 별도로 구분 가능한 신용카드매출전표 등을 발급받은 경우 그 부가가치세액은 **공제할 수 있는 매입세액**으로 본다.(부법 46 ③)

2. 영수증

1) 개요
영수증은 세금계산서의 필요적 기재사항 중 공급받는 자와 부가가치세액을 따로 기재하지 않은 간이 지출증빙을 말한다.

2) 영수증발급의무자
다음 중 어느 하나에 해당하는 자가 재화 또는 용역을 공급(부가가치세가 면제되는 재화 또는 용역의 공급은 제외)하는 경우에는 재화 또는 용역의 공급시기에 그 공급을 받은 자에게 세금계산서를 발급하는 대신 영수증을 발급하여야 한다(부법 36 ①).

(1) 간이과세자 중 신규사업자 및 직전연도의 공급대가가 4,800만원 미만인 사업자

(2) 일반과세자 중 주로 사업자가 아닌 자에게 재화 또는 용역을 공급하는 사업자로서 다음에 해당하는 사업자
　① 소매업
　② 음식점업(다과점업을 포함)
　③ 숙박업
　④ 미용, 욕탕 및 유사 서비스업
　⑤ 여객운송업
　⑥ 입장권을 발행하여 경영하는 사업
　⑦ 전문자격사업 및 행정사업(사업자에게 공급하는 것은 제외)
　⑧ 「우정사업 운영에 관한 특례법」에 따른 우정사업조직이 「우편법」에 따른 선택적 우편업무 중 소포우편물을 방문접수하여 배달하는 용역을 공급하는 사업
　⑨ 부가가치세 과세대상 의료용역을 공급하는 사업
　⑩ 부가가치세 면제대상 동물진료용역에 해당하지 않는 것으로서 수의사가 제공하는 동물의 진료용역

⑪ 교육용역 중 무도학원 및 자동차 운전학원
⑫ 공인인증서를 발급하는 사업
⑬ 전자적 용역을 공급하는 국외사업자의 용역 공급과 사업자등록 등에 관한 특례 규정에 따라 간편사업자 등록을 한 사업자가 국내에 공급하는 전자적 용역
⑭ 주로 사업자가 아닌 소비자에게 재화 또는 용역을 공급하는 사업으로서 세금계산서를 발급할 수 없거나 발급하는 것이 현저히 곤란한 사업
　㉠ 도정업과 떡류 제조업 중 떡방앗간
　㉡ 양복점업, 양장점업 및 양화점업
　㉢ 주거용 건물공급업(주거용 건물을 자영건설하는 경우를 포함)
　㉣ 운수업과 주차장 운영업
　㉤ 부동산중개업
　㉥ 사회서비스업과 개인서비스업
　㉦ 가사서비스업
　㉧ 도로 및 관련시설 운영업
　㉨ 자동차 제조업 및 자동차 판매업
　㉩ 주거용 건물 수리·보수 및 개량업
　㉪ 그 밖에 ㉠부터 ㉩까지와 유사한 사업으로서 세금계산서를 발급할 수 없거나 발급하는 것이 현저히 곤란한 사업

3) 영수증발급의무자에 대한 세금계산서의 발급특례

일반과세자 및 간이과세자(신규사업자와 직전연도 공급대가가 4,800미만인 사업자는 제외) 중 다음에 해당하는 사업자의 경우 공급을 받는 사업자가 사업자등록증을 제시하고 세금계산서 발급을 요구할 때에는 세금계산서를 발급해야 한다(부령 73 ③).

① 소매업
② 음식점업(다과점업을 포함)
③ 숙박업
④ 여객운송업(「여객자동차 운수사업법 시행령」에 따른 전세버스운송사업에 한정)
⑤ 전문자격사업 및 행정사업(사업자에게 공급하는 것은 제외)
⑥ 「우정사업 운영에 관한 특례법」에 따른 우정사업조직이 「우편법」에 따른 선택적 우편업무 중 소포우편물을 방문접수하여 배달하는 용역을 공급하는 사업
⑦ 공인인증서를 발급하는 사업
⑧ 주로 사업자가 아닌 소비자에게 재화 또는 용역을 공급하는 사업

4) 영수증발급의무자가 감가상각자산 등 매각 시 세금계산서의 발급특례

일반과세자 중 다음의 사업을 하는 사업자가 감가상각자산 또는 본래의 역무 외의 역무를 공급하는 경우에는 공급받는 사업자가 사업자등록증을 제시하고 세금계산서의 발급을 요구할 때에는 세금계산서 발급해야 한다(부령 73 ④).

① 소매업
② 미용, 욕탕 및 유사 서비스업
③ 여객운송업(「여객자동차 운수사업법 시행령」에 따른 전세버스운송사업은 제외)
④ 입장권을 발행하여 경영하는 사업
⑤ 부가가치세과세대상 의료용역을 공급하는 사업
⑥ 부가가치세 면제대상 동물진료용역에 해당하지 않는 것으로서 수의사가 제공하는 동물의 진료용역
⑦ 교육용역 중 무도학원 및 자동차 운전학원

3. 금전등록기

영수증을 발급하는 사업자는 금전등록기를 설치하여 영수증을 대신하여 공급대가를 적은 계산서를 발급할 수 있다. 이 경우 사업자가 계산서를 발급하고 해당 감사테이프를 보관한 경우에는 영수증을 발급하고 장부의 작성을 이행한 것으로 보며, 현금수입을 기준으로 부가가치세를 부과할 수 있다(부법 36 ④).

Ⅲ 매입자발행세금계산서

1. 개요

사업자(일반과세자)가 세금계산서 발급시기에 세금계산서를 발급하지 않은 경우(사업자의 부도·폐업, 공급계약의 해제·변경 또는 그 밖에 사유가 발생한 경우로서 사업자가 수정세금계산서 또는 수정전자세금계산서를 발급하지 않은 경우를 포함) 그 재화 또는 용역을 공급받은 자(매입자)는 관할 세무서장의 확인을 받아 매입자발행세금계산서를 발행하여 매입세액공제를 받을 수 있다.

2. 매입자발행세금계산서의 발행대상 사업자 및 매입세액공제 절차 등

1) 신청 대상자

공급자가 세금계산서 발급시기에 세금계산서를 발급하지 않은 경우(사업자의 부도·폐업, 공급계약의 해제·변경 또는 그 밖에 다음의 사유가 발생한 경우로서 사업자가 수정세금계산서 또는 수정전자세금계산서를 발급하지 않은 경우를 포함)에 그 재화 또는 용역을 공급받은 자로서 거래 사실의 확인신청 대상이 되는 거래는 **거래 건당 공급대가(공급가액×)가 5만원 이상인 경우**로 한다(부가령 71의2 ③).

① 사업자가 재화 또는 용역을 공급하고 주소 또는 거소를 국외로 이전하거나 행방불명되는 경우
② 그 밖에 ①과 유사한 사유가 발생한 경우로서 국세청장이 정하여 고시하는 경우

2) 발행신청(공급받은자)

매입자발행세금계산서를 발행하려는 자는 해당 재화 또는 용역의 공급시기가 속하는 과세기간의 종료일부터 1년 이내에 신청인의 관할 세무서장에게 거래 사실의 확인을 신청하여야 한다(부가령 71의2 ②).

3) 보정요구 및 거부결정(공급 받은자 관할 세무서장)

(1) 보정요구

신청을 받은 관할 세무서장은 신청서에 재화 또는 용역을 공급한 자의 인적사항이 부정확하거나 신청서 기재방식에 흠이 있는 경우에는 신청일부터 7일 이내에 일정한 기간을 정하여 보정요구를 할 수 있다(부가령 71의2 ④).

(2) 거부결정

신청인이 보정 기간 이내에 보정요구에 응하지 않거나 다음에 해당하는 경우에는 신청인의 관할 세무서장은 거래사실의 확인을 거부하는 결정을 하여야 한다(부가령 71의2 ⑤).

① 신청기간을 넘긴 것이 명백한 경우
② 신청서의 내용으로 보아 거래당시 미등록사업자 및 휴·폐업자와 거래한 것이 명백한 경우

4) 매입자발행세금계산서 발행절차

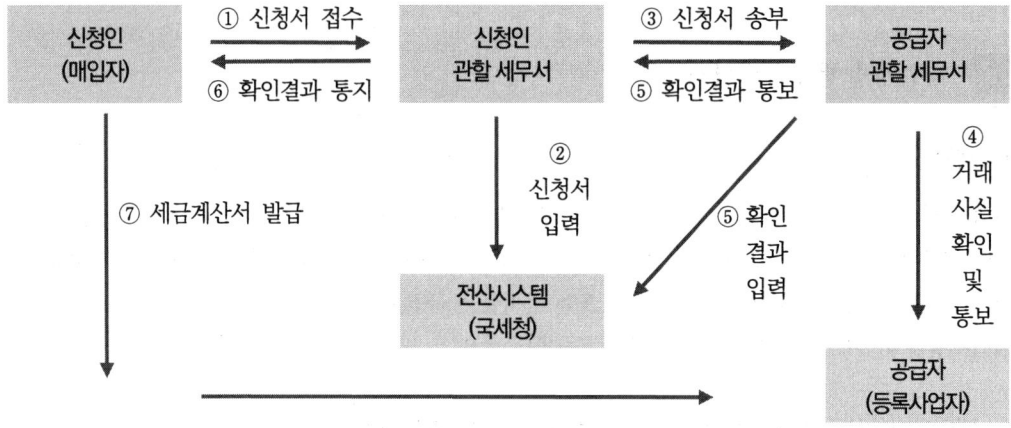

제2절 신고와 납부

I 과세기간

1. 원칙

사업자에 대한 부가가치세의 과세기간은 다음과 같다(부법 5 ①).

1) 간이과세자

1월 1일부터 12월 31일까지

2) 간이과세자 외의 사업자

제1기 : 1월 1일부터 6월 30일까지
제2기 : 7월 1일부터 12월 31일까지

2. 예외

1) 신규사업자

신규로 사업을 시작하는 자에 대한 최초의 과세기간은 사업 개시일부터 그 날이 속하는 과세기간의 종료일까지로 한다. 다만, 사업개시일 이전에 사업자등록을 신청한 경우에는 그 신청한 날부터 그 신청일이 속하는 과세기간의 종료일까지로 한다(부법 5 ②).

2) 폐업하는 경우

사업자가 폐업하는 경우의 과세기간은 폐업일이 속하는 과세기간의 개시일부터 폐업일까지로 한다. 이 경우 폐업일의 기준은 다음과 같다.(부법 5 ③).

① 합병으로 인한 소멸법인의 경우 : 합병법인의 변경등기일 또는 설립등기일
② 분할로 인하여 사업을 폐업하는 경우 : 분할법인의 분할변경등기일
③ ① 및 ② 외의 경우 : 사업장별로 그 사업을 실질적으로 폐업하는 날. 다만, 폐업한 날이 분명하지 않은 경우에는 폐업신고서의 접수일

3) 과세유형 전환의 경우

간이과세자에 관한 규정이 적용되거나 적용되지 않게 되어 일반과세자가 간이과세자로 변경되거나 간이과세자가 일반과세자로 변경되는 경우 그 변경되는 해에 간이과세자에 관한 규정이 적용되는 기간의 부가가치세의 과세기간은 다음의 구분에 따른 기간으로 한다.(부법 5 ④)

① 일반과세자가 간이과세자로 변경되는 경우 : 그 변경 이후 7월 1일부터 12월 31일까지
② 간이과세자가 일반과세자로 변경되는 경우 : 그 변경 이전 1월 1일부터 6월 30일까지

4) 간이과세 포기의 경우

간이과세자가 간이과세자에 관한 규정의 적용을 포기함으로써 일반과세자로 되는 경우 다음의 기간을 각각 하나의 과세기간으로 한다. 이 경우 ①의 기간은 간이과세자의 과세기간으로, ②의 기간은 일반과세자의 과세기간으로 한다.(부법 5 ⑤)

① 간이과세의 적용 포기의 신고일이 속하는 과세기간의 개시일부터 그 신고일이 속하는 달의 마지막 날까지의 기간
② ①에 따른 신고일이 속하는 달의 다음 달 1일부터 그 날이 속하는 과세기간의 종료일까지의 기간

Ⅱ 과세관할

사업자에 대한 부가가치세는 납세지 규정에 따른 납세지를 관할하는 세무서장 또는 지방국세청장이 과세한다.(부법 7 ①) 한편 재화를 수입하는 자에 대한 부가가치세는 납세지를 관할하는 세관장이 과세한다.(부법 7 ②)

Ⅲ 예정신고와 납부

1. 원칙

사업자는 각 과세기간 중 다음에 규정하는 예정신고기간이 끝난 후 25일 이내에 각 예정신고기간에 대한 과세표준과 납부세액 또는 환급세액을 사업장 관할 세무서장에게 신고하여야 한다. 다만, 신규로 사업을 시작하거나 시작하려는 자에 대한 최초의 예정신고기간은 사업개시일 또는 등록한 날부터 그 날이 속하는 예정신고기간의 종료일까지로 한다.(부법 48 ①)

① 제1기분 예정신고기간 : 1월 1일부터 3월 31일까지
② 제2기분 예정신고기간 : 7월 1일부터 9월 30일까지

2. 예정신고 대상

예정신고와 납부의 대상이 되는 것은 해당 예정신고기간에 대한 과세표준과 납부세액 또는 환급세액으로 한다. 이때 가산세의 규정은 적용되지 않고, 공제세액에 관한 신용카드 등의 사용에 따른 세액공제 · 전자세금계산서 발급 전송에 대한 세액공제 특례규정은 적용된다(부령 90 ①).

3. 예외(예정고지)

1) 의의

납세지 관할 세무서장은 **개인사업자와 직전 과세기간 공급가액의 합계액이 1억5천만원 미만인 법인사업자**에 대하여는 각 예정신고기간마다 직전(直前) 과세기간에 대한 납부세액에 50%를 곱한 금액(1천원 미만의 단수가 있을 때에는 그 단수 금액은 버림)을 결정하여 해당 예정신고기간이 끝난 후 25일까지 징수한다. 다만, 징수하여야 할 금액이 **50만원 미만이거나 간이과세자에서 해당 과세기간 개시일 현재 일반과세자로 변경된 경우에는 징수하지 않는다.**(부법 48 ③) 한편, 휴업 또는 사업 부진으로 인하여 사업실적이 악화된 경우 등 다음과 같은 사유가 있는 사업자는 예정신고를 하고 예정신고기간의 납부세액을 납부할 수 있다.(부령 90 ⑥)

① 휴업 또는 사업부진 등으로 인하여 각 예정신고기간의 공급가액 또는 납부세액이 직전 과세기간의 공급가액 또는 납부세액의 3분의 1에 미달하는 자
② 각 예정신고기간분에 대하여 조기환급을 받고자 하는 자

2) 납부고지서 발부시기

관할 세무서장은 예정 고지에 따른 부가가치세액에 대하여 다음 표의 구분에 따른 기간 이내에 납부고지서를 발부하여야 한다.

구 분	기 간
제1기분 예정신고기간분	4월 1일부터 4월 10일까지
제2기분 예정신고기간분	10월 1일부터 10월 10일까지

Ⅳ 확정신고와 납부

사업자는 각 과세기간에 대한 과세표준과 납부세액 또는 환급세액을 그 과세기간이 끝난 후 25일(폐업하는 경우에는 폐업일이 속한 달의 다음 달 25일) 이내에 사업장 관할 세무서장에게 신고하여야 하고 그 과세기간에 대한 납부세액을 사업장 관할 세무서장에게 납부하여야 한다. 다만, 예정신고를 한 사업자 또는 조기에 환급을 받기 위하여 신고한 사업자는 이미 신고한 과세표준과 납부한 납부세액 또는 환급받은 환급세액은 신고하지 않는다.(부법 49 ①)

① 조기환급을 받을 환급세액 중 환급되지 않은 세액
② 예정신고납부 규정에 따라 징수되는 금액

Ⅴ 재화의 수입에 대한 신고·납부

부가가치세 신고대상 납세의무자가 「관세법」에 따라 관세를 신고·납부하는 경우에는 재화의 수입에 대한 부가가치세를 함께 신고·납부하여야 한다.(부법 50)

Ⅵ 세금계산서합계표의 제출

1. 원칙

사업자는 세금계산서를 발급하였거나 발급받은 경우에는 다음의 사항을 적은 매출·매입처별세금계산서합계표를 해당 예정신고 또는 확정신고(예정고지 규정이 적용되는 경우에는 해당 과세기간의 확정신고)와 함께 제출하여야 한다.(부법 54 ①)

① 공급하는 사업자 및 공급받는 사업자의 등록번호와 성명 또는 명칭
② 거래기간
③ 작성 일자
④ 거래기간의 공급가액의 합계액 및 세액의 합계액
⑤ ①부터 ④까지의 사항 외에 대통령령으로 정하는 사항

2. 전자세금계산서 전송에 관한 특례

전자세금계산서를 발급하거나 발급받고 전자세금계산서 발급명세를 해당 재화 또는 용역의 공급시기가 속하는 과세기간(예정신고의 경우에는 예정신고기간) 마지막 날의 다음 달 11일까지 국세청장에게 전송한 경우에는 해당 예정신고 또는 확정신고(예정 고지가 적용되는 경우에는 해당 과세기간의 확정신고) 시 매출·매입처별세금계산서합계표를 제출하지 않을 수 있다.(부법 54 ②)

3. 지연제출

예정신고를 하는 사업자가 각 예정신고와 함께 매출·매입처별세금계산서합계표를 제출하지 못하는 경우에는 해당 예정신고기간이 속하는 과세기간에 확정신고와 함께 이를 제출할 수 있다.(부법 54 ③)

4. 부가가치세 신고·납부의무가 없는 국가 등이 세금계산서를 발급받은 때

다음에 해당 하는 자는 부가가치세의 납세의무가 없는 경우에도 매입처별세금계산서합계표를 해당 과세기간이 끝난 후 25일 이내에 사업장 관할 세무서장에게 제출하여야 한다.(부법 54 ⑤)

① 세금계산서를 발급받은 국가, 지방자치단체, 지방자치단체조합
② 부가가치세가 면제되는 사업자 중 소득세 또는 법인세의 납세의무가 있는 자(「조세특례제한법」에 의하여 소득세 또는 법인세가 면제되는 자를 포함)
③ 「민법」의 규정에 의하여 설립된 법인
④ 특별법에 의하여 설립된 법인
⑤ 각급학교 기성회·후원회 또는 이와 유사한 단체

5. 세관장의 매출처별세금계산서합계표 제출의무

수입세금계산서를 발급한 세관장은 매출처별세금계산서합계표를 해당 세관 소재지를 관할하는 세무서장에게 제출하여야 한다.(부법 54 ④)

제3절 결정과 경정

I 의의

부가가치세법은 국세기본법에서 규정한 바와 같이 과세표준과 세액을 납세의무자가 신고한 때에 1차적으로 확정하도록 하는 자진 신고납세 제도를 채택하고 있으므로 부가가치세의 과세표준과 세액은 1차적으로 납세의무자의 신고에 의하여 확정되는 것이나, 신고가 없거나 신고 내용에 오류나 탈루 등 소정의 사유가 있을 때에는 정부가 정확한 과세표준과 세액을 결정하거나 경정결정할 수 있을 뿐 아니라 오류 또는 탈루가 있는 것이 발견된 때에는 즉시 이를 경정 또는 재경정을 할 수 있다.

II 결정 · 경정의 사유

납세지 관할 세무서장 등은 사업자가 다음의 어느 하나에 해당하는 경우에만 해당 예정신고기간 및 과세기간에 대한 부가가치세의 과세표준과 납부세액 또는 환급세액을 조사하여 결정 또는 경정한다.(부법 57 ①)

① 예정신고 또는 확정신고를 하지 않은 경우
② 예정신고 또는 확정신고를 한 내용에 오류가 있거나 내용이 누락된 경우
③ 확정신고를 할 때 매출처별세금계산서합계표 또는 매입처별세금계산서합계표를 제출하지 않거나 제출한 매출처별세금계산서합계표 또는 매입처별세금계산서합계표에 기재사항의 전부 또는 일부가 적혀 있지 않거나 사실과 다르게 적혀 있는 경우
④ 그 밖에 다음의 사유로 부가가치세를 포탈(逋脫)할 우려가 있는 경우(부령 103 ①)
　㉠ 사업장의 이동이 빈번한 경우
　㉡ 사업장의 이동이 빈번하다고 인정되는 지역에 사업장이 있을 경우
　㉢ 휴업 또는 폐업 상태에 있을 경우
　㉣ 신용카드가맹점 또는 현금영수증 가맹점 가입 대상자로 지정받은 사업자가 정당한 사유 없이 신용카드가맹점 또는 현금영수증 가맹점으로 가입하지 않은 경우로서 사업 규모나 영업 상황으로 보아 신고 내용이 불성실하다고 판단되는 경우
　㉤ 조기환급 신고의 내용에 오류가 있거나 내용이 누락 된 경우

III 추계결정 · 경정의 방법

1. 추계결정 · 경정 적용요건

사업자의 과세표준 등 예정신고 및 확정신고 내용에 오류 또는 탈루가 있는 경우 조사하여 경정하여야 하나 다음의 사유에 해당되는 경우, 부가가치세법 시행령에서 정하는 방법에 따라 추계의 방법으로 경정할 수 있으며, 이 경우 추계요건이 있었다는 점과 추계방법의 합리성에 관하여도 일반적으로 과세관청이 이를 입증하여야 한다.(부법 57 ②)

① 과세표준을 계산할 때 필요한 세금계산서, 수입세금계산서, 장부 또는 그 밖의 증명 자료가 없거나 그 중요한 부분이 갖추어지지 않은 경우
② 세금계산서, 수입세금계산서, 장부 또는 그 밖의 증명 자료의 내용이 시설규모, 종업원 수와 원자재 · 상품 · 제품 또는 각종 요금의 시가에 비추어 거짓임이 명백한 경우
③ 세금계산서, 수입세금계산서, 장부 또는 그 밖의 증명 자료의 내용이 원자재 사용량, 동력(動力) 사용량이나 그 밖의 조업 상황에 비추어 거짓임이 명백한 경우

2. 추계 결정 · 경정 방법

추계는 다음의 방법에 따른다.(부령 104 ①)

① 장부의 기록이 정당하다고 인정되고 신고가 성실하여 경정을 받지 않은 같은 업종과 같은 현황의 다른 사업자와 권형(權衡)에 따라 계산하는 방법
② 국세청장이 업종별로 투입원재료에 대하여 조사한 생산수율(生産收率)이 있을 때에는 생산수율을 적용하여 계산한 생산량에 그 과세기간 중에 공급한 수량의 시가를 적용하여 계산하는 방법
③ 국세청장이 사업의 종류 · 지역 등을 감안하여 사업과 관련된 종업원, 객실, 사업장, 차량, 수도, 전기 등 인적 · 물적시설의 수량 또는 가액과 매출액의 관계를 정한 영업효율이 있을 때에는 영업효율을 적용하여 계산하는 방법
④ 국세청장이 사업의 종류별 · 지역별로 정한 다음 중 어느 하나에 해당하는 기준에 따라 계산하는 방법
  ㉠ 생산에 투입되는 원재료, 부재료 중에서 일부 또는 전체의 수량과 생산량의 관계를 정한 원단위 투입량
  ㉡ 인건비, 임차료, 재료비, 수도 광열비, 그 밖의 영업비용 중에서 일부 또는 전체의 비용과 매출액의 관계를 정한 비용 관계 비율
  ㉢ 일정기간 동안의 평균재고 금액과 매출액 또는 매출원가의 관계를 정한 상품회전율
  ㉣ 일정기간 동안의 매출액과 매출총이익의 비율을 정한 매매총이익률
  ㉤ 일정기간 동안의 매출액과 부가가치액의 비율을 정한 부가가치율
⑤ 추계 경정 · 결정 대상 사업자에 대하여 ②부터 ④까지의 비율을 계산할 수 있는 경우에는 그 비율을 적용하여 계산하는 방법
⑥ 주로 최종소비자를 대상으로 거래하는 음식 및 숙박업과 서비스업에 대해서는 국세청장이 정하는 입회조사 기준에 따라 계산하는 방법

3. 추계 결정 · 경정 시 매입세액공제 적용 특례

납부세액을 계산할 때 공제하는 매입세액은 발급받은 세금계산서를 관할 세무서장에게 제출하고 그 기재내용이 분명한 부분으로 한정한다. 다만, 재해 또는 그 밖의 불가항력으로 인하여 발급받은 세금계산서가 소멸되어 세금계산서를 제출하지 못하게 되었을 때에는 해당 사업자에게 공급한 거래상대방이 제출한 세금계산서에 의하여 확인되는 것을 납부세액에서 공제하는 매입세액으로 한다.(부령 104 ②)

Ⅳ 결정·경정기관

1. 원칙

부가가치세의 과세표준과 납부세액 또는 환급세액의 결정·경정은 각 납세지 관할 세무서장이 한다. 다만, 국세청장이 특히 중요하다고 인정하는 경우에는 납세지 관할 지방국세청장 또는 국세청장이 결정하거나 경정할 수 있다.(부령 102 ①)

2. 주사업장총괄납부 결정·경정 특례

주사업장 총괄납부를 하는 경우 각 납세지 관할 세무서장, 납세지 관할 지방국세청장 또는 국세청장이 과세표준과 납부세액 또는 환급세액을 결정하거나 경정하였을 때에는 지체 없이 납세지 관할 세무서장 또는 총괄납부를 하는 주된 사업장의 관할 세무서장에게 통지하여야 한다.(부령 102 ②)

3. 사업장 이전 후 경정 관할기관

부가가치세의 과세표준과 세액의 결정 또는 경정은 그 처분 당시 해당 부가가치세의 납세지를 관할하는 세무서장이 행하는 것이므로 사업장 이전일 전의 과세기간에 대한 과세표준과 세액을 결정 또는 경정은 이전 후 사업장 관할 세무서장이 하여야 한다.(부가집 57-0-2)

제4절 징수와 환급

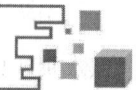

Ⅰ 징수

1. 과소납부세액 등의 징수

납세지 관할 세무서장은 사업자가 예정신고 또는 확정신고를 할 때에 신고한 납부세액을 납부하지 않거나 납부하여야 할 세액보다 적게 납부한 경우에는 그 세액을 「국세징수법」에 따라 징수하고, 결정 또는 경정을 한 경우에는 추가로 납부하여야 할 세액을 「국세징수법」에 따라 징수한다.(부법 58 ①)

2. 재화의 수입에 대한 징수

재화의 수입에 대한 부가가치세는 세관장이 「관세법」에 따라 징수한다.(부법 58 ②)

Ⅱ 환급

1. 일반적인 환급
납세지 관할 세무서장은 각 과세기간별로 그 과세기간에 대한 환급세액을 확정신고한 사업자에게 그 **확정신고기한이 지난 후 30일 이내**(조기환급 사유에 해당하는 경우에는 15일 이내)에 환급하여야 한다.(부법 59 ①)

2. 조기환급

1) 의의
조기환급은 부가가치세법상 환급세액이 확정이 되기 전에 확정신고 등의 절차에 의하여 환급세액이 확정될 때 정산할 것을 전제로 미리 환급하는 제도이다.

2) 조기환급대상
① 영세율을 적용하는 경우
② 사업 설비(감가상각자산)를 신설·취득·확장 또는 증축하는 경우
③ 사업자가 재무구조 개선계획을 이행 중인 경우

3) 조기환급 기간

(1) 확정신고 및 예정신고 시
조기환급을 받으려는 사업자가 부가가치세 예정신고서 또는 부가가치세 확정신고서를 제출한 경우에는 조기환급을 신고한 것으로 본다. 다만, 사업설비를 신설·취득·확장 또는 증축하는 경우에는 건물 등 감가상각자산 취득명세서를, 재무구조개선계획을 이행 중인 경우에는 재무구조개선계획서를 각각 그 신고서에 첨부하여야 한다(부령 107 ③, 부칙 70 ①).

(2) 매월 또는 매2월 조기환급 시
사업자가 예정신고기간 중 또는 과세기간 최종 3개월 중 매월 또는 매2월에 조기환급 기간이 끝난 날부터 25일 이내에 조기환급 기간에 대한 과세표준과 환급세액을 관할 세무서장에게 신고하는 경우에는 조기환급 기간에 대한 환급세액을 각 조기환급 기간별로 해당 조기환급 신고기한이 지난 후 15일 이내에 사업자에게 환급하여야 한다.(부령 107 ④)

4) 환급세액의 계산
조기환급 세액은 영의 세율이 적용되는 공급분에 관련된 매입세액·시설투자에 관련된 매입세액 또는 국내 공급분에 대한 매입세액을 구분하지 않고 사업장별로 해당 매출세액에서 매입세액을 공제하여 계산한다(부기통 59-107-1). 또한 둘 이상의 사업장이 있는 경우로서 그 중 어느 한 사업장에서 조기환급 사유가 발생하는 경우 해당 사업장의 거래분만을 조기환급 신고할 수 있다. 다만, 총괄납부승인을 받은 사업자의 경우에는 그러지 않는다(부기통 59-107-3).

5) 신고

조기환급을 신고할 때에는 영세율 등 조기환급 신고서에 해당 과세표준에 대한 서류와 매출·매입처별세금계산서합계표를 첨부하여 제출하여야 한다. 다만, 사업 설비(감가상각자산)를 신설·취득·확장 또는 증축하는 경우에 해당하는 경우에는 건물등 감가상각자산 취득명세서 또는 재무구조 개선계획서를 그 신고서에 첨부하여야 한다.(부령 107 ⑤)

3. 결정경정 시 환급

관할 세무서장은 결정·경정에 의하여 추가로 발생한 환급세액이 있는 경우에는 지체없이 사업자에게 환급하여야 한다.(부령 106 ②)

제5절 대리납부

I 개요

1. 의의

대리납부란 국내에 사업장이 없는 비거주자 등과 국내사업장이 있는 비거주자 등으로부터 용역 또는 권리(국내사업장과 관련 없는 용역을 제공하는 경우에 한함)를 공급받는 경우 해당 용역을 공급받은 자가 그 대가를 지급하는 시점에 국외의 공급자를 대리하여 부가가치세를 징수·납부하는 것을 말한다(부법 52).

2. 적용요건

① 용역 또는 권리의 제공자가 국내사업장이 없는 비거주자 또는 외국법인이거나, 국내사업장이 있더라도 국내사업장과 관련 없는 비거주자 또는 외국법인이어야 한다.
② 해당 용역 또는 권리가 **부가가치세가 과세되는 용역**이어야 한다.
③ 해당 용역 또는 권리가 **국내에서 사용 또는 소비**되어야 한다.
④ 제공받은 용역 또는 권리를 **부가가치세가 과세되지 않는 사업에 사용 또는 소비**하여야 한다.

3. 대리납부할 세액 징수시기

국내사업장이 없는 비거주자 또는 외국법인과 국내사업장이 있는 비거주자 또는 외국법인으로부터 용역 또는 권리를 공급받는 자는 그 "대가를 지급하는 때"에 대리납부할 세액을 징수한다.

Ⅱ 대리납부의무자

1. 비거주자 또는 외국법인으로부터 용역 또는 권리를 제공받는 경우

대리납부의무자에는 국내사업장이 없는 비거주자 또는 외국법인과 국내사업장이 있는 비거주자 또는 외국법인으로부터 국내사업장과 관련 없이 용역 또는 권리를 국내에서 공급받고 그 대가를 지급하는 자이면 부가가치세법상의 과세사업자를 제외한 모든 공급받는 자가 해당된다. 다만, 과세사업자인 경우에도 매입세액이 공제되지 않는 용역 또는 권리를 공급받는 경우에는 대리납부의무자에 포함한다(부법 52 ① 1, 2).

2. 사업양수도의 경우

사업의 양도(이에 해당하는지 여부가 분명하지 않은 경우를 포함)에 따라 그 사업을 양수받는 자는 그 대가를 지급하는 때에 그 대가를 받은 자로부터 부가가치세를 징수하여 그 대가를 지급하는 날이 속하는 달의 다음 달 25일까지 사업장 관할 세무서장에게 납부할 수 있다(부법 52 ④).

Ⅲ 대리납부 절차

1. 신고 및 납부

용역 또는 권리를 공급한 자로부터 대리 징수한 부가가치세는 부가가치세 대리납부신고서와 함께 이를 징수한 사업장 또는 주소지 관할 세무서장에게 납부하거나 「국세징수법」에 의한 납부서에 의하여 한국은행 또는 체신관서에 납부하여야 한다.(부령 95 ①)

2. 과세표준

1) 개요

대리납부 부가가치세액은 용역 또는 권리의 공급가액에 10%를 곱하여 계산한다.

2) 공급대가의 계산

용역 또는 권리의 공급대가는 다음과 같이 계산한다(부기통 34-85-3).

구분		공급대가의 계산
거래당사자간에 부가가치세액의 징수 및 부담에 대하여 별도의 계약이 있는 경우		해당 계약에 따름.
거래당사자간에 부가가치세액의 징수 및 부담에 대하여 별도의 계약이 없는 경우	대가의 전액을 지급하는 경우	용역 등 가액의 10/100에 상당하는 부가가치세액을 용역 등의 공급을 받는 자가 부담하며 대리납부 하여야 함
	대가에서 부가가치세액을 공제하여 지급하는 경우	용역 등의 대가에 부가가치세가 포함되어있으므로 동 용역 등 대가의 10/110을 대리납부 하여야함.

3) 과세면세 겸영사업자의 경우(과세표준의 안분계산)

대리납부 규정을 적용함에 있어서 비거주자 또는 외국법인으로부터 공급받은 용역 또는 권리가 과세사업과 면세사업에 공통으로 사용되어 그 실지귀속을 구분할 수 없는 경우의 면세사업에 사용된 용역 또는 권리의 과세표준은 다음 산식에 의하여 계산한 금액으로 한다.(부령 95 ②)

$$\text{해당 용역등의 총공급가액} \times \frac{\text{대가의 지급일이 속하는 과세기간의 면세공급가액}}{\text{대가의 지급일이 속하는 과세기간의 총공급가액}}$$

4) 대가를 외화로 지급한 경우

대리납부 규정을 적용함에 있어서 대가를 외화로 지급하는 때에는 다음에 규정하는 금액을 그 대가로 한다.(부령 95 ③)

① 원화를 외화로 매입하여 지급하는 경우에는 지급일 현재의 대고객 외국환매도율에 의하여 계산한 금액
② 보유중인 외화로 지급하는 경우에는 지급일 현재의 기준환율 또는 재정환율에 의하여 계산한 금액

3. 대리납부불성실가산세

대리납부의무 대상이 되는 용역의 공급을 받은 자가 용역 또는 권리의 대가를 지급한 경우에는 지급한 날이 속하는 예정신고기한 또는 확정신고기한까지 부가가치세를 대리납부하지 않는 경우에는 그 납부세액에 납부하지 않은 세액 또는 과소납부분 세액의 10%에 상당하는 금액을 한도로 하여 다음의 금액을 합한 금액을 가산세로 한다(국기법 45의5).

① 미납세액 또는 과소납부세액 × 3%
② 미납세액 또는 과소납부세액 × 미납일수[*1] × 0.022%

[*1] 미납일수 : 납부기한의 다음날부터 자진납부일 또는 납세고지일까지의 기간

4. 국외사업자의 용역 또는 권리 공급에 관한 특례

다음의 어느 하나에 해당하는 국내사업장이 없는 비거주자 등이 사업자등록의 대상인 위탁매매인, 준위탁매매인 또는 대리인, 중개인(구매자로부터 거래대금을 수취하여 판매자에게 지급하는 경우에 한정)을 통하여 국내에서 용역 또는 권리를 공급하는 경우에는 해당 위탁매매인 등이 해당 용역 또는 권리를 공급한 것으로 본다. 또한 권리를 공급받는 경우에는 제공급받는 자의 국내에 있는 사업장의 소재지 또는 주소지를 해당 권리가 공급되는 장소로 본다.(부법 53 ①, ②)

① 소득세법 또는 법인세법에 따른 국내사업장이 없는 비거주자 또는 외국법인
② 국내사업장이 있는 비거주자 또는 외국법인(비거주자 또는 외국법인의 국내사업장과 관련 없이 용역등을 제공하는 경우로서 법인세법·소득세법에 따른 원천징수대상 국내원천소득에 해당하거나 해당 용역등의 제공이 국내사업장에 귀속되지 않는 경우만 해당)

제6절 신탁 관련 납세의무 확장에 대한 납부 특례 등

Ⅰ 개요

1. 신탁 관련 제2차 납세의무 등에 대한 고지

부가가치세를 납부하여야 하는 수탁자의 관할 세무서장은 신탁 관련 제2차 납세의무 따른 제2차 납세의무자(수익자)로부터 수탁자의 부가가치세 등을 징수하려면 다음의 사항을 적은 납부고지서를 제2차 납세의무자(수익자)에게 발급하여야 한다.

① 징수하려는 부가가치세 등의 과세기간, 세액 및 그 산출 근거
② 납부하여야 할 기한 및 납부 장소
③ 제2차 납세의무자로부터 징수할 금액 및 그 산출 근거
④ 그 밖에 부가가치세 등의 징수를 위하여 필요한 사항

2. 물적납세의무에 대한 고지

부가가치세를 납부하여야 하는 위탁자의 관할 세무서장은 물적납세의무에 따라 수탁자로부터 위탁자의 부가가치세 등을 징수하려면 다음의 사항을 적은 납부고지서를 수탁자에게 발급하여야 한다. 이 경우 수탁자의 관할 세무서장과 위탁자에게 그 사실을 통지하여야 한다.(부법 52의2 ②)

① 부가가치세 등의 과세기간, 세액 및 그 산출 근거
② 납부하여야 할 기한 및 납부 장소
③ 그 밖에 부가가치세 등의 징수를 위하여 필요한 사항

Ⅱ 고지의 효력

1. 고지 후 권리변동에 대한 효력

물적납세의무에 따른 고지가 있은 후 납세의무자가 신탁의 이익을 받을 권리를 포기 또는 이전하거나 신탁재산을 양도하는 등의 경우에도 고지된 부분에 대한 납세의무에는 영향을 미치지 않는다(부법 52의2 ③).

2. 수탁자 변경 시 효력

신탁재산의 수탁자가 변경되는 경우에 새로운 수탁자는 이전의 수탁자에게 고지된 납세의무를 승계한다.

3. 징수

물적납세의무에 따른 납세의무자인 위탁자의 관할 세무서장은 최초의 수탁자에 대한 신탁 설정일을 기준으로 그 신탁재산에 대한 현재 수탁자에게 위탁자의 부가가치세 등을 징수할 수 있다.(부법 52의2 ⑤)

4. 강제징수 시 수탁자의 권리

신탁재산에 대하여 강제징수를 하는 경우 「국세기본법」상 국세우선원칙에도 불구하고 수탁자는 「신탁법」에 따른 신탁재산의 보존 및 개량을 위하여 지출한 필요비 또는 유익비의 우선변제를 받을 권리가 있다.

Ⅲ 징수기준일

납세의무자의 관할 세무서장은 최초의 수탁자에 대한 신탁 설정일을 기준으로 그 신탁재산에 대한 현재 수탁자에게 납세의무자의 부가가치세 등을 징수할 수 있다(부법 52의2 ⑤).

제7절 전자적 용역을 공급하는 국외사업자의 용역 공급과 사업자등록 등에 관한 특례

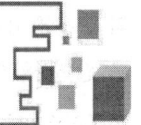

Ⅰ 도입취지

전자적 용역에 대하여 국내 개발자와 해외 개발자 간 과세형평을 높이고자 국내소비자가 해외 오픈마켓 등에서 구매하는 게임·음성·동영상 파일 또는 소프트웨어 등 전자적 용역에 대해서는 해외 오픈마켓 사업자가 간편하게 사업자 등록을 하여 부가가치세를 납부할 수 있도록 하는 제도를 신설하였다.

Ⅱ 과세대상

1. 국내소비자에게 전자적 용역을 직접 공급하는 비거주자 또는 외국법인

국내사업장이 없는 비거주자 또는 외국법인과 국내사업장이 있는 비거주자 또는 외국법인(비거주자 또는 외국법인의 국내사업장과 관련 없이 용역등을 공급하는 경우만 해당)이 국내에 전자적 용역을 공급하는 경우(사업자등록을 한 자의 과세사업 또는 면세사업에 대하여 용역을 공급하는 경우는 제외)에는 국내에서 해당 전자적 용역이 공급되는 것으로 본다(부법 53의2 ①).

① 게임·음성·동영상 파일 또는 소프트웨어 등 이동통신단말장치 또는 컴퓨터 등에 저장되어 구동되거나, 저장되지 않고 실시간으로 사용할 수 있는 용역
② 광고를 게재하는 용역
③ 「클라우드컴퓨팅 발전 및 이용자 보호에 관한 법률」에 따른 클라우드컴퓨팅서비스
④ 재화 또는 용역을 중개하는 용역. 다만, 재화 또는 용역의 공급에 대한 대가에 중개용역의 대가가 포함되어 납세의무자가 부가가치세를 신고하고 납부하는 경우는 제외한다.
⑤ 그 밖에 ①부터 ④까지와 유사한 용역으로서 대통령령으로 정하는 용역

2. 국내소비자에게 전자적 용역을 오픈마켓을 통하여 공급하는 비거주자 또는 외국법인

비거주자 또는 외국법인이 제3자를 통하여 국내에 전자적 용역을 공급하는 경우[국내사업자의 용역등 공급 특례에 관한 규정(부법 53)이 적용되는 경우는 제외]에는 그 제3자가 해당 전자적 용역을 국내에서 공급한 것으로 본다(부법 53의2 ②).

Ⅲ 간편사업자등록

1. 개요

위 규정에 따라 국내에 전자적 용역을 공급하는 다음에 해당하는 자는 대통령령으로 정하는 간편한 방법으로 간편사업자등록을 하여야 한다. 이 경우 그 사업의 개시일부터 20일 이내에 신청하여야 한다.

① 「소득세법」 또는 「법인세법」에 따른 국내사업장이 없는 비거주자 또는 외국법인
② 국내사업장이 있는 비거주자 또는 외국법인(비거주자 또는 외국법인의 국내사업장과 관련 없이 용역등을 공급하는 경우로서 대통령령으로 정하는 경우만 해당)

2. 거래명세 보관의무

간편사업자등록을 한 자는 전자적 용역의 공급에 대한 거래명세를 그 거래사실이 속하는 과세기간에 대한 확정신고기한이 지난 후 5년간 보관하여야 한다.(부법 53의2 ⑥)

3. 거래명세서 제출

국세청장은 부가가치세 신고의 적정성을 확인하기 위하여 간편사업자등록을 한 자에게 기획재정부령으로 정하는 전자적 용역 거래명세서를 제출할 것을 요구할 수 있다.(부법 53의2 ⑦) 이 경우 간편사업자등록을 한 자는 요구를 받은 날부터 60일 이내에 전자적 용역 거래명세서를 국세청장에게 제출하여야 한다.

4. 폐업한 경우

국세청장은 간편사업자등록을 한 자가 국내에서 폐업한 경우 간편사업자등록을 말소할 수 있다.

Ⅳ 신고 · 납부

1. 공급시기

국내로 공급되는 전자적 용역의 공급시기는 다음의 시기 중 빠른 때로 한다(부령 96의2 ⑪).

① 구매자가 공급하는 자로부터 전자적 용역을 제공받은 때
② 구매자가 전자적 용역을 구매하기 위하여 대금의 결제를 완료한 때

2. 신고 · 납부

대리납부 규정(부법 52)에도 불구하고 간편사업자등록을 한 자는 예정신고 · 납부 및 확정신고 · 납부를 하여야 한다(부법 53의2 ④). 간편사업자등록을 한 자는 해당 전자적 용역의 공급과 관련하여 매출액에 대응하는 사업 관련 공제되는 매입세액 외에는 매출세액 또는 납부세액에서 공제하지 않는다(부법 53의2 ⑤).

제8절 재화의 수입에 대한 부가가치세 납부의 유예

Ⅰ 개요

세관장은 중소 · 중견사업자가 물품을 제조 · 가공하기 위한 원재료 등으로서 해당 중소사업자가 자기의 과세사업에 사용하기 위한 재화(매출세액에서 공제되지 않는 매입세액과 관련된 재화는 제외)의 수입에 대하여 부가가치세의 납부유예를 미리 신청하는 경우에는 재화의 수입에 대한 부가가치세 납부 규정에도 불구하고 해당 재화를 수입할 때 부가가치세의 납부를 유예할 수 있다(부법 50의2 ①, 부령 91의2 ①,②).

Ⅱ 요건

1. 중소 · 중견사업자

"중소 · 중견사업자"란 다음의 요건을 모두 충족하는 중소 · 중견사업자를 말한다(부령 91의2 ①).

1) **법인요건**

    직전 사업연도에 중소기업 또는 중견기업에 해당하는 **법인(제조업을 주된 사업으로 경영하는 기업에 한정)**일 것

2) **수출액 요건**

    직전 사업연도에 영세율을 적용받은 재화의 공급가액의 합계액(이하 "수출액")이 다음에 해당할 것

(1) 직전 사업연도에 「조세특례제한법」에 따른 중소기업인 경우

　　직전 사업연도에 공급한 재화 또는 용역의 공급가액의 합계액 중 수출액이 차지하는 비율이 30퍼센트 이상이거나 수출액이 50억원 이상일 것

(2) 직전 사업연도에 「조세특례제한법」에 따른 중견기업인 경우

　　직전 사업연도에 공급한 재화 또는 용역의 공급가액의 합계액 중 수출액이 차지하는 비율이 30퍼센트 이상일 것

3) 사업성실도 요건

확인 요청일 현재 다음의 요건에 모두 해당할 것

① 최근 3년간 계속하여 사업을 경영하였을 것
② 최근 2년간 국세(관세를 포함)를 체납(납부고지서에 따른 납부기한의 다음 날부터 15일 이내에 체납된 국세를 모두 납부한 경우는 제외)한 사실이 없을 것
③ 최근 2년간 「조세범처벌법」 또는 「관세법」 위반으로 처벌받은 사실이 없을 것
④ 최근 2년간 납부유예가 취소된 사실이 없을 것

2. 자기의 과세사업에 사용하기 위한 재화

자기의 과세사업에 사용하기 위한 재화란 중소·중견사업자가 자기의 과세사업에 사용하기 위한 재화를 말한다. 다만, 매출세액에서 공제되지 않는 매입세액과 관련된 재화는 제외한다(부령 91의2 ③).

Ⅲ 절차

1. 확인요청

중소·중견사업자는 다음의 신고기한의 만료일 중 늦은 날부터 3개월 이내에 관할 세무서장에게 납부유예 충족 여부의 확인을 요청할 수 있다(부령 91의2 ③).

① 직전 사업연도에 대한 「법인세법」에 따른 신고기한
② 직전 사업연도에 대한 확정신고기한

2. 확인서 발급

관할 세무서장은 중소·중견사업자가 확인을 요청한 경우에는 해당 중소·중견사업자가 요건에 해당하는지 여부를 확인한 후 요청일부터 1개월 이내에 기획재정부령으로 정하는 확인서를 해당 중소·중견사업자에게 발급하여야 한다(부령 91의2 ④).

3. 납부유예신청서 제출 및 통지

1) 신청서 제출

부가가치세의 납부를 유예받으려는 중소·중견사업자는 발급받은 확인서를 첨부하여 부가가치세 납부유예 적용 신청서를 관할 세관장에게 제출하여야 한다(부령 91의2 ⑤).

2) 통지

신청을 받은 관할 세관장은 신청일부터 1개월 이내에 납부유예의 승인 여부를 결정하여 해당 중소·중견사업자에게 통지하여야 한다(부령 91의2 ⑦).

3) 납부유예 승인기간

납부유예를 승인하는 경우 그 유예기간은 1년으로 한다(부령 91의2 ⑧).

4. 정산 및 납부

요건을 충족하여 납부를 유예받은 중소·중견사업자는 납세지 관할 세무서장에게 예정신고 또는 확정신고 등을 할 때 해당 재화에 대한 사업자가 자기의 사업을 위하여 사용하였거나 사용할 목적으로 수입하는 재화의 수입에 대한 부가가치세액 매입세액에서 차감하는 방법으로 그 납부가 유예된 세액을 정산하거나 납부하여야 한다. 이 경우 납세지 관할 세무서장에게 납부한 세액은 세관장에게 납부한 것으로 본다(부법 50 ②, 부령 91의2 ⑨).

5. 납부유예의 취소

1) 사유

세관장은 부가가치세의 납부가 유예된 중소·중견사업자가 국세를 체납하는 등 다음에 해당하는 경우에는 그 납부의 유예를 취소할 수 있다.

① 해당 중소·중견사업자가 국세를 체납한 경우
② 해당 중소·중견사업자가 조세범처벌법 또는 관세법 위반으로 국세청장, 지방국세청장, 관할 세무서장 또는 관세청장, 관할 세관장으로부터 고발된 경우
③ 요건을 충족하지 않은 중소·중견사업자에게 납부유예를 승인한 사실을 세관장이 알게 된 경우

2) 취소의 효과

납부유예 취소는 중소·중견사업자가 부가가치세 납부를 유예받고 수입한 재화에 대해서는 영향을 미치지 않는다(부령 91의2 ⑫).

제9절 가산세

I 개요

종류	주요내용	
미등록가산세	일반과세자 (전자적용역을 공급하는 사업자 포함)	공급가액 × 1%
	간이과세자 (납부의무면제자 제외)	공급대가 × 0.5%
	간이과세자 (납부의무면제자 제외)	과세기간별 5만원과 공급대가의 0.5% 중 큰 금액
타인명의등록가산세	공급가액 × 1%(간이과세자 0.5%)	
세금계산서발급 불성실가산세	공급가액 × 1%(필요적 기재사항 미기재·부실기재, 전자세금계산서 미발행, 지연발급) 공급가액 × 2%[세금계산서 미발급] 공급가액 × 3%[가공(위장)거래]	
세금계산서 등 경정기관 확인매입세액공제가산세	공급가액 × 0.5%	
매출처별세금계산서 합계표불성실가산세	공급가액 × 0.5% (미제출, 등록번호 및 공급가액 미기재·부실기재) 공급가액 × 0.3% [지연제출(예정분을 확정시 제출)]	
공급시기 이후 같은 과세기간 매입세액공제 가산세	공급가액 × 1%	
매입처별세금계산서 합계표불성실가산세	공급가액 × 0.5% [미제출(수정신고 및 경정청구와 함께 제출시 제외), 등록번호와 공급가액 미기재·부실기재, 공급가액 과다기재]	
현금매출명세서·부동산 임대공급가액명세서 제출불성실가산세	수입금액 × 1%	
전자세금계산서 발급명세 지연전송·미전송 가산세	지연전송 : 공급가액 × 0.3% 미전송 : 공급가액 × 0.5%	

Ⅱ 가산세의 중복적용 배제

구 분	적용 배제 가산세
1. 사업자등록 관련 가산세가 적용되는 경우	세금계산서불성실가산세(공급가액의 1% 적용분) 세금계산서 등 경정기관 확인 매입세액공제 가산세 매출처별세금계산서 합계표 불성실가산세
2. 세금계산서 지연발급·지연전송 가산세 및 세금계산서 등 경정기관 확인 매입세액공제 가산세가 적용되는 경우	매출처별세금계산서 합계표 불성실가산세
3. 세금계산서 미발급 가산세 및 세금계산서 불성실가산세	사업자등록 관련 가산세 매출처별세금계산서 합계표 불성실가산세 매입처별세금계산서 합계표 불성실가산세
4. 세금계산서 등 위장발급 가산세	세금계산서 미발급 가산세
5. 「법인세법」 또는 「소득세법」상 현금영수증 미발행 가산세	세금계산서(전자세금계산서 포함) 미발급 가산세 매출처별세금계산서 합계표 불성실가산세

제7장 간이과세

제1절 개요

I 의의

간이과세란 **직전 연도의 재화 또는 용역의 공급대가(부가가치세 포함)의 합계가 8,000만원에 미달하는 사업** 규모가 영세한 사업자에 대하여 세법 지식이나 기장 능력이 부족한 점 등을 감안하여 납세의무 이행에 편의를 도모하고 세부담 등을 덜어주기 위하여 공급대가에 업종별 부가가치율 및 세율을 적용하여 간편하게 납부세액을 계산하는 제도를 말한다.

II 일반과세와 간이과세의 비교

구분	일반과세자	간이과세자
적용대상자	사업상 독립적으로 재화,용역을 공급하는 자 중 간이과세 이외의 자.	광업, 제조업, 도소매업, 부동산임대업, 전문사업서비스업 기타 국세청장이 정하는 사업 외의 사업을 영위하는 자로써 직전 해의 1월 1일부터 12월 31일까지의 재화, 용역의 공급대가가 8,000만원에 미달하는 개인사업자.
과세표준과 세액의 계산구조	과세표준=공급가액(VAT 제외) 납부(환급)세액 =매출세액합계-매입세액합계	과세표준=공급대가(VAT포함) 납부세액 =공급대가×부가가치율×10%+재고납부세액
예정신고의무자	법인 : 모두 신고납부 개인 : 법에서 정한 경우에만 신고납부	없음
의제매입세액공제	업종제한 없이 모두 적용	적용하지 않음
대손세액공제	적용	적용하지 않음
신용카드매출전표 발행공제	1.3%	1.3%
납부의무면제	적용안함	공급대가가 4,800만원 미만인 경우 적용
거래징수	세액을 별도 징수	공급대가에 포함하여 수령
기장	장부의 기록, 비치의무	세금계산서 및 영수증을 보관한 경우 기장의무를 이행한 것으로 간주

제 2 절 간이과세의 범위 및 적용시기와 과세유형변경

I 간이과세의 범위

1. 간이과세기준금액

직전 연도의 재화와 용역의 공급에 대한 대가(부가가치세가 포함된 대가를 말하며, 이하 "공급대가")의 합계액이 8,000만원에 미달하는 개인사업자는 이 법에서 달리 정하고 있는 경우를 제외하고는 간이과세 규정을 적용받는다(부법 61 ①, 부령 109 ①)

2. 간이과세 배제사업자

다음 중 어느 하나에 해당하는 사업자의 경우에는 간이과세 규정을 적용하지 않는다.(부법 61 ① 단서)

① 간이과세가 적용되지 않는 다른 사업장을 보유하고 있는 사업자. 다만, 조세특례제한법 시행령에서 정하는 사업에 대해서는 일반과세가 적용되는 사업장을 보유하는 경우에도 다른 요건을 충족하면 간이과세를 적용받을 수 있다(조특법 106 ⑤).
② 광업
③ 제조업. 다만, 주로 최종소비자에게 직접 재화를 공급하는 사업으로서 과자점업, 도정업, 제분업 및 떡류 제조업 중 떡방앗간, 양복점업, 양장점업, 양화점업, 그 밖에 사기가 공급하는 재화의 50퍼센트 이상을 최종소비자에게 공급하는 사업으로서 국세청장이 정하는 것을 제외한다(부칙 71 ①).
④ 도매업(소매업을 겸영하는 경우를 포함하되, 재생용 재료수집 및 판매업을 제외) 및 상품중개업
⑤ 부동산 매매업
⑥ 특별시, 광역시, 특별자치시, 「제주특별자치도 설치 및 국제자유도시 조성을 위한 특별법」에 따라 설치된 행정시 및 시 지역과 국세청장이 업황·사업규모 등을 고려하여 간이과세 적용대상에서 제외하는 것이 필요하다고 인정하여 고시하는 지역에서 과세유흥장소를 영위하는 사업
⑦ 특별시·광역시 및 시(행정시를 포함)의 지역에 소재하는 부동산임대사업장을 영위하는 사업으로서 국세청장이 정하는 규모 이상의 사업
⑧ 변호사업, 심판변론인업, 변리사업, 법무사업, 공인회계사업, 세무사업 등 그 밖에 이와 유사한 사업서비스업으로서 기획재정부령으로 정하는 것
⑨ 일반과세자로부터 양수한 사업. 다만, ②부터 ⑧까지와 ⑩ 또는 ⑪까지에 해당하지 않는 경우로서 사업을 양수한 이후 공급대가의 합계액이 8,000만원에 미달하는 경우는 제외한다.
⑩ 사업장의 소재지역, 사업의 종류·규모 등을 감안하여 국세청장이 정하는 기준에 해당하는 것
⑪ 전전연도 기준 복식부기의무자가 경영하는 사업. 이 경우 결정·경정 또는 수정신고로 인하여 수입금액의 합계액이 증가함으로써 전전년도 기준 복식부기의무자에 해당하게 되는 경우에는 그 결정·경정 또는 수정신고한 날이 속하는 과세기간까지는 전전년도 기준 복식부기의무자로 보지 않는다.

⑫ 전기·가스·증기 및 수도 사업
⑬ 건설업. 다만, 주로 최종소비자에게 직접 재화 또는 용역을 공급하는 사업으로서 기획재정부령으로 정하는 사업은 제외한다.
⑭ 전문·과학·기술서비스업, 사업시설 관리·사업지원 및 임대 서비스업. 다만, 주로 최종소비자에게 직접 용역을 공급하는 사업으로서 기획재정부령으로 정하는 사업은 제외한다.
⑮ 부동산임대업 또는 「개별소비세법」에 따른 과세유흥장소를 경영하는 사업자로서 해당 업종의 직전 연도의 공급대가의 합계액이 4천8백만원 이상인 사업자
⑯ 둘 이상의 사업장이 있는 사업자로서 그 둘 이상의 사업장의 직전 연도의 공급대가의 합계액이 8천만원 이상인 사업자. 다만, 부동산임대업 또는 과세유흥장소에 해당하는 사업장을 둘 이상 경영하고 있는 사업자의 경우 그 둘 이상의 사업장의 직전 연도의 공급대가(하나의 사업장에서 둘 이상의 사업을 겸영하는 사업자의 경우 부동산임대업 또는 과세유흥장소의 공급대가만을 말함)의 합계액이 4천8백만원 이상인 사업자로 한다.

3. 특수한 경우

1) 신규사업자의 간이과세 적용

직전 과세기간에 신규로 사업을 시작한 개인사업자에 대하여는 그 사업 개시일부터 그 과세기간 종료일까지의 공급대가를 합한 금액을 12개월로 환산한 금액을 기준으로 하여 간이과세를 적용한다.(부법 61 ②) 또한 신규로 사업을 시작하는 개인사업자는 사업을 시작한 날이 속하는 연도의 공급대가의 합계액이 8,000만원에 미달될 것으로 예상되면 사업자등록을 신청할 때 납세지 관할 세무서장에게 간이과세의 적용 여부를 함께 신고하여야 한다.(부법 61 ③) 이 경우 신고를 한 개인사업자는 최초의 과세기간에는 간이과세자로 한다. 다만, 간이과세 배제기준에 해당하는 사업자의 경우에는 그러지 않는다.(부법 61 ④)

2) 미등록사업자의 간이과세

등록을 하지 않은 개인사업자로서 사업을 시작한 날이 속하는 연도의 공급대가의 합계액이 8,000만원에 미달하는 경우에는 최초의 과세기간에 있어서는 간이과세자로 한다. 다만, 간이과세 배제기준에 해당하는 사업자의 경우에는 그러지 않는다.(부법 61 ⑤)

Ⅱ 적용시기와 과세유형변경

1. 직전 연도의 공급대가에 의하는 경우

간이과세자에 관한 규정이 적용되거나 적용되지 않게 되는 기간은 해의 1월 1일부터 12월 31일까지의 공급대가가 8,000만원에 미달되거나 그 이상이 되는 해의 다음해의 7월 1일부터 그 다음해의 6월 30일까지로 한다.(부법 62 ①)

2. 최초의 과세기간의 공급대가에 의하는 경우

신규로 사업을 개시한 사업자의 경우 간이과세자에 관한 규정이 적용되거나 적용되지 않게 되는 기간은 **최초로 사업을 개시한 해의 다음 해의 7월 1일부터 그 다음 해의 6월 30일까지로 한다.**(부법 62 ②)

3. 기준사업장의 공급대가가 간이과세기준금액에 미달하는 경우

간이과세가 적용되지 않는 다른 사업장의 1역년의 공급대가가 8,000만원에 미달하는 경우에는 그 **미달하는 해의 다음 해의 제2 과세기간부터 그다음 해의 제 1과세기간까지** 기준사업장과 일반과세로 전환된 사업장 모두에 대하여 간이과세에 관한 규정을 적용한다. 다만, 일반과세로 전환된 사업장의 1역년의 공급대가가 8,000만원 이상이거나 간이과세 배제기준에 해당하는 경우에는 그러지 않는다.(부령 110 ⑤)

4. 간이과세포기신고를 하는 경우

간이과세자가 간이과세포기신고를 하는 경우에는 **일반과세를 적용받고자 하는 달이 속하는 과세기간의 다음 과세기간부터** 당해 사업장 외의 사업장에 대하여 간이과세자에 관한 규정을 적용하지 않는다.(부령 110 ⑦) 간이과세포기를 신고한 개인사업자는 그 적용받으려는 달의 1일부터 3년이 되는 날이 속하는 과세기간까지는 일반과세자에 관한 규정을 적용받아야 한다.(부법 70 ③, 부령 110 ⑦)

5. 일반과세가 적용되는 사업장을 신설하는 경우

간이과세자가 일반과세자에 관한 규정을 적용받는 사업장을 신규로 개설하는 경우에는 당해 **사업개시일이 속하는 과세기간의 다음 과세기간부터** 간이과세자에 관한 규정을 적용하지 않는다.(부령 110 ⑧)

6. 배제사업을 신규로 겸영하는 경우

간이과세자가 간이과세 배제기준에 규정하는 사업을 신규로 겸영하는 경우에는 당해 **사업의 개시일이 속하는 과세기간의 다음 과세기간부터** 간이과세자에 관한 규정을 적용하지 않는다. 이 경우 일반과세자로 전환된 사업자로서 해당 연도 공급대가의 합계액이 8,000만원 미만인 사업자가 사업을 폐지하는 경우에는 해당 사업의 폐지일이 속하는 연도의 다음 연도 7월 1일부터 간이과세자에 관한 규정을 적용한다.(부령 110 ④, ⑤)

7. 기준사업장이 폐업된 경우

기준사업장이 폐업되는 경우에는 일반과세로 전환된 사업장에 대하여 **기준사업장의 폐업일이 속하는 연도의 다음 연도 7월 1일부터** 간이과세자에 관한 규정을 적용한다. 다만, 일반과세로 전환된 사업장의 1역년의 공급대가의 합계액이 8,000만원 이상이거나 업종, 규모, 지역 등을 고려하여 간이과세에서 배제하는 사업자에 해당하는 경우에는 그러지 않는다(부령 110 ⑨)

8. 결정·경정에 의하여 기준금액을 초과하는 경우

결정 또는 경정한 공급대가가 8,000만원 이상인 개인사업자는 그 **결정 또는 경정한 날이 속하는 과세기간까지** 간이과세자로 본다.(부법 61 ⑥)

Ⅲ 과세유형의 전환통지

1. 관할 세무서장의 통지

과세유형이 전환되는 경우에 해당 사업자의 관할 세무서장은 간이과세자에 관한 규정이 **적용되거나 적용되지 않게 되는 과세기간 개시 20일 전까지** 그 사실을 통지하여야 하며, 사업자등록증을 정정하여 과세기간 개시 당일까지 발급하여야 한다.(부령 110 ①)

2. 과세전환의 적용

간이과세자에 관한 규정이 **적용되는 사업자에 대하여는 과세유형변경에 의한 통지에 관계없이 그 변경 시기에 간이과세자에 관한 규정을 적용**한다. 다만, 부동산임대업을 영위하는 사업자의 경우에는 과세유형변경에 의한 통지를 받은 날이 속하는 과세기간까지는 일반과세자에 관한 규정을 적용한다.(부령 110 ②) 간이과세 규정이 적용되지 않는 사업자에 대하여는 과세유형변경에 의한 통지를 받은 날이 속하는 과세기간까지는 간이과세자에 관한 규정을 적용한다.(부령 110 ③)

Ⅳ 간이과세의 포기

1. 취지

간이과세의 규정을 둔 이유는 일정한 규모 이하인 개인 소기업의 납세편의를 도모하기 위한 것이다. 그러나 이러한 간이과세 규정은 간이과세자 중 일부에 대하여는 법의 취지와는 역으로 다음과 같은 불이익을 초래하는 경우가 있기 때문에 간이과세의 포기규정을 두고 있다.

첫째, 간이과세자는 부가가치세의 거래징수 및 세금계산서의 발급이 불가하기 때문에 부가가치세를 판매금액에 포함하여 거래상대방에게 전가하지만 거래 상대방은 해당 부가가치세를 매입세액으로 공제받을 수 없으므로 그 거래상대방이 일반과세자인 경우에는 간이과세자와의 거래를 회피하게 된다.

둘째, 영세율이 적용되는 일반과세자의 경우에는 매입세액을 정부로부터 환급받을 수 있으나 간이과세자의 경우에는 납부세액 자체가 영으로 되기 때문에 매입세액을 정부로부터 환급받을 수 없으므로 일반과세자와 불균형이 생긴다.

2. 절차

1) 원칙

간이과세자 또는 간이과세자에 관한 규정을 적용받게 되는 일반과세자가 간이과세자에 관한 규정의 적용을 포기하고 일반과세자에 관한 규정을 적용받으려는 경우에는 일반과세자에 관한 규정을 적용받을 수 있다. 이 경우 적용받으려는 달의 전달의 마지막 날까지 납세지 관할 세무서장에게 신고하여야 한다.

2) 신규사업자의 경우

신규로 사업을 시작하는 개인사업자가 사업자등록을 신청할 때 납세지 관할 세무서장에게 간이과세자에 관한 규정의 적용을 포기하고 일반과세자에 관한 규정을 적용받으려고 신고한 경우에는 일반과세자에 관한 규정을 적용받을 수 있다.(부법 70 ②)

3. 효과

간이과세포기를 신고한 개인사업자는 다음의 구분에 따른 날부터 **3년이 되는 날이 속하는 과세기간까지는 간이과세자에 관한 규정을 적용받지 못한다.**(부법 70 ③)

① 신규사업자의 경우 : 사업 개시일이 속하는 달의 1일
② 이외의 경우 : 일반과세자에 관한 규정을 적용받으려는 달의 1일

4. 간이과세포기 철회(24.7.1. 이후 시행)

간이과세자가 직전 연도의 공급대가의 합계액이 4천800만원 이상이 된 경우 등 대통령령으로 정하는 사유가 있는 경우에는 3년이 되는 날이 속하는 과세기간 이전이라도 간이과세자에 관한 규정을 적용받을 수 있다. 이 경우 간이과세자에 대한 규정을 적용받으려는 개인사업자는 적용받으려는 과세기간 개시 10일 전까지 납세지 관할 세무서장에게 신고하여야 한다(부법 70 ④, ⑤).

5. 재적용

간이과세 포기신고서를 제출한 사업자가 기간이 경과한 후 간이과세를 적용받고자 할 때에는 이를 **적용받고자 하는 과세기간 개시 10일 전까지** 간이과세 적용신고서를 관할 세무서장에게 제출하여야 한다. 이 경우에 그 적용을 받을 수 있는 자는 해당 과세기간 직전 1역년의 재화 또는 용역의 공급대가의 합계액이 8,000만원에 미달하는 사업자에 한한다.(부령 116 ②)

제 3 절 과세표준과 세액

I 계산구조

	공급대가	
×	업종별 부가가치율	15%, 20%, 25%, 30%, 40%
×	세율	0%, 10%
=	납부세액	
−	세금계산서수취 매입세액공제	매입액(공급대가)×0.5%
−	의제매입세액공제	적용배제
−	신용카드발행세액공제	발급금액×1.3%
=	가산세	
=	차감납부세액	

II 과세표준과 세액

1. 과세표준

간이과세자의 과세표준은 해당 과세기간의 공급대가의 합계액으로 한다(부법 63 ①)

2. 납부세액

1) 계산방법

간이과세자에 대하여는 다음의 계산식에 따라 계산한 금액을 납부세액으로 한다. 이 경우 둘 이상의 업종을 겸영(兼營)하는 간이과세자의 경우에는 각각의 업종별로 계산한 금액의 합계액을 납부세액으로 한다. 또한 간이과세자의 경우 공제하는 금액의 합계액이 각 과세기간의 납부세액을 초과하는 경우에는 그 초과하는 부분은 없는 것으로 본다(부법 63 ②,⑥).

> 납부세액 = 해당 과세기간의 공급대가 합계액 × 해당 업종의 부가가치율 ×10%

2) 업종별 부가가치율

(1) 원칙

"해당 업종의 부가가치율"이란 다음 표의 구분에 따른 부가가치율을 말한다(부령 111 ②).

구 분	부가가치율
소매업, 재생용 재료수집 및 판매업, 음식점업	15%
제조업, 농업·임업 및 어업, 소화물 전문 운송업	20%
숙박업	25%
건설업, 운수 및 창고업(소화물 전문 운송업은 제외), 정보통신업	30%
금융 및 보험 관련 서비스업, 전문·과학 및 기술서비스업(인물사진 및 행사용 영상 촬영업은 제외), 사업시설관리·사업지원 및 임대서비스업, 부동산 관련 서비스업, 부동산임대업	40%
그 밖의 서비스업	30%

(2) 둘 이상의 업종에 공통으로 사용하던 재화를 공급하여 업종별 실지귀속을 구분할 수 없는 경우

간이과세자가 둘 이상의 업종에 공통으로 사용하던 재화를 공급하여 업종별 실지귀속을 구분할 수 없는 경우에 적용할 부가가치율은 다음 계산식에 따라 계산한 율의 합계로 한다. 이 경우 휴업 등으로 인하여 해당 과세기간의 공급대가가 없을 때에는 그 재화를 공급한 날에 가장 가까운 과세기간의 공급대가에 따라 계산한다(부령 111 ⑤).

$$\text{해당 재화와 관련된 각 업종별 부가가치율} \times \frac{\text{해당 재화의 공급일이 속하는 과세기간의 해당 재화와 관련된 각 업종의 공급대가}}{\text{해당 재화의 공급일이 속하는 과세기간의 해당 재화와 관련된 각 업종의 총공급대가}}$$

3. 공제세액

1) 세금계산서 등 매입세액공제

$$\text{납부세액에서 공제할 세액} = \text{해당 과세기간에 발급받은 세금계산서등에 기재된 공급대가} \times \frac{\text{해당 과세기간의 과세공급대가}}{\text{해당 과세기간의 총공급대가}} \times 0.5\%$$

2) 신용카드 등의 사용에 따른 세액공제 등

일반과세자 중 주로 사업자가 아닌 자에게 재화 또는 용역을 공급하는 사업자(법인은 제외)와 간이과세자가 부가가치세가 과세되는 재화 또는 용역을 공급하고 세금계산서의 발급시기에 신용카드매출전표 등을 발급하거나 전자적 결제 수단에 의하여 대금을 결제받는 경우에는 **연간 1천만원을 한도로 발급금액 또는 결제금액의 1.3%를 납부세액에서 공제한다**.(부법 46 ①)

4. 재고매입세액과 재고납부세액

1) 재고매입세액공제

(1) 의의
재고매입세액이란 간이과세자가 일반과세자로 과세유형이 전환되는 경우 그 전환일 현재 해당 사업장에서 보유하고 있는 재고품 및 감가상각자산에 대하여 그 재고품 및 감가상각자산의 가액에 포함되어 있다고 추정되는 부가가치세 상당액을 매입세액으로 하여 **간이과세자가 일반과세자로 전환**된 후에 납부하여야 할 세액에서 공제하도록 하는 것을 말한다(부법 44 ①).

(2) 조정대상 재화(부령 86 ①).
재고매입세액의 공제대상이 되는 재화는 간이과세자가 일반과세자로 변경되는 날 현재 다음에 규정하는 자산으로서 매입세액공제대상인 것이어야 한다.

① 상품
② 제품(반제품 및 재공품을 포함)
③ 재료(부재료를 포함)
④ 건설 중인 자산
⑤ 감가상각자산(건물 또는 구축물의 경우에는 취득, 건설, 신축 후 10년 이내의 것, 그 밖의 감가상각자산의 경우에는 취득 또는 제작 후 2년 이내의 것으로 한정)

(3) 조정방법
간이과세자에서 일반사업자로 전환된 사업자는 다음 산식에 의하여 계산한 금액을 재고매입세액으로 공제한다. 이 경우 업종별 부가가치율이란 감가상각자산은 취득일, 그 외는 일반과세자로 전환되기 직전일의 것을 말한다(부령 86 ③).

① 재고품(상품, 제품, 재료)

$$재고매입세액 = 재고금액 \times \frac{10}{110} \times \left(1 - 0.5\% \times \frac{110}{10}\right)$$

② 건설중인 자산

$$재고매입세액 = 해당\ 건설\ 중인\ 자산과\ 관련된\ 공제\ 대상\ 매입세액 \times \left(1 - 0.5\% \times \frac{110}{10}\right)$$

③ 감가상각자산(타인으로부터 매입한 자산)
　㉠ 건물 및 구축물

$$자산의\ 취득가액 \times \left(1 - 10\% \times 경과된\ 과세기간\ 수\right) \times \frac{10}{110} \times \left(1 - 0.5\% \times \frac{110}{10}\right)$$

ⓒ 기타 감가상각자산

$$\text{자산의 취득가액} \times \left(1 - 50\% \times \text{경과된 과세기간 수}\right) \times \frac{10}{110} \times \left(1 - 0.5\% \times \frac{110}{10}\right)$$

④ 감가상각자산(사업자가 제조·건설한 자산)
   ㉠ 건물 및 구축물

$$\text{자산의 신축·건설 관련 공제대상 매입세액} \times \left(1 - 10\% \times \text{경과된 과세기간 수}\right) \times \left(1 - 0.5\% \times \frac{110}{10}\right)$$

   ㉡ 기타 감가상각자산

$$\text{자산의 신축·건설 관련 공제대상 매입세액} \times \left(1 - 50\% \times \text{경과된 과세기간 수}\right) \times \left(1 - 0.5\% \times \frac{110}{10}\right)$$

(4) 공제시기

결정된 재고매입세액은 그 승인을 얻은 날이 속하는 예정신고기간 또는 과세기간의 매출세액에서 공제한다.(부령 86 ⑦)

(5) 신고와 승인

① 신고

간이과세자가 일반과세자로 변경되는 경우에는 그 변경되는 날 현재에 있는 재고품, 건설 중인 자산 및 감가상각자산에 대하여 일반과세 전환 시의 재고품 등 신고서를 작성하여 그 변경되는 날의 직전 과세기간에 대한 신고와 함께 각 납세지 관할 세무서장에게 신고(국세정보통신망에 의한 신고를 포함)하여야 한다.(부령 86 ①)

② 승인

신고를 받은 관할 세무서장은 재고매입세액으로서 공제할 수 있는 재고금액을 조사·승인하고 신고기한 경과 후 1개월 이내에 당해 사업자에게 공제될 재고매입세액을 통지하여야 한다. 이 경우 그 기한 이내에 통지하지 아니하면 해당 사업자가 신고한 재고금액을 승인한 것으로 본다.(부령 86 ⑥)

2) 재고납부세액(재고매입세액 가산)

(1) 의의

일반과세자는 그가 거래징수 당한 매입세액 전액을 공제 또는 환급받는 반면 간이과세자는 부가가치율에 매입세액의 일부만을 공제받고 있다. 따라서 **일반과세자가 간이과세자로 전환**되는 시점에 남아있는 재고재화 등은 일반과세자가 아닌 간이과세자로서의 지위에서 사용될 것이므로 기존에 공제받은 매입세액에 대한 정산 절차가 필요하게 되며, 이 절차를 재고납부세액 계산이라고 한다(부법 64).

(2) 조정대상 재화

일반과세자가 간이과세자로 변경되는 경우 간이과세자로 변경된 자는 그 변경되는 날 현재 있는 다음의 재고품, 건설 중인 자산 및 감가상각자산(매입세액공제받은 경우만 해당, 사업양도에 의하여 사업양도자가 매입세액을 공제받은 재화를 포함)을 그 변경되는 날의 직전 과세기간에 대한 확정신고와 함께 간이과세 전환 시의 재고품 등 신고서를 작성하여 각 납세지 관할 세무서장에게 신고(국세정보통신망에 의한 신고를 포함)하여야 한다.(부령 112 ①).

① 상품
② 제품(반제품 및 재공품을 포함)
③ 재료(부재료를 포함)
④ 건설 중인 자산
⑤ 감가상각자산(건물 및 구축물의 경우에는 취득·건설 또는 신축후 10년 이내의 것, 기타의 감가상각자산의 경우에는 취득 또는 제작후 2년 이내의 것에 한함)

(3) 조정방법

일반과세자가 간이과세자로 전환되는 경우 부가가치세 납부세액 계산방식이 변경되므로 일반과세자로 매입세액을 공제받은 재고품 등을 납부세액에 가산하여 납부하여야 한다(부령 112 ③).

① 재고품(상품, 제품, 재료)

$$\text{재고매입세액} = \text{재고금액} \times 10\% \times \left(1 - 0.5\% \times \frac{110}{10}\right)$$

② 건설중인 자산

$$\text{재고납부세액} = \text{해당 건설 중인 자산과 관련하여 공제받은 매입세액} \times \left(1 - 0.5\% \times \frac{110}{10}\right)$$

③ 감가상각자산(타인으로부터 매입한 자산)

㉠ 건물 및 구축물

$$\text{자산의 취득가액} \times \left(1 - 5\% \times \text{경과된 과세기간 수}\right) \times 10\% \times \left(1 - 0.5\% \times \frac{110}{10}\right)$$

㉡ 기타 감가상각자산

$$\text{자산의 취득가액} \times \left(1 - 25\% \times \text{경과된 과세기간 수}\right) \times 10\% \times \left(1 - 0.5\% \times \frac{110}{10}\right)$$

④ 감가상각자산(사업자가 제조·건설한 자산)
　㉠ 건물 및 구축물

$$\text{자산의 신축·건설 관련 공제대상 매입세액} \times \left(1 - 5\% \times \text{경과된 과세기간 수}\right) \times \left(1 - 0.5\% \times \frac{110}{10}\right)$$

　㉡ 기타 감가상각자산

$$\text{자산의 신축·건설 관련 공제대상 매입세액} \times \left(1 - 25\% \times \text{경과된 과세기간 수}\right) \times \left(1 - 0.5\% \times \frac{110}{10}\right)$$

(4) 납부시기

간이과세자로 변경된 날이 속하는 과세기간에 대한 확정신고를 할 때 납부할 세액에 더하여 납부한다.

(5) 신고 및 승인

간이과세자로 변경된 자는 그 변경되는 날 현재 있는 재고품 등을 그 변경되는 날의 직전 과세기간에 대한 확정신고와 함께 간이과세 전환 시의 재고품 등 신고서를 작성하여 각 납세지 관할 세무서장에게 신고하여야 한다.(부령 112 ①) 신고를 받은 관할 세무서장은 재고금액을 조사·승인하고 간이과세자로 변경된 날부터 90일 이내에 당해 사업자에게 재고납부세액을 통지하여야 한다. 이 경우 그 기한내에 통지하지 않는 때에는 당해 사업자가 신고한 재고금액을 승인한 것으로 본다(부령 112 ⑤).

5. 결정·경정·수정신고 시 납부세액 계산 특례

간이과세자에 대하여 결정 또는 경정하거나 수정신고한 간이과세자의 해당 연도의 공급대가의 합계액이 8천만원 이상인 경우 납부세액은 일반과세자의 산출세액 규정을 준용하여 계산한 금액으로 한다.

$$\text{납부세액} = \text{공급대가} \times 100/110 \times 10/100 - (\text{매입세액} - \text{기공제 매입세액})$$

6. 전자세금계산서 발급 전송에 대한 세액공제

간이과세자(영수증 발급대상 간이과세자는 제외)가 전자세금계산서를 2024년 12월 31일까지 발급(전자세금계산서 발급명세를 발급일의 다음 날까지 국세청장에게 전송한 경우로 한정)하고 기획재정부령으로 정하는 전자세금계산서 발급세액공제신고서를 납세지 관할 세무서장에게 제출한 경우의 해당 과세기간에 대한 부가가치세액 공제에 관하여는 일반과세자의 전자세금계산서 발급 전송에 대한 세액공제 특례를 준용한다(부법 63 ④).

제4절 납세절차

Ⅰ 신고와 납부

간이과세자는 과세기간의 과세표준과 납부세액을 그 과세기간이 끝난 후 25일(폐업하는 경우에는 폐업일이 속한 달의 다음 달 25일) 이내에 사업장 관할 세무서장에게 확정신고를 하고 납세지 관할 세무서장 또는 한국은행 등에 납부하여야 한다.(부법 67 ①)

Ⅱ 예정부과와 납부

1. 원칙

관할 세무서장은 간이과세자에 대하여 직전 과세기간에 대한 납부세액의 50%에 해당하는 금액을 1월 1일부터 6월 30일까지의 납부세액으로 결정하여 7월 1일부터 7월 10일까지 납부고지서를 발부하여야 하고 예정부과기간이 끝난 후 25일 이내 징수한다. 다만, 다음의 어느 하나에 해당하는 경우에는 징수하지 않는다.

① 징수하여야 할 금액이 50만원 미만인 경우
② 간이과세자가 일반과세자로 변경된 경우
③ 「국세징수법」상 재난 등으로 인한 납부기한등의 연장 사유로 관할 세무서장이 징수하여야 할 금액을 사업자가 납부할 수 없다고 인정되는 경우

2. 특례(예정신고)

1) 의의

원칙에도 불구하고 휴업 또는 사업 부진 등으로 인하여 예정부과 기간의 공급가액 또는 납부세액이 직전 과세기간의 공급대가 또는 납부세액의 3분의 1에 미달하는 간이과세자는 예정부과 기간의 과세표준과 납부세액을 예정부과 기한까지 사업장 관할 세무서장에게 신고할 수 있다(부법 66 ②, 부령 114 ②). 이 경우에는 예정부과에 따른 결정이 있더라도 그 결정이 없었던 것으로 본다(부법 66 ④).

2) 신고절차

예정신고하는 간이과세자는 예정부과 기간의 납부세액에서 가산세를 더하고 다음의 세액을 차감한 금액을 간이과세자 부가가치세 신고서와 함께 관할 세무서장에게 납부하거나 국세징수법에 따른 납부서를 작성하여 한국은행 또는 체신관서에 납부하여야 한다(부령 114 ④).

① 신용카드매출전표 등 발행 세액공제
② 세금계산서 등 수취세액공제

3. 매입처별세금계산서합계표 제출

예정 신고하는 간이과세자는 매입처별세금계산서합계표를 예정신고 시 제출하여야 한다. 다만, 매입처별세금계산서합계표를 예정신고 시 제출하지 못하는 경우에는 확정신고를 할 때 이를 제출할 수 있다.(부법 66 ⑥)

Ⅲ 납부의무의 면제 등

1. 납부의무의 면제

1) 일반적인 경우

간이과세자의 해당 과세기간에 대한 공급대가가 4천8백만원 미만인 경우에는 납부세액은 납부할 의무를 면제한다. 다만, 해당 공급대가에 대한 납부세액은 면제하더라도 일반과세자가 간이과세자로 전환시 부담하여야 하는 재고납부세액은 납부하여야 한다.(부법 69 ①)

2) 신규사업자등의 적용특례

납부의무 면제 규정을 적용할 때 다음의 경우에는 각각의 경우의 공급대가의 합계액을 12개월로 환산한 금액을 기준으로 한다. 이 경우 1개월 미만의 끝수가 있으면 1개월로 한다.(부법 69 ③)

① 해당 과세기간에 신규로 사업을 시작한 간이과세자는 그 사업 개시일부터 그 과세기간 종료일까지의 공급대가의 합계액
② 휴업자・폐업자 및 과세기간 중 과세유형을 전환한 간이과세자는 그 과세기간 개시일부터 휴업일・폐업일 및 과세유형 전환일까지의 공급대가의 합계액
③ 간이과세자에 관한 규정이 적용되거나 적용되지 않게 되어 일반과세자가 간이과세자로 변경되거나 간이과세자가 일반과세자로 변경되는 경우 그 변경되는 해에 간이과세자에 관한 규정이 적용되는 기간의 부가가치세의 적용을 받는 간이과세자는 해당 과세기간의 공급대가의 합계액

2. 가산세의 적용 특례

위 규정에 따라 납부할 의무를 면제하는 경우에는 가산세 규정을 적용하지 않는다. 다만, 기한 내에 사업자등록을 하지 않은 경우(고정된 물적시설을 갖추지 않고 공부에 등록된 사업장 소재지가 없는 경우는 제외함)에는 등록신청일이 속하는 예정신고기간(예정신고기간이 지난 경우에는 그 과세기간)의 공급대가의 0.5%에 해당하는 금액과 5만원 중 큰 금액을 납부세액에서 더하거나 환급세액에서 빼도록 한다(부법 69 ②).

3. 납부의무 면제자의 자진납부세액 환급

납부의무가 면제되는 사업자가 자진납부한 사실이 확인된 경우에는 관할 세무서장은 납부한 금액을 환급하여야 한다.(부법 69 ④)

TAX LAW

세 법 개 론

TAXATION LAW
세법개론

PART 02

법인세법

제1장 총 칙
제2장 각 사업연도 소득
제3장 익금, 익금불산입
제4장 손금, 손금불산입
제5장 감가상각비의 손금산입
제6장 준비금 및 충당금의 손금산입
제7장 손익의 귀속시기 등
제8장 자산·부채의 평가
제9장 합병 및 분할 등에 관한 특례
제10장 부당행위계산의 부인
제11장 영리내국법인의 과세표준과 세액계산
제12장 신고, 납부
제13장 법인과세 신탁재산의 각 사업연도의 소득에 대한 법인세 과세특례
제14장 연결납세제도
제15장 영리내국법인의 청산소득에 대한 법인세
제16장 토지등양도소득에 대한 과세특례
제17장 비영리법인의 법인세 납세의무

제1장 총칙

제1절 법인세 납세의무

I 개요

구분		각 사업연도소득	청산소득	토지등양도소득
내국법인	영리법인	국·내외 모든 소득	과 세	과 세
	비영리법인	국·내외 수익사업소득	비과세	과 세
외국법인	영리법인	국내원천소득	비과세	과 세
	비영리법인	국내원천소득 중 수익사업소득	비과세	과 세
대한민국 및 지방자치단체(조합)		비 과 세		

II 법인의 납세의무자

1. 영리법인과 비영리법인

1) 영리법인

영리법인이란 당해 단체의 구성원이 출자한 지분 등으로 수익사업을 영위하여 이로부터 발생하는 이윤을 이익배당 또는 잔여재산의 분배 등의 형식을 통하여 당해 법인의 구성원에게 귀속시킴을 목적으로 하는 법인을 말한다.

2) 비영리법인

비영리법인이란 다음 어느 하나에 해당하는 법인을 말하며, 영리 행위를 한 경우에는 그 수익은 반드시 고유목적 사업에 충당되어야 하며 어떠한 형식으로든지 구성원에게 분배되어서는 안된다.

① 「민법」에 따라 설립된 법인
② 「사립학교법」이나 그 밖의 특별법에 따라 설립된 법인으로서 「민법」에 규정된 목적과 유사한 목적을 가진 법인(주주 등에게 이익을 배당할 수 있는 법인은 제외)
③ 「국세기본법」에 따른 법인으로 보는 단체

2. 내국법인과 외국법인

내국법인이란 국내에 본점이나 주사무소 또는 사업의 실질적 관리장소를 둔 법인을 지칭한다. 그리고 법인세법상 "외국법인"이라 함은 외국에 본점 또는 주사무소를 둔 단체(국내에 사업의 실질적 관리장소가 소재하지 않은 경우만 해당)로서 다음의 기준에 해당하는 법인을 말한다.

① 설립지국의 법률에 따라 법인격이 부여된 단체
② 구성원이 유한책임사원으로만 구성된 단체
③ 그밖에 해당 외국단체와 동종 또는 유사한 국내의 단체가 「상법」등 국내의 법률에 따른 법인인 경우의 그 외국단체

Ⅲ 법인세 과세대상 소득의 종류

법인세 과세대상 소득의 종류는 다음 구분에 따른다.
① 각 사업연도 소득
② 청산소득
③ 토지등양도소득
④ 미환류소득(투자·상생협력 촉진을 위한 과세특례)

Ⅳ 신탁소득에 대한 실질과세

1. 수익자

신탁재산에 귀속되는 소득은 그 신탁의 이익을 받을 수익자가 그 신탁재산을 가진 것으로 보고 법인세법을 적용한다(법법 5 ①).

2. 위탁자가 신탁재산을 실질적으로 지배·통제하지 않는 신탁의 경우 수탁자

다음의 어느 하나에 해당하는 신탁으로서 위탁자가 신탁재산을 실질적으로 지배·통제하지 않는 등 3.의 요건에 해당하지 않는 신탁(「자본시장과 금융투자업에 관한 법률」에 따른 투자신탁은 제외)의 경우에는 신탁재산에 귀속되는 소득에 대하여 그 신탁의 수탁자(내국법인 또는 「소득세법」에 따른 거주자인 경우에 한정)가 법인세를 납부할 의무가 있다. 이 경우 신탁재산별로 각각을 하나의 내국법인으로 본다.(법법5 ②, 법령 3의2 ①)
① 「신탁법」에 따른 목적신탁
② 「신탁법」에 따른 수익증권발행신탁
③ 「신탁법」에 따른 유한책임신탁
④ 그 밖에 위의 신탁과 유사한 신탁으로서 대통령령으로 정하는 신탁

3. 위탁자

위 1. 및 2.에도 불구하고 위탁자가 신탁재산을 실질적으로 통제하는 등 다음의 요건을 충족하는 신탁의 경우에는 신탁재산에 귀속되는 소득에 대하여 그 신탁의 위탁자가 법인세를 납부할 의무가 있다.(법법 5 ③, 법령 3의2 ②)

① 위탁자가 신탁을 해지할 수 있는 권리, 수익자를 지정하거나 변경할 수 있는 권리, 신탁 종료 후 잔여재산을 귀속 받을 권리를 보유하는 등 신탁재산을 실질적으로 지배·통제할 것
② 신탁재산 원본을 받을 권리에 대한 수익자는 위탁자로, 수익을 받을 권리에 대한 수익자는 위탁자의 지배주주 등의 배우자 또는 같은 주소 또는 거소에서 생계를 같이 하는 직계존비속(배우자의 직계존비속을 포함)으로 설정했을 것

4. 신탁소득의 구분경리

「자본시장과 금융투자업에 관한 법률」의 적용을 받는 법인의 신탁재산(보험회사의 특별계정은 제외)에 귀속되는 수입과 지출은 신탁재산에 귀속되는 소득과 그 밖의 소득으로 각각 다른 회계로 구분하여 기록하여야 하며, 법인과세 수탁자는 법인과세 신탁재산별로 신탁재산에 귀속되는 소득을 각각 다른 회계로 구분하여 기록하여야 한다.(법법 5 ④, 법법 113 ②)

제2절 법인의 사업연도 및 납세지

I 사업연도

1. 의의

"사업연도"란 법인의 소득을 계산하는 1회계기간을 말한다.(법법 1 5)

2. 사업연도의 결정

1) 원칙

사업연도는 법령이나 법인의 정관(定款) 등에서 정하는 1회계기간으로 한다. 다만, 그 기간은 1년을 초과하지 못한다.(법법 6 ①)

2) 예외

(1) 법령 또는 정관에 사업연도가 명시되지 않은 경우

따로 사업연도를 정하여 법인설립신고 또는 사업자등록과 함께 납세지 관할 세무서장에게 신고를 하여야 한다.(법법 6 ②)

(2) 사업연도를 무신고한 경우

매년 1월 1일부터 12월 31일까지를 그 법인의 사업연도로 한다.(법법 6 ⑤)

3. 최초 사업연도 개시일

1) 원칙

(1) 내국법인의 경우

내국법인의 경우에는 설립등기일을 최초 사업연도 개시일로 본다.

(2) 법인으로 보는 단체의 경우

① 법령에 의하여 설립된 단체에 있어서 당해 법령에 설립일이 정하여진 경우에는 그 설립일
② 설립에 관하여 주무관청의 허가 또는 인가를 요하는 단체와 법령에 의하여 주무관청에 등록한 단체의 경우에는 그 허가일·인가일 또는 등록일
③ 공익을 목적으로 출연된 기본재산이 있는 재단으로서 등기되지 아니한 단체에 있어서는 그 기본재산의 출연을 받은 날
④ 「국세기본법」의 규정에 의하여 납세지 관할 세무서장의 승인을 얻은 단체의 경우에는 그 승인일

(3) 외국법인의 경우

외국법인의 경우에는 국내사업장을 가지게 된 날(국내사업장이 없는 경우에는 부동산소득 또는 양도소득이 최초로 발생한 날)을 최초 사업연도 개시일로 본다.

2) 예외(설립 전 손익이 발생한 경우)

최초 사업연도의 개시일 전에 생긴 손익을 사실상 그 법인에 귀속시킨 것이 있는 경우 조세포탈의 우려가 없을 때에는 최초 사업연도의 기간이 1년을 초과하지 않는 범위 내에서 이를 해당 법인의 최초 사업연도의 손익에 산입할 수 있다. 이 경우 최초 사업연도의 개시일은 당해 법인에 귀속시킨 손익이 최초로 발생한 날로 한다(법령 4 ②).

4. 사업연도의 변경

1) 원칙

사업연도를 변경하려는 법인은 그 법인의 직전 사업연도 종료일부터 3개월 이내에 납세지 관할 세무서장에게 이를 신고하여야 한다(법법 7 ①).

2) 신설법인의 사업연도 변경

신설법인의 경우에는 최초 사업연도가 경과 하기 전에는 사업연도를 변경할 수 없는 것으로 한다.

3) 사업연도변경신고서를 미리 제출한 경우의 효력

사업연도변경신고서를 직전 사업연도 종료일 이전에 제출한 경우에도 적법한 변경 신고로 본다.

4) 사업연도변경신고서를 늦게 제출한 경우의 효력

사업연도변경신고서를 직전 사업연도 종료일로부터 3월을 경과하여 제출한 경우에는 변경 신고한 해당 사업연도는 변경되지 않은 것으로 본다.

5) 법령개정에 의한 사업연도의 변경의 경우

법령에 따라 사업연도가 정하여지는 법인의 경우 관련 법령의 개정에 따라 사업연도가 변경된 경우에는 신고를 하지 않은 경우에도 그 법령의 개정 내용과 같이 사업연도가 변경된 것으로 본다.

6) 사업연도의 변경에 따른 사업연도 적용

법인의 사업연도가 변경된 경우에는 종전의 사업연도의 개시일부터 변경된 사업연도의 개시일 전일까지를 1사업연도로 한다. 다만, 그 기간이 1월 미만인 경우에는 이를 변경된 사업연도에 포함시켜 계산한다.

5. 사업연도의제

유형		의제사업연도
해산하는 경우 (합병·분할·분할합병 제외)		1/1 ─── 해산(파산)등기일 ─── 12/31 1의제사업연도 ∥ 1의제사업연도
청산하는 경우	청산 중 잔여재산가액이 확정되는 경우	1/1 ─── 잔여재산가액확정일 ─── 12/31 1의제사업연도
	청산 중 사업을 계속하는 경우	1/1 ─── 사업계속등기일 ─── 12/31 1의제사업연도 ∥ 1의제사업연도
합병·분할·분할합병에 의하여 해산하는 경우		1/1 ─── 합병(분할)등기일 ─── 12/31 1의제사업연도
사업연도 중 연결납세방식을 적용받는 경우		1/1 ─── 최초 연결사업연도개시일 전일 ─── 12/31 1의제사업연도
외국법인	외국법인이 국내사업장을 폐쇄한 경우	1/1 ─── 국내사업장폐쇄일 ─── 12/31 1의제사업연도
	국내사업장이 없는 외국법인이 부동산 등 국내원천소득을 가지지 않게된 경우	1/1 ─── 소득발생중지 신고일 ─── 12/31 1의제사업연도

Ⅱ 납세지

1. 납세의무자의 납세지

내국법인의 납세지는 등기부상의 본점 또는 주사무소의 소재지로 하고, 외국법인의 납세지는 국내사업장의 소재지로 한다. 관할지방국세청장 등은 납세지를 지정할 수 있고, 납세지를 변경한 법인은 **변경일부터 15일 내에 변경 후의 납세지 관할 세무서장에게 신고하여야 한다.** 법인 유형별 법인세의 납세지는 다음과 같다.

구분	법인유형	납세지
내국법인	일반법인	• 등기부상의 본점 또는 주사무소의 소재지(국내에 본점 또는 주사무소가 없는 경우 사업의 실질적 관리장소의 소재지)
	법인으로 보는 단체	• 사업장이 있는 경우 : 사업장 소재지(사업장이 2 이상인 경우 주된 사업장 소재지) • 사업장이 없는 경우 : 정관 등에 기재된 주사무소의 소재지(없는 경우 대표자 또는 관리인의 주소지)
	피합병법인·분할법인·소멸한 분할합병의 상대방 법인	• 합병 또는 분할 당시 피합병법인 등의 본래 납세지. 다만, 합병법인·분할 신설법인·분할합병의 상대방 법인의 납세지로 변경 가능
외국법인	국내사업장 있는 외국법인	• 국내사업장 소재지(2 이상의 국내사업장이 있는 경우 주된 사업장의 소재지)
	국내사업장 없는 외국법인	• 부동산·양도소득이 있는 경우 그 소득발생 자산의 소재지(2 이상의 자산이 있는 경우 납세지로 신고한 장소)

2. 납세지의 지정

1) 납세지의 지정요건

관할지방국세청장이나 국세청장은 위 규정에 따른 납세지가 그 법인의 납세지로 적당하지 않다고 인정되는 경우로서 다음의 경우에는 위 규정에도 불구하고 그 납세지를 지정할 수 있다. (법법 10 ①, 법령 8 ①, ②)

① 내국법인의 본점 등의 소재지가 등기된 주소와 동일하지 않은 경우
② 내국법인의 본점 등의 소재지가 자산 또는 사업장과 분리되어 조세포탈 우려가 있다고 인정되는 경우
③ 2 이상의 국내사업장을 가지고 있는 외국법인의 주된 사업장의 소재지를 판정할 수 없는 경우
④ 국내사업장이 없는 외국법인으로서 국내원천소득이 발생하는 2 이상의 자산이 있는 외국법인이 납세지를 신고하지 않은 경우

2) 납세지의 지정통지

관할지방국세청장이나 국세청장은 납세지를 지정한 경우에는 그 법인의 **당해 사업연도 종료일부터 45일 이내에 해당 법인에 이를 알려야 한다**(법령 8 ③).

3. 납세지의 변경

1) 원칙
법인은 납세지가 변경된 경우에는 그 **변경된 날부터 15일 이내에 변경 후의 납세지 관할 세무서장에게 이를 신고하여야** 한다. 이 경우 납세지가 변경된 법인이 「부가가치세법」에 따라 그 변경된 사실을 신고한 경우에는 납세지 변경 신고를 한 것으로 본다.

2) 미신고의 경우
신고를 하지 않은 경우에는 종전의 납세지를 그 법인의 납세지로 한다.(법법 11 ②)

3) 지연 신고의 경우
납세지가 변경된 법인이 소정의 신고기한을 경과하여 변경 신고를 한 경우에는 변경신고일로부터 그 변경된 납세지를 당해 법인의 납세지로 한다(법칙 3).

4. 원천징수세액의 납세지

원천징수한 법인세의 납세지는 원천징수의무자의 소재지로 하며, 원천징수의무자별 납세지는 다음과 같다(법령 7).

구분	유형	납세지
개인	거주자	• 거주자의 주된 사업장 소재지 • 주된 사업장 외의 장소에서 원천징수하는 경우 그 사업장 소재지 • 사업장이 없는 경우 거주자의 주소지 또는 거소지
	비거주자	• 비거주자의 주된 국내사업장 소재지 • 주된 국내사업장 외의 장소에서 원천징수하는 경우 그 국내사업장 소재지 • 국내사업장이 없는 경우 비거주자의 거류지 또는 체류지
법인	일반적인 경우	• 등기법인 : 본점·주사무소 또는 사업의 실질적 관리장소의 소재지 • 법인으로 보는 단체 : 그 단체의 법인세 납세지 • 외국법인 : 주된 국내사업장 소재지
	지점 등의 징수세액	• 지점·영업소 기타 사업장이 독립채산제에 따라 회계처리하는 경우 그 사업장 소재지
	원천징수세액의 본점 일괄계산	• 지점등에서 지급하는 소득에 대한 원천징수세액을 본점 전자계산 조직에 따라 일괄 계산하는 경우 본점소재지(국세청장의 승인을 받은 경우와 「부가가치세법」에 의한 사업자 단위 과세사업자로 등록한 경우)

> **참고** 사업연도가 6개월인 경우 및 중소기업의 경우 주의사항

사업연도가 6개월인 경우	중소기업의 경우
기업업무추진비 기초한도 월할계산	기업업무추진비 기초한도 3,600만원
상각범위액 환산내용연수 계산	부도발생 6개월 이상 지난 외상매출금
산출세액 계산 12/6	결손금 소급공제 허용
기부금 이월손금산입 10년	이월결손금 공제한도 100%
연구인력개발비 연평균 발생액 계산	납부세액 1천만원 초과 시 분납
	최저한세율
	손익의 귀속시기

제2장 각 사업연도 소득

제1절 세무조정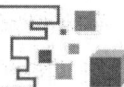

I 개요

법인의 각 사업연도 소득금액이라 함은 순자산증가설에 기초하여 각 사업연도의 개시일로부터 종료일까지의 기간 동안 법인 내에서 발생한 자산증가의 총액에서 그 기간 내에 발생 된 자산감소의 총액을 공제한 잔액인 순자산 증가 부분을 말한다.

	세법규정		세무조정
결산서상의 당기순이익 ⇒	익금항목		• 수익에 계상 ⇒ 조정없음 • 수익에 불계상 또는 과소계상 ⇒ 익금산입 • 익금아닌 것을 수익에 계상 또는 과다계상 ⇒ 익금불산입
	익금불산입항목		• 수익에 불계상 ⇒ 조정없음 • 수익에 계상 ⇒ 익금불산입
	손금항목	신고조정 항목	• 비용에 계상 ⇒ 조정없음 • 비용에 불계상 또는 과소계상 ⇒ 손금산입 • 손금아닌 것을 비용에 계상 또는 과다계상 ⇒ 손금불산입
		결산조정 항목	• 비용에 계상 ⇒ 조정없음 • 비용에 불계상 ⇒ 조정없음 • 손금아닌 것을 비용에 계상 또는 과다계상 ⇒ 손금불산입
	손금불산입항목		• 비용에 불계상 ⇒ 조정없음 • 비용에 계상 ⇒ 손금불산입

⇒ 각 사업연도 소득금액

Ⅱ 결산조정

결산조정 사항들로서는 다음과 같은 것이 있다.

- 감가상각비의 손금산입(한국채택국제회계기준을 적용하는 내국법인이 보유한 유형자산과 내용연수가 비한정인 무형자산의 감가상각비는 일정 한도 내 신고조정 가능)
- 퇴직급여충당금의 손금산입
- 대손충당금의 손금산입
- 법인세법에서 규정하는 준비금(외부 회계감사를 받는 비영리법인의 고유목적사업준비금은 신고조정 가능)
- 파손·부패 등의 사유로 인하여 정상가격으로 판매할 수 없는 재고자산 평가손의 손금산입
- 세법상 손금 확정되는 회수불능의 매출채권 대손금의 손금산입
- 천재·지변 등에 의한 고정자산 평가손의 손금산입
- 주권상장법인의 주식 등으로서 그 발행법인이 부도가 발생한 경우 또는 회생계획 인가의 결정을 받았거나 기업구조조정 촉진법에 의한 부실징후기업이 된 경우의 당해 주식평가차손의 손금산입
- 주식을 발행한 법인이 파산한 경우 주식평가차손의 손금산입

Ⅲ 신고조정사항

1. 의의

신고조정은 기업회계 결산 시 회계처리 하지 않고 결산을 마친 다음 법인세 과세표준 신고의 과정에서 세무조정계산서에만 계상함으로써 세무회계상 인정받을 수 있는 세무조정이다.

2. 강제신고조정사항

회사와 세법 간 차이가 있는 경우 해당 사업연도에 세무조정을 해야만 인정받는 절차를 말한다.

3. 임의신고조정사항(준비금의 손금산입특례)

조세특례제한법에 의한 준비금 및 고유목적사업준비금은 회사가 임의로 계상 여부를 결정할 수 있는 항목이므로 결산조정이 원칙이다. 그러나 내국법인이 조세특례제한법에 의한 준비금을 세무조정계산서에 계상하거나 외부 회계감사를 받는 비영리 내국법인이 고유목적사업준비금을 세무조정계산서에 계상한 경우로서 그 금액 상당액이 당해 사업연도의 이익처분에 있어서 당해 준비금의 적립금으로 적립되어 있는 경우 그 금액은 손금으로 계상한 것으로 본다(법법 61 ①).

제2절 소득처분

Ⅰ 개요

법인세 과세표준을 신고하기 위하여 세무조정을 하는 경우 발생하는 각 세무조정 항목에 대하여 그 귀속자와 소득의 종류 등을 확정하는 세법상의 절차를 소득처분이라고 한다.

Ⅱ 소득처분의 주체 및 대상

1. 소득처분의 주체

법인이 과세표준을 신고(수정신고 및 경정청구 포함)하는 경우 해당법인 스스로 소득처분의 주체가 되며, 정부가 과세표준을 경정·결정 또는 수시부과결정하는 경우 소득처분의 주체는 정부가 된다.

2. 소득처분 대상

소득처분의 대상은 세무조정 사항이다. 다만, 추계조사의 경우는 당해 조사에 의한 과세표준과 손익계산서상의 법인세차감전 순이익과의 차이를 대상으로 한다.

Ⅲ 소득처분의 유형

1. 유보(△유보)

유보란 세무조정금액에 대한 소득처분으로 처분에 상당하는 금액이 법인내부에 남아 있는 것을 말한다.

2. 사외유출

1) 의의

사외유출이란 세무조정 금액에 대한 소득처분으로 처분에 상당하는 금액이 외부의 자에게 귀속된 경우 행하는 처분을 말한다. 사외유출된 금액은 세무조정으로 그 금액을 익금에 산입하더라도 법인의 자산이나 부채를 증가시키지 못한다.

2) 종류

(1) 귀속이 분명한 경우

익금에 산입한 금액이 사외에 유출된 것이 분명한 경우에는 그 귀속자에 따라 다음에 따라 배당, 이익처분에 의한 상여, 기타소득, 기타사외유출로 한다.(법령 106 ① 1)

구 분	소득처분	귀속자에 대한 영향
① 주주(주주인 임원·사용인은 제외)	배당	소득세부과(인정배당), 원천징수의무
② 임원 또는 사용인(주주인 임원·사용인 포함)	상여	소득세부과(인정상여), 원천징수의무
③ 법인 또는 개인사업자(법인주주 포함)	기타사외유출	해당귀속자의 소득에 이미 포함되어 있으므로 이중과세방지를 위하여 소득세를 부과하지 않음
④ ①~③ 외의 자	기타소득	소득세부과(인정기타), 원천징수의무

(2) 귀속이 불분명한 경우

귀속이 불분명한 경우에는 대표자에게 귀속된 것으로 본다.

(3) 부당사외유출 금액의 회수에 대한 소득처분(유보특례)

내국법인이 「국세기본법」의 수정신고기한 내에 매출 누락, 가공경비 등 부당하게 사외유출된 금액을 회수하고 세무조정으로 익금에 산입하여 신고하는 경우의 소득처분은 사내유보로 한다. 다만, 다음 중 어느 하나에 해당하는 경우로서 **경정이 있을 것을 미리 알고 사외유출된 금액을 익금산입하는 경우에는 그러지 않는다.**(법령 106 ④)

① 세무조사의 통지를 받은 경우
② 세무조사가 착수된 것을 알게 된 경우
③ 세무공무원이 과세자료의 수집 또는 민원 등의 처리를 위한 현지 출장이나 확인 업무에 착수한 경우
④ 납세지 관할 세무서장으로부터 과세자료 해명 안내 통지를 받은 경우
⑤ 수사기관의 수사 또는 재판과정에서 사외유출 사실이 확인된 경우
⑥ 그 밖에 ①부터 ⑤까지의 규정에 따른 사항과 유사한 경우로서 경정이 있을 것을 미리 안 것으로 인정되는 경우

(4) 무조건 기타사외유출로 처분하는 경우

다음의 경우에는 그 실질 귀속에 관계 없이 기타사외유출로 처분한다(법령 106 ① 3).

① 실지귀속이 불분명한 한도초과액 및 손금불산입액

　㉠ 기부금 손금산입 한도초과액
　㉡ 기업업무추진비의 한도초과 또는 정규영수증 미수취로 인한 손금불산입액
　㉢ 임대보증금 등의 간주익금
　㉣ 업무무관자산 등에 대한 지급이자 손금불산입액
　㉤ 업무용승용차 관련비용의 손금불산입

② 국가에 귀속되는 사외유출 금액

채권자가 불분명한 사채이자 및 비실명 채권 증권이자에 대한 원천징수세액 상당액

③ 다른 세법과의 이중과세 방지

㉠ 부당행위계산에 해당하는 불균등 자본거래로 인하여 주주 등인 법인이 특수관계인인 다른 주주 등에게 이익을 분여한 것으로 인정되어 익금산입한 금액으로서 귀속자에게 증여세가 과세 되는 금액.

㉡ 외국법인의 국내사업장에 대한 세무조정 시 익금에 산입한 금액 중 그 외국법인 등에 귀속되는 소득과 「국제조세조정에 관한 법률」에 따른 과세 조정으로 익금에 산입한 금액이 국외 특수관계인으로부터 반환되지 않은 소득

3. 기타

기타란 세무조정 금액에 대한 소득처분으로 처분에 상당하는 금액이 법인 내부에 남아 있으나 회계상 잉여금은 적정한 것으로 인정하는 처분을 말한다.

세무조정	B/S상 자산·부채·자본	소득처분
익금산입·손금불산입	세무상 자산·부채·자본과 일치	자본증가 없음 ⇒ 기타(잉여금)
손금산입·익금불산입	세무상 자산·부채·자본과 일치	자본증가 없음 ⇒ 기타(△잉여금)

4. 추계결정 시 소득처분 특례

추계조사결정·경정된 과세표준과 **대차대조표상의 당기순이익과의 차액은 대표자에 대한 이익처분에 의한 상여**로 한다. 다만, 천재·지변 기타 불가항력으로 장부·기타 증빙서류가 멸실 되어 추계 결정하는 경우에는 **기타사외유출**로 처분한다(법령 106 ②). 이 경우 법인이 결손 신고를 한 때에는 그 결손은 없는 것으로 본다.(법령106 ③) 또한 외국법인에 대한 과세표준을 추계결정 또는 추계 경정하는 경우에 결정된 과세표준과 당기순이익과의 차액도 기타사외유출로 처분한다(법기통 67-106-15).

5. 인정상여에 대한 소득세 대납액 소득처분 특례

사외에 유출되었으나 그 귀속이 불분명한 금액 또는 추계결정·경정으로 인하여 익금에 산입하는 금액을 대표자에게 귀속된 것으로 보아 처분한 경우, 당해 법인이 그 처분에 따른 소득세 등을 대납하고 이를 손비로 계상하거나 그 대표자와의 특수관계가 소멸될 때까지 회수하지 아니함에 따라 익금에 산입한 금액은 **기타사외유출로 처분**한다. 이는 소득처분금액의 귀속이 불분명하여 대표자에게 인정상여로 처분된 금액에 대한 소득세 대납액에 한하며, 그 귀속자가 대표자 본인에게 분명히 귀속되어 상여처분된 금액에 대하여는 대납한 소득세를 손금불산입하고 해당 금액을 대표자 상여로 처분한다.

Ⅳ 소득처분에 대한 사후관리

1. 유보
기업회계와 세법상의 자산·부채 차이는 영구적인 차이가 아닌 일시적인 차이에 불과하여 당기 이후 언젠가는 그 차이가 조정되므로 유보(△유보)로 소득처분된 사항은 당기 이후 반드시 반대의 세무조정과 소득처분이 발생하여 당초 유보처분 금액을 소멸시키게 된다.

2. 사외유출

1) 배당·상여·기타소득으로 처분된 금액

(1) 지급법인의 세무처리

지급법인은 다음을 지급시기로 의제하여 다음 달 10일까지 원천징수하여 납부한다.

① **법인이 자진신고 하는 경우** : 과세표준 신고일
② **정부의 결정·경정이 있는 경우** : 소득금액 변동통지서를 받은 날

(2) 과세관청의 처리(소득처분에 따른 소득금액변동통지서의 통지)

① 원칙

세무서장 또는 지방 국세청장은 그 **결정 또는 경정일부터 15일내**에 소득금액변동통지서를 **당해 법인**에게 통지하여야 한다.

② 법인의 소재지가 불분명하거나 송달할 수 없는 경우

당해 법인의 소재지가 분명하지 않거나 그 통지서를 송달할 수 없는 경우에는 귀속자에게 결정 또는 경정일로부터 15일 내에 통지한다.

(3) 소득귀속자의 처리

① 원칙

소득의 귀속자는 **확정신고기한내 신고 납부**하여야 한다.

② 확정신고기한 후 지급시기 의제 시

소득의 귀속자는 확정신고기한 후 지급시기 의제 시 **소득금액 변동통지서 도달일이 속하는 다음다음 달 말일까지 추가 자진신고 시 확정기한 내 신고한 것으로 본다.**

2) 기타사외유출

기타사외유출의 경우 귀속이 법인인 경우 해당 법인이 법인세를 부담하고, 개인인 경우에는 소득세를 부담하게 된다. 그리고 해당 법인은 원천징수의무를 지지 않는다.

3. 소득처분의 귀속시기 및 지급시기의제

1) 귀속시기
배당·기타소득은 소득처분한 법인의 당해 사업연도 결산확정일이 속하는 연도에, 상여 처분은 근로를 제공한 날이 속하는 연도에 귀속한다.

2) 지급시기의제
법인의 신고 시 소득처분한 것은 그 신고기일에 지급한 것으로 보며, 세무서장이 소득처분한 것은 소득금액 변동통지서를 받은 날에 지급한 것으로 본다.

제3장 익금, 익금불산입

제1절 익금의 개념 및 범위

I 익금의 의의

익금은 자본 또는 출자의 납입 및 이 법에서 규정하는 것은 제외하고 해당 법인의 순자산(純資産)을 증가시키는 거래로 인하여 발생하는 이익 또는 수입(이하 "수익"이라 함)의 금액으로 한다(법법 15 ①).

II 수익의 범위

수익이란 타인에게 ① 재화 또는 용역을 제공하고 획득한 수입금액과 ② 기타 당해 법인에게 귀속되는 경제적 이익을 말한다(법기통 13-0…1). 수익은 법인세법 및 시행령에서 달리 정하는 것을 제외하고는 다음에 규정하는 것으로 한다(법령 11).

구 분	내용
익금	① 매출액(매출환입, 매출에누리, 매출할인 제외) ② 자산의 양도금액 ③ 자기주식의 양도금액(적격주식매수선택권의 행사에 따라 주식을 양도하는 경우 행사당시 시가) ④ 무상으로 받은 자산의 가액 ⑤ 자산의 임대료 ⑥ 보험업법 등 법률에 따른 유형자산 및 무형자산의 평가이익 ⑦ 자산수증이익 및 채무면제이익 ⑧ 손금에 산입한 금액 중 환입된 금액 ⑧ 특수관계인으로부터 자본거래에 따라 분여받은 이익 ⑨ 그 밖의 수익으로서 법인에게 귀속되었거나 귀속될 금액
간주익금	① 특수관계인인 개인으로부터 유가증권을 저가매입한 경우 시가와 매입가액의 차액 ② 간접외국납부세액 ③ 의제배당 ④ 간주임대료 ⑤ 동업기업으로부터 배분받은 소득금액

Ⅲ 주요 익금항목

1. 간주임대료

1) 과세요건

추계결정의 경우 모든 법인에 대하여 간주임대료를 계산하지만 추계결정이 아닌 경우 간주임대료를 익금에 산입하는 경우는 다음의 3가지 요건에 해당하는 때이다.

① 차입금이 자기자본의 2배를 초과하는 법인
② 비영리내국법인을 제외한 내국법인으로서 부동산임대업을 주업으로 하는 법인(당해 법인의 사업연도 종료일 현재 자산총액 중 임대사업에 사용된 자산가액이 50% 이상인 법인)
③ 부동산 등의 임대보증금에서 발생한 수입금액이 정기예금 이자상당액에 미달한 때 다만, 주택과 그 부속토지로서 주택의 연면적과 주택 정착 면적에 5배(도시지역 밖의 토지의 경우에는 10배를 말함)를 곱하여 산정한 면적 중 넓은 면적 이내의 부수토지를 임대한 경우에는 간주임대료를 계산하지 않는다.

2) 간주익금의 계산

(1) 원칙

$$\left\{\left(\begin{matrix}\text{당해사업연도의}\\ \text{보증금 등의 적수}\end{matrix} - \begin{matrix}\text{임대용부동산의}\\ \text{건설비상당액의*적수}\end{matrix}\right) \times \frac{1}{365} \times \text{정기예금이자율**} - \begin{matrix}\text{보증금에서 발생한}\\ \text{수입금액***}\end{matrix}\right\}$$

* 건설비상당액
    건설비상당액은 임대용 건축물 등의 취득가액으로 임대용 부동산의 취득·건설에 소요된 금액에서 토지취득가액을 차감하고, 당해 건축물에 대한 자본적지출액을 포함하며, 재평가차액을 제외한다.
** 정기예금이자율
    금융회사등의 정기예금 이자율등을 참작하여 기획재정부령이 정하는 이자율을 말한다.(현재 1.2%)
*** 보증금에서 발생한 수입금액
    보증금에서 발생한 수입금액(보증금관련 수입)이라 함은 상기 산식 중 당해 사업연도의 임대사업부문에서 발생한 수입이자와 할인료, 배당금, 신주인수권처분익 및 유가증권처분익의 합계액을 말하고 유가증권 처분손익 합계액이 부의 금액인 경우 '0'으로 한다.

(2) 추계인 경우

추계결정의 경우에는 주택 및 부수토지에 대해서도 간주임대료를 계산한다. 이때 계산한 금액은 추계소득의 일부이므로 별도의 세무조정을 하지 않는다.

$$\text{익금에 가산할 금액} = \text{당해 사업연도의 보증금 등의 적수} \times 1/365 \times \text{정기예금이자율}$$

2. 기타 주요 익금

1) 특수관계인인 개인으로부터 유가증권을 시가보다 낮은 가액으로 매입하는 경우 시가와 그 매입가액의 차액에 상당하는 금액

특수관계인인 개인으로부터 유가증권을 시가(時價)보다 낮은 가액으로 매입하는 경우 시가와 그 매입가액의 차액에 상당하는 금액은 익금에 산입한다.

2) 이월익금

"이월익금"이라 함은 각 사업연도의 소득으로 이미 과세된 소득(비과세·면제소득 포함)을 다시 당해 사업연도의 익금에 산입한 금액을 말한다. 따라서 동 금액에 대한 이중과세를 피하기 위하여 익금에 산입하지 않는다.

3) 환급세액 및 환급가산금

구 분	세무처리
① 손금에 산입한 세금	환급 시 익금산입
② 손금불산입한 세금	환급 시 익금불산입
③ 환급가산금	익금불산입 항목
④ 자산계상 세금(예 : 취득세)	환급 시 자산가액에서 차감

4) 자산수증이익·채무면제이익·채무의 출자전환

(1) 자산수증이익·채무면제이익

① 원칙

자산수증이익과 채무면제이익은 원칙적으로 순자산이 증가하므로 익금에 해당하며, 수증한 자산은 시가로 평가한다.

② 특례

자산수증이익과 채무면제이익은 순자산을 증가시키므로 익금에 산입하여 과세하는 것이 타당하나, 자본유지를 위해 자산수증이익과 채무면제이익에 대하여 다음과 같은 특례규정을 두고 있다. 이때 소득처분은 〈기타〉로 한다.

㉠ 발생연도의 제한이 없는 세무상 이월결손금 보전에 충당한 금액의 익금불산입(적격합병·분할시 승계한 이월결손금 제외)
㉡ 신고한 과세표준에 포함되지 아니하였으나 회생계획인가결정을 받은 법인의 결손금으로서 법원이 확인한 것과 기업개선계획 이행을 위한 약정이 체결된 법인의 결손금으로서 금융채권자협의회가 의결한 것

(2) 채무의 출자전환

① 채무자의 세무처리

주식의 발행가액이 시가(시가가 액면가액에 미달하는 경우 액면가액)를 초과하는 금액은 채무면제이익으로, 시가가 액면가액을 초과하는 금액은 주식발행초과금으로 처리한다. 한편 다음의 법인이 채무의 출자전환을 한 경우(과세이연 요건을 충족한 경우) 채무면제이익에 대한 과세이연금액은 이월결손금을 보전한 후의 금액으로 한다.
㉠ 기업개선계획의 이행을 위한 약정을 체결한 부실징후기업인 법인
㉡ 채권보유금융회사와 경영장상화계획 이행을 위한 협약을 체결한 법인
㉢ 회생계획인가결정을 받은 법인
㉣ 사업재편계획승인을 받은 법인

② 채권자의 세무처리

출자전환으로 취득하는 주식의 취득가액은 취득한 주식의 시가로 평가한다. 다만, ①의 과세요건을 충족한 출자전환의 경우 출자전환한 채권(채무보증으로 인한 구상채권, 특수관계인에 대한 업무무관 가지급금은 제외)의 장부가액으로 평가한다.

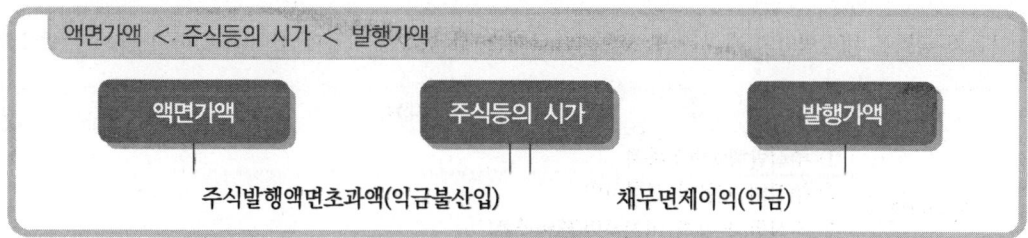

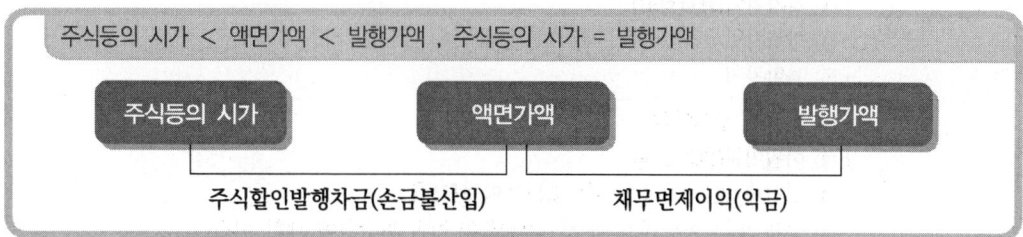

(3) 출자전환 채무면제이익과 일반 채무면제이익의 이월결손금 보전순서(법기준 17-0-4)

① 원칙

법인이 채무 중 일부는 출자로 전환하고 일부는 면제를 받음으로써 출자전환 채무면제이익과 일반 채무면제이익이 동시에 발생한 경우 해당 채무면제이익을 이월결손금 보전에 충당함에 있어서는 〈1순위〉 일반 채무면제이익 → 〈2순위〉 출자전환 채무면제이익 순서로 충당한다.

② 과세표준을 경정하여 이월결손금이 감소되는 경우

위 채무면제이익을 이월결손금의 보전에 충당한 후에 과세관청이 과세표준을 경정함으로써 이월결손금이 감소되는 경우 그 이월결손금의 감액은 〈1순위〉 당초 채무면제이익으로 충당되지 않은 이월결손금 잔액 → 〈2순위〉 출자전환 채무면제이익으로 충당한 이월결손금상당액 → 〈3순위〉 일반 채무면제이익으로 충당한 이월결손금 상당액의 순서로 한다.

제2절 익금불산입

I 익금불산입 대상

1. 개요

다음의 금액은 내국법인의 각 사업연도의 소득금액을 계산할 때 익금에 산입(算入)하지 않는다.(법법 17 ①)

구분	내용
자본거래로 인한 수익의 익금불산입	① 주식발행액면초과액 ② 주식의 포괄적 교환차익 ③ 주식의 포괄적 이전차익(移轉差益) ④ 감자차익(減資差益) ⑤ 합병차익 ⑥ 분할차익
평가이익 등의 익금불산입	① 자산의 평가이익 ② 이월익금(移越益金) ③ 법인세 또는 지방소득세 소득분의 환급액 ④ 국세 또는 지방세의 과오납금(過誤納金)의 환급금에 대한 이자 ⑤ 부가가치세의 매출세액 ⑥ 자산수증익과 채무면제익 중 이월결손금을 보전하는 데에 충당한 금액 ⑦ 출자전환시 채무면제이익 중 결손금보전에 충당할 금액 ⑧ 「상법」에 따라 자본준비금을 감액하여 받는 배당금액(보유한 주식의 장부가액을 한도) ⑨ 연결자법인으로부터 지급받았거나 지급받을 연결법인세액

2. 「상법」에 따라 자본준비금을 감액하여 받는 배당금액

상법에 따라 자본준비금을 감액하여 받는 배당금액(내국법인이 보유한 주식의 장부가액을 한도로 함)은 내국법인의 각 사업연도의 소득금액을 계산할 때 익금에 산입하지 않는다. 다만, **다음의 어느 하나에 해당하는 자본준비금을 감액하여 받는 배당금액은 익금에 산입**한다.

① 자본전입시 과세되는 자본준비금
② 적격합병에 따른 합병차익 중 피합병법인의 감가상각대상 고정자산의 재평가적립금에 상당하는 금액(다음 금액을 한도로 하며, 합병차익보다 큰 경우 합병차익을 한도로 함)

피합병법인의 자본금과 의제배당대상 자본잉여금 외의 자본잉여금(감가상각대상 고정자산의 재평가적립금은 제외)의 합계액	−	합병에 따라 증가한 합병법인의 자본금

③ 적격분할에 따른 분할차익 중 분할법인의 감가상각대상 고정자산의 재평가적립금에 상당하는 금액(다음 금액을 한도로 하며, 분할차익보다 큰 경우 분할차익을 한도로 함)

분할법인의 자본금 및 의제배당대상 자본잉여금 외의 자본잉여금(감가상각대상 고정자산의 재평가적립금은 제외)의 감소액	−	분할신설법인의 자본금

> **참고** 익금산입 및 익금불산입의 사례 (법기준 15-0-3)
>
> | 익금에 산입되는 것 | 익금에 산입되지 않는 것 |
> |---|---|
> | ① 자기주식을 취득하여 매각함으로써 생긴 매각차익
② 해외에서 무상으로 수입하는 물품의 통관시 관세의 과세표준금액이 되는 감정가액(관세 및 부대비용은 취득가액에 합산)
③ 배당으로 확정된 금액에 대하여 주주나 사원이 그 배당금 청구권을 포기한 경우의 그 배당금 청구권에 상당하는 금액(이월결손금 보전에 충당된 금액 제외)
④ 손해배상청구권 또는 손실보상청구권에 의하여 받는 보상금 등
⑤ 골프장을 경영하는 법인이 회원으로부터 수입한 가입비(정관·규약 등에서 회원의 탈퇴시 반환할 것을 규정하고 있는 경우 제외) | ① 자기주식을 취득하여 소각함으로써 생긴 소각차익
② 상장주식의 자전거래로 인한 보유주식의 장부가액과 매각가액과의 차이
③ 감자목적으로 특수관계 있는 개인으로부터 자기주식을 저가로 매입하는 경우 시가와 매입가와의 차액
④ 골프장업을 영위하는 법인이 골프장에 입장하는 고객으로부터 입장요금과 별도로 징수하여 관할세무서에 신고·납부하는 개별소비세, 교육세, 농어촌특별세 |

> **➕ 참고 빈용기 보증금의 처리 (법기준 15-11-6)**
>
> 법인이 「자원의 절약과 재활용 촉진에 관한 법률」에 따라 유리용기의 회수·재사용을 위하여 빈용기보증금을 제품가격에 포함시켜 판매한 경우에는 미반환보증금 상당액을 해당 금액이 발생한 사업연도의 다음 사업연도의 익금에 산입하고, 해당 미반환보증금을 사용하는 날이 속하는 사업연도의 손금에 산입한다. 이 경우 먼저 발생한 미반환보증금부터 사용된 것으로 본다.
>
> 미반환보증금 = (해당 연도에 출고된 용기 개수 − 해당 연도에 반환된 빈용기 개수) × 빈용기보증금액

Ⅱ 평가이익 등의 익금불산입

구 분		평가차익	평가차손
원 칙		평가차익, 평가차손 모두 인정하지 않음	
예외	고정자산	보험업법 그 밖의 법률에 따른 평가차익	천재·지변·화재, 법령에 의한 수용, 채진으로 인한 폐광의 사유로 인하여 파손 또는 멸실된 것
	재고자산	−	저가법에 의한 평가차손 파손·부패 등의 사유로 정상가격으로 판매할 수 없는 것
	유가증권	① 주식 : 총평균법·이동평균법 중 선택 ② 채권 : 총평균법·이동평균법·개별법 중 선택	
		−	다음의 주식 등으로서 그 발행법인이 부도가 발생한 경우 또는 회생계획인가의 결정을 받았거나 부실징후기업이 된 경우의 당해 주식 등
	외화자산·부채	① 금융회사 등이 보유하는 화폐성 외화자산·부채는 사업연도 종료일 현재의 환율로 평가(강제사항) ② 금융회사등 외의 법인이 보유하는 화폐성외화자산·부채, 와환위험회피용통화선도 등은 취득·발생일(계약체결일) 현재의 환율로 평가하는 방법 또는 사업연도 종료일 현재의 환율로 평가하는 방법 중 선택 적용(선택사항)	

Ⅲ 외국자회사 수입배당금액의 익금불산입

1. 개요

1) 의의

본 규정은 내국법인이 일정 요건을 충족하는 외국자회사로부터 받은 배당소득의 95%에 해당하는 금액에 대해서는 익금에 산입하지 않도록 하고, 외국납부세액공제의 적용대상에서 제외하도록 하여 외국자회사가 외국에서 납부한 법인세액과의 이중과세를 합리적으로 조정하기 위해 도입되었다. 이 제도는 지분을 직접 보유하는 외국법인으로부터의 배당소득을 과세면제하므로 지분참여면제제도라는 이름으로도 불리우고 있다.

2) 입법취지

외국자회사 수입배당금액 익금불산입제도는 외국자회사로부터의 배당소득에 관한 이중과세조정방식으로서 종래에는 간접외국납부세액공제방식을 채택하였던 것을 동일한 목적을 위하여 외국소득면제방법으로 다음과 같은 제도적 장점을 고려하여 제도를 변경하여 채택한 것이다.

첫째, 외국자회사로부터 배당을 받더라도 내국법인에게 과세를 하지 않으므로 외국자회사에 유보된 소득을 배당을 통해 국내로 환류시킬 수 있다.

둘째, 이 제도를 통하여 내국법인이 해외에서 외국법인과 동일한 조세부담을 지기 때문에 해외에서 경쟁력을 가질 수 있다(자본수입중립성).

셋째, 외국납부세액공제방식은 ① 각 국가마다 세제에 차이가 있으므로 한국의 법인세에 상응하는 외국의 법인세가 무엇인지 판정하는데 행정적 비용이 소요되고, ② 내국법인의 입장에서도 해외에서 납부한 법인세를 공제하기 위해 세액을 연도별로 기록·관리해야 하는 등 세액 계산 절차가 번잡하고 그 과정에서 경제적 비용이 발생하게 된다. 반면, 외국소득면제방법은 외국납부세액공제방식에 의한 국제적 이중과세조정에 비하여 제도가 간단하고 행정비용이 적게 든다.

2. 적용대상 및 적용배제

1) 적용대상 수입배당금액

(1) 원칙(외국자회사 적용)

내국법인(외국납부세액공제 대상 간접투자회사 등은 제외)이 10%(「조세특례제한법」에 따른 해외자원개발사업을 하는 외국법인의 경우에는 5%)이상의 출자지분을 보유하는 경우 외국자회사로부터 받은 배당소득의 95%에 해당하는 금액에 대해서는 익금에 산입하지 않는다(법법 18의4 ①). 다만, 「국제조세조정에 관한 법률」에 따라 특정외국법인의 유보소득에 대하여 내국법인이 배당받은 것으로 보는 금액 및 해당 유보소득이 실제 배당된 경우의 수입배당금액에 대해서는 적용하지 않는다(법법 18의4 ③). 이 경우 외국납부세액공제가 적용될 수 있다. 즉, 다음의 요건을 갖춘 경우 적용대상에 해당한다.

① 내국법인(외국납부세액공제 대상 간접투자회사 등은 제외)이 10%(「조세특례제한법」에 따른 해외자원개발사업을 하는 외국법인의 경우에는 5%) 이상의 출자지분(내국법인이 직접 의결권이 있는 주식 또는 출자지분에 한정)을 보유하고 있을 것
② ①의 출자지분을 배당기준일 현재 6개월 이상 보유하고 있을 것
③ 「국제조세조정에 관한 법률」에 따라 특정외국법인의 유보소득에 대하여 내국법인이 배당받은 것으로 보는 금액 및 해당 유보소득이 실제 배당된 경우에 해당하지 않을 것

(2) 자본준비금을 감액하여 받는 배당금액에 대한 적용 특례(외국자회사 제외한 외국법인 적용)

내국법인이 출자한 외국 법인(외국자회사는 제외)으로부터 자본준비금을 감액하여 받는 배당으로서 「상법」에 따라 자본준비금을 감액하여 받는 배당금액(내국법인이 보유한 주식의 장부가액 한도)이 익금에 산입되지 아니하는 배당에 준하는 성격의 수입배당금액을 받는 경우 그 금액의 95%에 해당하는 금액은 각 사업연도의 소득금액을 계산할 때 익금에 산입하지 않는다(법법 18의4 ②).

2) 적용배제

다음 어느 하나에 해당하는 금액은 각 사업연도의 소득금액을 계산할 때 익금에 산입한다(법법 18의4 ④).

① 「국제조세조정에 관한 법률」에 따라 다음의 요건을 모두 충족하는 특정외국법인으로부터 받은 수입배당금액으로서 실제부담세액이 실제발생소득의 15% 이하인 특정외국법인의 해당 사업연도에 대한 이익잉여금 처분액 중 이익의 배당금(해당 사업연도 중에 있었던 이익잉여금 처분에 의한 중간배당을 포함) 또는 잉여금의 분배금과 의제배당 금액을 말한다(법령 17의4 ②).
  ㉠ 본점, 주사무소 또는 실질적 관리장소를 둔 국가 또는 지역에서의 실제 부담세액이 외국법인의 실제 발생소득에 법인세법상 최고세율(24%)에 70%에 상당하는 금액 이하일 것
  ㉡ 해당 법인에 출자한 내국인과 특수관계(특수관계에 해당하는지를 판단할 때에는 내국인의 친족 등이 직접 또는 간접으로 보유하는 주식을 포함)에 있을 것
② 다음의 혼성금융상품(자본 및 부채의 성격을 동시에 가지고 있는 금융상품)의 거래에 따라 내국법인이 지급받는 수입배당금액(법령 17의4 ③).
  ㉠ 우리나라의 경우 : 우리나라의 세법에 따라 해당 금융상품을 자본으로 보아 내국법인이 거래상대방인 외국자회사로부터 지급받는 이자등을 배당소득으로 취급할 것
  ㉡ 외국자회사가 소재한 국가의 경우 : 그 국가의 세법에 따라 해당 금융상품을 부채로 보아 외국자회사가 해당 금융상품의 거래에 따라 국외특수관계인인 내국법인에게 지급하는 이자 등을 이자비용으로 취급할 것
③ ① 및 ②와 유사한 수입배당금액

3. 익금불산입액의 계산

내국법인이 외국자회사로부터 받는 수입배당금액의 95%를 익금불산입한다. 이 경우 익금불산입을 적용받으려는 내국법인은 외국자회사 수입배당금액 명세서를 납세지 관할 세무서장에게 제출하여야 한다(법법 18의4 ⑤).

Ⅳ 일반법인의 수입배당금액의 익금불산입

1. 개요
당해 제도는 법인이 출자한 다른 내국법인으로부터 받는 수익배당금에 대하여 이중과세를 조정함으로써 내국법인의 원천소득이 그 법인의 출자자인 다른 내국법인에 귀속되는 때에 발생하는 이중과세를 방지하여 자원배분의 효율성을 증진하고, 법인 원천소득이 개인 출자자에게 귀속되는 때에 적용하는 배당소득 이중과세 조정제도와 형평성을 기하는데 그 의의가 있다.

2. 요건
배당금 수령법인 및 배당금 지급법인이 모두 내국법인이어야 한다. 즉, 다른 내국법인에 출자한 내국법인이어야 한다. 그러므로 내국법인이 해외현지법인에 출자하여 받게 되는 수입배당금에 대하여는 본 규정을 적용받지 못한다.

3. 적용배제
다음 중 어느 하나에 해당하는 수입배당금액에 대하여는 적용하지 않는다.
① **배당기준일 전 3개월 이내에 취득한 주식 등을 보유함으로써 발생하는 수입배당금액**
② 유동화전문회사 등에 대한 소득공제 규정을 적용받는 법인으로부터 받은 수입배당금액
③ 이 법과「조세특례제한법」에 따라 법인세를 비과세·면제·감면받는 법인으로부터 받은 수입배당금액
④ 법인과세 신탁재산에 대한 소득공제에 따라 지급한 배당에 대하여 소득공제를 적용받는 법인과세 신탁재산으로부터 받은 수입배당금액
⑤ **「자산재평가법」을 위반하여 감가상각대상 고정자산의 재평가적립금**을 감액하여 지급받은 수입배당금액
⑥ **다음의 자본준비금을 감액하여 지급받은 수입배당금액**
 ㉠ 적격합병에 따른 합병차익 중 **익금산입대상**인 피합병법인의 감가상각대상 고정자산의 재평가적립금에 상당하는 금액
 ㉡ 적격분할에 따른 분할차익 중 **익금산입대상**인 분할법인의 감가상각대상 고정자산의 재평가적립금에 상당하는 금액
⑦ 자본의 감소로 내국법인인 주주가 취득하는 가액이 주식등의 취득가액을 초과하는 금액 등 그 밖에 피출자법인의 소득에 법인세가 과세되지 않은 수입배당금액으로서 **다음의 수입배당 금액**
 ㉠ 유상감자에 따른 의제배당금액
 ㉡ 자기주식 보유 법인의 잉여금 자본 전입시 발생하는 의제배당금액

4. 일반내국법인 수입배당금의 익금불산입 계산

일반내국법인이 다른 내국법인으로부터 받은 수입배당금액 중 익금불산입액은 다음과 같이 계산한다.

$$\text{익금불산입액} = (\text{수입배당금} \times \text{익금불산입 비율}) - \text{차감지급이자}$$

① 익금불산입 비율은 다음과 같다. 이 경우 출자한 비율은 출자받은 내국법인의 배당기준일 현재 3월 이상 계속하여 보유하고 있는 주식 또는 출자지분을 기준으로 계산하며, 동일 종목의 주식 등의 일부를 양도한 경우에는 먼저 취득한 주식 등을 먼저 양도한 것으로 본다.

출자비율	익금불산입 비율
50% 이상	100%
20% 이상 50% 미만	80%
20% 미만	30%

② 차감지급이자는 다음과 같이 계산한다.

$$\text{차감지급이자} = \text{지급이자} \times \frac{\text{익금불산입대상 주식 등의 세법상 장부가액 적수} \times \text{익금불산입 비율}}{\text{해당 사업연도말 현재 재무상태표상 자산총액 적수}}$$

※ 지급이자 : 지급이자 손금불산입 규정에 따라 손금불산입된 지급이자, 현재가치할인차금 상각액, 연지급수입에 따른 이자상당액은 포함하지 않음

⊕ 참고   국제회계기준 적용 내국법인에 대한 재고자산 평가차익 익금불산입

1. 개요

    재고자산평가방법으로 납세지 관할 세무서장에게 변경신고한 경우에는 해당 사업연도의 소득금액을 계산할 때 ①의 금액에서 ②의 금액을 뺀 재고자산평가차익을 익금에 산입하지 않을 수 있다. 이 경우 재고자산평가차익은 국제회계기준을 최초로 적용하는 사업연도의 다음 사업연도 개시일부터 5년간 균등하게 나누어 익금에 산입한다.(법법 42의2 ①)
    ① 국제회계기준을 최초로 적용하는 사업연도의 기초 재고자산 평가액
    ② 국제회계기준을 최초로 적용하기 직전 사업연도의 기말 재고자산 평가액

2. 사후관리

    재고자산평가차익을 익금에 산입하지 아니한 내국법인이 합병·해산(적격합병 및 적격분할은 제외)하는 경우에는 다음 산식에 따라 계산한 익금에 산입하고 남은 금액을 해산등기일이 속하는 사업연도의 소득금액을 계산할 때 익금에 산입한다.(법법 42의2 ②)

    $$\text{익금산입 대상액} = \text{재고자산평가차익} \times \text{해당 사업연도의 월수} \div 60\text{월}$$

제3절 의제배당

I 개요

의제배당(배당금·분배금의 의제)이란 현금배당이나 주식배당 등과 같은 상법상의 배당은 아니지만 주주 등이 실질적으로 이와 유사한 경제적 이익을 받게 될 때 세법상 이를 배당으로 보는 것을 말한다.

II 의제배당의 유형

다음의 금액은 다른 법인의 주주 또는 출자자인 내국법인의 각 사업연도의 소득금액을 계산할 때 그 다른 법인으로부터 이익을 배당받았거나 잉여금을 분배받은 금액으로 본다(법법 16 ①).

1. 감자, 퇴사, 합병, 분할 등에 따른 의제배당

1) 개요

주식의 소각, 자본의 감소, 사원의 퇴사, 또는 합병, 분할로 인하여 주주 등인 내국법인이 취득하는 금전과 그 밖의 재산가액의 합계액이 주주 등이 해당 주식 또는 출자지분을 취득하기 위하여 사용한 금액을 초과하는 금액은 배당으로 의제하여 익금에 산입한다.

> 자본감소 등에 따른 의제배당금액 = 감자, 합병 등의 대가 − 해당 주식의 취득가액

2) 취득재산가액의 평가

구분			취득재산의 가액
주식 및 출자 지분	자본감소, 사원탈퇴, 해산의 경우		**취득당시 시가** (불공정감자로 특수관계인으로부터 분여받은 이익이 있는 경우 동 금액 차감)
	합병, 분할의 경우	적격요건(주식 보유 관련 부분 제외)을 갖춘 경우 또는 완전모회사 간 합병의 경우	대가를 주식으로만 받은 경우	**종전 주식의 장부가액** (다만, 투자회사 등이 취득하는 주식 등은 '0'원)
			대가 중 일부를 금전 등으로 받은 경우	**Min** **[취득당시 시가, 종전주식 장부가액]**
		적격요건을 갖추지 못한 경우		**취득당시 시가*** (불공정합병으로 특수관계인으로부터 분여받은 이익이 있는 경우 동 금액 차감)
	그 외 재산			취득당시 시가

3) 감자 등의 의제배당 계산 시 주식 등의 취득가액

감자 등의 의제배당 계산 시 주식 등의 취득가액은 다음의 금액으로 하며, 취득재산이 주식 이외인 경우에는 해당 재산의 취득 당시 시가로 한다.

(1) 매입 또는 출자에 의해 취득한 경우
실제로 지출된 금액(특수관계자인 개인으로부터 저가로 매입함에 따라 익금에 산입한 금액이 있는 경우 저가매입차액 가산)

(2) 잉여금의 자본전입으로 무상취득 한 경우
교부받을 당시 의제배당으로 과세된 무상주는 액면가(주식배당시 발행가액)로 평가하고 교부받을 당시 의제배당으로 과세되지 않은 무상주는 "0"(신·구주식 1주당 장부가액은 총평균법에 따라 계산)으로 평가한다.

(3) 단기소각주식 특례
주식 등의 소각(자본 또는 출자의 감소를 포함) 전 2년 이내에 의제배당에 해당되지 않는 무상주의 취득이 있는 경우에는 **그 주식 등을 먼저 소각한 것으로 보며**, 그 주식 등의 당초 취득가액은 "0"으로 한다. 이 경우 그 기간 중에 주식 등의 **일부를 처분한 경우**에는 당해 주식 등과 다른 주식 등을 그 주식 등의 수에 비례하여 처분한 것으로 본다.**(평균법)**

구분		취득가액
매입 또는 출자에 의해 취득한 경우		실제로 지출된 금액 (특수관계인인 개인으로부터 저가로 매입함에 따라 익금에 산입한 금액이 있는 경우 저가매입차액 가산)
잉여금의 자본 전입으로 무상 취득한 경우	교부받을 당시 의제배당으로 과세된 무상주	액면가액 (주식배당 시 발행가액)
	교부받을 당시 의제배당으로 과세되지 않은 무상주	0 (신·구주식 1주당 장부가액은 총평균법에 따라 계산)

4) 귀속시기(법령 13)

(1) 주식의 소각, 자본 또는 출자의 감소 : 결의한 날 또는 사원이 퇴사·탈퇴한 날

(2) 사원이 퇴사·탈퇴한 경우 : 퇴사·탈퇴한 날

(3) 해산으로 인한 의제배당 : 잔여재산가액 확정일

(4) 합병, 분할로 인한 의제배당 : 합병(분할)등기일

2. 잉여금의 자본전입으로 인한 의제배당

1) 개요

법인세법에서는 주주 등이 지급받은 무상주(주식배당 포함)에 대하여 형식만을 달리한 배당으로 보아 무상주를 교부하는 법인의 이익 또는 잉여금이 주주 등에게 분배되는 것으로 간주한다.

(1) 원칙

법인의 잉여금의 전부 또는 일부를 자본이나 출자에 전입(轉入)함으로써 취득하는 주식 등의 가액은 다음 구분에 따라 의제배당으로 보아 익금에 산입한다.

무상주의 원천			의제배당과세여부
자본잉여금	주식발행액면초과액	일반적인 주식발행액면초과액	×
		출자전환시 채무면제익을 주식발행초과금으로 계상한 것	O
	감자차익	일반적인 감자차익	×
		자기주식소각익으로서 소각시 시가가 취득가액을 초과하거나 소각일로부터 2년 내 자본전입분	O
	합병·분할차익	자산조정계정	O
		합병, 분할감자차익	×
		피합병법인·분할법인등의 자본잉여금 — 과세된 것	O
		피합병법인·분할법인등의 자본잉여금 — 과세안된 것	×
		피합병법인·분할법인등의 이익잉여금	O
	재평가적립금	재평가세율 3%로 과세된 재평가차액 상당분	×
		재평가세율 1%로 과세된 재평가차액 상당분	O
	이익잉여금으로 상환된 상환 주식*의 주식발행액면초과금		O
	기타자본잉여금		O
이익잉여금	법정적립금, 임의적립금, 미처분이익잉여금		O

* 회사의 이익으로 소각하기로 예정되어 있는 주식

(2) 예외

다음에 해당하는 주식 가액은 익금불산입항목 잉여금의 자본전입임에도 불구하고 의제배당으로 보아 과세한다.

① 자기주식 **소각 당시 시가가 취득가액을 초과**하거나 **소각일부터 2년 이내에 자본에 전입**하는 경우 자기주식 소각익

② 법인이 자기주식 또는 **자기출자지분을 보유한 상태**에서 **자본전입**을 함에 따라 그 법인 외의 **주주 등의 지분비율이 증가한 경우 증가한 지분비율에 상당하는 주식 등의 가액**

2) 의제배당의 계산

$$\text{의제배당액} = \text{주식수} \times \text{액면가액(주식배당은 발행금액)}$$

3) 귀속시기

잉여금의 자본전입에 따라 지급받은 무상주 의제배당의 귀속시기는 주주총회(또는 사원총회)에서 자본전입을 결의한 경우에는 그 **결의일이 속하는 사업연도**이고, 이사회의 결의에 의한 경우에는 공고에 의해 회사가 정한 날이 속하는 사업연도이다. 주식배당의 경우에는 주주총회에서 이익배당을 결의한 날이 속하는 사업연도가 익금의 귀속시기이다.

3. 과세방법

1) 개인에게 귀속되는 때

① 배당소득으로서 소득세가 과세된다.
② 거주자에게 의제배당 소득을 지급하는 자는 지급하는 때에 원칙적으로 지급금액의 14%를 원천징수하여 원천징수한 날이 속하는 달의 다음 달 10일까지 납부하여야 한다.

2) 법인에게 귀속되는 때

익금으로서 법인세가 과세된다. 법인에 귀속되는 의제배당액에 대하여 원천징수하지 않는다.

4. 특수한 경우

1) 법인의 자기주식이 존재하는 경우

자기주식을 보유한 법인이 잉여금을 자본전입함에 따라 다른 주주의 지분이 증가된 경우 증가된 지분에 해당하는 주식가액을 의제배당으로 본다.

2) 합병·분할차익의 자본전입

(1) 원칙

적격합병·적격분할의 경우 의제배당 대상 금액	비적격합병·비적격분할의 경우 의제배당 대상 금액
다음 순서에 따라 자본전입 한 것으로 본다. ① 의제배당 대상 외의 금액 ② 의제배당 대상 금액* (㉠+㉡+㉢, 한도 : 합병차익) 　㉠ 합병등기일 현재 자산조정계정 　㉡ 피합병법인의 의제배당대상 자본잉여금 　㉢ 피합병법인의 이익잉여금	합병매수차익 또는 분할매수차익을 자본에 전입하는 경우에만 의제배당 대상에 해당한다.

* 적격분할의 경우 대상금액 = Min[① + ②, 분할차익]
① 분할등기일 현재 자산조정계정
② 분할법인의 감자차손(한도 : 분할등기일 현재 분할전 이익잉여금 + 의제배당 대상 자본잉여금)

(2) 자본전입 이후 잔액을 감액배당 하는 경우

합병차익 또는 분할차익의 일부를 자본 또는 출자에 전입한 후 남은 금액을 감액배당하는 경우에는 익금에 산입하는 감가상각대상 고정자산의 재평가적립금의 한도금액을 계산할 때 남은 금액을 합병차익 또는 분할차익으로 보고 자본준비금 감액배당의 한도를 적용한다. 이 경우 익금산입대상 감가상각대상 고정자산의 재평가적립금액을 먼저 자본 또는 출자에 전입한 것으로 본다.

3) 합병·분할차익 감액배당

합병차익 및 분할차익의 전부 또는 일부를 감액배당하는 경우 다음의 순서에 따라 배당한 것으로 보며, 「상법」에 따른 준비금의 승계가 있는 경우에도 없는 것으로 보아 계산한다(법령 17 ③, ④).

① 적격합병 및 적격분할에 따른 합병차익 및 분할차익 중 익금산입대상 감가상각대상 고정자산의 재평가적립금에 상당하는 금액
② 피합병법인 또는 분할법인의 이익잉여금 및 의제배당대상 자본잉여금에 해당하는 금액
③ 의제배당대상 자본잉여금 외의 자본잉여금(①의 금액은 제외)

제4장 손금, 손금불산입

제1절 개요

손금은 ① 자본 또는 출자의 환급, ② 잉여금의 처분 및 ③ 이 법에서 규정하는 것은 제외하고 해당 법인의 순자산을 감소시키는 거래로 인하여 발생하는 손실 또는 비용(이하 "손비"라 함)의 금액으로 한다.(법법 19 ①) 손비는 법률에서 달리 정하고 있는 것을 제외하고는 그 법인의 사업과 관련하여 발생하거나 지출된 손실 또는 비용으로서 일반적으로 인정되는 통상적인 것이거나 수익과 직접 관련된 것으로 한다.(법법 19 ②)

제2절 손금

I 개요

손비란 수익을 획득하기 위하여 소요된 모든 비용과 기타 해당 법인에게 귀속되는 일체의 경제적 손실을 말하며, 법인의 각 사업연도 소득금액 계산에 있어서 손금에 산입할 수 있는 손비는 해당 법인의 사업과 관련하여 발생하거나 지출된 손실 또는 비용으로서 일반적으로 용인되는 통상적인 것 이거나 수익과 직접 관련된 것이어야 한다.

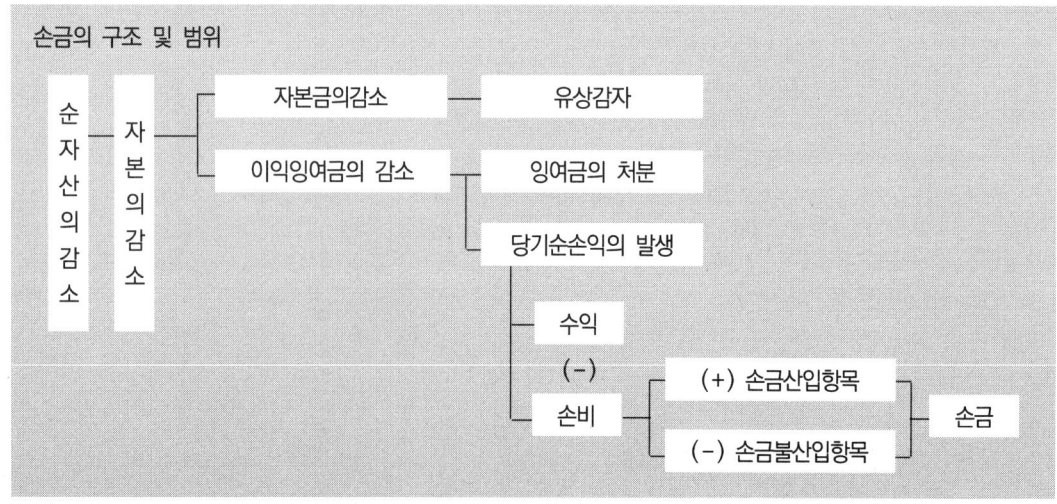

Ⅱ 손금의 범위

손비는 법인세법 및 법인세법시행령에서 달리 정하는 것을 제외하고는 다음에서 규정하는 것으로 한다.(법령 19)

구분	내용
손금의 범위	① 판매한 상품 또는 제품에 대한 원료의 매입가액(매입에누리·할인을 제외)과 그 부대비용 ② 양도한 자산의 양도당시의 장부가액 ③ 인건비 ④ 유형자산의 수선비, 유형자산 및 무형자산에 대한 감가상각비 ⑤ 유형자산 및 무형자산에 대한 감가상각비 ⑥ 특수관계인으로부터 양수한 자산의 장부계상액이 시가에 미달하는 경우 감가상각비 ⑦ 자산의 임차료 ⑧ 차입금이자 ⑨ 대손금 중 부가가치세 매출세액 미수금(대손세액공제를 받지 않은 것에 한정) ⑩ 자산의 평가차손 ⑪ 제세공과금 ⑫ 영업자가 조직한 단체로서 법인이거나 주무관청에 등록된 조합 또는 협회에 지급한 회비 ⑬ 광산업의 탐광비(탐광을 위한 개발비를 포함) ⑭ 보건복지부장관이 정하는 무료진료권 또는 새마을진료권에 의하여 행한 무료진료의 가액 ⑮ 기증한 잉여식품의 장부가액(무상으로 기증하는 경우에 한정하고 기부금에 포함하지 않음) ⑯ 업무와 관련있는 해외시찰·훈련비 ⑰ 교육관련 운영비 및 수당 ⑱ 「근로복지기본법」에 따른 우리사주조합에 출연하는 자사주의 장부가액 또는 금품 ⑲ 장식·환경미화 등의 목적으로 사무실·복도 등 여러 사람이 볼 수 있는 공간에 항상 전시하는 1천만원 이하의 소액 미술품의 취득가액 ⑳ 광고선전비[특정인에게 기증한 물품(개당 3만원 이하의 물품은 제외)의 경우에는 연간 5만원 이내의 금액에 한정]. ㉑ 특별법에서 규정한 주식매수선택권 ㉒ 임원 또는 직원(지배주주등인 자는 제외)의 사망 이후 유족에게 학자금 등으로 일시적으로 지급하는 금액으로서 일정 요건을 충족하는 것 ㉓ 주식기준보상에 따라 주식매수선택권등을 부여하거나 지급한 법인에 그 행사 또는 지급비용으로서 보전하는 금액 ㉔ 보험회사가 「보험업법」에 따라 적립한 책임준비금의 증가액(할인율의 변동에 따른 책임준비금 평가액의 증가분은 제외)으로서 보험감독회계기준에 따라 비용으로 계상된 금액 다만, 할인율의 변동으로 인한 책임준비금 공정가치평가금액은 제외한다. ㉕ 그 밖의 손비로서 그 법인에 귀속되었거나 귀속될 금액

> **2차 Tip** 주식기준보상 세무처리

1. 귀속시기
주식기준보상의 손금 귀속시기는 손금이 확정되는 사업연도로 한다. 이때 손금이 확정되는 사업연도란 권리행사일이 속하는 사업연도를 의미한다.

2. 주식결제형 주식기준보상
각 일자에 따른 세무조정은 다음과 같다.(가득기간 1년, 부여일 현재 공정가치 150원, 주식액면가액 500, 단위당 행사가액 600, 자기주식가액 750 가정)

구분		K-IFRS	세무조정
부여일		-	-
가득기간 결산기		(차) 주식보상비용 150 　(대) 주식선택권(자본조정) 150	〈익금산입〉 주식선택권 150 (기타)
행사일	신주교부	(차) 현금 600 　　주식선택권 150 　(대) 자본금 500 　　주식발행초과금 250	〈손금산입〉 주식선택권 150 (기타)
	자기주식 교부	(차) 현금 600 　　주식선택권 150 　(대) 자기주식 750	〈익금산입〉 자기주식 750(△유보) 〈손금산입〉 자기주식 750(기타) 〈손금산입〉 주식선택권 150(기타)

3. 현금결제형 주식기준보상
각 일자에 따른 세무조정은 다음과 같다.(가득기간 1년, 내재가치 150원, 현금지급액 150원 가정)

구분	K-IFRS	세무조정
부여일	-	-
가득기간 결산기	(차) 주식보상비용 150 　(대) 장기미지급비용(부채) 150	〈익금산입〉 장기미지급비용 (유보)
행사일	(차) 장기미지급비용(부채) 150 　(대) 현금 150	〈손금산입〉 장기미지급비용 (△유보)

4. 부당행위계산부인 적용배제
주식매수선택권등의 행사 또는 지급에 따라 주식을 양도하는 경우와 주식매수선택권등의 행사 또는 지급에 따라 금전을 제공하는 경우에는 **부당행위계산 부인 규정을 적용하지 않는다.**

5. 벤처기업 주식매수선택권 과세특례
1) 벤처기업 주식매수선택권 행사이익에 대한 과세특례
벤처기업 또는 벤처기업이 인수한 기업의 임원 또는 종업원이 벤처기업으로부터 다음 요건을 갖추어 부여받은 **적격주식매수선택권**을 행사함으로써 발생한 벤처기업 주식매수선택권 행사이익에 대해서 주식매수선택권 행사시에 **소득세를 과세하지 아니할 수 있다.** 다만, 주식매수선택권의 행사 당시 실제 매수가액이 해당 주식매수선택권 부여 당시의 시가보다 낮은 경우 그 차액(이하 "시가 이하 발행이익"이라 함)에 대해서는 주식매수선택권 행사시에 소득세를 과세한다(조특법 16의4).
㉠ 「벤처기업육성에 관한 특별조치법」에 따른 주식매수선택권으로서 대통령령으로 정하는 요건을 갖출 것
㉡ 해당 벤처기업으로부터 부여받은 주식매수선택권의 행사일부터 역산하여 2년이 되는 날이 속하는 과세기간부터 해당 행사일이 속하는 과세기간까지 전체 행사가액의 합계가 5억원 이하일 것

2) 벤처기업 주식매수선택권 행사이익 비과세 특례

벤처기업 또는 벤처기업이 인수한 기업의 임원 또는 종업원이 해당 벤처기업으로부터 부여받은 주식매수선택권을 행사(벤처기업 임원 등으로서 부여받은 주식매수선택권을 퇴직 후 행사하는 경우를 포함)함으로써 얻은 이익(주주식에는 신주인수권을 포함. 이하 "벤처기업 주식매수선택권 행사이익"이라 함) 중 **연간 2억원 이내의 금액**에 대해서는 소득세를 과세하지 아니한다. 다만, 소득세를 과세하지 아니하는 벤처기업 주식매수선택권 행사이익의 벤처기업별 총 누적 금액은 5억원을 초과하지 못한다(조특법 16의4).

제 3 절 손금불산입

I 개요

손금불산입이란 법인의 순자산을 감소시키는 손비에 해당하나 조세정책 목적상 손금에서 제외하는 것을 말한다.

II 손금불산입의 범위 및 세금과 공과금

구분	내용
자본거래등으로 인한 손금불산입	① 잉여금의 처분을 손비로 계상한 금액 ② 주식할인발행차금
세금과 공과금의 손금불산입	① 법인세, 농어촌특별세, 법인지방소득세(연결자법인이 연결모법인에게 지급하였거나 지급할 법인세 비용 포함) ② 부가가치세 매입세액 다만, 다음의 매입세액은 손금으로 인정된다. {아래 표} ③ 개별소비세 등 간접세 ④ 벌금, 과료(통고처분에 따른 벌금 또는 과료에 상당하는 금액을 포함), 과태료(과료와 과태금을 포함), 가산금 및 강제징수비등은 손금에 산입하지 않는다. 그러나, 연체료 등은 벌금과 과료와 같이 반사회적 행위로 인한 처벌의 성격이 아니므로 손금에 산입한다(통칙 21-0···2).

구분	세무상 처리
부가가치세 면세사업 관련 매입세액	면세사업용 자산·원재료 등 취득 : 취득가액에 가산 면세사업 관련비용 : 해당연도 손금
비영업용 소형승용자동차의 구입·유지에 관한 매입세액	구입 관련 매입세액 : 취득원가 가산 유지 관련 매입세액 : 해당연도 손금
기업업무추진비 관련 매입세액	기업업무추진비에 합산, 한도액 범위내에서 손금산입
간주임대료에 대한 부가가치세	약정에 따라 부담하는 자의 손금
「부가가치세법」에 따라 영수증을 교부받은 거래분에 포함된 매입세액	매입세액공제 대상이 아닌 금액은 손금산입
의제매입세액 및 재활용폐자원 등에 대한 매입세액공제액	해당 원재료의 매입가액에서 공제
• 세금계산서 미수취·부실기재 매입세액 • 매입처별세금계산서합계표 미제출·부실기재 매입세액 • 사업과 관련 없는 매입세액 • 사업자등록 전 매입세액	손금불산입

구분	내용
세금과 공과금의 손금불산입	⑤ 법인이 임원 또는 사용인에게 부과된 벌금·과료·과태료 또는 교통벌과금을 대신 부담한 경우에도 그 벌금 등의 부과대상이 된 행위가 법인의 업무수행과 관련된 것일 때에는 법인에게 귀속된 금액으로 보아 손금불산입하고 기타사외유출로 처분한다. 다만, 내부규정에 의하여 원인유발자에게 변상조치하기로 되어 있는 경우에는 당해 원인유발자에 대한 상여로 처분한다. (법기통 67-106…21) **벌금 등에 해당하는 것** ㉠ 법인의 임원 또는 사용인이 관세법을 위반하고 지급한 벌과금 ㉡ 업무와 관련하여 발생한 교통사고 벌과금 ㉢ 산업재해보상보험법의 규정에 의하여 징수하는 산재보험료의 가산금 ㉣ 금융기관의 최저예금지불준비금 부족에 대하여 한국은행법의 규정에 의하여 금융기관이 한국은행에 납부하는 과태료 ㉤ 국민건강보험법에 의해 징수하는 가산금 ㉥ 외국의 법률에 의해 국외에서 납부한 벌금 **벌금 등에 해당하지 않는 것** ㉠ 사계약상의 의무불이행으로 인한 지체상금 (구상권행사가 가능한 경우 제외) ㉡ 보세구역에 장치되어 있는 수출용 원자재가 관세법상의 장치기간 경과로 국고귀속이 확정된 자산의 가액 ㉢ 철도화차사용료 미납액에 대한 연체이자 ㉣ 산업재해보상보험료의 연체금 ㉤ 국유지 사용료의 납부지연 연체료 ㉥ 전기요금 납부지연으로 인한 연체 가산금 ⑥ 공과금 공과금은 법인의 순자산을 감소시키므로 원칙적으로는 손금에 해당한다. 그러나, 다음의 공과금은 손금불산입한다. ㉠ 법령에 의하여 의무적으로 납부하는 것이 아닌 공과금 ㉡ 법령에 의한 의무의 불이행 또는 금지·제한 등의 위반에 대한 제재로서 부과되는 공과금 ⑦ 장애인고용부담금

➕ 참고   증명서류 손금 여부

구분		건당 3만원 이하	건당 3만원 초과	건당 5만원 이하	건당 5만원 초과
적격증빙		전액 손금			
영수증	기업 업무 추진비	한도 내 손금	손금불산입	-	-
	기 타	-	-	전액 손금	전액 손금 2% 가산세
증빙 불비		손금불산입 상여 처분			
경조사비		20만원 이내 손금 인정			

제4절 기부금 손금불산입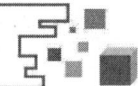

I 개요

기부금이란 법인이 사업과 직접 관련 없이 특수관계가 없는 자에게 무상으로 지출하는 재산적 증여의 가액을 말한다. 또한, 법인이 특수관계가 없는 자와 거래함에 있어 정당한 사유 없이 자산을 정상가액보다 낮은 가액으로 양도하거나 높은 가액으로 매입하는 경우, 그 거래가액과 정상가액의 차액 중 실질적으로 증여한 것으로 인정되는 금액은 기부금으로 본다.

II 기부금의 개념

1. 본래의 기부금
법인이 특수관계자외의 자에게 당해 법인의 **사업과 직접 관계없이 무상으로 지출하는 재산적 증여의 가액**

2. 의제기부금

1) 의의
의제기부금이란 법인이 특수관계자 외의 자에게 **정당한 사유 없이 자산을 정상가액보다 낮은 가액으로 양도하거나 정상가액보다 높은 가액으로 매입함으로써** 그 차액 중 실질적으로 증여한 것으로 인정되는 금액을 말한다.

2) 정상가액
정상가액이란 시가에 시가의 30%를 가산하거나 30%를 차감한 범위 안의 가액을 말한다.

구분	저가양도	고가매입
의제기부금	시가 × 70% − 양도가액	매입가액 − 시가 × 130%

3) 부동산의 무상임대
법인이 특수관계자 외의 자에게 해당 법인의 사업과 직접 관계없이 부동산을 무상으로 임대하는 경우에는 시가상당액을 기부금으로 보고, 정당한 사유 없이 정상가액보다 낮은 가액으로 임대하는 경우에는 그 차액을 기부금으로 본다. 그러나 부동산 저가 임대 또는 무상 임대 대상이 특수관계자라면 부당행위계산부인 규정에 의해 해당 금액이 손금불산입되기 때문에 기부금 의제를 적용할 여지가 없다.

Ⅲ 기부금의 요건

기부금에 해당하기 위해서는 다음과 같은 요건을 충족하여야 한다.

① 특수관계가 없는 자와의 거래일 것 다만, 이에 대한 예외로서 일반기부금 대상단체 등과 특수관계에 있는 법인이 일반기부금에 해당하는 각종 시설비, 교육비 또는 연구비 등으로 지출한 기부금이나 장학금은 그 특수관계 유무에 관계없이 이를 일반기부금으로 본다.(법기통 24-0…1)
② 무상으로 지출하는 재산적 증여의 가액일 것
③ 사업과 직접 관계없이 지출하는 가액일 것

Ⅳ 기부금과 유사 비용과의 구분

1. 기부금과 기업업무추진비의 구분

사업과 직접 관계있는 자에게 금전 또는 물품을 기증한 경우에 그 금품의 가액은 기업업무추진비로 구분하며, 사업과 직접 관계가 없는 자에게 금전 또는 물품 등을 기증한 경우에 그 물품의 가액은 거래실태별로 다음의 기준에 따라 기업업무추진비 또는 기부금으로 구분한다.

① 업무와 관련하여 지출한 금품 : 기업업무추진비
② ①에 해당되지 아니하는 금품 : 기부금

2. 채권포기의 경우

법인이 특수관계 없는 거래상대방에 대한 매출채권을 정당한 사유 없이 약정에 의하여 포기하는 경우에는 이를 대손금으로 보지 않으며, 그 사업과의 관련성 여부에 따라 기부금 또는 기업업무추진비로 처리하여야 한다.(서이 46012-10409, 2001. 10. 23)

> ● 참고 **채권포기액의 처리**
>
> | 구분 | 처리방법 |
> |---|---|
> | 대손요건을 충족하는 경우 | 대손금 |
> | 판매 장려금 성격인 경우 | 판매부대비용 |
> | 정당한 사유가 없고 법인의 사업과 직접 관련이 있는 경우 | 기업업무추진비 |
> | 정당한 사유가 없고 법인의 사업과 직접 관련이 없는 경우 | 기부금 |
> | 특수관계에 있는 자와의 부당행위에 해당할 경우 | 부당행위계산의 부인 규정 적용 |

Ⅴ 기부금의 종류 및 손금산입 한도액

1. 특례기부금

특례기부금은 다음에 해당하는 기부금으로 한다.(법법 24②)

① 국가나 지방자치단체에 무상으로 기증하는 금품의 가액. 다만, 기부금품의 모집 및 사용에 관한 법률의 적용을 받는 기부금품은 동 법에 따라 접수하는 것만 해당함.
② 국방헌금과 국군장병 위문 금품의 가액
③ 천재지변으로 생기는 이재민을 위한 구호금품의 가액(특별재난지역 선포 사유 재난 포함)
④ 사립학교, 비영리 교육재단, 기능대학, 전공대학의 명칭을 사용할 수 있는 평생교육시설 및 원격대학 형태의 평생교육시설 등에 시설비·교육비·장학금 또는 연구비로 지출하는 기부금
⑤ 국립대학병원, 국립대학치과병원, 서울대학교병원, 서울대학교치과병원, 사립학교가 운영하는 병원 등 의료기관에 시설비·교육비 또는 연구비로 지출하는 기부금
⑥ 사회복지사업, 그 밖의 사회복지활동의 지원에 필요한 재원을 모집·배분하는 것을 주된 목적으로 하는 비영리법인으로서 일정 요건을 갖춘 법인에 지출하는 기부금
⑦ 공공기관의 운영에 관한 법률에 따른 공공기관 또는 법률에 따라 직접 설립된 기관으로서 해당 법인의 설립목적, 수입금액 등이 일정 요건을 갖춘 기관에 지출하는 기부금
⑧ 특례기부금 지정기간까지 공공기관 또는 법률에 따라 직접 설립된 기관에 지출하는 기부금(예 : 한국장학재단, 독립기념관, 대한적십자사 등)

2. 우리사주조합기부금

법인이 우리사주조합에 지출하는 기부금(우리사주조합원이 지출하는 기부금은 제외)은 한도 내에서 손금에 산입할 수 있다(조특법 88의4 ⑬).

3. 일반기부금

일반기부금이란 다음 중 어느 하나에 해당하는 것을 말한다.(법령 39 ①)

① 사회복지법인, 어린이집, 유치원, 초·중등교육법 및 고등교육법에 따른 학교, 기능대학, 전공대학 또는 원격대학 형태의 평생교육시설
② 종교법인, 의료법에 따른 의료법인
③ 비영리법인, 비영리 외국법인, 공공기관 또는 법률에 따라 직접 설립된 기관 중 법정 요건을 갖추고 주무관청의 추천을 받아 기획재정부 장관이 지정하여 고시한 법인
④ 정부로부터 인허가를 받은 학술연구단체, 장학단체, 기술진흥단체 및 문화·예술단체 또는 환경보호운동단체
⑤ 무료 또는 실비로 이용할 수 있는 일정한 사회복지시설 또는 기관에 기부하는 금품

4. 비일반기부금(종전 비지정기부금)

공익법인에 대한 기부금에 해당하지 않는 기부금은 모두 비일반기부금에 해당하며, 비일반기부금은 전액 손금불산입하고 귀속자에 따라 사외유출로 소득처분한다.

5. 기부금의 한도 시부인

1) 개요

내국법인이 각 사업연도에 지출하거나 이월된 기부금 중 공익법인에 대한 기부금은 손금산입 한도액 내에서 해당 사업연도의 소득금액을 계산할 때 **특례기부금, 우리사주조합기부금, 일반기부금** 순서로 **손금에 산입**하며, 손금산입 한도액을 초과하는 금액과 그 외의 기부금은 손금에 산입하지 않고, **기타사외유출**로 소득처분한다(법법 24 ②).

2) 기부금 한도초과액의 이월공제

기부금의 손금산입 한도액을 초과하여 손금에 산입하지 않은 금액은 해당 사업연도의 다음 사업연도 개시일부터 10년 이내에 끝나는 각 사업연도로 이월하여 기부금 각각의 손금산입 한도액의 범위에서 손금에 산입하고, 이월된 금액을 해당 사업연도에 지출한 기부금보다 먼저 손금에 산입한다. 다만, **우리사주조합기부금의 경우 이월공제를 적용하지 않는다.**

3) 손금산입 한도액

(1) 기준소득금액의 계산

| 기준소득금액 | = | 차가감 소득금액 | + | 시부인대상 특례기부금 | + | 시부인대상 일반기부금 |

(2) 손금산입 한도액

구분	손금산입 한도액
① 특례기부금	(기준소득금액 – 이월결손금**) × 50%
② 우리사주조합기부금	(기준소득금액 – 이월결손금** – 특례기부금 손금산입액) × 30%
③ 일반기부금	(기준소득금액 – 이월결손금** – 특례기부금 손금산입액 – 우리사주조합기부금 손금산입액) × 10%(20%)*

* 사업연도 종료일 현재「사회적기업 육성법」에 따른 사회적기업은 20퍼센트로 한다.
** 기준소득금액의 80%(중소기업 및 회생계획 이행중인 법인등은 100%)를 한도로 한다. 또한 각사업연도 개시일 전 10년 이내(2020.1.1. 이후 개시하는 사업연도에 발생하는 결손금은 15년 이내)에 개시한 사업연도에서 발생한 세무상 결손금으로서 공제되지 않은 금액을 말한다.

Ⅵ 기부금의 평가 및 귀속시기

1. 현물기부금의 평가

금전 외의 자산의 증여의 가액은 다음의 구분에 따라 산정한다(법령 36 ①).

① 특례기부금의 경우: 기부한 때의 장부가액
② 특수관계인이 아닌 자에게 기부한 일반기부금의 경우: 기부한 때의 장부가액
③ ① 및 ②외의 경우: 기부한 때의 장부가액과 시가 중 큰 금액

2. 기부금의 귀속시기

1) 원칙

기부금은 **현금주의**에 의하여 그 지출한 날이 속하는 사업연도에 손금으로 산입한다.

미지급기부금		가지급기부금	
비용 계상한 사업연도	손금불산입(유보)	자산계상한 사업연도	손금산입(△유보)
	시부인 대상에서 제외		시부인 대상에 포함
실제 지출된 사업연도	손금산입(△유보)	비용 계상한 사업연도	손금불산입(유보)
	시부인 대상에 포함		시부인 대상에서 제외

2) 어음 또는 수표를 발행한 경우

법인이 기부금의 지출을 위하여 어음을 발행(배서를 포함)한 경우에는 그 어음이 실제로 결제된 날에 지출한 것으로 보며, 수표를 발행한 경우에는 당해 수표를 교부한 날에 지출한 것으로 본다.(법칙 19)

3) 설립 중인 법인 및 단체가 지출하는 기부금

법인이 정부로부터 인·허가를 받기 이전의 설립 중인 공익법인 및 단체 등에 지출하는 기부금은 그 법인 및 단체가 정부로부터 인가 또는 허가를 받은 날이 속하는 사업연도의 일반기부금으로 한다(법기통 24-36…4). 또한, 정부로부터 인·허가를 받아 설립된 학술연구단체가 그 연구 활동을 개시하기 전에 동 단체의 연구를 위하여 법인이 지출한 기부금은 그 지출한 사업연도를 손금의 귀속시기로 본다(법기통 24-36…8).

제 5 절 기업업무추진비 손금불산입

I 기업업무추진비 및 간주기업업무추진비의 의의

1. 기업업무추진비(개정전 접대비)

1) 의의

"기업업무추진비"란 접대, 교제, 사례 또는 그 밖에 어떠한 명목이든 상관없이 이와 유사한 목적으로 지출한 비용으로서 내국법인이 직접 또는 간접적으로 **업무와 관련이 있는 자와 업무를 원활하게 진행하기 위하여 지출한 금액**을 말한다.(법법 25 ①) 기업업무추진비는 업무와 관련하여 지출한다는 측면에서 광고선전비와 같지만 특정 고객을 위하여 지출한다는 측면에서 불특정 다수인에게 지출하는 광고선전비와 다르다.

2) 기업업무추진비 성립요건

기업업무추진비의 본질은 다음 세 가지로 요약된다.

① 업무와 관련 있는 지출이어야 한다.
② 특정인에 대하여 무상으로 제공하는 것이다.
③ 명목여하에 불구하고 거래의 실질내용에 따라 판단한다.

2. 간주기업업무추진비

1) 직원이 조직한 조합 등에 지출한 복리시설비

직원이 조직한 조합 또는 단체에 지출한 복리시설비는 다음과 같이 처리한다. 이 경우 복리시설비라 함은 법인이 종업원을 위하여 지출한 복리후생의 시설비, 시설구입비 등을 말한다(법령 40 ②, 법기통 25-40…1).

① 조합이나 단체가 법인인 경우 : 기업업무추진비
② 조합이나 단체가 법인이 아닌 경우 : 법인경리의 일부

2) 채권의 임의포기액

구분	처리방법
대손요건을 충족하는 경우	대손금
판매장려금 성격인 경우	판매부대비용
정당한 사유가 없고 법인의 사업과 직접 관련이 있는 경우	기업업무추진비
정당한 사유가 없고 법인의 사업과 직접 관련이 없는 경우	기부금
특수관계에 있는 자와의 부당행위에 해당할 경우	부당행위계산의 부인 규정 적용

Ⅱ 기업업무추진비의 평가 및 귀속시기

1. 현물기업업무추진비의 평가

① 기업업무추진비를 금전 이외의 자산으로 제공한 때에는 기업업무추진비의 금액은 해당 자산을 제공한 때의 시가(시가가 장부가액보다 낮은 경우에는 장부가액)로 한다.
② 현물에 의한 접대가 부가가치세법에 의한 사업상증여에 해당하는 경우에는 법인이 부담한 매출세액 상당액은 사업상증여의 성질에 따라 처리한다. 이 경우 부담한 매출세액은 기업업무추진비에 포함한다.(법기통 25-0…3)
③ 자가 생산한 현물을 접대한 경우 그 현물은 시가로 평가하며, 현물기업업무추진비는 기업회계상 매출액이 아니므로 수입금액에는 포함하지 않는다. 현물접대의 경우 부가가치세법에서는 이를 공급으로 간주하여 부가가치세를 부담하도록 하고 있다.
④ 자가 생산품을 제공한 경우 신용카드매출전표 수취대상이 아니다. 그러나, 현물을 매입하여 제공하는 경우 그 매입하는 현물은 신용카드매출전표 수취대상이 된다.

2. 기업업무추진비의 손금 귀속시기(발생주의)

기업업무추진비의 손금 귀속시기는 **발생주의**에 따라 접대행위가 이루어진 사업연도의 기업업무추진비로 보아야 한다. 만일 법인이 기업업무추진비를 지출한 사업연도의 손비로 처리하지 않고 이연 처리한 경우에는 그 지출한 사업연도의 기업업무추진비로서 시부인 계산하고 그 후 사업연도에 있어서는 이를 기업업무추진비로 보지 않는다.

Ⅲ 기업업무추진비의 손금불산입

1. 직접 부인 기업업무추진비(신용카드 등 미사용 기업업무추진비의 손금불산입)

1회의 접대에 3만원(경조금의 경우는 20만원)을 초과하여 지출한 기업업무추진비로서 신용카드 등을 사용하지 않은 금액과 기업업무추진비 손금산입 한도액을 초과하는 금액은 해당 사업연도의 소득금액 계산에 있어서 이를 손금에 산입하지 않는다. 다만, 다음의 경우에는 위의 손금불산입 규정을 적용하지 않는다.

① 기업업무추진비가 지출된 국외지역의 장소(해당 장소가 소재한 인근 지역 안의 유사한 장소를 포함)에서 현금 외에 다른 지출수단이 없어 증거자료를 구비하기 어려운 경우의 해당 국외지역에서의 지출
② 농·어민(한국표준산업분류에 따른 농업 중 작물재배업·축산업·복합농업, 임업 또는 어업에 종사하는 자를 말하며, 법인은 제외)으로부터 직접 재화를 공급받는 경우의 지출로서 그 대가를 「금융실명거래 및 비밀보장에 관한 법률」에 따른 금융회사등을 통하여 지급한 지출(해당 법인이 과세표준 신고를 할 때 과세표준 신고서에 송금사실을 적은 송금명세서를 첨부하여 납세지 관할 세무서장에게 제출한 경우에 한정)
③ 법인이 직접 생산한 제품 등으로 제공한 경우
④ 거래처에 대한 매출채권의 임의포기 등 거래실태상 원천적으로 증빙을 구비할 수 없는 경우

2. 기업업무추진비 한도초과액의 손금불산입

기업업무추진비의 손금산입 한도액은 다음의 금액을 합한 금액으로 한다. 단, 부동산임대업을 주된 사업으로 하는 등 일정 요건에 해당하는 내국법인의 경우에는 해당 금액에 50%를 곱한 금액을 한도액으로 한다.

1) 기본 한도액

> 1,200만원 [중소기업의 경우에는 3,600만원] × 해당 사업연도의 개월수/12

2) 수입금액 기준 한도액

> (일반수입금액 × 적용률) + [(특정수입금액 × 적용률) × 10%]

※ 수입금액은 기업회계기준에 따라 계산한 매출액[사업연도 중에 중단된 사업부문의 매출액을 포함하며, 파생결합증권 및 파생상품 거래의 경우 해당 거래의 손익을 통산(通算)한 순이익(0보다 작은 경우 0으로)]을 말하며, 특정수입금액은 특수관계인과의 거래에서 발생한 수입금액을 말한다.

※ 수입금액 계급구간별 적용률

수입금액	100억원 이하	100억원 초과 500억원 이하	500억원 초과
적용률	0.3%	0.2%	0.03%

※ 일반수입금액과 특정수입금액이 함께 있는 경우에는 먼저 일반수입금액부터 수입금액 적용률을 적용한다.

3) 문화기업업무추진비 한도액(문화기업업무추진비가 있는 경우)

다음 ㉠과 ㉡ 중 적은 금액 한편, 정부가 20% 이상을 출자한 법인(공기업·준정부기관이 아닌 상장법인은 제외)과 동 법인이 최대주주인 법인의 기업업무추진비 한도액은 일반법인 기업업무추진비 한도액의 70%로 한다.

㉠ 문화기업업무추진비 지출액
㉡ 일반기업업무추진비 한도액 × 20%

4) 일정 요건에 해당하는 내국법인(과점주주등이 운영하는 부동산임대법인)

일정 요건에 해당하는 내국법인이란 다음의 요건을 모두 갖춘 내국법인을 말한다.

① 해당 사업연도 종료일 현재 내국법인의 지배주주등이 보유한 주식등의 합계가 해당 내국법인의 발행주식총수 또는 출자총액의 50%를 초과할 것
② 해당 사업연도에 부동산임대업을 주된 사업으로 하거나 다음의 금액 합계가 기업회계기준에 따라 계산한 매출액(㉠ 내지 ㉢의 금액이 포함되지 않은 경우에는 이를 포함하여 계산)의 50% 이상일 것
　㉠ 부동산 또는 부동산상의 권리의 대여로 인하여 발생하는 수입금액(임대보증금 등의 간주익금 규정에 따라 익금에 가산할 금액을 포함)
　㉡ 「소득세법」에 따른 이자소득의 금액
　㉢ 「소득세법」에 따른 배당소득의 금액

③ 해당 사업연도의 상시근로자 수가 5인 미만일 것. 이때 상시근로자란 「근로기준법」에 따라 근로계약을 체결한 내국인 근로자로 한다. 다만, 다음의 어느 하나에 해당하는 사람은 제외한다.
  ㉠ 해당 법인의 최대주주 또는 최대출자자 및 그와 친족관계인 근로자
  ㉡ 근로소득원천징수부에 의하여 근로소득세를 원천징수한 사실이 확인되지 아니하는 근로자
  ㉢ 근로계약기간이 1년 미만인 근로자(다만, 근로계약의 연속된 갱신으로 인하여 그 근로계약의 총 기간이 1년 이상인 근로자는 제외)
  ㉣ 「근로기준법」에 따른 단시간근로자

Ⅳ 자산계상한 기업업무추진비의 손금불산입

기업업무추진비는 당기에 건설중인 자산 등 자산으로 계상된 기업업무추진비를 포함하여 시부인 계산하며 그 한도초과액은 다음과 같이 처리한다.(법기통 25-0-2)

① 기업업무추진비 한도초과액이 당기에 손비로 계상한 기업업무추진비보다 많은 경우 당기에 손비로 계상한 기업업무추진비는 전액 손금불산입하고 그 차액은 건설중인 자산에서 감액하여 처리한다.
② 기업업무추진비 한도초과액이 당기에 손비로 계상한 기업업무추진비보다 많지 않은 경우에는 기업업무추진비 한도초과액만 손금에 산입하지 않는다.

구분	사례 1	사례 2	사례 3	사례 4
건설중인 자산(기업업무추진비)	6,500	3,500	6,000	10,500
회사계상 기업업무추진비(B)	4,000	7,000	4,500	0
계	10,500	10,500	10,500	10,500
기업업무추진비 한도액	6,000	6,000	6,000	6,000
한도초과액(A)	4,500	4,500	4,500	4,500
손금불산입(회사계상기업업무추진비(B))	4,000	4,500	4,500	0
건설중인 자산 감액분(A-B)	500	0	0	4,500

자산계정을 감액 처리함에 있어서 수 개의 자산계정에 기업업무추진비가 계상된 경우 그 감액의 순위는 다음에 의한다.
① 건설중인 자산
② 고정자산

제6절 과다경비 등의 손금불산입

I 인건비

1. 인건비의 의의

근로기준법에서는 인건비를 임금으로 총칭하고 있는데 임금이라 함은 근로의 대가로 근로자에게 임금, 봉급 기타 여하한 명칭으로든지 지급하는 일체의 금품을 말한다.(근로기준법 2) 법인세법에서는 이러한 인건비에 대해 사용인과 임원을 나누어 규제하고 있다.

2. 인건비의 손금불산입

1) 급여의 손금불산입

수령자	손금산입 여부	세무처리
임원	손금산입	원칙적으로 손금에 산입함
임원	손금불산입	- 지배주주 등인 임원에게 정당한 사유 없이 동일 직위에 있는 지배주주 등 외의 임원에게 지급하는 금액을 초과하여 보수를 지급한 경우 그 초과금액 - 비상근임원의 경우 부당행위계산의 부인에 해당하는 금액
직원	손금산입	원칙적으로 손금에 산입함
직원	손금불산입	지배주주 등인 직원에게 정당한 사유 없이 동일 직위에 있는 지배주주 등 외의 사용인에게 지급하는 금액을 초과하여 보수를 지급한 경우 그 초과금액
합명회사 또는 합자회사의 노무출자사원	손금불산입	노무출자사원이 노무의 대가로 받는 보수는 이익의 처분으로 의제되어 손금불산입함.

여기서 "지배주주 등"이란 법인의 발행주식총수 또는 출자총액의 1% 이상을 소유한 주주 등으로서 그와 특수관계에 있는 자와의 소유 주식 또는 출자지분의 합계가 해당 법인의 주주 등 중 가장 많은 경우의 해당 주주 등을 말한다.(법령 43의⑦)

2) 상여금의 손금불산입

수령자	손금산입 여부	세무처리
임원	손금산입	정관·주주총회·사원총회 또는 이사회의 결의에 의하여 결정된 급여지급기준에 의하여 지급하는 상여금 규정이 없는 경우 전액 손금불산입
	손금불산입	- 급여지급기준을 초과하여 지급한 경우 그 초과금액 - 이익처분에 의하여 지급하는 상여금
직원	손금산입	원칙적으로 손금에 산입함
	손금불산입	이익처분에 의하여 지급하는 상여금
합명회사 또는 합자회사의 노무출자사원	손금불산입	노무출자사원이 노무의 대가로 받는 보수는 이익의 처분으로 의제되어 손금불산입함

3) 퇴직급여의 손금불산입

수령자	손금산입 여부		세무처리
임원	손금산입	정관에 퇴직급여로 지급할 금액이 정하여진 경우	정관에 정해진 금액(정관에서 위임된 규정 포함, 퇴직위로금등 포함)
		그 외의 경우	퇴직 직전 1년간의 총급여액* × 1/10 × 근속연수**
	손금불산입		임원퇴직급여 한도초과액
직원	손금산입		전액 손금에 산입함.
	손금불산입		-

* 퇴직 직전 1년간의 총급여액

총급여액에 포함되는 급여	총급여액에서 제외되는 급여
① 급여·임금·보수·상여 등 이와 유사한 성질의 급여	① 인정상여 ② 임원퇴직소득 한도초과액 ③ 근무기간 중 지급받는 직무발명보상금 ④ 소득세 비과세근로소득 ⑤ 손금불산입액

** 근속연수 : 근속연수는 역에 따라 계산하고, 1개월 미만은 없는 것으로 한다.

> **참고 현실적 퇴직의 범위(법령 44 ②, 법기통 26-44-3)**
>
> 현실적인 퇴직은 퇴직급여를 실제로 지급한 경우로서 다음의 어느 하나에 해당하는 경우를 포함한다.
> ① 법인의 직원이 해당 법인의 임원으로 취임한 때.
> ② 법인의 임원 또는 직원이 그 법인의 조직변경·합병·분할 또는 사업양도에 따라 퇴직한 때
> ③ 「근로자퇴직급여 보장법」에 따라 퇴직급여를 중간정산하여 지급한 때(중간정산시점부터 새로 근무연수를 기산하여 퇴직급여를 계산하는 경우에 한정) 이 경우 근무연수는 직전 퇴직급여 중간정산 대상기간의 종료일의 다음날부터 기산하여 퇴직급여를 계산하는 경우에 한정한다.
> ④ 법인의 임원에 대한 급여를 연봉제로 전환함에 따라 향후 퇴직급여를 지급하지 않는 조건으로 그 때까지의 퇴직급여를 정산하여 지급한 때. 다만, 전환 이후 근속연수에 대하여 별도의 퇴직금을 지급하면 당초 중간정산한 퇴직금은 손금에 산입할 수 없으며 업무무관가지급금에 해당한다.
> ⑤ 임원에게 정관 또는 정관에서 위임된 퇴직급여지급규정에 따라 장기 요양 등의 사유로 그 때까지의 퇴직급여를 중간정산하여 지급한 때(중간정산시점부터 새로 근무연수를 기산하여 퇴직급여를 계산하는 경우에 한정) 이 경우 근무연수는 직전 퇴직급여 중간정산 대상기간의 종료일의 다음날부터 기산하여 퇴직급여를 계산하는 경우에 한정한다.
> ⑥ 법인의 직영차량 운전기사가 법인소속 지입차량의 운전기사로 전직하는 경우
> ⑦ 법인의 임원 또는 사용인이 사규에 따라 정년퇴직을 한 후 다음날 동 법인의 별정직 사원(촉탁)으로 채용된 경우
> ⑧ 합병으로 소멸하는 피합병법인의 임원이 퇴직급여지급규정에 따라 퇴직급여를 실제로 지급받고 합병법인의 임원이 된 경우
> ⑨ 법인의 상근임원이 비상근임원으로 된 경우

> **참고 퇴직으로 보지 않는 경우**
>
> 다음의 어느 하나에 해당하는 경우에는 현실적인 퇴직으로 보지 않는다.
> ① 임원이 연임된 경우
> ② 법인의 대주주 변동으로 인하여 계산의 편의, 기타 사유로 전사용인에게 퇴직급여를 지급한 경우
> ③ 외국법인의 국내지점 종업원이 본점(본국)으로 전출하는 경우
> ④ 정부투자기관 등이 민영화됨에 따라 전종업원의 사표를 일단 수리한 후 재채용한 경우
> ⑤ 「근로자퇴직급여 보장법」에 따라 퇴직급여를 중간정산하기로 하였으나 이를 실제로 지급하지 아니한 경우. 다만, 확정된 중간정산 퇴직급여를 회사의 자금사정 등을 이유로 퇴직급여 전액을 일시에 지급하지 못하고 노사합의에 따라 일정기간 분할하여 지급하기로 한 경우에는 그 최초 지급일이 속하는 사업연도의 손금에 산입한다.
> ⑥ 법인분할에 있어서 분할법인이 분할신설법인으로 고용을 승계한 임직원에게 퇴직금을 실제로 지급하지 않고 퇴직급여충당금을 승계한 경우
> ⑦ 법인의 임원 또는 사용인이 특수관계 있는 법인으로 전출하는 경우에 전입법인이 퇴직급여상당액을 인수하여 퇴직급여충당금으로 계상할 때

Ⅱ 복리후생비의 손금불산입

법인이 그 임원 또는 직원을 위하여 지출한 복리후생비 중 다음의 어느 하나에 해당하는 비용 외의 비용은 손금에 산입하지 않는다. 이 경우 사용인에 「파견근로자보호 등에 관한 법률」에 따른 파견근로자를 포함한다.(법령 45)

① 직장체육비
② 직장문화비
③ 직장회식비
④ 우리사주조합의 운영비
⑤ 「국민건강보험법」및 「노인장기요양보험법」에 따라 사용자로서 부담하는 보험료 및 부담금
⑥ 「영유아보육법」에 의하여 설치된 직장어린이집의 운영비
⑦ 「고용보험법」에 의하여 사용자로서 부담하는 보험료
⑧ 기타 임원 또는 직원에게 사회통념상 타당하다고 인정되는 범위에서 지급하는 경조사비 등 ① 내지 ⑦의 비용과 유사한 비용

Ⅲ 여비 등의 손금불산입

법인이 임원 또는 직원이 아닌 지배주주 등(특수관계에 있는 자를 포함)에게 지급한 여비 또는 교육훈련비는 해당 사업연도의 소득금액 계산에 있어서 이를 손금에 산입하지 않는다.(법령 46)

Ⅳ 공동경비의 손금불산입

법인이 해당 법인 외의 자와 동일한 조직 또는 사업 등을 공동으로 운영하거나 영위함에 따라 발생 되거나 지출된 손비 중 다음의 기준에 따른 분담금액을 초과하는 금액은 해당 법인의 소득금액을 계산할 때 손금에 산입하지 않는다.(법법 26 4, 법령 48) 다만, 공동행사비는 참석인원비율, 공동구매비는 구매금액비율, 국외 공동광고선전비는 수출금액비율, 국내 공동광고선전비는 국내 매출액비율, 무형자산의 공동사용료는 해당 사업연도 개시일의 기업회계기준에 따른 자본의 총합계액을 적용할 수 있다.

구분		분담기준
① 출자공동사업의 경우		출자 비율
② 기타 비출자 공동사업의 경우	㉠ 비출자공동사업자 사이에 특수관계가 있는 경우	직전 사업연도 또는 해당 사업연도의 매출액 비율과 총자산가액 비율* 중 법인이 선택한 비율
	㉡ 비출자공동사업자 사이에 특수관계가 없는 경우	약정에 따른 분담비율 (다만, 약정 비율이 없는 경우 ㉠의 분담기준에 따름)

* 법인이 선택하지 않은 경우에는 직전 사업연도의 매출액 비율을 선택한 것으로 보며, 선택한 사업연도부터 연속하여 5개 사업연도 동안 적용하여야 한다.

V 업무와 관련 없는 자산(비용)의 손금불산입

1. 개요

내국법인이 지출한 비용 중 다음의 금액은 각 사업연도의 소득금액을 계산할 때 손금에 산입하지 않는다(법법 27).

① 업무와 직접 관련이 없다고 인정되는 자산(업무무관자산)을 취득·관리함으로써 생기는 비용, 유지비, 수선비 및 이와 관련되는 비용(취득세 및 등록세 제외)
② 타인(비출자 임원, 소액주주인 임원, 직원 제외)이 주로 사용하는 장소·건축물·물건 등의 유지비·관리비·사용료와 이와 관련되는 지출금
③ 출자 임원(소액주주인 임원 제외) 또는 그 친족이 사용하는 사택의 유지비·관리비·사용료와 이와 관련되는 지출금
④ 업무무관자산을 취득하기 위한 자금의 차입과 관련된 비용(지급보증료, 알선수수료, 인지세, 서류 작성 비용, 담보 설정 비용 등)
⑤ 해당 법인이 공여한「형법」또는「국제상거래에 있어서 외국공무원에 대한 뇌물방지법」에 따른 뇌물에 해당하는 금전 및 금전 외의 자산과 경제적 이익의 합계액
⑥「노동조합 및 노동관계조정법」을 위반하여 지급하는 급여
⑦ 채무보증으로 인하여 발생한 구상채권 및 지급이자 손금불산입 대상 가지급금에 해당하는 채권의 처분손실

2. 업무무관자산의 범위

1) 부동산

(1) 법인의 업무에 직접 사용하지 않는 부동산(다만, 유예기간이 경과하기 전까지의 기간 중에 있는 부동산은 제외)
업무 무관 부동산 판정 시 법인의 업무라 함은 다음의 업무를 말한다.

① 법령에서 업무를 정한 경우에는 그 법령에 규정된 업무
② 각 사업연도 종료일 현재의 법인 등기부상의 목적사업(행정관청의 인가·허가 등을 요하는 사업의 경우에는 그 인가·허가 등을 받은 경우에 한함)으로 정해진 업무

(2) 유예기간 중에 해당 법인의 업무에 직접 사용하지 않고 양도하는 부동산(다만, 부동산매매업을 주업으로 하는 경우는 제외)

구 분	유예기간
건축물 또는 시설물 신축용 토지	취득일부터 5년
부동산매매업을 주업으로 하는 법인이 취득한 매매용부동산	취득일부터 5년
그 외의 부동산	취득일부터 2년

2) 동산

① 서화 및 골동품(다만, 장식·환경미화 등의 목적으로 사무실·복도 등 여러 사람이 볼 수 있는 공간에 항상 비치하는 것을 제외)
② 업무에 직접 사용하지 않는 자동차·선박 및 항공기(저당권의 실행 기타 채권을 변제받기 위하여 취득한 것으로서 취득일부터 3년이 경과되지 아니한 것을 제외)
③ 기타 위 ①, ②와 유사한 자산으로서 해당 법인의 업무에 직접 사용하지 않는 자산

제7절 업무용승용차 관련비용의 손금불산입

I 업무용승용차 관련비용의 손금불산입 등 특례

1. 개요

법인 차량의 손금산입이 인정되는 비용의 범위를 명확하게 하기 위하여 내국법인이 업무용승용차의 취득·유지·관리를 위하여 각 사업연도에 지출한 비용(업무용승용차 관련비용) 중 업무용 사용금액을 초과하지 아니한 사용금액에 한정하여 해당 사업연도의 손금에 산입하도록 하였다.

2. 손금산입의 범위

1) 감가상각비의 손금산입

「개별소비세법」에 해당하는 승용자동차에 대한 감가상각비는 각 사업연도의 소득금액을 계산할 때 **정액법을 상각방법으로 하고, 내용연수를 5년**으로 하여 계산한 금액을 감가상각비로 손금에 산입하여야 한다(법법 27의2 ①, 법령 50의2 ①, ②, ③) 다만, 다음의 경우는 제외한다.

① 운수업, 자동차판매업, 자동차임대업(렌트회사), 시설대여업(리스회사), 운전학원업 등에서 사업상 수익 창출을 위해 직접적으로 사용하는 승용차
② 한국표준산업분류표 중 장례식장 및 장의관련 서비스업을 영위하는 법인이 소유하거나 임차한 운구용 승용차
③ 연구개발을 목적으로 사용하는 승용자동차로서 대통령령으로 정하는 것

2) 업무용승용차 관련비용의 손금산입

내국법인이 업무용승용차를 취득하거나 임차하여 해당 사업연도에 발생하는 감가상각비, 임차료, 유류비, 수선비, 자동차세, 통행료, 금융리스 부채에 대한 이자비용 등 업무용승용차 관련비용 중 다음에 해당하는 업무용 사용금액에 해당하지 않는 금액은 해당 사업연도의 소득금액을 계산할 때 손금에 산입하지 않는다 (법법 27의2 ②, 법령 50의2 ③, ④, ⑧).

① 해당 사업연도 전체 기간(임차한 승용차의 경우 해당 사업연도 중에 임차한 기간) 동안 다음의 어느 하나에 해당하는 사람이 운전하는 경우만 보상하는 자동차보험에 가입한 경우(③의 경우는 제외): 업무용승용차 관련비용에 업무사용비율을 곱한 금액. 이 경우 해당 법인의 임원, 직원 또는 계약에 따라 해당 법인의 업무를 위해 운전하는 타인으로 운전자를 한정하는 임차 승용차에 대한 임대차 특약을 체결한 경우에는 업무전용 자동차보험에 가입한 것으로 본다.
  ㉠ 해당 법인의 임원 또는 직원
  ㉡ 계약에 따라 해당 법인의 업무를 위하여 운전하는 사람
  ㉢ 해당 법인의 업무를 위하여 필요하다고 인정되는 경우로서 법인의 운전자 채용을 위한 면접에 응시한 지원자
② ①에 따른 자동차보험에 가입하지 않은 경우: 전액 손금불인정
③ 국토교통부장관이 정하는 바에 따라 법인업무용 자동차번호판을 부착하여야 하는 업무용승용차(차량가액 8천만원 이상)가 해당 자동차번호판을 부착하지 않은 경우: 전액 손금불인정

3) 업무사용비율

(1) 운행기록 등을 작성·비치한 경우

$$\text{업무사용비율} = \frac{\text{업무용승용차의 업무용 사용거리}}{\text{업무용승용차의 총 주행거리}}$$

(2) 운행기록 등을 작성·비치하지 않은 경우

운행기록 등을 작성·비치하지 아니한 경우 해당 업무용승용차의 업무사용비율은 다음의 구분에 따른 비율로 한다. 단 해당 사업연도가 1년 미만인 경우에는 1,500만원에 해당 사업연도의 월수를 곱하고 이를 12로 나누어 산출한 금액으로 하며, 사업연도 중 일부 기간 동안 보유하거나 임차한 경우에는 1,500만원에 해당 보유기간 또는 임차기간 월수를 곱하고 이를 사업연도 월수로 나누어 계산한다. 또한 부동산임대업 주업 법인 등의 경우에는 '1,500만원'을 '500만원'으로 한다.(법령 50의2 ⑮)

① 해당 사업연도의 업무용승용차 관련비용이 1,500만원 이하인 경우: 100%
② 해당 사업연도의 업무용승용차 관련비용이 1,500만원을 초과하는 경우: 1,500만원을 업무용승용차 관련비용으로 나눈 비율

3. 한도초과액의 이월

1) 감가상각비 및 임차료

(1) 개요

업무사용금액 중 다음의 구분에 해당하는 비용이 해당 사업연도에 각각 800만원*을 초과하는 경우 그 초과하는 감가상각비 한도초과액**은 해당 사업연도의 손금에 산입하지 않고 이월하여 손금에 산입한다(법법 27의2 ③). 다만 부동산임대업을 주된 사업으로 하는 등 대통령령으로 정하는 요건에 해당하는 내국법인의 경우에는 그 한도액을 400만원으로 한다.(법법 27의2 ⑤).

① 업무용승용차별 감가상각비 × 업무사용비율

② 업무용승용차별 임차료 중 보험료와 자동차세 등을 제외한 금액으로서 기획재정부령으로 정하는 금액*** 감가상각비 상당액 × 업무사용비율

* 해당 사업연도가 1년 미만인 경우 800만원에 해당 사업연도의 월수를 곱하고 이를 12로 나누어 산출한 금액을 말하고, 사업연도 중 일부 기간 동안 보유하거나 임차한 경우에는 800만원에 해당 보유기간 또는 임차기간 월수를 곱하고 이를 사업연도 월수로 나누어 산출한 금액을 말하고, 사업연도 중 일부 기간 동안 보유하거나 임차한 경우에는 800만원에 해당 보유기간 또는 임차기간 월수를 곱하고 이를 사업연도 월수로 나누어 산출한 금액을 말한다.

** 감가상각비 한도초과액이란 감가상각금액에 업무사용비율을 곱하여 산출한 금액에서 800만원(해당 사업연도가 1년 미만인 경우 800만원에 해당 사업연도의 월수를 곱하고 이를 12로 나누어 산출한 금액)을 차감하여 계산한다.

*** "기획재정부령으로 정하는 금액"이란 다음의 구분에 따른 금액을 말한다.(법칙 27의2 ⑤)
  ① 「여신전문금융업법」에 따라 등록한 시설대여업자로부터 임차한 승용차: 임차료에서 해당 임차료에 포함되어 있는 보험료, 자동차세 및 수선유지비를 차감한 금액. 다만, 수선유지비를 별도로 구분하기 어려운 경우에는 임차료(보험료와 자동차세를 차감한 금액)의 7%를 수선유지비로 할 수 있다.
  ② ①에 따른 시설대여업자 외의 자동차대여사업자로부터 임차한 승용차: 임차료의 70%에 해당하는 금액

(2) 이월손금산입 방법

감가상각비 한도초과액은 다음의 방식에 따라 이월하여 손금산입한다(법령 50의2 ⑪).

① 감가상각비 이월액

해당 사업연도의 다음 사업연도부터 해당 업무용승용차의 업무사용 금액 중 감가상각비가 800만원(부동산임대법인등의 경우 400만원)에 미달하는 경우 그 미달하는 금액을 한도로 하여 손금으로 추인한다.

② 업무용승용차별 임차료 중 보험료와 자동차세 등을 제외한 금액 등의 이월액

해당 사업연도의 다음 사업연도부터 해당 업무용승용차의 업무사용금액 중 감가상각비상당액이 800만원(과점주주등이 운영하는 부동산임대법인등의 경우 400만원)에 미달하는 경우 그 미달하는 금액을 한도로 손금에 산입한다.

(3) 소득처분

업무용승용차의 감가상각비 한도초과액을 손금불산입하는 경우, 해당 금액은 이후 사업연도에 이월하여 손금으로 추인하게 되므로 **유보**로 소득처분 한다(법령 106 ① 2). **다만, 업무용승용차의 임차료에 대한 감가상각비 한도초과액을 손금불산입하는 경우에는 기타사외유출**로 소득처분 한다(법령 106 ① 3 다).

2) 처분손실

업무용승용차를 처분하여 발생하는 손실로서 업무용승용차별로 800만원(해당 사업연도가 1년 미만인 경우 800만원에 해당 사업연도의 월수를 곱하고 이를 12로 나누어 산출한 금액)을 초과하는 금액은 해당 사업연도의 다음 사업연도부터 800만원을 균등하게 손금에 산입한다. 다만 과점주주 등이 운영하는 부동산임대법인 등의 경우에는 "800만원"을 각각 "400만원"으로 한다(법법 27의2 ④⑤, 법령 50의2 ⑬).

3) 해산하는 경우

내국법인이 해산(합병·분할 또는 분할합병에 따른 해산을 포함)한 경우에는 이월된 금액 중 남은 금액을 해산등기일(합병·분할 또는 분할합병에 따라 해산한 경우에는 합병등기일 또는 분할등기일)이 속하는 사업연도에 모두 손금에 산입한다(법칙 27의2 ⑦).

제 8 절 지급이자 손금불산입

I 개요

차입금에 대한 지급이자는 순자산을 감소시키는 손비이므로 각 사업연도의 소득금액 계산시 손금에 산입함을 원칙으로 한다. 다만, 법인의 재무구조 개선 및 비생산적인 자산 취득을 방지하기 위한 조세 정책적 목적 등 여러 가지 이유로 일정 요건에 해당하는 지급이자는 예외적으로 손금에 산입하지 않는다.

손금불산입항목	입법취지	소득처분
채권자불분명사채이자 (법법 28 ① 1)	가공채무계상 등 변칙적 자금거래 규제 및 금융실명거래 유도	원천징수세액 : 기타사외유출 잔액 : 대표자상여
지급받은 자 불분명 채권이자 등 (법법 28 ① 2)		
건설자금이자 (법법 28 ① 3)	자산의 취득부대비용적 성격	건설중인 자산 : 유보 완성자산 : 즉시상각의제
업무무관자산·업무무관가지급금 관련 지급이자 (법법 28 ① 4)	재무구조개선 및 비생산적자산 취득규제	기타사외유출

II 차입금 및 차입금 이자의 범위 (법기준 28-0-2)

지급이자에 포함되는 것	지급이자에 포함되지 않는 것
① 금융어음 할인료 ② 미지급이자 ③ 금융리스료 중 이자상당액 ④ 사채할인발행차금 상각액 ⑤ 전환사채의 만기보유자에게 지급하는 상환할증금 ⑥ 회사정리계획인가결정에 의해 면제받은 미지급이자	① 상업어음 할인액(매각거래로 보는 경우) ② 선급이자 ③ 현재가치할인차금 상각액 ④ 연지급수입에 있어서 취득가액과 구분하여 지급이자로 계상한 금액(Banker's Usance 이자 등) ⑤ 지급보증료·신용보증료·지급수수료 ⑥ 금융기관의 차입금을 조기 상환하는 경우 지급하는 조기상환수수료

III 지급이자 손금불산입 내용

1. 채권자가 불분명한 사채의 이자

채권자가 불분명한 사채이자는 법인의 소득금액 계산상 전액 손금불산입하여 대표자에 대한 상여로 소득처분하되, 동 이자에 대한 원천징수세액 상당액은 대표자에게 귀속될 성질의 지출이 아니므로 기타사외유출로 소득처분 한다.(법기통 67-106…3)

2. 지급받은 자가 불분명한 채권·증권의 이자 또는 할인액

채권·증권의 이자·할인액 또는 차익 중 그 지급받은 자가 불분명한 이자 등에 대하여는 법인의 소득금액 계산상 손금에 산입하지 않도록 규정하고 있다.

3. 건설자금이자

1) 개요

건설자금이자는 그 명목여하에 관계없이 사업용 유형자산 및 무형자산의 매입·제작 또는 건설에 소요되는 차입금에 대한 지급이자 또는 이와 유사한 성질의 지출금을 말하는 것으로, 금융기관으로부터 차입하는 때에 지급하는 지급보증료, 신용보증료는 "지급이자 또는 이와 유사한 성질의 지출금"으로 본다(법령 52). 현행 법인세법은 건설자금이자를 손금에 산입하지 않고 자산의 취득원가에 산입하도록 규정하고 있다.

2) 건설자금이자 계산 대상 기간

(1) 건설자금이자 계산의 기산일

건설자금이자 계산의 기산일은 건설을 개시한 날을 말하며, 건설 기간과 금융비용 발생 기간이 중복되는 기간만이 건설자금이자의 계산대상 기간이 된다.

(2) 건설자금이자 계산의 종료일

건설자금이자의 계산 기간의 종료일은 건설이 준공된 날로 한다. 따라서, 특정차입금 중 해당 건설 등이 준공된 후에 남은 차입금에 대한 이자는 가 사업연도의 손금으로 한다(법령 52 ⑤, ⑥).

구분	내용
① 토지매입의 경우	대금청산일. 단, 대금 청산 전 토지를 사업에 사용한 경우에는 그 사업에 사용되기 시작한 날
② 건축물의 경우	소득세법의 규정에 의한 취득일 또는 당해 건설의 목적물이 그 목적에 실제로 사용되기 시작한 날(사용개시일) 중 빠른 날
③ 기타 사업용 고정자산의 경우	사용개시일

(3) 건설중단 기간

건설중단 기간에도 자본화를 계속하는 것이 원칙이나〈법인 1264.21-207, 1984. 1. 18.〉, 정당한 사유 없이 건설을 중단한 경우에는 중단한 기간동안 업무무관자산에 해당하므로(법칙 26 ③ 1), 해당 기간동안 자본화를 중단하고 업무무관자산 등에 대한 지급이자 손금불산입 규정만 적용한다〈재법인 22631-71, 1992. 3. 30.〉.

3) 특정차입금 이자

(1) 의의

특정차입금 이자란 명목여하에 불구하고 사업용 고정자산의 매입·제작 또는 건설에 소요되는 차입금에 대한 지급이자 또는 이와 유사한 성질의 지출금을 말한다.(법령 52 ①)

(2) 건설자금 이자의 세무처리

특정차입금에 대한 지급이자 등은 건설 등이 준공된 날까지 이를 자본적 지출로 하여 그 원본에 가산한다. 다만, 특정차입금의 일시 예금에서 생기는 수입 이자는 원본에 가산하는 자본적 지출금액에서 차감한다.(법령 51 ②)

(3) 준공 후 이자

특정차입금 중 해당 건설 등이 준공된 후에 남은 차입금에 대한 이자는 각 사업연도의 손금으로 한다. 이 경우 건설 등의 준공일은 당해 건설 등의 목적물이 전부 준공된 날로 한다.

> 건설자금이자 = (건설기간중 특정차입금이자 - 운영자금전용이자) - 수입이자

4) 일반차입금 이자

건설자금에 충당한 차입금의 이자중 일반차입금 이자는 ①과 ② 중 적은 금액은 내국법인의 각 사업연도의 소득금액을 계산할 때 이를 손금에 산입하지 않을 수 있다.(법령 52 ⑦)

① 해당 사업연도 중 건설 등에 소요된 기간에 실제로 발생한 일반차입금의 지급이자 등의 합계

② = ㉠ × ㉡

> ㉠ $\dfrac{\text{해당 건설 등에 대하여 해당 사업연도에 지출한 금액의 적수}}{\text{해당 사업연도 일수}} - \dfrac{\text{해당 사업연도의 특정차입금의 적수}}{\text{해당 사업연도 일수}}$
>
> ㉡ 일반차입금에서 발생한 지급이자 등의 합계액 ÷ $\dfrac{\text{해당 사업연도의 일반차입금의 적수}}{\text{해당 사업연도 일수}}$

> **세부내용** 지급이자와 수입배당금 계산순서
>
> 지급이자 손금불산입과 수입배당금 익금불산입이 혼합된 문제의 경우 다음과 같은 순서에 따라 문제에 접근한다. 지급이자를 먼저 계산하는 이유는 수입배당금 익금불산입 계산시 차감이자에는 손금불산입대상 지급이자가 포함되지 않기 때문이다.
> ① 지급이자 손금불산입 계산
> ② 수입배당금 익금불산입

➕ 참고 건설자금이자 규정 비교

구분	한국채택 국제회계기준	법인세법
자본화 대상	적격자산 (유형자산, 무형자산, 투자부동산, 제조 또는 건설기간이 장기인 재고자산)	사업용 유형자산과 무형자산 (재고자산 제외)
강제 여부	강제	특정차입금 : 강제 일반차입금 : 선택
특정 차입원가	금융비용 - 일시적 운용수익	금융비용 - 일시적 운용수익 - 운영자금 전용 이자
일시예치액	특정차입금 연평균액에서 차감	특정차입금 연평균액에서 차감하지 않음
일반 차입원가	Min[①, ②] ① (적격자산 연평균 지출액 - 특정차입금 연평균 지출액) × 자본화 이자율 ② 한도 : 해당 사업연도 일반차입금 이자	Min[①, ②] ① (건설 등 연평균 지출액 - 특정차입금 연평균 지출액) × 자본화 이자율 ② 한도 : 자본화기간의 일반차입금 이자

5) 건설자금이자의 세무조정

구분		내용
건설자금이자의 과소계상	비상각자산	과소계상액을 손금불산입 유보로 처분하여 해당 자산의 취득원가에 가산하고 이후 자산을 매각하는 사업연도에 손금산입 △유보로 추인한다.
	상각자산 - 건설이 완료된 경우	당해연도에 건설 등이 완료된 경우 법인이 손금으로 계상한 건설자금이자는 동액 만큼 감가상각한 것으로 의제한다. 따라서 동 이자는 시부인대상 감가상각비에 포함시켜 시부인하고, 감가상각비의 한도초과액이 나온 경우 손금불산입한다(법령 31 ①).
	상각자산 - 건설중인 경우	각 사업연도 말에 건설이 진행 중인 고정자산에 대해 과소계상된 건설자금이자는 일단 손금불산입한다. 이후 당해 고정자산의 건설이 완료되어 사용하는 날이 속하는 사업연도부터 동 손금불산입된 건설자금이자를 상각부인액으로 보아서 당해 사업연도의 시인부족액의 범위 내에서 손금추인한다(법기통 23-32…1).
건설자금이자의 과대계상		법인이 건설자금이자를 과다하게 계상한 금액은 손금에 산입후 △유보로 처분하고, 이후 감가상각 또는 양도 시 손금불산입 유보로 추인한다(법기통 28-52…1 2).

참고 건설자금이자의 세무조정 요약

구분			세무조정	
			당기	차기이후
건설자금이자 과소계상	비상각자산		손금불산입(유보)	처분시점에 손금산입 (△유보)
	상각자산	건설이 완료된 경우	즉시상각의제로 시부인 계산	
		건설 중인 경우	손금불산입(유보)	준공된 사업연도에 감가상각부인액으로 보아 시인부족액 범위 내에서 손금추인(△유보)
건설자금이자 과대계상			손금산입(△유보)	감가상각 또는 양도시 손금불산입(유보) 처리

4. 업무무관자산 및 업무무관가지급금 등에 대한 지급이자

1) 개요

법인세법에서는 법인의 부동산투기 억제 및 비생산적인 자금 활용 규제 목적으로 법인이 업무무관자산을 보유하고 있거나 특수관계자에게 업무와 관련 없는 가지급금을 지급하고 있는 경우에는 그에 상당하는 차입금의 이자를 손금불산입한다(법령 53).

2) 업무무관자산의 범위

지급이자 손금불산입의 적용을 받는 업무무관자산이란 당해 법인의 업무와 직접 관련이 없다고 인정되는 자산을 말한다.

3) 업무무관가지급금의 범위

업무무관가지급금이란 명칭여하에 관계없이 해당 법인의 업무와 관련이 없는 자금의 대여액(금융기관 등의 주된 수익사업으로 볼 수 없는 자금의 대여액을 포함)을 말하는 것으로서, 지급이자 손금불산입 대상은 특수관계자에 대한 대여금만 해당된다.(법령 53 ①) **다음의 경우에는 업무와 관련 없는 가지급금으로 보지 않는다.**(법칙 28 ①, 44)

① 지급의제된 배당소득과 상여금에 대한 소득세를 법인이 대납한 금액(지급의제 소득에 대한 소득세를 한도로 함)
② 정부의 허가를 받아 국외에 자본을 투자한 내국법인이 당해 국외투자법인에 종사하거나 종사할 직원의 여비·급료 기타 비용을 대신 부담한 금액
③ 우리사주조합 또는 조합원에게 우리사주조합이 설립한 회사의 주식 취득에 소요되는 자금의 대여액

④ 국민연금법에 의해 근로자가 지급받은 것으로 보는 퇴직금전환금
⑤ 귀속이 불분명하여 대표자 상여로 처분한 금액에 대한 소득세를 법인이 대납한 금액
⑥ 직원에 대한 월정급여액의 범위 내에서의 일시적인 급여 가불금
⑦ 직원에 대한 경조사비 또는 학자금(자녀의 학자금을 포함)의 대여액
⑧ 중소기업에 근무하는 직원(지배주주등인 직원은 제외)에 대한 주택구입 또는 전세자금의 대여액
⑨ 한국자산관리공사가 출자총액의 전액을 출자하여 설립한 법인에 대여한 금액

4) 업무무관자산 등에 대한 지급이자의 계산

업무무관자산 등에 대한 지급이자로서 손금에 산입하지 않는 지급이자는 다음과 같이 계산한다(법령 53 ②, ③).

$$\text{손금불산입 지급이자} = \text{지급이자} \times \frac{(\text{업무무관자산가액 적수} + \text{업무무관가지급금 적수})}{\text{차입금 적수}}$$

* ① (업무무관자산가액 적수 + 업무무관가지급금 적수)는 차입금 적수를 한도로 한다.
② 가지급금 적수 계산시 가지급금이 발생한 초일은 산입하고 회수된 날은 제외한다.
③ 동일인에 대한 가지급금과 가수금이 함께 있는 경우에는 이를 상계한 금액으로 한다. 다만, 발생시에 각각 상환기간 및 이자율 등에 관한 약정이 있어 상계할 수 없는 경우에는 이를 상계하지 않는다.

Ⅳ 징벌적 목적의 손해배상금 등에 대한 손금불산입

내국법인이 지급한 또는 그 밖에 이와 유사한 방식으로 실제 발생한 손해액의 일정 배수를 한도로 손해배상책임을 정하는 법률에 따른 손해배상금 중 실제 발생한 손해를 초과하여 지급하는 금액은 내국법인의 각 사업연도의 소득금액을 계산할 때 손금에 산입하지 않는다(법법 21의2). 이 규정을 적용할 때 실제 발생한 손해액이 분명하지 않은 경우에는 다음에 따라 계산한 금액을 손금불산입 대상 손해배상금으로 한다(법령 23 ②).

$$\text{손금불산입 대상 손해배상금} = \text{법률 등에 따라 지급한 손해배상금} \times \frac{\text{실제 발생한 손해액 대비 손해배상액의 배수 상한} - 1}{\text{실제 발생한 손해액 대비 손해배상액의 배수 상한}}$$

제5장 감가상각비의 손금산입

제1절 개요

I 감가상각의 의의

세무상 감가상각이란 결산조정에 의해 감가상각비를 손비로 계상하는 경우로 한정하며 법에서 정한 상각범위액까지만 손금에 산입하고 상각범위액을 초과하는 금액은 손금불산입처분한다.

II 세무상 감가상각의 특징

1. 감가상각 계산 요소의 법정화

기업회계에서는 수익과 비용의 적정한 대응을 목적으로 감가상각비를 의무적으로 계상하도록 하고 있으며, 감가상각방법에 있어서 합리성·체계성을 전제로 폭넓은 선택을 허용하고 있다. 반면 법인세법은 조세부담의 공평성과 국가정책적인 목적 등을 위해 감가상각에 필요한 제반 요소(내용연수, 잔존가액, 상각방법)등을 구체적으로 규정함으로써 법인의 자의성을 일정 부분 제약하고 있다.

2. 임의상각제도

1) 원칙

고정자산에 대한 감가상각비는 법인이 각 사업연도에 이를 손금으로 계상한 경우에 한하여 상각범위액 안에서 손금으로 인정되는 결산조정 사항이다. 이는 법인 스스로가 상각범위액을 초과하지 않는 범위 내에서 감가상각비의 계상 여부나 금액 또는 손금산입 시기를 임의적으로 선택할 수 있음을 의미한다.

2) 감가상각비 손금계상 누락에 대한 경정청구

법인이 임의로 감가상각비를 미계상하거나 상각범위액에 미달하여 계상한 경우에도 과세관청은 그 부족액을 적극적으로 손금에 산입할 수 없는 것이며, 법인이 결산 시 장부에 계상하지 아니한 감가상각비는 이를 세무조정을 통해 손금에 산입하거나 국세기본법의 규정에 의하여 경정청구할 수 없다(통칙 23-0…1).

3) 신고조정이 허용되는 경우

다음의 경우에는 일정한도의 범위 내에서 감가상각비를 신고조정에 의하여 손금산입할 수 있다.

① 한국채택국제회계기준(K-IFRS)을 적용하는 내국법인이 보유한 유형자산과 내용연수가 비한정인 무형자산의 경우(법법 23 ②)

② 유형자산 감가상각비의 손금산입특례(조특법 30)
③ 감가상각의제(법령 30)

3. 상각비 최고한도액의 제한

법인이 감가상각비를 손금에 계상하더라도 동 손금이 모두 용인되는 것은 아니다. 즉, 법에서는 각 사업연도에 손금으로 계상할 수 있는 감가상각비의 최고한도액을 정함으로써 이를 초과하여 계상한 금액은 손금에 산입하지 않는다.

제2절 감가상각 대상 자산

1. 감가상각자산의 범위

구분	감가상각 자산
유형자산	① 건축물(건물 및 그 부속설비, 구축물) ② 차량 및 운반구, 공구, 기구 및 비품 ③ 선박 및 항공기 ④ 기계 및 장치 ⑤ 동물 및 식물 ⑥ 기타 위와 유사한 유형자산
무형자산	① 영업권, 디자인권, 실용신안권, 상표권 ② 특허권, 어업권, 해저 광물자원 채취권, 유료도로관리권, 수리권, 전기가스공급시설 이용권, 공업용수도 시설 이용권, 수도시설이용권, 열 공급시설 이용권 ③ 광업권, 전신전화전용시설이용권, 전용측선이용권, 하수종말처리장시설관리권, 수도시설관리권 ④ 댐사용권 ⑤ 개발비 ⑥ 사용수익 기부자산가액 ⑦ 주파수 이용권, 공항시설관리권 및 항만시설관리권

2. 감가상각자산에 포함하는 자산

1) 장기할부 매입자산

장기할부조건 등으로 매입한 고정자산의 경우 법인이 해당 고정자산의 가액 전액을 자산으로 계상하고 사업에 사용하는 경우에는 그 대금의 청산 또는 소유권의 이전 여부에 관계없이 이를 감가상각자산에 포함한다.(법령 24 ④)

2) 금융리스자산

자산을 시설대여하는 자("리스회사")가 대여하는 해당 자산("리스자산") 중 기업회계기준에 따른 금융리스("금융리스")의 자산은 리스이용자의 감가상각자산으로, 금융리스 외의 리스자산은 리스회사의 감가상각자산으로 한다.(법령 24 ⑤)

3) 유휴설비

사업에 사용하지 않는 자산에 대하여는 감가상각을 할 수 없으나, 다음에 해당하지 않는 유휴설비에 대하여는 감가상각이 가능하다(법령 24 ③ 1, 법칙 12 ③).

① 사용 중 철거하여 사업에 사용하지 않는 기계 및 장치 등
② 취득 후 사용하지 않고 보관중인 기계 및 장치 등

3. 감가상각자산에서 제외하는 자산

감가상각자산은 다음의 자산을 포함하지 않는 것으로 한다. (법령 24 ③)

1) 사업에 사용하지 않는 것(유휴설비를 제외)

감가상각자산은 원칙적으로 사업용으로 제공되고 있는 자산에 한한다. 즉, 사업에 사용하지 않는 자산에 대하여는 감가상각을 할 수 없으나, 감가상각자산에 포함되는 유휴설비에 대하여는 감가상각이 가능하다(법령 24 ③ 1, 법칙 12 ③).

2) 건설중인 자산

감가상각자산에서 제외되는 건설중인 자산에는 설치중인 자산 또는 그 성능을 시험하기 위한 시운전기간에 있는 자산을 포함한다. 다만, 건설중인 자산의 일부가 완성되어 당해 부분이 사업에 사용되는 경우 그 부분은 이를 감가상각자산에 해당하는 것으로 한다.(법칙 12 ④)

3) 시간의 경과에 따라 그 가치가 감소되지 않는 것

감가상각은 시간의 경과나 사용에 따라 감소되는 자산의 가치를 인위적인 방법에 따라 합리적으로 추정하여 원가 배분하는 과정이다. 따라서, 시간의 경과에 따라 가치의 변화가 없는 토지 또는 시간의 경과에 따라 오히려 가치가 증대되는 서화, 골동품, 조경수〈법인 46012-3478, 1994. 12. 20.〉 등은 감가상각자산이 아니다(법령 24 ③ 3).

4. 영업권의 범위

감가상각자산의 범위에 해당하는 무형자산으로서의 영업권에는 다음의 금액이 포함되는 것으로 한다(법칙 12 ①).

① 사업의 양도·양수 과정에서 양도·양수 자산과는 별도로 양도사업에 관한 허가·인가 등 법률상의 지위, 사업상 편리한 지리적 여건, 영업상의 비법, 신용·명성·거래선 등 영업상의 이점 등을 감안하여 적절한 평가방법에 따라 유상으로 취득한 금액
② 설립인가, 특정 사업의 면허, 사업의 개시 등과 관련하여 부담한 기금·입회금 등으로서 반환청구를 할 수 없는 금액과 기부금 등

5. 개발비의 범위

1) 개발비의 범위

개발비란 상업적인 생산 또는 사용전에 재료·장치·제품·공정·시스템 또는 용역을 창출하거나 현저히 개선하기 위한 계획 또는 설계를 위하여 연구 결과 또는 관련 지식을 적용하는데 발생하는 비용으로서 당해 법인이 개발비로 계상한 것(법령 24 ① 1 바)을 말하고 만일 법인이 당해 개발비로 계상하지 않았다면 그 금액은 그 지급이 확정된 사업연도의 손금에 산입한다.

2) 미상각 개발비의 처리

개발비는 개발이 완료되어 관련 제품의 판매 또는 사용이 가능하게 된 시점부터 감가상각이 가능하다. 따라서, 개발비를 감가상각자산으로 계상하였으나 해당 제품의 판매 또는 사용이 가능한 시점이 도래하기 전에 개발을 취소한 경우에는 다음의 요건을 모두 충족하는 날이 속하는 사업연도의 손금에 산입하여야 한다(법령 71 ⑤).

① 해당 개발로부터 상업적인 생산 또는 사용을 위한 해당 재료·장치·제품·공정·시스템 또는 용역을 개선한 결과를 식별할 수 없을 것
② 해당 개발비를 전액 손금으로 계상하였을 것

6. 사용수익기부자산의 범위

사용수익 기부자산가액이란 금전 외의 자산을 국가 또는 지방자치단체, 특례기부금 및 일반기부금 대상 법인 또는 단체에 기부한 후 그 자산을 사용하거나 그 자산으로부터 수익을 얻는 경우 해당 자산의 장부가액(법령 24 ① 1 사)을 말하며, 법인이 위에서 열거한 단체 등이 아닌 자에게 사용·수익하는 조건으로 무상으로 기부하는 자산은 사용수익기부자산이 아닌 비일반기부금으로 보아 손금에 산입하지 않는다.

제3절 감가상각 계산요소

I 감가상각 기초가액

1. 감가상각기초가액의 구성요소

감가상각의 기초가액은 고정자산의 취득가액, 취득시점 이후의 자본적 지출로 보는 수선비 및 자산재평가로 인한 평가증액으로 구분된다.

2. 고정자산의 취득가액

감가상각자산의 취득가액은 일반적인 자산의 취득가액에 관한 규정을 적용하며(법령 26 ② 1), 그 중 유의해야 할 사항들은 다음과 같다.

① 장기할부조건으로 고정자산을 매입하고 현재가치할인차금을 계산한 경우에는 현재가치할인차금을 제외한 금액을 고정자산의 취득가액으로 한다.
② 수증받거나 교환에 의한 자산취득의 경우에는 취득당시 시가를 해당 자산의 취득가액으로 한다.
③ 특수관계인으로부터 고정자산을 시가보다 높은 가액으로 매입하여 부당행위계산부인규정이 적용된 경우 해당 시가초과액은 취득가액에 포함되지 않는다.
④ 보험업법등 법률에 의해 평가증된 금액은 고정자산의 취득원가에 가산한다.

3. 수선비의 범위

자본적 지출이란 감가상각자산의 내용연수를 연장시키거나 당해 자산의 가치를 현실적으로 증가시키는 지출을 말하며, **수익적 지출**은 감가상각자산의 원상을 회복시키거나 능률유지를 위한 지출을 말한다.

구분	감가상각 자산
자본적지출	① 본래의 용도를 변경하기 위한 개조 ② 엘리베이터 또는 냉난방장치의 설치 ③ 빌딩 등에 있어서 피난시설 등의 설치 ④ 재해 등으로 본래의 용도에 이용할 가치가 없는 건축물·기계·설비 등의 복구 ⑤ 기타 개량·확장·증설 등 ① 내지 ④와 유사한 성질을 가지는 지출
수익적 지출	① 건물 또는 벽의 도장 ② 파손된 유리나 기와의 대체 ③ 기계의 소모된 부속품 또는 벨트의 대체 ④ 자동차 타이어의 대체 ⑤ 재해를 입은 자산에 대한 외장의 복구·도장 및 유리의 삽입 ⑥ 기타 조업가능한 상태의 유지 등 ① 내지 ⑤와 유사한 성질을 가지는 지출

Ⅱ 내용연수

1. 개요

내용연수란 고정자산이 경제적으로 유효하게 이용될 수 있는 사용가능기간을 의미한다. 세법은 법인의 자의적인 내용연수 선택에 의한 감가상각범위액 계산의 왜곡을 미연에 제거하기 위해 자산별 내용연수뿐 아니라 그 내용연수 적용에 따른 상각률까지도 구체적으로 규정하고 있다.

2. 내용연수의 적용(법령 28 ①)

1) 법정내용연수의 적용

(1) 시험연구용 자산

시험연구용 자산의 경우 기술개발 및 직업훈련에 대한 세제지원을 강화하기 위하여 일반 사업용자산과 달리 별도의 단축된 내용연수를 적용한다. 즉, 시험연구용 자산의 내용연수는 일반 사업용 고정자산과 같이 기준내용연수의 25%를 가감한 내용연수의 범위 내에서 선택하는 것이 아니라 아래에서 정하는 고정된 기준내용연수와 그에 따른 상각률을 그대로 적용하여야 한다(법령 28 ① 1, 법칙 15 ①, ②).

> **⊕ 참고 시험연구용자산의 내용연수표(규칙 별표2)**
>
> | 자산범위 | 자산 명 | 내용연수 |
> |---|---|---|
> | 1. 새로운 지식이나 기술의 발견을 위한 실험연구시설
2. 신제품이나 신기술을 개발할 목적으로 관련된 지식과 경험을 응용하는 연구시설
3. 신제품이나 신기술과 관련된 시제품, 원형, 모형 또는 시험설비 등의 설계, 제작 및 시설을 위한 설비
4. 새로운 기술에 수반되는 공구, 기구 등의 설계 및 시험적 제작을 위한 시설
5. 직업훈련용 시설 | (1) 건물부속설비
(2) 구축물
(3) 기계장치 | 5년 |
> | | (4) 광학기기
(5) 시험기기
(6) 측정기기
(7) 공구
(8) 기타 시험연구용설비 | 3년 |

(2) 무형자산

무형자산(개발비·사용수익기부자산·주파수이용권·공항시설관리권·항만시설관리권 제외)의 경우 일반 사업용자산과 달리 별도의 단축된 내용연수를 적용한다. 즉, 무형자산의 내용연수는 일반 사업용 고정자산과 같이 기준내용연수의 25%를 가감한 내용연수의 범위 내에서 법인이 선택하는 것이 아니라 아래에서 정하는 고정된 기준내용연수와 그에 따른 상각률을 그대로 적용하여야 한다(법령 28 ① 1, 법칙 15 ①, ②)

> **참고 무형자산의 내용연수표(규칙 별표3)**
>
> | 구분 | 내용연수 | 무형고정자산 |
> |---|---|---|
> | 1 | 5년 | 영업권, 의장권, 실용신안권, 상표권 |
> | 2 | 10년 | 특허권, 어업권, 해저광물자원개발법에 의한 채취권(생산량비례법 선택적용), 유료도로관리권, 수리권, 전기가스공급시설이용권, 공업용수도시설이용권, 수도시설이용권, 열공급시설이용권 |
> | 3 | 20년 | 광업권(생산량비례법 선택적용), 전신전화전용시설이용권, 전용측선이용권, 하수종말처리장시설관리권, 수도시설관리권 |
> | 4 | 50년 | 댐사용권 |

2) 신고내용연수의 적용

'시험연구용 자산과 무형자산' 이외의 일반 사업용 고정자산에 적용할 내용연수 및 상각률은 구조 또는 자산별·업종별로 아래의 기준내용연수에 그 기준내용연수의 25%를 가감한 내용연수 범위 안에서 각 법인이 선택하여 납세지 관할 세무서장에게 신고한 내용연수와 그에 따른 상각률을 적용한다. 다만, 법인이 일정한 신고기한 내에 신고를 하지 않은 경우에는 기준내용연수와 그에 따른 상각률을 적용한다(법령 28 ① 2 및 법칙 15 ③).

> **참고 건축물 등의 기준내용연수 및 내용연수범위표(규칙 별표5)**
>
> | 구분 | 기준내용연수 및 내용연수범위(하한~상한) | 구 조 또는 자 산 명 |
> |---|---|---|
> | 1 | 5년(4년~6년) | 차량 및 운반구(운수업, 기계장비 및 소비용품 임대업에 사용되는 차량 및 운반구를 제외), 공구, 기구 및 비품 |
> | 2 | 12년(9년~15년) | 선박 및 항공기(어업, 운수업, 기계장비 및 소비용품 임대업에 사용되는 선박 및 항공기를 제외) |
> | 3 | 20년(15년~25년) | 연와조, 블럭조, 콘크리트조, 토조, 토벽조, 목조, 목골모르타르조, 기타조의 모든 건물(부속설비를 포함)과 구축물 |
> | 4 | 40년(30년~50년) | 철골·철근콘크리트조, 철근콘크리트조, 석조, 연와석조, 철골조의 모든 건물(부속설비를포함)과 구축물 |

3. 내용연수의 신고

법인이 "시험연구용 자산·무형자산 이외의 일반 고정자산"에 대하여 적용할 내용연수를 내용연수의 범위 내에서 선택하여 신고하고자 하는 때에는 내용연수신고서를 다음에 정해진 날이 속하는 사업연도의 법인세 과세표준 신고기한까지 납세지 관할 세무서장에게 제출(국세정보통신망에 의한 제출을 포함)하여야 한다. 이 때 내용연수의 신고는 연단위로 하여야 한다(법령 28 ③, ⑤).

① 신설법인 및 새로 수익사업을 개시한 비영리내국법인 : 그 영업개시일
② 위 ① 외의 법인이 자산별·업종별 구분에 의한 기준내용연수가 다른 고정자산을 새로 취득하거나 새로운 업종의 사업을 개시한 경우 : 그 자산 취득일 또는 사업 개시일

법인이 자산별·업종별로 적용한 신고내용연수 또는 기준내용연수는 그 후의 사업연도에 있어서도 계속하여 그 내용연수를 적용하여야 하며, 기준내용연수가 다른 신규취득자산이 있다면 취득한 사업연도마다 내용연수신고를 하여야 하므로 주의가 필요하다(법령 28 ④).

4. 내용연수의 특례 및 변경

1) 특례 및 변경요건

위에서 설명한 바와 같이 법인은 기준내용연수에 기준내용연수의 25%를 가감하는 내용연수의 범위 안에서 선택한 내용연수를 신고하고 계속적으로 적용하여야 한다. 그러나, 법인이 **다음 중 어느 하나에 해당하는 경우에는 기준내용연수에 기준내용연수의 50%**(아래 ⑤와 ⑥에 해당하는 경우에는 25%)를 가감한 범위 내에서 사업장별로 납세지 관할지방국세청장의 승인을 얻어 내용연수범위와 달리 내용연수를 적용하거나 적용하던 내용연수를 변경할 수 있다(법령 29 ①, 법칙 16).

① 사업장의 특성으로 자산의 부식·마모 및 훼손의 정도가 현저한 경우
② 영업개시 후 3년이 경과한 법인이 다음 중 하나를 선택하여 산정한 당해 사업연도의 생산설비(건축물 제외) 가동률이 직전 3개 사업연도의 평균가동률보다 현저히 증가한 경우

$$\text{i) 생산량 기준} : \frac{\text{당해 사업연도 실제 생산량}}{\text{연간 생산 가능량}} \times 100$$

$$\text{ii) 작업시간 기준} : \frac{\text{연간 작업시간}}{\text{연간 작업가능시간}} \times 100$$

③ 새로운 생산기술 및 신제품의 개발·보급 등으로 기존 생산설비의 가속상각이 필요한 경우
④ 경제적 여건의 변동으로 조업을 중단하거나 생산설비의 가동률이 감소한 경우
⑤ 일반고정자산(시험연구용 자산 및 무형자산 제외)에 대하여 국제회계기준을 최초로 적용하는 사업연도에 결산내용연수를 변경한 경우(결산내용연수가 연장된 경우 내용연수를 연장하고 결산내용연수가 단축된 경우 내용연수를 단축하는 경우만 해당하되 내용연수를 단축하는 경우에는 결산내용연수보다 짧은 내용연수로 변경할 수 없음)
⑥ 일반고정자산(시험연구용 자산 및 무형자산 제외)에 대한 기준내용연수(법칙 13의 2)가 변경된 경우. 다만, 내용연수를 단축하는 경우로서 결산내용연수가 변경된 기준내용연수의 25%를 가감한 범위 내에 포함되는 경우에는 결산내용연수보다 짧은 내용연수로 변경할 수 없다.

2) 특례 및 변경의 신청과 승인

(1) 특례 및 변경의 신청

법인이 기준내용연수의 50%(또는 25%)을 가감한 범위 안에서 내용연수를 적용하거나 내용연수를 변경하기 위해서는 일정 요건을 갖추어 다음에 정해진 날부터 3월 또는 그 변경할 내용연수를 적용하고자 하는 최초 사업연도의 종료일까지 내용연수승인(변경승인)신청서를 납세지 관할 세무서장을 거쳐 관할 지방국세청장에게 제출(국세정보통신망에 의한 제출을 포함)하여야 한다. 이 경우 내용연수의 승인·변경승인의 신청은 연단위로 하여야 한다(법령 29 ②).

① 신설법인 및 새로 수익사업을 개시한 비영리내국법인 : 그 영업개시일
② 위 ① 외의 법인이 자산별·업종별 구분에 의한 기준내용연수가 다른 고정자산을 새로 취득하거나 새로운 업종의 사업을 개시한 경우 : 그 자산 취득일 또는 사업 개시일

(2) 승인

내용연수승인(변경승인)신청서를 접수한 납세지 관할 세무서장은 신청서의 접수일이 속하는 사업연도 종료일부터 1개월 이내에 관할지방국세청장으로부터 통보받은 승인 여부에 관한 사항을 통지하여야 한다(법령 29 ③).

(3) 내용연수의 재변경 제한

감가상각자산의 내용연수를 변경(재변경을 포함)한 법인이 당해 자산의 내용연수를 다시 변경하고자 하는 경우에는 변경한 내용연수를 최초로 적용한 사업연도 종료일부터 3년이 경과하여야 한다(법령 29 ⑤).

5. 중고자산 등의 수정내용연수

1) 의의

법인이 기준내용연수의 50% 이상 경과한 중고자산을 다른 법인 또는 사업자로부터 취득(합병·분할에 의하여 자산을 승계한 경우를 포함)한 경우 그 중고자산에 대한 감가상각 적용 시 **그 자산의 기준내용연수의 50%에 상당하는 연수와 기준내용연수의 범위에서 선택하여 납세지 관할 세무서장에게 신고한 연수**(이하 "수정내용연수"라 함)를 내용연수로 할 수 있다. 이 경우 수정내용연수의 계산에 있어서 1년 미만은 없는 것으로 한다.(법령 29의 2 ①).

2) 수정내용연수의 신고

수정내용연수는 법인이 다음에 정하는 날이 속하는 사업연도의 법인세 과세표준 신고기한 내에 내용연수변경신고서를 제출한 경우에 한하여 적용한다(법령 29의 2 ④).

① 중고자산 : 그 취득일
② 합병·분할로 승계한 자산 : 합병·분할등기일

Ⅲ 감가상각방법과 상각범위액 계산

1. 감가상각방법의 적용

기업회계에서는 감가상각방법에 대하여 자산의 경제적 효익이 소멸되는 행태를 반영한 합리적인 것이어야 함을 요구할 뿐 그 상각방법에 대하여 별도의 제약을 두고 있지 않다. 그러나, 법인세법은 아래와 같이 당해 고정자산의 종류 및 감가상각방법의 신고 유무에 따라 정액법, 정률법, 생산량비례법 또는 균등액 상각의 4가지 자산별 상각방법만을 인정하고 있다(법령 26 ①, ④).

구분		상각방법의 신고	상각방법의 무신고
유형자산	① 건축물	정액법	정액법
	② 광업용 유형자산	정률법·정액법·생산량비례법	생산량비례법
	③ 유형자산	정률법·정액법	정률법
무형자산	① 광업권(해저광물자원개발법에 의한 채취권 포함) 또는 폐기물매립시설	정액법·생산량비례법	생산량비례법
	② 개발비	관련제품의 판매 또는 사용이 가능한 시점부터 20년 이내의 기간 내에서 연단위로 신고한 내용연수에 따라 매사업연도별 경과월수에 비례하여 상각하는 방법	관련제품의 판매 또는 사용이 가능한 시점부터 5년동안 매년 균등액을 상각하는 방법
	③ 사용수익기부자산	당해 자산의 사용수익기간(그 기간에 관한 특약이 없는 경우 신고내용연수)에 따라 균등하게 안분한 금액을 상각하는 방법 사용수익기간 중에 당해 기부자산이 멸실되거나 계약이 해지된 경우에는 그 잔액을 상각하는 방법	
	④ 주파수이용권, 공항시설관리권 및 항만시설관리권	주무관청에서 고시하거나 주무관청에 등록한 기간 내에서 사용기간에 따라 균등액을 상각하는 방법	
	⑤ 위 ① 내지 ④ 외의 무형자산	정액법	정액법

2. 상각범위액의 계산

1) 일반적인 경우

감가상각방법별 상각범위액은 다음과 같이 계산한다.

(1) 정액법

상각범위액 = 취득가액 × 상각률(1/내용연수)

* 취득가액은 자산의 취득가액 산정 일반원칙에 따른 취득가액으로 세무계산상 취득가액(장부상 취득가액 + 비용계상한 자본적지출액의 누계액)을 말한다.(생산량비례법의 취득가액도 동일)

(2) 정률법

상각범위액 = 미상각잔액*(당기 감가상각비 계상 전) × 상각률

* 미상각잔액은 세무계산상 미상각잔액을 말하며 다음의 ㉠ 또는 ㉡과 같이 계산한다.

  ㉠ 당기말 B/S상 취득가액(취득가액 + 당기 자산계상한 자본적지출액) - 당기말 B/S상 감가상각누계액 + (당기 감가상각비 계상액 + 당기 비용계상한 자본적지출액) + 전기말 상각부인누계액

  ㉡ (전기말 B/S상 취득가액 - 전기말 B/S상 감가상각누계액) + (당기 자산계상한 자본적지출액 + 당기 비용계상한 자본적지출액) + 전기말 상각부인누계액

(3) 생산량비례법

다음 중 어느 하나에 해당하는 금액을 각 사업연도의 상각범위액으로 하는 상각방법

① 해당 감가상각자산의 취득가액을 그 자산이 속하는 광구의 총채굴예정량으로 나누어 계산한 금액에 해당 사업연도의 기간 중 그 광구에서 채굴한 양을 곱하여 계산한 금액

$$상각범위액 = 취득원가 \times \frac{당기\ 중\ 당해\ 광구의\ 채굴량}{당해\ 광구의\ 총채굴예정량}$$

② 해당 감가상각자산의 취득가액을 그 자산인 폐기물매립시설의 매립예정량으로 나누어 계산한 금액에 해당 사업연도의 기간 중 그 폐기물매립시설에서 매립한 양을 곱하여 계산한 금액

$$상각범위액 = 취득원가 \times \frac{당기\ 중\ 당해\ 시설의\ 매립량}{당해\ 시설의\ 총매립예정량}$$

2) 상각방법을 변경하는 경우

감가상각방법을 변경하는 경우 상각범위액의 계산은 다음의 산식에 의한다(법령 27 ⑥).

구분	상각범위액
정액법으로 변경하는 경우	세법상 장부가액* × 신고내용연수(무신고시 기준내용연수)의 정액법에 의한 상각률
정률법으로 변경하는 경우	세법상 장부가액* × 신고내용연수(무신고시 기준내용연수)의 정률법에 의한 상각률
생산량비례법으로 변경하는 경우	세법상 장부가액* × 당해사업연도의채굴비율 또는 매립비율(*) (*) 당해사업연도의 채굴비율=당해 사업연도 채굴량 또는 매립량/(총채굴예정량 또는 매립예정량-변경전 사업연도까지의 총채굴량 또는 총매립량)

* 감가상각누계액을 공제한 장부가액 + 전기이월상각한도초과액

3) 특수한 경우

사업연도가 1년 미만인 경우 등 특수한 경우의 상각범위액은 다음과 같이 계산한다.

(1) 본래의 사업연도가 1년 미만인 경우

$$상각범위액 = 감가상각 자산가액 \times 환산내용연수에 해당하는 상각률$$

* 환산내용연수 = 내용연수 × 12/사업연도월수
* 월수는 역에 따라 계산하되, 1월 미만 일수는 1월로 한다.((2)(3)(4)의 월수계산도 동일)

(2) 일시적으로 사업연도가 1년 미만인 경우

$$상각범위액 = 일반적인 상각범위액 \times \frac{해당 사업연도의 월수}{12}$$

* 사업연도의 변경, 의제, 법인의 신설로 인한 사업연도의 일시적 1년 미만

(3) 사업연도 중 신규 취득한 자산의 경우

$$상각범위액 = 일반적인 상각범위액 \times \frac{사업에 사용한 날부터 해당 사업연도종료일까지의 월수}{12}$$

(4) 신설법인의 1년 미만 최초 사업연도 중 취득한 자산

$$상각범위액 = 일반적인 상각범위액 \times \frac{취득후 월수}{해당 사업연도 월수} \times \frac{해당사업연도}{12}$$

(5) 적격합병 등에 따라 취득한 자산의 경우

① 상각기초가액

적격합병, 적격분할 또는 적격물적분할 또는 적격현물출자, 자산의 포괄적 양도에 의하여 취득한 자산의 상각범위액을 정할 때 취득가액은 다음과 같이 결정한다.(법령 29의2 ②)

㉠ 취득가액 : 적격합병 등에 의하여 자산을 양도한 법인의 취득가액

㉡ 미상각잔액 : 양도법인의 양도 당시의 장부가액*에서 적격합병 등에 의하여 자산을 양수한 법인이 이미 감가상각비로 손금에 산입한 금액을 공제한 잔액

* 양도 당시의 시가에서 자산조정계정(법령 80의 4 ①, 82의 4 ① 또는 조특령 35 ⑩) 또는 압축기장충당금을 뺀 금액을 말함

② 상각범위액

상각범위액은 다음의 어느 하나에 해당하는 방법으로 정할 수 있다. 이 경우 선택한 방법은 그 후 사업연도에도 계속 적용한다(법령 29의 2 ②).

㉠ 양도법인의 상각범위액을 승계하는 방법 : 양도법인이 적용하던 상각방법 및 내용연수 적용

㉡ 양수법인의 상각범위액을 적용하는 방법 : 양수법인이 적용하던 상각방법 및 내용연수 적용

3. 잔존가액 및 비망가액

1) 잔존가액

정률법의 상각률을 계산하는 경우에는 취득가액(재평가한 경우에는 재평가액, 자본적 지출이 있는 경우에는 동 금액을 가산한 금액)의 5%를 잔존가액으로 하여 상각률을 계산한다. 그리고, 그 잔존가액에 상당하는 금액은 당해 감가상각자산의 미상각잔액이 최초로 취득가액의 5% 이하가 되는 사업연도의 상각범위액에 가산한다(법령 26 ⑥).

2) 비망가액

법인은 감가상각이 종료되는 감가상각자산에 대하여는 취득가액의 5%와 1,000원 중 적은 금액(이를 '비망가액'이라 함)으로 하여 당해 감가상각자산의 장부가액으로 하고, 동 금액은 해당 자산을 처분하는 사업연도에 손금에 산입하여야 한다(법령 26 ⑦).

Ⅳ 감가상각비 시부인 계산

1. 감가상각비의 손금산입

1) 결산조정

(1) 원칙

감가상각비는 법인이 결산을 확정함에 있어서 이를 손금으로 계상하는 경우에 한하여 손금으로 인정받을 수 있는 결산조정 항목이다. 따라서, 법인이 당초 결산 시 감가상각비를 손금에 계상하지 아니한 경우에는 이를 신고조정에 의하여 손금에 산입하거나 경정청구를 할 수 없다(법기통 23-0…1)

(2) 예외(전기오류수정손익으로 처리한 경우)

법인이 전기에 과소 계상한 고정자산의 감가상각비를 기업회계기준에 따라 이월이익잉여금을 감소시키는 전기오류수정손실로 회계처리한 경우, 동 상각비는 당기에 손금으로 계상한 것으로 보아 당해 사업연도의 감가상각비에 가산하여 시부인 계산 한다. 이때 전기오류수정손실로 계상한 감가상각비 중 각 사업연도 소득금액 계산상 손금에 산입한 금액은 세무 계산상 당기의 일반관리비 및 제조원가에 적정히 배부하여야 한다(법기통 23-0…4).

2) 회계처리

(1) 직접법과 간접법 모두 허용

법인세법은 감가상각비를 감가상각자산의 장부가액에서 직접 감액하는 방법과 장부가액을 감액하지 않고 감가상각누계액으로 계상하는 방법 중 하나를 선택하도록 규정함으로써, 직접법과 간접법을 모두 인정하고 있다(법령 25 ①).

(2) 감가상각누계액의 개별 자산별 계상

법인이 간접법에 따라 감가상각비를 감가상각누계액으로 계상하는 경우에는 개별 자산별로 계상하되, 개별자산별로 구분하여 작성된 감가상각비 조정명세서를 보관하고 있는 경우에는 감가상각비 총액을 일괄하여 감가상각누계액으로 계상할 수 있다(법법 25 ②).

(3) 감가상각비 계상 방법 변경에 따른 평가액 변동

감가상각비 계상 방법을 직접법에서 간접법으로 변경함에 따라 계상한 감가상각누계액은 자산의 임의평가증에 해당하지 않는다(법기통 23-25…1).

2. 감가상각비 시부인 계산

1) 의의

세법에서는 법인이 감가상각비를 손금으로 계상한 경우에 한하여 법에서 정한 상각범위액을 한도로 각 사업연도 소득금액 계산상 손금으로 인정한다.

2) 상각부인액의 처리

(1) 상각부인액

① 원칙

법인이 각 사업연도에 손금으로 계상한 감가상각비 중 상각범위액을 초과하는 상각부인액은 그 후의 사업연도에 있어서 법인이 손금으로 계상한 감가상각비가 상각범위액에 미달하는 경우에 그 미달하는 시인부족액을 한도로 하여 이를 손금으로 추인한다. 이 경우 법인이 감가상각비를 손금으로 계상하지 않은 경우에도 상각범위액을 한도로 하여 상각부인액을 손금으로 추인한다(법령 32 ①).

② 건설자금이자의 상각부인액

건설자금이자로서 손금불산입된 금액의 경우 당해 고정자산의 건설이 완료되어 사용하는 때에는 이를 상각부인액으로 보아 당해 사업연도의 시인부족액의 범위 안에서 손금으로 추인한다(법기통 23-32…1).

(2) 시인부족액

개별 감가상각자산별로 계산된 시인부족액은 소멸하므로 회사 계상 감가상각비를 전액 손금에 산입하게 된다. 만약, 시인부족액이 발생한 사업연도 이전에 발생한 상각부인액이 있는 경우 당기의 시인부족액 한도 내에서 상각부인액을 손금 추인할 수는 있으나, 시인부족액은 그 후 사업연도의 상각부인액에 이를 충당하지 못한다(법령 32 ②).

> **참고 감가상각시부인액의 요약**

구분		세무조정	
시부인의 계산	상각시부인	당기의 처리	차기 이후의 처리
회사계상감가상각비 (-) 감가상각범위액	(+)상각부인액	손금불산입 (유보)	다음의 금액을 손금산입(△유보)로 추인 MIN[① 당기 시인부족액, ② 전기 이전의 상각부인액]
	(-)시인부족액	세무조정 없음.	차기 이후 상각부인액에 전기 시인부족액 을 충당할 수 없음.

3) 평가증자산의 시부인액 처리

법인이 상각부인액이 있는 자산을 보험업법 및 기타 법률의 규정에 의하여 평가하여 감가상각자산의 장부가액을 평가증한 경우 해당 감가상각자산의 상각부인액은 평가증의 한도까지 익금에 산입된 것으로 보아 이를 손금으로 추인하고, 평가증의 한도를 초과하는 금액은 이를 그 후의 사업연도에 이월할 상각부인액으로 한다. 이 경우 시인부족액은 소멸하는 것으로 한다.(법령 32 ③) 이때 법인이 감가상각자산에 대하여 감가상각과 평가증을 병행한 경우에는 먼저 감가상각을 한 후 평가증을 한 것으로 보아 상각범위액을 계산한다(법령 32 ④).

4) 양도자산의 상각시부인

(1) 상각부인액이 있는 경우

상각부인액이 있는 자산을 양도하는 경우에는 기업회계상 이익(손실)이 세무상 이익(손실)에 비해 과대(과소)계상되는 결과를 가져온다. 따라서, 상각부인액이 있는 자산을 양도하는 경우 그 상각부인액은 양도일이 속하는 사업연도의 손금에 산입한다(법령 32 ⑤).

(2) 시인부족액이 있는 경우

시인부족액이 있는 자산을 양도하는 경우에는 아무런 세무조정이 발생하지 않는다. 왜냐하면 세무상 시인부족액이 발생하면 그 부족액은 소멸하는 것이므로 결국 세법에서 회계상 감가상각비를 그대로 인정하게 되어 회계상 감가상각비와 세무상 감가상각비가 차이가 없기 때문이다.

5) 감가상각 자산의 일부를 양도한 경우

감가상각 자산의 일부를 양도한 경우 당해 양도자산에 대한 감가상각누계액 및 상각부인액 또는 시인부족액은 당해 감가상각자산 전체의 감가상각누계액 및 상각부인액 또는 시인부족액에 양도 부분의 가액이 당해 감가상각자산의 전체 가액에서 차지하는 비율을 곱하여 계산한 금액으로 한다. 이 경우 그 가액은 취득 당시의 장부가액에 의한다(법령 32 ⑥).

$$\text{양도부분의 시부인액} = \text{상각자산 전체의 시부인액} \times \frac{\text{양도부분의 가액}}{\text{당해 감가상각자산의 전체가액}}$$

3. 즉시상각의제

1) 개요

즉시상각의제란 법인이 감가상각자산을 취득하기 위하여 지출한 금액과 자산의 내용연수를 연장시키거나 가치를 증가시키기 위하여 지출한 금액(자본적지출액) 등 자산의 취득가액으로 계상하여야 할 금액을 당기의 비용으로 계상한 경우에 그 비용 계상한 계정과목에 관계없이 이를 감가상각한 것으로 보아(즉시상각의제) 감가상각비 시부인 계산을 하는 제도를 말한다.

2) 당기 손비로 계산하는 즉시상각의제의 종류

(1) 소액수선비를 손금에 계상한 경우

법인이 각 사업연도에 지출한 수선비가 다음에 해당하는 경우로서 그 수선비를 당해 사업연도의 손금으로 계상한 경우에는 이를 자본적 지출에 포함되지 않는 것으로 한다(법령 31 ③).

① 개별 자산별로 수선비로 지출한 금액이 **600만원 미만인 경우**
② 개별자산별로 수선비로 지출한 금액이 직전 사업연도 종료일 현재 재무상태표상의 **미상각잔액의 5%에 미달**하는 경우
③ **3년 미만의 주기적 수선비**

(2) 소액자산을 손금으로 계상한 경우

다음 요건을 충족하는 소액자산에 해당하는 감가상각자산을 그 사업에 사용한 날이 속하는 사업연도의 손금으로 계상한 경우에는 이를 손금에 산입한다.(법령 31 ④, ⑤)

① **거래단위별로 100만원 이하일 것**
② 고유업무의 성질상 대량으로 보유하는 자산 및 사업개시·확장을 위한 자산이 아닐 것
③ 사업에 사용한 날이 속하는 사업연도에 손금으로 계상할 것

(3) 단기 사용자산 및 소모성자산 등을 손금에 계상한 경우

법인이 다음의 자산을 그 사업에 사용한 날이 속하는 사업연도에 손금으로 계상한 경우에는 이를 손금에 산입한다.

① 어업에 사용되는 어구(어선용구를 포함)
② 영화필름, 공구(가구, 전기기구, 가스기기, 가정용 기구·비품, 시계, 시험기기, 측정기기 및 간판)
③ 대여사업용 비디오테이프 및 음악용 콤팩트디스크로서 개별자산의 취득가액이 **30만원 미만인 것**
④ 전화기(휴대용 전화기를 포함) 및 개인용 컴퓨터(그 주변기기를 포함함)

(4) 시설의 개체 등으로 생산설비를 폐기하는 경우

시설의 개체 또는 기술의 낙후로 인하여 생산설비의 일부를 폐기하는 경우에는 당해 자산의 장부가액에서 **1,000원을 공제한 금액**을 그 폐기일이 속하는 사업연도의 손금에 산입할 수 있다(법령 31 ⑦).

(5) 진부화 등에 따라 손상차손을 계상한 경우

법인이 기업회계기준에 따라 손상차손을 계상한 경우에는 해당 금액을 감가상각비로서 손금으로 계상한 것으로 보아 일정한 상각범위액 내에서 손금에 산입한다. 다만, 고정자산으로서 천재·지변 또는 화재, 법령에 의한 수용 등의 사유로 파손되거나 멸실된 것은 그 장부가액을 감액하여 손금에 산입한 경우에는 본 규정의 즉시상각의제 대상에서 제외한다(법령 31 ⑧).

(6) 건설자금이자의 상각부인액

건설자금이자로서 손금불산입된 금액의 경우 당해 고정자산의 건설이 완료되어 사용하는 때에는 이를 상각부인액으로 보아 당해 사업연도의 시인부족액의 범위 안에서 손금으로 추인한다(통칙 23-32…1).

4. 감가상각의제

1) 개요

감가상각의제란 각 사업연도의 소득에 대한 법인세가 면제되거나 감면되는 사업을 영위하는 법인이 법인세를 면제 또는 감면받은 경우 상각범위액에 해당하는 감가상각비를 손금으로 계상하도록 하고, 만일 감가상각비를 손금으로 계상하지 않거나 상각범위액에 미달하게 계상한 경우에는 그 후 사업연도의 상각범위액 계산의 기초가 될 자산의 가액에서 그 과소 계상한 감가상각비 상당액(의제상각액)을 공제한 잔액을 기초가액으로 하여 상각범위액을 계산하도록 하는 제도를 말한다(법령 30).

2) 적용대상 법인

감가상각의제 규정의 적용대상인 '법인세가 면제되거나 감면되는 사업을 영위하는 법인'이라 함은 특정 사업에서 생긴 소득에 대하여 법인세(토지등양도소득에 대한 법인세를 제외)를 면제 또는 감면(소득공제를 포함)받은 법인을 말한다. 따라서, 세액공제를 받은 법인은 감가상각의제규정이 적용되지 않는다. 감가상각의제규정 적용대상 여부를 예시하면 다음과 같다(법기통 23-30…1 ①).

(1) 감가상각의제 규정 적용 대상법인

① 외국인 투자에 대한 법인세 등의 감면 및 산림개발소득에 대한 세액감면에 따라 법인세를 면제받는 법인
② 창업중소기업 등에 대한 세액감면·중소기업에 대한 특별세액감면·기업의 금융채무 상환을 위한 자산매각에 대한 과세특례 등에 따라 법인세를 감면받은 법인

(2) 감가상각의제 규정 적용 제외법인

① 해외자원 개발 투자 배당소득에 대한 법인세의 면제에 따라 법인세를 면제받는 법인
② 기술이전 및 기술취득 등에 대한 과세특례에 따라 법인세를 감면받은 법인

3) 감가상각의제 적용배제

감가상각의제 규정은 '법인세를 면제받거나 감면받은 경우'를 전제로 하는 것이므로 손실이 발생하거나 감면 등의 요건을 충족하지 못하여 실제로 법인세의 면제 또는 감면을 받지 못한 경우에는 동 규정이 적용되지 않는다(법기통 23-30…1 ③).

4) 감가상각의제액의 계산

각 사업연도의 소득에 대하여 법인세가 면제되거나 감면되는 사업을 경영하는 법인으로서 법인세를 면제받거나 감면받은 경우에는 개별 자산에 대한 감가상각비가 상각범위액이 되도록 감가상각비를 손금에 산입하여야 한다.

$$\text{감가상각의제액} = \text{일반 감가상각범위액} - \text{법인의 손금계상 감가상각비}$$

5) 의제상각 이후 사업연도의 상각범위액 계산

(1) 개 요

감가상각의 의제 규정에 의하여 감가상각자산에 대한 감가상각비를 손금에 산입하지 아니한 법인은 그 후 사업연도의 상각범위액 계산의 기초가 될 자산가액에서 의제상각액을 공제한 잔액을 기초가액으로 하여 상각범위액을 계산하는 것이므로, 그 의제상각액은 차기 이후에는 감가상각비로 손금에 산입할 수 없으며, 이에 따라 그 이후 사업연도에 발생하는 상각부인액은 해당 자산의 양도일이 속하는 사업연도에 손금으로 추인할 수 없다〈서면법규-778, 2013. 7. 5.〉.

(2) 정률법

정률법에 의한 감가상각범위액은 의제상각액을 이후 사업연도의 감가상각 대상 기초가액에서 제외하여 계산하는 것이므로 의제상각액에 해당하는 금액은 손금에 재차 산입할 수 있는 기회가 상실된다. 즉, 정률법은 의제상각액이 발생한 바로 다음 사업연도부터 감가상각기초가액이 변경되어 상각범위액이 축소되며, 이는 결국 손금불산입의 효과가 발생 된다(법기통 23-30…2 1).

$$\text{감가상각범위액} = (\text{미상각잔액} - \text{의제상각액}) \times \text{상각률}$$

(3) 정액법·생산량비례법

정액법 또는 생산량비례법에 의한 감가상각범위액은 당해 감가상각자산의 취득가액에 당해 내용연수에 따른 상각율을 곱하여 계산하는 것이므로 그 기초가액에는 영향을 미치지 아니하나, 의제상각액은 감가상각한 것으로 간주되므로, 세무상 상각가능금액이 회계상 상각가능금액보다 작아져 결국에는 손금불산입 효과가 발생하게 된다(법기통 23-30…2 2).

5. 한국채택국제회계기준(K-IFRS) 적용법인의 감가상각비 신고조정 특례

1) 개요

법인세법상 감가상각은 결산조정을 원칙으로 하지만 2011년 1월 1일 이후 회계연도부터 상장기업에 대하여는 한국채택국제회계기준 적용을 의무화 함에 따라 결산상 상각비가 감소하게 되어 내국법인의 세부담이 급격히 증가할 것을 방지하기 위하여, 「주식회사의 외부감사에 관한 법률」에 따른 회계처리기준(이하 "한국채택국제회계기준"이라 함)을 적용하는 내국법인이 보유한 고정자산 중 유형자산과 내용연수가 비한정인 무형자산의 감가상각비*는 개별 자산별로 다음의 구분에 따른 금액이 손금에 산입한 금액보다 큰 경우 그 차액의 범위에서 추가로 손금에 산입할 수 있다.(법법 23 ②)

(1) 2013년 12월 31일 이전 취득분

한국채택국제회계기준을 적용하지 않고 종전의 방식에 따라 감가상각비를 손금으로 계상한 경우 손금에 산입할 감가상각비 상당액(이하 "종전감가상각비"라 함)

(2) 2014년 1월 1일 이후 취득분(법인이 2014년 1월 1일 이후에 취득한 감가상각자산으로서 기존보유자산 및 동종자산)

기획재정부령으로 정하는 기준내용연수를 적용하여 계산한 감가상각비 상당액(이하 "기준감가상각비"라 함)

* "내용연수가 비한정인 무형자산"이란 다음 중 어느 하나에 해당하는 무형자산을 말한다(법령 24②).
  ① 감가상각비를 손금으로 계상할 때 적용하는 내용연수(이하 "결산내용연수"라 함)를 확정할 수 없는 것으로서 다음의 요건을 모두 갖춘 무형자산
    ㉠ 법령 또는 계약에 따른 권리로부터 발생하는 무형자산으로서 법령 또는 계약에 따른 사용기간이 무한하거나, 무한하지 않더라도 취득가액의 10% 미만의 비용으로 그 사용기간을 갱신할 수 있을 것
    ㉡ 국제회계기준에 따라 내용연수가 비한정인 무형자산으로 분류될 것
    ㉢ 결산을 확정할 때 해당 무형자산에 대한 감가상각비를 계상하지 아니할 것
  ② 국제회계기준을 최초로 적용하는 사업연도 전에 취득한 영업권

2) 신고조정의 적용 방법

(1) 2013년 12월 31일 이전 취득자산

2013년 12월 31일 이전에 취득한 감가상각자산은 개별 자산별로 한국채택국제회계기준을 적용하지 않고 종전의 방식에 따라 감가상각비를 손금으로 계상한 경우 종전감가상각비가 결산조정에 따라 시부인하여 손금에 산입한 금액보다 큰 경우 그 차액의 범위에서 추가로 손금에 산입하되, 동종자산별 감가상각비 한도를 초과하지 않는 범위에서 손금에 산입한다.

① 개별자산의 감가상각비 한도

㉠ 기준연도의 해당 자산의 동종자산에 대하여 감가상각비를 손금으로 계상할 때 적용한 상각방법(이하 "결산상각방법"이라 함)이 정액법인 경우 : 감가상각자산의 취득가액에 한국채택국제회계기준 도입 이전 상각률(이하 "기준상각률"이라 함)을 곱하여 계산한 금액

㉡ 기준연도의 해당 자산의 동종자산에 대한 결산상각방법이 정률법인 경우 : 미상각잔액에 기준상각률을 곱하여 계산한 금액. 이 경우 미상각잔액은 취득가액의 5%에 상당하는 금액으로 하되, 그 금액은 당해 감가상각자산에 대한 미상각잔액이 최초로 취득가액의 5% 이하가 되는 사업연도의 상각범위액에 가산한다.

② 동종자산의 감가상각비 한도 : 다음의 금액(0보다 작은 경우 0으로 봄)

㉠ 기준연도의 해당 자산의 동종자산에 대한 결산상각 방법이 정액법인 경우: 다음 산식에 따라 계산한 금액

해당 사업연도에 결산조정에 따라 감가상각비를 손금으로 계상한 동종자산의 취득가액 합계액 × 기준상각률 − 해당 사업연도에 동종자산에 대하여 결산조정에 따라 손금에 산입한 감가상각비 합계액

ⓛ 기준연도의 해당 자산의 동종자산에 대한 결산상각 방법이 정률법인 경우: 다음 산식에 따라 계산한 금액

$$\text{해당 사업연도에 결산조정에 따라 감가상각비를 손금으로 계상한 동종자산의 미상각잔액 합계액} \times \text{기준상각률} - \text{해당 사업연도에 동종자산에 대하여 결산조정에 따라 손금에 산입한 감가상각비 합계액}$$

③ 기준상각률

감가상각비 한도를 계산할 때 기준상각률은 기준연도 및 그 이전 2개 사업연도에 대하여 각 사업연도별로 다음의 비율을 구하고 이를 평균하여 계산한다. 이 경우 기준연도 및 그 이전 2개 사업연도 중에 법인이 신규 설립된 경우, 합병 또는 분할한 경우, 상각방법을 변경한 경우 또는 내용연수범위와 달리 특례 내용연수를 적용하거나 적용하던 내용연수를 변경한 경우에는 그 사유가 발생하기 전에 종료한 사업연도는 제외하고 계산한다(법령 26의 2 ④).

① 기준연도의 해당 자산의 동종자산에 대한 결산상각방법이 정액법인 경우 : 동종자산의 감가상각비 손금산입액 합계액이 동종자산의 취득가액 합계액에서 차지하는 비율

② 기준연도의 해당 자산의 동종자산에 대한 결산상각방법이 정률법인 경우 : 동종자산의 감가상각비 손금산입액 합계액이 동종자산의 미상각잔액 합계액에서 차지하는 비율

(2) 2014년 1월 1일 이후 취득자산

2014년 1월 1일 이후 취득한 감가상각자산에 대한 감가상각비는 다음 '① 개별자산의 기준감가상각비 한도' 범위에서 개별 자산에 대하여 추가로 손금에 산입하는 감가상각비를 동종자산별로 합한 금액이 '② 기준감가상각비를 고려한 동종자산의 감가상각비 한도'와 '③종전감가상각비를 고려한 동종자산의 감가상각비 한도' 중 작은 금액을 초과하지 않는 범위에서 손금에 산입한다. 다만, 이 경우 '③'에 따른 금액의 25%에 해당하는 금액이 '②'의 금액보다 큰 경우에는 개별 자산에 대하여 추가로 손금에 산입하는 감가상각비를 동종자산별로 합한 금액이 '③'에 따른 금액의 25%에 해당하는 금액을 초과하지 않는 범위에서 추가로 손금에 산입할 수 있다(법령 26의 3 ②, ③).

① 개별 자산의 기준감가상각비

해당 사업연도의 결산 상각방법과 기준내용연수를 적용하여 계산한 금액

② 기준감가상각비를 고려한 동종자산의 감가상각비 한도(0보다 작은 경우에는 0으로 봄)

해당 사업연도에 동종자산에 대하여 해당 사업연도의 결산상각방법과 기준내용연수를 적용하여 계산한 감가상각비 합계액 - 해당 사업연도에 동종자산에 대하여 결산조정에 따라 손금에 산입한 감가상각비 합계액

③ 종전감가상각비를 고려한 동종자산의 감가상각비 한도(0보다 작은 경우에는 0으로 봄)

㉠ 기준연도(국제회계기준을 최초로 적용한 사업연도의 직전사업연도를 말하며, 이하 같음)의 결산상각 방법이 정액법인 경우

(해당 사업연도에 결산조정에 따라 감가상각비를 손금으로 계상한 동종자산의 취득가액 합계액 × 기준상각률) - 해당 사업연도에 동종자산에 대하여 결산조정에 따라 손금에 산입한 감가상각비 합계액

ⓒ 기준연도의 결산상각방법이 정률법인 경우
(해당 사업연도에 결산조정에 따라 감가상각비를 손금으로 계상한 동종자산의 미상각잔액 합계액 × 기준상각률) - 해당 사업연도에 동종자산에 대하여 결산조정에 따라 손금에 산입한 감가상각비 합계액

➕ 참고 **감가상각제도의 운용 체계**

지출의 발생	자본적지출·수익적지출 판단	자본적지출	자본적지출을 자산으로 계상한 경우	감가상각대상자산인 경우	감가상각비를 계상한 경우	• 한도 내에서 손금인정 • 한도초과액은 손금불산입함	
					감가상각비를 계상하지 않은 경우	감가상각의제 대상에 해당하는 경우	감가상각의제함
						그 외의 경우	세무조정하지 않고 그냥 둠
				감가상각대상자산이 아닌 경우	감가상각하지 않고 차후 매각할 때에 손금으로 처리		
			자본적지출을 비용으로 계상한 경우	손금산입특례에 해당하지 않는 것은 그 금액을 감가상각자산 기초가액에 포함하여 상각범위액을 산출하고, 감가상각비 계상액으로 보아 시부인 함.			
				손금산입특례 대상인 경우에는 손금으로 인정하고 세무조정하지 않음(대상: 소액자산 취득가액, 어구등의 취득가액, 소액수선비, 생산설비 폐기손실)			
		수익적 지출	수익적 지출을 손금으로 처리한 경우에는 세무조정 없음				

제6장 준비금 및 충당금의 손금산입

제1절 준비금 및 충당금의 의의

1. 준비금의 의의

준비금이란 당해 사업연도의 수익과 대응하지 않지만 장래에 발생할 지출 또는 손실에 대비하기 위하여 일정 금액을 손금산입하고 손금산입한 금액을 관리하는 계정을 말한다.

2. 충당금의 의의

충당금이란 기간손익계산의 적정화와 조세수입의 평균화 또는 과세이연 등 조세정책 목적상 일정 금액을 손비로 계상한 것을 말한다.

제2절 준비금의 손금산입

1. 고유목적사업준비금의 손금산입

1) 개요

법인격 있는 비영리 내국법인과 법인으로 보는 단체 중 일반기부금 손금산입대상인 단체와 법령에 의하여 설치된 기금이 그 법인의 고유목적사업 또는 일반기부금에 지출하기 위하여 고유목적사업준비금을 손금으로 계상한 경우에는 일정 범위 내에서 이를 손금에 산입한다(법법 29, 법령 56 ①).

2) 설정대상 내국법인

① 법인격이 있는 비영리내국법인
② 법인으로 보는 단체 중 일반기부금 대상 단체
③ 법인으로 보는 단체 중 법령에 의하여 설치된 기금
④ 법인으로 보는 단체 중 공동주택의 입주자대표회의 또는 자치관리기구

3) 손금산입

(1) 한도액

$$(\text{이자소득 등 특정 소득금액}^* \times 100\%) + (\text{기타수익사업소득금액}^{**} \times 50\%^{***})$$

* 이자소득 등의 금액은 다음의 금액(㉣에 따른 수익사업에서 결손금이 발생한 경우에는 ㉠부터 ㉢까지의 소득금액을 합한 금액에서 그 결손금을 차감한 금액)을 합한 금액을 말한다.
  ㉠ 「소득세법」(비영업대금의 이익은 제외)에 따른 이자소득의 금액
  ㉡ 「소득세법」에 따른 배당소득의 금액. 다만, 「상속세 및 증여세법」에 따라 상속세 또는 증여세 과세가액에 산입되거나 증여세가 부과되는 주식 등으로부터 발생한 배당소득금액을 제외한다.
  ㉢ 특별법에 따라 설립된 비영리내국법인이 해당 법률에 따른 복지사업으로서 그 회원 또는 조합원에게 대출한 융자금에서 발생한 이자금액
  ㉣ ①부터 ③까지에 규정된 것 외의 수익사업에서 발생한 소득에 50%(「공익법인의 설립·운영에 관한 법률」에 따라 설립된 법인으로서 고유목적사업등에 대한 지출액 중 50% 이상의 금액을 장학금으로 지출하는 법인의 경우에는 80%)을 곱하여 산출한 금액

** 기타의 수익사업소득은 다음과 같이 계산한다.
  기타의 수익사업소득 = 수익사업에서 발생한 소득금액 - 이자소득 등의 금액 - 이월결손금 - 특례기부금 손금산입액
  수익사업에서 발생한 소득금액 : 고유목적사업준비금, 특례기부금을 손금에 산입하기 전 소득금액

*** 장학 사업을 영위하는 비영리법인·공익법인의 설립·운영에 관한 법률에 의하여 설립된 법인은 80%임.

(2) 손금산입한도초과액의 처리

고유목적사업준비금 설정가능한도를 초과하여 계상한 고유목적사업준비금은 손금불산입하여야 하며, 그 이후의 사업연도에 설정가능 한도를 미달하게 설정한 경우에도 손금으로 추인할 수 없다. 다만, 법인이 한도초과되어 손금불산입된 고유목적사업준비금을 환입하여 수익으로 계상한 경우에는 이월익금으로 보아 이를 익금불산입한다(법기통 29-56…3).

4) 상계처리

(1) 원칙

손금으로 계상한 고유목적사업준비금을 손금으로 계상한 사업연도의 종료일 이후 5년 이내에 고유목적사업 또는 일반기부금에 지출하는 경우에는 그 금액을 먼저 계상한 사업연도의 고유목적사업준비금부터 순차로 상계하여야 한다(법법 29 ③).

(2) 고유목적사업준비금의 잔액을 초과하여 지출하는 금액의 처리

직전 사업연도 종료일 현재의 고유목적사업준비금의 잔액을 초과하여 지출한 금액은 당해 사업연도에 계상할 고유목적사업준비금에서 지출한 것으로 보는 것이므로, 당해 사업연도의 고유목적사업준비금의 손금산입 범위를 초과하여 지출하는 금액은 손금에 산입하지 아니한다.(법기통 29-56…7).

5) 환입 등

(1) 환입사유

손금에 산입한 고유목적사업준비금의 잔액이 있는 비영리내국법인이 다음의 어느 하나에 해당하게 된 경우 그 잔액(⑤의 경우에는 고유목적사업등이 아닌 용도에 사용한 금액을 말함)은 해당 사유가 발생한 날이 속하는 사업연도의 소득금액을 계산할 때 익금에 산입한다.

① 해산한 경우(고유목적사업준비금을 승계한 경우는 제외)
② 고유목적사업을 전부 폐지한 경우
③ 법인으로 보는 단체가 「국세기본법」에 따라 승인이 취소되거나 거주자로 변경된 경우
④ 고유목적사업준비금을 손금에 산입한 사업연도의 종료일 이후 5년이 되는 날까지 고유목적사업 등에 사용하지 아니한 경우(5년 내에 사용하지 아니한 잔액으로 한정)
⑤ 고유목적사업준비금을 고유목적사업 등이 아닌 용도에 사용한 경우

(2) 이자상당액의 납부

- 위 ④ 및 ⑤에 해당하는 사유 발생시 다음의 이자상당액을 납부하여야 한다.

> ⊕ 참고 **이자상당액**
> - 고유목적사업준비금의 잔액을 손금에 산입한 사업연도에 그 잔액을 손금에 산입함에 따라 발생한 법인세액의 차액 × 손금에 산입한 사업연도의 다음 사업연도의 개시일 부터 익금에 산입한 사업연도의 종료일까지의 기간(일수) × 0.022%

6) 승계

고유목적사업준비금을 손금에 산입한 법인이 사업에 관한 모든 권리와 의무를 다른 비영리내국법인에게 포괄적으로 양도하고 해산하는 경우에는 해산등기일 현재의 고유목적사업준비금 잔액은 그 다른 비영리내국법인이 승계할 수 있다(법법 29 ④).

2. 책임준비금의 손금산입

보험사업을 하는 내국법인이 각 사업연도의 결산을 확정할 때 「보험업법」이나 그 밖의 법률에 따른 책임준비금을 손비로 계상한 경우에는 그 계상한 책임준비금을 해당 사업연도의 소득금액을 계산할 때 손금에 산입한다(법법 30, 법령 57).

3. 해약환급금 준비금의 손금산입

「보험업법」에 따른 보험회사가 해약환급금준비금(보험회사가 보험계약의 해약 등에 대비하여 적립하는 금액을 말함)을 세무조정계산서에 계상하고 그 금액 상당액을 해당 사업연도의 이익처분을 할 때 해약환급금 준비금으로 적립한 경우에는 그 금액을 결산을 확정할 때 손비로 계상한 것으로 보아 해당 사업연도의 소득금액을 계산할 때 손금에 산입한다(법법 32 ①).

제3절 대손충당금의 손금산입

I 대손금

1. 의의
대손금이란 법인의 영업활동에서 발생하는 외상매출금, 미수금 등과 같은 채권 중 사실상 회수가 불가능한 채권을 법인의 장부에서 제각 함으로써 법인의 순자산을 감소시키는 손비를 말한다.

2. 대손금 대상채권

1) 채권의 범위
법인의 순자산을 감소시키는 대손금에 대하여는 영업거래 뿐만 아니라 영업외거래에서 발생한 채권도 법인의 손금으로 인정된다.

2) 대손 불인정 채권
① 채무보증으로 인하여 발생한 구상채권
② 특수관계자에게 지급한 업무무관가지급금
③ 대손세액공제 받은 부가가치세 매출세액 미수금
④ 부당행위계산부인 규정을 적용받는 시가초과액에 상당하는 채권
⑤ 할인어음 및 배서양도어음

3. 대손처리 사유 및 대손시기

1) 개요
대손 처리는 여러 제반 사항들을 검토한 결과 회수불능채권으로 확정되었을 때 대손금으로 손비 처리하는 것이 원칙이다. 그러나 소멸시효가 완성된 매출채권의 경우는 소멸시효가 완성된 날이 속하는 사업연도의 결산 시 미처 손비로 계상하지 못하였더라도 신고조정에 의해 대손 처리할 수 있도록 하고 있다.

2) 신고조정에 의하여 손금 산입할 수 있는 대손금
다음에 열거하고 있는 대손금의 손금 귀속시기는 당해 사유가 발생한 날이 속하는 사업연도이다.

① 소멸시효가 완성된 채권(외상매출금 및 미수금, 어음, 수표, 대여금 및 선급금)
② 회생계획인가의 결정 또는 법원의 면책결정에 따라 회수불능으로 확정된 채권
③ 채무자의 재산에 대한 경매가 취소된 압류채권
④ 물품의 수출 또는 외국에서의 용역제공으로 발생한 채권으로서 무역에 관한 법령에 따라「무역보험법」에 따른 한국무역보험공사로부터 회수불능으로 확인된 채권

3) 결산조정에 의하여 손금 산입할 수 있는 대손금

다음에 열거하고 있는 대손금의 손금 귀속시기는 당해 사유가 발생하여 법인이 손금으로 계상한 날이 속하는 사업연도이다.

① 채무자의 파산, 강제집행, 형의 집행, 사업의 폐지, 사망, 실종 또는 행방불명으로 회수할 수 없는 채권
② 부도 발생일 부터 6개월 이상 지난 수표 또는 어음상의 채권 및 중소기업의 외상매출금으로서 부도 발생일 이전의 것(저당권 설정의 경우 제외)
③ 중소기업의 외상매출금 및 미수금으로서 회수기일이 2년 이상 지난 외상매출금 등(특수관계인과의 거래로 인하여 발생한 외상매출금 등은 제외)
④ 회수기일이 6개월 이상 지난 채권 중 회수비용이 채권가액을 초과하여 회수실익이 없다고 인정되는 30만원 이하인 채권
⑤ 중소기업창업투자회사의 창업자에 대한 채권으로서 중소기업청장이 기획재정부장관과 협의하여 정한 기준에 해당한다고 인정한 것
⑥ 「민사소송법」에 따른 화해 및 화해권고결정에 따라 회수불능으로 확정된 채권.
⑦ 금융회사 등의 채권(여신전문금융회사인 신기술사업금융업자의 경우에는 신기술사업자에 대한 것에 한정) 중 다음의 채권
  ㉠ 금융감독원장이 기획재정부장관과 협의하여 정한 대손 처리기준에 따라 금융회사 등이 금융감독원장으로부터 대손금으로 승인받은 것
  ㉡ 금융감독원장이 ㉠의 대손 처리기준에 해당한다고 인정하여 대손처리를 요구한 채권으로 금융회사 등이 대손금으로 계상한 것

4. 대손금의 세무처리

대손충당금을 설정한 법인에 대손금이 발생한 경우에는 먼저 대손충당금과 상계하고 대손충당금 잔액이 부족한 경우에는 이를 대손이 확정된 날이 속하는 사업연도의 손금으로 한다. 이때는 대손충당금을 설정하지 않은 채권의 대손 시 또는 대손충당금 설정대상이 아닌 채권이 대손 되는 경우에도 대손충당금과 우선적으로 상계하여야 한다.

II 대손충당금

1. 개요

대손충당금이란 회수불능채권의 추산액으로서 당기 말 현재의 외상매출금·대여금 기타 이에 준하는 채권 중 차기 이후의 대손 가능성에 대비하기 위해 설정한 평가성 충당금을 말하며, 이를 손금에 산입하기 위해서는 결산상 비용으로 반영하여야 한다.

2. 대손충당금 설정대상 채권

1) 개요

대손충당금을 설정할 수 있는 채권은 다음과 같다.(법령 61 ①)

① 외상매출금 : 상품·제품의 판매 가액의 미수액과 가공료·용역 등의 제공에 의한 사업수입금액의 미수액
② 대여금 : 금전소비대차계약 등에 의하여 타인에게 대여한 금액
③ 기타 이에 준하는 채권 : 어음상의 채권·미수금 기타 기업회계기준에 의한 대손충당금 설정대상이 되는 채권(부당행위계산 부인 규정에 따른 시가초과액에 상당하는 채권은 제외)

2) 설정배제대상 채권

① 채무보증으로 인하여 발생한 구상채권
② 특수관계자에 대한 업무무관가지급금
③ 부당행위계산부인 규정을 적용받는 시가초과액에 상당하는 채권
④ 할인어음 및 배서양도어음〈법인 46012-158, 1999. 1. 4.〉

3. 대손충당금 손금산입 한도액

대손충당금의 손금산입 한도액은 다음과 같이 계산한다. 이때 당기 세무상 대손금을 기초 세무상 채권으로 나눈 비율을 대손실적률이라 한다.

$$\text{기말 세무상 채권잔액}_{(\text{장부상 기말 채권} \pm \text{채권 관련 기말 유보})} \times \text{Max}\left[\frac{\text{당기 세무상 대손금}}{\text{기초 세무상 채권}_{(\text{장부상 기초 채권} \pm \text{채권 관련 기초 유보})}}, 1\%\right]$$

1) 일반법인

$$\text{해당 사업연도 종료일 현재의 설정대상채권의 장부가액 합계액 (이하 "채권잔액")} \times \text{MAX (대손실적률, 1\%)}$$

2) 금융회사 등(법령 61 ② 1~31)

$$\text{채권잔액} \times \text{MAX (대손실적률, 1\%)}$$

3) 은행 등 특정 금융회사(법령 61 ② 1~17)

다음 ①과 ② 중 큰 금액

① 금융위원회가 기획재정부장관과 협의하여 정하는 대손충당금 적립기준에 따라 적립하여야 하는 금액
② 채권잔액 × MAX (1%, 대손실적률)

4. 대손충당금의 상계

이미 대손충당금을 손금으로 계상한 내국법인에 대손금이 발생한 경우에는 먼저 대손충당금과 상계하여야 하며 대손충당금 잔액이 부족한 경우에는 이를 대손이 확정된 사업연도의 손금으로 직접 계상하여야 한다.

5. 대손충당금의 설정 및 환입 방법

대손충당금을 설정하고 환입하는 방법으로는, 총액법과 보충법이 있다.

6. 합병 또는 분할에 의한 대손충당금의 승계

대손충당금을 손금에 산입한 내국법인이 합병하거나 분할하는 경우 그 법인의 합병등기일 또는 분할등기일 현재의 해당 대손충당금 중 합병법인 등이 승계(해당 대손충당금에 대응하는 채권이 함께 승계되는 경우만 해당)받은 금액은 그 합병법인 등이 합병등기일 또는 분할등기일에 가지고 있는 대손충당금으로 본다(법법 34 ④).

> **2차 Tip** 채권·채무 조정에 대한 세무처리

1. 원금과 이자를 감면하는 경우
   1) 채권자입장
      채권자인 내국법인이 채무자의 원금과 이자를 감면하여 주는 경우 채권의 임의포기액을 보아 그 사유에 따라 기업업무추진비, 기부금, 대손금으로 처리한다. 다만, 부당행위계산 부인에 해당하는 경우에는 손금에 산입하지 아니한다.
   2) 채무자입장
      채무자인 내국법인이 채권자로부터 원금과 이자를 감면받는 경우 채무면제이익으로 보아 익금에 산입한다.

2. 조건변경에 따라 현재가치 차액이 발생하는 경우
   1) 채권자입장
      내국법인이 기업회계기준에 따른 채권의 재조정에 따라 채권의 장부가액과 현재가치의 차액(현재가치할인차금)을 대손금으로 계상한 경우에는 이를 손금에 산입하며, 손금에 산입한 금액은 기업회계기준의 환입방법에 따라 익금에 산입한다(법령 19의2 ⑤). 이 경우 **대손충당금의 손금산입 범위액을 계산할 때에는 채권의 재조정에 따른 대손금과 관련하여 계상된 대손충당금은 제외**한다.
   2) 채무자입장
      기업회계기준에 의한 채무의 재조정에 따라 채무의 장부가액과 현재가치의 차액(현재가치할인차금)을 채무면제이익으로 계상한 채무법인은 이를 익금에 산입하지 아니한다(법기통 19의 2-19의 2…9). 이는 법인세법이 인정하지 않는 부채의 임의평가에 해당하기 때문이다.

구분			기업회계	세무조정
채권자	현재가치차액(채권조정액)을 채권차감액으로 회계처리한 경우	재조정시	(차) 대손충당금 150 (대) 현재가치차액(채권) 150	-
		결산시 (환입시)	(차) 현재가치차액(채권) 50 (대) 이자수익 50	-
	현재가치차액(채권조정액)을 대손충당금으로 회계처리한 경우 (계정분류 오류)	재조정시	(차) 대손상각비 150 (대) 대손충당금 150	〈손금산입〉 채권조정액 150 (△유보) 〈익금산입〉 대손충당금 150 (유보)
		결산시 (환입시)	(차) 대손충당금 50 (대) 이자수익 50	〈익금산입〉 채권조정액 50 (유보) 〈손금산입〉 대손충당금 50 (△유보)
채무자	재조정시		(차) 현재가치차액(채권) 150 (대) 채무면제이익 150	〈손금산입〉 현재가치차액 150 (유보)
	결산시		(차) 이자비용 50 (대) 현재가치차액(채권) 50	〈익금산입〉 현재가치차액 50 (△유보)

제4절 퇴직급여충당금의 손금산입

I 개요

퇴직급여충당금은 임원 또는 사용인이 퇴직할 때 지급해야 할 퇴직급여의 지급을 위하여 미리 손비로 반영한 부채성 충당금을 말하며, 이를 손금에 산입하기 위해서는 결산에 반영하여야 한다.

II 퇴직급여충당금의 손금산입 및 세무조정

1. 의의

내국법인이 각 사업연도의 결산을 확정할 때 임원이나 직원의 퇴직급여에 충당하기 위하여 퇴직급여충당금을 손비로 계상한 경우에는 대통령령으로 정하는 바에 따라 계산한 금액의 범위에서 그 계상한 퇴직급여충당금을 해당 사업연도의 소득금액을 계산할 때 손금에 산입한다(법법 33 ①).

2. 퇴직급여충당금 손금산입 한도액

퇴직급여충당금은 다음의 금액 중 적은 금액을 한도로 하여 이를 손금에 산입한다.

1) 총급여액 기준

> 퇴직급여 지급대상 임원·사용인(확정기여형 퇴직연금 등 설정자 제외)에게 해당 사업연도에 지급한 총급여액 × 5%

(1) 설정대상자

퇴직급여의 지급대상 임원·사용인이라 함은, 법인의 퇴직급여 지급규정(임원의 경우에는 정관이나 정관에서 위임된 퇴직급여 지급 규정) 상 퇴직급여 지급대상으로 규정된 자를 말한다. 또한 법인의 퇴직급여 지급 규정상 1년 미만 근속한 근로자에 대하여 퇴직급여 지급대상으로 규정하고 있는 경우에도 당해 근로자에 대하여 법인세법상 퇴직급여충당금을 설정할 수 있다.

(2) 총급여액의 기준

'임원 또는 사용인(확정기여형 퇴직연금 등이 설정된 자는 제외)에게 해당 사업연도에 지급한 총급여액'이란 다음의 근로소득(소득세법에 따른 비과세소득은 제외)으로서 미지급급여를 포함하되, 손금불산입 상여금 등은 제외한다(법령 44 ④ 2). 따라서, 법인세법에 의하여 상여로 처분된 금액(인정상여)과 퇴직으로 인하여 받는 소득으로서 퇴직소득에 속하지 않는 소득은 총급여액에 포함되지 않는다.

① 근로의 제공으로 인하여 받는 봉급·급료·보수·세비·임금·상여·수당과 이와 유사한 성질의 급여
② 법인의 주주총회·사원총회 또는 이에 준하는 의결기관의 결의에 따라 상여로 받는 소득

2) 퇴직급여충당금 누적액 기준

> [{퇴직급여추계액 한도 × 설정률} + 퇴직금전환금 잔액] − 당기말 세무상 충당금 잔액

(1) 퇴직급여 추계액

> Max(일시퇴직기준, 「근로자퇴직급여보장법」상 보험수리적기준)

> ➕ 참고 퇴직급여 추계액 = Max[①, ②]
> ① 일시퇴직기준 추계액(임원퇴직급여 한도초과액 및 손금에 산입한 확정기여형 퇴직연금등 부담금 제외)
> 해당 사업연도 종료일 현재 재직하는 임원 또는 직원이 퇴직할 경우 퇴직급여로 지급되어야 할 금액의 추계액(퇴직급여 지급규정이 있는 경우 해당 규정상 금액, 없는 경우 「근로자퇴직급여보장법」에 따른 금액)
> ② 보험수리적기준 추계액(임원퇴직급여 한도초과액 및 손금에 산입한 확정기여형 퇴직연금등 부담금 제외)
> 확정급여형 퇴직연금제도에 **가입한 자**에 대한 「근로자퇴직급여 보장법」에 따른 **보험수리적 기준 추계액** + 확정급여형 퇴직연금제도에 **가입하지 아니한 사람**에 대한 **일시퇴직기준 추계액** + 확정급여형 퇴직연금제도에 가입한 사람으로서 그 **재직기간 중 가입하지 아니한 기간에 대한 일시퇴직기준 추계액**

(2) 설정률

설정률은 0%로 한다.

(3) 퇴직금전환금 잔액

내국법인이 「국민연금법」에 의한 퇴직금전환금으로 계상한 금액은 이를 손금에 산입하는 퇴직급여충당금의 누적액의 한도액에 가산한다(법령 60 ④).

(4) 당기 말 세무상 충당금 잔액

당기 말 세무상 충당금 잔액이란 전기 이전 각 사업연도의 소득금액 계산상 손금에 산입한 퇴직급여충당금의 누적액 중 당해 사업연도 말까지 퇴직급여 지급액과 상계하고 남은 잔액을 말하며, 이를 산식으로 나타내면 다음과 같다(법기통 33-60…3).

> 당기말(당기 충당금 설정전) 세무상 충당금 잔액 = 전기말 B/S상 충당금 잔액 − 충당금 부인 누계액(전기이월 부인액 중 잔액) − 기중 충당금 감소액(기중 환입액 + 기중 퇴직급여 지급액)

3. 퇴직급여충당금 한도 부인액의 세무처리

세법상 퇴직급여충당금 손금산입 한도초과액은 손금불산입·유보처분 하며, 이러한 부인액은 사용인이 실제 퇴직함에 따라 지급되는 퇴직급여가 세법상 손금으로 계상된 퇴직급여충당금을 초과하는 경우에 그 초과하는 금액의 범위 내에서 이미 손금불산입된 퇴직급여충당금 부인액을 손금 추인한다(법기통 33-60…5).

4. 퇴직급여충당금의 상계

1) 상계원칙

(1) 상계순서

퇴직급여충당금을 손금에 산입한 내국법인이 임원이나 직원에게 퇴직금을 지급하는 경우에는 그 퇴직급여충당금에서 먼저 지급한 것으로 본다.

(2) 퇴직보험료 등을 손금에 산입한 경우

퇴직보험료 등을 손금에 산입한 법인의 경우에는 당해 사용인의 퇴직으로 인하여 보험회사 등으로부터 수령한 퇴직보험금, 퇴직일시금신탁, 퇴직연금, 퇴직급여충당금 순으로 차감하여야 하며, 신고조정에 의하여 퇴직보험료 등을 손금에 산입한 경우에는 당해 퇴직보험금 상당액을 퇴직급여로 계상한 후 동 금액을 익금에 산입하여야 한다(법기통 26-44의 2…2).

(3) 총액관리 원칙

퇴직급여와 상계처리 되는 퇴직보험료 등은 당해 임직원의 퇴직을 사유로 해약·지급하게 되므로 당해 임직원에 대하여 개별 관리 하는 것이 원칙이지만, 퇴직급여충당금을 계상한 법인이 퇴직하는 임직원에게 퇴직급여를 지급하는 때에는 개인별 퇴직급여충당금과는 관계없이 이를 동 퇴직급여충당금에서 지급하여야 한다(법기통 33-60…4 ①).

(4) 퇴직금 부당지급의 경우(비현실적 퇴직자에게 퇴직급여 지급시)

현실적으로 퇴직하지 아니한 임직원에게 지급한 퇴직급여는 당해 임직원이 현실적으로 퇴직할 때까지 업무무관가지급금으로 본다(법칙 22 ②). 따라서, 법인세법상 퇴직급여충당금을 손금에 산입한 법인이 현실적으로 퇴직하지 아니한 임직원에게 퇴직급여를 지급한 경우 퇴직급여로 처리한 경우와 퇴직급여충당금으로 상계한 경우 각각 다음과 같이 처리한다.

① 퇴직급여로 회계처리한 경우

퇴직급여로 회계처리한 경우에는 동 금액을 업무무관가지급금으로 보아 손금불산입(유보)로 처분하고, 추후 현실적 퇴직 시 손금산입(△유보)로 처분한다.

② 퇴직급여충당금과 상계 처리한 경우

퇴직급여충당금과 상계 처리 한 경우에는 퇴직급여 지급 시 부당 상계 처리한 퇴직급여 충당금은 손금산입(△유보) 처분을 하고 동금액을 업무무관가지급금 손금불산입(유보)처분한다. 그리고 추후 현실적 퇴직 시 퇴직급여충당금은 손금불산입(유보), 가지급금은 손금산입(△유보) 처분을 한다.

5. 합병, 분할 및 사업양수도 시 퇴직급여충당금의 인계

퇴직급여충당금을 손금에 산입한 내국법인이 합병하거나 분할하는 경우 그 법인의 합병등기일 또는 분할등기일 현재의 해당 퇴직급여충당금 중 합병법인·분할신설법인 또는 분할합병의 상대방 법인(이하 "합병법인 등"이라 함)이 승계받은 금액은 그 합병법인 등이 합병등기일 또는 분할등기일에 가지고 있는 퇴직급여충당금으로 본다(법법 33 ③ ④).

Ⅲ 퇴직연금 충당금의 손금산입 및 세무조정

1. 개요

1) 법인세법상 퇴직연금

법인세법에서는 퇴직연금을 내국법인이 임원 또는 사용인의 퇴직을 퇴직급여의 지급 사유로 하고 임원 또는 사용인을 수급자로 하는 연금으로서 다음의 어느 하나에 해당하는 기관이 취급하는 퇴직연금으로 규정하고 있다(법령 44의 2 ②, 법칙 23).

① 「보험업법」에 따른 보험회사
② 「자본시장과 금융투자업에 관한 법률」에 따른 신탁업자·집합투자업자·투자매매업자 또는 투자중개업자
③ 「은행법」에 따른 은행
④ 「산업재해보상보험법」에 따른 근로복지공단

2) 퇴직연금의 종류

퇴직연금의 유형은 크게, 확정급여형 퇴직연금과 확정기여형 퇴직연금으로 구분된다. 확정급여형 퇴직연금이란, 근로자의 연금급여가 사전에 확정되고 사용자의 적립 부담금은 적립금 운용 결과에 따라 변동하는 형태이며, 확정기여형 퇴직연금이란 사용자의 부담금이 사전에 확정되고 근로자의 연금급여는 적립금 운용 결과에 따라 변동하는 형태를 말한다.

➕ 참고 확정기여형 퇴직연금과 확정급여형 퇴직연금의 비교

구 분	확정기여형(Defined Contribution)	확정급여형(Defined Benefit)
개념	• 기업의 퇴직급여 부담금 수준이 사전에 결정 • 적립금을 근로자가 자기책임으로 운용 • 근로자가 일정한 연령에 달한 때에 그 운용 결과에 기초하여 급여를 지급	• 근로자의 퇴직연금이 사전에 결정 • 회사는 근로자가 일정한 연령에 달한 때에 약정에 따른 퇴직급여 지급
회사부담 기여금	확 정	변 동(운용수익률, 승급률 등 변경시)
종업원이 지급받을 퇴직급여	운영실적에 따름	확 정(계속근로기간 1년에 대하여 30일분의 평균임금 이상)
운용책임	개별 근로자 부담	회사 부담
위험부담	물가, 이자율 변동 등의 위험을 근로자가 부담	물가, 이자율 변동 등의 위험을 회사가 부담
통산제도	용 이	어려움(개인퇴직계좌를 통한 통산 가능)
연금수리	불필요	필 요

2. 퇴직연금 등의 손금산입

1) 확정기여형 퇴직연금 등의 손금산입

(1) 원칙

내국법인이 확정기여형 퇴직연금 등의 부담금으로서 지출하는 금액은 당해 사업연도의 소득금액 계산에 있어 손금에 산입한다.

(2) 예외(임원에 대한 부담금)

임원에 대한 부담금 등은 법인이 퇴직 시까지 부담한 부담금 등의 합계액을 퇴직급여로 보아 임원의 퇴직급여 손금 한도 규정(법령 44 ④)을 적용하되, 손금산입 한도초과금액이 있는 경우에는 퇴직일이 속하는 사업연도의 부담금 중 손금산입 한도초과금액 상당액을 손금에 산입하지 않고, 손금산입 한도초과금액이 퇴직일이 속하는 사업연도의 부담금을 초과하는 경우 그 초과금액은 퇴직일이 속하는 사업연도의 익금에 산입한다(법령 44의 2 ② ③).

2) 확정급여형 퇴직연금의 손금산입(신고조정항목)

임원 또는 사용인의 퇴직을 퇴직급여의 지급 사유로 하고 임원 또는 사용인을 피보험자 또는 수급자로 하는 퇴직연금으로서 퇴직연금의 부담금으로 지출하는 금액 중 확정기여형 퇴직연금 등(확정기여형 퇴직연금과 개인퇴직계좌)의 부담금을 제외한 퇴직연금 등의 손금산입 한도액은 다음의 (1)과 (2)중 적은 금액으로 한다.

(1) 퇴직급여추계액 기준

> (① 기말퇴직급여추계액 - ② 당기말 퇴직금여충당금 손금산입누계액) - ③ 이미 손금에 산입한 연금부담금 등

① Max(일시 퇴직기준의 추계액, 근로자퇴직급여보장법상 보험수리적 기준의 추계액)
② 당기 말 B/S상 퇴직급여충당금 - 세법상 퇴직급여충당금 손금부인 누계액
③ 기초 퇴직연금 부담금 잔액 및 전기 말 신고조정으로 손금산입한 부담금 등 - 퇴직연금 충당금 손금부인 누계액 - 기중 퇴직금 수령 및 해약액 - 확정기여형퇴직연금 등으로 전환된 금액

(2) 퇴직연금적립액 기준

> ① 기말퇴직연금적립액잔액 - ② 이미 손금에 산입한 연금보험료 등

① 기초 퇴직연금 적립액 등 - 기중 퇴직연금수령 및 해약액 + 당기 퇴직연금 적립액 등 납입액
② 기초 퇴직연금 부담금 잔액 및 전기말 신고조정으로 손금산입한 부담금 등 - 퇴직연금 충당금 손금부인 누계액 - 기중 퇴직금 수령 및 해약액 - 확정기여형퇴직연금 등으로 전환된 금액

제5절 구상채권상각충당금의 손금산입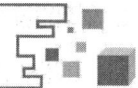

1. 개요

법률에 따라 신용보증사업을 하는 내국법인 중 대통령령으로 정하는 법인이 각 사업연도의 결산을 확정할 때 구상채권상각충당금(求償債權償却充當金)을 손비로 계상한 경우에는 대통령령으로 정하는 바에 따라 계산한 금액의 범위에서 그 계상한 구상채권상각충당금을 해당 사업연도의 소득금액을 계산할 때 손금에 산입한다(법법 35 ①).

2. 구상채권상각충당금 손금산입 한도액

$$\text{해당 사업연도 종료일 현재의 신용보증잔액} \times \text{MIN (① 1\%, ② 구상채권발생률)}$$

※ 구상채권발생률 = $\dfrac{\text{해당 사업연도에 발생한 구상채권}}{\text{직전 사업연도 종료일 현재의 신용보증잔액}}$

3. 구상채권상각충당금의 상계 및 익금산입

구상채권상각충당금을 손금에 산입한 내국법인은 신용보증사업으로 인하여 발생한 구상채권 중 대통령령으로 정하는 대손금이 발생한 경우 그 대손금을 구상채권상각충당금과 먼저 상계하고, 상계하고 남은 구상채권상각충당금의 금액은 다음 사업연도의 소득금액을 계산할 때 익금에 산입한다.(법법 35 ③)

제6절 일시상각충당금 및 압축기장 충당금의 손금산입

I 개요

국고보조금 등을 재원으로 사업용 자산을 취득하는 때에는 국고보조금 등을 지급받는 때에 이를 손금에 산입하여 법인세의 부담 없이 자산을 취득하도록 하고 차후에 감가상각하는 때에 감가상각비와 상계하거나 해당 자산을 매각하는 때에 익금에 산입한다.

Ⅱ 국고보조금, 공사부담금, 보험차익의 손금산입 비교

1. 충당금 설정대상 및 손금산입 금액

설정대상	손금산입금액
국고보조금	사업용 유형자산 및 무형자산과 석유류의 취득 및 개량에 사용된 국고보조금 상당액으로 한다. 단, 국고보조금을 지급받은 날이 속하는 사업연도 종료일까지 사업용 자산의 취득·개량하는 경우에 한하여 사용계획서를 제출하고 국고보조금을 지급받은 사업연도에 손금산입할수 있다.
공사부담금	토지 등 유형자산 및 무형자산 취득에 사용된 공사부담금 상당액(단, 자산을 취득한 후 공사부담금을 지급받았을 때에는 지급일이 속한 사업연도 이전 사업연도에 이미 손금에 산입한 감가상각비에 상당하는 금액은 손금에 산입하는 금액에서 제외)
보험차익	내국법인이 보험대상 자산의 멸실(滅失)이나 손괴(損壞)로 인하여 보험금을 지급받아 그 지급받은 날이 속하는 사업연도의 종료일까지 멸실한 보험대상자산과 같은 종류의 자산을 대체 취득하거나 손괴된 보험대상 자산을 개량(그 취득한 자산의 개량을 포함)하는 경우에는 해당 자산의 가액 중 그 자산의 취득 또는 개량에 사용된 보험차익 상당액

2. 사용기간

구분	사용기간
국고보조금	다음 사업연도 개시일로부터 1년 내 취득 또는 개량
공사부담금	
보험차익	다음 사업연도 개시일로부터 2년 내 취득 또는 개량

3. 손금산입 시기 및 손금산입 방법

다음의 시기에 다음의 방법에 의하여 **사업용 자산별로 구분하여 손금산입**한다.

구분	손금산입 방법	손금산입 시기	세무조정시기
국고보조금	• 상각자산 : 일시상각 충당금 • 비상각자산 : 압축기장 충당금	국고보조금 등을 지급받은 날이 속하는 사업연도에 손금산입	• 원칙 : 결산조정 • 예외 : 신고조정
공사부담금			
보험차익	일시상각충당금 설정		

4. 충당금의 상계와 익금산입

1) 상 계

① 일시상각 충당금은 감가상각비와 상계하여야 한다. 이 경우 일부만 설정된 경우에는 다음 산식에 의하여 안분한 금액과 상계한다.

$$\text{상계할 금액} = \text{감가상각비} \times \frac{\text{일시상각충당금}}{\text{대상자산의취득가액}}$$

② 사업용 자산 등을 처분하는 경우 상계 후 남은 잔액을 그 처분한 날이 속하는 사업연도에 전액 익금산입

2) 익금산입

다음 사유가 발생한 때에 그 사유가 발생한 날이 속하는 사업연도에 익금산입한다.

익금산입 사유	익금산입액
당해 자산을 처분하는 때	잔액 전액
사용계획서를 제출하여 자산 취득 전에 충당금 설정 후 법정기한 내에 자산을 취득·개량에 사용하지 아니한 때	설정액 전액
사용계획서를 제출하여 자산 취득 전에 충당금 설정후 법정기한 내에 자산을 취득·사용하기 전에 법인이 폐업 또는 해산한 때(합병·분할로 그 금액을 승계하는 경우 제외)(법법 36 ③, 37 ②, 38 ②)	설정액 전액

➕ **참고** 국고보조금의 회계처리 및 세무조정(법기준 36-64-2)

구분	기업회계기준			세무조정
수령시 (2,000 수령)	(차) 현금 2,000	(대) 국고보조금 (현금차감계정)	2,000	국고보조금(현금차감계정) 2,000 익금산입(유보)
자산취득 (2,000 취득)	(차) 차량운반구 2,000 국고보조금 2,000 (현금차감계정)	(대) 현금 (대) 국고보조금 (자산차감계정)	2,000 2,000	국고보조금(현금차감계정) 2,000 손금산입(△유보) 국고보조금(자산차감계정) 2,000 익금산입(유보) 일시상각충당금 2,000 손금산입(△유보)
결산시 (400 상각)	(차) 감가상각비 400 국고보조금 400 (자산차감계정)	(대) 감가상각누계액 감가상각비	400 400	일시상각충당금 400 익금산입(유보) 국고보조금(자산차감계정) 400 손금산입(△유보)
매각시 (2,000 매각)	(차) 현금 2,000 감가상각누계액 400 국고보조금 1,600 (자산차감계정)	(대) 사업용자산 처분이익	2,000 2,000	일시상각충당금 1,600 익금산입(유보) 국고보조금(자산차감계정) 1,600 손금산입(△유보)

제7장 손익의 귀속시기 등

I 개요

세법에서는 내국법인의 각 사업연도의 익금과 손금의 귀속사업연도를 권리·의무 확정주의에 의하여 결정한다.

II 손익의 귀속사업연도의 적용원칙

1. 권리의무확정주의

내국법인의 각 사업연도의 익금과 손금의 귀속사업연도는 그 익금과 손금이 확정된 날이 속하는 사업연도로 한다.(법법 40 ①)

2. 기업회계기준과 관행의 적용

내국법인의 각 사업연도의 소득금액을 계산할 때 일반적으로 공정·타당하다고 인정되는 기업회계기준을 적용하거나 관행(慣行)을 계속 적용하여 온 경우에는 이 법 및 「조세특례제한법」에서 달리 규정하고 있는 경우를 제외하고는 그 기업회계의 기준 또는 관행에 따른다(법법 43).

III 거래유형별 손익의 귀속시기

1. 자산의 판매손익 등의 귀속사업연도

1) 원칙

자산의 양도 등에 따른 익금 및 손금의 귀속사업연도는 다음의 날이 속하는 사업연도로 한다.

구분	귀속사업연도
① 부동산을 제외한 "상품 등"의 판매	그 상품 등을 인도한 날
② 상품 등의 시용판매	상대방이 구입 의사를 표시한 날.
③ 상품 등 외의 자산의 양도	Fast[대금청산일, 소유권이전등기일, 인도일, 사용수익일]
④ 자산의 위탁매매	수탁자가 그 위탁자산을 매매한 날
⑤ 보통거래방식 유가증권의 매매	매매계약을 체결한 날
⑥ 상품권을 발행한 경우	상품권과 교환으로 상품 등을 인도한 날
⑦ 매출할인의 경우	약정에따른 지급기일 또는 지급한 날

상품, 제품 또는 기타의 생산품을 판매함으로써 생긴 판매손익의 귀속사업연도는 「부가가치세법」의 규정에 관계없이 「법인세법」의 규정에 의한다.

* "사용수익일"이란 당사자 간의 계약에 따라 사용수익을 하기로 약정한 날을 말하는 것이나, 별도의 약정이 없는 경우에는 자산을 양도하는 법인의 사용승낙으로 인하여 매수인이 해당 자산을 실질적으로 사용할 수 있게 된 날을 말한다.

부동산을 제외한 상품 등의 판매 시 '상품 등을 인도한 날'은 다음에 규정된 날로 한다.

구 분	인도한 날
① 납품계약 또는 수탁가공계약에 따라 물품을 납품하거나 가공하는 경우	해당 물품을 계약상 인도하여야 할 장소에 보관한 날. 다만, 계약에 따라 검사를 거쳐 인수 및 인도가 확정되는 물품의 경우에는 해당 검사가 완료된 날로 한다.
② 물품을 수출하는 경우	수출물품을 계약상 인도하여야 할 장소에 보관한 날. 다만, **계약상 별단의 명시가 없는 한 선적을 완료한 날**을 말하며 선적완료일이 분명하지 아니한 경우로서 수출할 물품을 「관세법」의 규정에 따라 보세구역이 아닌 다른 장소에 임시로 보관하고 통관절차를 완료하여 수출면장을 발급받은 경우에도 해당하는 것으로 한다.

2) 예외(장기할부판매 등 손익의 귀속사업연도)

법인이 장기할부조건으로 자산을 판매하거나 양도한 경우 손익의 귀속사업연도는 다음의 날이 속하는 사업연도로 한다(법령 68 ②).

원 칙	특 례
상품 등의 인도일 (상품 등외의 자산은 그 대금을 청산한 날 등)	결산반영 시 회수기일도래기준 및 현재가치평가 인정. 단, 중소기업의 경우에는 회수기일도래기준으로 신고조정 허용

※ "회수기일도래기준"이란 판매 또는 양도한 자산의 인도일이 속하는 사업연도의 결산을 확정함에 있어서 장기할부조건에 따라 각 사업연도에 회수하였거나 회수할 금액과 이에 대응하는 비용을 각각 해당 사업연도의 익금과 손금에 산입하는 경우를 말한다.

(1) 장기할부판매의 의의

"장기할부조건"이란 자산의 판매 또는 양도(국외거래에 있어서는 소유권이전조건부약정에 의한 자산의 임대를 포함)로서 판매금액 또는 수입금액을 월부·연부 기타의 지불 방법에 따라 **2회 이상으로 분할하여 수입하는 것 중 해당 목적물의 인도일의 다음 날부터 최종의 할부금의 지급기일까지의 기간이 1년 이상인 것**을 말한다(법령 68 ④).

(2) 회수기일도래기준 적용 시 손익의 귀속사업연도

회수기일도래기준을 적용하는 경우 인도일 이전에 회수하였거나 회수할 금액은 인도일에 회수한 것으로 보며, 법인이 **장기할부기간 중에 폐업한 경우에는 그 폐업일 현재 익금에 산입하지 않은 금액과 이에 대응하는 비용을 폐업일이 속하는 사업연도의 익금과 손금에 각각 산입한다**(법령 68 ③). 만일 중소기업인 법인이 장기할부조건으로 자산을 판매하거나 양도한 경우에는 그 장기할부조건에 따라 각 사업연도에 회수하였거나 회수할 금액과 이에 대응하는 비용을 각각 해당 사업연도의 익금과 손금에 산입할 수 있다(법령 68 ②).

(3) 현재가치평가의 인정

법인이 장기할부판매로 인한 채권에 대하여 기업회계기준에 따라 현재가치로 평가하여 계상한 현재가치할인차금 상당액은 채권의 회수기간 동안 유효이자율법에 따라 계산한 환입액을 각 사업연도의 익금에 산입한다.

2. 용역제공 등에 의한 손익의 귀속사업연도

1) 원칙(진행기준)

건설·제조 기타 용역의 제공으로 인한 익금과 손금은 그 목적물의 건설 등의 착수일이 속하는 사업연도부터 그 목적물의 인도일(용역제공의 경우에는 그 제공을 완료한 날)이 속하는 사업연도까지 그 목적물의 건설 등을 완료한 정도(이하 "작업진행률")를 기준으로 하여 계산한 수익과 비용을 각각 해당 사업연도의 익금과 손금에 산입한다. 다만 다음 중 어느 하나에 해당하는 경우에는 그 목적물의 인도일이 속하는 사업연도의 익금과 손금에 산입할 수 있다.(법령 69 ①)

① 중소기업인 법인이 수행하는 계약기간이 1년 미만인 건설등의 경우
② 기업회계기준에 따라 그 목적물의 인도일이 속하는 사업연도의 수익과 비용으로 계상한 경우

(1) 작업진행률에 따른 손익의 계산

각 사업연도의 익금과 손금에 산입하는 금액은 다음과 같이 계산한다.

① 익금 : 계약금액 × 작업진행률 - 직전 사업연도 말까지 익금에 산입한 금액
② 손금 : 해당 사업연도에 발생된 총비용

(2) 작업진행률의 계산

① 장기건설 등의 작업진행률은 다음과 같이 계산한다.

$$작업진행률 = \frac{해당\ 사업연도말까지\ 발생한\ 총공사비\ 누적액}{총\ 공사예정비}$$

② 건설의 수익실현이 건설의 작업시간·작업일수 또는 기성공사의 면적이나 물량 등과 비례관계가 있고, 전체 작업시간 등에서 이미 투입되었거나 완성된 부분이 차지하는 비율을 객관적으로 산정할 수 있는 경우에는 그 비율로 할 수 있다.

(3) 프로젝트금융투자회사의 토지개발사업 손익귀속시기

「조세특례제한법」에 따른 프로젝트금융투자회사가 「택지개발촉진법」에 따른 택지개발사업 등 기획재정부령으로 정하는 토지개발사업의 수익 및 비용을 작업진행률에 따라 계상한 경우로서 해당 토지개발사업을 완료하기 전에 그 사업과 관련된 토지를 일부 양도한 경우에는 그 양도 대금을 해당 토지개발사업의 작업진행률에 따라 각 사업연도의 익금에 산입할 수 있다(법령 68 ⑦).

2) 예외(인도기준)

(1) 중소기업 단기건설

중소기업인 법인이 수행하는 계약기간이 1년 미만인 건설 등의 제공으로 인한 익금과 손금의 귀속사업연도는 그 목적물의 **인도일이 속하는 사업연도**로 할 수 있다.(법령 69 ①단서)

(2) 작업진행률을 계산할 수 없다고 인정되는 경우

법인이 비치·기장한 장부가 없거나 비치·기장한 장부의 내용이 충분하지 아니하여 당해 사업연도 종료일까지 실제로 소요된 총공사비 누적액 또는 작업시간 등을 확인할 수 없는 경우에는 그 목적물의 인도일(용역제공의 경우에는 그 제공을 완료한 날)이 속하는 사업연도의 익금과 손금에 각각 산입한다(법령 69 ②).

3. 이자소득 등의 귀속사업연도

1) 이자수입 및 이자비용의 귀속사업연도

(1) 이자수입의 귀속사업연도

구분	원칙	특례
일반법인	실제로 받은 날 또는 받기로 한 날	원천징수 대상이 아닌 이자소득에 한하여 결산 확정시 기간 경과분 미수이자를 수익으로 계상한 경우에는 그 계상한 사업연도
금융보험업 법인	실제로 수입된 날(선수입이자 등 제외)	

(2) 이자비용의 손익 귀속사업연도

원칙	특례
수입이자의 수입시기에 해당하는 날	결산을 확정함에 있어서 이미 경과한 기간에 대응하는 이자(차입일부터 이자지급일이 1년을 초과하는 특수관계인과의 거래에 따른 이자 및 할인액은 제외) 등을 해당 사업연도의 손비로 계상한 경우에는 그 계상한 사업연도

2) 수입배당금의 귀속사업연도

법인이 수입하는 배당금은 「소득세법」에 따른 수입시기에 해당하는 날이 속하는 사업연도의 익금에 산입한다.

3) 금융보험업 수입보험료 등의 귀속사업연도

금융보험업을 영위하는 법인(「보험업법」에 따른 보험회사는 제외)이 수입하는 보험료 등의 귀속사업연도는 그 보험료 등이 실제로 수입된 날이 속하는 사업연도로 하되, 선수입보험료 등을 제외한다. 다만, 결산을 확정함에 있어서 이미 경과한 기간에 대응하는 보험료 상당액 등을 해당 사업연도의 수익으로 계상한 경우에는 그 계상한 사업연도의 익금으로 한다.(법령 70 ③)

4) 보험회사가 지급하는 사업비의 귀속사업연도

「보험업법」에 따른 보험회사 또는 주택도시보증공사가 보험계약과 관련하여 수입하거나 지급하는 이자 및 할인액, 보험료등, 보험금 및 보험과 관련된 사업비로서 책임준비금(주택도시보증공사의 경우에는 보험감독회계기준에 따라 계상한 「주택도시기금법 시행령」에 따른 공사책임준비금을 말함) 산출에 반영되는 항목은 보험감독회계기준에 따라 수익 또는 손비로 계상한 사업연도의 익금 또는 손금으로 한다(법령 70 ⑥).

4. 임대료 등 기타 손익의 귀속사업연도

1) 임대료

자산의 임대로 인한 익금과 손금의 귀속사업연도는 다음의 날이 속하는 사업연도로 한다. 다만, 결산을 확정함에 있어서 이미 경과한 기간에 대응하는 임대료 상당액과 이에 대응하는 비용을 당해 사업연도의 수익과 손비로 계상한 경우 및 **임대료 지급기간이 1년을 초과하는 경우** 이미 경과한 기간에 대응하는 임대료 상당액과 비용은 이를 각각 당해 사업연도의 익금과 손금으로 한다.(법령 71 ①)

① 계약 등에 의하여 임대료의 지급일이 정하여진 경우에는 그 지급일
② 계약 등에 의하여 임대료의 지급일이 정하여지지 않은 경우에는 그 지급을 받은 날

2) 금전등록기

영수증을 작성, 교부할 수 있는 법인이 금전등록기를 설치·사용하는 경우 그 수입하는 물품 대금과 용역 대가의 귀속사업연도는 그 금액이 실제로 수입된 사업연도로 할 수 있다.(법령 71 ②)

3) 사채할인발행차금

법인이 사채를 발행하는 경우에 사채할인발행차금은 기업회계기준에 의한 사채할인발행차금의 상각방법에 따라 이를 손금에 산입한다.(법령 71 ③)

4) 자산유동화거래 및 매출채권, 받을어음의 배서, 양도

「자산유동화에 관한 법률」에 따른 방법에 의하여 보유자산을 양도하는 경우 및 매출채권 또는 받을어음을 배서 양도하는 경우에는 기업회계기준에 의한 손익 인식 방법에 따라 관련 손익의 귀속사업연도를 정한다.(법령 71 ④)

5) 개발비

법인이 개발비로 계상하였으나 해당 제품의 판매 또는 사용이 가능한 시점이 도래하기 전에 개발을 취소한 경우에는 다음의 요건을 모두 충족하는 날이 속하는 사업연도의 손금에 산입한다.(법령 71 ⑤)

① 해당 개발로부터 상업적인 생산 또는 사용을 위한 해당 재료·장치·제품·공정·시스템 또는 용역을 개선한 결과를 식별할 수 없을 것
② 해당 개발비를 전액 손비로 계상하였을 것

6) 파생상품

계약의 목적물을 인도하지 않고 목적물의 가액 변동에 따른 차액을 금전으로 정산하는 파생상품의 거래로 인한 손익은 그 거래에서 정하는 대금결제일이 속하는 사업연도의 익금과 손금으로 한다.(법령 71 ⑥)

> **참고 원천징수 지급시기의제와 소득금액 수입시기 비교**
>
> | 항목 | 원천징수 지급시기 의제 | 소득금액 수입시기 |
> |---|---|---|
> | 소득처분에 의한 인정상여·인정배당·기타소득 | * 인정상여, 인정배당, 기타소득 모두
- 법인이 신고조정하는 때는 과세표준과 세액 법정 신고기한 종료일
- 정부가 결정·경정하는 때는 소득금액 변동통지서 받은 날 | * 법인의 신고조정 또는 정부의 결정·경정 모두
- 인정배당과 기타소득은 당해 법인의 결산확정일
- 인정상여는 근로제공일 |
> | 잉여금처분에 의한 상여 | * 실제 지급일로 하되, 처분결의일부터 3월이 되는 날에 지급한 것으로 보며, 11월과 12월 중에 결의한 것을 익년 1월 31일까지 지급하지 않은 것은 1월 31일에 지급한 것으로 본다. | * 처분결의일 |
> | 잉여금처분에 의한 배당 | * 실제 지급일로 하되 처분결의일부터 3월이 되는 날까지 지급하지 않은 것은 3월이 되는 날에 지급한 것으로 본다. | * 처분결의일 |
> | 의제배당 | * 우측과 동일 | * 의제배당 종류별로 정한 자본감소 결정일, 잔여가액 확정일 등 |

Ⅳ 한국채택국제회계기준 적용 보험회사에 대한 소득금액 계산의 특례

1. 직전 사업연도 책임준비금 상당액 익금산입

보험회사가 보험업에 대한 한국채택국제회계기준을 최초로 적용하는 경우에는 보험계약 국제회계기준을 최초로 적용하는 사업연도의 직전 사업연도에 손금에 산입한 책임준비금(「보험업법」에 따른 책임준비금을 말함)에 보험계약국제회계기준을 최초로 적용하는 사업연도의 직전 사업연도에 손금에 산입한 책임준비금의 금액에서 ①을 빼고 ②를 더한 금액을 최초 적용 사업연도의 소득금액을 계산할 때 익금에 산입한다(법법 42의3 ①, 법령 78의3 ②).

① 직전 사업연도의 종료일 현재 보험감독 회계기준에 따른 자산으로서 익금에 산입한 것 중 최초적용사업연도 이후에는 보험감독 회계기준에 따라 책임준비금 산출에 반영되는 항목과 재보험자산 및 그 밖 이와 유사한 항목의 금액

② 직전 사업연도의 종료일 현재 보험감독 회계기준에 따른 부채로서 손금에 산입한 것 중 최초적용사업연도 이후에는 보험감독 회계기준에 따라 책임준비금 산출에 반영되는 항목과 이와 유사한 부채로서 일정한 항목의 금액

2. 최초적용 시 손금산입

보험회사는 최초적용 사업연도의 개시일 현재 「보험업법」의 회계처리기준에 따라 계상한 책임준비금에 최초적용사업연도 개시일 현재 책임준비금(할인율의 변동으로 인한 책임준비금 공정가치 평가금액은 제외)의 금액에서 다음의 금액을 뺀 금액을 해당 사업연도의 소득금액을 계산할 때 손금에 산입한다(법법 42의3 ②, 법령 78의3 ③).

① 보험계약자산
② 재보험계약자산

3. 균등 익금산입

보험회사는 직전 사업연도 책임준비금 상당액을 익금에 산입한 금액에서 최초적용으로 손금에 산입한 금액을 뺀 금액에 대통령령으로 정하는 계산식을 적용하여 산출한 금액(금액이 양수인 경우로 한정하며, 이하 "전환이익"이라 함)을 최초적용 사업연도와 그 다음 3개 사업연도의 소득금액을 계산할 때 익금에 산입하지 아니할 수 있다. 이 경우 전환이익은 최초적용 사업연도의 다음 4번째 사업연도 개시일부터 3년간 균등하게 나누어 익금에 산입한다. 이 경우 해약환급금준비금의 손금산입을 적용하지 않는다(법법 42의3 ③,⑤).

4. 중도 해산의 경우

보험회사가 균등 익금산입 기간 중에 해산(적격합병 또는 적격분할로 인한 해산은 제외)하는 경우 익금에 산입되지 아니한 전환이익이 있으면 이를 해산등기일이 속하는 사업연도의 소득금액을 계산할 때 익금에 산입한다(법법 42의3 ④).

Ⅴ 기업회계기준과 관행의 적용

내국법인의 각 사업연도의 소득금액을 계산할 때 그 법인이 익금과 손금의 귀속사업연도와 자산·부채의 취득 및 평가에 관하여 일반적으로 공정·타당하다고 인정되는 기업회계기준을 적용하거나 관행(慣行)을 계속 적용하여 온 경우에는 이 법 및 「조세특례제한법」에서 달리 규정하고 있는 경우를 제외하고는 그 기업회계의 기준 또는 관행에 따른다.(법법 43)

제8장 자산·부채의 평가

제1절 자산의 취득가액

I 취득가액 산정의 일반원칙

구분	취득가액
① 타인으로부터 매입한 자산 (단기금융자산 등 제외)	매입가액에 취득세·등록세 기타 부대비용을 가산한 금액
② 내국법인이 외국자회사를 인수하여 취득한 주식등	익금불산입된 수입배당금액, 인수 시점의 외국자회사의 이익잉여금 등을 고려하여 내국법인이 외국자회사를 인수하여 승계취득한 주식등의 경우에는 다음에 따른 요건을 모두 충족하는 수입배당금액을 차감한 금액 ㉠ 내국법인이 최초로 외국자회사의 의결권 있는 발행주식총수 또는 출자총액의 10% 이상을 보유하게 된 날의 직전일 기준 이익잉여금을 재원으로 한 수입배당금액일 것 ㉡ 외국자회사의 수입배당금 익금불산입의 규정에 따라 익금에 산입되지 아니한 수입배당금액일 것
③ 자기가 제조·생산·건설기타 이에 준하는 방법에 의하여 취득한 자산	원재료비·노무비·운임·하역비·보험료·수수료·공과금(취득세와 등록세를 포함)·설치비 기타 부대비용의 합계액
④ 현물출자, 합병 또는 분할에 의하여 취득한 자산	㉠ 적격합병 또는 적격분할의 경우에는 장부가액 ㉡ 그 밖의 경우에는 해당자산의 시가
⑤ 물적분할에 따라 취득한 주식	물적분할한 순자산의 시가
⑥ 현물출자에 따라 출자법인이 취득한 주식	㉠ 출자법인(출자법인과 공동으로 출자한 자를 포함)이 현물출자로 인하여 피출자법인을 새로 설립하면서 그 대가로 주식 등만 취득하는 현물출자의 경우: 현물출자한 순자산의 시가 ㉡ 그 밖의 현물출자의 경우 : 해당 주식 등의 시가
⑦ 채무의 출자전환에 의하여 취득한 주식 등	취득당시의 시가 - 다만, 출자전환 채무면제익 익금불산입 요건을 갖춘 채무의 출자전환으로 취득한 주식 등은 출자전환된 채권(채무보증에 따른 구상채권, 업무무관가지급금 제외)의 장부가액
⑧ 합병 또는 분할(물적분할제외)에 의하여 취득한 주식 등	종전의 장부가액에 합병·분할에 따른 의제배당 및 불공정자본거래로 인하여 특수관계인으로부터 분여받은 이익을 가산한 가액에서 합병대가 또는 분할대가 중 금전이나 그 밖의 재산가액의 합계액을 뺀 금액
⑨ 단기금융자산 등	매입가액

구분	취득가액
⑩ 공익법인등이 기부받은 자산	기부한 자의 기부당시 장부가액, 다만 증여세 과세가액이 포함되지 아니한 출연재산이 그 후 과세요건이 발생하여 증여세의 전액이 부과되는 경우에는 기부당시의 시가
⑪ 「온실가스 배출권의 할당 및 거래에 관한 법률」및 「대기관리권역법」에 따라 정부로부터 무상으로 할당받은 배출권	영(0)원
⑫ 무상증자합병(적격합병에 해당하는 경우로서 합병법인의 주식을 지급하지 않은 경우)의 경우	합병법인 종전 주식의 가액 + 소각된 피합병법인 주식의 가액 – 현금 등 지급액
⑬ 「상법」에 따라 자본준비금을 감액하여 배당을 받는 경우(익금불산입대상)	그 금액을 차감한 금액(내국법인이 보유한 주식의 장부가액을 한도)
⑭ 그 밖의 방법(교환, 증여)등으로 취득한 자산	취득당시의 시가

Ⅱ 취득가액 산정의 특수원칙

구분	취득가액
자산 취득가액에 포함하는 것	① 특수관계자인 개인으로부터 유가증권을 시가에 미달하는 가액으로 매입하는 경우 시가와 매입가액의 차액에 상당하는 금액 ② 건설자금이자 ③ 유형자산의 취득과 함께 국·공채를 매입하는 경우 기업회계기준에 따라 그 국·공채의 매입가액과 현재가치의 차액을 해당 유형자산의 취득가액으로 계상한 금액 ④ 보험업법 등 법률에 의한 고정자산 평가익 ⑤ D/A 이자 및 Usance 이자 ⑥ 무상주 수취의 경우 의제배당으로 익금에 산입한 금액
자산 취득가액에 포함하지 않는 것	① 장기할부조건으로 취득한 자산을 회사가 현재가치로 평가한 경우의 현재가치할인차금 ② 연지급 수입에 있어서 취득가액과 구분하여 계상한 지급이자 ③ 특수관계자로부터 고가매입 시 시가초과액과 현물출자 받은 자산의 시가초과액 ④ 세법상 손금에 산입 되는 평가손실 ⑤ 부가가치세법상 의제매입세액 및 재활용 폐자원 등에 대한 매입세액(원재료 등에서 차감) ⑥ 의제기부금(고가 매입자산의 정상가액 초과액) ⑦ 임의 평가차익

Ⅲ 보유자산에 대한 취득가액의 변동

1. 원칙(역사적 원가주의)

내국법인이 보유하는 자산 및 부채의 장부가액을 증액 또는 감액(감가상각을 제외)한 경우에는 그 평가일이 속하는 사업연도 및 그 후의 각 사업연도의 소득금액을 계산할 때 그 자산 및 부채의 장부가액은 그 평가하기 전의 가액으로 한다.(법법 42 ①)

2. 자산의 증액 및 감액

다음 중 어느 하나에 해당하는 경우에는 자산의 평가를 인정한다(법법 42 ① 단서, 법령 73).

1) 「보험업법」 기타 법률에 따른 유형자산 및 무형자산 등의 평가(증액에 한함)

2) 재고자산 등 다음의 자산과 부채의 평가

① 재고자산(제품 및 상품, 반제품 및 재공품, 원재료, 저장품)
② 유가증권(주식 등, 채권, 집합투자재산, 변액 보험계약에 속하는 자산)
③ 기업회계기준에 따른 화폐성 외화자산과 부채
④ 금융회사 등이 보유하는 통화 관련 파생상품 중 통화선도, 통화스왑 및 환변동보험
⑤ 금융회사 등외의 법인이 화폐성외화자산·부채의 환위험을 회피하기 위하여 보유하는 통화선도 등

3) 감액만 적용하는 자산

다음 중 어느 하나에 해당하는 자산은 그 장부가액을 감액할 수 있다(법법 42 ③)

대상자산	평가액
① 재고자산으로서 파손·부패 등의 사유로 인하여 정상가격으로 판매할 수 없는 것	사업연도종료일 현재 처분가능한 시가
② 유형자산으로서 다음의 사유로 인하여 파손 또는 멸실된 것 ㉠ 천재·지변 또는 화재 ㉡ 법령에 따른 수용 등 ㉢ 채굴예정량의 채진에 따른 폐광(토지를 포함한 광업용 고정자산이 그 고유의 목적에 사용될 수 없는 경우 포함)	사업연도 종료일 현재 시가
③ 다음에 해당하는 주식 등으로서 그 발행법인의 부도 발생, 회생계획인가의 결정, 부실징후기업이 된 경우의 해당 주식 등 ㉠ 주권상장법인이 발행한 주식 등 ㉡ 중소기업창업투자회사 등이 보유하는 주식 중 각각 창업자 또는 신기술사업자가 발행한 것 ㉢ **비상장법인** 주식 중 특수관계자가 아닌 법인의 주식 등 (다만, 특수관계 여부를 판단함에 있어 **지분율 5%이하이면서 취득가액 10억원 이하는 소액주주** 등으로 봄)	사업연도 종료일 현재 시가 **(발행법인별로** 보유주식총액을 시가로 평가한 가액이 1천원 이하인 경우에는 1천원)

> 참고 감액 시 비망계정 1천원을 주의하여야 하는 자산

구분	내용
주식	부도·파산 발행법인별 1천원
고정자산	생산설비 폐기, 감가상각 종료 자산별 1천원
대손금	부도발생 6개월 이상 지난 어음, 수표, 중소기업 외상매출금 매 별 1천원

제2절 자산·부채의 평가

I 재고자산의 평가

1. 재고자산의 범위

평가대상이 되는 재고자산은 다음에 해당하는 경우로 한다.

① 제품 및 상품(부동산매매업자가 매매를 목적으로 소유하는 부동산을 포함하며, 유가증권을 제외)
② 반제품 및 재공품
③ 원재료
④ 저장품

2. 재고자산의 평가방법

1) 평가방법

재고자산은 다음의 원가법과 저가법 중 법인이 납세지 관할 세무서장에게 신고한 방법으로 평가한다.(법령 74 ①)

구분	평가방법
평가방법을 신고한 경우	원가법 : 개별법·선입선출법·후입선출법·총평균법·이동평균법 및 매출가격환원법 중 한가지 방법에 의하여 평가하는 것을 말한다. 저가법 : 원가법으로 평가한 가액과 기업회계기준에 따라 시가로 평가한 가액(순실현가능가액) 중 낮은 가액으로 평가하는 것을 말한다.
평가방법을 신고하지 않은 경우	선입선출법. 단, 부동산은 개별법에 의한다.
평가방법을 임의변경한 경우	Max : [당초 신고한 방법에 의하여 평가한 가액, 무신고시의 평가방법에 의하여 평가한 가액]

2) 적용 단위

재고자산을 평가함에 있어서는 해당 자산을 '제품 및 상품', '반제품 및 재공품', '원재료', '저장품'으로 구분하여 **종류별·영업장별로 각각 다른 방법에 따라 평가할 수 있다.** 이 경우 수익과 비용을 영업의 종목별 또는 영업장별로 각각 구분하여 기장하고, 종목별·영업장별로 제조원가보고서와 포괄 손익계산서(포괄 손익계산서가 없는 경우에는 손익계산서)를 작성하여야 한다.(법령 74 ②)

3. 재고자산 평가방법의 신고 및 변경 신고

1) 기한 내 신고

재고자산의 평가방법은 다음의 기한 내에 신고하여야 한다.

(1) 신설법인과 새로 수익사업을 개시한 비영리내국법인

해당 법인의 설립일 또는 수익사업개시일이 속하는 사업연도의 법인세 과세표준 신고기한

(2) 기한 내 신고를 한 법인으로서 그 평가방법을 변경하고자 하는 법인

변경할 평가방법을 적용하고자 하는 사업연도의 종료일 이전 3개월이 되는 날

2) 기한 후 신고

법인이 기한 내에 재고자산 평가방법을 신고하지 않거나 신고한 평가방법 외의 방법으로 평가한 경우에는 다음의 방법으로 평가한다.

(1) 신고기한 내에 재고자산의 평가방법을 신고하지 않은 경우

선입선출법(매매를 목적으로 소유하는 부동산의 경우에는 개별법)

(2) 신고한 평가방법 외의 방법으로 평가한 경우

선입선출법(매매를 목적으로 소유하는 부동산의 경우에는 개별법)과 신고한 평가방법에 따른 평가액 중 평가액이 큰 평가방법

(3) 변경 신고기한 내에 재고자산의 평가방법 변경 신고를 하지 않고 그 방법을 변경한 경우

선입선출법(매매를 목적으로 소유하는 부동산의 경우에는 개별법)과 신고한 평가방법에 따른 평가액 중 평가액이 큰 평가방법

4. 재고자산의 세무조정

1) 재고자산의 평가손익

(1) 재고자산의 평가이익

기업회계기준에서나 법인세법에서는 재고자산의 평가이익을 인정하지 않고 있으므로, 법인이 시가가 장부가액보다 상승하였다 하여 평가이익을 계상한 때에는 익금불산입하게 된다.

(2) 재고자산의 평가손실

법인세법상 재고자산의 평가손실을 손금에 산입할 수 있는 경우는 다음의 두 가지에 한정하고 있다.

㉠ 저가법에 의하여 재고자산을 평가하고 원가가 시가보다 높아 평가손실이 발생하는 경우

ⓒ 파손·부패 등의 사유로 인하여 정상가격 판매가 불가능한 재고자산을 기타 재고자산과 구분하여 처분 가능한 시가로 평가하는 경우 (법령 78 ③ 1)

2) 재고자산의 수량차이

(1) 재고자산 누락

재고자산의 누락은 다음과 같이 크게 세 가지의 경우로 구분된다. 이 경우 수량 초과분은 익금에 산입하고 유보 처분하는 것이 원칙이며, 동 누락 자산을 장부상 수익으로 계상한 경우 익금불산입하고 △유보 처분하여 당초 유보액을 상계시킨다. 다만, 재고자산을 보유하고 있음을 입증하지 못한 경우 해당 재고자산을 처분하여 현금 매출 누락을 한 것으로 간주하여 시가를 익금에 산입하고 대표자에 대한 상여로 처분한다.

① 결산 기말에 실지 재고조사를 통하여 기말재고 수량을 확정하는 과정이 생략된 경우
② 회계 기록상의 오류로 인해 양자 간에 차이가 결산에 반영되지 못하는 경우
③ 법인이 고의적으로 실질적 출고가 없는 재고자산을 출고된 것으로 기장처리하여 손비로 계상한 경우

(2) 재고자산 부족

① 재고자산 감모손실

법인세법에서는 재고자산 감모 손실이 사회통념상 타당하다고 인정되는 경우에는 각 사업연도의 손금으로 계상할 수 있도록 하고 있다.

② 재고자산의 가공계상

재고자산의 누락과 반대의 개념으로 재고자산이 장부상에만 계상되어 있고 사실상 사외유출된 가공자산은 시가에 의한 매출액 상당액*을 익금에 산입하여 대표자에 대한 상여로 처분하고 동 가공자산은 손금에 산입하여 사내유보로 처분하며 이를 손비로 계상하는 때에는 익금에 산입하여 사내유보로 처분한다(법기통 67-106…12).

* 재고자산이 원재료인 경우 그 원재료 상태로는 유통이 불가능하거나 조업도 또는 생산수율 등으로 미루어 보아 제품화되어 유출된 것으로 판단되는 경우에는 제품으로 환산하여 시가를 계산한다.

Ⅱ 유가증권 등의 평가

1. 유가증권의 취득가액

유가증권은 취득가액에 기타 부대비용을 가산한 금액을 취득가액으로 하며, 유가증권을 저렴한 가격으로 매입한 경우에는 그 유가증권의 시가와는 상관없이 실제매입가격을 취득가액으로 한다(통칙 41-72…1). 그러나 법인세법 부당행위계산 부인 규정에 의한 특수관계 있는 개인으로부터 시가에 미달하는 가액으로 매입함으로써 익금에 산입하는 매입가액과 시가와의 차액은 취득가액에 포함한다(법령 72 ③ 1).

2. 유가증권의 범위(법령 73 2호)

평가대상이 되는 유가증권의 범위는 다음과 같다(법령 75 ①).

① 주식 등
② 채권
③ 「자본시장과 금융투자업에 관한 법률」에 따른 집합투자재산
④ 「보험업법」의 특별계정에 속하는 자산

3. 평가방법

채권과 주식은 다음의 방법 중 법인이 납세지 관할 세무서장에게 신고한 방법에 따라 평가한다(법령 75 ①).

① 개별법(채권의 경우에 한함)
② 총평균법
③ 이동평균법

4. 유가증권 평가방법의 신고 및 변경 신고 (법령 75 ②)

1) 기한 내 신고

유가증권의 평가방법은 다음의 기한 내에 신고하여야 한다.

(1) 신설법인과 새로 수익사업을 개시한 비영리 내국법인

해당 법인의 설립일 또는 수익사업개시일이 속하는 사업연도의 법인세 과세표준 신고기한

(2) 기한 내 신고를 한 법인으로서 그 평가방법을 변경하고자 하는 법인

변경할 평가방법을 적용하고자 하는 사업연도의 종료일 이전 3월이 되는 날

2) 기한 후 신고

법인이 기한 내에 유가증권 평가방법을 신고하지 않거나 신고한 평가방법 외의 방법으로 평가한 경우에는 다음의 방법으로 평가한다.

(1) 신고기한 내에 유가증권의 평가방법을 신고하지 아니한 경우

총평균법

(2) 신고한 평가방법 외의 방법으로 평가한 경우

총평균법과 신고한 평가방법에 따른 평가액 중 평가액이 큰 평가방법

(3) 변경 신고기한 내에 유가증권의 평가방법 변경 신고를 하지 않고 그 방법을 변경한 경우

총평균법과 신고한 평가방법에 따른 평가액 중 평가액이 큰 평가방법

5. 유가증권의 세무조정

유가증권의 평가차손익을 시가법 또는 지분법에 따라 손익으로 처리한 경우 평가차익은 익금불산입(△유보)로 소득처분을 하고 평가차손은 손금불산입(유보)로 소득처분을 한다. 이후 유가증권을 처분하는 시점에서 처분 비율에 따라 반대조정을 함으로써 세무상 자산 부채의 가액을 올바르게 반영해야 한다.

참고 법인세법상 유가증권의 평가방법 요약

구 분	평가방법
① 채 권	① 개별법 ② 총평균법 ③ 이동평균법
② 주 식 등	① 총평균법 ② 이동평균법
③ 투자회사등(법법 51의2 ① 2) 이 보유한 자본시장과 금융투자업에 관한 법률에 따른 집합투자재산	시가법
④ 환매금지형집합투자기구가 보유한 시장성 없는 자산 및 보험업법에 따른 보험회사가 보유한 변액보험계약에 속하는 자산	개별법(채권에 한함), 총평균법, 이동평균법 또는 시가법 중 신고한 방법(신고한 방법은 계속 적용)

2차 Tip 지분법 세무처리

1. 법인세법
   법인세법은 K-IFRS에서 규정하는 지분법을 적용하는 관계기업투자주식을 인정하지 아니한다.

2. 일자별 세무조정(지분율 20% 가정)

구분		K-IFRS	세무조정
취득시		(차) 관계기업투자주식 150 (대) 현금 150	-
결산기	당기 순이익	(차) 관계기업투자주식 100 (대) 지분법이익 100	〈손금산입〉 관계기업투자주식 100 (△유보)
	자본 변동	(차) 관계기업투자주식 100 (대) 지분법자본변동 100	〈손금산입〉 관계기업투자주식 100 (△유보) 〈익금산입〉 지분법자본변동 100 (기타)
배당금 수령		(차) 현금 50 (대) 관계기업투자주식 50	〈익금산입〉 관계기업투자주식 50 (유보) 〈손금산입〉 수입배당금 40* (기타)

처분		(차) 현금 300
		    지분법자본변동 100
		(대) 관계기업투자주식 300
		    처분이익 100
			〈익금산입〉 관계기업투자주식 150 (유보)
			〈손금산입〉 지분법자본변동 100 (기타)

*수입배당금 익금불산입 50 × 80%

> **2차 Tip** 복합금융상품의 세무처리

1. 복합금융상품의 처리(법기준 40-71-21).
   전환사채 또는 신주인수권부사채를 발행한 법인이 기업회계기준에 따라 전환권 또는 신주인수권(가치를 별도로 인식하고, 상환할증금을 전환사채 등에 부가하는 형식으로 계상한 경우 상환할증금 등에 대한 처리는 다음에 따른다.
   ① 발행시 전환사채 등의 차감계정으로 계상한 전환권 등 조정금액은 손금산입 유보처분하고 기타자본잉여금으로 계상한 전환권 등 대가는 익금산입 기타처분하며, 상환할증금은 손금불산입 유보처분한다.
   ② 만기일 전에 전환권 등 조정금액을 이자비용으로 계상한 경우 동 이자비용은 이를 손금산입하고 유보처분한다.
   ③ 전환권 등을 행사한 경우 ①에 따라 손금불산입한 상환할증금 중 전환권 등을 행사한 전환사채 등에 해당하는 금액은 손금으로 추인하고, 주식발행초과금으로 대체된 금액에 대해서는 익금산입 기타처분하며, 전환권 등 조정과 대체되는 금액은 익금산입 유보처분한다.
   ④ 만기일까지 전환권 등을 행사하지 아니함으로써 지급하는 상환할증금은 그 만기일이 속하는 사업연도에 손금으로 추인한다.

2. 일자별 세무조정(액면발행 가정 3년 만기)

구분	K-IFRS	세무조정
발행일	(차) 현금 1,000 　　전환권 조정 120 (대) 전환사채 1,000 　　상환할증금 90 　　전환권대가 30	〈손금산입〉 전환권조정 120 (△유보) 〈익금산입〉 상환할증금 90 (유보) 〈익금산입〉 전환권대가 30 (기타)
이자지급일 (×1년 말)	(차) 이자비용 50 (대) 현금 20 　　전환권조정 30	〈익금산입〉 전환권조정 30 (유보)
이자지급일 (×2년 말)	(차) 이자비용 50 (대) 현금 20 　　전환권조정 30	〈익금산입〉 전환권조정 30 (유보)
전환권 행사 (50%)	(차) 전환사채 500 　　상환할증금 45 　　전환권대가 15 (대) 전환권조정 30 　　자본금 300 　　주식발행초과금 230	〈손금산입〉 상환할증금 45 (△유보) 〈익금산입〉 전환권조정 30 (유보) 〈익금산입〉 전환권대가 15 (기타)
이자지급일 (×3년 말)	(차) 이자비용 25 (대) 현금 10 　　전환권조정 15	〈익금산입〉 전환권조정 15 (유보)
만기상환	(차) 전환사채 500 　　상환할증금 45 (대) 현금 545	〈손금산입〉 상환할증금 45 (△유보)

위 경우는 액면발행인 경우이지만, 할인발행인 경우 유효이자율법을 적용하여 사채할인발행차금을 상각하는 부분은 별도의 세무조정을 필요로 하지 않는다. 다만, 전환권(또는 신주인수권)대가와 상환할증금 합계액에 상당하는 사채할인발행차금은 손금에 산입 후 환입방법에 따라 환입한다.

Ⅲ 외화자산·부채의 평가 및 과세표준 계산 특례

1. 개요
법인세법에서는 기업회계기준에 따른 화폐성 외화자산과 부채의 평가손익을 익금 또는 손금으로 인정하는 것을 원칙으로 한다. 이때, 금융회사 등이 보유하는 화폐성외화자산·부채의 평가는 강제 규정이므로 결산상 화폐성 외화자산·부채의 평가손익을 반영하지 않은 경우에는 기업회계상 장부가액과 세무상 평가액의 차이를 세무조정(신고조정)하여야 한다.

2. 외화자산 및 부채의 평가손익

1) 외화자산부채의 평가

(1) 특정 금융회사의 경우

금융회사 등이 보유하는 화폐성외화자산·부채와 통화선도 등은 다음의 방법에 따라 평가하여야 한다.

① 화폐성외화자산·부채 : 사업연도 종료일 현재의 기획재정부령으로 정하는 매매기준율 또는 재정(裁定)된 매매기준율로 평가하는 방법(강제평가)

② 통화선도 등 : 다음 중 어느 하나에 해당하는 방법 중 관할 세무서장에게 신고한 방법에 따라 평가하는 방법. 다만, 최초로 ㉡의 방법을 신고하여 적용하기 이전 사업연도에는 ㉠의 방법을 적용하여야 한다(선택평가).

㉠ 계약의 내용 중 외화자산 및 부채를 계약체결일의 매매기준율 등으로 평가하는 방법
㉡ 계약의 내용 중 외화자산 및 부채를 사업연도 종료일 현재의 매매기준율 등으로 평가하는 방법

(2) 일반법인의 경우

금융회사 등 외의 법인이 보유하는 화폐성외화자산·부채(「보험업법」에 따른 보험회사의 책임준비금은 제외)와 화폐성외화자산·부채의 환위험을 회피하기 위하여 보유하는 통화선도 등은 다음 중 어느 하나에 해당하는 방법 중 관할 세무서장에게 신고한 방법에 따라 평가하여야 한다. 다만, 최초로 ②의 방법을 신고하여 적용하기 이전 사업연도의 경우에는 ①의 방법을 적용하여야 한다(선택평가)(법령 76 ②).

① 화폐성외화자산·부채와 환위험회피용통화선도 등의 계약 내용 중 외화자산 및 부채를 취득일 또는 발생일(통화선도 등의 경우에는 계약체결일) 현재의 매매기준율 등으로 평가하는 방법

② 화폐성외화자산·부채와 환위험회피용통화선도 등의 계약 내용 중 외화자산 및 부채를 사업연도 종료일 현재의 매매기준율 등으로 평가하는 방법

(3) 평가방법의 선택적용 후 계속적용

금융법인의 통화선도 평가나 금융법인 외 일반법인의 선택에 따라 신고한 평가방법은 그 후의 사업연도에도 계속하여 적용하여야 한다. 다만, 일반법인의 경우 선택에 따라 **신고한 평가방법을 적용한 사업연도를 포함하여 5개 사업연도가 지난 후에는 다른 방법으로 신고를 하여 변경된 평가방법을 적용할 수 있다.**(법령 76 ③)

2) 평가손익

화폐성외화자산·부채, 통화선도 등 및 환위험회피용통화선도 등을 평가함에 따라 발생하는 평가한 원화 금액과 원화 기장액의 차익 또는 차손은 해당 사업연도의 익금 또는 손금에 이를 산입한다.

3) 상환차손익

내국법인이 상환 받거나 상환하는 외화채권·채무의 원화 금액과 원화 기장액의 차익 또는 차손은 당해 사업연도의 익금 또는 손금에 이를 산입한다.

제9장 합병 및 분할 등에 관한 특례

제1절 합병

I 개요

1. 의의

합병이란 두 개 이상의 회사가 상법의 절차에 따라 청산절차를 거치지 않고 합쳐지면서 최소한 한 개 이상 회사의 법인격을 소멸시키되, 합병 이후에 존속하는 회사 또는 합병으로 인해 신설되는 회사가 소멸하는 회사의 권리의무를 포괄적으로 승계하고 그의 사원을 수용하는 회사법상의 법률사실을 말한다.

2. 합병의 종류

모든 합병당사회사가 소멸하면서 새로운 회사를 설립하여 그 재산을 포괄승계 하는 방식을 신설합병이라 하고, 합병당사회사 중 한 회사는 존속하고 다른 회사는 소멸하면서 존속회사가 소멸회사의 재산을 포괄승계 하는 방식을 흡수합병이라고 한다.

> **참고 합병의 종류**
>
>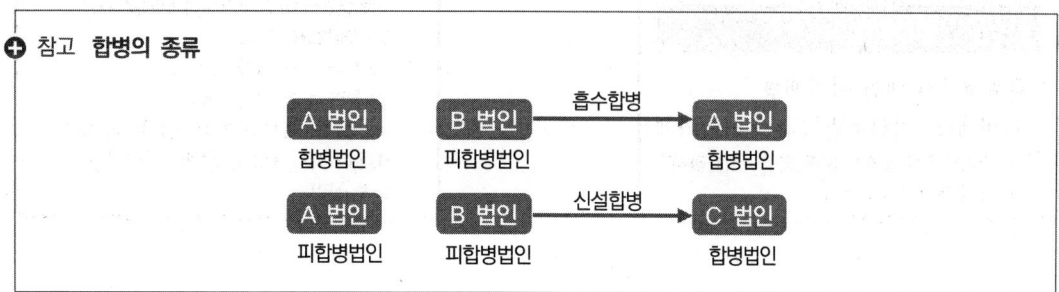

3. 합병당사자

1) 합병법인

합병법인이란 합병 후 신설되거나 존속하는 법인을 말한다.

2) 피합병법인

피합병법인이란 합병 과정에서 소멸하는 법인을 말한다.

Ⅱ 합병에 대한 법인세 과세체계

법인세법에서는 기업회계상 사업결합의 유형 및 회계처리에 관계없이 내국법인 간 합병하는 경우에는 합병이 적격합병의 과세특례 요건을 충족하였는지 여부에 따라 과세이연 등의 조세지원 혜택을 부여하고 있다. 합병 시 합병당사자별 과세체계를 비교하면 다음과 같다.

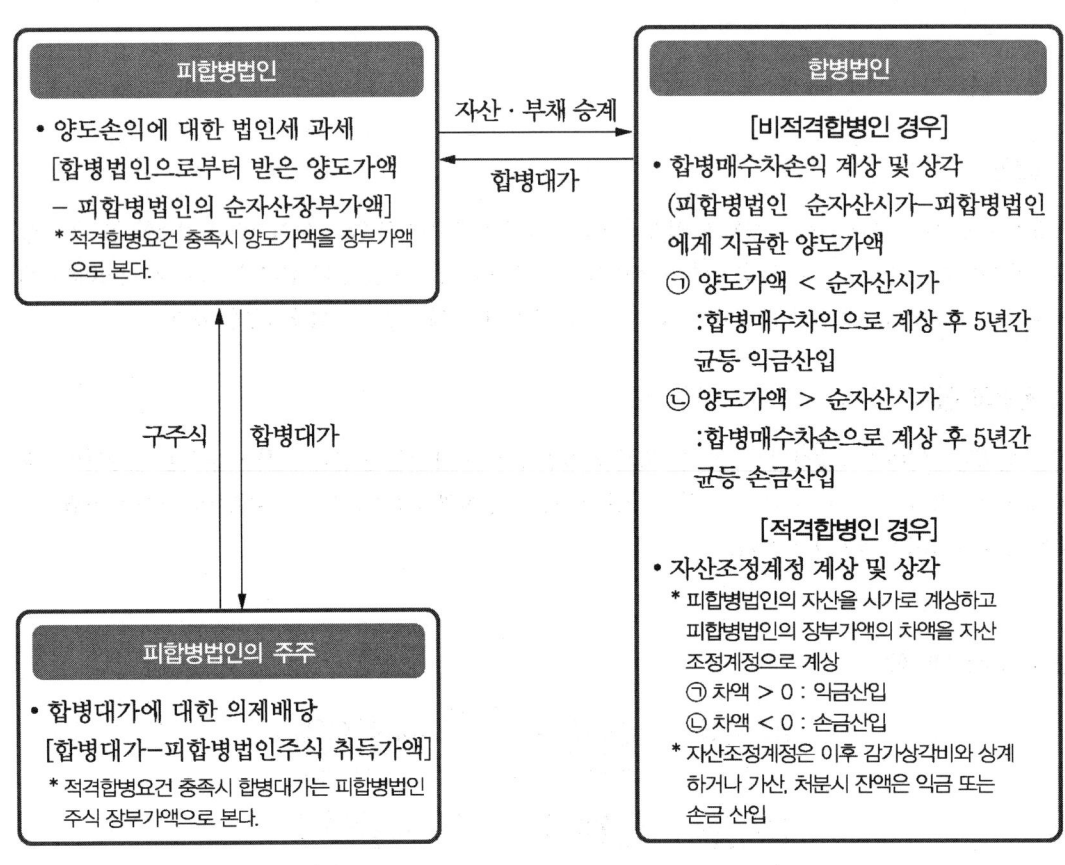

Ⅲ 비적격합병

1. 합병 시 피합병법인에 대한 과세

1) 개요

피합병법인이 합병으로 해산하는 경우에는 그 법인의 자산을 합병법인에 양도한 것으로 본다. 이 경우 그 양도에 따라 발생하는 양도손익(①의 가액에서 ②의 가액을 뺀 금액을 말함)은 피합병법인이 합병등기일이 속하는 사업연도의 소득금액을 계산할 때 익금 또는 손금에 산입한다.(법법 44 ①)

① 피합병법인이 합병법인으로부터 받은 양도가액
② 피합병법인의 합병등기일 현재의 순자산 장부가액

2) 양도가액의 계산

합병에 따른 양도손익을 계산함에 있어 피합병법인이 합병법인으로부터 받은 양도가액은 다음의 합계액(①+②)으로 한다.(법령 80 ① 2)

① 합병교부주식 등의 가액

합병으로 인하여 피합병법인의 주주등이 지급받는 합병법인 또는 합병법인의 모회사의 합병교부주식 등의 가액 및 금전이나 그 밖의 재산가액의 합계액(합병 포합주식가액 상당액 포함)

② 합병법인이 대납하는 피합병법인의 법인세 등

합병법인이 납부하는 피합병법인의 법인세 및 그 법인세(감면세액을 포함함)에 부과되는 국세와 지방세법에 따른 법인지방소득세의 합계액

3) 순자산 장부가액의 계산

피합병법인의 순자산 장부가액이란, 피합병법인의 합병등기일 현재의 자산의 장부가액 총액에서 부채의 장부가액 총액을 뺀 가액으로 한다. 이 경우 순자산 장부가액을 계산할 때 국세기본법에 따라 환급되는 법인세액이 있는 경우에는 이에 상당하는 금액을 피합병법인의 합병등기일 현재의 순자산 장부가액에 더한다.(법법 44 ①2, 법령 80 ②)

2. 합병 시 합병법인에 대한 과세

1) 승계자산의 시가평가

합병법인이 합병으로 피합병법인의 자산을 승계한 경우에는 그 자산을 피합병법인으로부터 합병등기일 현재의 시가로 양도받은 것으로 본다.(법법 44의2 ①)

2) 세무조정사항의 미승계

피합병법인의 각 사업연도의 소득금액 및 과세표준을 계산할 때 익금 또는 손금에 산입하거나 산입하지 아니한 금액, 그 밖의 자산·부채 등은 승계하지 아니한다. 다만, 퇴직급여충당금 또는 대손충당금을 승계한 경우에는 그와 관련된 세무조정사항을 승계한다.(법법 44의2 ①단서)

3) 합병매수차익의 익금산입

합병법인은 피합병법인의 자산을 시가로 양도받은 것으로 보는 경우로서 피합병법인에 지급한 양도가액이 피합병법인의 합병등기일 현재의 자산총액에서 부채총액을 뺀 금액(이하 "순자산시가"라 함)보다 적은 경우에는 그 차액을 세무조정계산서에 계상하고 합병등기일부터 5년간 균등하게 나누어 익금에 산입한다.(법법 44의2 ②)

$$\boxed{\text{합병매수차익}} = \boxed{\text{순자산의 시가}^*} - \boxed{\text{양도가액}}$$

* 순자산의 시가 = 합병등기일 현재 자산총액 - 합병등기일 현재 부채총액

$$\text{익금 산입액} = \text{합병매수차익} \times \frac{\text{해당 사업연도의 월수}}{60월}$$

4) 합병매수차손의 손금산입

합병법인은 피합병법인의 자산을 시가로 양도받은 것으로 보는 경우에 피합병법인에 지급한 양도가액이 합병등기일 현재의 순자산시가를 초과하는 경우로서 합병법인이 피합병법인의 상호·거래관계, 그 밖의 영업상의 비밀 등에 대하여 사업상 가치가 있다고 보아 대가를 지급한 경우에는 그 차액을 세무조정계산서에 계상하고 합병등기일부터 5년간 균등하게 나누어 손금에 산입한다.(법법 44의2③)

$$\boxed{\text{합병매수차손}} = \boxed{\text{양도가액}} - \boxed{\text{순자산의 시가}^*}$$

* 순자산의 시가 = 합병등기일 현재 자산총액 - 합병등기일 현재 부채총액

$$\text{손금산입액} = \text{합병매수차손 중 영업권} \times \frac{\text{해당 사업연도의 월수}}{60월}$$

Ⅳ 적격합병

1. 적격합병의 요건

적격합병은 아래의 요건을 모두 갖춘 경우에 해당한다.

1) 사업영위기간 요건(합병법인 및 피합병법인)

합병등기일 현재 1년 이상 사업을 계속하던 내국법인 간의 합병일 것. 다만, 다른 법인과 합병하는 것을 유일한 목적으로 하는 법인의 경우는 요건을 갖춘 것으로 본다.

2) 지분의 연속성 요건(합병법인의 주주)

지분의 연속성 요건은 다음의 세 가지 요건을 모두 충족하여야만 인정된다.

① 피합병법인의 주주 등이 합병으로 인하여 받은 합병대가의 총합계액 중 합병법인의 주식 등의 가액이 80% 이상이거나 합병법인의 모회사의 주식등의 가액이 80% 이상인 합병일 것(주식교부비율요건)
② 피합병법인의 일정 지배주주 등에 대하여는 일정 배정기준에 따라 배정할 것(주식배정 요건)
③ 피합병법인의 일정 지배주주 등이 합병등기일이 속하는 사업연도의 종료일까지 그 교부받은 주식 등을 50% 이상 보유할 것(주식보유 요건)

3) 사업의 계속성 요건(합병법인)

합병법인이 합병등기일이 속하는 사업연도의 종료일까지 피합병법인으로부터 승계받은 사업을 계속할 것 다만, 다른 법인과 합병하는 것을 유일한 목적으로 하는 법인의 경우는 요건을 갖춘 것으로 본다.

4) 고용승계유지 요건(합병법인)

합병등기일 1개월 전 당시 피합병법인에 종사하는 일정 근로자 중 합병법인이 승계한 근로자의 비율이 80% 이상이고, 합병등기일이 속하는 사업연도의 종료일까지 그 비율을 유지할 것. 다만, 다음의 어느 하나에 해당하는 근로자는 제외한다.

① 임원
② 합병등기일이 속하는 사업연도의 종료일 이전에 「고용상 연령차별금지 및 고령자고용촉진에 관한 법률」에 따라 정한 정년이 도래하여 퇴직이 예정된 근로자
③ 합병등기일이 속하는 사업연도의 종료일 이전에 사망하는 근로자 또는 질병·부상 등 기획재정부령으로 정하는 사유로 퇴직하는 근로자
④ 「소득세법」에 따른 일용근로자
⑤ 근로계약기간이 6개월 미만인 근로자. 다만, 근로계약의 연속된 갱신으로 인하여 합병등기일 1개월 전 당시 그 근로계약의 총 기간이 1년 이상인 근로자는 제외한다.
⑥ 금고 이상의 형을 선고받는 등 기획재정부령으로 정하는 근로자의 중대한 귀책사유로 퇴직하는 근로자

2. 피합병법인에 대한 과세

적격합병의 경우에는 양도가액을 피합병법인이 합병등기일 현재의 순자산 장부가액으로 보아 양도손익이 없는 것으로 할 수 있다. 다만, 부득이한 사유가 있는 경우에는 요건의 사업영위기간의 요건을 제외한 적격합병 요건을 갖추지 못한 경우에도 적격합병으로 보아 양도손익이 없는 것으로 할 수 있다.

3. 합병법인에 대한 과세

1) 승계자산의 장부가액 평가

적격합병을 한 합병법인은 피합병법인의 자산을 장부가액으로 양도받은 것으로 하여 합병매수차익 또는 합병매수차손을 인식하지 않을 수 있다. 이 경우에는 장부가액과 시가와의 차액을 자산조정계정으로 계상하고 자산별로 계상하여야 한다.(법법 44의3 ①)

※ 자산조정계정의 계상 및 처리
  합병법인은 피합병법인의 자산을 장부가액으로 양도받은 경우 양도받은 자산 및 부채의 가액을 합병등기일 현재의 시가로 계상하되, 시가에서 피합병법인의 장부가액(세무조정사항이 있는 경우에는 그 세무조정사항 중 익금불산입액은 더하고 손금불산입액은 뺀 가액으로 함)을 뺀 금액을 자산조정계정으로 계상하여야 한다. 이 경우 계상한 자산조정계정은 다음의 구분에 따라 0보다 큰 경우에는 익금에, 0보다 작은 경우에는 손금에 각각 산입한다.(법령 80의4 ①)

(1) 감가상각자산에 설정된 자산조정계정

구 분	처리
감가상각시	• 자산조정계정이 0보다 큰 경우 익금산입하고 해당 자산의 감가상각비(해당 자산조정계정에 상당하는 부분에 대한 것만 해당함)와 상계 • 자산조정계정이 0보다 작은 경우 손금산입하고 해당 자산의 감가상각비(해당 자산조정계정에 상당하는 부분에 대한 것만 해당함)에 가산
처분시	상계 또는 더하고 남은 금액을 그 처분하는 사업연도에 전액 익금 또는 손금에 산입

(2) 감가상각자산 외의 자산에 설정된 자산조정계정

해당 자산을 처분하는 사업연도에 전액 익금 또는 손금에 산입. 다만, 자기주식을 소각하는 경우에는 익금 또는 손금에 산입하지 않고 소멸하는 것으로 한다.

2) 세무조정사항 및 세액감면공제의 승계

합병법인이 피합병법인의 자산을 장부가액으로 양도받은 경우 피합병법인의 합병등기일 현재 피합병법인이 각 사업연도의 소득금액 및 과세표준을 계산할 때 익금 또는 손금에 산입하거나 산입하지 않은 금액, 그 밖의 자산·부채 및 감면·세액공제 등을 승계한다.(법법 44의3 ②, 법령 80 4 ②) 세무조정 사항의 승계는 다음의 구분에 따른다.(법령 85)

① 적격합병 또는 적격분할의 경우 : 세무조정사항(분할의 경우에는 분할하는 사업부문의 세무조정사항에 한정)은 모두 합병법인 등에 승계

② ① 외의 경우 : 퇴직급여충당금 또는 대손충당금을 합병법인 등이 승계한 경우에는 그와 관련된 세무조정사항을 승계하고 그 밖의 세무조정사항은 모두 합병법인 등에 미승계

4. 과세특례 사후관리

적격합병(완전자법인 합병 과세특례에 따라 적격합병으로 보는 경우는 제외)을 한 합병법인은 합병등기일이 속하는 사업연도의 다음 사업연도 개시일부터 2년(고용승계 유지요건의 경우 3년) 이내에 다음의 사유가 발생하는 경우에는 그 사유가 발생한 날이 속하는 사업연도의 소득금액 계산 시 다음의 금액을 익금 또는 손금에 산입한다(법법 44의3 ③).

1) 익금산입 사유

① 합병법인이 피합병법인으로부터 승계받은 사업을 폐지하는 경우(승계한 고정자산가액의 50% 이상을 처분 또는 사용하지 않거나 합병교부주식 등의 50% 이상을 처분한 경우 사업을 폐지한 것으로 봄)

② 피합병법인의 지배주주 등이 합병법인으로부터 받은 주식 등을 처분하는 경우

2) 자산조정계정 잔액 총합계액의 익금산입(일시 익금산입)

적격합병에 따라 과세특례를 적용받던 합병법인이 사후관리 사유에 해당하는 경우에는 계상된 자산조정계정(양도받은 자산의 시가 - 양도받은 자산의 장부가액) 잔액의 총합계액(총합계액이 0보다 큰 경우에 한정하며, 총합계액이 0보다 작은 경우에는 없는 것으로 봄)은 익금에 산입한다. 이 경우 자산조정계정은 소멸하는 것으로 한다.(법령 80의 4 ④)

3) 합병매수차익의 손금산입

합병법인이 피합병법인에 지급한 양도가액이 피합병법인의 합병등기일 현재의 순자산 시가보다 적은 경우 그 차액을 합병매수차익이라 하며, 당해 합병매수차익은 사후관리 사유가 발생한 날이 속하는 사업연도에 손금에 산입하고, 그 금액에 상당하는 금액을 해당 사유가 발생한 날부터 합병등기일 이후 5년이 되는 날까지 다음의 구분에 따라 익금에 산입한다.(법령 80의 4 ⑤ 1)

(1) 사후관리 사유가 발생한 날이 속하는 사업연도

$$익금산입액 = 합병매수차익 \times \frac{합병등기일부터\ 해당\ 사업연도\ 종료일까지의\ 월수^*}{60월}$$

* 월수는 역에 따라 계산하되 1월 미만의 일수는 1월로 함

(2) 사후관리 사유가 발생한 사업연도 이후의 사업연도부터 합병등기일부터 5년이 되는 날이 속하는 사업연도

$$익금산입액 = 합병매수차익 \times \frac{해당\ 사업연도의\ 월수^*}{60월}$$

* 합병등기일이 속하는 월의 일수가 1월 미만인 경우 합병등기일부터 5년이 되는 날이 속하는 월은 없는 것으로 함

4) 합병매수차손의 익금산입

합병법인이 피합병법인에 지급한 양도가액이 피합병법인의 합병등기일 현재의 순자산시가를 초과하는 경우 그 차액을 합병매수차손이라 하며, 당해 합병매수차손은 사후관리 사유가 발생한 날이 속하는 사업연도에 익금에 산입하되, 합병법인이 피합병법인의 상호·거래관계, 그 밖의 영업상의 비밀 등에 대하여 사업상 가치가 있다고 보아 대가를 지급한 경우 그 금액에 상당하는 금액을 합병등기일부터 5년이 되는 날까지 다음의 구분에 따라 손금에 산입한다.(법령 80의 4 ⑤ 2)

(1) 사후관리 사유가 발생한 날이 속하는 사업연도

$$손금산입액 = 합병매수차손^{*1} \times \frac{합병등기일부터\ 해당\ 사업연도\ 종료일까지의\ 월수^{*2}}{60월}$$

*1 합병법인이 피합병법인의 상호·거래관계, 그 밖의 영업상의 비밀 등에 대하여 사업상 가치가 있다고 보아 지급한 대가에 한정함.

*2 월수는 역에 따라 계산하되 1월 미만의 일수는 1월로 함

(2) 사후관리 사유가 발생한 날이 속하는 사업연도 이후의 사업연도부터 합병등기일부터 5년이 되는 날이 속하는 사업연도

$$손금산입액 = 합병매수차손^{*1} \times \frac{해당\ 사업연도의\ 월수^{*2}}{60월}$$

*1 합병법인이 피합병법인의 상호·거래관계, 그 밖의 영업상의 비밀 등에 대하여 사업상 가치가 있다고 보아 지급한 대가에 한정함

*2 합병등기일이 속하는 월의 일수가 1월 미만인 경우 합병등기일부터 5년이 되는 날이 속하는 월은 없는 것으로 함

5) 기공제 받은 이월결손금 승계액의 익금산입

적격합병의 과세특례에 따라 피합병법인의 이월결손금을 승계받은 합병법인이 각 사업연도 소득금액계산 시 해당 결손금을 공제받은 이후 합병법인이 사후관리 사유에 해당하는 경우에는 승계받은 결손금 중 공제한 금액 전액을 익금에 산입한다.

6) 기감면·공제세액의 추징

적격합병의 과세특례에 따라 피합병법인이 합병 전에 적용받던 세액감면·세액공제를 합병법인이 승계하여 적용받은 이후 합병법인이 사후관리 사유에 해당하는 경우에는 피합병법인으로부터 승계하여 공제한 감면 또는 세액공제액 상당액을 해당 사유가 발생한 사업연도의 법인세에 더하여 납부하고, 해당 사유가 발생한 사업연도부터 감면 또는 세액공제를 적용하지 않는다.(법령 80의 4 ⑥)

➕ 참고 완전자법인 합병 시 양도손익 과세특례 및 합병 포합주식

[1] 완전자법인 합병시 양도손익 과세특례

다음 중 어느 하나에 해당하는 경우에는 적격합병으로 보아 양도손익이 없는 것으로 할 수 있다. (법법 44 ③)
① 내국법인이 발행주식총수 또는 출자총액을 소유하고 있는 다른 법인을 합병하거나 그 다른 법인에 합병되는 경우
② 동일한 내국법인이 발행주식총수 또는 출자총액을 소유하고 있는 서로 다른 법인 간에 합병하는 경우

[2] 지분의 연속성 요건 중 주식교부비율 요건 (법기준 44-03의2)(합병포합주식)

피합병법인의 주주등이 받은 합병대가의 총합계액은 합병으로 인하여 피합병법인의 주주등이 지급받는 합병법인 또는 합병 법인의 모회사의 주식등("합병교부주식 등")의 가액과 금전 기타 재산가액의 합계액을 말하며, 합병포합주식 등에 대해서는 합병교부주식 등을 교부하지 않더라도 그 지분비율에 따라 합병 교부주식을 교부한 것으로 보아 합병교부주식 등의 가액을 계산한다.

사례
* 합병법인이 피합병법인의 주주에게 합병대가 150 지급 - 피합병법인 주주(합병법인 제외) : 100 지급 - 합병법인(포합주식 보유, 지배주주) : 50 지급 ■ 합병등기일로부터 2년 이내 취득한 주식 : 30 ■ 합병등기일로부터 2년 전에 취득한 주식 : 20

구분	교부비율 판단
합병포합주식 등에 합병신주 교부시	$\dfrac{\text{합병대가 중 주식가액} - \text{2년 이내 취득한 포합주식가액}}{\text{합병대가}}$ → $\dfrac{\text{주식}150 - \text{2년이내 포합주식}30}{\text{합병대가}150} = 80\%(\text{적격})$
합병포합주식 등에 합병신주 미교부시	$\dfrac{\text{합병대가 중 주식가액} + \text{포합주식가액} - \text{2년이내 취득한 포합주식가액}}{\text{합병대가} + \text{포합주식가액}}$ → $\dfrac{\text{주식}100 + \text{교부간주}50 - \text{2년이내 포합주식}30}{\text{합병대가}100 + \text{교부간주}50} = 80\%(\text{적격})$

V 합병 시 피합병법인의 주주에 대한 과세(의제배당)

1. 의제 배당액 계산

합병으로 인하여 소멸하는 법인(피합병법인)의 주주 등이 합병으로 인하여 설립되거나 합병 후 존속하는 법인으로부터 받는 합병대가(합병주식과 합병교부금 등 기타 재산가액의 합계액)가 피합병법인의 주식 등을 취득하기 위하여 사용한 금액을 초과하는 금액은 의제배당으로 본다.(법법 16 ① 5)

합병시 피합병법인의 주주 등에 대한 의제배당금액 = 피합병법인의 주주 등이 합병법인으로부터 받은 합병대가(주식·금전 기타 재산의 가액) − 피합병법인의 주식 등을 취득하기 위하여 사용한 금액

2. 합병대가 및 주식 취득가액

1) 합병법인으로부터 받은 합병대가

(1) 합병교부주식의 가액

① 의제배당 과세이연 요건을 충족하는 합병의 경우

의제배당 과세이연 요건(적격합병 요건 중 ① 사업목적의 합병 ② 지분의 연속성요건 단, 주식 등의 보유와 관련된 부분은 제외)을 충족하는 합병의 경우와 완전자법인 합병에 해당하는 경우에는 당해 합병교부주식의 가액을 종전의 장부가액으로 평가하도록 하고 있다. 다만, 합병대가 중 일부를 금전이나 그 밖의 재산으로 받은 경우로서 합병으로 취득한 주식 등을 시가로 평가한 가액이 종전의 장부가액보다 작은 경우에는 시가를 말하며, 투자회사 등이 취득하는 주식 등의 경우에는 영으로 한다.(법령 14 ① 1 나)

② 의제배당 과세이연 요건을 미충족하는 합병의 경우

의제배당 과세이연 요건을 충족하지 못하는 합병의 경우에는 합병교부주식의 가액을 시가로 평가한다. 다만, 투자회사 등이 취득하는 주식 등의 경우에는 영으로 한다.(법령 14 ① 1 나) 다만, 불공정합병에 의하여 합병당사법인의 주주 등으로부터 분여받은 이익이 있는 경우에는 중복과세를 방지하기 위해 동 금액을 차감한 금액으로 한다.(법령 14 ① 1 라)

(2) 주식·금전 이외 자산의 가액

합병대가 중 주식(또는 출자지분)·금전 이외의 재산의 가액은 동 재산을 취득할 당시의 시가로 한다. (법령 14 ① 2)

2) 주식 등의 취득가액

주식 등의 취득가액은 그 주식을 취득하기 위하여 실제 소요된 금액으로 한다.

Ⅵ 합병차익 자본전입 시 의제배당

1. 개요

합병에 따라 승계한 잉여금을 자본으로 전입하는 경우 다음과 같이 의제배당 여부를 판단한다.

적격합병	비적격합병
합병차익을 다음의 순서에 따라 자본전입하는 것으로 본다. ① 의제배당대상 외의 금액 ② 의제배당대상 금액	합병차익의 원천을 구분하지 않고 합병차익 중 합병매수차익을 자본으로 전입하는 경우에만 의제배당에 해당한다.

2. 의제배당 대상 금액

의제배당대상 금액 = Min[① + ② + ③, 합병차익]

① 합병등기일 현재 합병법인이 승계한 재산의 가액이 그 재산의 피합병법인 장부가액(재무상태표상 장부가액)을 초과하는 경우 그 초과하는 금액
② 피합병법인의 의제배당대상 자본잉여금
③ 피합병법인의 이익잉여금

제2절 분할

분할에 대한 과세특례 규정은 합병의 규정을 대부분 준용한다. 따라서 이하에서는 분할에 관한 내용 중 합병과 차이가 있는 내용을 중심으로 검토하도록 한다.

I 개요

1. 의의

분할이란 상법에 규정된 절차에 따라 한 회사의 권리·의무의 전부 또는 일부를 분리하여 하나 이상의 신설회사 또는 기존회사에 포괄승계하고 그 대가로서 신설 또는 기존회사의 주식을 부여받는 단체법상의 제도를 말한다.

2. 분할의 종류

1) 완전분할·불완전분할

2) 단순분할·분할합병

3) 인적분할·물적분할

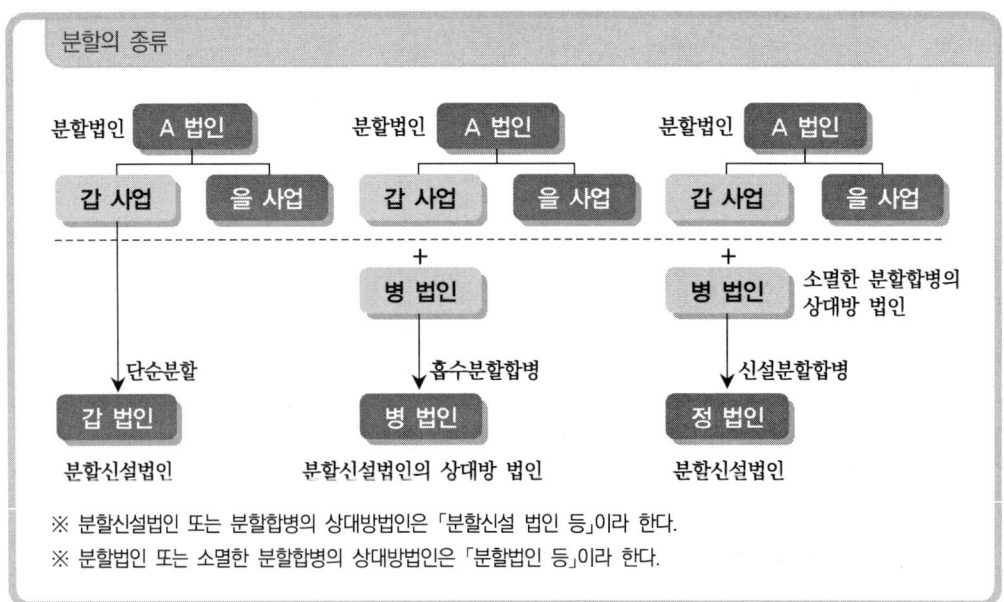

⊕ 참고 완전분할과 불완전분할 및 인적분할과 물적분할의 관계

완전분할		인적 분할	완전분할하면 분할하는 법인이 소멸하므로 분할로 설립되는 법인의 주식은 항상 분할하는 법인의 주주가 소유하므로 항상 인적분할이지만, 불완전분할하면 분할하는 법인이 존속하므로 분할로 설립되는 법인의 주식을 분할하는 법인의 주주 또는 분할하는 법인이 소유할 수 있게 되어 인적분할 또는 물적 분할이 될 수 있다.
불완전 분할	설립되는 법인의 주식을 분할법인의 주주가 소유 ⇒	인적 분할	
	설립되는 법인의 주식을 분할법인이 소유 ⇒	물적 분할	

3. 분할로 보지 않는 경우

분할하는 사업부문(분할법인으로부터 승계하는 부분)이 다음 중 어느 하나에 해당하는 사업부문인 경우에는 사업이 가능한 독립된 사업부문을 분할하는 것으로 보지 않는다.(법령 82의2 ②)

① 부동산임대업을 주업으로 하는 사업부문
② 분할하는 사업부문이 승계한 사업용 자산가액 중 부동산 및 부동산에 관한 권리가 80% 이상인 사업부문
③ 주식 등과 그와 관련된 자산·부채만으로 구성된 사업부문

4. 분할로 보는 경우

주식 등과 그와 관련된 자산·부채만으로 구성된 사업부문의 분할은 분할로 보지 않음에도 불구하고 분할하는 사업부문이 다음 중 어느 하나에 해당하는 사업부문인 경우에는 사업이 가능한 독립된 사업부문을 분할하는 것으로 본다.(법령 82의2 ③)

① 분할법인이 분할등기일 전일 현재 보유한 모든 지배목적 보유 주식등(지배목적으로 보유하는 주식 등으로서 기획재정부령으로 정하는 주식등)과 그와 관련된 자산·부채만으로 구성된 사업부문
② 「독점규제 및 공정거래에 관한 법률」및 「금융지주회사법」에 따른 지주회사를 설립하는 사업부문. 다만, 분할하는 사업부문이 지배주주 등으로서 보유하는 주식 등과 그와 관련된 자산·부채만을 승계하는 경우로 한정한다.
③ ②와 유사한 경우로서 기획재정부령으로 정하는 경우

II 분할에 대한 법인세 과세체계

법인이 분할 또는 분할합병하는 경우, 분할신설법인은 분할법인의 자산·부채를 승계하고 그 대가로 분할대가(분할교부주식 등)를 분할법인 등의 주주 등에게 교부한다. 이 경우 분할의 유형 및 적격분할의 요건 충족 여부에 따라 분할법인 등 또는 분할신설법인 등에 대한 법인세 과세체계가 각각 달라진다.

Ⅲ 분할 당사자별 과세문제

1. 분할 시 분할법인에 대한 과세

1) 비적격분할인 경우

내국법인이 분할로 해산하는 경우(물적분할은 제외)에는 그 법인의 자산을 분할신설법인 또는 분할합병의 상대방 법인(이하 "분할신설법인 등")에 양도한 것으로 본다. 이 경우 그 양도에 따라 발생하는 양도손익(①의 가액에서 ②의 가액을 뺀 금액)은 분할법인 또는 소멸한 분할합병의 상대방 법인(이하 "분할법인 등")이 분할등기일이 속하는 사업연도의 소득금액을 계산할 때 익금 또는 손금에 산입한다.(법법 46 ①)

① 분할법인 등이 분할신설법인 등으로부터 받은 양도가액
② 분할법인 등의 분할등기일 현재의 순자산 장부가액

2) 적격분할의 경우

(1) 내용

양도손익을 계산할 때 적격분할의 경우에는 분할법인 등이 분할신설법인 등으로부터 받은 양도가액을 분할법인 등의 분할등기일 현재의 순자산 장부가액으로 보아 양도손익이 없는 것으로 할 수 있다. 다만, 부득이한 사유가 있는 경우에는 요건을 갖추지 못한 경우에도 적격분할로 보아 양도손익이 없는 것으로 할 수 있다.(소법 46 ②)

(2) 적격분할의 요건

① 사업 영위 기간 요건

분할등기일 현재 5년 이상 사업을 계속하던 내국법인이 다음에 정하는 바에 따라 분할하는 경우일 것(분할합병의 경우에는 소멸한 분할합병의 상대방법인 및 분할합병의 상대방법인이 분할등기일 현재 1년 이상 사업을 계속하던 내국법인일 것)

㉠ 분리하여 사업이 가능한 독립된 사업부문을 분할하는 것일 것
㉡ 분할하는 사업부문의 자산 및 부채가 포괄적으로 승계될 것.
㉢ 분할법인 등만의 출자에 의하여 분할하는 것일 것

② 지분의 연속성 요건

지분의 연속성 요건은 세 가지 요건을 모두 충족하여야만 인정된다.

㉠ 주식교부 비율 요건

분할법인 등의 주주가 분할신설법인 등으로부터 받은 분할 대가의 전액(분할합병의 경우에는 분할 대가의 80% 이상이 분할신설법인 등의 주식인 경우 또는 분할 대가의 80% 이상이 분할합병의 상대방 법인의 발행주식총수 또는 출자총액을 소유하고 있는 내국법인의 주식인 경우)이 주식일 것

※ "분할대가의 전액"이란 법인세법 분할시 의제배당에 따른 분할대가의 총합계액으로 한다.

ⓒ 주식배정 요건

그 주식이 분할법인 등의 주주가 소유하던 주식의 비율에 따라 배정(분할합병의 경우 분할법인 등의 일정 지배주주 등에 대하여는 일정 배정기준에 따라 배정)될 것(주식배정 요건)

> **참고 주식의 배정기준**
>
> | 분할신설법인등이 분할법인등의 주주에 지급한 분할신설법인등의 주식의 가액의 총합계액 | × | 분할법인 등의 일정 지배주주 등의 분할 |

ⓒ 주식보유 요건

분할법인 등의 일정 지배주주 등이 분할등기일이 속하는 사업연도의 종료일까지 그 주식을 보유할 것

③ 사업의 계속성 요건

사업의 계속성 요건이란 분할신설법인 등이 분할등기일이 속하는 사업연도의 종료일까지 분할법인 등으로부터 승계받은 사업을 계속하여야 하는 것을 말한다.

④ 고용승계 유지요건

분할등기일 1개월 전 당시 분할하는 사업부문에 종사하는 「근로기준법」에 따라 근로계약을 체결한 내국인 근로자 중 분할신설법인 등이 승계한 근로자의 비율이 80% 이상이고, 분할등기일이 속하는 사업연도의 종료일까지 그 비율을 유지할 것

(3) 적격분할로 보지 않는 경우

위에도 불구하고 부동산임대업을 주업으로 하는 사업부문 등 다음의 사업부문을 분할하는 경우에는 적격분할로 보지 않는다.(법법 46 ③)

① 분할하는 사업부문(분할법인으로부터 승계하는 부문)이 승계하는 자산총액 중 부동산임대업에 사용된 자산가액이 50% 이상(하나의 분할신설법인 등 또는 피출자법인이 여러 사업부문을 승계하였을 때에는 분할신설법인등 또는 피출자법인이 승계한 모든 사업부문의 자산가액을 더하여 계산)인 사업부문으로서 부동산임대업을 주업으로 하는 사업부문

② 분할법인으로부터 승계한 사업용 자산가액[분할일 현재 3년 이상 계속하여 사업을 경영한 사업부문이 직접 사용한 자산(부동산임대업에 사용되는 자산은 제외)]중 「소득세법」에 따른 토지 및 부동산에 관한 권리 합계가 80% 이상인 사업부문

2. 분할 후 분할법인이 존속하는 경우(불완전분할)의 과세특례

1) 개요

내국법인이 분할(물적분할은 제외)한 후 존속하는 경우 분할한 사업부문의 자산을 분할신설법인 등에 양도함으로써 발생하는 양도손익(①-②)은 분할법인이 분할등기일이 속하는 사업연도의 소득금액을 계산할 때 익금 또는 손금에 산입한다.(법법 46의5 ①)

① 분할법인이 분할신설법인 등으로부터 받은 양도가액
② 분할법인의 분할한 사업부문의 분할등기일 현재의 순자산 장부가액

2) 양도가액의 계산

(1) 적격분할의 경우

존속분할 시 분할법인이 적격분할의 요건을 모두 갖추어 양도손익이 없는 것으로 한 경우에는 분할법인의 분할등기일 현재의 분할한 사업부문의 순자산 장부가액을 양도가액으로 한다.(법령 83의 2 ① 1)

(2) 비적격분할의 경우

분할법인이 분할신설법인등으로부터 받은 양도가액은 다음의 합계액으로 계산한다.(법령 83의 2 ① 2)

① 분할신설법인등이 분할 또는 분할합병으로 인하여 분할법인의 주주에 지급한 분할신설법인등의 주식의 가액 및 금전이나 그 밖의 재산가액의 합계액. 다만, 분할합병의 경우 분할합병의 상대방법인이 분할합병포합주식이 있는 경우에는 그 주식에 대하여 분할합병교부주식을 교부하지 아니하더라도 그 지분비율에 따라 분할합병교부주식을 교부한 것으로 보아 분할합병의 상대방법인의 주식의 가액을 계산한다.
② 분할신설법인등이 납부하는 분할법인등의 법인세와 법인지방소득세의 합계액

$$\text{양도가액} = \text{분할교부주식등의 가액 및 분할교부금 등} + \text{분할신설법인등이 대납하는 분할법인의 법인세 등}$$

3) 분할신설법인등에 대한 과세 시 준용 규정

존속분할(불완전분할)에 있어 분할신설법인 등에 대한 과세에 관해서는 비적격분할시 분할신설법인 등에 대한 과세, 적격분할 시 분할신설법인 등에 대한 과세특례 및 분할 시 이월결손금 등 공제 제한을 준용한다. 다만, 분할법인의 결손금은 승계하지 않는다.(법법 46의5 ③)

제 3 절 물적분할, 현물출자, 교환에 대한 과세특례

I 물적분할시 분할법인에 대한 과세특례

1. 개요

물적분할은 현물출자와 유사한 개념으로서 분할신설법인에 자산·부채를 이전하고 그 대가로 분할법인이 분할신설법인의 주식을 취득하는 것이다. 물적분할은 상법상 분할 절차에 의하여야 한다는 것을 제외하고는 그 경제적 실질이 현물출자에 의한 자회사 설립과 유사하다. 이에 현물출자의 관점에서 살펴본 물적분할에 대한 법인세 과세상 특징은 다음과 같다.

① 인적 분할은 법인의 분할에 따라 필수적으로 순자산의 감소가 발생하는 반면, 물적분할은 분할법인의 일부 사업부문을 이전하는 대신 이에 상응하는 주식을 취득하므로 순자산의 감소를 수반하지 않으며 일종의 자산 교환에 해당한다. 따라서 물적분할 법인은 청산소득 개념의 양도손익이 아닌, 일반적 자산처분개념의 자산양도손익이 과세된다.
② 분할신설법인의 분할 대가(분할교부주식 등)를 분할법인이 취득하므로 주주들의 입장에서는 보유주식의 변동이 없으므로 의제배당 소득이 발생할 여지가 없다.
③ 물적분할은 분할에 따른 분할매수차익·차손의 문제가 발생하지 않는다.

2. 분할법인의 자산양도차익에 대한 과세이연

1) 손금산입

분할법인이 물적분할에 의하여 분할신설법인의 주식 등을 취득한 경우로서 적격분할 요건(단, 지분의 연속성 요건의 경우 분할법인이 분할신설법인으로부터 받는 분할 대가가 전액 주식이어야 함)을 갖춘 경우 그 주식의 가액 중 물적분할로 인하여 발생한 자산의 양도차익에 상당하는 금액은 해당 주식의 압축기장충당금으로 계상하여 분할등기일이 속하는 사업연도의 소득금액을 계산할 때 손금에 산입할 수 있다. 다만, 부득이한 사유가 있는 경우에는 적격분할요건 중 지분의 연속성, 사업의 계속성, 고용승계유지요건을 갖추지 못한 경우에도 자산의 양도차익에 상당하는 금액을 손금에 산입할 수 있다(법법 47 ①).

2) 과세이연의 사후관리

(1) 자산을 처분하는 경우

분할법인이 손금에 산입한 양도차익에 상당하는 금액은 다음 중 어느 하나에 해당하는 사유가 발생하는 사업연도에 해당 주식 등과 자산의 처분 비율을 고려하여 법소정 금액*만큼 익금에 산입한다. 다만, 분할신설법인이 적격합병(합병대가의 전액이 주식 등인 경우에 한정)되거나 적격분할(분할합병을 제외)하는 등 부득이한 사유**가 있는 경우에는 그러하지 않는다.(법법 47 ②)

① 분할법인이 분할신설법인으로부터 받은 주식 등을 처분하는 경우

② 분할신설법인이 분할법인으로부터 승계받은 감가상각자산, 토지 및 주식등을 처분하는 경우. 이때 분할신설법인은 그 자산의 처분 사실을 처분일부터 1개월 이내에 분할법인에 알려야 한다.

* 법소정금액(법령 84 ③, ④)

> 익금산입액 = 압축기장 충당금[*1] ×(당기주식처분비율[*2] + 당기자산처분비율[*3] - 당기주식처분비율 × 당기자산처분비율)

[*1] 직전 사업연도 종료일(분할등기일이 속하는 사업연도의 경우 분할등기일) 현재 잔액
[*2] 분할법인이 직전 사업연도 종료일 현재 보유하고 있는 분할신설법인의 주식등의 장부가액에서 해당 사업연도에 분할법인이 처분한 분할신설법인의 주식등의 장부가액이 차지하는 비율
[*3] 분할신설법인이 직전 사업연도 종료일 현재 보유하고 있는 승계자산의 양도차익(분할등기일 현재의 승계자산의 시가에서 분할등기일 전날 분할법인이 보유한 승계자산의 장부가액을 차감한 금액을 말함)에서 해당 사업연도에 처분한 승계자산의 양도차익이 차지하는 비율
[**] "분할신설법인이 적격합병되거나 적격분할하는 등 부득이한 사유"란 분할법인 또는 분할신설법인이 최초로 적격합병, 적격분할, 적격물적분할, 적격현물출자, 「조세특례제한법」에 따라 과세를 이연받은 주식의 포괄적 교환등 또는 과세를 이연받은 주식의 현물출자(이하 "적격구조조정")로 주식을 처분하거나 승계받은 사업을 폐지하는 경우를 말한다(법령 84 ⑤).

피출자법인이 현물출자일이 속하는 사업연도의 다음 사업연도 개시일부터 2년 이내 기간 중 출자법인으로부터 승계한 고정자산가액의 50% 이상을 처분하거나 사업에 사용하지 않는 경우에는 출자법인으로부터 승계받은 사업을 폐지한 것으로 본다.(법령 84의 ⑬, 80의2 ⑦)

(2) 사업 폐지 등의 경우

양도차익 상당액을 손금에 산입한 분할법인은 분할등기일부터 3년의 범위에서 대통령령으로 정하는 기간 이내에 다음 중 어느 하나에 해당하는 사유가 발생하는 경우에는 손금에 산입한 금액 중 익금에 산입하고 남은 금액을 그 사유가 발생한 날이 속하는 사업연도의 소득금액을 계산할 때 익금에 산입한다. 다만, 부득이한 사유가 있는 경우에는 그러하지 아니하다.(법법 47 ③)
① 분할신설법인이 분할법인으로부터 승계받은 사업을 폐지하는 경우
② 분할법인이 분할신설법인의 발행주식총수 또는 출자총액의 50% 미만으로 주식 등을 보유하게 되는 경우
③ 각 사업연도 종료일 현재 분할신설법인에 종사하는 근로자 수가 분할등기일 1개월 전 당시 분할하는 사업부문에 종사하는 근로자 수의 80% 미만으로 하락하는 경우

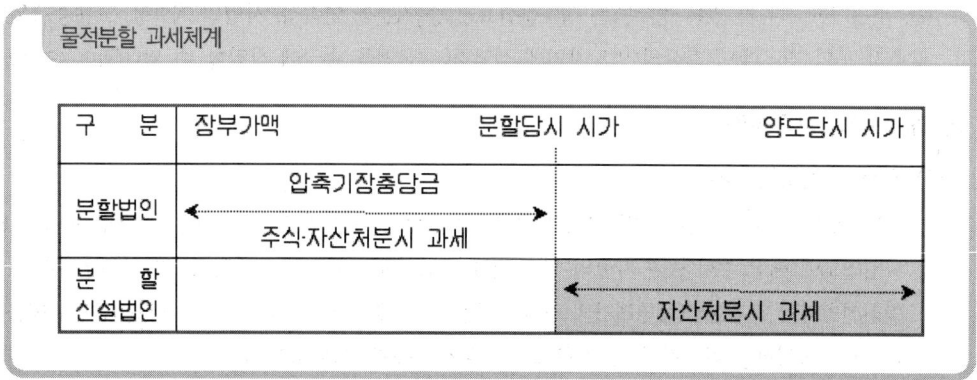

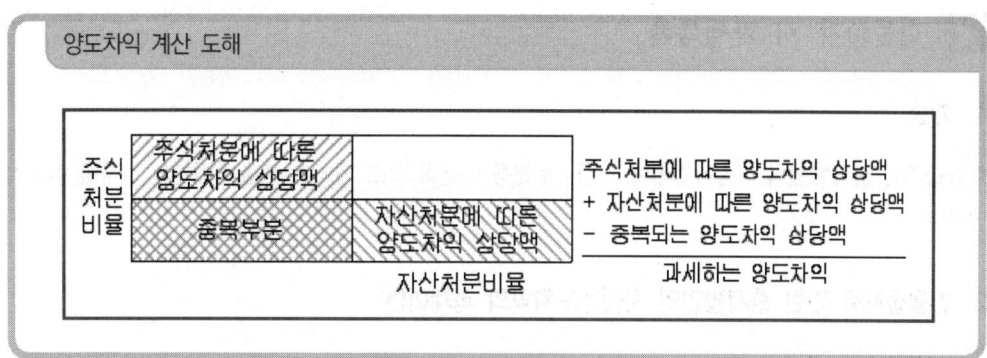

3. 세무조정사항 등의 승계

1) 원칙(비적격분할시 미승계)

분할 법인이 법 소정 요건을 충족하여 양도차익에 상당하는 금액을 손금에 산입한 경우 퇴직급여충당금 또는 대손충당금을 합병법인 등이 승계한 경우에는 그와 관련된 세무조정 사항을 승계하고 그 밖의 세무조정사항은 모두 분할법인 등에 미승계한다.(법령 85)

2) 특례(적격분할시 승계)

분할신설법인은 분할법인이 과세이연 규정에 따라 압축기장충당금을 계상한 경우 분할법인이 분할 전에 적용받던 감면 또는 세액공제를 승계하여 감면 또는 세액공제의 적용을 받을 수 있다. 이 경우 법 또는 다른 법률에 해당 감면 또는 세액공제의 요건 등에 관한 규정이 있는 경우에는 분할신설법인이 그 요건 등을 갖춘 경우에만 이를 적용하며, 분할신설법인은 다음의 구분에 따라 승계받은 사업에 속하는 감면 또는 세액공제에 한정하여 적용받을 수 있다(법령 84 ⑫)

① 이월된 감면·세액공제가 특정 사업·자산과 관련된 경우: 특정 사업·자산을 승계한 분할신설법인이 공제
② ① 외의 이월된 감면·세액공제의 경우: 분할법인의 사업용 고정자산가액 중 분할신설법인이 각각 승계한 사업용 고정자산가액 비율로 안분하여 분할신설법인이 각각 공제

4. 양도소득에 대한 납세의무

물적 분할법인에 대한 과세특례 적용받으려는 분할법인은 분할로 인하여 발생한 자산의 양도차익에 관한 명세서를 납세지 관할 세무서장에게 제출하여야 한다.(법법 47 ⑥)

Ⅱ 현물출자 시 과세특례

1. 개요

현물출자는 출자법인이 피출자법인에 자산·부채를 이전하고 그 대가로 피출자법인의 주식을 취득하는 것을 말한다.

2. 현물출자로 인한 출자법인의 자산양도차익의 과세이연

1) 과세이연의 요건

출자법인이 다음의 요건을 갖춘 현물출자를 하는 경우 피출자법인의 주식가액 중 현물출자로 발생한 자산의 양도차익에 상당하는 금액은 현물출자일이 속하는 사업연도의 소득금액을 계산할 때 손금에 산입할 수 있다. 다만, 부득이한 사유가 있는 경우에는 ② 또는 ④의 요건을 갖추지 못한 경우에도 자산의 양도차익에 상당하는 금액을 대통령령으로 정하는 바에 따라 손금에 산입할 수 있다.(법법 47의2 ①)

① 출자법인이 현물출자일 현재 5년 이상 사업을 계속한 법인일 것
② 피출자법인이 그 현물출자일이 속하는 사업연도의 종료일까지 출자법인이 현물출자한 자산으로 영위하던 사업을 계속할 것
③ 다른 내국인 또는 외국인과 공동으로 출자하는 경우 공동으로 출자한 자가 출자법인의 특수관계인이 아닐 것
④ 출자법인(③에 따라 출자법인과 공동으로 출자한 자를 포함)이 현물출자일 다음 날 현재 피출자법인의 발행주식총수 또는 출자총액의 80% 이상의 주식등을 보유하고, 현물출자일이 속하는 사업연도의 종료일까지 그 주식등을 보유할 것

2) 손금산입

과세이연 요건을 갖춘 출자법인은 현물출자일이 속하는 사업연도의 소득금액을 계산할 때 피출자법인으로부터 취득한 주식(이하 "피출자법인 주식 등")의 가액 중 현물출자로 인하여 발생한 자산의 양도차익에 상당하는 금액에 대하여 피출자법인 주식 등의 압축기장충당금으로 계상하여 손금에 산입함으로써 자산양도차익에 대한 과세를 이연받을 수 있다.(법법 47의2 ①, 법령 84의2 ①, ②)

3) 사후관리

(1) 자산을 처분하는 경우

출자법인이 손금에 산입한 양도차익에 상당하는 금액은 다음 중 어느 하나에 해당하는 사유가 발생하는 사업연도에 해당 주식등과 자산의 처분비율을 고려하여 법소정* 금액만큼 익금에 산입한다. 다만, 피출자법인이 적격합병 되거나 적격분할하는 등 부득이한 사유**가 있는 경우에는 그러하지 않는다.(법법 47의2 ②)

① 출자법인이 피출자법인으로부터 받은 주식 등을 처분하는 경우
② 피출자법인이 출자법인 등으로부터 승계받은 감가상각자산, 토지 및 주식등을 처분하는 경우. 이 경우 피출자법인은 그 자산의 처분 사실을 처분일부터 1개월 이내에 출자법인에 알려야 한다.

* 법소정금액(법령 84의2 ③, ④)

> 익금산입액 = 압축기장 충당금*¹ ×(당기주식처분비율*² + 당기자산처분비율*³ - 당기주식처분비율 × 당기자산처분비율)

*¹ 직전 사업연도 종료일(현물출자일이 속하는 사업연도의 경우 현물출자일) 현재 잔액
*² 출자법인이 직전 사업연도 종료일 현재 보유하고 있는 피출자법인의 주식등의 장부가액에서 해당 사업연도에 처분한 피출자법인의 주식등의 장부가액이 차지하는 비율
*³ 피출자법인이 직전 사업연도 종료일 현재 보유하고 있는 승계자산의 양도차익(현물출자일 현재의 승계자산의 시가에서 현물출자일 전날 출자법인이 보유한 승계자산의 장부가액을 차감한 금액을 말함)에서 해당 사업연도에 처분한 승계자산의 양도차익이 차지하는 비율

** "피출자법인이 적격합병되거나 적격분할하는 등 대통령령으로 정하는 부득이한 사유"란 출자법인 또는 피출자법인이 최초로 적격구조조정에 따라 주식을 처분하거나 승계받은 사업을 폐지하는 경우를 말한다.(법령 84의2 ⑤)

피출자법인이 현물출자일이 속하는 사업연도의 다음 사업연도 개시일부터 2년 이내 기간 중 출자법인으로부터 승계한 고정자산가액의 50% 이상을 처분하거나 사업에 사용하지 않는 경우에는 출자법인으로부터 승계받은 사업을 폐지한 것으로 본다.(법령 84의 2 ⑧)

(2) 사업을 폐지 등의 경우

양도차익 상당액을 손금에 산입한 분할법인은 현물출자일부터 3년의 범위에서 대통령령으로 정하는 기간 이내에 다음 중 어느 하나에 해당하는 사유가 발생하는 경우에는 손금에 산입한 금액 중 익금에 산입하고 남은 금액을 그 사유가 발생한 날이 속하는 사업연도의 소득금액을 계산할 때 익금에 산입한다. 다만, 법에서 정하는 부득이한 사유가 있는 경우에는 그러지 않는다.(법법 47의2③)

① 피출자법인이 출자법인이 현물출자한 자산으로 영위하던 사업을 폐지하는 경우
② 출자법인이 피출자법인으로부터 받은 주식등의 50% 이상을 처분하는 경우

Ⅲ 교환으로 인한 자산양도차익 상당액의 손금산입

1. 개요

소비성서비스업·부동산업 이외의 사업을 영위하는 내국법인 간에 2년 이상 당해 사업에 직접 사용하던 동일 종류의 사업용 자산을 교환하는 경우, 법인세법에서는 교환으로 인하여 발생하는 양도차익 일정 금액에 대하여는 당해 사업연도의 소득금액계산에 있어 일시상각충당금 또는 압축기장충당금을 설정하여 손금에 산입하여 감가상각이나 처분 시까지 과세를 이연시켜주고 있다.(법법 50 ①)

2. 요건

소비성서비스업·부동산업 이외의 사업을 영위하는 내국법인 간에 2년 이상 당해 사업에 직접 사용하던 동일 종류의 사업용자산을 교환하는 경우여야 한다.

3. 교환으로 인한 자산양도차익의 과세이연

손금에 산입하는 양도차익에 상당하는 금액은 교환취득자산의 시가에서 사업용 자산의 장부가액 및 현금지급액을 차감한 금액으로 한다. 단 그 금액이 당해 사업용 자산의 시가에서 장부가액을 차감한 금액을 초과하는 경우 그 초과한 금액을 제외한다.(법령 86 ④)

> 과세이연 대상 금액 = MIN[①, ②]
> ① 교환양도차익 = 교환취득자산의 시가 − 사업용자산의 장부가액 − 현금지급액
> ② 사업용고정자산의 평가차익 = 사업용고정자산의 시가 − 사업용고정자산의 장부가액

4. 과세이연 방법

교환으로 인한 자산양도차익에 대한 과세이연 방법은, 교환일이 속하는 사업연도에 과세이연 대상금액, 즉, 손금산입 대상 금액을 교환으로 취득한 개별자산별로 구분하여 토지는 압축기장충당금으로, 감가상각자산은 일시상각충당금을 설정하여 손금에 산입한다. 이 경우 결산조정이 원칙이나 신고조정으로도 손금산입(△유보)도 가능하다.

5. 익금산입

1) 일시상각충당금

① 해당 자산의 감가상각비(취득가액 중 충당금에 상당하는 부분)와 상계

$$\text{상계할 금액} = \text{감가상각비} \times \frac{\text{일시상각충당금}}{\text{취득가액}}$$

② 해당 자산을 처분하는 사업연도에 상계 후 잔액을 전액 익금산입

2) 압축기장충당금

해당 자산을 처분하는 사업연도에 전액 익금산입

Ⅳ 이월결손금 공제 제한

내국법인이 다른 내국법인의 사업을 양수하는 경우로서 다음의 경우에는 사업양수일 현재 결손금은 사업을 양수한 내국법인의 각 사업연도의 과세표준을 계산할 때 양수한 사업부문에서 발생한 소득금액(회계를 구분하여 기록하지 않은 경우에는 그 소득금액을 사업양수일 현재 양수법인의 사업용 자산가액 비율로 안분계산한 금액으로 함)의 범위에서는 공제하지 않는다.

① 사업양수일 현재 양도법인의 자산총액의 70% 이상이면서 자산총액에서 부채총액을 뺀 금액의 90% 이상인 자산의 양수
② 사업 양도·양수 계약일 현재 특수관계인인 법인 간에 이뤄진 사업의 양수

제10장 부당행위계산의 부인

제1절 부당행위계산의 부인 개념

I 개요

부당행위계산 부인이란 내국법인의 행위 또는 소득금액의 계산이 **특수관계자와의 거래**로 인하여 그 법인의 소득에 대한 조세의 부담을 부당히 감소시킨 것으로 인정되는 경우에 납세지 관할 세무서장 또는 관할지방국세청장이 그 법인의 행위 또는 소득금액의 계산에 관계없이 그 법인의 각 사업연도의 소득금액을 계산하는 것을 말한다(법법 52).

II 부당행위계산 부인의 효력

1. 소득금액의 재계산 및 소득처분

1) 소득금액의 재계산

2) 소득처분

3) 사법상 거래의 효력은 계속 유지

4) 조세범 처벌법에 의한 처벌은 대상에서 제외

5) 거래상대방의 대응 조정은 불인정한다.

2. 상속세 및 증여세법상 증여와의 관계

상속세 및 증여세법에 의하여 증여세가 과세되는 거래에 대하여 법인세법상 부당행위계산의 부인규정이 동시에 적용되는 경우로서 동 규정에 의한 익금산입 금액의 소득처분에 따라 소득세가 과세되는 경우에는 증여세를 부과하지 않는다.(상증법 4의2 ③)

Ⅲ 부당행위계산 부인의 적용요건

부당행위계산의 부인 규정을 적용하기 위해서는 당해 법인과 특수관계에 있는 자와의 거래로서 그 거래로 인하여 법인의 소득에 대한 조세의 부담을 부당히 감소시킨 것으로 인정되며, 특정한 거래는 일정 금액 이상의 이익분여가 있어야 한다.

1) 특수관계인 간의 거래가 발생할 것

2) 일정 금액 이상의 이익분여

부당행위계산 부인은 시가와 거래가액의 차액이 3억원 이상이거나 시가의 5%에 상당하는 금액 이상인 경우에 한하여 부당행위계산 부인 규정을 적용한다. 다만, 이러한 일정 금액 이상의 이익분여 요건은 주권상장법인이 발행한 주식을 거래한 경우에는 적용하지 않는다.(법령 88 ③, ④)

3) 조세의 부담을 부당하게 감소시킨 것으로 인정되는 경우

법적 관점에서 부당행위로 되려면 이 행위로 인해 실제 법인세의 부담이 결과적으로 부당히 감소 되었다는 사실이 발생 되어야 하며 이렇게 구체적으로 결과가 발생 된 때부터 부당행위계산의 부인을 적용하게 된다.

Ⅳ 판정시기

특수관계에 해당하는지에 대한 판정은 그 행위 당시를 기준으로 하여 당해 법인과 특수 관계자 간의 거래(특수관계자 외의 자를 통하여 이루어진 거래를 포함)에 대하여 이를 적용한다. 합병의 경우에는 합병등기일이 속하는 사업연도의 직전 사업연도의 개시일(그 개시일이 서로 다른 법인이 합병한 경우에는 먼저 개시한 날)부터 합병등기일까지의 기간 동안 특수관계에 해당하는지를 판단한다.(법령 88 ②)

제2절 시가의 개념과 산정방법

I 시가의 의의

시가란 건전한 사회 통념 및 상거래 관행과 특수관계자가 아닌 자 간의 정상적인 거래에서 적용되거나 적용될 것으로 판단되는 가격(요율·이자율·임대료 및 교환 비율과 그 밖에 이에 준하는 것을 포함)을 말한다. (법법 52 ②)

II 시가의 적용

1. 시가가 분명한 경우

1) 일반적인 경우

부당행위계산 부인규정을 적용함에 있어 시가란 해당 거래와 유사한 상황에서 해당 법인이 특수관계인 외의 불특정다수인과 계속적으로 거래한 가격 또는 특수관계인이 아닌 제3자간에 일반적으로 거래된 가격이 있는 경우에는 그 가격으로 한다.

2) 주권상장법인이 발행한 주식의 경우

주권상장법인이 발행한 주식을 대량 매매하거나 증권시장 외에서 거래하는 경우 해당 주식의 시가는 그 거래일의 거래소 최종시세가액으로 하며, 사실상 경영권의 이전이 수반되는 경우(해당 주식이 「중소기업기본법」에 따른 중소기업이 발행한 주식 등 「상속세 및 증여세법 시행령」에 따른 할증평가 배제 대상에 해당하는 주식인 경우는 제외)에는 그 가액의 20%를 가산한다.(법령 89 ①) 이때, 사실상 경영권의 이전이 수반되는 경우란 최대주주 또는 최대출자자가 변경되는 경우 또는 최대주주 등 간의 거래에서 주식 등의 보유비율이 1% 이상 변동되는 경우를 말한다.(법칙 42의6 ①)

2. 시가가 불분명한 경우

1) 자산의 매매 등 일반적인 거래

(1) 원칙

시가가 불분명한 경우에는 다음을 차례로 적용하여 계산한 금액에 의한다.(법령 89 ②)

① 감정평가법인등이 감정한 가액이 있는 경우 그 가액(감정한 가액이 2 이상인 경우에는 그 감정한 가액의 평균액). 다만, 주식 등은 제외한다.
② 「상속세 및 증여세법」을 준용하여 평가한 가액

(2) 예외(주식, 출자지분)

시가가 불분명한 주식 등의 가액은 당해 주식 등의 상장·등록 여부에 관계 없이 평가의 순서상 감정평가법인의 평가단계를 거치지 않고, **곧바로 상속세 및 증여세법의 규정에 의하여 평가한 가액**을 시가로 본다. 다만 「상속세 및 증여세법」에 따라 비상장주식을 평가하는 경우로서 해당 비상장주식을 발행한 법인이 보유한 주식(주권상장법인이 발행한 주식에 한정)의 평가금액은 평가기준일의 한국거래소 최종시세가액으로 한다.(법령 89 ②)

2) 금전대여 시 이자율

특수관계자에게 금전을 대여하거나 차용하는 때에는 **가중평균차입이자율**을 시가로 한다. 다만, 다음의 경우에는 다음 각각의 구분에 따라 당좌대출이자율을 시가로 한다.(법령 89 ③ 및 법칙 43)

① 가중평균차입이자율의 적용이 불가능한 경우로서 일정한 다음의 사유가 있는 경우 : 해당 대여금 또는 차입금에 한정하여 당좌대출이자율을 시가로 한다.
  ㉠ 특수관계인이 아닌 자로부터 차입한 금액이 없는 경우
  ㉡ 차입금 전액이 채권자가 불분명한 사채 또는 매입자가 불분명한 채권·증권의 발행으로 조달된 경우
  ㉢ 대여금리가 해당 대여시점 현재 자금을 차입한 법인의 각각의 차입금 잔액(특수관계인으로부터의 차입금은 제외)에 차입 당시의 각각의 이자율을 곱한 금액의 합계액을 해당 차입금 잔액의 총액으로 나눈 비율보다 높은 때로서 가중평균차입이자율이 없는 것으로 보는 경우

② 대여 기간이 5년을 초과하는 대여금이 있는 경우 : 해당 대여금 또는 차입금에 한정하여 당좌대출이자율을 시가로 한다.

③ 해당 법인이 과세표준의 신고와 함께 당좌대출이자율을 시가로 선택하는 경우(그 선택한 사업연도와 이후 2개 사업연도 경과후 다시 당좌대출이자율을 시가로 선택하는 경우를 포함) : 당좌대출이자율을 시가로 하여 선택한 사업연도와 이후 2개 사업연도는 당좌대출이자율을 시가로 한다.

3) 유형·무형자산 제공 시 시가 결정

$$(\text{당해 자산의 시가} \times 50\% - \text{전세금 등}) \times \text{정기예금이자율} \times \text{제공일수}/365(\text{윤년}366)$$

4) 건설 기타 용역제공 시 시가 결정

$$\text{용역의 투입원가(직접비 및 간접비 포함)} \times \text{당해 사업연도 중 특수관계자외의 자 또는 특수관계 없는 제3자간의 거래에서의 수익률}^*$$

* (기업회계기준에 의한 매출액 - 원가) / 원가

제3절 부당행위 계산부인의 유형

I 개요

조세의 부담을 부당히 감소시킨 것으로 인정되는 경우는 다음과 같다. 이는 열거 규정이 아니라 유형별 예시 규정으로 해석한다(법령 88 ①).

구분	부당행위계산의 유형
고가매입·저가양도	1. 자산을 시가보다 높은 가액으로 매입 또는 현물출자 받았거나 그 자산을 과대상각한 경우 2. 자산을 무상 또는 시가보다 낮은 가액으로 양도 또는 현물출자한 경우. 다만, 주식매수선택권 등의 행사 또는 지급에 따라 주식을 양도하는 경우는 제외 3. 특수관계인인 법인 간 합병(분할합병 포함)·분할에 있어서 불공정한 비율로 합병·분할하여 합병·분할에 따른 양도손익을 감소시킨 경우(다만, 「자본시장과 금융투자업에 관한 법률」에 따라 합병(분할합병 포함)·분할하는 경우 제외)
저리대여·고리차용	4. 금전, 그 밖의 자산 또는 용역을 무상 또는 시가보다 낮은 이율·요율이나 임대료로 대부하거나 제공한 경우. 다만, 다음의 경우는 제외한다. ① 주식매수선택권 등의 행사 또는 지급에 따라 금전을 제공하는 경우 ② 주주 등이나 출연자가 아닌 임원(소액주주 등인 임원을 포함) 및 사용인에게 사택(임차사택을 포함)을 제공하는 경우 5. 금전 기타 자산 또는 용역을 시가보다 높은 이율·요율이나 임차료로 차용하거나 제공받은 경우
자본거래	6. 다음의 어느 하나에 해당하는 자본거래로 인하여 주주 등인 법인이 특수관계인인 다른 주주 등에게 이익을 분여한 경우 ① 특수관계인인 법인간의 합병(분할합병 포함)에 있어서 주식 등을 시가보다 높거나 낮게 평가하여 불공정한 비율로 합병한 경우(단, 「자본시장과 금융투자업에 관한 법률」에 따라 합병(분할합병을 포함)하는 경우는 제외) ② 법인의 자본(출자액을 포함)을 증가시키는 거래에 있어서 신주(전환사채·신주인수권부사채 또는 교환사채 등을 포함)를 배정·인수받을 수 있는 권리의 전부 또는 일부를 포기(포기한 신주가 「자본시장과 금융투자업에 관한 법률」에 따른 모집방법으로 배정되는 경우를 제외)하거나 신주를 시가보다 높은 가액으로 인수하는 경우 ③ 법인의 감자에 있어서 주주 등의 소유주식 등의 비율에 의하지 않고 일부 주주 등의 주식 등을 소각하는 경우 7. 6 외의 경우로서 증자·감자, 합병(분할합병을 포함)·분할, 전환사채 등에 의한 주식의 전환·인수·교환 등 법인의 자본(출자액을 포함)을 증가시키거나 감소시키는 거래를 통하여 법인의 이익을 분여하였다고 인정되는 경우(단, 주식매수선택권 등의 행사에 따라 주식을 발행하는 경우는 제외)
기타	8. 무수익 자산을 매입 또는 현물출자 받았거나 그 자산에 대한 비용을 부담한 경우 9. 불량자산을 차환하거나 불량채권을 양수한 경우 10. 출연금을 대신 부담한 경우 11. 파생상품에 근거한 권리를 행사하지 아니하거나 그 행사기간을 조정하는 등의 방법으로 이익을 분여하는 경우 12. 기타 위에 준하는 행위 또는 계산 및 그 외에 법인의 이익을 분여하였다고 인정되는 경우

1, 2, 4, 5, 6, 12는 다음 중 어느 하나에 해당하여야 부당행위계산부인을 적용한다.(단, 주권상장법인이 발행한 주식을 한국거래소에서 거래한 경우 제외)

> ㉠ 시가 - 거래가액(또는 거래가액 - 시가) ≥ 3억원
> ㉡ 시가 - 거래가액(또는 거래가액 - 시가) ≥ 시가 × 5%

Ⅱ 고가매입·저가양도

1. 고가매입

1) 대금의 전부를 지급한 때

(1) 취득 시

특수관계자로부터 자산(영업권 포함)을 시가를 초과하여 고가로 매입하였을 경우 동 시가초과액은 부당행위계산의 부인으로 보아, 익금산입·상여 등(소득 귀속자에 따라 소득처분)으로 처분하고 동시에 동액을 손금산입·△유보로 처분한다.(법기통 67-106…9 ① 1, 3)

(2) 감가상각 시

고가매입 자산을 감가상각하였을 때에는 다음 금액을 익금에 산입하고 사내유보로 처분한다.

$$\text{회사계상 감가상각비} \times \frac{\text{시가초과부인액 잔액}}{\text{당해연도 감가상각전의 장부가액}}$$

(3) 처분시

구 분	세무조정	
	자산 보유시	자산 양도시
시가초과액	익금산입(상여 등) 손금산입(△유보)	- 익금산입(유보)
시가초과액에 대한 감가상각비	손금불산입(유보)	손금산입(△유보)

2) 대금의 일부를 지급한 때

(1) 취득 시

특수관계자로부터 자산(영업권 포함)을 시가를 초과하여 고가로 매입하였을 경우 동 시가초과액은 익금산입·유보로 처분하고 동시에 동액을 손금산입·△유보로 처분하는 한편, 지급된 금액 중 시가를 초과하는 금액은 그 소득 귀속자에 따라 소득처분함과 동시에 동액을 손금산입·△유보로 처분한다. 즉, 대금을 분할하여 지급하는 때에는 시가에 상당하는 금액을 먼저 지급한 것으로 본다.(통칙 67-106…9 ① 2호 및 ②)

(2) 감가상각 시

고가매입 자산을 감가상각하였을 때에는 다음 금액을 익금에 산입하고 사내유보로 처분한다.

$$회사계상\ 감가상각비 \times \frac{시가초과부인액\ 잔액}{당해연도\ 감가상각전의\ 장부가액}$$

(3) 처분 시

그 자산을 양도한 때에는 시가초과액을 익금에 산입하여 사내유보로 처분한다.

구분	세무조정	
	자산 보유시	자산 양도시
시가초과액	익금산입(유보, 단 지급액은 상여로 처분) 손금산입(△유보)	- 익금산입(유보)
시가초과액에 대한 감가상각비	손금불산입(유보)	손금산입(△유보)

3) 대금을 전액 미지급한 경우

(1) 취득 시

특수관계자로부터 자산(영업권 포함)을 시가를 초과하여 고가로 매입하였을 경우 동 시가초과액은 익금산입·유보로 처분하고, 동시에 동액을 손금산입·△유보로 처분하는 한편, 동 대금을 실제로 지급하는 때에 상기 '2)'에 의하여 처분한다.(통칙 67-106…9 ① 3호)

(2) 감가상각 시

고가매입 자산을 감가상각하였을 때에는 다음 금액을 익금에 산입하고 사내유보로 처분한다.

$$회사계상\ 감가상각비 \times \frac{시가초과부인액\ 잔액}{당해연도\ 감가상각전의\ 장부가액}$$

(3) 처분 시

구분	세무조정	
	자산 보유시	자산 양도시
시가초과액	익금산입(유보) 손금산입(△유보)	- 익금산입(유보)
시가초과액에 대한 감가상각비	손금불산입(유보)	손금산입(△유보)

2. 저가양도

자산을 무상 또는 시가보다 낮은 가액으로 양도하거나 현물출자하는 경우에는 시가에 미달하는 금액을 익금산입·배당 등(소득 귀속자에 따라 처분)으로 소득처분 한다.(법령 88 ① 3)

Ⅲ 가지급금인정이자의 계산

1. 의의

인정이자란 특수관계자 간 금전 소비대차 거래 발생 시 수령한 이자상당액이 세무상 적정이자율에 의하여 계산한 이자상당액보다 작은 경우 당해 이자상당액의 차액을 소득금액 계산상 익금에 산입하는 것을 말한다. 업무무관가지급금은 업무와의 관련성 여부가 판정기준이 되나, 인정이자는 자금대여 시 이자율이 적정한 이율인지가 그 판정기준이 된다. 따라서, 업무무관가지급금이라 하더라도 적정한 이자를 수수하여 경제적 합리성을 갖춘 경우에는 인정이자 계산대상에 포함되지 않는다.

2. 가지급금의 범위

가지급금이란 명칭 여하에 불구하고 당해 법인의 업무와 관련이 없는 자금의 대여액을 말한다. 이중 인정이자 계산대상 가지급금은 특수관계자에게 무상 또는 낮은 이율로 대부한 금전을 말한다.

3. 가지급금인정이자 계산

1) 인정이자의 계산

법인이 특수관계자에게 금전을 무상 또는 낮은 이율로 대부한 경우 다음과 같이 계산한 인정이자와 회사가 계상한 이자와의 차이를 익금산입하고 귀속자에 따라 소득처분하여야 한다.

- 인정이자 = 가지급금 등의 적수 × 이자율 × 1/365(윤년의 경우 1/366)
- 익금산입액 = 인정이자 - 실제 수령한 이자

2) 적수의 계산

가지급금 등의 적수 계산은 일별 적수계산 방법에 따르며, 가지급금이 발생한 초일은 산입하고 가지급금이 회수된 날은 제외한다. 인정이자를 계산함에 있어 동일인에 대하여 가지급금과 가수금이 함께 있는 경우에는 이를 상계한 금액으로 계산한다. 다만, 가수금에 대하여 별도로 상환기간 및 이자율 등에 관한 약정이 있어 가지급금과 상계할 수 없는 경우에는 이를 상계하지 않고 인정이자를 계산한다.

3) 이자율의 산정

(1) 원칙

금전의 대여 또는 차용의 경우에는 일반적인 시가 산정기준(법령 89 ① 및 ②)에 불구하고 **가중평균차입이자율**을 시가로 한다. 선택한 비율은 해당되는 모든 거래에 대하여 적용하고, 그 후의 사업연도에도 계속 적용하여야 하며 수정신고, 신청 등으로 **변경이 불가능**하다.

$$가중평균차입이자율 = \frac{(자금대여시점의\ 각각의\ 차입금잔액 \times 차입당시\ 각각의\ 이자율)의\ 합계액}{자금대여시점의\ 차입금잔액의\ 총액}$$

(2) 예외

다음의 경우에는 다음 각각의 구분에 따라 당좌대출이자율을 시가로 한다.(법령 89 ③ 및 법칙 43 ④)

① 가중평균차입이자율의 적용이 불가능한 경우로서 일정한 다음의 사유가 있는 경우 : 해당 대여금 또는 차입금에 한정하여 당좌대출이자율을 시가로 한다.
  ㉠ 특수관계인이 아닌 자로부터 차입한 금액이 없는 경우
  ㉡ 차입금 전액이 채권자가 불분명한 사채 또는 매입자가 불분명한 채권·증권의 발행으로 조달된 경우
  ㉢ 대여금리가 해당 대여시점 현재 자금을 차입한 법인의 각각의 차입금 잔액(특수관계인으로부터의 차입금은 제외)에 차입 당시의 각각의 이자율을 곱한 금액의 합계액을 해당 차입금 잔액의 총액으로 나눈 비율보다 높은 때로서 가중평균차입이자율이 없는 것으로 보는 경우

② 대여 기간이 5년을 초과하는 대여금이 있는 경우 : 해당 대여금 또는 차입금에 한정하여 당좌대출이자율을 시가로 한다.

③ 해당 법인이 과세표준의 신고와 함께 당좌대출이자율을 시가로 선택하는 경우(그 선택한 사업연도와 이후 2개 사업연도 경과후 다시 당좌대출이자율을 시가로 선택하는 경우를 포함) : 당좌대출이자율을 시가로 하여 선택한 사업연도와 이후 2개 사업연도는 당좌대출이자율을 시가로 한다.

4. 가지급금인정이자의 세무처리

1) 익금산입

무상대여로 인한 가지급금인정이자는 인정이자 금액 전체를 저리로 대여하는 경우에는 인정이자와 실제 수령액의 차이를 익금 산입한다.

2) 소득처분

익금에 산입한 금액은 귀속되는 사람에 따라 배당, 상여 등으로 처분한다.

5. 가지급금에 대한 미수이자의 처리

1) 상환기간 및 이자율 등의 약정이 있는 경우

(1) 원칙

법인이 특수관계인과의 금전거래에 있어서 상환기간 및 이자율 등의 사전약정이 있고 약정에 의해 이자를 수수하기로 한 경우의 당해 이자 미수액은 결산상 미수이자의 계상이 가능하지만, 정당한 사유 없이 미회수한 경우에는 다음에 따라 익금에 산입한다.(법령 11 9의 2) 즉, 미수이자에 대해 익금불산입(△유보)함과 동시에 익금산입(상여 등으로 처분)한다.

① 특수관계가 소멸되는 날까지 회수하지 않은 가지급금 등(미수이자를 포함하되, 아래 ②에 따라 익금에 산입한 이자는 제외) : 특수관계가 소멸되는 날이 속하는 사업연도에 익금에 산입
② 특수관계가 소멸되지 아니한 경우로서 가지급금의 이자를 이자 발생일이 속하는 사업연도 종료일부터 1년이 되는 날까지 회수하지 않은 경우 그 이자 : 1년이 되는 날이 속하는 사업연도에 익금에 산입

(2) 예외

이자 발생일이 속하는 사업연도 종료일로부터 1년이 되는 날 또는 특수관계가 소멸할 때까지 당해 미수이자를 회수하지 않았더라도, 다음과 같이 회수하지 아니한 정당한 사유가 있거나 회수할 것임이 객관적으로 입증되는 경우에는 익금산입 대상에서 제외한다.(법령 11 9, 법칙 6의 2)

① 채권·채무에 대한 쟁송으로 회수가 불가능한 경우
② 특수관계인이 회수할 채권에 상당하는 재산을 담보로 제공하였거나 특수관계인의 소유재산에 대한 강제집행으로 채권을 확보하고 있는 경우
③ 해당 채권과 상계할 수 있는 채무를 보유하고 있는 경우
④ 그 밖에 위 ①부터 ③까지와 비슷한 사유로서 회수하지 않는 것이 정당하다고 인정되는 경우

2) 상환기간 및 이자율 등의 약정이 없는 경우

법인은 실질상 이자수령을 약정하지 아니하였음에도 불구하고 정부가 결정시 인정이자상당액을 법인의 소득금액 계산상 익금에 산입함과 동시에 특수관계인에게 배당·상여·기타소득 등으로 처분하는 것을 회피하기 위하여 일단 미수이자를 계상하는 경우가 있다. 그러나, 법인이 아무리 미수이자로 계상하였다 하여도 이는 가공자산에 불과하므로 실질과세의 원칙에 의하여 법인의 계산에 불구하고 당해 미수이자를 익금불산입하고, 인정이자상당액을 익금산입하여 배당·상여·기타소득 등으로 처분하여야 한다.(법기통 67-106…10 ②)

Ⅳ 불공정 자본거래

1. 개요

증자, 감자, 합병등과 같은 거래를 자본거래라 한다. 특정 주주가 신주인수권을 포기하거나 신주를 불균등하게 기존의 주주에게 배정한다면 자본거래에 따라 이익을 얻은 주주와 손실을 입은 주주가 발생하게 되는데 이 경우 부당행위계산부인 규정에 의한 법인세를 과세하게 된다.

> **참고** 특수관계자간의 자본거래에 의한 이익 분여시의 조세문제
>
> | 조세문제 | 경제주체 | | | 경제주체 | 조세문제 |
> |---|---|---|---|---|---|
> | 부당행위 계산 부인하여 익금산입함 | 영리내국 법인 | 이익을 주는 주주 | 이익분여 → | 영리내국법인 | 분여받는 금액을 익금으로 함 |
> | 조세문제 발생하지 않음 | 거주자 (비영리법인 포함) | | 이익을 받는 주주 | 거주자 (비영리법인 포함) | 증여세가 과세됨 |
>
> ↓ 자본거래 ↓
>
> 주 식 발 행 법 인
> (불균등 합병, 증자, 감자를 행한 법인)
>
> ※ 법인이 자본거래에 의하여 이익을 분여하는 경우, 그 분여하는 법인의 소득처분시 "기타사외유출"로 소득처분하므로 분여받은 자가 거주자인 경우 소득세는 과세되지 않고 증여세가 과세됨.

2. 불공정합병에 의한 이익분여

1) 적용요건

불공정합병에 의한 이익분여 시 부당행위계산 부인의 적용요건은 다음과 같다(법령 88 ① 8 가).

① 특수관계인인 법인 간의 합병(분할합병 포함)일 것
② 주식 등을 시가보다 높거나 낮게 평가하여 불공정한 비율로 합병할 것
③ 주주 등인 법인이 특수관계인인 다른 주주 등에게 이익을 분여할 것
④ 기준금액을 벗어나는 현저한 이익의 분여가 있을 것. 이 경우 기준금액이란 다음 중 어느 하나에 해당하는 금액을 말한다(상증령 28 ④).

㉠ 합병대가를 주식 등으로 교부받은 경우
  합병 후 신설 또는 존속하는 법인의 주식 등의 평가가액의 30%에 상당하는 가액과 3억원 중 적은 금액

ⓒ 합병대가를 주식 등 외의 재산으로 지급받은 경우(합병당사법인의 1주당 평가가액이 액면가액에 미달하는 경우로서 그 평가가액을 초과하여 지급받은 경우에 한정) : 3억원

⑤ 자본시장과 금융투자업에 관한 법률에 따라 합병(분할합병 포함)하는 경우가 아닐 것

2) 불공정한 비율에 의한 합병 시 익금산입액

특수관계인에게 분여된 이익을 산식으로 표시하면 다음과 같다.

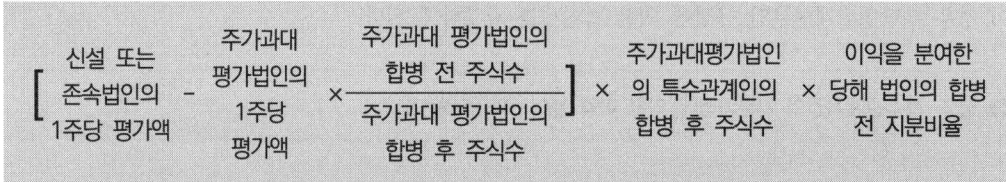

3) 소득처분

불공정합병에 의한 이익분여로 인하여 부당행위계산부인이 적용되어 익금에 산입되는 금액은 그 귀속자가 법인인 경우에는 기타사외유출로 처분하며, 그 귀속자가 개인인 경우로서 증여세가 과세되는 경우에는 기타사외유출로, 그 외의 경우에는 배당(주주), 상여(임직원) 등으로 처분한다(법령 106 ① 3 자).

3. 불균등증자로 인한 이익분여

1) 개요

(1) 의의

법인이 증자를 위하여 신주(전환사채·신주인수권부사채 또는 교환사채 등을 포함)를 배정하는 경우 기존주주가 신주인수권을 포기하거나 당초부터 신주를 불균등하게 배정하는 경우에는 주주 상호간의 기존지분율이 달라진다. 이 경우 신주를 세무상 시가보다 저가로 또는 고가로 발행하면 어떤 주주는 이익을 보고 또 어떤 주주는 손실을 볼 수 있는데, 이러한 증자를 세무상 "불균등증자"라고 한다.

(2) 종류

증자에 따른 이익의 분여는 유상 증자시 발행가액이 시가 대비 고가 혹은 저가인지 그리고 실권주가 발생했을 경우 추가 배정 유무 등에 따라 다음 6가지 유형으로 구분하여 적용한다.

저·고가발행	신주 배정방법	증자에 따른 증여유형
신주의 저가발행	실권주를 재배정한 경우	① 저가발행, 실권주 재배정
		② 저가발행, 실권주 미배정
	실권주를 재배정하지 않은 경우	③ 저가발행, 제3자 및 주주 직접배정 등
신주의 고가발행	신주를 제3자 및 주주에게 직접 배정 등	④ 고가발행, 실권주 재배정
		⑤ 고가발행, 실권주 미배정
		⑥ 저가발행, 제3자 및 주주 직접배정

(3) 증자 시 현저한 이익 30% Rule 요건

신주를 저가·고가발행하고 실권주를 실권처리하는 경우에 증자에 따른 이익을 과세하기 위하여는 이익의 규모가 일정 수준 이상이어야 하는데 그 수준을 「30% Rule」이라고 한다. 「30% Rule」은 증자 후 1주당 평가액과 인수가액의 차이가 증자 후 1주당 평가액의 30% 이상인지 또는 분여 재산가액이 3억 이상인지를 판단하여 그 이상이면 과세한다는 것이다.

① 신주 저가발행 실권주 실권처리

$$\frac{\text{증자후 1주당 평가가액} - \text{1주당 인수가액}}{\text{증자후 1주당 평가가액}} \geq \text{30\% 또는 증여재산가액 3억원 이상}$$

② 신주 고가발행 실권주 실권처리

$$\frac{\text{1주당 인수가액} - \text{증자후 1주당 평가가액}}{\text{증자후 1주당 평가가액}} \geq \text{30\% 또는 증여재산가액 3억원 이상}$$

2) 저가발행 시 이익의 분여

(1) 저가발행 실권주 재배정 시 분여이익

① 과세요건
  ㉠ 증자를 위한 신주배정의 경우일 것
  ㉡ 실권주가 발생할 것
  ㉢ 주주 등인 법인이 특수관계인인 다른 주주 등에게 이익을 분여할 것
  ㉣ 증자 전·후의 주식 1주당 가액이 모두 "0"보다 클 것〈대법 2004두 8994, 2010. 11. 11.〉

② 증여이익

$$\text{증여이익} = [㉠ - ㉡] \times ㉢$$

㉠ 증자 후의 1주당 평가가액

$$= \frac{(\text{증자전 기업의 주식가치} + \text{신주발행으로 인한 실제 증자대금})}{(\text{증자전 발행주식총수} + \text{증자에 의하여 증가한 주식수})}$$

$$= \frac{(\text{증자전 1주당 평가액} \times \text{증자전 발행주식총수}) + (\text{신주1주당 인수가액} \times \text{증자에 의하여 증가한 주식수})}{(\text{증자전 발행주식총수} + \text{증자에 의하여 증가한 주식수})}$$

㉡ 신주 1주당 인수가액
㉢ 배정받은 실권주수

(2) 저가발행 실권주 미배정시 분여이익

① 과세요건

㉠ 증자를 위한 신주배정의 경우일 것
㉡ 실권주가 발생하고 동 실권주를 실권처리할 것
㉢ 신주인수를 포기한 주주와 특수관계인 사이에 이익의 분여가 있을 것
㉣ 현저한 이익의 분여가 있을 것
㉤ 증자 전·후의 주식 1주당 가액이 모두 "0"보다 클 것

② 분여이익 = B × (마) / (다)

㉠ 실권주주가 상실한 이익을 계산

$$\text{실권주주가 상실한 이익(A)} = \left(\text{기존주주가 모두 인수할 경우 증자 후 1주당 평가액(가)} - \text{1주당 인수가액(나)} \right) \times \text{실권주총수(다)}$$

㉡ 실권주주가 상실한 이익 중 신주인수자가 간접적으로 얻은 이익 계산

$$\text{신주인수자 간접이익(B)} = A \times \text{증자 후 신주인수자의 실제 지분율(라)}$$

㉢ 신주인수권의 간접이익 중 특수관계자로부터 얻은 이익 계산

$$\text{특수관계자로부터 얻은 간접이익(C)} = B \times \text{특수관계자의 실권주수(마)} \div \text{실권주총수(다)}$$

(3) 저가발행 제3자 및 주주에게 직접배정 시 분여이익

저가로 신주를 제3자 및 주주에게 배정하거나 기존 주주 지분을 초과하여 배정할 경우에는 배정받는 자는 직접적 이익[(증자 후 주가-인수가액)×배정받은 실권주]이 있으므로 특수관계자 여부 및 30% Rule 여부에 관계없이 법인세를 과세한다. 동 분여이익은 저가발행·실권주 재배정과 동일하다.

3) 고가발행시 증여

(1) 고가발행 실권주 재배정 시 증여이익

① 과세요건

㉠ 증자를 위한 신주배정의 경우일 것
㉡ 실권주가 발생할 것
㉢ 주주 등인 법인이 특수관계인인 다른 주주 등에게 이익을 분여할 것
㉣ 증자 전·후의 주식 1주당 가액이 모두 "0"보다 클 것〈대법 2004두 8994, 2010. 11. 11.〉

② 분여이익

　㉠ 실권주주가 직접적으로 얻은 이익을 계산

> 실권주주가 직접적으로 얻은 이익(A)
> = (1주당 인수가액(가) - 증자 후 1주당 평가액(나)*) × 실권주총수(다)

　㉡ 실권주주의 직접적 이익 중 특수관계자가 인수한 실권주분

> 증여이익실권주주의 직접이익 중 특수관계자 인수분(B)
> = A × 특수관계자가 인수한 실권주(라) ÷ 실권주총수(다)

　* 증자 후의 1주당 평가가액

$$= \frac{(증자전\ 기업의\ 주식가치 + 신주발행으로\ 인한\ 실제\ 증자대금)}{(증자전\ 발행주식총수 + 증자에\ 의하여\ 증가한\ 주식수)}$$

$$= \frac{(증자전\ 1주당\ 평가액 \times 증자전\ 발행주식총수) + (신주1주당\ 인수가액 \times 증자에\ 의하여\ 증가한\ 주식수)}{(증자전\ 발행주식총수 + 증자에\ 의하여\ 증가한\ 주식수)}$$

(2) 고가발행 실권주 미배정시 증여이익

① 과세요건

　㉠ 증자를 위한 신주배정의 경우일 것
　㉡ 실권주가 발생하고 동 실권주를 실권처리할 것
　㉢ 신주인수를 포기한 주주와 특수관계인 사이에 이익의 분여가 있을 것
　㉣ 현저한 이익의 분여가 있을 것
　㉤ 증자 전·후의 주식 1주당 가액이 모두 "0"보다 클 것〈대법 2008두8994, 2010. 11. 11.〉

② 분여이익

　㉠ 실권주주가 직접적으로 얻은 이익을 계산한다.

> 실권주주가 직접적으로 얻은 이익(A) =
> (1주당 인수가액(가) - 증자 후 1주당 평가액(나)) × 실권주총수(다)

　㉡ 실권주주의 직접이익 중 특수관계자의 지분해당액

> 증여이익실권주주의 직접이익 중 특수관계자 증자지분해당액(B)
> $= A \times \dfrac{특수관계자의\ 인수\ 주식수}{균등증자할\ 경우\ 증자주식\ 총수}$

(3) 고가발행 제3자 및 주주에게 직접 배정 시 분여이익

① 과세요건
- ㉠ 신주발행 요건 : 신주인수가액 > 시가
- ㉡ 특수관계 요건 : 신주배정자 및 균등지분 초과배정자와 기존주주 사이에 특수관계 요함
- ㉢ 이익규모 요건 : 해당없음
- ㉣ 납세의무자 : 신주배정자 등과 특수관계있는 기존주주

② 분여이익
- ㉠ 신주 미배정자 및 균등지분 미만 배정자의 이익을 계산

$$\text{신주미배정자 등이 직접적으로 얻은 이익(A)} = \left(\text{1주당 인수가액(가)} - \text{증자 후 1주당 평가액(나)} \right) \times \text{기존주주의 신주미배정분 혹은 균등지분미달 배정분(다)}$$

- ㉡ 신주 미배정자 등의 직접이익 중 특수관계자의 신주인수분

$$\text{증여이익신주미배정자의 직접이익 중 특수관계자 신주인수분(B)} = A \times \frac{\text{신주미배정자 등과의 특수관계자의 인수주식수}}{\text{제3자 및 균등지분 초과 배정자의 신주인수총수}}$$

4) 고가발행 및 저가발행 시 전환주식을 발행한 경우

발행 이후 다른 종류의 주식으로 전환함에 따라 얻은 다음의 구분에 따른 이익

① 전환주식을 시가보다 낮은 가액으로 발행한 경우: 교부받았거나 교부받을 주식의 가액이 전환주식 발행 당시 전환주식의 가액을 초과함으로써 그 주식을 교부받은 자가 얻은 이익

$$\left(\text{교부받은 주식 가액} - \text{발행 당시 전환주식의 가액} \right) \times \text{배정받은 신주수}$$

② 전환주식을 시가보다 높은 가액으로 발행한 경우: 교부받았거나 교부받을 주식의 가액이 전환주식 발행 당시 전환주식의 가액보다 낮아짐으로써 그 주식을 교부받은 자의 특수관계인이 얻은 이익

$$\left(\text{발행 당시 전환주식의 가액} - \text{교부받은 주식 가액} \right) \times \text{신주인수를 포기한 주주의 실권주수} \times \frac{\text{신주인수를 포기한 주주의 특수관계인이 인수한 신주수}}{\text{증자전의 지분비율대로 균등하게 증자하는 경우의 증자 주식총수}}$$

5) 소득처분

(1) 저가실권주 재배정 시

저가 실권주 재배정 시 불균등증자로 인한 이익분여로 인해 부당행위계산 부인규정이 적용되어 익금에 산입되는 금액은 그 귀속자가 **법인인 경우에는 기타사외유출**로 처분하며, 그 귀속자가 개인인 경우로서 **증여세가 과세되는 경우에는 기타사외유출**로, 그 외의 경우에는 **배당(주주), 상여(임직원)** 등으로 처분한다(법령 106 ① 3 자).

(2) 고가실권주 재배정 시

고가 실권주를 법인주주가 재배정 받음으로써 불균등증자로 인한 이익분여에 해당하는 경우에는 당해 **시가초과 인수액을 익금불산입 △유보로 처분함**(법령 72 ④ 3)과 동시에 부당행위계산 부인에 따라 익금에 산입되는 금액은 그 귀속자가 **법인인 경우에는 기타사외유출**로 처분하며, 그 귀속자가 개인인 경우로서 **증여세가 과세되는 경우에는 기타사외유출**로, 그 외의 경우에는 **배당(주주), 상여(임직원)** 등으로 처분한다(법령 106 ① 3 자).

> **참고** 증자에 따른 이익의 증여 요약
>
> | 구 분 | | 과세요건 | | 납세의무자 | 증여시기 |
> |---|---|---|---|---|---|
> | | | 특수관계자 적용여부 | 30%Rule 적용여부 | | |
> | 저가 발행 | 실권주 재배정 | × | × | 실권주인수자 | 주금대금납입일 |
> | | 실권주 미배정 | ○ | ○ | 신주인수자 | 〃 |
> | | 제3자 및 주주 직접배정 | × | × | 신주인수자 | 〃 |
> | 고가 발행 | 실권주 재배정 | ○ | × | 인수포기자 | 〃 |
> | | 실권주 미배정 | ○ | ○ | 신주인수포기자 | 〃 |
> | | 제3자 및 주주 직접배정 | ○ | × | 신주인수포기자 | 〃 |

4. 불균등감자에 따른 이익의 분여

1) 개요

법인이 자본금을 감소시키기 위하여 주식 등을 소각하는 경우로서 일부 주주 등의 주식 등을 소각함으로써 이익을 얻은 경우에는 감자를 위한 주주총회결의일을 분여일로 하여 그 이익에 상당하는 금액을 그 이익을 얻은 자의 분여 재산가액으로 한다. 다만, 그 이익에 상당하는 금액이 기준금액 미만인 경우는 제외한다.

2) 과세요건

(1) 감자에 따른 증여이익 대주주

대주주는 해당 주주의 지분 및 특수관계자 지분을 포함하여 해당 법인의 발행주식총수 등의 1% 이상을 소유하고 있거나 소유하고 있는 주식 등의 액면가액이 3억원 이상인 주주 등을 말한다.

(2) 기준금액

기준금액이란 다음의 금액 중 적은 금액을 말한다(상증령 29의2 ②).

① 감자한 주식 등의 평가액의 30%에 상당하는 가액
② 3억원

3) 분여재산가액

(1) 주식 등을 시가보다 낮은 대가로 소각한 경우 : 주식 등을 소각한 주주 등의 특수관계인에 해당하는 대주주 등이 얻은 이익

$$\left(\begin{array}{c}\text{감자주식}\\\text{1주당 평가액}\end{array} - \begin{array}{c}\text{1주당}\\\text{감자대가}\end{array}\right) \times \begin{array}{c}\text{총감자}\\\text{주식수}\end{array} \times \begin{array}{c}\text{대주주의}\\\text{감자 후 지분율}\end{array} \times \frac{\text{대주주의 특수관계자 감자주식수}}{\text{총 감자주식수}}$$

(2) 감자한 주식 1주당 평가액이 액면가액(주식소각 시 지급한 대가가 액면가액 이하인 경우에는 당해 대가) 이하인 경우로서 그 평가액을 초과하여 대가를 지급한 경우 : 대주주 등의 특수관계인에 해당하는 주식 등을 소각한 주주 등이 얻은 이익

$$(\text{1주당 감자대가} - \text{감자주식 1주당평가액}) \times \text{당해주주의 감자주식수}$$

4) 소득처분

불균등감자로 인한 이익분여로 인해 부당행위계산 부인 규정이 적용되어 익금에 산입되는 그 귀속자가 법인인 경우에는 기타사외유출로 처분하며, 그 귀속자가 개인인 경우로서 증여세가 과세되는 경우에는 기타사외유출로, 그 외의 경우에는 배당(주주), 상여(임직원) 등으로 처분한다(법령 106 ① 3 자).

제11장 영리내국법인의 과세표준과 세액계산

제1절 과세표준

I 개요

	각 사업연도 소득금액
(-)	이월결손금
(-)	비과세소득
(-)	소득공제
(=)	법인세 과세표준

내국법인의 각 사업연도의 소득에 대한 법인세의 과세표준은 각 사업연도의 소득의 범위에서 다음의 금액과 소득을 차례로 뺀 금액으로 한다. 다만, ①의 금액에 대한 공제는 각 사업연도 소득의 80%[「조세특례제한법」에 따른 중소기업과 회생계획을 이행 중인 기업 등 대통령령으로 정하는 법인*의 경우는 100%]을 한도로 한다.

① 이월결손금 중 다음의 요건을 모두 갖춘 금액
   ㉠ 각 사업연도의 개시일 전 10년 이내(2020.1.1. 이후 개시하는 사업연도에 발생하는 결손금은 15년 이내)에 개시한 사업연도에서 발생한 결손금일 것
   ㉡ 신고하거나 결정·경정되거나 「국세기본법」에 따라 수정신고한 과세표준에 포함된 결손금일 것
② 이 법 및 다른 법률에 따른 비과세소득
③ 이 법 및 다른 법률에 따른 소득공제액

* ㉠ 「채무자 회생 및 파산에 관한 법률」에 따라 법원이 인가한 회생계획을 이행중인 법인
  ㉡ 「기업구조조정 촉진법」에 따라 기업개선계획의 이행을 위한 약정을 체결하고 기업개선계획을 이행중인 법인
  ㉢ 해당 법인의 채권을 보유하고 있는 「금융실명거래 및 비밀보장에 관한 법률」에 따른 금융회사등이나 그 밖의 법률에 따라 금융업무 또는 기업 구조조정 업무를 하는 「공공기관의 운영에 관한 법률」에 따른 공공기관으로서 기획재정부령으로 정하는 기관과 경영정상화계획의 이행을 위한 협약을 체결하고 경영정상화계획을 이행 중인 법인
  ㉣ 채권, 부동산 또는 그 밖의 재산권(이하"유동화자산"이라 함)을 기초로 「자본시장과 금융투자업에 관한 법률」에 따른 증권을 발행하거나 자금을 차입(이하"유동화거래"라 함)할 목적으로 설립된 법인으로서 일정 요건을 모두 갖춘 법인
  ㉤ 「조세특례제한법」에 따른 고유목적사업준비금의 손금산입특례를 적용받아 수익사업 소득을 전액 고유목적사업준비금으로 손금산입하는 비영리내국법인

과세표준을 계산할 때 다음의 금액은 해당 사업연도의 다음 사업연도 이후로 이월하여 공제할 수 없다(법법 13 ②).
① 해당 사업연도의 과세표준을 계산할 때 공제되지 아니한 비과세소득 및 소득공제액
② 「조세특례제한법」에 따른 최저한세의 적용으로 인하여 공제되지 아니한 소득공제액

Ⅱ 소득공제(유동화전문회사 등에 대한 소득공제)

1. 개요

유동화전문회사 등은 영업을 위한 별도의 물적시설이나 인적기반을 두지 않는 서류상의 회사(paper company)로서 도관(conduit)의 성격이 강하다. 법인세법에서는 배당소득에 대한 이중과세의 문제를 해소하기 위하여 회사가 주주 등에게 배당가능이익의 90% 이상을 배당하는 경우 그 금액은 해당 사업연도의 소득금액에서 공제한다.

2. 이월공제

1) 이월공제 대상 배당금액

배당금액이 해당 사업연도의 소득금액을 초과하는 경우 그 초과하는 금액(이하 "초과배당금액")은 해당 사업연도의 다음 사업연도 개시일부터 5년 이내에 끝나는 각 사업연도로 이월하여 그 이월된 사업연도의 소득금액에서 공제할 수 있다. 다만, 내국법인이 이월된 사업연도에 배당가능이익의 90% 이상을 배당하지 아니하는 경우에는 그 초과배당금액을 공제하지 않는다.

2) 이월공제 방법

이월된 초과배당금액을 해당 사업연도의 소득금액에서 공제하는 경우에는 다음의 방법에 따라 공제한다.
① 이월된 초과배당금액을 해당 사업연도의 배당금액보다 먼저 공제할 것
② 이월된 초과배당금액이 둘 이상인 경우에는 먼저 발생한 초과배당금액부터 공제할 것

Ⅲ 비과세

공익신탁의 신탁재산에서 생기는 소득에 대하여는 각 사업연도의 소득에 대한 법인세를 과세하지 않는다. 이때 공익신탁이란 학술, 종교, 제사, 자선, 기예 기타 공익을 목적으로 하는 신탁을 말한다.

Ⅳ 이월결손금

1. 의의
결손금이란 각 사업연도에 속하는 손금의 총액이 그 사업연도에 속하는 익금의 총액을 초과하는 경우에 그 초과하는 금액을 말하며, 이월결손금이란 결손금이 발생한 사업연도 이후로 이월된 경우를 말한다.

2. 결손금 공제의 유형

1) 결손금의 이월공제

(1) 개요

각 사업연도의 개시일 전 10년 이내(2020.1.1. 이후 개시하는 사업연도에 발생하는 결손금은 **15년 이내**)에 개시한 사업연도에서 발생한 결손금으로서 그 후의 각 사업연도의 과세표준 계산을 할 때 공제되지 않은 금액은 내국법인의 각 사업연도의 소득에 대한 법인세의 과세표준 계산 시 각 사업연도의 소득의 범위에서 공제한다. 다만, 「조세특례제한법」에 따른 **중소기업과 회생계획을 이행 중인 기업 등 법으로 정하는 법인을 제외한 내국법인의 경우 이월결손금에 대한 공제의 범위는 각 사업연도 소득의 80%**로 한다(법법 13).

(2) 공제순서

결손금이 발생한 사업연도가 2 이상인 경우에는 먼저 발생한 사업연도의 이월결손금부터 차례대로 공제한다.(법령 10 ②)

(3) 공제대상에서 배제되는 결손금

다음의 이월결손금은 각 사업연도의 과세표준을 계산할 때 공제된 것으로 본다.(법령10 ③)

① 회생계획인가 결정법인, 부실징후기업 및 경영정상화계획 이행협약 체결법인의 출자전환 채무면제이익으로서 이월결손금의 보전에 충당되지 아니한 채무면제이익 중 이후 사업연도에 발생한 결손금과 충당한 채무면제이익에 상당하는 결손금
② 자산수증이익 또는 채무면제이익으로 충당된 이월결손금
③ 결손금 소급공제를 적용받은 결손금

(4) 이월결손금 공제배제 대상 법인

다음의 법인은 이월결손금 공제가 배제된다.

① 당기순이익 과세를 적용받는 조합법인
   결산재무제표상의 당기순이익을 과세표준으로 하는 조합법인은 이월결손금을 공제할 수 없다.
② 소득금액을 추계하는 법인
   소득금액을 추계결정 또는 추계 경정하는 경우에는 결손금의 이월공제가 배제된다.

(5) 자산수증이익·채무면제이익에 의한 이월결손금 충당

무상으로 받은 자산의 가액과 채무의 면제 또는 소멸로 인한 부채의 감소액은 익금에 해당하나, 이 중 이월결손금에 충당된 금액이 있는 경우에는 이를 과세표준계산에 있어서 공제된 것으로 본다. 과세표준 계산시 공제하는 이월결손금은 원칙적으로 각 사업연도의 소득금액을 한도로 하나, 자산수증이익 등으로 이월결손금을 충당하여 익금불산입하는 금액은 한도 제한이 없다. 채무의 면제 등으로 익금에 산입하는 금액에는 채무의 출자 전환시 당해 주식 등의 시가를 초과하여 발생된 금액도 포함한다. 자산수증이익·채무면제이익으로 충당되는 이월결손금의 범위는 다음과 같다.(법령 16 ①)

① 각 사업연도 소득금액 계산 시 공제되지 않은 결손금(합병·분할시 승계받은 이월결손금은 제외)
② 과세표준 및 세액 신고시 당해 과세표준에 포함되지 않았으나, 각 사업연도의 손금총액이 익금총액을 초과하는 경우로서 다음 사유에 해당하는 결손금
   ㉠ 채무자 회생 및 파산에 관한 법률에 의한 회생계획인가의 결정을 받은 법인의 결손금으로서 법원이 확인한 것
   ㉡ 기업구조조정 촉진법에 의한 기업개선화계획의 이행을 위한 약정이 체결된 법인으로서 금융채권자협의회가 의결한 결손금

공제된 것으로 보는 것	공제된 것으로 보지 아니하는 것
① 채무의 출자전환에 따른 주식발행액초과액 중 시가를 초과하는 금액으로서 해당 사업연도에 익금에 산입하지 않고 그 이후의 사업연도에 발생한 결손금의 보전에 충당한 경우 그 충당된 결손금 ② 무상으로 받은 자산의 가액 및 채무의 면제 또는 소멸에 따른 부채의 감소액으로 충당된 이월결손금 ③ 중소기업이 직전 사업연도의 소득에서 소급하여 공제받은 결손금	① 주식발행액초과액, 감자차익·합병차익 및 분할차익으로 충당된 이월결손금

2) 결손금의 소급공제

(1) 개요

중소기업은 각 사업연도에 결손금이 발생한 경우 그 결손금에 대하여, 직전 사업연도의 소득에 대하여 과세된 법인세액을 한도로 법으로 정하는 바에 따라 계산한 금액을 환급 신청할 수 있다.(법법 72 ①)

(2) 요건

① 직전 사업연도의 소득에 대하여 과세된 법인세액이 있어야 한다.
② 당해 사업연도에 결손금이 발생하여야 한다.
③ 직전 사업연도와 결손금이 발생한 당해 사업연도의 법인세 과세표준 및 세액을 신고기한 내에 신고하였거나 신고하여야 한다.
④ 결손금이 발생한 당해 사업연도의 법인세 신고기한 내에 납세지 관할 세무서장에게 환급신청을 하여야 한다. 만약 환급신청을 하지 않는 경우에는 당해 결손금은 당연히 이월 공제되는 것이며, 경정청구에 의하여 환급을 적용받을 수는 없다.

(3) 환급세액의 계산

결손금 소급공제에 따른 환급세액은 다음 중 적은 금액으로 한다.

> ① 직전사업연도 법인세액(직전사업연도의 법인세 산출세액 - 공제·감면세액)
> ② 직전사업연도의 법인세산출세액 -(직전사업연도의 과세표준 - 소급공제결손금액) × 직전사업연도의 세율

① 직전 사업연도 법인세액

직전 사업연도의 법인세액이란 직전 사업연도의 법인세 산출세액(토지등양도소득에 대한 법인세를 제외)에서 직전사업연도의 소득에 대한 법인세로서 공제 또는 감면된 법인세액을 차감한 금액을 말한다(법령 110 ①).

② 소급공제결손금액

소급공제결손금액이라 함은 당해 사업연도의 결손금으로서 소급공제를 받고자 하는 금액(직전 사업연도의 과세표준을 한도로 함)을 말하며, 당해 사업연도의 결손금을 한도로 신청할 수 있다.

(4) 환급세액의 사후관리

납세지 관할 세무서장은 다음의 어느 하나에 해당되는 경우에는 환급세액에 법으로 정하는 바에 따라 계산한 이자상당액(당초 환급세액의 통지일의 다음날 부터 징수하는 법인세액의 고지일까지의 기간에 대하여 1일 0.022%)을 더한 금액을 해당 결손금이 발생한 사업연도의 법인세로서 징수한다.(법법 72 ⑤)

① 법인세를 환급한 후 결손금이 발생한 사업연도에 대한 법인세의 과세표준과 세액을 경정함으로써 결손금이 감소된 경우 다음 금액 이때 결손금 중 일부 금액을 소급공제받은 경우 소급공제 받지 않은 결손금이 먼저 감소된 것으로 본다.

> 환급취소세액 = ① × ②
> ① = 당초 환급세액
> ② = $\dfrac{\text{감소된 결손금} - \text{소급공제 받지 않은 결손금}}{\text{소급공제 결손금}}$

② 결손금이 발생한 사업연도의 직전 사업연도에 대한 법인세의 과세표준과 세액을 경정함으로써 환급세액이 감소된 경우

> 환급취소세액 = ① - ②
> ① = 당초 환급세액
> ② = 직전사업연도의 법인세 과세표준 및 세액에 대하여 경정한 환급세액

③ 중소기업에 해당하지 않는 내국법인이 법인세를 환급받은 경우

> 환급취소세액 = 당초 환급세액

제2절 세율

I 원칙

과세표준	세율
2억원 이하	과세표준의 9%
2억원 초과 200억원 이하	1천8백만원 + (2억원을 초과하는 금액의 19%)
200억원 초과 3천억원 이하	37억8천만원 + (200억원을 초과하는 금액의 21%)
3천억원초과	625억8천만원 + (3천억원을 초과하는 금액의 24%)

II 사업연도가 1년 미만인 법인의 경우

$$산출세액 = \left[\left(과세표준 \times \frac{12}{사업연도의\ 월수}\right) \times 세율\right] \times \frac{사업연도의\ 월수}{12}$$

제3절 세액공제

I 외국납부세액공제

1. 의의

국제적 이중과세를 방지함으로써 조세부담면에서 기업의 국내 투자와 해외투자 간에 중립성을 확보하고자 법에서는 외국납부세액 공제제도를 규정하고 있다.

2. 외국납부세액공제 등의 적용요건

외국납부세액공제 등은 내국법인의 각 사업연도의 소득에 대한 과세표준에 국외원천소득이 포함되어 있는 경우로서, 그 국외원천소득에 대하여 외국법인세액을 납부하였거나 납부할 것으로 확정된 경우에 적용 받을 수 있다. 다만, 외국자회사 수입배당금액의 익금불산입 규정의 적용대상이 되는 수입배당금에 대해서는 외국납부세액공제를 적용하지 않는다.

① 외국납부세액공제 등은 국외원천소득에 대하여 납부하였거나 납부할 세액이 있을 것
② 각 사업연도의 과세표준에 국외원천소득이 포함될 것
③ 국외원천소득에 대하여 법령의 규정에 의한 '납부하였거나 납부할 외국법인세액'이 있을 것
④ 외국자회사 수입배당금액의 익금불산입을 적용받지 않을 것

3. 외국납부세액의 범위

1) 직접외국납부세액

직접외국납부세액은 내국법인의 각 사업연도의 과세표준에 포함되어 있는 국외원천소득에 대하여 외국정부(지방자치단체 포함)에 납부하였거나 납부할 것이 있는 다음의 세액(가산세는 제외)을 말한다.

① 초과이윤세 및 기타 법인의 소득 등을 과세표준으로 하여 과세된 세액
② 법인의 소득 등을 과세표준으로 하여 과세된 세의 부가세액
③ 법인의 소득 등을 과세표준으로 하여 과세된 세와 동일한 세목에 해당하는 것으로서 소득 외의 수익금액 기타 이에 준하는 것을 과세표준으로 하여 과세된 세액

2) 간접외국납부세액

(1) 의의
내국법인의 각 사업연도의 소득금액에 외국자회사로부터 받는 이익의 배당이나 잉여금의 분배액(이하 "수입배당 금액")이 포함되어 있는 경우 그 외국자회사의 소득에 대하여 부과된 외국법인세액 중 그 수입배당 금액에 대응하는 것으로서 일정 산식에 따라 계산한 금액은 세액공제되는 외국법인세액으로 본다.(법법 57 ④)

(2) 간접외국납부세액의 계산
"간접외국납부세액"이란 다음의 계산식에 따라 계산한 금액을 말한다. 이 경우 외국자회사의 해당 사업연도 법인세액은 다음의 세액으로서 외국자회사가 외국납부세액으로 공제받았거나 공제받을 금액 또는 해당 수입배당 금액이나 제3국(본점이나 주사무소 또는 사업의 실질적 관리장소 등을 둔 국가 외의 국가) 지점 등 귀속소득에 대하여 외국자회사의 소재지국에서 국외 소득 비과세·면제를 적용받았거나 적용받을 경우 해당 세액 중 50%에 상당하는 금액을 포함하여 계산한다.

$$\text{외국자회사}^{*1}\text{의 해당 사업연도 법인세액} \times \frac{\text{수입배당금액}}{\text{외국자회사의 해당사업연도 소득금액} - \text{외국자회사의 해당사업연도 법인세액}}$$

*1 출자총액의 10%(조세특례제한법에 따른 해외자원개발사업을 경영하는 외국법인의 경우에는 5%를 말함) 이상을 해당 외국손회사의 배당확정일 현재 6개월 이상(적격구조조정 중 적격합병, 적격분할, 적격물적분할, 적격현물출자에 따라 외국자회사의 주식등을 승계받은 때에는 그 승계받기 전 법인이 취득한 때를 기준으로 판단) 계속하여 보유하고 있을 것

① 외국자회사가 외국손회사로부터 지급받는 수입배당금액에 대하여 외국손회사의 소재지국 법률에 따라 외국손회사의 소재지국에 납부한 세액
② 외국자회사가 제3국의 지점 등에 귀속되는 소득에 대하여 그 제3국에 납부한 세액

(3) 간접외국납부세액의 익금산입
내국법인이 간접 외국납부세액공제를 적용받은 경우에는 외국자회사의 배당확정일이 속하는 사업연도에 당해 간접외국납부세액 상당액을 익금에 산입하여야 한다.(법법 15 ② 2)

3) 의제외국납부세액

국외원천소득이 있는 내국법인이 조세조약의 상대국에서 해당 국외원천소득에 대하여 법인세를 감면받은 세액 상당액은 그 조세조약으로 정하는 범위에서 세액공제의 대상이 되는 외국법인세액으로 본다.(법법 57 ③)

4. 외국납부세액의 공제방법

1) 개요

내국법인의 각 사업연도의 과세표준에 국외원천소득이 포함되어 있는 경우 그 국외원천소득에 대하여 외국법인세액을 납부하였거나 납부할 것이 있는 때에는 세액공제를 적용받을 수 있다(법법 57 ①).

2) 외국납부세액공제

(1) 외국납부세액공제 금액 계산

외국납부세액 공제액 = Min(①, ②)
① 외국납부세액 = 직접외국납부세액 + 간접외국납부세액 + 의제외국납부세액
② 한도액
  ㉠ 조세특례제한법 기타 법률에 의하여 면제 또는 세액감면을 적용받지 않는 경우

$$\text{공제한도액} = \text{당해 사업연도의 법인세액 (토지등양도소득에 대한 법인세액 제외)} \times \frac{\text{당해 사업연도의 국외원천소득}}{\text{당해 사업연도의 과세표준}}$$

  ㉡ 조세특례제한법 기타 법률에 의하여 면제 또는 세액감면을 적용받는 경우

$$\text{공제한도액} = \text{당해 사업연도의 법인세액 (토지등양도소득에 대한 법인세액 제외)} \times \frac{\text{면제·세액감면대상 국외원천소득} - \text{국외원천소득} \times \text{면제·국외원천소득 감면비율}}{\text{당해 사업연도의 과세표준}}$$

(2) 외국납부세액공제의 이월공제

① 원칙

외국정부에 납부하였거나 납부할 외국법인세액이 공제한도를 초과하는 경우 그 초과하는 금액은 해당 사업연도의 다음 사업연도 개시일 부터 10년 이내에 끝나는 각 사업연도에 이월하여 그 이월된 사업연도의 공제한도 범위에서 공제받을 수 있다.

② 적용배제

공제한도금액을 초과하는 외국법인세액 중 직·간접비용과 관련된 외국법인세액(㉠의 금액에서 ㉡의 금액을 뺀 금액을 말하며, 이하 "국내원천소득대응비용과 관련된 외국법인세액")에 대해서는 이월공제규정을 적용하지 아니한다. 이 경우 직·간접비용과 관련된 외국법인세액은 공제한도초과 외국법인세액을 한도로 한다.

㉠ 국외원천소득을 기준으로 계산한 공제한도금액
㉡ 일반적인 공제한도금액

Ⅱ 재해손실에 대한 세액공제

1. 의의

내국법인이 각 사업연도 중 천재지변이나 그 밖의 재해로 인하여 **자산총액의 20% 이상을 상실**하여 납세가 곤란하다고 인정되는 경우에는 다음의 법인세액에 그 상실된 자산의 가액이 상실 전의 자산총액에서 차지하는 비율을 곱하여 계산한 금액(상실된 자산의 가액을 한도)을 그 세액에서 공제한다. 이 경우 자산의 가액에는 토지의 가액을 포함하지 않는다.(법법 58 ①)

① 재해 발생일 현재 부과되지 않은 법인세와 부과된 법인세로서 미납된 법인세
② 재해 발생일이 속하는 사업연도의 소득에 대한 법인세

2. 자산총액 및 자산상실비율

1) 자산총액

자산총액이란 토지를 제외한 사업용 자산과 타인 소유의 자산으로서 그 상실로 인한 변상책임이 해당 법인에게 있는 것의 합계액을 말한다.

2) 자산상실비율

$$\text{자산상실비율} = \frac{\text{재해로 인하여 상실된 자산의 가액}}{\text{상실전 자산총액(토지가액 제외)}}$$

3. 신청

재해손실세액공제를 받으려는 내국법인은 다음의 구분에 따른 기한까지 재해손실세액공제신청서를 납세지 관할 세무서장에게 제출해야 한다(법령95 ⑤).

① 재해 발생일 현재 과세표준 신고기한이 지나지 않은 법인세의 경우에는 그 신고기한. 다만, 재해 발생일부터 신고기한까지의 기간이 3개월 미만인 경우에는 재해 발생일부터 3개월로 한다.
② 재해 발생일 현재 미납된 법인세와 납부해야 할 법인세의 경우에는 재해 발생일부터 3개월

4. 세액공제액의 계산

$$\text{재해손실세액공제액} = \text{Min}(①, ②)$$

① 공제세액 = 공제대상 법인세액 × 자산상실비율
② 한 도 액 = 상실된 자산의 가액

Ⅲ 사실과 다른 회계처리로 인한 경정에 따른 세액공제

1. 의의

내국법인이 일정 요건을 모두 충족하는 사실과 다른 회계처리를 하여 과세표준 및 세액을 과다하게 계상함으로써 「국세기본법」에 따라 경정을 청구하여 경정을 받은 경우에는 과다 납부한 세액을 환급하지 않고 그 경정일이 속하는 사업연도부터 각 사업연도의 법인세액에서 과다 납부한 세액을 공제한다. 이 경우 각 사업연도별로 공제하는 금액은 **과다 납부한 세액의 20%를 한도**로 하고, 공제 후 남아 있는 과다 납부한 세액은 이후 사업연도에 이월하여 공제한다.(법법 58의3 ①)

2. 세액공제의 요건

① 「자본시장과 금융투자업에 관한 법률」에 따른 사업보고서 및 「주식회사등의 외부감사에 관한 법률」에 따른 감사보고서를 제출할 때 수익 또는 자산을 과다 계상하거나 손비 또는 부채를 과소 계상할 것
② 내국법인, 감사인 또는 그에 소속된 공인회계사가 경고·주의 등의 조치를 받을 것

3. 과다납부세액의 계산

동일한 사업연도에 일반적인 경정청구의 사유 외에 사실과 다른 회계처리로 인한 경정청구의 사유가 있는 경우에는 다음 산식에 의하여 계산한 금액을 그 공제세액으로 한다.(법령 95의3 ②)

$$\text{사실과 다른 회계처리로 인한 과다납부세액} = \text{과다 납부한 세액} \times \frac{\text{사실과 다른 회계처리로 인하여 과다 계상한 과세표준}}{\text{과다계상한 과세표준의 합계액}}$$

4. 과다납부 세액의 처리

내국법인이 사실과 다른 회계처리에 기인한 경정(更正)을 받은 경우에는 과다 납부한 세액을 환급하지 않고 그 경정일이 속하는 사업연도부터 각 사업연도의 법인세액에서 과다 납부한 세액을 공제한다. 이 경우 각 사업연도별로 공제하는 금액은 **과다 납부한 세액의 20%를 한도로 하고, 공제 후 남아 있는 과다 납부한 세액은 이후 사업연도에 이월하여 공제한다**(법법 58의3 ①) 내국법인이 해당 사실과 다른 회계처리와 관련하여 그 경정일이 속하는 사업연도 이전의 사업연도에 수정신고를 하여 납부할 세액이 있는 경우에는 그 납부할 세액에서 과다 납부한 세액을 과다 납부한 세액의 20%를 한도로 먼저 공제하여야 한다(법법 58의3 ②)

Ⅳ 최저한세

1. 개요

최저한세 제도(Minimum Tax)란 조세정책적 목적으로 세금을 감면해 주는 경우라 할지라도 세부담의 형평성, 국민 개납, 재정확보의 차원에서 소득이 있으면 누구나 법에서 정하는 일정한 최소한의 세금을 내도록 하는 제도를 말한다.

2. 적용대상

1) 적용대상 법인

다음 법인에 대해서는 최저한세를 적용한다.
① 내국법인(당기순이익 과세규정을 적용받는 조합법인.(단, (조특법 72 ①)은 제외)
② 국내원천소득이 종합과세되는 외국법인(법법 91 ①)

2) 적용대상 법인세

최저한세로 인한 감면 제한대상이 되는 법인세는 내국법인의 경우 각 사업연도 소득에 대한 법인세가 그 대상이며 외국법인의 경우 종합과세되는 각 사업연도의 국내원천소득에 대한 법인세가 그 대상이다. 또한 토지등양도소득에 대한 법인세, 법인세에 추가하여 납부하는 세액(외국법인의 지점세), 가산세와 추징세액 및 세액공제는 적용대상이 아니다.

3) 적용대상 조세감면

구분	최저한세 적용대상 조세감면(조세특례제한법)
소득공제 손금산입 익금불산입 비과세	◆ 중소기업 지원설비에 대한 손금산입의 특례 등(조특법 8) ◆ 상생협력 중소기업으로부터 받은 수입배당금의 익금불산입(조특법 8의2) ◆ 연구개발 관련 출연금 등의 과세특례(조특법 10의2) ◆ 벤처투자회사 등의 주식양도차익 등에 대한 비과세(조특법 13) ◆ 창업기업 등에의 출자에 대한 과세특례(조특법 14) ◆ **서비스업 감가상각비의 손금산입특례**(조특법 28) ◆ 중소·중견기업 설비투자자산의 감가상각비 손금산입 특례(조특법 28의2) ◆ 설비투자자산의 감가상각비 손금산입 특례(조특법 28의3) ◆ 자기관리 부동산투자회사 등에 대한 과세특례(조특법 55의2 ④) ◆ 공장의 대도시 밖 이전에 대한 법인세 과세특례(조특법 60 ②) ◆ 법인 본사를 수도권과밀억제권역 밖으로 이전하는 데 따른 양도차익에 대한 법인세 과세특례(조특법 61 ③) ◆ 공공기관이 혁신도시 등으로 이전하는 경우 법인세 등 감면(조특법 63 ④) ◆ 수도권 밖으로 본사를 이전하는 법인에 대한 세액감면 등(조특법 63의2 ④)

세액공제	◆ 기업의 어음제도개선을 위한 세액공제(조특법 7의2) ◆ 상생결제 지급금액에 대한 세액공제(조특법 7의4) ◆ 상생협력을 위한 기금 출연 등에 대한 세액공제(조특법 8의3) ◆ **연구·인력개발비에 대한 세액공제(조특법 10)(중소기업 외의 경우)** ◆ 기술이전 및 기술취득 등에 대한 과세특례(조특법 12 ②) ◆ 기술혁신형 합병에 대한 세액공제(조특법 12의3) ◆ 기술혁신형 주식취득에 대한 세액공제(조특법 12의4) ◆ 내국법인의 벤처기업 등에의 출자에 대한 과세특례(조특법 13의2) ◆ 내국법인의 소재·부품·장비전문기업 등에의 출자·인수에 대한 과세특례(조특법 13의3) ◆ 성과공유 중소기업의 경영성과급에 대한 세액공제 등(조특법 19 ①) ◆ **통합투자세액공제(조특법 24)** ◆ 영상콘텐츠 제작비용에 대한 세액공제(조특법 25의6) ◆ 내국법인의 문화산업전문회사에의 출자에 대한 세액공제(조특법 25의7) ◆ 산업수요맞춤형고등학교등 졸업자를 병역 이행 후 복직시킨 기업에 대한 세액공제(조특법 29의2) ◆ 경력단절 여성 고용 기업 등에 대한 세액공제(조특법 29의3) ◆ 근로소득을 증대시킨 기업에 대한 세액공제(조특법 29의4) ◆ 청년고용을 증대시킨 기업에 대한 세액공제(조특법 29의5) ◆ 고용을 증대시킨 기업에 대한 세액공제(조특법 29의7) ◆ 통합고용세액공제(조특법 29의8) ◆ 고용유지중소기업 등에 대한 과세특례(조특법 30의3) ◆ 중소기업 사회보험료 세액공제(조특법 30의4) ◆ 중소기업 간의 통합에 대한 양도소득세의 이월과세 등(조특법 31 ⑥) ◆ 법인전환에 대한 양도소득세의 이월과세(조특법 32 ④) ◆ 선결제 금액에 대한 세액공제(조특법 99의12) ◆ 전자신고 등에 대한 세액공제(조특법 104의8) ◆ 제3자물류비용에 대한 세액공제(조특법 104의14) ◆ 해외자원개발투자에 대한 과세특례(조특법 104의15) ◆ 기업의 운동경기부 등 설치·운영에 대한 과세특례(조특법 104의22) ◆ 석유제품 전자상거래에 대한 세액공제(조특법 104의25) ◆ 우수 선화주기업 인증을 받은 화주 기업에 대한 세액공제(조특법 104의30) ◆ 금사업자와 스크랩등사업자의 수입금액의 증가 등에 대한 세액공제(조특법 122의4 ①) ◆ 금 현물시장에서 거래되는 금지금에 대한 과세특례(조특법 126의7 ⑧)
면제 및 감면	◆ 창업중소기업 등에 대한 세액감면(조특법 6)(100% 감면받는 과세연도 및 상시근로자 수에 따른 추가감면 제외) ◆ **중소기업에 대한 특별세액감면(조특법 7)** ◆ 기술이전 및 기술취득 등에 대한 과세특례(조특법 12 ①, ③) ◆ 연구개발특구에 입주하는 첨단기술기업 등에 대한 법인세 등의 감면(조특법 12의 2)(100% 감면받는 과세연도 제외) ◆ 국제금융거래에 따른 이자소득 등에 대한 법인세 등의 면제(조특법 21)

면제 및 감면	• 중소기업 간의 통합에 대한 양도소득세의 이월과세 등(조특법 31 ④, ⑤) • 법인전환에 대한 양도소득세의 이월과세(조특법 32 ④) • 공공기관이 혁신도시 등으로 이전하는 경우 법인세 등 감면(조특법 62 ④) • 수도권 밖으로 공장을 이전하는 기업에 대한 세액감면 등(조특법 63)(수도권 밖으로 이전하는 경우 제외) • 농공단지 입주기업 등에 대한 세액감면(조특법 64) • 농업회사법인에 대한 법인세의 면제 등(조특법 68)(작물재배업에서 발생하는 소득 제외) • 소형주택 임대사업자에 대한 세액감면(조특법 96) • 상가건물 장기 임대사업자에 대한 세액감면(조특법 96의2) • 위기지역 창업기업에 대한 법인세 등의 감면(조특법 99의9)(100% 감면받는 과세연도 제외) • 산림개발소득에 대한 세액감면(조특법 102) • 제주첨단과학기술단지 입주기업에 대한 법인세 등의 감면(조특법 121의8)(100% 감면받는 과세연도 제외) • 제주투자진흥지구 또는 제주자유무역지역 입주기업에 대한 법인세 등의 감면(조특법 121의9)(100% 감면받는 과세연도 제외) • 기업도시개발구역 등의 창업기업 등에 대한 법인세 등의 감면(조특법 121의 17)(100% 감면받는 과세연도 제외) • 아시아문화중심도시 투자진흥지구 입주기업 등에 대한 법인세 등의 감면 등(조특법 121의20)(100% 감면받는 과세연도 제외) • 금융중심지 창업기업 등에 대한 법인세 등의 감면 등(조특법 121의21)(100% 감면받는 과세연도 제외) • 첨단의료복합단지 및 국가식품클러스터 입주기업에 대한 법인세 등의 감면(조특법 121의22)(100% 감면받는 과세연도 제외) • 기회발전특구의 창업기업 등에 대한 법인세 등의 감면(조특법 121의33)

4) 적용제외 대상 공제·감면

다음 표에 따른 공제·감면 규정에 대하여는 최저한세 규정을 적용하지 않는다.

구분	최저한세 적용제외 공제·감면
법인세법	**법인세법상 세액공제 전체**(외국납부세액공제, 재해손실세액공제, 사실과 다른 회계처리로 인한 경정에 따른 세액공제)

조세특례제한법	① 다음 규정에 따라 **법인세의 100%에 상당하는 세액감면을 받는 과세연도**
	   ㉠ 창업중소기업 등에 대한 세액감면
	   ㉡ 연구개발특구에 입주하는 첨단기술기업 등에 대한 법인세 등의 감면
	   ㉢ 위기지역 창업기업에 대한 법인세 등의 감면
	   ㉣ 제주첨단과학기술단지 입주기업에 대한 법인세 등의 감면
	   ㉤ 기업도시개발구역 등의 창업기업 등에 대한 법인세 등의 감면

조세특례제한법	ⓑ 아시아문화중심도시 투자진흥지구 입주기업 등에 대한 법인세 등의 감면 등 ⓢ 금융중심지 창업기업 등에 대한 법인세 등의 감면 등 ⓞ 첨단의료복합단지 및 국가식품클러스터 입주기업에 대한 법인세 등의 감면 ② 창업중소기업 등에 대한 세액감면 적용 중 고용인원에 따른 추가 감면받는 부분 ③ 수도권 밖으로 공장을 이전하는 기업에 대한 세액감면 등 규정에 따라 수도권 밖으로 이전하는 경우 ④ 농업회사법인에 대한 법인세의 면제 등 규정에 따라 작물재배업에서 발생하는 소득의 경우 ⑤ **중소기업의 연구·인력개발비세액공제**

➕ 2차 연구·인력개발비에 대한 세액공제 산식 = 1) or 2) + 3)

1) 신성장동력·원천기술 연구개발비
   ① 중소기업 = 신성장동력·원천기술 개발비 × (30%+Min[$\frac{신성장동력\ 원천기술연구개발비}{기업회계상\ 매출액}$×3, 10%])
   ② 코스닥 상장 중견기업 = 신성장동력·원천기술 개발비 × (25%+Min[$\frac{신성장동력\ 원천기술연구개발비}{기업회계상\ 매출액}$×3, 15%])
   ③ 그 밖의 법인 = 신성장동력·원천기술 개발비 × (20%+Min[$\frac{신성장동력\ 원천기술연구개발비}{기업회계상\ 매출액}$×3, 10%])

2) 국가전략기술 연구개발비
   ① 중소기업 = 국가전략기술 연구개발비 × (40%+Min[$\frac{국가전략기술\ 연구개발비}{기업회계상\ 매출액}$×3, 10%])
   ② 그 밖의 법인 = 국가전략기술 연구개발비 × (30%+Min[$\frac{국가전략기술\ 연구개발비}{기업회계상\ 매출액}$×3, 10%])

3) 일반 연구개발비
   ① 중소기업 = Max[㉠, ㉡]
     ㉠ 당기 발생액 기준 = 일반 연구인력 개발비 × 25%
     ㉡ 초과 발생액 기준 = (당기 일반연구인력 개발비 − 전기 일반연구인력 개발비) × 50%
   ② 중견기업 = Max[㉠, ㉡]
     ㉠ 당기 발생액 기준 = 일반 연구인력 개발비 × 8%
     ㉡ 초과 발생액 기준 = (당기 일반연구인력 개발비 − 전기 일반연구인력 개발비) × 40%
   ③ 그 밖의 법인 = Max[㉠, ㉡]
     ㉠ 당기 발생액 기준 = 일반 연구인력 개발비 × Min[$\frac{일반연구인력\ 개발비}{기업회계상\ 매출액}$ × 50%, 2%]
     ㉡ 초과 발생액 기준 = (당기 일반연구인력 개발비 − 전기 일반연구인력 개발비) × 25%

3. 최저한세 적용

1) 계산구조

(1) 1단계 : 감면 후 세액과 최저한세 계산

	감면 후 과세표준 (최저한세 적용대상 차감 과세표준)
×	세　　　율
=	산　출　세　액
-	최저한세 적용대상 공제감면세액
=	① 감면 후 세액

	감면 전 과세표준 (최저한세 적용대상 미차감 과세표준)
×	최 저 한 세 율
=	② 최 저 한 세

(2) 2단계 : 총부담세액 계산

	MAX[① 감면 후 세액, ② 최저한세]
-	최저한세 적용제외 공제감면세액
+	토지 등 양도소득에 대한 법인세, 투자·상생협력촉진 법인세
+	가산세, 추가납부세액, 지점세
=	총부담세액

2) 최저한세율

구분	과세표준	세율
중소기업	유예기간 4년 포함	7%
중소기업 외의 기업	중소기업 유예기간 이후 1~3년차	8%
	중소기업 유예기간 이후 4~5년차	9%
	100억원 이하	10%
	1천억원 이하	12%
	1천억원 초과	17%

4. 최저한세로 부인되는 감면공제의 적용순서

최저한세의 적용으로 감면 등이 배제되는 경우에는 기업이 신고한 경우 임의로 감면배제항목을 선택할 수 있다. 다만 법인세를 경정하는 경우에는 다음에 규정하는 순서에 따라 배제하도록 하고 있다. 한편, 최저한세가 적용되는 감면 등과 그 밖의 감면 등이 동시에 적용되는 경우 그 적용순위는 최저한세가 적용되는 감면 등을 먼저 적용한다.

① 준비금의 손금산입(현재 적용대상 없음)
② 손금산입금액 및 익금불산입금액
③ 세액공제. 이 경우 동일 조문에 의한 감면세액 중 이월된 공제세액이 있는 경우에는 나중에 발생한 것부터 적용배제한다.
④ 법인세 또는 소득세의 면제 및 감면
⑤ 소득공제 및 비과세

Ⅴ 감면 및 세액공제액의 계산

법인세의 감면에 관한 규정과 세액공제에 관한 규정이 동시에 적용되는 경우에 그 적용순위는 별도의 규정이 있는 경우 외에는 다음의 순서에 따른다. 이 경우 ①과 ②의 금액을 합한 금액이 법인이 납부할 법인세액(토지등양도소득에 대한 법인세, 투자상생협력촉진에 대한 법인세 과세특례 및 가산세는 제외)을 초과하는 경우에는 그 초과하는 금액은 없는 것으로 본다.(법법 59 ①)

① 각 사업연도의 소득에 대한 세액감면(면제를 포함)
② 이월공제(移越控除)가 인정되지 않는 세액공제
③ 이월공제가 인정되는 세액공제. 이 경우 해당 사업연도 중에 발생한 세액공제액과 이월된 미공제액이 함께 있을 때에는 이월된 미공제액을 먼저 공제한다.
④ 사실과 다른 회계처리에 기인한 경정에 따른 세액공제. 이 경우 해당 세액공제액과 이월된 미공제액이 함께 있을 때에는 이월된 미공제액을 먼저 공제한다.

각 사업연도의 소득에 대한 세액감면 또는 면제를 하는 경우 그 감면 또는 면제되는 세액은 별도의 규정이 있는 경우를 제외하고는 산출세액(토지등양도소득에 대한 법인세액과 미환류소득에 대한 법인세액은 제외에 그 감면 또는 면제되는 소득이 과세표준에서 차지하는 비율(100%를 초과하는 경우에는 100%)을 곱하여 산출한 금액(감면의 경우에는 그 금액에 해당 감면율을 곱하여 산출한 금액)으로 한다.

사례

법인세 차감납부할 세액과 최저한세 계산

【사례】 다음 자료에 따라 중소기업과 중소기업 외의 경우를 나누어 총부담세액을 계산하고 조세감면 배제내역을 제시하시오.

① 각사업연도소득(과세표준 동일) : 198,000,000(최저한세대상 익금불산입액 5,000,000원 차감)
② 세액공제
  ㉠ 연구·인력개발비 세액공제 : 2,000,000
  ㉡ 통합투자세액공제 : 8,540,000
  ㉢ 외국납부세액공제 : 1,000,000
③ 토지등 양도소득에 대한 법인세 : 1,000,000
④ 가산세 : 2,000,000
⑤ 추가납부세액 : 1,000,000

【계산 방법】

1. 중소기업인 경우

1) 1단계 : 감면 후 세액과 최저한세 계산

	198,000,000			198,000,000+5,000,000	
×	세율		×	7%	
=	17,820,000		=	② 14,210,000	
−	8,540,000				
=	① 9,280,000				

2) 2단계 : 총부담세액 계산

	MAX[① 9,280,000, ② 14,210,000]
−	2,000,000 + 1,000,000
+	1,000,000
+	2,000,000 + 1,000,000
=	15,210,000

3) 조세감면배제내역

14,210,000 − 9,280,000 = 4,930,000
① 9% 세율 구간 : (200,000,000−198,000,000) = 2,000,000(익금불산입 배제)
② 19% 세율 구간 : (4,930,000 − 2,000,000 × 9%) = 4,750,000

⊙ 익금불산입배제 = 570,000 ÷ 19% = 3,000,000(익금불산입배제)
ⓒ 통합투자세액공제 = 4,750,000 - 570,000 = 4,180,000(세액공제배제)

2. 중소기업 외의 경우

1) 1단계 : 감면 후 세액과 최저한세 계산

	198,000,000
×	세율
=	17,820,000
-	8,540,000 + 2,000,000
=	① 7,280,000

	198,000,000+5,000,000
×	10%
=	② 20,300,000

2) 2단계 : 총부담세액 계산

	MAX[① 7,280,000, ② 20,300,000]
-	1,000,000
+	1,000,000
+	2,000,000 + 1,000,000
=	23,300,000

3) 조세감면배제내역

20,300,000 - 7,280,000 = 13,020,000

① 9% 세율 구간 : (200,000,000-198,000,000)= 2,000,000(익금불산입 배제)

② 19% 세율 구간 : (4,930,000 - 2,000,000 × 9%) = 4,750,000

⊙ 익금불산입 배제 = 570,000 ÷ 19% = 3,000,000(익금불산입배제)

ⓒ 세액공제 배제 = 4,750,000 - 570,000 = 4,180,000

ⓐ 연구·인력개발비세액공제 배제 = 2,000,000

ⓑ 통합투자세액공제 = 2,180,000

※ 동일한 감면에서 감면이 배제되는 경우 조문순서에 따라 배제한다.

제12장 신고, 납부

제1절 중간예납, 원천징수, 수시부과

I 중간예납

1. 의의

내국법인으로서 각 사업연도의 기간이 6개월을 초과하는 법인은 해당 사업연도 개시일 부터 6개월간을 중간예납기간(中間豫納期間)으로 하여 중간예납세액을 그 중간예납기간이 지난날부터 2개월 이내에 납세지 관할 세무서 등에 납부하여야 하는데 이를 중간예납이라 한다.

2. 중간예납 대상기간과 대상법인

1) 중간예납기간

각 사업연도의 기간이 6개월을 초과하는 법인은 해당 사업연도 개시일부터 6개월간을 중간예납기간으로 한다. 이때 월수의 계산은 역월로 계산한다.

2) 중간예납대상 법인

사업연도의 기간이 6개월을 초과하는 내국법인은 각 사업연도(합병이나 분할에 의하지 않고 새로 설립된 법인의 최초 사업연도는 제외) 중 중간예납세액을 납부할 의무가 있다.(법법 63)

3) 중간예납의무가 없는 법인

다음의 어느 하나에 해당하는 법인은 중간예납세액을 납부할 의무가 없다.(법법 63 ①)
① 「고등교육법」에 따른 사립학교를 경영하는 학교법인 및 「산업교육진흥 및 산학연협력촉진에 관한 법률」에 따른 산학협력단, 국립대학법인 서울대학교, 국립대학법인 인천대학교, 사립학교를 경영하는 학교법인
② 합병 또는 분할에 의하지 않고 새로 설립된 법인인 경우에는 설립 후 최초의 사업연도
③ 청산법인(청산기간 중에 해산 전의 사업을 계속하여 영위하는 경우로서 해당사업에서 사업수입금액이 발생하는 경우는 제외)
④ 사업연도가 6월 이내인 법인
⑤ 납세지 관할 세무서장이 중간예납기간 중 휴업 등의 사유로 사업수입금액이 없는 것으로 확인한 휴업법인
⑥ 국내사업장이 없는 외국법인

⑦ 외국인투자자가 자본금의 100%를 출자하여 설립한 외국인투자기업이 「조세특례제한법」에 따라 해당 사업연도에 있어서 법인세의 전액을 면제받을 수 있는 경우에는 그 면제를 받는 부분에 대해서는 중간예납 의무도 면제하는 것으로 한다.

⑧ 직전 사업연도의 중소기업으로서 중간예납세액이 50만원 미만인 내국법인

3. 중간예납세액 계산방법

1) 개요

다음의 어느 하나에 해당하는 경우에는 다음의 구분에 따라 중간예납세액을 계산한다(법법 63의2 ②).

① 중간예납의 납부기한까지 중간예납세액을 납부하지 아니한 경우(②에 해당하는 경우는 제외): 아래 2) 따른 방법

② 다음의 어느 하나에 해당하는 경우: 아래 3)에 따른 방법

　㉠ 직전 사업연도의 법인세로서 확정된 산출세액(가산세는 제외)이 없는 경우(유동화전문회사 등에 대한 소득공제 또는 프로젝트금융투자회사에 대한 소득공제 적용대상 법인의 경우는 제외)

　㉡ 해당 중간예납기간 만료일까지 직전 사업연도의 법인세액이 확정되지 아니한 경우

　㉢ 분할신설법인 또는 분할합병의 상대방 법인의 분할 후 최초의 사업연도인 경우

2) 직전 사업연도의 실적을 기준으로 하는 방법(법법 63의2 ① 1)

$$\text{중간예납세액} = \left[\text{직전 사업연도의 법인세로 확정된 산출세액} - \text{직전 사업연도의 감면된 법인세액} - \text{직전 사업연도의 원천징수세액·수시부과세액} \right] \times \frac{6}{\text{직전 사업연도 월수}}$$

※ ㉠ 직전사업연도 법인세는 중간예납기간 종료일까지 신고(수정신고 포함) 또는 결정·경정에 의하여 확정된 세액(가산세를 포함하고 토지등양도소득에 대한 법인세 및 「조세특례제한법」에 따른 투자·상생협력 촉진을 위한 과세특례를 적용하여 계산한 법인세는 제외)을 말한다. 단, 중간예납세액 납부기한까지 직전사업연도의 법인세가 감액 경정된 경우에 그 경정으로 인하여 감소된 세액을 차감하여 계산한다.

※ ㉡ 중간예납기간 중 세율이 변동되는 경우에도 직전사업연도의 법인세로서 확정된 산출금액을 기준으로 한다. 다만, 법에서 세율규정에 관하여 특례규정을 둔 경우에는 그 특례규정에 의한다.

※ ㉢ 감면된 법인세액에는 외국납부세액 공제액 및 세법 이외의 법률의 규정에 의한 감면세액을 포함한다.

3) 해당 사업연도 중간예납기간의 실적을 기준으로 하는 방법

중간예납을 하여야 할 내국법인은 그 중간예납기간을 1사업연도로 산출한 법인세액에서 다음의 금액을 공제한 금액을 중간예납세액으로 하여 납세지 관할 세무서 등에 납부할 수 있다. 이 경우 중간예 의무가 없는 경우를 제외하고, 중간예납 규정에 따른 중간예납의 납부기한이 지난 경우에는 그러지 않는다.(법법 63의2 ① 2, ②)

① 해당 중간예납기간에 해당하는 감면세액(소득에서 공제되는 금액은 제외)

② 해당 중간예납기간에 법인세로서 납부한 원천징수세액

③ 해당 중간예납기간에 법인세로서 부과한 수시부과세액

$$\text{중간예납세액} = \left[\text{중간예납 기간 동안의 과세표준} \times \frac{12}{6}\right] \times \text{세율} \times \frac{6}{12} - \text{중간예납 기간의 감면세액} - \text{중간예납기간중의 원천세액·수시부과세액}$$

4. 납부

중간예납세액의 신고·납부는 중간예납기간이 경과한 날로부터 2개월 이내에 하여야 한다. 또한 중간예납세액이 1천만원을 초과하는 경우 1개월(중소기업은 2개월) 이내에 분납할 수 있다(법법 64 ①, ②).

II 내국법인의 이자소득 등에 대한 원천징수

1. 개요

원천징수란 소득금액을 지급하는 자(원천징수의무자)가 원천징수 대상이 되는 소득을 지급하는 때에 당해 소득의 지급받는 자(납세의무자)로부터 일정 세율을 적용하여 계산한 금액(1천원 이상인 경우만 해당)을 징수하여 국가에 납부하는 제도를 말한다.

2. 원천징수의무자

법인세법상 원천징수의무자는 내국법인·외국법인은 물론 거주자·비거주자 등의 개인을 불문하고 내국법인에게 소득세법상의 이자소득 등을 지급하는 자를 말한다.

3. 원천징수대상 소득 및 세율

1) 원천징수대상 이자소득의 범위 (법기준 73-0-2)

(1) 원칙

법인세 원천징수 대상이 되는 이자소득은 「소득세법」에 열거하는 이자소득 및 집합투자기구로부터의 이익 중 「자본시장과 금융투자업에 관한 법률」에 따른 투자신탁의 이익으로 한다. 다만, 원천징수 대상에 포함되지 않는 소득을 제외한다.

(2) 원천징수대상 이자소득에 포함하는 것

다음의 금액은 원천징수 대상이 되는 이자소득으로 한다.

① 채권자가 불분명한 사채의 이자로서 손금불산입된 이자. 다만, 가공 차입금에 대한 이자임이 명백한 것은 제외한다.
② 「공탁법」의 규정에 의한 공탁금의 이자
③ 금융기관의 여신관리자금에 대한 환출이자

(3) 법원의 판결에 따라 지급하는 손해배상금에 대한 법정이자

법원의 판결에 따라 지급하는 손해배상금에 대한 법정이자는 원천징수 대상이 되는 이자소득이 아닌 것으로 한다.

(4) 물품구입 시 지급하는 이자상당액

물품을 연불조건으로 매입함에 따라 이자상당액을 가산하여 지급하는 경우에는 다음과 같이 처리한다.

① 당초 계약 내용에 따라 이자상당액을 가산하여 매입가액을 확정하고 연불 방법에 따라 이자를 포함한 가액을 매입대금으로 지급하는 경우에는 이자소득이 아닌 것으로 한다.

② 당초 계약 내용에 따라 매입가액이 확정된 후 그 대금의 지급지연으로 실질적인 소비대차로 전환되어 발생 되는 이자는 이자소득으로 한다.

2) 세율

법인세의 원천징수 대상 소득 및 세율은 다음과 같다.

원천징수대상소득		세율
이자소득금액	비영업대금이익	25%
	기타 이자소득	14%
투자신탁의 이익		14%

※ 투자신탁이익이란 「소득세법」에 따른 집합투자기구로부터의 이익 중 「자본시장과 금융투자업에 관한 법률」에 따른 투자신탁의 이익을 말한다.

4. 원천징수 배제대상 소득

다음에 해당하는 소득에 대해서는 원천징수를 적용하지 않는다.

① 법인세가 부과되지 않거나 면제되는 소득
② 신고한 과세표준에 이미 산입된 미지급소득
③ 법령 또는 정관에 의하여 비영리법인이 회원 또는 조합원에게 대부한 융자금과 비영리법인이 당해 비영리법인의 연합회 또는 중앙회에 예탁한 예탁금에 대한 이자수입
④ 기금운용법인과 공제사업법인의 국·공채 등 이자소득
⑤ 증권 및 채권시장안정기금의 이자수입
⑥ 주택도시기금에 예탁한 자금의 이자수입

5. 납부와 징수

1) 납부

(1) 원칙
원천징수의무자는 원천징수한 법인세를 그 징수일이 속하는 달의 다음 달 10일까지 국세징수법에 의한 납부서에 의하여 원천징수 관할 세무서·한국은행 또는 체신관서에 납부하여야 한다.

(2) 소규모법인의 원천징수세액 반기 납부 특례
직전 연도(신규로 사업을 개시한 사업자의 경우 신청일이 속하는 반기)의 상시 고용인원이 20인 이하인 원천징수의무자(금융보험업을 영위하는 법인을 제외)로서 원천징수 관할 세무서장으로부터 원천징수세액을 반기별로 납부할 수 있도록 승인을 얻거나 국세청장이 정하는 바에 따라 지정을 받은 원천징수의무자는 원천징수한 법인세를 그 징수일이 속하는 반기(半期)의 마지막 달의 다음 달 10일까지 납부할 수 있다.(법법 73 ⑦)

2) 징수

(1) 원칙
납세지 관할 세무서장은 원천징수의무자가 그 징수하여야 할 세액을 징수하지 아니하였거나 징수한 세액을 기한까지 납부하지 않으면 지체 없이 원천징수의무자로부터 그 원천징수의무자가 원천징수하여 납부하여야 할 세액에 상당하는 금액에 가산세액을 더한 금액을 법인세로서 징수하여야 한다. 다만, 원천징수의무자가 원천징수를 하지 아니한 경우로서 납세의무자가 그 법인세액을 이미 납부한 경우에는 원천징수의무자에게 그 가산세만 징수한다.(법법 71 ③)

(2) 외국법인 발행 채권, 증권에서 발생하는 소득에 대한 원천징수의무(특례)
외국법인이 발행한 채권 또는 증권에서 발생하는 소득을 내국법인에게 지급하는 경우에는 국내에서 그 지급을 대리하거나 그 지급권한을 위임 받거나 위탁받은 자가 그 소득에 대한 법인세를 원천징수하여야 한다.(법법73 ⑥)

3) 원천징수 등 납부지연가산세

> 원천징수 등 납부지연 가산세 = Min{①, ②}
> ① ㉠+㉡
>   ㉠ 미납세액 또는 미달납부세액 × 미납기간* × 0.022%
>   ㉡ 미납세액 또는 미달납부세액 × 3%
> ② 미납세액 또는 미달납부세액 × 10%

※ 미납기간은 납부기한의 익일로부터 자진납부일 또는 납세고지 일까지의 기간을 말함

6. 원천징수의무의 승계

1) 법인이 해산한 경우

법인이 해산한 경우에 원천징수하여야 할 법인세를 징수하지 아니하였거나 징수한 법인세를 납부하지 않고 잔여재산을 분배한 때에는 청산인과 잔여재산의 분배를 받은 자가 각각 그 분배한 재산의 가액과 분배받은 재산의 가액을 한도로 그 법인세를 연대하여 납부할 책임을 진다.(법령 116 ①)

2) 법인이 합병 또는 분할로 인하여 소멸한 경우

법인이 합병 또는 분할로 인하여 소멸한 경우 합병법인 등은 피합병법인 등이 원천징수하여야 할 법인세를 징수하지 아니하였거나 징수한 법인세를 납부하지 않은 것에 대하여 납부할 책임을 진다.(법령 116 ②)

7. 내국법인의 채권 등의 보유기간이자상당액에 대한 원천징수대상금액

내국법인이 「소득세법」에 따른 채권 등 또는 투자신탁의 수익증권(이하 "원천징수대상채권 등")을 타인에게 매도(중개·알선 등을 포함하되, 환매조건부 채권매매 등은 제외)하는 경우 그 내국법인은 해당 원천징수대상채권 등의 보유기간에 따른 이자, 할인액 및 투자신탁의 이익(이하 "이자 등")의 금액에 14%의 세율을 적용하여 계산한 금액에 상당하는 법인세(1천원 이상인 경우만 해당)을 원천징수하여 그 징수일이 속하는 달의 다음 달 10일까지 납세지 관할 세무서 등에 납부하여야 한다. 이 경우 해당 내국법인을 원천징수의무자로 보아 이 법을 적용한다(법법73의2 ①).

8. 원천징수시기

다음의 경우는 다음에 정하는 날을 "지급하는 때"로 보아 원천징수 한다(법기통 73-0-2).

① 이자소득금액을 어음으로 지급한 때에는 당해 어음이 결제된 날
② 이자소득금액으로 지급할 금액을 채권과 상계하거나 면제받은 때에는 상계한 날 또는 면제받은 날
③ 이자소득금액을 대물변제한 경우에는 대물변제한 날
④ 이자소득금액을 당사자간의 합의에 의하여 소비대차로 전환한 때에는 그 전환한 날
⑤ 이자소득금액을 법원의 전부명령에 의하여 그 소득의 귀속자가 아닌 제3자에게 지급하는 경우에는 그 제3자에게 지급하는 날
⑥ 예금주가 일정한 계약기간동안 매월 정한 날에 임의의 금액을 예입하고 금융기관은 매월 발생되는 이자를 실제로 지급하지 않고, 당해 예금의 예입금액으로 자동대체하여 만기에 원금과 복리로 계산한 이자를 함께 지급하는 정기예금의 경우에, 그 예입금액에 대체한 이자소득금액에 대하여는 저축기간이 만료되는 날

Ⅲ 수시부과

1. 의의

납세지 관할 세무서장 또는 관할지방국세청장은 내국법인이 그 사업연도 중에 수시부과 사유로 법인세를 포탈(逋脫)할 우려가 있다고 인정되는 경우에는 수시로 그 법인에 대한 법인세를 부과할 수 있다. 이를 수시부과라 한다(법법 69 ①).

2. 수시부과사유

다음의 사유로 인하여 법인세포탈의 우려가 있다고 인정되는 경우에는 그 법인에 대한 법인세를 수시 부과한다.(법령 108 ①)

① 신고를 하지 않고 본점 등을 이전한 경우
② 사업 부진 기타의 사유로 인하여 휴업 또는 폐업상태에 있는 경우
③ 기타 조세를 포탈할 우려가 있다고 인정되는 상당한 이유가 있는 경우
④ 부도 발생 및 채무 누적으로 인하여 채권자의 신청으로 법원에 의하여 소유부동산이 경매될 것이 예상되는 경우(법기통 69-108-1)
⑤ 법인이 주한 국제연합군 또는 외국기관으로부터 사업수입금액을 외국환은행을 통하여 외환증서 또는 원화로 영수하는 경우(법령 108 ③)

3. 수시부과기간

수시부과 기간은 그 사업연도 개시일부터 수시부과 사유가 발생한 날까지로 한다. 다만, 직전 사업연도에 대한 과세표준 등의 신고기한 이전에 수시부과 사유가 발생한 경우(직전 사업연도에 대한 과세표준 신고를 한 경우는 제외)에는 직전 사업연도 개시일부터 수시부과 사유가 발생한 날까지를 수시부과 기간으로 한다. (법법 69 ②)

4. 수시부과시 과세표준 및 세액의 계산

1) 조세포탈의 우려가 있는 경우

$$\text{수시부과세액} = \text{과세표준} \times \frac{12}{\text{수시부과기간의 월수}} \times \text{세율} \times \frac{\text{수시부과기간의 월수}}{12}$$

2) 외국군 등에 군납 시 수시부과의 경우

외국군 등에 군납 시 수시부과를 하는 경우에는 추계결정 및 경정 규정을 준용하여 계산한 금액에 세율을 곱하여 산출한 금액을 그 세액으로 한다.(법령 108 ④)

5. 수시부과의 효력

수시부과제도는 중간예납제도나 원천징수제도와 함께 예납적 조세제도에 불과하므로, 수시부과기간 후의 소득금액이 없다 하더라도 각 사업연도 소득에 대한 정기분 과세표준 신고는 하여야 한다. 수시부과는 정부가 조세채권을 조기에 확보하기 위하여 취하는 절차이므로, 세법에 규정하는 의무의 성실한 이행을 확보하기 위하여 가산세는 부과하지 않는다.

제 2 절 과세표준 신고와 자진납부

Ⅰ 과세표준의 신고

1. 신고대상법인 및 신고기한

1) 원칙

납세의무가 있는 내국법인은 각 사업연도의 종료일이 속하는 달의 말일부터 3개월(내국법인이 성실신고확인서를 제출하는 경우에는 4개월) 이내에 그 사업연도의 소득에 대한 법인세의 과세표준과 세액을 납세지 관할 세무서장에게 신고하여야 한다.(법법 60 ①) 이는 각 사업연도의 소득금액이 없거나 결손금이 있는 법인의 경우에도 적용한다.(법법 60 ③)

2) 신고기한의 연장

「주식회사의 외부감사에 관한 법률」에 따라 감사인(監査人)에 의한 감사를 받아야 하는 내국법인이 해당 사업연도의 감사가 종결되지 아니하여 결산이 확정되지 않았다는 사유로 신고기한의 연장을 신청한 경우에는 그 신고기한을 1개월의 범위에서 연장할 수 있다.(법법 60 ⑦)

2. 제출서류

법인세 과세표준 신고를 할 때에는 그 신고서에 다음의 서류를 첨부하여야 한다.(법법 60 ②)

① 기업회계기준을 준용하여 작성한 개별 내국법인의 재무상태표·포괄손익계산서 및 이익잉여금처분계산서(또는 결손금처리계산서)
② 세무조정계산서(법인세 과세표준 및 세액조정계산서)
③ 세무조정계산서 부속서류 및 기업회계기준에 의하여 작성한 현금흐름표(외부감사 대상법인에 한정함)

④ 기능통화재무제표에 대해 표시통화를 원화로 하여 환산한 재무제표(표시통화재무제표)
⑤ 원화 외의 통화를 기능통화로 채택하여 재무제표를 작성하는 법인의 경우 기능통화를 선택하지 않고 계속해서 원화로 작성하였을 경우의 재무제표(원화재무제표)

법인세과세표준 신고를 할 때 그 신고서에 ① 및 ②의 서류를 첨부하지 않으면 이 법에 따른 신고로 보지 않는다. 다만, 수익사업(사업소득 및 계속적 행위로 인한 수입)을 하지 않는 비영리내국법인은 그러지 않는다.(법법 60 ⑤) 납세지 관할 세무서장 및 관할지방국세청장은 제출된 신고서 또는 그 밖의 서류에 미비한 점이 있거나 오류가 있을 때에는 보정할 것을 요구할 수 있다.(법법 60 ⑥)

3. 외부세무조정

1) 개요

기업회계와 세무회계의 정확한 조정 또는 성실한 납세를 위하여 필요하다고 인정하는 외부조정 대상 법인의 경우에는 세무사(세무사법에 따라 등록한 공인회계사 및 변호사 포함)로서 조정반에 속하는 자가 작성한 외부조정계산서를 제출하여야 한다(법법 60 ⑨, 법령 97 ⑨ 및 법칙 60-97…3).

2) 외부세무조정 대상법인

외부조정대상법인이란 다음의 어느 하나에 해당하는 법인을 말한다. 다만, 조세특례제한법에 따른 당기순이익과세를 적용받는 법인은 제외한다(법령 97의 2 ①). 한편, 아래 ①부터 ③까지를 적용할 때에 해당 사업연도에 설립된 법인인 경우에는 해당 사업연도의 수입금액을 1년으로 환산한 금액을 직전 사업연도의 수입금액으로 본다(법령 97의 2 ③).

① 직전 사업연도의 수입금액이 70억원 이상인 법인 및 주식회사의 외부감사에 관한 법률에 따라 외부의 감사인에 의한 회계감사를 받아야 하는 법인
② 직전 사업연도의 수입금액이 3억원 이상인 법인으로서 법인세법 또는 조세특례제한법에 따른 조세특례(조세특례제한법의 전자신고에 따른 조세특례를 제외함)를 적용받는 법인
③ 직전 사업연도의 수입금액이 3억원 이상인 법인으로서 해당 사업연도 종료일 현재 법인세법 및 조세특례제한법에 따른 준비금 잔액이 3억원 이상인 법인
④ 해당 사업연도 종료일부터 2년 이내에 설립된 법인으로서 해당 사업연도 수입금액이 3억원 이상인 법인
⑤ 직전 사업연도의 법인세 과세표준과 세액에 대하여 법인세법에 따라 결정 또는 경정받은 법인
⑥ 해당 사업연도 종료일부터 소급하여 3년 이내에 합병 또는 분할한 합병법인, 분할법인, 분할신설법인 및 분할합병의 상대방법인
⑦ 국외에 사업장을 가지고 있거나 법인세법에 따른 외국자회사를 가지고 있는 법인
⑧ 정확한 세무조정을 위하여 세무사가 작성한 세무조정계산서를 첨부하려는 법인

4. 조정반

1) 개요

조정반이란 다음 중 어느 하나에 해당하는 자 중에서 지방국세청장의 지정을 받은 자를 말한다. 이 경우 조정반은 대표자를 두어야 하며, 세무사 등은 2개 이상의 조정반에 소속될 수 없다. 또한 조정반은 소속 세무사 등 중 2명 이상을 참여시켜야 한다(법령 97의3 ①).

① 2명 이상의 세무사 등
② 세무법인
③ 회계법인
④ 법무법인, 법무법인(유한), 법무조합

2) 조정반의 신청

조정반 지정을 받으려는 자는 대표자를 선임하여 매년 11월 30일까지 대표자의 사무소 소재지 관할 지방국세청장에게 조정반 지정 신청을 하여야 한다. 다만, 매년 12월 1일 이후 개업한 세무사 등 또는 설립된 세무법인·회계법인은 각각 세무사 등의 개업신고일(최근 개업한 조정반 구성원의 개업신고일) 또는 법인 설립등기일부터 1개월 이내에 신청할 수 있다(법칙 50의3 ①).

3) 지정여부 통지

신청을 받은 지방국세청장은 신청을 받은 연도의 12월 31일(매년 12월 1일 이후 개업한 세무대리인으로부터 신청을 받은 경우 신청을 받은 날이 속하는 달의 다음 달 말일)까지 신청인에게 지정 여부를 통지하고 관보 또는 인터넷 홈페이지에 공고하여야 한다. 다만, 조정반 지정 신청을 한 자가 다음에 해당하는 경우에는 조정반 지정을 하지 않는다(법칙 50의3, 소칙 65의3).

① 기획재정부 세무사징계위원회 또는 금융위원회 공인회계사 징계위원회의 징계 중 직무 정지나 자격정지의 징계를 받아 그 징계 기간이 종료되지 않은 경우(다만, 공인회계사인 세무사의 경우에는 세무대리에 관련된 징계에 한정)
② 다음에 해당하는 사유로 조정반이 취소되고 그 취소된 날부터 신청일까지 1년이 지나지 않은 경우
  ㉠ 조정계산서를 거짓으로 작성한 경우
  ㉡ 부정한 방법으로 지정을 받은 경우
  ㉢ 조정반 지정일부터 1년 이내에 조정반의 구성원(세무법인 또는 회계법인인 경우에는 조정계산서의 작성에 참여한 세무사) 또는 구성원의 배우자가 대표이사 또는 과점주주였던 기업의 세무조정을 한 경우
③ 조정반 지정을 받은 자에 대한 소득세 또는 법인세가 기장에 의하여 신고되지 아니하거나 추계결정·경정된 과세기간의 종료일부터 신청일까지 2년이 지나지 않은 경우

4) 조정반 지정의 취소

지방국세청장은 조정반이 다음 중 어느 하나에 해당하는 경우에는 조정반 지정을 취소할 수 있다(법칙 50의3 ③).

① 조정반에 소속된 세무사 등이 1명이 된 경우
② 세무조정계산서를 거짓으로 작성한 경우
③ 부정한 방법으로 지정을 받은 경우
④ 조정반 지정일부터 1년 이내에 조정반의 구성원(세무법인 또는 회계법인인 경우에는 실제 세무조정계산서 작성에 참여한 세무사 등) 또는 구성원의 배우자가 대표이사 또는 과점주주였던 법인의 세무조정을 한 경우

5) 조정반 지정의 효력

조정반 지정의 효력은 1년으로 한다(법칙 50의3 ④).

6) 조정반 변경신청 및 통지

조정반의 구성원(세무법인 또는 회계법인은 제외)이나 대표자가 변경된 경우에는 그 사유가 발생한 날부터 14일 이내에 대표자의 사무소 소재지 관할 지방국세청장에게 조정반 변경지정 신청을 하여야 하며, 조정반 변경지정 신청을 받은 지방국세청장은 신청을 받은 날부터 7일 이내에 변경지정 여부를 통지하여야 한다(법칙 50의3 ⑤, ⑥). 또한 「소득세법」에 따라 조정반 지정 또는 변경지정을 받은 자는 지정 또는 변경지정을 받은 것으로 본다.

II 자진납부

1. 자진납부세액

내국법인은 각 사업연도의 소득에 대한 법인세 산출세액에서 다음의 법인세액(가산세는 제외)을 공제한 금액을 각 사업연도의 소득에 대한 법인세로서 신고기한까지 납세지 관할 세무서 등에 납부하여야 한다.(법법 64 ①)

① 해당 사업연도의 감면세액·세액공제액
② 해당 사업연도의 중간예납세액
③ 해당 사업연도의 수시부과세액
④ 해당 사업연도에 원천징수된 세액

2. 분납

내국법인이 납부할 세액이 1천만원을 초과하는 경우에는 다음 금액을 납부기한이 지난날부터 1개월(중소기업의 경우에는 2개월) 이내에 분납할 수 있다.(법법 64 ②)

① 납부할 세액이 2천만원 이하인 경우에는 1천만원을 초과하는 금액
② 납부할 세액이 2천만원을 초과하는 경우에는 그 세액의 50% 이하의 금액

Ⅲ 성실신고확인서 제출

1. 적용대상

다음의 어느 하나에 해당하는 내국법인은 성실한 납세를 위하여 성실신고확인서를 납세지 관할 세무서장에게 제출하여야 한다. 다만, 「주식회사의 외부감사에 관한 법률」에 따라 감사인(監査人)에 의한 감사를 받은 내국법인은 이를 제출하지 않을 수 있다(법법 60의2 ①, 소령 97의4 ②).

① 부동산임대업을 주된 사업으로 하는 등 다음에 해당하는 내국법인(유동화전문회사 등에 대한 소득공제 대상 내국법인은 제외)
　㉠ 해당 사업연도 종료일 현재 내국법인의 지배주주 등이 보유한 주식 등의 합계가 해당 내국법인의 발행 주식총수 또는 출자총액의 50%를 초과할 것
　㉡ 해당 사업연도에 부동산임대업을 주된 사업으로 하거나 다음의 금액 합계가 기업회계기준에 따라 계산한 매출액(ⓐ부터ⓒ까지의 금액이 포함되지 아니한 경우에는 이를 포함하여 계산)의 50% 이상일 것
　　ⓐ 부동산 또는 부동산상의 권리의 대여로 인하여 발생하는 소득의 금액
　　ⓑ 「소득세법」에 따른 이자소득의 금액
　　ⓒ 「소득세법」에 따른 배당소득의 금액
　㉢ 해당 사업연도의 상시근로자 수가 5명 미만일 것
② 「소득세법」에 따른 성실신고확인대상사업자(해당 내국법인의 설립일이 속하는 연도 또는 직전 연도에 「소득세법」에 따른 성실신고확인대상사업자)가 사업용자산을 현물출자, 사업의 양도·양수에 따라 내국법인으로 전환한 경우 그 내국법인(사업연도 종료일 현재 법인으로 전환한 후 3년 이내의 내국법인으로 한정)
③ ②에 따라 전환한 내국법인이 그 전환에 따라 경영하던 사업을 현물출자 또는 사업양수도 방법으로 인수한 다른 내국법인(전환일부터 3년 이내인 경우로서 그 다른 내국법인의 사업연도 종료일 현재 인수한 사업을 계속 경영하고 있는 경우로 한정)

2. 보정요구

납세지 관할 세무서장은 제출된 성실신고확인서에 미비한 사항 또는 오류가 있을 때에는 보정할 것을 요구할 수 있다(법법 60의2 ②).

제3절 과세표준의 결정 및 경정, 징수와 환급, 가산세

I 결정 및 경정

1. 결정 및 경정사유

1) 결정

납세지 관할 세무서장 또는 관할지방국세청장은 내국법인이 법인세 과세표준 신고를 하지 아니한 경우에는 그 법인의 각 사업연도의 소득에 대한 법인세의 과세표준과 세액을 결정한다.(법법 66 ①)

2) 경정

납세지 관할 세무서장 또는 관할지방국세청장은 과세표준 신고를 한 내국법인이 다음의 어느 하나에 해당하는 경우에는 그 법인의 각 사업연도의 소득에 대한 법인세의 과세표준과 세액을 경정한다.(법법 66 ②)

① 신고 내용에 오류 또는 누락이 있는 경우
② 지급명세서, 매출·매입처별 계산서합계표의 전부 또는 일부를 제출하지 아니한 경우
③ 다음 중 어느 하나에 해당하는 경우로서 시설 규모나 영업 현황으로 보아 신고 내용이 불성실하다고 판단되는 경우
  ㉠ 신용카드가맹점 가입 요건에 해당하는 법인이 정당한 사유 없이 「여신전문금융업법」에 따른 신용카드가맹점(법인만 해당)으로 가입하지 않은 경우
  ㉡ 신용카드가맹점이 정당한 사유 없이 신용카드에 의한 거래를 거부하거나 신용카드매출전표를 사실과 다르게 발급한 경우
  ㉢ 현금영수증 가맹점으로 가입하여야 하는 법인 및 「부가가치세법」에 따라 현금영수증 가맹점 가입 대상자로 지정받은 법인이 정당한 사유 없이 「조세특례제한법」에 따른 현금영수증 가맹점으로 가입하지 않은 경우
  ㉣ 현금영수증 가맹점이 정당한 사유 없이 현금영수증 발급을 거부하거나 사실과 다르게 발급한 경우

3) 재경정

납세지 관할 세무서장 또는 관할지방국세청장은 법인세의 과세표준과 세액을 결정 또는 경정한 후 그 결정 또는 경정에 오류나 누락이 있는 것을 발견한 경우에는 즉시 이를 다시 경정한다(법법 66 ④).

2. 결정기한

관할관청은 법인세 과세표준 및 세액의 결정을 과세표준 확정신고기한으로부터 1년 내에 완료하여야 한다. 다만, 국세청장이 조사 기간을 따로 정하거나 부득이한 사유로 인하여 국세청장의 승인을 얻은 경우에는 그러지 않는다(법령 103 ③).

3. 결정 또는 경정의 방법

1) 실지조사 결정 또는 경정

납세지 관할 세무서장 또는 관할지방국세청장은 법인세의 과세표준과 세액을 결정 또는 경정하는 경우에는 장부나 그 밖의 증명서류를 근거로 하여야 한다.(법법 66 ③)

2) 추계조사결정 또는 경정

(1) 추계요건

다음에 해당하는 사유로 장부나 그 밖의 증명서류에 의하여 소득금액을 계산할 수 없는 경우에는 소득금액을 추계(推計)할 수 있다.(법법 66 ③단서)

① 소득금액을 계산할 때 필요한 장부 또는 증명서류가 없거나 그 중요한 부분이 미비 또는 허위인 경우
② 기장의 내용이 시설규모, 종업원 수, 원자재·상품·제품 또는 각종 요금의 시가 등에 비추어 허위임이 명백한 경우
③ 기장의 내용이 원자재사용량·전력사용량 기타 조업상황에 비추어 허위임이 명백한 경우

(2) 추계결정 및 경정 방법

법인세의 과세표준과 세액을 추계결정 또는 경정하는 경우에는 다음의 어느 하나의 방법에 따른다.

① 기준경비율에 의한 추계방법

> 추계소득금액 =(㉠-㉡) + 충당금 준비금 환입액
> ㉠ 사업수입금액*
> ㉡ (매입비용과 사업용 유형·무형자산 임차료 + 대표자 및 임직원의 인건비) +(사업수입금액 × 기준경비율)

* 사업수입금액에는 영업외수익 및 특별이익 중 부산물·재고자산의 처분액 등과 같이 통상 주된 사업에 관련하여 발생하는 부수수익을 포함한다.

② 동업자권형에 의한 방법

다만, 동일업종의 다른 법인이 없는 경우로서 과세표준신고 후에 장부나 그밖의 증빙서류가 멸실된 때에는 신고서 및 그 첨부서류에 의하고 과세표준신고 전에 장부나 그밖의 증빙서류가 멸실된 때에는 직전사업연도의 소득률에 따라 과세표준을 결정 또는 경정한다.

③ 신고서나 직전 사업연도 소득률에 의한 방법

④ 폐업한 소기업에 대한 추계결정

소기업이 폐업한 때에는 다음에 따라 계산한 금액 중 적은 금액을 과세표준으로 하여 결정 또는 경정한다.(법령 104 ② 3)

㉠ 수입금액에서 수입금액에 「소득세법」에 따른 단순경비율을 곱한 금액을 뺀 금액
㉡ 수입금액에 직전 사업연도의 소득률을 곱하여 계산한 금액

※ 다만, 조세탈루혐의가 있다고 인정되는 다음의 경우는 제외한다.

ⓐ 무자료거래, 위장·가공 거래 등 거래내용이 사실과 다른 혐의가 있는 경우
ⓑ 구체적인 탈세 제보가 있는 경우
ⓒ 거래상대방이 「조세범처벌법」에 따른 범칙행위를 하여 조사를 받고, 조사과정에서 해당 법인과의 거래내용이 파악된 경우
ⓓ 법인의 사업내용, 대표자의 재산상황 등을 고려할 때 명백한 탈루혐의가 있다고 인정되는 경우

ⓒ 기준경비율에 의한 추계방법

⑤ 추계경정 등의 과세표준 계산 시 차가감 항목

과세표준을 추계조사결정 또는 경정하는 경우에는 추계소득금액에 다음의 금액을 가감하여 과세표준을 계산한다.

과세표준에 가산할 금액	과세표준에 차감할 금액
① 사업외수익(비영리법인의 경우에는 수익사업 또는 수입에 해당하는 수익에 한정) ② 특수관계 있는 자와의 거래에 있어 부당행위부인 규정에 따라 익금에 산입하는 금액 ③ 「조세특례제한법」에 따라 익금에 산입하여야 할 준비금 또는 충당금	좌측 ①의 사업외수익에서 다음의 금액을 차감 ① 사업외수익에 직접 대응되고 증빙서류나 객관적인 자료에 따라 확인되는 원가상당액 ② 사업외수익에 해당 사업연도 중 기출한 손비 중 환입된 금액 ③ 부동산임대업을 영위하는 법인이 받는 수입이자 중 임대보증금에 대한 수입이자상당액을 제외한다.

3) 추계에 의한 과세표준 및 세액계산의 특례

(1) 이월결손금 공제 및 외국납부세액공제의 배제(법법 68, 법령 107)

① 일반적인 추계의 경우

일반적인 추계 시에는 이월결손금 공제 및 외국납부세액공제를 적용하지 않는다.

② 불가항력에 의한 추계의 경우

천재·지변 등으로 장부 기타 증빙서류가 멸실되어 동업자권형 방법 등에 의하여 추계하는 경우에는 이월결손금 공제 및 외국납부세액 공제의 적용을 배제하지 않는다.

(2) 결정 및 경정 시 조세특례의 적용배제

각 사업연도의 소득에 대한 법인세의 과세표준과 세액을 결정 또는 경정하는 경우에는 조세특례제한법상 대부분의 세액감면 등을 적용하지 않는다(조특법 128 ② ③).

Ⅱ 징수와 환급

1. 징수

1) 신고납부세액의 징수

납세지 관할 세무서장은 내국법인이 각 사업연도의 소득에 대한 법인세로서 납부하여야 할 세액의 전부 또는 일부를 납부하지 아니하면 그 미납된 법인세액을 「국세징수법」에 따라 징수하여야 한다.(법법 71 ①)

2) 중간예납세액의 징수

납세지 관할 세무서장은 내국법인이 납부하여야 할 중간예납세액의 전부 또는 일부를 납부하지 않으면 그 미납된 중간예납세액을 「국세징수법」에 따라 징수하여야 한다.(법법 71 ②)

3) 원천징수세액의 징수

납세지 관할 세무서장은 원천징수의무자가 그 징수하여야 할 세액을 징수하지 않았거나 징수한 세액을 기한까지 납부하지 않으면 지체 없이 원천징수의무자로부터 그 원천징수의무자가 원천징수하여 납부하여야 할 세액에 상당하는 금액에 가산세액을 더한 금액을 법인세로서 징수하여야 한다. 다만, 원천징수의무자가 원천징수를 하지 않은 경우로서 납세의무자가 그 법인세액을 이미 납부한 경우에는 원천징수의무자에게 그 가산세만 징수한다.(법법 71 ③)

2. 환급

납세지 관할 세무서장은 중간예납·수시부과 또는 원천징수한 법인세액이 각 사업연도의 소득에 대한 법인세액(가산세를 포함)을 초과하는 경우 그 초과하는 금액은 「국세기본법」에 따라 환급하거나 다른 국세 및 강제징수비에 충당하여야 한다.(법법 71 ④)

Ⅲ 가산세

관련법	종류	주요내용
국세기본법	무신고가산세	부당 무신고 : 산출세액의 40%와 수입금액의 0.14% 중 큰 금액
		일반 무신고 : 산출세액의 20%와 수입금액의 0.07% 중 큰 금액
	과소신고가산세	부당 과소신고 : 산출세액의 40%와 수입금액의 0.14% 중 큰 금액
		일반 과소신고 : 산출세액의 10%
	원천징수 등 납부지연 가산세	미납세액×경과일수×0.022%(미달세액의 10% 한도)
	납부지연 가산세	미납세액×경과일수×0.022%
	환급불성실가산세	초과환급세액×경과일수×0.022%
법인세법	무기장가산세	산출세액의 20%와 수입금액의 0.07%중 큰 금액
	지급명세서제출 불성실가산세	제출하지 않거나 불분명한 지급금액의 0.25%(0.125%)
	지출증빙서류수취 불성실가산세	지출증빙 미수취·사실과 다르게 받은 금액의 2%
	주식 등 변동상황 명세서제출 불성실가산세	미제출·누락제출 및 불분명하게 제출한 주식 등의 액면금액 또는 출자가액의 1%
	주주 등 명세서 제출 불성실 가산세	법인설립신고시 주주명세서를 미제출·누락제출 및 불분명하게 제출한 주식 등의 액면금액 또는 출자가액의 0.5%
	계 산 서 불성실 가산세	공급가액의 0.5%(미교부·필요적 기재사항 미기재·부실기재 또는 합계표 미제출·불분명분) * 다음의 경우에는 공급가액의 2% ① 재화 또는 용역을 공급 후 계산서 등을 미발급 ② 재화 또는 용역을 공급하지 않고 계산서 등을 발급 또는 수취 ③ 재화 또는 용역을 공급 후 타인 명의 계산서 등 발급 또는 수취
	기부금영수증 불성실가산세	기부금영수증을 사실과 다르게 발급한 금액의 5% 기부법인별 발급내역을 작성·보관하지 아니한 금액의 0.2%
	신용카드발급 불성실가산세	건별 거부금액·신용카드매출전표를 사실과 다르게 발급한 금액의 5%(건별로 5천원에 미달하는 경우는 5천원)
	특정외국법인의 유보소득계산명세서 제출불성실가산세	특정외국법인의 배당가능한 유보소득금액 × 0.5%
	성실신고확인서 미제출가산세	Max[산출세액의 5%, 수입금액의 0.02%]
	현금영수증 불성실가산세	현금영수증가맹점으로 가입하지 아니한 사업연도 수입금액의 1%
		건당 5천원 이상 거래금액에 대하여 현금영수증 발급거부·사실과 다르게 발급한 금액의 5%(건별로 5천원에 미달하는 경우는 5천원)

제13장 법인과세 신탁재산의 각 사업연도의 소득에 대한 법인세 과세특례

제1절 통칙

I 개요

종전에는 신탁재산에 대한 과세 방식이 수익자 과세로 획일화 되어 다양한 신탁제도의 활성화가 저해 되었으며, 수익자가 다수이거나 신탁재산의 종류가 다양한 경우 신탁소득 발생 시마다 소득원천별로 수익자에게 과세하기 어려운 점이 있었다. 따라서 신탁의 종류·유형에 따라 신탁소득에 대한 과세 방식을 다양화함으로써 신탁 운용의 효율성을 제고하고 위탁자의 조세회피를 방지하기 위해 신탁재산에 대한 법인세 과세 방식을 허용하는 등 신탁소득에 대한 과세체계를 정비하였다.

II 신탁소득의 과세

1. 각 사업연도 소득과의 관계

법인과세 신탁재산 및 이에 귀속되는 소득에 대하여 법인세를 납부하는 신탁의 수탁자(이하 "법인과세 수탁자")에 대해서는 법인과세 신탁재산의 각 사업연도의 소득에 대한 법인세 과세특례의 규정을 법인세법 총칙 및 내국법인의 각 사업연도의 소득에 대한 법인세 규정에 우선하여 적용한다.(법법75의10)

2. 신탁재산에 대한 법인세 과세 방식의 적용

1) 법인과세 수탁자의 납세의무

법인과세 수탁자는 법인과세 신탁재산에 귀속되는 소득에 대하여 그 밖의 소득과 구분하여 법인세를 납부하여야 한다. (법법 75의11 ①)

2) 법인과세 신탁재산 수익자의 제2차 납세의무

재산의 처분 등에 따라 법인과세 수탁자가 법인과세 신탁재산의 재산으로 그 법인과세 신탁재산에 부과되거나 그 법인과세 신탁재산이 납부할 법인세 및 강제징수비를 충당하여도 부족한 경우에는 그 신탁의 수익자(「신탁법」에 따라 신탁이 종료되어 신탁재산이 귀속되는 자를 포함)는 분배받은 재산가액 및 이익을 한도로 그 부족한 금액에 대하여 제2차 납세의무를 진다.(법법 75의11 ②)

3) 소득의 구분

법인과세 신탁재산이 그 이익을 수익자에게 분배하는 경우에는 배당으로 본다.(법법 75의11 ③)

4) 신탁계약 변경 등의 경우

신탁계약의 변경 등으로 법인과세 신탁재산에 해당하지 않게 된 경우에는 그 사유가 발생한 날이 속하는 사업연도분부터 수탁자(내국법인 또는 「소득세법」에 따른 거주자인 경우에 한정)의 납세의무를 적용하지 않는다.(법법 75의11 ④)

3. 공동수탁자가 있는 법인과세 신탁재산에 대한 적용

1) 대표수탁자의 납세의무

하나의 법인과세 신탁재산에 「신탁법」에 따라 둘 이상의 수탁자가 있는 경우에는 법인의 설립 또는 설치 신고 또는 법인과세 신탁재산의 수탁자 변경신고에 따라 수탁자 중 신탁사무를 주로 처리하는 수탁자(이하 "대표수탁자")로 신고한 자가 법인과세 신탁재산에 귀속되는 소득에 대하여 법인세를 납부하여야 한다. (법법 75의13 ①)

2) 연대납부의무

대표수탁자 외의 수탁자는 법인과세 신탁재산에 관계되는 법인세에 대하여 연대하여 납부할 의무가 있다.(법법75의13 ②)

Ⅲ 법인과세 신탁재산의 설립 및 해산 등

1. 개요

법인과세 신탁재산에 대해 신탁재산 별로 각각을 하나의 내국법인으로 보는데(법법 5 ②) 이 경우 과세기간을 특정하고 인격을 부여하기 위해서는 설립과 해산을 규정할 필요가 있다.

2. 법인과세 신탁재산

법인과세 신탁재산이란 다음 중 어느 하나에 해당하는 신탁으로서 수익자(어느 하나의 수익자를 기준으로 「엽연초생산협동조합법」에 따라 설립된 엽연초생산협동조합과 그 중앙회 이거나 특수관계인에 해당하는 자는 수익자 수를 계산할 때 포함하지 않음)수가 둘 이상이면서 위탁자가 신탁재산을 실질적으로 지배·통제하지 않는 신탁(「자본시장과 금융투자업에 관한 법률」에 따른 투자신탁은 제외)(법법 5 ②)을 말한다.

① 「신탁법」에 따른 목적신탁
② 「신탁법」에 따른 수익증권발행신탁
③ 「신탁법」에 따른 유한책임신탁
④ 그 밖에 위와 유사한 신탁으로서 대통령령으로 정하는 신탁

3. 법인과세 신탁의 설립 및 해산

1) 설립

법인과세 신탁재산은 「신탁법」에 따라 그 신탁이 설정된 날에 설립된 것으로 본다.(법법 75의12 ①)

2) 해산

법인과세 신탁재산은 「신탁법」에 따라 그 신탁이 종료된 날(신탁이 종료된 날이 분명하지 아니한 경우에는 「부가가치세법」에 따른 폐업일)에 해산된 것으로 본다.(법법75의12 ②)

4. 사업연도

법인과세 수탁자는 법인과세 신탁재산에 대한 사업연도를 따로 정하여 법인설립신고 또는 사업자등록과 함께 납세지 관할 세무서장에게 사업연도를 신고하여야 한다. 이 경우 사업연도의 기간은 1년을 초과하지 못한다.(법법 75의12 ③)

5. 납세지

법인과세 신탁재산의 법인세 납세지는 그 법인과세 수탁자의 납세지로 한다. (법법 75의12 ④) 다만, 다음의 경우 관할 지방국세청장이나 국세청장은 법인과세 신탁재산의 납세지가 그 법인과세 신탁재산의 납세지로 적당하지 않다고 인정되는 경우로서 다음 중 어느 하나에 해당하는 경우에는 그 납세지를 지정할 수 있다. (법령 120의3)

① 법인과세 수탁자의 본점 등의 소재지가 등기된 주소와 동일하지 않은 경우
② 법인과세 수탁자의 본점 등의 소재지가 자산 또는 사업장과 분리되어 있어 조세포탈의 우려가 있다고 인정되는 경우

제 2 절 과세표준과 그 계산

I 법인과세 신탁재산에 대한 소득공제

1. 수익자에게 배당한 경우

법인과세 신탁재산이 수익자에게 배당한 경우에는 그 금액을 해당 배당을 결의한 잉여금 처분의 대상이 되는 사업연도의 소득금액에서 공제한다.(법법 75의 14 ①) 이때 공제하는 배당금액이 해당 배당을 결의한 잉여금 처분의 대상이 되는 사업연도의 소득금액을 초과하는 경우 그 초과금액은 없는 것으로 본다. (법령 120의4 ①)

2. 적용배제

배당을 받은 법인과세 신탁재산의 수익자에 대하여 이 법 또는 「조세특례제한법」에 따라 그 배당에 대한 소득세 또는 법인세가 비과세되는 경우에는 소득공제를 적용하지 아니한다. 다만, 배당을 받은 수익자가 「조세특례제한법」의 동업기업과세특례를 적용받는 동업기업인 경우로서 그 동업자들(그 동업자들의 전부 또는 일부가 상위 동업기업에 해당하는 경우에는 그 상위 동업기업에 출자한 동업자들을 말함)에 대하여 배분받은 배당에 해당하는 소득에 대한 소득세 또는 법인세가 전부 과세되는 경우에는 소득공제 적용한다. (법법 75의14 ②)

3. 적용신청

소득공제를 적용받으려는 법인과세 신탁재산의 수탁자는 과세표준신고와 함께 기획재정부령으로 정하는 소득공제신청서를 납세지 관할 세무서장에게 제출하여 소득공제 신청을 해야 한다.(법법 75의14 ③, 법령 120의4 ②)

Ⅱ 신탁의 합병 및 분할

1. 신탁의 합병

법인과세 신탁재산에 대한 「신탁법」에 따른 신탁의 합병은 법인의 합병으로 보아 법인세법을 적용한다. 이 경우 신탁이 합병되기 전의 법인과세 신탁재산은 피합병법인으로 보고, 신탁이 합병된 후의 법인과세 신탁재산은 합병법인으로 본다. (법법75의15 ①)

2. 신탁의 분할

법인과세 신탁재산에 대한 「신탁법」에 따른 신탁의 분할(분할합병을 포함)은 법인의 분할로 보아 법인세법을 적용한다. 이 경우 신탁의 분할에 따라 새로운 신탁으로 이전하는 법인과세 신탁재산은 분할법인등으로 보고, 신탁의 분할에 따라 그 법인과세 신탁재산을 이전받은 법인과세 신탁재산은 분할신설법인등으로 본다. (법법75의15 ②)

Ⅲ 수탁자 변경시 법인과세 신탁재산의 소득금액 계산

수탁자의 변경에 따라 법인과세 신탁재산의 수탁자가 그 법인과세 신탁재산에 대한 자산과 부채를 변경되는 수탁자에게 이전하는 경우 그 자산과 부채의 이전가액을 수탁자 변경일 현재의 장부가액으로 보아 이전에 따른 손익은 없는 것으로 한다. (법법 75의16 ①)

제3절 신고·납부 및 징수

I 법인과세 신탁재산의 신고 및 납부

법인과세 신탁재산에 대해서는 성실신고확인서 제출 및 중간예납 의무를 적용하지 않는다.(법법75의17)

II 법인과세 신탁재산의 원천징수

1. 법인과세 수탁자가 금융회사인 경우

내국법인의 이자소득 등에 대한 원천징수에도 불구하고 법인과세 신탁재산이 다음 중 어느 하나에 해당하는 소득을 지급받고, 법인과세 신탁재산의 수탁자가 금융회사 등에 해당하는 경우에는 원천징수하지 않는다.(법법 75의18①)

① 「소득세법」에 따른 이자소득의 금액(금융보험업을 하는 법인의 수입금액을 포함). 다만, 법 원천징수대상채권등(「주식·사채 등의 전자등록에 관한 법률」에 따른 단기 사채 등 중 만기 1개월 이내의 것은 제외)의 이자등을 「자본시장과 금융투자업에 관한 법률」에 따른 투자회사 또는 「조세특례제한법」에 따른 자본확충목적회사가 아닌 법인에 지급하는 경우는 제외한다.
② 「소득세법」에 따른 집합투자기구로부터의 이익 중 투자신탁의 이익의 금액

2. 원천징수대상채권 등을 매도하는 경우

내국법인의 법인과세 신탁재산에 속한 원천징수대상채권 등을 매도하는 경우 법인과세 수탁자를 원천징수의무자로 본다. (법법75의18 ②) 이때 「자본시장과 금융투자업에 관한 법률」에 따른 신탁재산에 속한 원천징수대상채권 등을 매도하는 경우 같은 법에 따른 신탁업자와 다음의 구분에 따른 자 간에 대리 또는 위임의 관계가 있는 것으로 본다.(법법73의2④)

① 수익자 과세신탁의 신탁재산에 속한 채권 등 매도 시 : 신탁업자와 수익자 간 대리·위임 간주
② 위탁자 과세신탁의 신탁재산에 속한 채권 등 매도 시 : 신탁업자와 위탁자 간 대리·위임 간주

제14장 연결납세제도

I 의의 및 효과

1. 의의

"연결납세제도(Consolidated Tax Return)"란 모회사와 자회사가 경제적으로 결합되어 있는 경우 경제적 실질에 따라 해당 모회사와 자회사를 하나의 과세단위로 보아 소득을 통산하여 법인세를 신고·납부하는 제도를 말한다.

2. 효과

개별납세방식을 적용하는 경우에는 모법인과 자법인을 각각의 법인으로 보아 소득금액을 계산함에 따라 회사의 분사 여부가 소득금액에 영향을 미치게 되나, 연결납세방식을 적용하는 경우에는 회사의 분사 여부가 소득금액에 영향을 미치지 않는다.

II 용어정리

1. 연결납세방식

"연결납세방식"이란 둘 이상의 내국법인을 하나의 과세표준과 세액을 계산하는 단위로 하여 제2장의3에 따라 법인세를 신고·납부하는 방식을 말한다(법법 2 6).

2. 연결법인

"연결법인"이란 연결납세방식을 적용받는 내국법인을 말한다(법법 2 7).

3. 연결집단

"연결집단"이란 연결법인 전체를 말한다(법법 2 8).

4. 연결모법인

"연결모법인"(連結母法人)이란 연결집단 중 다른 연결법인을 하는 연결법인을 말한다(법법 2 9).

5. 연결가능자법인

"연결가능자법인"(連結子法人)이란 연결모법인의 연결지배를 받는 연결법인을 말한다(법법 2 10).

6. 연결지배

"연결지배"란 내국법인이 다른 내국법인의 발행주식총수 또는 출자총액의 90% 이상을 보유하고 있는 경우를 말한다(법법 2 10의2).

7. 연결사업연도

"연결사업연도"란 연결집단의 소득을 계산하는 1회계기간을 말한다(법법 2 11).

Ⅲ 적용대상

다른 내국법인을 연결지배하는 내국법인(이하에서 "연결가능모법인"이라 함)과 그 다른 내국법인(이하에서 "연결가능자법인"이라 함)은 연결가능모법인의 납세지 관할지방국세청장의 승인을 받아 연결납세방식을 적용할 수 있다. 이 경우 연결가능자법인이 둘 이상일 때에는 해당 법인 모두가 연결납세방식을 적용하여야 한다. 다만, 다음의 경우에 해당하는 법인은 연결납세방식 적용대상인 연결가능모법인과 연결가능자법인의 대상에서 제외된다.

1. 연결가능모법인에서 제외되는 법인	2. 연결가능자법인에서 제외되는 법인
① 비영리내국법인 ② 해산으로 청산 중인 법인 ③ 유동화전문회사 등 소득공제 적용대상 법인 ④ 다른 내국법인(비영리내국법인은 제외)으로부터 연결지배를 받는 법인 ⑤ 동업기업과세특례를 적용하는 법인 ⑥ 해운기업에 대한 법인세 과세표준 계산 특례를 적용하는 법인	① 비영리내국법인 ② 해산으로 청산 중인 법인 ③ 유동화전문회사 등 소득공제 적용대상 법인 ④ 동업기업과세특례를 적용하는 동업기업 ⑤ 해운기업에 대한 법인세 과세표준 계산 특례를 적용하는 법인

Ⅳ 연결지배

"연결지배"란 내국법인이 다른 내국법인의 발행주식총수 또는 출자총액의 90% 이상을 보유하고 있는 경우를 말한다. 이 경우 그 보유비율은 다음에서 정하는 바에 따라 계산한다(법법 2 10의2).

① 의결권 없는 주식 또는 출자지분을 포함할 것
② 「상법」 또는 「자본시장과 금융투자업에 관한 법률」에 따라 보유하는 자기주식은 제외할 것
③ 「근로복지기본법」에 따른 우리사주조합을 통하여 근로자가 취득한 주식 및 주식매수선택권의 행사에 따라 발행되거나 양도된 주식(주식매수선택권을 행사한 자가 제3자에게 양도한 주식을 포함)으로서 발행주식총수의 5% 이내의 주식은 해당 법인이 보유한 것으로 볼 것(법령 2 ⑤).
④ 다른 내국법인을 통하여 또 다른 내국법인의 주식 또는 출자지분을 간접적으로 보유하는 경우로서 연결가능모법인이 연결가능자법인을 통해 또 다른 내국법인의 주식 또는 출자지분을 보유하는 경우에는 다음으로 정하는 바에 따라 합산할 것. 이 경우 연결가능자법인이 둘 이상인 경우에는 각 연결가능자법인별로 다음 계산식에 따라 계산한 비율을 합산한다(법령 2 ⑥, ⑦).

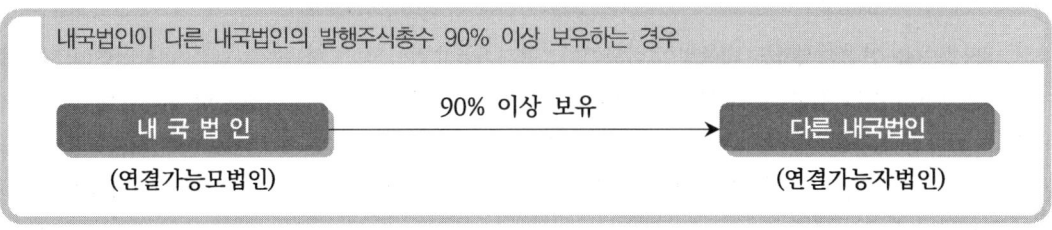

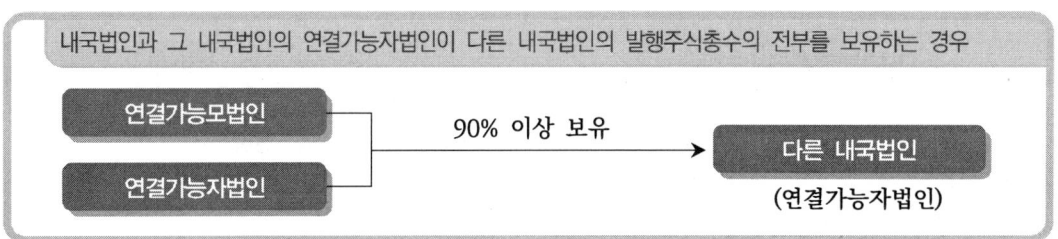

V 연결사업연도 및 납세지

1. 연결사업연도

1) 본래의 연결사업연도
연결사업연도란 연결집단의 소득을 계산하는 1회계기간을 말하는 것으로, **연결납세방식을 적용받는 각 연결법인의 사업연도는 연결사업연도와 일치**하여야 한다. 이 경우 연결사업연도의 기간은 1년을 초과하지 못한다(법법 2).

2) 간주연결사업연도
본래 사업연도가 법령 등에 규정되어 연결사업연도와 일치시킬 수 없는 다음의 요건을 갖춘 연결자법인의 경우에는 연결사업연도를 해당 내국법인의 사업연도로 보아 연결납세방식을 적용할 수 있다.(법법 76의8 ②, 법령 120의12 ③)

① 사업연도가 법령 등에 규정되어 있어 임의로 변경하는 것이 불가능할 것
② 법령 등에 따라 연결사업연도말에 분기별 또는 반기별 재무제표를 작성하여 「주식회사등의 외부감사에 관한 법률」에 따른 감사인의 감사의견을 받을 것

3) 연결사업연도 특례
다음 중 어느 하나에 해당하는 합병, 분할 또는 주식의 포괄적 교환·이전의 경우에는 그 합병일, 분할일

또는 교환·이전일이 속하는 연결사업연도에 한정하여 합병·분할일, 주식의 포괄적 교환·이전일 기점으로 전·후 기간을 각각 1연결사업연도로 의제하여 연결납세방식을 적용할 수 있다(법법 76의8 ⑥).

(1) 합병 등 이전

피합병법인 등의 완전자법인에 대해 합병등기일 등이 속하는 연결사업연도 개시일부터 합병등기일 등까지의 기간(의제연결사업연도)에 당해 피합병법인 등과 연결납세방식 적용

(2) 합병 등 이후

피합병법인 등의 완전자법인에 대해 합병등기일 등의 다음날부터 당해 합병법인 등의 연결사업연도 종료일까지의 기간(의제연결사업연도)에 대해 합병법인 등과 연결납세방식 적용

2. 납세지

연결법인의 납세지는 연결모법인의 납세지로 한다.

Ⅵ 연결납세방식의 적용신청 및 승인

1. 적용신청

연결납세방식을 적용받으려는 연결모법인과 연결자법인은 **최초의 연결사업연도 개시일부터 10일 이내에 연결납세방식 적용 신청서를 연결모법인의 납세지 관할 세무서장을 경유하여 국세청장에게 제출**하여야 한다. (법령 120의 13 ①)

2. 승인

연결납세의 적용신청을 받은 국세청장은 최초의 연결사업연도 개시일로부터 2개월이 되는 날까지 승인 여부를 서면으로 통지하여야 하며, 그날까지 통지하지 않은 경우에는 승인한 것으로 본다.(법령120의 13 ③)

Ⅶ 연결납세방식의 취소 및 포기

1. 연결납세방식의 승인 취소

1) 취소사유

연결모법인의 납세지 관할지방국세청장은 다음과 같은 사유가 있는 경우에 연결납세방식의 적용 승인을 취소할 수 있다.(법법 76의9 ①)

① 연결법인의 사업연도가 연결사업연도와 일치하지 아니하는 경우
② 연결모법인이 연결지배하지 아니하는 내국법인에 대하여 연결납세방식을 적용하는 경우
③ 연결모법인의 연결가능자법인에 대하여 연결납세방식을 적용하지 아니하는 경우
④ 결정 및 경정에 따른 사유로 장부나 그 밖의 증명서류에 의하여 연결법인의 소득금액을 계산할 수 없는 경우
⑤ 연결법인에 수시부과사유가 있는 경우
⑥ 연결모법인이 다른 내국법인(비영리내국법인은 제외)의 연결지배를 받는 경우

2) 사후관리

연결납세방식을 적용받은 각 연결법인은 **연결납세방식을 적용받은 연결사업연도와 그 다음 연결사업연도의 개시일부터 4년 이내에 끝나는 연결사업연도** 중에 연결납세방식의 적용 승인이 취소된 경우 다음의 구분에 따라 소득금액이나 결손금을 연결납세방식의 적용 승인이 취소된 사업연도의 익금 또는 손금에 각각 산입하여야 한다. 다만, 연결 모법인이 다른 내국법인(비영리내국법인은 제외)의 연결지배를 받는 사유로 연결납세방식의 적용 승인이 취소된 연결집단이 취소된 날로부터 1개월 이내에 새로운 모법인을 기준으로 연결납세방식의 적용 신청서를 제출하여 승인 받은 경우에는 그러지 않는다(법법 76의9 ②, 법령 120의14 ②)

① 연결사업연도 동안 다른 연결법인의 결손금과 합한 해당 법인의 소득금액: 익금에 산입
② 연결사업연도 동안 다른 연결법인의 소득금액과 합한 해당 법인의 결손금: 손금에 산입

3) 연결납세방식 승인 취소의 효력

(1) 연결납세방식의 적용배제

연결납세방식의 적용 승인이 취소된 연결법인은 취소된 날이 속하는 사업연도와 그 다음 사업연도의 개시일부터 4년 이내에 끝나는 사업연도까지는 연결납세방식의 적용 당시와 동일한 법인을 연결모법인으로 하여 연결납세방식을 적용받을 수 없다.(법법 76의9 ③)

(2) 연결이월결손금의 승계

연결납세방식의 적용 승인이 취소된 경우 연결 이월결손금중 해당 법인에서 발생한 결손금으로서 각 연결사업연도의 과세표준을 계산할 때 공제되지 않은 금액은 해당 연결법인의 이월결손금으로 본다.(법법 76의9 ④, 법령 120의 14 ③)

(3) 연결중간예납세액의 승계

연결납세방식의 적용 승인이 취소된 경우로서 납부한 연결중간예납세액이 있는 때에는 해당 연결중간예납세액 중 연결법인별 중간예납세액은 각 연결법인별 각 사업연도 소득에 대한 법인세 산출세액에서 차감할 수 있는 중간예납세액으로 본다.(법법 76의9 ⑤)

(4) 사업연도의 의제

불가피한 사유로 연결법인 간 사업연도 불일치가 허용된 연결법인이 연결납세방식의 적용승인이 취소된 경우에는 취소된 날이 속하는 연결사업연도의 개시일부터 그 연결사업연도의 종료일까지의 기간과 취소된 날이 속하는 연결사업연도 종료일의 다음날부터 본래사업연도 개시일의 전일까지의 기간을 각각 1사업연도로 본다.(법법 76의9 ⑥)

2. 연결납세방식의 포기

1) 의의

연결납세방식의 적용을 포기하려는 연결법인은 연결납세방식을 적용하지 않으려는 **사업연도 개시일 전 3개월이 되는 날**까지 연결 모법인의 납세지 관할지방국세청장에게 신고하여야 한다.(법법 76의10①)

2) 연결납세방식 포기의 효력

(1) 연결납세방식의 적용배제
연결납세방식의 적용을 포기한 연결법인은 연결납세방식이 적용되지 아니하는 **최초의 사업연도와 그 다음 사업연도의 개시일부터 4년 이내**에 종료하는 사업연도까지는 연결납세방식의 적용 당시와 동일한 법인을 연결모법인으로 하여 연결납세방식을 적용받을 수 없다.(법법 76의10 ①)

(2) 연결이월결손금의 승계
연결납세방식의 적용을 포기한 경우 연결이월결손금 중 해당 법인에서 발생한 결손금으로서 각 연결사업연도의 과세표준을 계산할 때 공제되지 않은 금액은 해당 연결법인의 이월결손금으로 본다.(법법 76의10 ②)

(3) 사업연도의 의제
불가피한 사유로 연결법인 간 사업연도 불일치가 허용된 연결법인이 연결납세방식의 적용을 포기하는 경우 연결 모법인의 납세지 관할지방국세청장에게 포기를 신고한 날이 속하는 연결사업연도의 종료일의 다음 날 부터 본래 사업연도 개시일의 전일까지의 기간을 1사업연도로 본다.(법법 76의10 ③)

Ⅷ 연결자법인의 추가 및 배제

1. 연결자법인의 추가

1) 연결자법인의 추가
연결모법인이 다른 내국법인을 연결지배하게 된 경우에는 다음과 같은 연결납세방식을 적용하여야 한다. (법법 76의11 ①, ②)

구분	연결납세방식 적용시기
서로 다른 내국법인을 연결지배하는 경우	연결지배일이 속하는 연결사업연도의 다음 연결사업연도부터
설립시부터 연결지배하는 경우	설립등기일이 속하는 연결사업연도부터

2) 연결법인의 변경신고
연결모법인은 연결자법인의 변경이 있는 경우 변경일 이후 중간예납기간 종료일과 사업연도 종료일 중 먼저 도래하는 날부터 1개월 이내에 연결법인 변경신고서를 납세지 관할지방국세청장에게 제출하여야 한다.(법법 76의11③)

2. 연결자법인 배제

1) 배제사유
연결모법인의 연결지배를 받지 않게 되거나 해산한 연결자법인은 해당 사유가 발생한 날이 속하는 연결사업연도의 개시일부터 연결납세방식을 적용하지 않는다. 다만, 연결자법인이 다른 연결법인에 흡수합병되어 해산하는 경우에는 해산등기일이 속하는 연결사업연도에 연결납세방식을 적용할 수 있다.(법법 76의12 ①)

구분	연결납세방식 적용중지시기
연결모법인의 연결지배를 받지 아니하게 된 경우	해당 사유가 발생한 날이 속하는 연결사업연도의 개시일부터 중지
연결자법인이 해산한 경우	해당 사유가 발생한 날이 속하는 연결사업연도의 개시일부터 중지

2) 연결자법인 배제신고

연결자법인이 변경된 경우 연결변경 사유가 발생한 날로부터 1개월 이내에 납세지 관할지방국세청장에게 신고하여야 한다(법법 76의12 ④).

3) 사후관리

연결납세방식을 적용받은 연결사업연도와 그 다음 연결사업연도의 개시일부터 4년 이내에 끝나는 연결사업연도 중에 연결납세방식을 적용하지 않는 경우 다음의 구분에 따라 소득금액 또는 결손금을 해당 사유가 발생한 날이 속하는 사업연도의 익금 또는 손금에 각각 산입하여야 한다. 다만, 연결자법인이 파산함에 따라 해산하는 경우 또는 연결자법인이 다른 연결법인에 흡수합병되어 해산하는 경우에는 그러하지 않는다(법법 76의12 ②).

① 연결사업연도 동안 다른 연결법인의 결손금과 합한 연결배제법인(연결납세방식을 적용하지 않게 된 개별법인)의 소득금액: 연결배제법인의 익금에 산입
② 연결사업연도 동안 다른 연결법인의 소득금액과 합한 연결배제법인의 결손금: 연결배제법인의 손금에 산입
③ 연결사업연도 동안 연결배제법인의 결손금과 합한 해당 법인의 소득금액: 해당 법인의 익금에 산입
④ 연결사업연도 동안 연결배제법인의 소득금액과 합한 해당 법인의 결손금: 해당 법인의 손금에 산입

IX 각 연결사업연도 소득금액의 계산

각 연결사업연도의 소득에 대한 과세표준은 각 연결사업연도의 소득의 범위에서 연결이월결손금, 연결비과세소득 및 연결소득공제액을 차례로 뺀 금액으로 한다.

> 각 연결사업연도의 과세표준 =
> 각 연결사업연도 소득 - 연결이월결손금 - 연결비과세소득 - 연결소득공제액(소득처분 : 기타)

1. 각 연결사업연도소득의 계산순서

각 연결사업연도의 소득은 각 연결법인별로 다음의 순서에 따라 계산한 소득 또는 결손금을 합한 금액으로 한다.(법법 76의14 ①)

순서	소득금액 계산	
1)	연결법인별 각 사업연도의 소득계산	각 연결법인의 각 사업연도의 소득 또는 결손금을 계산
2)	연결법인별 연결조정항목 제거	① 수입배당금 익금불산입 규정에 따라 익금에 산입하지 아니한 각 연결법인의 수입배당금액 상당액을 익금에 산입(소득처분 : 기타)
		② 기부금 및 기업업무추진비의 손금불산입 규정에 따라 손금산입 한도를 초과하여 손금에 산입하지 아니한 기부금 및 기업업무추진비 상당액을 손금에 산입(소득처분 : 기타)
3)	연결법인간 거래손익의 조정	① 연결법인이 다른 연결법인으로부터 받은 수입배당금액 상당액을 익금불산입(소득처분 : 기타)
		② 연결법인이 다른 연결법인에 지급한 기업업무추진비 상당액 손금불산입(소득처분 : 기타)
		③ 연결법인이 다른 연결법인에 대한 채권에 대하여 설정한 대손충당금 상당액을 손금불산입(소득처분 : 기타)
		④ 연결법인이 다른 연결법인에 유형·무형자산 등의 자산을 양도함에 따라 발생하는 손익을 익금불산입 또는 손금불산입(소득처분 : 기타)
4)	연결조정항목 연결법인별 배분	연결집단을 하나의 내국법인으로 보아 새로이 산출한 수입배당금 익금불산입액, 기부금 및 기업업무추진비의 손금불산입액의 일정율을 각 연결법인별로 배분
5)	연결법인의 소득(결손금)	각 연결법인의 소득(결손) 합계액 = 각 연결사업연도의 소득

2. 연결법인 간 자산양도손익의 과세이연

1) 개요

각 연결사업연도의 소득을 계산함에 있어 연결법인이 다른 연결법인에게 양도손익이연자산을 양도함에 따라 발생하는 소득 또는 손실은 일정한 방법에 따라 익금 또는 손금에 불산입한다.

2) 양도손익이연자산의 범위

연결법인간 거래손익의 조정에서 양도손익이연자산은 (아래 ①부터 ③까지의 자산은 거래 건별로 장부가액이 1억원을 이하인 경우에는 제외)으로서 양도 시점에 국내에 소재하는 ①부터 ⑤의 자산과 ⑥의 자산을 말한다.(법령 120의18 ①)

① 유형자산(건축물은 제외)
② 무형자산
③ 매출채권, 대여금, 미수금 등의 채권
④ 「자본시장과 금융투자업에 관한 법률」에 따른 금융투자상품
⑤ 토지와 건축물
⑥ 외국법인의 주식등(보유 주식등을 전부 양도하는 경우에 한정)

3) 과세이연 방법

(1) 양도 시

양도손익이연자산을 다른 연결법인(이하 "양수법인"이라 함)에 양도함에 따라 발생한 연결법인(이하 "양도법인"이라 함)의 양도소득 또는 양도손실은 익금 또는 손금에 산입하지 않는다. 다만, 해당 양도손익이연자산의 양도에 대하여 부당행위계산의 부인이 적용되는 경우에는 자산양도손익 과세이연을 적용하지 않는다.(법령 120의 18 ②)

(2) 양도 후

연결법인 간 거래손익의 조정에 따라 조정된 자산 양도손익 이연액은 다음의 사유가 발생한 날이 속하는 사업연도에 아래와 같이 계산한 금액을 양도법인의 익금 또는 손금에 산입한다.(법령 120의 18 ②)

① 양도손익이연자산을 감가상각하는 경우(㉠과 ㉡ 중 선택)

$$㉠ \text{ 양도소득 또는 양도손실} \times \frac{\text{감가상각액}}{\text{양수법인의 장부가액}}$$

$$㉡ \text{ 양도소득 또는 양도손실} \times \frac{\text{해당사업연도 월수}}{\text{양도손익이연자산의 내용연수 중 경과하지 아니한 기간의 월수}}$$

※ 월수는 역에 따라 계산하되 1개월 미만의 일수는 1개월로 한다.(법령 120의18 ③)

② 양도손익이연자산을 양도(다른 연결법인에 양도하는 경우는 제외)하는 경우

$$\text{양도소득 또는 양도손실} \times \text{양도손익이연자산의 양도비율}$$

③ 양도손익이연자산에 대손이 발생하거나 멸실된 경우

$$\text{양도소득 또는 양도손실} \times \frac{\text{대손금액 또는 멸실금액}}{\text{양수법인의 장부가액}}$$

④ 양도한 채권의 지급기일이 도래하는 경우

$$\text{양도법인의 양도가액} - \text{양도법인의 장부가액}$$

※ 월수는 역에 따라 계산하되 1개월 미만의 일수는 1개월로 한다.(법령 120의18 ③)

⑤ 양도손익이연자산을 소각하는 경우

$$\text{양도소득 또는 양도손실} \times \text{양도손익이연자산의 소각비율}$$

(3) 과세이연손익의 일시환입

양도법인 또는 양수법인이 연결납세방식을 적용받지 아니하게 된 경우 양도법인이 양도손익이연자산을 양도할 때 익금 또는 손금에 산입하지 아니한 금액 중 익금 또는 손금에 산입하고 남은 금액은 연결납

세방식을 적용받지 아니하게 된 날이 속하는 사업연도에 양도법인의 익금 또는 손금에 산입한다(법령 120의18 ④).

(4) 과세이연손익의 승계

① 양도법인 또는 양수법인을 다른 연결법인이 합병하는 경우

양도법인 또는 양수법인을 다른 연결법인이 합병하는 경우 합병법인을 양도법인 또는 양수법인으로 보아 과세이연을 적용한다(법령 120의 18 ⑤).

② 양도법인이 분할하는 경우

양도법인이 분할하는 경우 양도손익이연자산을 양도할 때 익금 또는 손금에 산입하지 아니한 금액은 분할법인 또는 분할신설법인(분할합병의 상대방 법인 포함)이 분할등기일 현재 순자산가액을 기준으로 안분하여 각각 승계하고, 양수법인이 분할하는 경우로서 분할신설법인이 양도손익이연자산을 승계하는 경우에는 분할신설법인이 해당 자산을 양수한 것으로 보아 과세이연을 적용한다(법령 120의 18 ⑥).

3. 연결조정항목의 연결법인별 배분

1) 개요

연결납세제도에서는 연결집단을 하나의 내국법인으로 보아 계산한 수입배당금 익금불산입액, 기부금 손금불산입액 및 기업업무추진비 손금불산입액을 일정한 산식에 의하여 각 연결법인별로 배분하여 각 연결법인별로 익금 또는 손금에 불산입하여야 한다.

2) 연결조정항목의 연결법인별 배분 세부사항

연결조정항목의 연결법인별 배분금액은 다음과 같이 계산한다.

구분	배분금액 계산방법
수입배당금액익금불산입 (법령 120의19)	각 연결법인별 수입배당금 익금불산입 배분액은 다음과 같이 계산한다. 특정 연결법인별 익금불산입 배분액 = {(연결집단 수입배당금액 합계액 × 익금불산입률) - 연결집단 차감 지급이자} × $\dfrac{\text{해당 연결법인의 출자비율}}{\text{각 연결법인의 출자비율 합계액}}$ ⊙ 익금불산입률은 다음과 같으며, 출자비율은 각 연결법인이 수입배당금액을 지급한 내국법인에 출자한 비율을 더하여 계산한다. * 익금불산입율 | 출자 비율	익금불산입 비율
50% 이상	100%
20% 이상 50% 미만	80%
20% 미만	30%	

구분	배분금액 계산방법
수입배당 금액익금 불산입 (법령 120의19)	ⓒ 연결집단 차감 지급이자는 다음과 같이 계산한다. 연결집단 차감 지급이자 = 각 연결법인 차입금이자* 합계액 × $\dfrac{\text{각 연결법인이 출자한 익금불산입대상 주식 등의 장부가액 합계액 적수} \times \text{익금불산입 비율}}{\text{해당 사업연도 말 현재 각 연결법인의 재무상태표상 자산총액** 의 합계액 적수}}$ * 차입금 이자는 연결법인 간 차입금의 이자(해당 차입거래에 대하여 부당행위계산부인 규정이 적용되는 경우 제외)를 뺀 금액으로 함 ** 자산총액은 연결법인 간 거래에 따라 계상된 자산을 제거한 후의 금액으로 함
기부금 손금 불산입 (법령 120의20)	각 연결법인별 기부금 손금불산입 배분액은 ㉠과 ㉡ 및 ㉢의 합계액으로 한다. ㉠ 특례기부금, 일반기부금 외의 기부금 : 해당 연결법인이 지출한 기부금 ㉡ 특례기부금, 일반기부금은 다음의 산식에 따라 계산한 금액 연결집단을 하나의 내국법인으로 보아 계산한 해당 기부금의 손금불산입액 × $\dfrac{\text{해당 연결법인의 해당 기부금 지출액}}{\text{각 연결법인의 해당 기부금 지출액의 합계액}}$ ㉢ 특례기부금의 손금산입한도액 초과금액 손금에 산입하지 않은 일반기부금 및 특례기부금의 손금산입한도액 초과금액을 이월하여 손금에 산입하는 경우 먼저 발생한 사업연도의 손금산입한도액 초과금액부터 손금에 산입하며, 그 이월하여 손금에 산입하는 금액 중 각 연결법인별 배분액은 다음 계산식에 따른 금액으로 한다. 연결집단을 하나의 내국법인으로 보아 계산한 해당 기부금 한도초과 이월액 중 손금산입액 × $\dfrac{\text{해당 연결법인의 해당 기부금의 손금산입한도초과금액}}{\text{각 연결법인의 해당 기부금의 손금산입한도초과금액의 합계액}}$
기업업무 추진비의 손금 불산입 (법령 120의21)	연결집단을 하나의 내국법인으로 보아 계산한 손금에 산입하지 않는 금액 중 각 연결법인별 배분액은 다음의 금액의 합계액으로 한다. ㉠ 손금에 산입하지 아니하는 금액 중 다음 산식에 따라 계산한 금액 연결집단을 하나의 내국법인으로 보아 계산한 기업업무추진비의 손금불산입액 × $\dfrac{\text{해당 연결법인의 기업업무추진비 지출액}}{\text{각 연결법인의 기업업무추진비 지출액의 합계액}}$ ㉡ 손금에 산입하지 아니하는 금액 중 해당 연결법인이 지출한 금액

X 각 연결사업연도 과세표준 등의 계산

1. 계산구조

각 연결사업연도의 소득에 대한 과세표준은 다음과 같이 계산한다. 다만, 「조세특례제한법」에 따른 중소기업과 회생계획을 이행 중인 기업 등 대통령령으로 정하는 연결법인**을 제외한 연결법인의 경우 이월결손금공제의 범위는 연결소득 개별귀속액의 80%(중소기업과 회생계획을 이행 중인 기업 등 대통령령으로 정하는 연결법인의 경우는 100%)를 한도로 한다.(법법 76의13 ①)

각 연결사업연도의 과세표준 = 각 연결사업연도의 소득 - 이월결손금- 비과세소득 - 소득공제

* 이월결손금 : 각 연결사업연도의 개시일 전 15년 이내에 개시한 연결사업연도의 결손금(연결법인의 연결납세방식의 적용 전에 발생한 결손금을 포함)으로서 그 후의 각 연결사업연도(사업연도를 포함)의 과세표준을 계산할 때 공제되지 아니한 금액
  비과세소득 : 「법인세법」및 「조세특례제한법」에 따른 각 연결법인의 비과세소득의 합계액
  소득공제 : 「법인세법」및 「조세특례제한법」에 따른 각 연결법인의 소득공제의 합계액

**① 법원 결정에 의한 회생계획을 이행중인 법인
  ② 「기업구조조정촉진법」상 기업개선계획을 이행중인 법인
  ③ 채권금융회사와의 협약에 따른 경영정상화계획을 이행중인 법인
  ④ 유동화전문회사 등 자산유동화를 목적으로 설립된 특수목적법인
  ⑤ 「조세특례제한법」에 따라 수익사업에서 발생한 소득을 고유목적사업준비금으로 손금에 산입할 수 있는 비영리내국법인

2. 결손금 공제

1) 연결사업연도 결손금의 범위

"연결사업연도의 결손금"이란 각 연결사업연도의 소득이 0보다 적은 경우 해당 금액으로서 과세표준을 신고하거나 결정·경정되거나, 「국세기본법」에 따라 수정신고한 과세표준에 포함된 결손금과 해당 연결사업연도의 소득금액을 계산할 때 손금에 산입하지 않는 처분손실을 말한다.(법법 76의13 ②)

2) 연결사업연도의 결손금 공제한도

연결이월결손금을 공제하는 경우에 다음의 결손금은 각각 정해진 일정 소득금액을 한도로 공제한다.

구 분	공제한도
(1) 연결납세방식의 적용 전에 발생한 결손금	해당 연결법인의 연결소득개별귀속액
(2) 적격합병의 요건(법법 44 ② 각 호)을 갖춘 합병에 따라 연결모법인이 피합병법인으로부터 승계한 결손금	연결모법인의 연결소득개별귀속액 중 피합병법인으로부터 승계한 사업에서 발생한 소득
(3) 적격분할의 요건(법법 46 ② 각 호)을 갖춘 분할합병에 따라 연결모법인이 소멸한 분할법인으로부터 승계한 결손금	연결모법인의 연결소득개별귀속액 중 소멸한 분할법인으로부터 승계받은 사업에서 발생한 소득

연결소득 개별귀속액은 다음의 계산식을 적용하여 계산한다.(법령 120의 17 ④)

$$각\ 연결사업연도의\ 소득금액 \times \frac{각\ 연결사업연도의\ 소득\ 합산\ 직전소득(>0에\ 한정)이\ 있는\ 해당\ 연결법인의\ 소득}{각\ 연결사업연도의\ 소득합산\ 직전소득(>0에\ 한정)이\ 있는\ 연결법인의\ 소득\ 합계액}$$

3) 결손금의 연결법인별 배분

각 연결사업연도의 소득금액이 0보다 작은 경우 해당 금액의 각 연결법인별 배분액은 다음 산식에 따라 계산한 금액으로 한다.(법령 120의 17 ⑤)

$$\text{각 연결사업연도의 결손금} \times \frac{\text{소득 합산 직전 결손금이 있는 해당 연결법인의 결손금}}{\text{각 연결사업연도의 소득 합산 직전 결손금이 있는 연결법인의 결손금 합계액}}$$

4) 연결자법인 배제 시 이월결손금 공제순서

연결자법인의 배제 규정에 따라 연결납세방식을 적용하지 않는 법인이 승계하여 공제하는 이월결손금(연결이월결손금 중 해당 법인에서 발생한 결손금으로서 각 연결사업연도의 과세표준을 계산할 때 공제되지 않은 금액)은 연결이월결손금에서 차감한다.(법령 120의 17 ③) 위 규정을 적용할 때 같은 사업연도에 2 이상의 연결법인에서 발생한 결손금이 있는 경우에는 연결사업연도의 과세표준을 계산할 때 해당 연결법인에서 발생한 결손금부터 연결소득 개별귀속액을 한도로 먼저 공제하고 해당 연결법인에서 발생하지 않은 2 이상의 다른 연결법인의 결손금은 해당 결손금의 크기에 비례하여 각각 공제된 것으로 본다.(법령 120의17 ⑥)

> ➕ 참고 **이월결손금 공제순서**
> - 원 칙 : 먼저 발생한 사업연도의 결손금부터 공제
> - 동일한 사업연도에 2이상의 연결법인에서 발생한 결손금이 있는 경우
>   【1순위】해당 연결사업연도에 공제 가능한 연결소득개별귀속액이 있는 법인의 이월결손금을 연결소득개별귀속액을 한도로 먼저 공제
>   【2순위】해당 연결사업연도에 공제 가능한 연결소득개별귀속액이 없는 법인의 이월결손금을 결손금의 크기에 비례하여 공제

5) 연결사업연도의 이월결손금으로 보는 자산의 처분손실

다음의 처분손실은 해당 금액을 한도로 해당 연결사업연도의 소득금액을 계산할 때 손금에 산입한다. 이 경우 손금에 산입하지 않은 처분손실은 결손금으로 보고 해당 금액을 한도로 이후 연결사업연도의 과세표준에서 공제한다.(법법 76의14 ②)

구 분	한도액
내국법인이 다른 내국법인의 연결자법인이 된 이후 연결납세방식을 적용한 경우 연결납세방식을 적용한 사업연도와 그 다음 사업연도의 개시일부터 4년 이내에 끝나는 연결사업연도에 발생한 자산(연결납세방식을 적용하기 전 취득한 자산으로 한정)의 처분손실	다음의 구분에 따른 소득금액 ① 연결모법인의 자산처분 손실의 경우 해당 연결모법인의 연결소득개별귀속액 ② 연결자법인의 자산처분 손실의 경우 해당 연결자법인의 연결소득개별귀속액
연결모법인이 다른 내국법인(합병등기일 현재 연결법인이 아닌 법인으로 한정)을 적격합병(연결모법인을 분할합병의 상대방 법인으로 하여 적격분할합병하는 경우를 포함)하는 경우 합병등기일 이후 5년 이내에 끝나는 연결사업연도에 발생한 합병 전 연결모법인 및 연결자법인(이하 "기존연결법인")과 피합병법인(분할법인을 포함)이 합병 전 각각 보유하던 자산의 처분손실(합병등기일 현재 해당 자산의 시가가 장부가액보다 낮은 경우로서 그 차액을 한도)	다음의 구분에 따른 금액 ① 기존연결법인의 자산처분 손실의 경우 기존연결법인의 소득금액(연결모법인의 연결소득개별귀속액 중 합병 전 연결모법인의 사업에서 발생한 소득금액 및 연결자법인의 연결소득개별귀속액) ② 피합병법인이 합병 전 보유하던 자산의 처분손실의 경우 연결모법인의 연결소득개별귀속액 중 피합병법인으로부터 승계받은 사업에서 발생한 소득금액

XI 연결법인의 산출세액의 계산

1. 연결산출세액

각 연결사업연도의 소득에 대한 법인세는 연결과세표준에 세율을 적용하여 계산한 금액(이하 "연결산출세액")으로 한다.(법법 76의 15 ①) 연결법인이 토지 등의 양도소득에 대한 법인세 과세대상인 토지 등을 양도한 경우 또는 미환류소득(연결법인 간 거래손익의 조정 등을 하지 않고 투자·상생협력 촉진을 위한 과세특례 규정에 따라 계산한 소득)이 있는 경우에는 토지등양도소득에 대한 법인세와 「조세특례제한법」에 따른 투자·상생협력 촉진을 위한 과세특례를 적용하여 계산한 법인세를 합산한 금액을 연결산출세액으로 한다(법법 76의 15 ②).

> 연결법인산출세액 = 과세표준액 × 연결세율 + 토지 등의 양도소득에 대한 법인세등

2. 연결법인별 산출세액

연결산출세액 중 각 연결법인에 귀속되는 금액의 계산방법은 다음과 같다.(법법 76의 15④)

> 연결법인별산출세액 = 과세표준 개별귀속액 × 연결세율 + 토지 등의 양도소득에 대한 법인세

3. 연결세율

연결세율이란 연결사업연도의 소득에 대한 과세표준에 대한 연결산출세액(토지등양도소득에 대한 법인세는 제외함)의 비율을 말한다.(법령 120의 22 ② 2)

4. 세액감면 등

연결산출세액에서 공제하는 연결법인의 감면세액과 세액공제액은 각 연결법인별로 계산한 감면세액과 세액공제액의 합계액으로 한다(법법 76의 16 ①)

XII 신고 및 납부

1. 연결과세표준 등의 신고

1) 신고기한

연결모법인은 각 연결사업연도의 종료일이 속하는 달의 말일부터 4개월 이내에 해당 연결사업연도의 소득에 대한 법인세의 과세표준과 세액을 납세지 관할 세무서장에게 신고하여야 한다.(법법 76의 17 ①)

2) 신고기한의 연장

「주식회사의 외부감사에 관한 법률」에 따라 감사인에 의한 감사를 받아야 하는 연결모법인 또는 연결자법인이 해당 사업연도의 감사가 종결되지 아니하여 결산이 확정되지 않았다는 사유로 신고기한의 연장을 신청한 경우에는 그 신고기한을 1개월의 범위에서 연장할 수 있다. (법법 76의 17① 단서)

2. 연결중간예납

1) 원칙

각 연결사업연도의 기간이 6개월을 초과하는 연결모법인은 해당 사업연도 개시일부터 그 6개월간을 중간예납기간으로 하여 중간예납기간이 지난 날부터 2개월 이내에 납세지 관할 세무서등에 납부하여야 한다(법법 76의18 ①). 이때 연결중간예납세액은 "직전 연결사업연도의 산출세액을 기준으로 하는 방법"과 "연결중간예납기간의 실적을 기준으로 하는 방법" 중 연결모법인이 선택한 방법에 따라 계산한 세액으로 한다.

(1) 직전 연결사업연도의 산출세액을 기준으로 하는 방법

$$연결중간예납세액 = (A - B - C) \times \frac{6}{D}$$

A : 해당 연결사업연도의 직전 연결사업연도에 대한 법인세로서 확정된 연결산출세액(가산세를 포함하고, 토지등 양도소득에 대한 법인세액 및 투자·상생협력 촉진을 위한 과세특례를 적용하여 계산한 법인세액은 제외)
B : 해당연결사업연도의 직전 연결사업연도에 감면된 법인세액(소득에서 공제되는 금액은 제외)
C : 해당 연결사업연도의 직전 연결사업연도에 각 연결법인이 법인세로서 납부한 원천징수세액의 합계액
D : 직전 연결사업연도의 개월 수

(2) 해당 중간예납기간의 법인 세액을 기준으로 하는 방법

$$연결중간예납세액 = (A - B - C)$$

A : 해당 중간예납기간을 1연결사업연도로 보고 산출한 법인세액
B : 해당 중간예납기간에 감면된 법인세액(소득에서 공제되는 금액은 제외)
C : 해당 중간예납기간에 각 연결법인이 법인세로서 납부한 원천징수세액의 합계액

2) 예외

직전 연결사업연도의 확정된 연결산출세액이 없거나 해당 중간예납기간의 만료일까지 직전 연결사업연도의 연결산출세액이 확정되지 않은 경우에는 연결중간예납기간의 실적을 기준으로 하는 방법에 따라 중간예납세액을 계산하여 납부하여야 한다.(법법 76의 18②)

3. 연결법인세액의 납부

1) 연결법인세액의 납부(연결모법인)

연결모법인은 연결산출세액에서 다음의 법인세액(가산세는 제외)을 공제한 금액을 각 연결사업연도의 소득에 대한 법인세로서 신고기한까지 납세지 관할 세무서등에 납부하여야 한다.(법법 76의 19 ①)

① 해당 연결사업연도의 감면세액·세액공제액
② 해당 연결사업연도의 연결 중간예납세액
③ 해당 연결사업연도의 각 연결법인의 원천징수된 세액의 합계액

2) 개별귀속세액의 지급(연결자법인)

연결자법인은 연결법인세액의 납부 기한까지 연결법인별 산출세액에서 다음의 금액을 뺀 금액에 가산세를 가산하여 연결모법인에 지급하여야 한다.(법법 76의 19 ②)

① 해당 연결사업연도의 해당 법인의 감면세액
② 해당 연결사업연도의 연결법인별 중간예납세액
③ 해당 연결사업연도의 해당 법인의 원천징수된 세액

4. 연결법인세액의 정산

연결산출세액이 없는 경우로서 다음에 해당하는 경우에는 결손금 이전에 따른 손익을 정산한 금액(이하에서 "정산금"이라 함)을 다음에서 정하는 바에 따라 연결법인별로 배분하여야 한다(법법 76의19 ⑤).

1) 연결자법인의 정산금지급(연결자법인 → 연결모법인)

다음의 어느 하나에 해당하는 연결자법인이 있는 경우 해당 연결자법인이 정산금을 각 연결사업연도의 종료일이 속하는 달의 말일부터 4개월 이내에 연결모법인에 지급하여야 한다.

① 연결자법인의 해당 연결사업연도 소득금액에 다른 연결법인의 결손금이 합하여진 경우
② 연결자법인의 연결소득 개별귀속액에서 다른 연결법인의 결손금이 공제된 경우

2) 연결모법인으로부터 배분받는 정산금(연결모법인 → 연결자법인)

다음의 어느 하나에 해당하는 연결자법인이 있는 경우 연결모법인이 정산금을 각 연결사업연도의 종료일이 속하는 달의 말일부터 4개월 이내에 해당 연결자법인에 지급하여야 한다.

① 연결자법인의 해당 연결사업연도 결손금이 다른 연결법인의 소득금액에 합하여진 경우
② 연결자법인의 결손금이 다른 연결법인의 연결소득 개별귀속액에서 공제된 경우

3) 정산금

(1) 연결모법인에게 지급하는 정산금(연결자법인 → 연결모법인)(법령 120의26 ①)

$$\text{연결모법인에게 지급하는 정산금} = \text{연결법인별 연결조정 과세표준상당액} \times \text{조정 연결세율}$$

(2) 연결모법인으로부터 배분받는 정산금(연결모법인 → 연결자법인)(법령 120의26 ②, ③)

$$\text{연결모법인으로부터 배분받는 정산금} = \text{조정 연결산출세액} \times \frac{\text{해당 연결법인의 결손금*}}{\text{연결집단 전체 결손금*}}$$

* 이월결손금 및 다른 법인의 소득에서 공제되지 않은 결손금은 제외

(3) 정산금을 '0'으로 할 수 있는 경우

위에도 불구하고 다음에 해당하는 경우에는 (1) 및 (2)에 따른 정산금을 각각 0으로 할 수 있다(법령 120의26 ④).

① 연결모법인이 모든 연결자법인을 완전 지배하는 경우
② 각 연결사업연도 결산 전에 연결자법인의 연결법인 외 주주의 동의를 받은 경우

4) 연결법인세액을 정산한 경우 연결산출세액의 계산

다음의 각 구분에 따른 연결법인이 있는 경우 그 연결법인에 대한 연결법인별 산출세액은 각 구분에서 정하는 금액으로 한다. 이 경우 연결법인에 토지등양도소득에 대한 법인세가 있는 경우에는 이를 가산한다(법령 120의22 ③).

(1) 결손금을 공제한 연결법인의 산출세액 계산

> 결손금을 공제한 연결법인의 산출세액 = 연결법인별 연결조정 과세표준상당액 × 조정 연결세율
> - 연결법인별 연결조정 과세표준상당액 : 각 연결법인의 연결조정 후 소득 - 각 연결법인의 연결조정 후 소득에서 공제된 해당 법인의 이월결손금등
> - 연결조정 과세표준상당액 : 연결법인별 연결조정 과세표준상당액의 합계액
> - 조정 연결산출세액 : 연결조정 과세표준상당액에 대해 기본세율을 적용하여 계산된 금액
> - 조정 연결세율 : 조정 연결산출세액 ÷ 연결조정 과세표준상당액

(2) 결손금을 지급한 연결법인의 산출세액 계산

$$\text{결손금을 지급한 연결법인의 산출세액} = (\text{연결산출세액} - \text{조정 연결산출세액}) \times \frac{\text{해당 연결법인의 결손금*}}{\text{연결집단 전체 결손금*}}$$

* 연결소득금액 및 연결과세표준 계산 시 공제된 결손금 중 해당 법인 자신의 소득에서 공제한 이월결손금 제외

(3) 결손금 공제·지급이 동시에 이루어진 경우 연결법인의 산출세액 계산

결손금의 공제와 지급이 동시에 이루어진 경우 위 (1)의 금액과 (2)의 금액을 합한 금액을 산출세액으로 한다(법령 120의22 ⑤).

5. 결정·경정 및 징수 등

각 연결사업연도의 소득에 대한 법인세의 결정·경정·징수 및 환급에 관하여는 일반 내국법인에 대한 규정을 준용한다(법법 76의 20).

6. 가산세

연결모법인은 각 연결법인별로 일반법인의 가산세 규정을 준용하여 계산한 금액의 합계액을 각 연결사업연도의 소득에 대한 법인세액에 더하여 납부하여야 한다.(법법 76의 21)

7. 중소기업 관련 규정의 적용

각 연결사업연도의 소득에 대한 법인세액을 계산함에 있어서 중소기업에 관한 규정은 연결집단을 하나의 내국법인으로 보아 중소기업에 해당하는 경우에만 적용한다. 이 경우 최초의 연결사업연도의 직전 사업연도 당시 중소기업에 해당하는 법인이 연결납세방식을 적용함에 따라 중소기업에 관한 규정을 적용받지 못하게 되는 경우에는 최초의 연결사업연도와 그 다음 연결사업연도의 개시일부터 3년 이내에 종료하는 연결사업연도까지는 중소기업에 관한 규정을 적용한다(법법 76의 22).

제15장 영리내국법인의 청산소득에 대한 법인세

I 개요

법인의 청산이란 해산 사유가 발생한 법인이 법률관계를 정리하고 난 잔여재산을 환가하여 채무를 변제하고 그 잔여분을 주주 등에게 분배하는 등의 상법상 절차를 말한다. 이러한 청산절차에서 주주 등에게 분배하는 잔여재산가액이 세무상 자기자본액보다 큰 경우에는 회사에 마지막으로 소득이 발생하며, 이를 세무상 청산소득이라 한다.

II 납세의무자

청산소득에 대한 법인세 납세의무자는 해산에 의하여 소멸하는 영리내국법인이며, 비영리내국법인과 외국법인은 청산소득에 대한 법인세의 납세의무를 부담하지 않는다. 또한 내국법인이 다음 중 하나에 해당하는 경우에는 실질적으로 청산하였다고 볼 수 없으므로 청산소득에 대한 법인세를 과세하지 않는다.

① 상법의 규정에 따라 조직변경하는 경우
② 특별법에 따라 설립된 법인이 당해 특별법의 개정 또는 폐지로 인하여 상법상의 회사로 조직변경하는 경우
③ 변호사법에 따라 법무법인이 법무법인(유한)으로 조직변경하는 경우
④ 관세사법에 따라 관세사법인이 관세법인으로 조직변경하는 경우
⑤ 「변리사법」에 따라 특허법인이 특허법인(유한)으로 조직변경하는 경우
⑥ 「협동조합 기본법」에 따라 법인등이 협동조합으로 조직변경하는 경우
⑦ 「지방공기업법」에 따라 지방공사가 지방공단으로 조직변경하거나 지방공단이 지방공사로 조직변경하는 경우

III 청산소득의 과세표준

1. 계산구조

1) 일반적인 경우

> 청산소득금액 = 해산에 의한 잔여재산가액 − 해산등기일 현재 자기자본 총액

2) 사업계속 법인의 경우

> 청산소득금액
> = 해산등기일부터 사업계속등기일까지 사이의 분배한 잔여재산분배액 총합계액− 해산등기일 현재의 자기자본 총액

2. 해산 시 청산소득금액계산을 위한 잔여재산가액

해산 시 청산소득금액계산을 위한 잔여재산가액 규정에 의한 잔여재산의 가액은 자산총액에서 부채총액을 공제한 금액으로 한다.(법령 121 ①)

3. 자기자본 총액 등

1) 자기자본 총액 등의 계산

> 자기자본총액 = ① 재무상태표상 자본금(또는 출자금) 및 잉여금 전입자본금 등
>   − 세무상 납입으로 보지 않는 자본금
>   ② + 재무상태표상 자본잉여금 및 이익잉여금
>   ③ + 세무조정계산서상의 유보금액(부의 유보금액이면 차감)
>   ④ + 청산기간 중의 환급법인세액 등
>   ⑤ − 잉여금의 금액을 공제한도로 하는 각 사업연도 소득금액 계산상
>   이월결손금

2) 자본금과 잉여금

청산소득금액 산정 시 잔여재산가액에서 공제하는 "자기자본 총액"이라 함은 세무상 자본금(또는 출자금)·세무상 자본잉여금·이익잉여금을 말한다.

3) 이월결손금

내국법인의 해산에 의한 청산소득금액을 계산할 때 해산등기일 현재 그 내국법인에 이월결손금이 있는 경우에는 그 이월결손금은 그날 현재의 그 법인의 자기자본의 총액에서 그에 상당하는 금액과 상계하여야 한다. 다만, 상계하는 이월결손금은 자기자본의 총액 중 잉여금의 금액을 초과하지 못하며, 초과하는 이월결손금이 있는 경우에는 그 이월결손금은 없는 것으로 본다.(법법 79 ④)

4) 자본전입 잉여금의 가산

청산소득금액을 계산할 때 해산등기일 전 2년 이내에 자본금 또는 출자금에 전입한 잉여금이 있는 경우에는 해당 금액을 자본금 또는 출자금에 전입하지 않은 것으로 보아 계산한다.

Ⅳ 청산기간 중에 발생하는 각 사업연도 소득의 처리

법인이 해산등기일 이후 청산기간 중에 해산 전의 사업을 계속하여 영위하는 경우 해당 사업에서 발생한 사업수입이나 임대 수입, 공·사채 및 예금의 이자 수입 등은 각 사업연도 소득으로 과세하며, 청산소득금액을 계산함에 있어서 그 법인의 잔여재산가액에 포함하지 않는다.(법법 79 ⑥, ⑦)

V 신고

1. 확정신고

청산소득에 대한 법인세의 납부의무가 있는 내국법인은 다음의 기한까지 청산소득에 대한 법인세의 과세표준과 세액을 납세지 관할 세무서장에게 신고하여야 한다.(법법 84 ①) 해당 규정은 청산소득의 금액이 없는 경우에도 적용한다.(법법 84 ③)

구분	신고기한
해산의 경우	잔여재산가액확정일이 속하는 말일부터 3개월 이내
사업계속의 경우	계속등기일이 속하는 말일부터 3개월 이내

2. 중간신고

내국법인(유동화 전문회사의 경우는 제외)이 다음 중 어느 하나에 해당하면 다음에서 정한 날이 속하는 달의 말일부터 1개월 이내에 법에서 정하는 바에 따라 이를 납세지 관할 세무서장에게 신고하여야 한다.(법법 85 ①)

① 해산에 의한 잔여재산가액이 확정되기 전에 그 일부를 주주 등에게 분배한 경우 : 그 분배한 날
② 해산등기일부터 1년이 되는 날까지 잔여재산가액이 확정되지 아니한 경우 : 그 1년이 되는 날

3. 청산소득에 대한 납부지연 가산세 적용 제외

청산소득에 대한 법인세를 징수할 때에는 「국세기본법」에 따른 납부지연 가산세(납부고지서에 따른 납부기한의 다음 날부터 부과되는 분에 한정)를 적용하지 않는다.(법법90)

제16장 토지등양도소득에 대한 과세특례

I 과세대상

1. 과세대상 토지 등

내국법인이 다음 중 어느 하나에 해당하는 토지 및 건물을 양도한 경우에는 다음에 따라 계산한 세액을 토지등양도소득에 대한 법인세로 하여 법인세액에 추가하여 납부하여야 한다. 이 경우 하나의 자산이 다음의 규정 중 둘 이상에 해당할 때에는 그 중 가장 높은 세액을 적용한다.(법법 55의2 ①)

① 다음 중 어느 하나에 해당하는 부동산을 2012년 12월 31일까지 양도한 경우에는 그 양도소득에 10%을 곱하여 산출한 세액
  ㉠ 「소득세법」에 따른 지정지역에 있는 부동산으로서 주택
  ㉡ 「소득세법」에 따른 지정지역에 있는 부동산으로서 비사업용 토지
  ㉢ 그 밖에 부동산가격이 급등하거나 급등할 우려가 있어 부동산가격의 안정을 위하여 필요한 경우에 대통령령으로 정하는 부동산
② 주택(이에 부수되는 토지를 포함) 및 주거용 건축물로서 상시 주거용으로 사용하지 않고 휴양·피서·위락 등의 용도로 사용하는 건축물(이하 "별장")을 양도한 경우에는 토지 등의 양도소득에 20%(미등기 토지 등의 양도소득에 대하여는 40%)을 곱하여 산출한 세액. 다만, 「지방자치법」에 따른 읍 또는 면에 있으면서 대통령령으로 정하는 범위 및 기준에 해당하는 농어촌주택 (그 부속토지를 포함)은 제외한다.
③ 비사업용 토지를 양도한 경우에는 토지 등의 양도소득에 10%(미등기 토지 등의 양도소득에 대하여는 40%)을 곱하여 산출한 세액
④ 주택을 취득하기 위한 권리로서 「소득세법」에 따른 조합원입주권 및 분양권을 양도한 경우에는 토지 등의 양도소득에 20%를 곱하여 산출한 세액

2. 비과세 양도소득

다음에 해당하는 토지(미등기 토지 제외)에 대하여는 토지등양도소득에 대한 법인세를 과세하지 아니한다. (법법 55의2 ④)

① 파산선고에 의한 토지 등의 처분으로 인하여 발생하는 소득
② 법인이 직접 경작하던 농지로서 소득세법에 따른 농지의 교환 또는 분할·통합으로 인하여 발생하는 소득
③ 「도시 및 주거환경정비법」그 밖의 법률의 규정에 의한 환지처분으로 지목 또는 지번이 변경되거나 체비지로 충당·교환됨으로써 발생하는 소득
④ 적격분할·적격합병·적격물적분할·적격현물출자·조직변경 및 교환으로 인하여 발생하는 소득
⑤ 한국토지주택공사가 개발사업으로 조성한 토지 중 주택건설용지로 양도함으로써 발생하는 소득

⑥ 주택을 신축하여 판매하는 법인이 그 주택 및 주택에 부수되는 토지로서 그 면적이 다음의 면적 중 넓은 면적 이내의 토지를 양도함으로써 발생하는 소득
  ㉠ 주택의 연면적(지하층의 면적, 지상층의 주차용으로 사용되는 면적 및 주민공동시설의 면적을 제외)
  ㉡ 건물이 정착된 면적에 5배(도시지역 밖의 토지의 경우에는 10배)를 곱하여 산정한 면적
⑦ 「민간임대주택에 관한 특별법」에 따른 임대사업자로서 장기일반 민간임대주택 등을 300호 또는 300세대 이상 취득하였거나 취득하려는 자에게 토지를 양도하여 발생하는 소득
⑧ 그 밖에 공공목적을 위한 양도 등 기획재정부령이 정하는 사유로 인하여 발생하는 소득

3. 미등기 토지의 양도의 경우

법인이 미등기 토지 등을 양도하는 경우에는 토지등양도소득에 대한 법인세의 비과세 규정이 적용되지 않는다. 여기서 미등기 토지 등이라 함은 토지 등을 취득한 법인이 그 취득에 관한 등기를 하지 않고 양도하는 토지 등을 말하되(법법 55의2 ⑤), 다음에 해당하는 토지 등은 이를 미등기 토지 등으로 보지 않는다(법령 92의2 ⑤).

① 장기할부조건으로 취득한 토지 등으로서 그 계약조건에 의하여 양도 당시 그 토지 등의 취득등기가 불가능한 토지 등
② 법률의 규정 또는 법원의 결정에 의해 양도 당시 취득에 관한 등기가 불가능한 토지 등
③ 토지등양도소득에 대한 법인세 비과세대상 농지

II 양도소득 및 산출세액의 계산

1. 양도소득의 계산

1) 일반적인 경우

토지등양도소득은 토지 등 양도금액에서 양도 당시의 장부가액을 뺀 금액으로 한다. 다만, 비영리 내국법인이 1990년 12월 31일 이전에 취득한 토지등양도소득은 양도금액에서 장부가액과 1991년 1월 1일 현재 「상속세 및 증여세법」에 따라 평가한 가액 중 큰 가액을 뺀 금액으로 할 수 있다(법법 55의2⑥).

> 토지등양도소득 = 양도금액 − 장부가액

2) 예약매출시 양도소득의 계산

예약매출에 의하여 토지 등을 양도하는 경우에는 그 계약일에 토지 등이 양도된 것으로 본다.(법령 92의 2 ⑦)

3) 법인이 각 사업연도에 2 이상의 토지 등을 양도하는 경우

법인이 각 사업연도에 2 이상의 토지 등을 양도하는 경우에 토지 등양도소득은 해당 사업연도에 양도한 자산별로 계산한 금액을 합산한 금액으로 한다. 이 경우 양도한 자산 중 양도 당시의 장부가액이 양도금액을 초과하는 토지 등이 있는 경우에는 그 초과하는 금액(이하 "양도차손")을 다음의 자산의 양도소득에서 순차로 차감하여 토지등양도소득을 계산한다.(법령 92의 2 ⑨)

① 양도차손이 발생한 자산과 같은 세율을 적용받는 자산의 양도소득
② 양도차손이 발생한 자산과 다른 세율을 적용받는 자산의 양도소득

2. 세율

구 분	세율(미등기세율)
① 다음 중 어느 하나에 해당하는 부동산을 2012년 12월 31일까지 양도한 경우 • 지정지역 안의 주택 • 지정지역 안의 비사업용 토지 • 대통령령으로 정하는 부동산	10%
② 주택 및 별장	20%(미등기 40%)
③ 비사업용 토지	10%(미등기 40%)
④ 조합원입주권 및 분양권	20%

Ⅲ 양도소득의 귀속사업연도

1. 개요

토지등양도소득의 귀속사업연도와 당해 토지 등의 취득 시기 및 양도 시기는 자산의 판매손익 등의 사업연도 규정을 준용하되, '장기할부조건양도' 및 '예약매출'에 대하여는 별도의 규정을 두고 있다(법령 92의 2 ⑥).

2. 예약매출의 경우

예약매출에 의하여 토지 등을 양도하는 경우에는 그 계약일에 토지 등이 양도된 것으로 본다(법령 92의2 ⑦).

3. 장기할부조건으로 양도한 경우

장기할부조건으로 토지 등을 양도하는 경우에는 회수기일도래기준에 불구하고 대금청산일을 양도 시기로 하되, 대금을 청산하기 전 소유권 등의 이전등기(등록 포함)를 하거나 당해 토지 등을 인도 또는 상대방이 사용 수익하는 경우에는 그 이전등기일(등록일 포함)·인도일·사용수익일 중 빠른 날로 한다(법령 68 ④, 법령 92의2 ⑥ 단서 및 ⑦).

제17장 비영리법인의 법인세 납세의무

I 개요

1. 비영리법인의 개념

비영리법인이란 학술, 종교, 자선, 기예, 사교 기타 영리 아닌 사업을 목적으로 설립된 법인으로 그 사업에서 생긴 이윤을 그 구성원에게 배당 또는 분배하지 않고 목적사업에 충당함을 특징으로 하고 있다. 현행 법인세법에서 "비영리내국법인"이란 내국법인 중 다음의 어느 하나에 해당하는 법인을 말한다.(법법 2 2)

① 「민법」에 따라 설립된 법인
② 「사립학교법」이나 그 밖의 특별법에 따라 설립된 법인으로서 「민법」에 규정된 목적과 유사한 목적을 가진 법인(조합법인 등이 아닌 법인으로서 그 주주(株主)·사원 또는 출자자(出資者)에게 이익을 배당할 수 있는 법인은 제외)
③ 「국세기본법」에 따른 법인으로 보는 단체

2. 과세소득의 범위

비영리내국법인의 각 사업연도의 소득은 법에서 열거하는 일정한 수익사업에서 발생하는 소득에 한한다. 그러나 토지등양도소득에 대한 법인세는 비영리법인도 영리법인과 동일하게 납세의무를 부담한다.

> **참고 수익사업의 범위**
> 비영리내국법인의 각 사업연도의 소득은 다음의 사업 또는 수입(이하 "수익사업")에서 생기는 소득으로 한다.(법법 3 ③)
> ① 제조업, 건설업, 도매업·소매업, 소비자용품수리업, 부동산·임대 및 사업서비스업 등 수익이 발생하는 사업으로서 한국표준산업분류에 의한 각 사업 중 수익이 발생하는 것
> ② 「소득세법」에 따른 이자소득
> ③ 「소득세법」에 따른 배당소득
> ④ 주식·신주인수권(新株引受權) 또는 출자지분(出資持分)의 양도로 인하여 생기는 수입
> ⑤ 유형·무형자산(처분일 현재 3년 이상 계속하여 고유목적사업에 직접 사용한 것은 제외)의 처분으로 인하여 생기는 수입
> ⑥ 「소득세법」에 따른 자산의 양도로 인하여 생기는 수입
> ⑦ ①부터 ⑥까지의 규정 외에 대가(對價)를 얻는 계속적 행위로 인하여 생기는 수입으로서 대통령령으로 정하는 것

Ⅱ 구분경리

1. 공통 익금 및 손금의 구분경리

비영리법인이 수익사업을 하는 경우에는 자산·부채 및 손익을 그 수익사업에 속하는 것과 수익사업이 아닌 그 밖의 사업에 속하는 것을 각각 다른 회계로 구분하여 기록하여야 한다.(법법 113 ①).

공통손익		구분계산방법
공통익금		수익사업과 기타사업의 수입금액 또는 매출액에 비례하여 안분계산
공통손금	수익사업과 기타사업의 업종이 동일한 경우	수익사업과 기타사업의 수입금액 또는 매출액에 비례하여 안분계산
	수익사업과 기타사업의 업종이 다른 경우	수익사업과 기타사업의 개별 손금액에 비례하여 안분계산

2. 수익사업의 자본금 계산

비영리법인이 구분경리를 하는 경우에는 수익사업의 자산의 합계액에서 부채(충당금을 포함)의 합계액을 공제한 금액을 수익사업의 자본금으로 한다(법칙 76 ②).

3. 수익사업의 자산을 기타사업에 지출한 경우

비영리법인이 수익사업에 속하는 자산을 기타의 사업에 지출한 경우 그 자산가액 중 수익사업의 소득금액(잉여금을 포함)을 초과하는 금액은 자본원입액의 반환으로 한다. 이 경우 법인이 고유목적사업준비금을 계상하고 있는 경우에는 다음의 금액과 순차적으로 상계처리해야 한다(법기통113-156…3).

① 고유목적사업준비금 중 손금산입된 금액
② 고유목적사업준비금 중 손금부인된 금액
③ 법인세과세 후의 수익사업소득금액(잉여금 포함)
④ 자본의 원입액

4. 기타의 사업에 속하는 자산을 수익사업에 지출 또는 전입한 경우

비영리법인이 기타의 사업에 속하는 자산을 수익사업에 지출 또는 전입한 경우 그 자산가액은 자본의 원입으로 경리한다. 이 경우 자산가액은 시가에 의한다(법칙 76 ③).

5. 사업양수의 경우

다른 내국법인의 사업을 양수하는 내국법인은 사업양수일 현재 결손금이 있는 경우 그 결손금을 공제받는 기간 동안 자산·부채 및 손익을 양도법인으로부터 양수한 사업에 속하는 것과 그 밖의 사업에 속하는 것을 각각 다른 회계로 구분하여 기록하여야 한다. 다만, 중소기업 간 또는 동일사업을 하는 법인 간에 사업을 양수하는 경우에는 회계를 구분하여 기록하지 아니할 수 있다.(법법 113 ⑦)

Ⅲ 비영리 내국법인의 과세특례

1. 고유목적사업준비금의 손금산입

1) 손금산입 한도

비영리내국법인(법인으로 보는 단체의 경우에는 대통령령으로 정하는 단체만 해당)이 각 사업연도의 결산을 확정할 때 그 법인의 고유목적사업이나 일반기부금(이하 "고유목적사업 등")에 지출하기 위하여 고유목적사업준비금을 손비로 계상한 경우에는 다음의 구분에 따른 금액의 합계액(②에 따른 수익사업에서 결손금이 발생한 경우에는 ①의 금액의 합계액에서 그 결손금 상당액을 차감한 금액)의 범위에서 그 계상한 고유목적사업준비금을 해당 사업연도의 소득금액을 계산할 때 손금에 산입한다.(법법 29 ①)

① 「소득세법」 규정에 따른 이자소득의 금액(비영업대금의 이익은 제외)
② 「소득세법」의 배당소득의 금액. 다만, 「상속세 및 증여세법」에 따라 상속세 과세가액 또는 증여세 과세가액에 산입되거나 증여세가 부과되는 주식 등으로부터 발생한 배당소득금액은 제외한다.
③ 특별법에 따라 설립된 비영리내국법인이 해당 법률에 따른 복지사업으로서 그 회원이나 조합원에게 대출한 융자금에서 발생한 이자금액
④ ①부터 ③까지에 규정된 것 외의 수익사업에서 발생한 소득(비영업대금의 이익 포함)에 50%(「공익법인의 설립·운영에 관한 법률」에 따라 설립된 법인으로서 고유목적사업등에 대한 지출액 중 50% 이상의 금액을 장학금으로 지출하는 법인의 경우에는 80%)을 곱하여 산출한 금액

2) 손금산입방법

내국법인이 「조세특례제한법」에 따른 준비금을 세무조정계산서에 계상하고 그 금액 상당액을 해당 사업연도의 이익처분을 할 때 그 준비금으로 적립한 경우에는 그 금액을 결산을 확정할 때 손비로 계상한 것으로 보아 해당 사업연도의 소득금액을 계산할 때 손금에 산입한다.(법법 61 ①)

3) 상계

고유목적사업준비금을 손금에 산입한 비영리내국법인이 고유목적사업 등에 지출한 금액이 있는 경우에는 그 금액을 먼저 계상한 사업연도의 고유목적사업준비금부터 차례로 상계(相計)하여야 한다. 이 경우 고유목적사업 등에 지출한 금액이 직전 사업연도 종료일 현재의 고유목적사업준비금의 잔액을 초과한 경우 초과하는 금액은 그 사업연도에 계상할 고유목적사업준비금에서 지출한 것으로 본다.(법법 29 ③)

4) 준비금의 승계

고유목적사업준비금을 손금에 산입한 비영리내국법인이 사업에 관한 모든 권리와 의무를 다른 비영리내국법인에게 포괄적으로 양도하고 해산하는 경우에는 해산등기일 현재의 고유목적사업준비금 잔액은 그 다른 비영리내국법인이 승계할 수 있다.(법법 29 ④)

5) 준비금의 환입

손금에 산입한 고유목적사업준비금의 잔액이 있는 비영리내국법인이 다음 중 어느 하나에 해당하게 된 경우 그 잔액은 해당 사유가 발생한 날이 속하는 사업연도의 소득금액을 계산할 때 익금에 산입한다.(법법 29 ⑤)

① 해산한 경우(고유목적사업준비금을 승계한 경우는 제외)
② 고유목적사업을 전부 폐지한 경우
③ 법인으로 보는 단체가 「국세기본법」에 따라 승인이 취소되거나 거주자로 변경된 경우
④ 고유목적사업준비금을 손금에 산입한 사업연도의 종료일 이후 5년이 되는 날까지 고유목적사업등에 사용하지 아니한 경우(5년 내에 사용하지 아니한 잔액으로 한정)

6) 이자상당액 가산

다음에 해당하는 경우에는 아래에 따라 계산한 이자상당액을 해당 사업연도의 법인세에 가산하여 납부하여야 한다.(법법 29 ⑤ 4, ⑥)

> 이자상당액 =
> 준비금을 손금에 산입한 사업연도의 법인세 차액 × 기간(일수) × 0.022%
> ※ 기간(일수) : 준비금을 손금에 산입한 사업연도의 다음 사업연도 개시일부터 익금산입한 사업연도 종료일까지의 기간(일수)

① 고유목적사업준비금을 손금에 산입한 사업연도의 종료일 이후 5년이 되는 날까지 고유목적사업등에 사용하지 아니한 경우(5년 내에 사용하지 아니한 잔액으로 한정)
② 손금에 산입한 고유목적사업준비금의 잔액이 있는 비영리내국법인은 고유목적사업준비금을 손금에 산입한 사업연도의 종료일 이후 5년 이내에 그 잔액 중 일부를 감소시켜 익금에 산입하는 경우(이 경우 먼저 손금에 산입한 사업연도의 잔액부터 차례로 감소시킨 것으로 봄)

7) 설정배제

해당 비영리 내국법인의 수익사업에서 발생한 소득에 대하여 법 또는 「조세특례제한법」에 따른 비과세·면제, 준비금의 손금산입, 소득공제 또는 세액감면(세액공제를 제외)을 적용받는 경우에는 고유목적사업준비금을 손금으로 산입할 수 없다. 다만, 고유목적사업준비금만을 적용받는 것으로 수정신고한 경우는 제외한다.(법법 29 ⑧, 법령 56 ⑧)

2. 비영리내국법인의 이자소득 등에 대한 과세표준 신고 특례

비영리내국법인은 이자소득(비영업대금의 이익은 제외하고, 투자신탁의 이익을 포함)으로서 원천 징수된 이자소득에 대하여는 과세표준 신고를 하지 아니할 수 있다. 이 경우 과세표준 신고를 하지 아니한 이자소득은 각 사업연도의 소득금액을 계산할 때 포함하지 아니한다.(법법 62 ①)

3. 비영리내국법인의 자산양도소득에 대한 과세특례

1) 개요

비영리내국법인(수익사업을 하는 비영리내국법인은 제외)의 수입으로서 부동산이나 주식의 양도로 인하여 발생하는 자산양도소득이 있는 경우에는 과세표준 신고를 하지 아니할 수 있다. 이 경우 과세표준의 신고를 하지 아니한 자산양도소득에 대하여는 「소득세법」을 준용하여 계산한 과세표준에 같은 법의 세율을 적용하여 계산한 금액을 법인세로 납부하여야 한다.

2) 과세특례 적용대상 자산

사업소득이 없는 비영리내국법인이 내국 영리법인 규정에 의한 과세표준 신고를 하지 않고 과세특례를 적용받기 위해서는 다음 어느 하나에 해당하는 자산을 양도하는 경우이어야 한다.(법법 62의2 ①, 법령 99의 2 ①)
① 양도소득세 과세대상 주식 및 출자지분
② 토지 또는 건물
③ 부동산에 관한 권리 및 기타자산

3) 신고, 납부

비영리내국법인의 자산양도소득 과세특례규정에 따라 계산한 법인세는 「소득세법」의 규정을 준용하여 양도소득과세표준 예정신고 및 자진납부를 하여야 한다.

4. 기타특례

1) 기장의무 완화

납세의무가 있는 법인은 장부를 갖추어 두고 복식부기 방식으로 장부를 기장하여야 하며, 장부와 관계있는 중요한 증명서류를 비치·보존하여야 한다. 다만, 계속적인 사업이 아니라 이자소득, 배당소득, 주식 및 고정자산 등의 양도로 인한 수입 등 일시적인 소득만이 있는 비영리내국법인에게는 복식기장 의무를 면제한다.(법법 112)

2) 필수첨부서류의 제출의무면제

비영리법인은 사업소득 및 계속적 행위로 인한 수입을 영위하는 경우에 한하여 장부 비치 및 복식부기에 의한 기장의무가 있다. 따라서 이러한 수익사업을 영위하지 않는 비영리법인은 재무상태표 등의 부속서류를 제출하지 않을 수 있다.

TAX LAW

세 법 개 론

TAXATION LAW
세 법 개 론

PART
03

소득세법

제1장 총 칙
제2장 거주자의 종합소득에 대한 납세의무
제3장 종합소득금액 계산 및 종합소득금액 계산특례
제4장 종합소득 과세표준과 세액의 계산
제5장 신고, 납부
제6장 퇴직소득세
제7장 양도소득세

제1장 총칙

I 납세의무자

1. 거주자 및 국내원천소득이 있는 비거주자

다음 중 어느 하나에 해당하는 개인은 이 법에 따라 각자의 소득에 대한 소득세를 납부할 의무를 진다.(소법 1의2, 소령 2)
① 거주자
② 비거주자로서 국내원천소득(國內源泉所得)이 있는 개인

1) 거주자와 비거주자의 구분(소령 2)

거주자란 국내에 주소를 두거나 1과세기간 동안 183일 이상 거소를 둔 개인을 말하며 비거주자는 거주자가 아닌 자를 말하는 것으로 국적이나 외국 영주권 취득 여부와는 관련이 없으며 거주기간, 직업, 국내에 생계를 같이하는 가족 및 국내 소재 자산의 유무 등 생활관계의 객관적인 사실에 따라 다음과 같이 구분한다.

국내에 주소를 가진 것으로 보는 경우	국내에 주소가 없는 것으로 보는 경우
• 계속하여 183일 이상 「국내」에 거주할 것을 통상 필요로 하는 직업을 가진 때	국외에 거주 또는 근무하는 자가 외국국적을 가졌거나 외국법령에 의하여 그 외국의 영주권을 얻은 자로서 국내에 생계를 같이하는 가족이 없고 그 직업 및 자산상태에 비추어 다시 입국하여 주로 국내에 거주하리라고 인정되지 아니하는 때에는 국내에 주소가 없는 것으로 본다.
• 국내에 생계를 같이 하는 가족이 있고 또 그 직업 및 자산상태에 비추어 계속하여 183일 이상 국내에 거주할 것으로 인정되는 때	
• 외항선박 또는 항공기의 승무원의 경우 생계를 같이하는 가족이 거주하는 장소 또는 그 승무원이 근무기간 외의 기간 중 통상 체재하는 장소가 「국내」에 있는 때는 주소가 국내에 있는 것으로 보고, 그 장소가 「국외」에 있는 때에는 주소가 국외에 있는 것으로 봄	

2) 거주자 또는 비거주자가 되는 시기(소령 2의2)

비거주자가 거주자로 되는 시기	거주자가 비거주자로 되는 시기
• 국내에 주소를 둔 날	• 거주자가 주소 또는 거소의 국외이전을 위하여 출국하는 날의 다음날
• 국내에 주소를 가지거나 국내에 주소가 있는 것으로 보는 사유가 발생한 날 • 국내에 거소를 둔 기간이 183일이 되는 날	• 국내에 주소가 없거나 국외에 주소가 있는 것으로 보는 사유가 발생한 날의 다음날

3) 해외현지법인 등의 임직원 등에 대한 거주자 판정

(1) 국외 근무공무원 및 해외 파견 임직원

거주자나 내국법인의 국외사업장 또는 해외현지법인(**내국법인이 발행주식총수 또는 출자지분의 100%를 직접 또는 간접 출자한 경우에 한정**) 등에 파견된 임원 또는 직원이나 국외에서 근무하는 공무원은 183일 이상 국외에 거주할 것을 통상 필요로 하는 직업을 가진 경우에도 불구하고 거주자로 본다.

(2) 외국항행승무원

승무원과 생계를 같이하는 가족이 거주하는 장소 또는 그 **승무원이 근무기간 외의 기간 중 통상 체재하는 장소**가 국내에 있는 때에는 당해 승무원의 주소는 국내에 있는 것으로 보고, 그 장소가 국외에 있는 때에는 당해 승무원의 주소가 국외에 있는 것으로 본다.(소령 2 ⑤)

4) 거주기간의 계산

국내에 **거소를 둔 기간은 입국하는 날의 다음 날부터 출국하는 날까지**로 하며, 국내에 거소를 두고 있던 개인이 출국 후 다시 입국한 경우에 생계를 같이하는 가족의 거주지나 자산소재지 등에 비추어 그 출국목적이 관광, 질병의 치료 등으로서 **명백하게 일시적인 것으로 인정되는 때에는 그 출국한 기간도 국내에 거소를 둔 기간으로 본다**(소령 4 ①, ②). 국내에 거소를 둔 기간이 1과세기간 동안 183일 이상인 경우에는 국내에 183일 이상 거소를 둔 것으로 본다(소령4 ③)

2. 원천징수의무자

① 거주자
② 비거주자
③ 내국법인
④ 외국법인의 국내지점 또는 국내영업소(출장소, 그 밖에 이에 준하는 것을 포함)
⑤ 그 밖에 소득세법에서 정하는 원천징수의무자

3. 법인이 아닌 단체

1) 1 거주자로 보는 경우

「국세기본법」에 따른 법인 아닌 단체 중 법인으로 보는 단체 외의 법인 아닌 단체는 국내에 주사무소 또는 사업의 실질적 관리장소를 둔 경우에는 1 거주자로, 그 밖의 경우에는 1 비거주자로 보아 이 법을 적용한다.

2) 공동사업자로 보는 경우

(1) 이익의 분배비율이 확인되는 경우

다음의 어느 하나에 해당하는 경우에는 소득구분에 따라 해당 단체의 각 구성원별로 이 법 또는 「법인세법」에 따라 소득에 대한 소득세 또는 법인세[해당 구성원이 「법인세법」에 따른 법인(법인으로 보는 단체를 포함)인 경우로 한정]를 납부할 의무를 진다.

① 구성원 간 이익의 분배비율이 정해져 있고 해당 구성원별로 이익의 분배비율이 확인되는 경우
② 구성원 간 이익의 분배비율이 정해져 있지 않으나 사실상 구성원별로 이익이 분배되는 것으로 확인되는 경우

(2) 이익의 분배비율이 확인되지 않는 경우

해당 단체의 전체 구성원 중 일부 구성원의 분배비율만 확인되거나 일부 구성원에게만 이익이 분배되는 것으로 확인되는 경우에는 다음의 구분에 따라 소득세 또는 법인세를 납부할 의무를 진다.

① 확인되는 부분: 해당 구성원별로 소득세 또는 법인세에 대한 납세의무 부담
② 확인되지 않는 부분: 해당 단체를 1거주자 또는 1비거주자로 보아 소득세에 대한 납세의무 부담

3) 1비거주자로 보는 경우

법인으로 보는 단체 외의 법인 아닌 단체에 해당하는 국외투자기구를 국내원천소득의 실질귀속자로 보는 경우 그 국외투자기구는 1비거주자로서 소득세를 납부할 의무를 진다.

4) 공동사업으로 보는 경우

1 거주자로 보지 않고 거주자로 보는 단체는 공동으로 사업을 경영하는 것으로 보며, 이때 명시적으로 이익의 분배 방법이나 분배비율이 정해져 있지 않더라도 사실상 이익이 분배되는 경우에는 그 단체 등의 구성원이 공동으로 사업을 경영하는 것으로 본다.

구분	납세의무자	범위
개인	거주자	국내외 모든 과세대상 소득 단, 외국인 거주자 중 해당 과세기간 종료일 10년 전부터 국내에 주소나 거소를 둔 기간의 합계가 5년 이하인 경우는 과세대상 소득 중 국외에서 발생한 소득의 경우 국내에서 지급되거나 국내로 송금된 소득에 대하여만 과세함
	비거주자	국내원천소득
	동업기업의 동업자	동업자간의 손익분배비율에 따라 분배받은 소득 및 분배받은 자산의 시가 중 분배일의 지분가액을 초과하여 발생하는 소득
법인격 없는 단체 등	거주자 또는 비거주자	'법인으로 보는 단체' 외의 사단·재단 그 밖의 단체에 귀속되는 소득
원천징수 의무자	거주자	원천징수한 소득세를 납부할 의무를 짐
	비거주자	
	내국법인	

Ⅱ 납세의무의 범위

1. 개요
소득세는 원칙적으로 개인이 자신에게 귀속되는 소득에 대하여 납세의무를 부담한다.

2. 공동사업에 대한 납세의무
공동사업에 관한 소득금액을 계산하는 경우에는 해당 공동사업자별로 납세의무를 진다. 다만, 공동사업에 대한 소득금액 계산의 특례에 따른 주된공동사업자에게 합산과세 되는 경우 그 합산과세 되는 소득금액에 대해서는 주된공동사업자의 특수관계인은 손익분배비율에 해당하는 그의 소득금액을 한도로 주된공동사업자와 연대하여 납세의무를 진다.(소법 2의2 ①)

3. 피상속인의 소득금액에 대한 납세의무
납세의무자의 사망으로 상속이 개시된 경우 피상속인의 소득세는 상속인이 승계하여 상속으로 인하여 얻는 재산을 한도로 납세의무를 지며 피상속인의 소득세와 상속인의 소득세는 구분하여 계산한다.(소법 2의2 ②) 또한 대표자 인정상여(귀속이 불분명하여 대표자에게 귀속된 것으로 보는 상여)로 처분된 것으로 「소득세법 시행령」에 의한 소득금액 변동통지서를 받기 전에 그 대표자가 사망한 경우에는 이에 대한 소득세를 과세하지 않는다.(소기통 2의2-0-1)

4. 양도소득 부당행위계산 시 연대납세의무
양도소득 부당행위계산에 따라 증여자가 자산을 직접 양도한 것으로 보는 경우 그 양도소득에 대해서는 증여자와 증여받은 자가 연대하여 납세의무를 진다.(소법 2의2 ③)

5. 원천징수 되는 소득세에 대한 납세의무
원천징수 되는 소득으로서 종합소득과세표준에 합산되지 않는 소득이 있는 자는 그 원천징수 되는 소득세에 대해서 납세의무를 진다.(소법 2의2 ④)

6. 신탁소득에 대한 납세의무
원칙적으로 신탁재산에 귀속되는 소득은 그 신탁의 수익자(수익자가 사망하는 경우에는 그 상속인)에게 귀속되는 것으로 본다.(소법 2의3 ①) 원칙에도 불구하고 위탁자가 신탁재산을 실질적으로 통제하는 등 다음 어느 하나의 요건을 충족하는 신탁의 경우에는 그 신탁재산에 귀속되는 소득은 위탁자에게 귀속되는 것으로 본다.(소법 2의3 ②, 소령 4의2 ④)

① 위탁자가 신탁을 해지할 수 있는 권리, 수익자를 지정하거나 변경할 수 있는 권리, 신탁 종료 후 잔여재산을 귀속 받을 권리를 보유하는 등 신탁재산을 실질적으로 지배·통제할 것
② 신탁재산 원본을 받을 권리에 대한 수익자는 위탁자로, 수익을 받을 권리에 대한 수익자는 그 배우자 또는 같은 주소 또는 거소에서 생계를 같이 하는 직계존비속(배우자의 직계존비속을 포함)으로 설정했을 것

7. 공동소유자산의 대한 양도소득에 대한 납세의무

공동으로 소유한 자산에 대한 양도소득금액을 계산하는 경우에는 해당 자산을 공동으로 소유하는 각 거주자가 납세의무를 진다(소법 2의2 ⑤).

Ⅲ 과세소득의 범위

1. 의의

과세소득은 조세법률관계의 성립에 필요한 물적 요소로 법률에서 과세의 목적물로 정하는 일정한 물건, 행위 또는 사실을 의미한다. 과세소득의 특징은 조세 그 자체가 납세의무자의 경제적 부담이므로 과세물건도 경제적 부담능력을 나타낸다.

2. 과세소득의 범위

1) 거주자의 경우

거주자의 경우 소득세는 소득세법에서 규정하는 **국내외 모든 소득**에 대하여 부과된다.

2) 비거주자(단기 외국인 거주자)의 경우

해당 과세기간 종료일 10년 전부터 국내에 주소나 거소를 둔 기간의 합계가 5년 이하인 외국인 거주자에게는 과세대상 소득 중 국외에서 발생한 소득의 경우 국내에서 지급되거나 국내로 송금된 소득에 대해서만 과세한다.(소법 3 ①)

3) 납세의무가 변경된 경우

① 비거주자가 거주자로 된 때에는 비거주자인 기간(1.1 ~ 거주자로 된 전날)의 종합 과세하는 국내원천소득과 거주자인 기간(거주자로 된 날 ~ 12.31)의 **국내외에서 발생하는 소득세가 과세되는 모든 소득을 합산하여 과세한다.**
② 거주자가 출국 등으로 비거주자가 되었으나 출국한 날의 다음날 이후에 발생한 소득에 종합과세 하는 국내원천소득이 있는 경우에는 거주자인 기간(1.1 ~ 출국한 날)의 국내외에서 발생하는 소득세가 과세되는 모든 소득과 비거주자인 기간(출국한 날의 다음날 ~ 12.31)의 **종합과세 하는 국내원천소득을 합산하여 과세한다.** 이 경우 거주자로서 납부한 소득세는 기납부세액으로 공제한다.

Ⅳ 소득의 구분

1. 거주자의 소득구분
거주자의 소득은 다음과 같이 구분한다.(소법 4 ①)

1) 종합소득
이 법에 따라 과세되는 모든 소득에서 퇴직소득, 금융투자소득 및 양도소득에 따른 소득을 제외한 소득으로서 이자소득, 배당소득, 사업소득, 근로소득, 연금소득, 기타소득을 합친 것

2) 퇴직소득
퇴직으로 발생하는 소득과 「국민연금법」 또는 「공무원연금법」 등에 따라 지급받는 일시금(부가금·수당 등 연금이 아닌 형태로 일시에 받는 것을 포함)

3) 금융투자소득
2025. 1. 1 이후 시행

4) 양도소득
자산의 양도로 발생하는 소득

2. 신탁이익에 대한 소득구분

거주자의 소득을 구분함에 있어서 다음의 신탁을 제외한 신탁의 이익은 「신탁법」에 따라 수탁자에게 이전되거나 그 밖에 처분된 재산권에서 발생하는 소득의 내용별로 구분한다.(소법 4 ②)

① 「법인세법」에 따라 신탁재산에 귀속되는 소득에 대하여 그 신탁의 수탁자가 법인세를 납부하는 신탁
② 「자본시장과 금융투자업에 관한 법률」에 따른 투자신탁
③ 「자본시장과 금융투자업에 관한 법률」에 따른 집합투자업겸영보험회사의 특별계정

Ⅴ 과세기간 및 납세지

1. 과세기간

1) 의의
"과세기간"이란 세법에 따라 국세의 과세표준 계산의 기초가 되는 기간을 말한다.(국기법 2 13)

2) 원칙
소득세의 과세기간은 1월 1일부터 12월 31일까지 1년으로 한다.(소법 5 ①)

3) 예외

(1) 거주자가 사망한 경우
거주자가 사망한 경우의 과세기간은 1월 1일부터 사망한 날까지로 한다.(소법 5 ②)

(2) 거주자가 주소 또는 거소를 국외로 이전하는 경우
거주자가 주소 또는 거소를 국외로 이전하여 비거주자가 되는 경우의 과세기간은 1월 1일부터 출국한 날까지로 한다.(소법 5 ③)

2. 납세지

구분		납세지	
거주자	원칙	주소지	주소지가 2 이상인 경우 : 「주민등록법」에 의해 등록된 곳
	주소지가 없는 경우	거소지	거소지가 2 이상인 경우 : 생활관계가 보다 밀접한 곳
	*거주자가 취학, 질병의 요양, 근무상 또는 사업상의 형편 등으로 본래의 주소지 또는 거소지를 일시퇴거한 경우에는 본래의 주소지 또는 거소지를 납세지로 봄		
비거주자	원칙	국내사업장 소재지	국내사업장이 2 이상인 경우 : 주된 국내사업장 주된 사업장 판단이 곤란한 경우 : 납세지로 신고한 장소
	국내사업장이 없는 경우	국내원천소득이 발생하는 장소	국내원천소득이 2 이상의 장소에서 발생한 경우 : 납세지로 신고한 장소
법인격 없는 단체		동 단체의 대표자 또는 관리인의 주소지	단, 해당 단체의 업무 주관 장소 등을 납세지로 지정받은 경우 : 그 지정받은 장소
원천징수 등의 경우 납세지	원천징수의무자가 거주자인 경우	거주자의 주된 사업장 소재지	
	원천징수의무자가 비거주자인 경우	국내사업장 소재지	
	원천징수의무자가 법인인 경우	법인의 본점 또는 주사무소 소재지	

제2장 거주자의 종합소득에 대한 납세의무

제1절 과세표준의 계산 및 세액계산의 순서

I 과세표준의 계산

1. 개요

거주자의 종합소득 및 퇴직소득에 대한 과세표준은 각각 구분하여 계산한다.(소법 14 ①) 종합소득에 대한 과세표준은 이자소득금액, 배당소득금액·사업소득금액, 근로소득금액, 연금소득금액 및 기타소득금액의 합계액(이하 "종합소득금액")에서 종합소득공제를 차감한 금액으로 한다.(소법 14 ②)

2. 종합소득과세표준 불산입

다음에 따른 소득의 금액은 종합소득과세표준을 계산할 때 합산하지 않는다.(소법 14 ③)

소득구분	분리과세소득의 범위
근로소득	일용근로자의 근로소득
이자소득 배당소득	• 2017.12.31. 이전 발행된 장기채권으로 분리과세를 신청한 이자 • 법원에 납부한 보증금 및 경락대금에서 발생하는 이자소득 • 실지명의가 확인되지 아니하는 소득 • 직장공제회 초과반환금(1999. 1. 1. 이후 최초로 가입하여 공제회비를 불입한 것부터 과세) • 법인으로 보는 단체 외의 단체 중 수익을 구성원에게 배분하지 아니하는 단체로서 단체명을 표기하여 금융거래를 하는 단체가 금융회사 등으로부터 받는 이자·배당금융소득(비과세 및 분리과세분 제외)으로서 연간 개인금융소득이 2천만원(종합과세기준금액)이하인 경우
기타소득	기타소득금액이 300만원 이하이면서 원천징수가 적용되는 기타소득 • 골동품의 양도로 발생하는 소득 • 납세자의 선택에 따라 해당 거주자가 종합소득 과세표준에 합산할 수 있음
연금소득	퇴직소득을 연금수령하는 연금소득, 의료목적 또는 부득이한 사유 등으로 인출하는 연금소득을 제외한 연금소득으로서 사적연금소득이 연 1,500만원 이하인 경우 그 연금소득 • 납세자의 선택에 따라 해당 거주자가 종합소득 과세표준에 합산할 수 있음

제2절 금융소득(이자소득 및 배당소득)

I 이자소득

1. 개요

이자소득이라 함은 채권 또는 증권의 이자와 할인액, 예금의 이자 및 이와 유사한 소득으로서 금전의 사용에 따른 대가의 성격이 있는 것 등을 말한다.

2. 이자소득의 종류

이자소득은 해당 과세기간에 발생한 다음의 소득으로 한다.(소법 16 ①)
① 국가나 지방자치단체가 발행한 채권 또는 증권의 이자와 할인액
② 내국·외국법인이 발행한 채권 또는 증권의 이자와 할인액
③ 국내에서 받는 예금(적금·부금·예탁금 및 우편대체를 포함)의 이자
④ 「상호저축은행법」에 따른 신용계(信用契) 또는 신용부금으로 인한 이익
⑤ 국외에서 받는 예금의 이자
⑥ 채권 또는 증권의 환매조건부 매매차익
⑦ 저축성보험의 보험차익
⑧ 직장공제회 초과반환금
⑨ 비영업대금(非營業貸金)의 이익
⑩ ①부터 ⑨까지의 소득과 유사한 소득으로서 금전 사용에 따른 대가로서의 성격이 있는 것

세부내용

[1] 채권 또는 증권의 이자와 할인액

구분	내용
채권의 이자와 할인액	① 일반 : 이자소득(보유기간이자 포함) ② 공개시장 통합발행시 : 표시이자의 경우 과세, 할인액의 경우 비열거소득
물가연동 국고채 원금증가분	① 2014.12.31. 이전 발행분 : 과세제외 ② 2015.1.1. 이후 발행분 : 이자소득
채권 또는 증권의 매매차익	환매조건부 매매차익의 경우에만 과세대상에 해당함.

[2] 저축성 보험차익

구분	내용
과세제외	① 보험기간이 10년 이상이고 납입 보험료 합계가 1억원(2017.3.31.까지 체결하는 보험의 경우 2억원) 이하 ② 보험기간이 10년 이상이고 매월 납입보험료 합계가 150만원 이하 월 적립식 보험 ③ 종신형 연금보험
이자소득	위 외의 보험

※ 보장성 보험차익의 경우 사업과 관련한 자산의 멸실 또는 손괴에 대한 보험차익만 과세대상이며 소득구분은 사업소득으로 한다.
  * 보험차익 = 보험금 - (납입보험료 - 계약기간 중 받은 배당금)
  * 2013.2.14. 이전에 가입한 저축성 보험차익의 경우 종전 규정에 따라 보험기간이 10년 이상인 경우 과세하지 아니함.

[3] 직장공제회 초과반환금

구분	내용
개요	직장공제회 초과반환금은 근로자가 퇴직하거나 탈퇴하여 그 규약에 따라 직장공제회로부터 받는 반환금에서 납입공제료를 뺀 금액으로 한다. 다만, 초과반환금을 분할하여 지급하는 경우 그 지급하는 기간 동안 원본 및 초과반환금과 그 밖에 원본 및 초과반환금에 부수되는 이익에 추가로 발생하는 이익은 이자소득에 포함한다(소령 26 ②).
과세대상	1999.1.1. 이후 직장공제회에 가입하여 탈퇴한 경우
과세표준 및 세액계산	① 과세표준 = 초과반환금 - 초과반환금 × 40%* - 납입연수공제** ② 산출세액 = 과세표준 × $\dfrac{1}{납입연수}$ × 기본세율 × 납입연수
분할지급의 경우	분할기간동안 발생하는 반환금 추가이익 × $\dfrac{납입금\ 초과이익\ 산출세액}{납입금\ 초과이익}$

* 2010년 이전분은 50%로 하며 계속하여 가입한 경우 공제액은 다음을 합한 금액으로 한다.
  ① 초과반환금 × $\dfrac{2010.12.31\ 이전\ 납입월수}{총\ 납입월수}$ × 50%
  ② 초과반환금 × $\dfrac{2011.1.1\ 이후\ 납입월수}{총\ 납입월수}$ × 40%

** 납입연수공제(1년미만은 1년으로 함)는 퇴직소득 근속연수공제와 동일하다.

납입연수	공제액
5년 이하	100만원× 납입연수
5년 초과 10년 이하	500만원+200만원×(납입연수-5년)
10년 초과 20년 이하	1천500만원+250만원×(납입연수-10년)
20년 초과	4천만원+300만원×(납입연수-20년)

[4] 비영업대금이익의 총수입금액 계산 특례

과세표준확정신고 전에 해당 비영업대금이 「법인세법」에 따른 채권에 해당하여 채무자 또는 제3자로부터 원금 및 이자의 전부 또는 일부를 회수할 수 없는 경우에는 회수한 금액에서 원금을 먼저 차감하여 계산한다. 이 경우 회수한 금액이 원금에 미달하는 때에는 총수입금액은 이를 없는 것으로 한다(소령 51 ⑦).

3. 이자소득으로 보지 않는 범위

다음의 금액은 이자소득으로 보지 않는다(소집 16-0-1).

구분	범 위
매출관련 발생액	물품을 매입할 때 대금의 결제방법에 따라 에누리되는 금액
	외상매입금이나 미지급금을 약정기일 전에 지급함으로써 받는 할인액
	물품을 판매하고 대금의 결제방법에 따라 추가로 지급받는 금액
	외상매출금이나 미수금의 지급기일을 연장하여 주고 추가로 지급받는 금액 예외)외상매출금이나 미수금이 소비대차로 전환된 경우에는 이자소득임
	장기할부조건으로 판매함으로써 현금거래 또는 통상적인 대금의 결제방법에 의한 거래의 경우보다 추가로 지급받는 금액 예외)당초 계약내용에 의하여 매입가액이 확정된 후 그 대금의 지급지연으로 실질적인 소비대차로 전환된 경우에는 이자소득임
손해배상금에 대한 법정이자	① 법원의 판결 및 화해에 의하여 지급받는 손해배상금에 대한 법정이자는 이자소득으로 보지 않음 ② 위약 또는 해약을 원인으로 법원의 판결에 의하여 지급받는 손해배상금에 대한 법정이자는 기타소득으로 봄

4. 이자소득금액의 계산 및 수입시기

1) 이자소득금액의 계산

이자소득금액은 해당 과세기간의 총수입금액으로 한다.(소법 16 ②)

2) 수입시기

이자소득의 수입시기는 다음에 따른 날로 한다.(소령 45 ①)

종 류		수입시기
유사이자소득		- 원칙 : 약정에 따른 상환일 - 기일 전에 상환하는 때에는 그 상환일
채권의 이자와 할인액	무기명	- 그 지급을 받은 날
	기명	- 약정에 의한 지급일

보통예금·정기예금·적금 또는 부금의 이자	- 실제로 이자를 지급받는 날 - 원본에 전입하는 뜻의 특약이 있는 이자는 원본에 전입된 날(다만, 소득세가 과세되는 개인연금저축의 이자소득에 대해서는 해당 저축의 중도해약일 또는 연금외의 형태로 지급받는 날) - 해약으로 인하여 지급되는 이자는 그 해약일 - 계약기간을 연장하는 경우에는 그 연장하는 날 - 정기예금연결정기적금의 경우 정기예금의 이자는 정기예금 또는 정기적금이 해약되거나 정기적금의 저축기간이 만료되는 날
통지예금의 이자	- 인출일
채권 또는 증권의 환매조건부 매매차익	- 원칙 : 약정에 의한 해당 채권 또는 증권의 환매수일 또는 환매도일 - 기일 전에 환매수 또는 환매도하는 경우에는 그 환매수일 또는 환매도일
저축성보험의 보험차익	- 원칙 : 보험금 또는 환급금의 지급일 - 기일 전에 해지하는 경우에는 그 해지일
직장공제회 초과반환금	- 약정에 의한 공제회반환금의 지급일. 다만, 반환금을 분할하여 지급하는 경우 원본에 전입하는 뜻의 특약이 있는 납입금 초과이익은 특약에 따라 원본에 전입된 날로 한다.
비영업대금의 이익	- 원칙 : 약정에 의한 이자지급일 - 약정이 없거나 약정에 의한 이자지급일 전에 이자를 지급받는 경우 또는 채무자로부터 회수한 금액이 원금에 미달하여 총수입금액 계산에서 제외하였던 이자를 지급받는 경우에는 그 이자지급일
채권 등의 보유기간 이자 등 상당액	- 해당 채권 등의 매도일 또는 이자 등의 지급일
위 항목의 상속재산이 상속·증여되는 경우	- 상속개시일 또는 증여일

Ⅱ 배당소득

1. 의의

배당소득이라 함은 법인이나 기타 단체로부터 지급되는 이익이나 잉여금의 배당 또는 분배금 및 이와 유사한 소득으로서 수익분배의 성격이 있는 것을 말한다. 그리고 의제배당은 법인의 실제적인 이익배당은 아니지만, 그 실질에 있어서 이익배당과 같은 효과가 있는 경우를 말한다.

2. 배당소득의 범위

배당소득은 해당 과세기간에 발생한 다음의 소득으로 한다.(소법 17 ①)
① 내국법인으로부터 받는 이익이나 잉여금의 배당 또는 분배금

② 법인으로 보는 단체로부터 받는 배당금 또는 분배금
③ 법인과세 신탁재산으로부터 받는 배당금 또는 분배금
④ 의제배당(擬制配當)
⑤ 「법인세법」에 따라 배당으로 처분된 금액
⑥ 국내 또는 국외에서 받는 집합투자기구로부터의 이익
⑦ 국내 또는 국외에서 받는 파생결합증권 또는 파생결합사채로부터의 이익
⑧ 외국법인으로부터 받는 이익이나 잉여금의 배당 또는 분배금
⑨ 「국제조세조정에 관한 법률」에 따라 조세피난처에 소재한 외국기업의 각 사업연도 말 현재 배당 가능한 유보소득(留保所得) 중 내국인이 배당받은 것으로 간주된 금액
⑩ 공동사업에서 발생한 소득금액 중 출자공동사업자*의 손익분배비율에 해당하는 금액
⑪ ①부터 ⑨까지의 규정에 따른 소득과 유사한 소득으로서 수익분배의 성격이 있는 것
⑫ 파생금융상품의 배당

3. 배당소득에 포함하지 않는 것(자본준비금을 감액하여 받은 배당)

자본준비금을 감액하여 받은 배당(다음에 해당하는 자본준비금을 감액하여 받은 배당)은 배당소득에 포함하지 않는다(소령 26의 3 ⑥).

① 상법에 따른 자본준비금
② 자산재평가법에 따른 재평가적립금(1% 세율 적용대상 토지의 재평가차액에 상당하는 금액은 제외)

4. 배당소득의 수입시기

배당소득의 수입시기는 다음에 따른 날로 한다.(소령 46)

종류		수입시기
무기명주식의 이익이나 배당		그 지급을 받은 날
잉여금의 처분에 의한 배당		해당 법인의 잉여금처분결의일
건설이자의 배당		해당 법인의 건설이자배당결의일
출자공동사업자의 배당		과세기간 종료일
배당소득과 유사한 소득으로 수익분배의 성격이 있는 것		그 지급을 받은 날
의제배당	주식의 소각, 자본감소, 자본전입에 의한 의제배당	주식의 소각, 자본의 감소 또는 자본에의 전입을 결정한 날(이사회의 결의에 의하는 경우에는 회사 정하는 일정한 날을 말함)이나 퇴사 또는 탈퇴한 날
	해산, 합병, 분할로 인한 의제배당	잔여재산의 가액이 확정된 날(법인이 해산으로 소멸하는 경우), 합병등기를 한 날(법인이 합병으로 인하여 소멸한 경우), 분할등기 또는 분할합병등기를 한 날(법인이 분할 또는 분할합병으로 인하여 소멸 또는 존속하는 경우)

종류	수입시기
「법인세법」에 따라 처분된 배당	해당 법인의 해당 사업연도의 결산확정일
집합투자기구로부터의 이익	집합투자기구로부터의 이익을 지급받은 날. 다만, 원본에 전입하는 뜻의 특약이 있는 분배금은 그 특약에 따라 원본에 전입되는 날
채권 등의 보유기간이자 등 상당액	해당 채권 등의 매도일 또는 이자 등의 지급일
동업기업으로부터의 배당소득	「조세특례제한법」에 따라 분배받는 자산의 시가 중 분배일의 지분가액을 초과하여 발생하는 소득은 분배일

세부내용

[1] 집합투자기구로부터의 이익

구분	내용
집합투자기구로부터의 이익	상장주식(관련 장내파생상품 포함)과 비상장법인 벤처기업주식의 매매차익(평가차익 포함)의 경우 과세제외, 이외의 이익(보수·수수료 차감금액)은 배당소득으로 과세
퇴직일시금 신탁의 이익	사업소득으로 과세한다.

[2] 소득세법과 법인세법상 의제배당의 차이

구분	소득세법	법인세법
① 주식발행초과금 자본전입시 무상주 단기소각주식 특례	적용 X	적용 O
② 감자등 의제배당 계산시 종전 주식 취득가액이 불분명한 경우 취득가액	액면가액	규정 無

[3] 파생결합증권 또는 파생결합 사채

구분	내용
배당소득	주가연계증권(ELS), 기타파생결합증권(DLS), 상장지수증권(ETN), 골드뱅킹, 실버뱅킹, 파생결합사채(ELB, DLB)
양도소득	주식워런트증권(ELW)
과세제외	국내주식형ETN

[4] 배당소득 계산시 2천만원 구성순서 (소집 56-116의2-2)

① 종합과세기준금액 2천만원 초과여부는 Gross-up하지 않은 금액을 기준으로 판단한다. ② Gross-up은 종합과세기준금액 2천만원 초과부분에만 적용한다.
③ 2천만원 초과부분에 대해 Gross-up을 적용할 때 2천만원은 다음과 같이 순차적 구성된 것으로 본다.
   1. 이자소득(이자소득과 배당소득이 함께 있는 경우)
   2. 배당가산(Gross-Up) 제외 배당소득
   3. 배당가산(Gross-Up) 대상 배당소득

Ⅲ 금융소득 과세방법

1. 비과세 금융소득

구분	내용	
소득세법상 비과세	공익신탁의 이익	
조세특례제한 법상 비과세	① 청년우대형주택청약종합저축의 이자소득 : 500만원	
	② 비과세종합저축의 이자소득 또는 배당소득	
	③ 우리사주조합원의 우리사주 배당소득 소액주주인 우리사주조합원이 증권금융회사에 1년이상 예탁한 우리사주의 배당소득(우리사주 액면가액의 개인별 합계액이 1,800만원 이하일 것)	
	④ 개인종합자산관리계좌(ISA)의 이자소득과 배당소득* 직전 과세기간의 금융소득 종합과세기준금액(2천만원) 이하인 자로서 다음의 거주자가 개인종합자산관리계좌에 가입하는 경우 ㉠ 해당 또는 직전 3개 과세기간 중 사업소득이 있는 자(비과세소득만 있는자는 제외) ㉡ 해당 또는 직전 3개 과세기간 중 근로소득이 있는 자(비과세소득만 있는자는 제외) 비과세 한도금액은 다음과 같으며, 비과세 한도금액을 초과하는 금액은 9%의 세율로 분리과세한다.	
	구분	비과세 한도
	① 직전과세기간 총급여액 5,000만원 이하인 거주자(직전 과세기간에 근로소득만 있거나, 근로소득 및 종합소득 과세표준에 합산되지 아니하는 종합소득이 있는자로 한정)	400만원
	② 직전 과세기간의 종합소득금액이 3,800만원 이하인 거주자(직전 과세기간의 총급여액이 5,000만원을 초과하지 아니하는 자로 한정)	400만원
	③ 농업인·어업인(직전 과세기간의 종합소득 과세표준에 합산되는 종합소득금액이 3,800만원을 초과하는 자는 제외)세제외	400만원
	④ 위 외의 자	200만원

2. 종합과세 및 분리과세 소득의 구분

1) 무조건 분리과세

다음의 금융소득은 종합과세대상에서 제외된다.

구분	원천징수세율
① 2017.12.31. 이전에 발행된 10년 이상 장기채권의 이자로서 분리과세를 신청한 이자소득	30%
② 비실명 채권·증권의 이자	45%
③ 직장공제회 초과반환금	기본세율
④ 법인으로 보지 않는 단체에 대한 이자, 배당소득	14%
⑤ 법원에 납부한 보증금 및 경락대금에서 발생하는 이자소득	14%

2) 무조건 종합과세

다음 소득에 대해서는 무조건 종합과세대상에 포함시킨다.

① 출자공동사업자의 배당소득
② 금융소득으로서 원천징수되지 않은 것

3) 조건부 종합과세

비과세대상, 무조건 분리과세대상, 무조건 종합과세대상 이외의 금융소득을 조건부 종합과세대상 금융소득이라고 칭한다. 무조건 종합과세 및 조건부 종합과세대상 금융소득을 합산한 금액이 2,000만원을 초과하는 경우 종합과세하고 2,000만원 이하인 경우에는 조건부 종합과세대상은 분리과세를 한다.

3. 금융소득금액 계산

1) 개요

금융소득금액은 다음과 같이 계산한다.

> 금융소득금액 = 이자소득 총수입금액 + 배당소득 총수입금액 + 배당가산액

2) 배당가산액(귀속 법인세)

(1) 이중과세 조정대상 배당소득의 요건

Gross-up 대상 배당소득은 주주단계에서 종합과세되고 기본세율이 적용되는 다음의 요건을 갖춘 것으로 한다.

① 내국법인으로부터 받은 배당소득일 것
② 법인세가 과세된 소득을 재원으로 하는 배당소득일 것
③ 종합과세 되고, 기본세율이 적용되는 배당소득일 것

(2) 계산 방법

> 배당가산액 : Min[①, ②] × 10%
> ① Gross-up 대상 배당소득 총수입금액
> ② 종합과세되는 금융소득 총수입금액 - 2천만원

(3) 종합과세기준금액 구성순서

종합과세기준금액 2천만원 초과여부는 배당가산(Gross-up)하지 않은 금액을 기준으로 판단하며, 2천만원은 다음과 같이 순차적 구성된 것으로 본다.

① 이자소득(이자소득과 배당소득이 함께 있는 경우)
② 배당가산(Gross-Up) 제외 배당소득
③ 배당가산(Gross-Up) 대상 배당소득

(4) 배당가산 대상 소득 여부

구분		범위
배당가산 대상		내국법인으로부터 받는 이익이나 잉여금의 배당 또는 분배금과 건설이자의 배당
		법인으로 보는 단체로부터 받는 배당금 또는 분배금
		배당가산 하지 않는 의제배당을 제외한 의제배당
		「법인세법」에 따라 배당으로 처분된 금액
배당가산 배제	의제배당	자기주식 또는 자기출자지분의 소각이익의 자본전입으로 인한 의제배당
		재평가차익의 자본전입으로 인한 의제배당
		법인이 자기주식 또는 자기출자지분을 보유한 상태에서 자본전입을 함에 따라 그 법인 외의 주주 등의 지분비율이 증가한 경우 증가한 지분비율에 상당하는 주식 등의 가액에 의한 의제배당
	외국법인으로부터 받는 배당소득	
	집합투자기구로부터의 이익	
	「국제조세조정에 관한 법률」에 따라 배당받은 것으로 간주된 금액	
	공동사업에서 발생한 소득금액 중 출자공동사업자가 손익분배비율에 따라 받는 금액	
	「조세특례제한법」에 따른 최저한세액이 적용되지 아니하는 법인세의 비과세·면제·감면 또는 소득공제를 받은 법인으로부터 받은 배당소득이 있는 경우에는 그 배당소득의 금액에 아래 산식의 비율을 곱하여 산출한 금액 $$비율 = \frac{직전\ 2개\ 사업연도의\ 감면대상소득금액의\ 합계액\ \times\ 감면비율}{직전\ 2개\ 사업연도의\ 총소득금액의\ 합계액}$$	
	배당소득과 유사한 소득으로서 수익분배의 성격이 있는 것	
	법인과세 신탁재산의 분배금	
	종합과세기준금액(2천만원)을 초과하지 않는 배당소득	
유동화전문회사 등으로부터의 배당	① 동업기업과세특례 적용받는 유동화전문회사등으로부터 배당 ② 파생결합증권 또는 파생결합사채로부터의 이익 ③ 파생금융상품으로부터의 배당	

제3절 사업소득

I 개요

1. 사업소득의 의의
사업소득은 영리를 목적으로 독립된 지위에서 계속적으로 영위하는 사업에서 발생하는 소득을 말한다.

2. 사업소득의 구분
사업소득은 독립된 지위에서 일한다는 점에서 고용관계를 기초로 하는 근로소득·퇴직소득과는 구별되고 소득의 발생이 원천적이고 경상적인 소득인 점에서 일시적, 우발적으로 발생하는 성격의 기타소득 및 양도소득과 구별된다.

II 사업소득의 범위

사업소득은 해당 과세기간에 발생한 영리를 목적으로 자기의 계산과 책임 하에 계속적·반복적으로 행하는 활동을 통하여 얻는 소득으로 한다. 다만, 「전자상거래 등에서의 소비자보호에 관한 법률」에 따라 통신판매중개를 하는 자를 통하여 물품 또는 장소를 대여하고 사용료로서 받은 500만원 이하의 금품을 기타소득으로 원천징수 하거나 과세표준확정신고를 한 경우에는 그러지 않으며(소법 19 ①), 다음의 경우는 비열거 소득에 해당하여 과세대상에서 제외한다.
① 작물재배업 중 곡물 및 기타 식량작물재배업
② 연구개발업(계약 등에 따라 대가를 받는 경우는 제외)
③ 유치원·학교 등
④ 사회복지사업·장기요양사업
⑤ 협회 및 단체(특정 사업을 경영하는 경우 사업 내용에 따라 분류)

III 비과세 사업소득

1. 논·밭을 작물 생산에 이용하게 함으로써 발생하는 소득

비과세되는 사업소득인 농지임대에 따른 소득이란 임차인에게 농지를 논·밭의 본래 목적인 작물생산에 이용하게 하고 받는 소득을 말한다. 거주자의 과수원을 임차하여 다른 작물생산에 이용한 경우 해당 거주자의 과수원임대로 발생하는 소득은 비과세소득에 해당하나 작물생산 이외의 용도로 이용하는 경우에는 과세소득에 해당한다.

2. 1개의 주택을 소유하는 자의 주택임대소득(기준시가가 12억원을 초과하는 주택 및 국외에 소재하는 주택의 임대소득은 제외)

1) 비과세 주택임대소득의 범위

구분	범위
비과세 대상	1개의 주택을 소유하는 자가 해당 주택(주택부수토지를 포함)을 임대하고 지급받는 소득 단, 고가주택 및 국외소재 주택은 1주택인 경우도 과세함
주택과 부수토지 범위	- 주택 : 항상 주거용(사업을 위한 주거용인 경우는 제외함)으로 사용하는 건물 - 주택부수토지 범위 : 주택에 딸린 토지로 다음 ① ,② 중 넓은 면적이내의 토지 ① 건물의 연면적(지하층, 지상층의 주차장, 피난안전구역, 주민공동시설의 면적은 제외함) ② 건물 정착면적의 5배(도시지역 밖의 경우 10배)
고가주택	과세기간 종료일 또는 해당 주택의 **양도일 현재** 기준시가 12억원 **초과**하는 주택

주택수의 계산	① 다가구주택은 1개의 주택으로 보되, 구분 등기된 경우에는 각각을 1개의 주택으로 계산
	② 공동소유하는 주택은 지분이 가장 큰 사람의 소유로 계산(지분이 가장 큰 사람이 2명 이상인 경우로서 그들이 합의하여 그들 중 1명을 해당 주택 임대수입의 귀속자로 정한 경우에는 그의 소유로 계산). 다만, 다음의 어느 하나에 해당하는 사람은 공동소유의 주택을 소유하는 것으로 계산되지 않는 경우라도 그의 소유로 계산한다.
	  ㉠ 해당 공동소유하는 주택을 임대해 얻은 수입금액이 연간 6백만원 이상인 사람
	  ㉡ 해당 공동소유하는 주택의 기준시가가 12억원을 초과하는 경우로서 그 주택의 지분을 30% 초과 보유하는 사람
	③ 임차 또는 전세 받은 주택을 전대하거나 전전세하는 경우에는 당해 임차 또는 전세 받은 주택을 임차인 또는 전세 받은 자의 주택으로 계산
	④ 본인과 배우자가 각각 주택을 소유하는 경우에는 이를 합산. 다만, ②에 따라 공동소유의 주택 하나에 대해 본인과 배우자가 각각 소유하는 주택으로 계산되는 경우에는 다음에 따라 본인과 배우자 중 1명이 소유하는 주택으로 보아 합산한다.
	  ㉠ 본인과 배우자 중 지분이 더 큰 사람의 소유로 계산
	  ㉡ 본인과 배우자의 지분이 같은 경우로서 그들 중 1명을 해당 주택 임대수입의 귀속자로 합의해 정하는 경우에는 그의 소유로 계산

총수입 금액의 합계액	총수입금액의 합계액이란 주거용건물 임대업에서 발생한 수입금액의 합계액을 말한다.

2) 겸용주택의 경우 주택면적의 판단

주택과 부가가치세가 과세되는 사업용 건물을 함께 임대한 경우로서, 주택과 사업용 건물이 함께 설치된 경우는 아래의 방법으로 주택과 그 부수토지의 범위를 판단하며, 2인 이상에게 임대한 경우에는 임차인별로 판단한다.

구분	건물	부수토지*
① 주택면적＞사업용건물면적	전부 주택	전부 주택 부속토지
② 주택면적≤사업용건물면적	주택부분 외의 사업용 건물 부분은 주택으로 보지 않음	총 토지면적 × 주택부분면적 / 총 건물면적

* ①, ② 의 주택부수토지 중 건물연면적(지하층, 지상층의 주차장, 피난안전구역, 주민공동시설면적 제외)과 주택정착면적의 5배(도시지역 외 10배)중 큰 면적을 초과하는 부분은 주택부수토지로 보지 않는다.

3. 농·어민이 경영하는 축산·고공품(藁工品)제조·민박·음식물판매·특산물제조·전통차제조 및 그 밖에 이와 유사한 활동에서 발생한 소득 중 다음의 소득

① 농가부업 규모의 축산에서 발생하는 소득
② ① 외의 소득으로서 소득금액의 합계액이 연 3,000만원 이하인 소득

4. 수도권 밖의 읍·면지역에서 전통주를 제조함으로써 발생하는 소득으로서 소득금액의 합계액이 연 1천200만원 이하인 것

> ➕ 참고 농가부업소득과 전통주제조소득의 비교
>
> | 구분 | 농가부업소득 | 전통주제조소득 |
> |---|---|---|
> | 비과세대상 | 농·어민으로서 농가부업소득이 있는 자 | 수도권 밖의 읍·면지역에서 전통주를 제조하는 자 |
> | 비과세 범위 | 가축별 사육두수 이하 축산소득+소득금액 연 2,000만원 이하의 소득 | 소득금액 연 1,200만원 이하인 경우 |
> | 비과세 범위 초과시 | 초과분에 대해 과세 | 전액 과세 |
> | 두 개의 소득 함께 있는 경우 | 각각의 소득에 대하여 비과세범위판단 | |

5. 조림기간 5년 이상인 임지(林地)의 임목(林木)의 벌채 또는 양도로 발생하는 소득으로서 연 600만원 이하의 금액

사업소득 중 조림기간 5년 이상인 임지의 임목의 벌채 또는 양도로 발생하는 소득으로서 연 600만원 이하의 금액에 대하여는 소득세를 과세하지 않는다.

6. 작물재배업에서 발생하는 소득(작물재배업에서 발생하는 소득으로서 해당 과세기간의 수입금액의 합계액이 10억원 이하인 것)

7. 어로어업 또는 양식어업에서 발생하는 소득으로서 해당 과세기간 소득금액 합계액이 5천만원 이하인 소득

Ⅳ 사업소득금액의 계산

사업소득금액은 해당 과세기간의 총수입금액에서 이에 사용된 필요경비를 공제한 금액으로 하며, 필요경비가 총수입금액을 초과하는 경우 그 초과하는 금액을 "결손금"이라 한다.(소법 19 ②)

> 사업소득금액 = 총수입금액 - 필요경비

1. 총수입금액의 계산

거주자의 각 소득에 대한 총수입금액(총급여액과 총연금액을 포함)은 해당 과세기간에 수입하였거나 수입할 금액의 합계액으로 한다(소법 24 ①).

1) 총수입금액 및 총수입금액불산입

총수입금액산입	총수입금액불산입
① 매출액(매출할인, 매출에누리, 매출환입 및 사업자가 용역을 제공하고 받은 모집수당 등을 반환하는 경우 그 반환 금액을 제외) ② 거래상대방으로부터 받는 장려금 ③ 필요경비에 산입된 금액의 환입액 ④ 사업과 관련된 자산수증이익과 채무면제이익 ⑤ 확정급여형 퇴직연금제도의 보험차익 ⑥ 사업과 관련한 사업용 자산의 손실로 취득하는 보험차익 ⑦ 기타 위와 유사한 수입금액	① 소득세 및 개인지방소득세의 환급액 ② 자산수증이익 또는 채무면제이익 중 이월결손금 보전에 충당된 금액 ③ 이월된 소득금액 ④ 생산한 제품 등을 원재료 등으로 사용한 금액 ⑤ 국세·지방세 기타 과오납금의 환급금 가산금 ⑥ 부가가치세 매출세액, 개별소비세, 주세 및 교통·에너지·환경세

2) 총수입금액계산의 특례(간주임대료)

거주자가 부동산 또는 그 부동산상의 권리 등을 대여하고 보증금·전세금 또는 이와 유사한 성질의 금액(보증금 등)을 받은 경우에는 사업소득금액을 계산할 때에 간주임대료를 총수입금액에 산입(算入)한다. 다만, 주택[주거의 용도로만 쓰이는 면적이 1호(戶) 또는 1세대당 40제곱미터 이하인 주택으로서 해당 과세기간의 기준시가가 2억원 이하인 주택은 2026년 12월 31일까지는 주택 수에 포함하지 않음]을 대여하고 보증금등을 받은 경우란 다음의 어느 하나에 해당하는 경우를 말한다.

① **3주택 이상**을 소유하고 해당 주택의 **보증금등의 합계액이 3억원을 초과**하는 경우
② 2주택(해당 과세기간의 기준시가가 12억원 이하인 주택은 주택 수에 포함하지 않음)을 소유하고 해당 주택의 보증금등의 합계액이 3억원 이상의 금액으로서 대통령령으로 정하는 금액을 초과하는 경우
(2026.1.1. 이후 시행)

구분		계산방법
기장 신고	주택과 부수토지 임대	(보증금등 − 3억원)적수 × 60% × $\frac{1}{365}$ × 정기예금 이자율 − 해당과세기간의 임대사업부분에서 발생한 금융수익의 합계액**
	그 외	[보증금 적수 − 건설비 적수] × $\frac{1}{365}$ × 정기예금 이자율 − 해당과세기간의 임대사업부분에서 발생한 금융수익의 합계액**
추계 신고	주택과 부수토지 임대	[(보증금등 − 3억원) 적수] × 60% × $\frac{1}{365}$ × 정기예금 이자율
	그 외	보증금 등의 적수 × $\frac{1}{365}$ × 정기예금이자율

* 보증금 등을 받은 주택이 2주택 이상인 경우에는 보증금등의 적수가 가장 큰 주택의 보증금 등부터 순서대로 뺀다.
** 임대사업부분에서 발생한 금융수익이란 비치·기장한 장부나 증빙서류에 의하여 해당 임대보증금 등으로 취득한 것이 확인되는 금융자산으로부터 발생한 **수입이자와 할인료 및 배당금에 한하며**(법인세법과의 차이) 발생주의에 따른 금액을 의미한다.

사례 [1]

보증금에 대한 간주임대료 계산기간 등 (소집 25-53-5)

【거래 사례】

20x2년 귀속 거주자 정낙원씨의 사업소득(부동산임대업)금액의 계산

(1) 고가주택 임대보증금 20,000,000원, 월임대료 2,000,000원(임대기간 : 20x1.1.1.~20x2.12.31.)
(2) 상가건물임대 보증금 400,000,000원(20x2.8.10에 수령함), 월임대료 9,000,000원
    (임대기간 : 20x2.8.2.~20x3.8.1.)
    임대보증금 수령액 중 300,000,000원은 임대용건물을 취득하기 위하여 차입한 차입금을 상환하는데 사용하였고, 잔액에 대한 운용수익으로 500,000원의 이자소득과 3,000,0000원의 유가증권처분 이익이 발생하였다.
    ※ 임대용 건물의 총 건설비는 580,000,000원(이중 토지가액은 300,000,000원임) 1년 만기 정기예금이자율은 감안하여 국세청장이 정하는 이자율은 1.8%이며, 1년은 365일이라고 가정한다.
(3) 필요경비는 기장한 장부에 의하여 확인되며, 세무조정 후 금액은 37,400,000원이다.

【계산 방법】

☞ 사업(부동산임대업)의 소득금액 계산(-) : 31,999,506원

■ 사업소득(부동산임대업)의 총수입금액 계산 (① + ②) : 69,399,506원

① 주택임대 : 임대료 수입 2,000,000 × 12 = 24,000,000원

*3주택이상 보유자 중 전세보증금 3억원 초과분에 대해 간주임대료 계산

② 상가임대 : 45,399,506원

　㉠ 상가임대료 수입 : 9,000,000 × 5 = 45,000,000원

　㉡ 간주임대료 : 399,506원

　　근거 : (임대보증금적수[*1]-건설비적수[*2]) × 정기예금이자율[*3] × 1/365 - 금융수익[*4]
　　(60,800,000,000 - 42,560,000,000) × 1.8% × 1/365 - 500,000원 = 399,506원

　　[*1] : 400,000,000 × 152일(30 + 30 + 31 + 30 + 31) = 60,800,000,000
　　(보증금수령일자와 무관하게 임대개시일부터 적수를 계산함)
　　[*2] : 건설비상당액의 적수(토지가액을 제외함) 280,000,000 × 152일 = 42,560,000,000
　　[*3] : 이자율은 일별로 안분계산하지 아니하고 사업연도 종료일 현재의 이자율을 적용한다.
　　[*4] : 소득세법상 금융소득에는 유가증권처분이익은 포함하지 아니한다.

■ 필요경비 : 37,400,000원

2. 필요경비의 계산

1) 필요경비 계산의 원칙

(1) 수익비용 대응의 원칙

사업소득금액을 계산할 때 필요경비에 산입할 금액은 해당 과세기간의 총수입금액에 대응하는 비용으로서 일반적으로 용인되는 통상적인 것의 합계액으로 한다.(소법 27 ①)

(2) 권리의무 확정주의

해당 과세기간 이전에 발생한 수입에 대응하는 비용으로써 해당 과세기간에 확정된 부분에 대해서는 해당 과세기간 전에 비용으로 미계상한 부분에 대해서만 필요경비로 본다.

2) 필요경비 및 필요경비불산입(소령 55 ①)

필요경비산입	필요경비불산입
① 판매한 재고자산 원재료 매입가액과 부대비용 ② 종업원 인건비 및 종업원의 출산 또는 양육 지원을 위해 종업원에게 공통적으로 적용되는 지급기준에 따라 지급하는 금액(대표자 가족은 포함, 대표자는 제외) ③ 복리후생비(사업자 본인의 국민건강 보험료와 노인장기요양보험료 포함) ④ 거래상대방에게 지급하는 장려금 ⑤ 사업용 자산의 재해손실 ⑥ 복식부기의무자가 사업용 유형자산(양도소득세 과세대상 제외) 양도 시 양도 당시 해당 자산의 장부가액 ⑦ 기타 필요경비 ⑧ 사용자(자영업자·예술인·노무제공자 등) 본인의 고용·산재보험료	① 대표자 급여 ② 소득세, 개인지방소득세, 부가가치세 매입세액, 개별소비세, 주세 교통·에너지·환경세 ③ 임의적 부담금과 제재목적 부과한 공과금 ④ 벌금, 과료, 과태료, 징수불이행세액, 가산세, 가산금과 강제징수비 ⑤ 법정 자산 이외의 자산의 평가손실 ⑥ 기업업무추진비, 기부금, 지급이자, 업무용승용차 필요경비불산입 ⑦ 감가상각비 한도초과액 ⑧ 가사관련 경비

3) 이자비용의 필요경비산입 여부

사업용 고정자산의 취득에 직접 사용된 차입금에 대한 지급이자는 해당 사업용 고정자산의 취득일까지는 이를 자본적 지출로 하여 고정자산의 취득가액에 산입하며, 취득일 이후 발생 된 이자는 필요경비에 산입할 수 있다.

> **세부내용**
>
> **[1] 동일사업자 내부거래가액의 총수입금액불산입** (소집 26-0-3)
>
> 다음의 거래는 복수의 사업장을 가진 동일 사업자의 내부거래에 해당하는 것으로 총수입금액에 불산입한다.
> ① 제조장과 별도로 직매장을 설치하여 경영하는 사업자가 자기제조장에서 생산한 제품을 판매하기 위하여 직매장에 반출하는 경우
> ② 하나의 임가공사업장에서 제조 또는 가공한 물품을 다른 제조사업장에서 제품을 완성하기 위하여 반출하는 경우
> ③ 하나의 사업장을 폐업하여 판매되지 아니한 재고상품을 타인에게 직접 판매할 목적으로 다른 사업장으로 이전하는 경우
>
> **[2] 매매계약 해지로 부담한 위약금의 필요경비 해당여부** (소집 27-55-2)
>
> ① 부동산임대업자가 임대계약을 위약하여 임차인이 부담한 실내장식비·이사비용 등으로 지급하는 실제 비용상당액은 필요경비에 산입할 수 있으나 임대용 상가 매매계약의 해지로 인한 위약금은 부동산임대소득의 총수입금액에 대응되지 않아 필요경비에 산입할 수 없다.
> ② 부동산매매업을 경영하는 거주자가 판매용 상가의 매매계약의 해제와 관련하여 부담한 위약금은 필요경비에 해당한다.
>
> **[3] 토지 취득과 관련된 부수비용 등의 필요경비**
>
> ① 주택의 신축분양과 관련하여 지출하는 관리대행 용역비는 그 제공받은 용역의 구체적 내용에 따라 자산의 취득가액 또는 총수입금액에 대응하는 필요경비에 산입하는 것이며, 주택의 신축을 위해 매입한 토지 위의 기존건물 철거비용은 해당 토지의 취득원가에 포함한다.
> ② 토지를 매입하여 공장용지로 개발·분할·매각하는 과정에서 필수적으로 공동 사용도로에 편입되어 소유권의 행사가 불가능하게 된 토지의 가액과 도로공사 비용은 부동산매매업의 필요 경비에 산입할 수 있다.
> ③ 자기소유의 토지상에 새로운 건축물을 건축하기 위하여 기존 건축물을 철거하는 경우 기존 건축물의 장부가액과 철거비용은 새로운 건축물에 대한 자본적지출로 하여 새로운 건축물의 취득원가에 산입한다.

4) 업무용승용차 관련비용 등의 필요경비불산입 특례

(1) 개요

복식부기의무자가 해당 과세기간에 업무에 사용한 「개별소비세법」 과세대상에 해당하는 승용자동차(운수업, 자동차판매업 등에서 사업에 직접 사용하는 승용자동차는 제외하며, 이하 "업무용승용차")를 취득하거나 임차하여 해당 과세기간에 필요경비로 계상하거나 지출한 감가상각비*, 임차료, 유류비 등의 비용(이하 "업무용승용차 관련비용") 중 업무용 사용금액(이하 "업무사용 금액")에 해당하지 않는 금액은 해당 과세기간의 사업소득금액을 계산할 때 필요경비에 산입하지 않는다(소법 33의2 ①).

※ 업무용승용차는 차량별 감가상각비가 정액법을 상각방법으로 하고, 내용연수를 5년으로 하여 계산한 상각범위액이 되도록 감가상각비를 계상하여야 한다.

① 업무용승용차

업무용승용차란 다음 중 어느 하나에 해당하는 승용자동차를 말한다(소령 78의3 ①).

㉠ 운수업, 자동차판매업, 자동차임대업(렌트회사), 시설대여업(리스회사), 운전학원업 등에서 사업상 수익 창출을 위해 직접적으로 사용하는 승용차
㉡ ㉠과 유사한 승용자동차로서 기획재정부령으로 정하는 것

② 업무용승용차 관련비용

업무용승용차 관련비용이라 함은 업무용승용차에 대한 감가상각비, 임차료, 유류비, 수선비, 자동차세, 통행료, 금융리스 부채에 대한 이자비용 등 업무용승용차를 취득하거나 유지함에 따른 비용을 말한다(소령 78의3 ③).

③ 업무사용금액

업무사용 금액이라 함은 업무용승용차 관련비용에 업무사용비율 곱한 금액을 말한다. 다만, 성실신고확인대상사업자, 의료업, 수의업, 약사업 및 「부가가치세법 시행령」에 따른 전문자격사 사업을 영위하는 사람이 업무용승용차를 보유하거나 임차한 경우 해당 업무용승용차(사업자별로 1대는 제외하며, 공동사업장의 경우는 1사업자로 보아 1대를 제외)에 대하여는 다음의 구분에 따른 금액을 말한다.(소령 78의3 ④).

㉠ 해당 과세기간 전체 기간(임차한 승용차의 경우 해당 과세기간 중에 임차한 기간) 동안 해당 사업자, 그 직원 등 기획재정부령으로 정하는 사람이 운전하는 경우만 보상하는 자동차 보험(이하 "업무전용자동차보험")에 가입한 경우: 업무사용비율 금액
㉡ 업무전용 자동 차보험에 가입하지 않은 경우: 업무사용비율 금액의 50%

④ 업무용자동차보험 가입 인정 범위

업무전용자동차보험에 가입한 것으로 보는 범위는 다음의 구분에 따른다(소령 78의3 ⑫).

㉠ 임차 승용차로서 해당 사업자, 그 직원 등 기획재정부령으로 정하는 사람을 운전자로 한정하는 임대차 특약을 체결한 경우에는 업무전용자동차보험에 가입한 것으로 본다.
㉡ 해당 과세기간 전체기간(임차한 승용차의 경우 해당 과세기간 중에 임차한 기간) 중 일부기간만 업무전용자동차보험에 가입한 경우 업무 사용금액은 다음의 계산식에 따라 산정한 금액으로 한다.

$$\text{업무용승용차 관련비용} \times \text{업무사용비율} \times \frac{\text{해당 사업연도에 실제로 업무전용자동차보험에 가입한 일수}}{\text{해당 사업연도에 업무전용자동차보험에 의무적으로 가입하여야 할 일수}}$$

(2) 한도초과액의 이월대상 금액

위 규정을 적용할 때 업무사용금액 중 다음의 구분에 해당하는 비용이 해당 과세기간에 각각 800만원*을 초과하는 경우 그 초과하는 금액(이하 "감가상각비 한도초과액")은 해당 과세기간의 필요경비에 산입하지 않고 이월하여 필요경비에 산입한다(소법 33의2 ②).

① 업무용승용차별 연간 감가상각비 × 업무사용비율

② 업무용승용차별 연간 임차료 중 감가상각비 상당액(업무용승용차 임차료 중 보험료와 자동차세 등을 제외한 금액으로서 기획재정부령으로 정하는 금액) × 업무사용비율

* 해당 과세기간이 1년 미만이거나 과세기간 중 일부 기간 동안 보유하거나 임차한 경우에는 800만원에 해당 보유기간 또는 임차기간 월수를 곱하고 이를 12로 나누어 산출한 금액을 말한다.

(3) 한도초과액 이월방법

감가상각비 한도초과액은 다음의 방법에 따라 이월하여 필요경비에 산입하는 것을 말한다(소령 78의3 ⑧, ⑩).

① 감가상각비 이월액 : 해당 과세기간의 다음 과세기간부터 해당 업무용승용차의 업무 사용금액 중 감가상각비가 800만원에 미달하는 경우 그 미달하는 금액을 한도로 하여 필요경비로 추인한다.

② 감가상각비 상당액 이월액 : 해당 과세기간의 다음 과세기간부터 해당 업무용승용차의 업무사용금액 중 차량 임차료 등 감가상각비 상당액이 800만원에 미달하는 경우 그 미달하는 금액을 한도로 필요경비에 산입한다.

③ 복식부기의무자가 업무용승용차를 처분하여 발생하는 손실로서 업무용승용차별로 8백만원을 초과하는 금액은 해당 과세기간의 다음 과세기간부터 800만원을 균등하게 필요경비에 산입한다.

(4) 명세서 및 운행기록부의 제출

① 운행기록부의 작성, 비치 및 제출

업무용승용차 관련비용 등의 필요경비산입을 적용받으려는 사업자는 업무용승용차별로 운행기록부를 작성하여 비치하여야 하며, 납세지 관할 세무서장이 요구할 경우 이를 즉시 제출하여야 한다. 운행기록부를 작성·비치하지 않은 경우 해당 업무용승용차의 업무사용비율은 다음에 따른 비율로 한다(소령 78의3 ⑦).

㉠ 해당 과세기간의 업무용승용차 관련비용이 1,500만원* 이하인 경우: 100%

㉡ 해당 과세기간의 업무용승용차 관련비용이 1,500만원을 초과하는 경우: 1,500만원을 업무용승용차 관련비용으로 나눈 비율

* 해당 과세기간이 1년 미만이거나 과세기간 중 일부 기간 동안 보유하거나 임차한 경우에는 1천만원에 해당 보유기간 또는 임차기간 월수를 곱하고 이를 12로 나누어 산출한 금액을 말한다.

② 명세서 등의 제출

복식부기의무자가 업무용승용차 유지비용 또는 처분손실을 필요경비에 산입한 경우에는 과세표준의 신고와 함께 기획재정부령으로 정하는 업무용승용차 관련비용등 명세서를 첨부하여 납세지 관할 세무서장에게 제출하여야 한다(소령 78의3 ⑪).

5) 기부금의 필요경비불산입(소법 34)

(1) 기부금의 필요경비산입한도

"기부금"이란 사업자가 사업과 직접적인 관계없이 무상으로 지출하는 금액(실질적으로 증여한 것으로 인정되는 금액을 포함)을 말한다. 기부금 종류별 필요경비산입한도액은 다음과 같이 계산한다.

① 정치자금기부금(조특법 76), 고향사랑기부금(조특법 58) 및 특례기부금 한도액

  (해당 과세기간의 소득금액* - 이월결손금) × 100%

  * 해당 과세기간의 소득금액 : 기부금을 필요경비에 산입하기 전의 소득금액을 말한다(이하 동일).

② 우리사주조합기부금 한도액(조특법 88의 4 ⑬)

  (해당 과세기간의 소득금액 - 이월결손금 - 정치자금기부금 - 고향사랑기부금 - 특례기부금) × 30%

③ 일반기부금

  ㉠ 종교단체에 기부한 금액이 있는 경우 한도액

  (해당 과세기간의 소득금액 - 기부금 등 합계액**) × 10% + 다음 ⓐ, ⓑ 중 적은 금액

  ⓐ (해당 과세기간의 소득금액 - 기부금 등 합계액) × 20%,

  ⓑ 종교단체 외에 지급한 금액

  ㉡ 종교단체에 기부한 금액이 없는 경우 한도액

  (해당 과세기간의 소득금액 - 기부금등의 합계**) × 30%

  ** 기부금등 합계액 : 이월결손금, 정치자금기부금, 고향사랑기부금, 특례기부금 및 우리사주조합기부금의 합계액을 말하며, 공제할 때 이월결손금, 정치자금기부금, 고향사랑기부금, 특례기부금 및 우리사주조합기부금의 순서로 공제한다.

(2) 의제기부금 등의 필요경비불산입

다음에 해당하는 금액은 기부금으로 보며 필요경비에 산입하지 않는다.

① 사업자가 특수관계 있는 자가 아닌 자에게 사업과 직접 관계없이 무상으로 지출하는 재산적 증여의 가액

② 특수관계 있는 자가 아닌 자에게 정당한 사유없이 자산을 정상가액보다 낮은 가액으로 양도하거나 정상가액보다 높은 가액으로 매입함으로써 그 차액 중 실질적으로 증여한 것으로 인정되는 금액. 이 경우 정상가액은 시가에 시가의 30%를 가감한 범위내의 가액으로 한다.

(3) 자원봉사용역의 경우

「재난 및 안전관리 기본법」에 따른 특별재난지역을 복구하기 위하여 자원봉사를 한 경우 특례기부금 가액은 다음에 따라 계산한 금액의 합계액으로 한다(소령 81 ⑤).

① 총 봉사시간 ÷ 8시간 × 8만원을 곱한 금액(소수점 이하의 부분은 1일로 보아 계산. 이 경우 개인사업자의 경우에는 본인의 봉사분에 한한다.

② 당해 자원봉사용역에 부수되어 발생하는 유류비·재료비 등 직접비용 : 제공할 당시의 시가 또는 장부가액 다만, 자원봉사용역 제공장소로의 이동을 위한 유류비는 제외한다.

(4) 기부금 한도초과액의 이월공제(소법 34 ③)

기부금의 필요경비산입한도액을 초과하여 필요경비에 산입하지 아니한 금액은 해당 과세기간의 다음 과세기간 개시일부터 다음의 해당 이월공제 기간 이내에 끝나는 각 과세기간에 이월하여 필요경비에 산입할 수 있다. 또한 이월공제대상 기부금과 해당 과세기간에 지출한 기부금이 함께 있는 경우 해당 과세기간 지출한 기부금을 우선하여 필요경비에 산입한다.

구분	이월공제 기간	대상자	비고
일반기부금	10년	개인사업자	2010년 1월 1일 이후 지출분부터 이월공제기간 연장
특례기부금	10년		

(5) 기부금 공제대상 인적범위

특례기부금과 일반기부금을 필요경비산입 시 기본공제대상자인 배우자와 직계비속(다른 거주자의 기본공제를 적용받는 사람은 제외)이 지급한 기부금을 포함한다.

(6) 법인세법상 기부금과의 차이

① 기부금 항목의 구분 차이

기부금 종류	한도액	법인세법 상 한도
(1) 정치자금기부금, 고향사랑기부금 및 특례기부금	한도액 = (해당 과세기간의 소득금액 주1) − 이월결손금) ×100% 주1) 해당 과세기간의 소득금액 : 기부금을 필요경비에 산입하기 전 외 소득금액을 말한다(이하 동일)	50%
(2) 우리사주조합기부금	한도액 = (해당 과세기간의 소득금액 − 이월결손금 − 정치자금기부금 − 고향사랑기부금 − 특례기부금) ×30%	30%
(3) 일반기부금	① 종교단체에 기부한 금액이 있는 경우 한도액 = (해당 과세기간의 소득금액−기부금등 합계액 주2) × 10% + 다음 ㉠, ㉡ 중 적은 금액 【㉠(해당과세기간의 소득금액−기부금등 합계액)× 20%, ㉡종교단체 외에 지급한 금액】 ② 종교단체에 기부한 금액이 없는 경우 한도액 = (해당 과세기간의 소득금액 − 기부금등의 합계 주2)) ×30% 주2) 기부금등 합계액 : 이월결손금, 정치자금기부금, 고향사랑기부금, 특례기부금 및 우리사주조합기부금의 합계액을 말하며, 공제할 때 이월결손금, 정치자금기부금, 고향사랑기부금, 특례기부금, 우리사주조합기부금 및 일반기부금의 순서로 공제한다.	10%(30%)

* 개인이 정당(후원회 및 선거관리위원회 기탁 포함)에 기부한 것으로 10만원 이내의 금액은 100/110에 해당하는 금액을 세액공제한다. 이 경우 공제율을 100% 대신 100/110으로 하는 것은 지방소득세가 환급되는 효과를 방지하기 위함이다. 예를 들어 공제율을 100%로 하게 되면 10만원을 기부하고 주민세 포함하여 11만원을 공제받게 되므로 이를 방지하기 위하여 공제율을 100/110으로 한다.

** 고향사랑기부금이란 거주자가 「고향사랑기부금에 관한 법률」에 따라 고향사랑기부금을 지방자치단체에 기부한 경우 해당 금액을 말하며, 10만원 이하의 금액을 기부한 경우 110분의 100을, 10만원 초과 5백만원 이하의 금액을 기부한 경우 10만원 × 100/110 + (고향사랑기부금 - 10만원) × 15%를 적용한 금액을 지출한 해당 과세연도의 종합소득산출세액에서 공제하며, 10만원을 초과하는 금액에 대해서는 이월결손금을 뺀 후 소득금액의 범위에서 손금에 산입한다.
*** 우리사주조합기부금의 경우 우리사주조합원을 제외한 거주자가 우리사주조합에 기부한 경우 적용한다.

② 손금산입 한도율의 차이

기부금 항목		법인에 대한 한도율	개인에 대한 한도율
특례기부금		50%	100%
우리사주조합기부금		30%	30%
일반기부금	원칙	10%(사회적기업 20%)	30%
	종교단체에 대한 기부금	10%	10%

6) 필요경비 귀속연도(소법 48)

거래형태	수입시기
(1) 상품·제품 또는 기타 생산품의 판매	그 상품 등을 인도한 날
(2) 위에 해당하지 않는 자산(주택신축판매업의 주택과 부동산매매업의 부동산 포함)의 매매	대금을 청산한 날. 단, 대금청산 전에 소유권 등을 이전등기·등록하거나 당해 자산을 사용수익 하는 경우에는 그 등기·등록일 또는 사용수익일
(3) 상품 등의 시용판매	상대방이 구입의 의사를 표시한 날. 단, 일정기간 내에 반송하거나 거절의 의사를 표시하지 않는 한 특약이나 관습에 의하여 그 판매가 확정되는 경우에는 그 기간의 만료일
(4) 상품 등의 위탁판매	수탁자가 그 위탁품을 판매하는 날
(5) 장기할부조건에 의한 상품 등의 판매	① 원칙 : 그 상품 등을 인도한 날 ② 예외 : 회수기일도래 기준에 의한 회계처리 및 현재가치평가에 의한 회계처리도 인정
(6) 건설·제조 기타 용역의 제공	① 장기건설 등(계약기간 1년 이상) : 작업진행율 기준. 단, 건설 등의 필요경비 총누적액을 확인할 수 없는 경우에는 용역제공을 완료한 날 또는 목적을 인도한 날 ② 단기건설 등(계약기간 1년 미만) : 용역제공을 완료한 날 또는 목적물을 인도한 날. 단, 사업자가 작업진행률 기준에 의하여 회계처리를 한 경우에는 작업진행율 기준으로 처리 가능
(7) 인적용역의 제공	용역대가를 지급하기로 한날 또는 용역의 제공을 완료한 날 중 빠른 날
(8) 무인판매기에 의한 판매	사업자가 무인판매기에서 현금을 인출하는 때
(9) 어음의 할인	그 어음의 만기일. 단, 만기 전에 어음을 양도하는 때는 양도일

거래형태	수입시기
(10) 금융보험업에서 발생하는 이자 및 할인액	실제로 수입되는 날
(11) 자산의 임대로 인하여 발생하는 소득	지급일이 정하여진 것은 그 정해진 날, 지급일이 정해지지 않은 것은 그 지급을 받은 날

> **세부내용**
>
> 미분양주택을 가사용으로 소비하는 경우의 수입시기 (소집 25-0-1)
> ① 주택신축판매업자가 폐업시점에 판매하지 아니한 주택을 가사용으로 소비하거나 종업원 또는 타인에게 지급한 경우에는 이를 소비 또는 지급한 때의 가액을 그 소비일 또는 지급일이 속하는 연도의 사업소득 총수입금액에 산입하며, 그 이후에 해당 주택을 양도하고 받는 대가는 양도소득에 해당한다.
> ② 주택신축판매업자가 폐업시점에 그 주택을 가사용으로 소비하거나 종업원 또는 타인에게 지급한 경우 외의 경우에는 이를 처분한 때의 가액을 그 처분일이 속하는 연도의 사업소득 총수입금액에 산입한다.

V 사업소득의 과세방법

1. 종합과세

사업소득은 예외 없이 모두 종합소득과세표준에 합산된다. 즉 사업소득 중 분리과세 되는 소득은 없으며, 사업소득의 원천징수는 모두 예납적 원천징수의 성격을 지니고 있다.

2. 공동사업합산과세

사업소득 중 생계를 같이하는 특수관계자가 공동으로 사업을 경영하는 경우로서 실제 수익분배 내역이 공동사업 지분율과 다르고 그 내용이 조세를 회피하기 위한 경우라고 판단되는 경우에는 주된 소득자의 소득으로 합산된다. 그러나 공동사업이 아닌 경우에는 가족 간 또는 배우자 간에도 합산되지 않는다.

3. 원천징수

사업소득 중 부가가치세 면세대상인 인적용역소득에 대하여는 원천징수의무가 있다. 이때의 원천징수는 예납적 원천징수이다. 그러나 보험모집수당이나 방문판매 수당, 음료품 배달수당 등 사업소득세의 연말정산 대상 소득에 대하여는 해당 소득만 있는 경우에 한하여 과세표준확정신고를 하지 않을 수 있다.

> **세부내용**

[1] 이자채권포기시 총수입금액의 계산 (소집 24-51-4)

대여금 채권자가 담보권실현으로 이자채권의 실현이 가능하였음에도 대여원금이나 이자채권의 일부를 스스로 포기함으로써 실질적으로 이자를 받은 것이 아닌 경우도 대여금의 이자채권은 그 실현가능성이 확정된 것으로 본다. 따라서 채권자가 약정이자를 포기하였다 하더라도 이는 「소득세법」상 이미 확정된 청구권의 포기여서 과세대상에서 제외되지 않는다.

[2] 사업용 고정자산 처분에 따른 차손익 등의 총수입금액불산입 (소집 24-0-2)

① 복식부기의무자가 사업용 유형자산(「소득세법」에 따른 양도소득에 해당하는 경우 제외)을 양도하는 경우 양도가액을 총수입금액에 산입하고, 유형자산의 양도 당시 장부가액을 필요경비에 산입한다.
② 축산업을 영위하는 사업자가 자돈을 생산할 목적으로 사육하는 종돈은 사업용 고정자산에 해당 되는 것으로 이에 대한 감가상각은 「법인세법 시행규칙」별표 6의 업종별자산의 기준내용연수 및 내용연수범위표를 적용하여 계산하며 해당 사업자가 종돈으로 사용하던 돼지를 판매하고 얻은 수입금액은 축산업의 총수입금액에 산입한다.

[3] 성공보수지급조건부 수임료의 수입시기 (소집 24-48-4)

① 변호사가 수임받은 사건에 대한 소송수행 용역을 제공하고 받는 대가의 수입시기는 약정에 의하여 용역대가를 지급받기로 한 날 또는 용역의 제공을 완료한 날 중 빠른 날로 한다.
② 변호사가 소송사무를 위임받으면서 수임사건이 승소로 확정되었을 때 승소금액의 일정비율 부분을 보수로 받기로 약정한 경우 소가 확정된 날을 수입시기로 본다.

[4] 부동산임대업에서 발생하는 소득의 총수입금액 계산 (소집 24-51-5)

① 사업자가 부동산을 임대하고 임대료 외에 유지비나 관리비 등의 명목으로 지급받는 금액이 있는 경우에는 전기료·수도료 등의 공공요금을 제외한 청소비·난방비 등은 부동산임대업에서 발생하는 소득의 총수입금액에 산입하는 것이며, 전기료·수도료 등의 공공요금의 명목으로 지급받은 금액이 공공요금의 납부액을 초과할 때 그 초과하는 금액은 부동산임대업 소득의 총수입금액에 산입한다.
② 청소·난방 등의 사업이 부동산임대업과 객관적으로 구분되는 경우(청소·난방 등의 사업을 독립적으로 운영하면서 자기소유 건물의 세입자에게 청소·난방 등의 용역을 제공하는 경우)에는 청소관련 수입금액은 사업시설관리 및 사업지원 서비스업 중 건물·산업설비 청소업, 난방 관련 수입금액은 전기·가스·증기 및 수도사업 중 증기, 냉온수 및 공기조절공급업의 총수입금액에 산입한다.
③ 부동산임대업자가 임대료 외에 장래에 발생할 수 있는 피해에 따른 분쟁을 사전에 방지하고자 임차인으로부터 지급받는 금액 등은 부동산임대업에서 발생하는 소득의 총수입금액에 산입한다.

[5] 임차인이 부담한 건물 수리비 등의 총수입금액산입여부 (소집 24-51-6)

① 부동산임대사업자가 임차인으로부터 반환의무 없이 받는 시설비는 총수입금액에 산입하는 것이며, 해당 시설비로 취득하는 임대사업용 시설물(건축물은 제외)은 업종별 자산의 기준내용연수에 따라 감가상각비를 계산하여 필요경비에 산입한다.
② 임차인이 임대차계약에 의하여 부담한 자본적 지출에 해당하는 건물 수리비 등은 임차인의 선급비용에 해당하며, 임대인은 해당 자본적지출액 상당액을 해당 임대자산의 원본에 가산하여 감가상각함과 동시에 선수임대료로 계상한 건물 수리비 등 상당액을 임대기간에 안분하여 총수입 금액에 산입한다.

Ⅵ 소득세법상 사업소득과 법인세법상 각 사업연도 소득의 비교

1. 개 요

구분	내용
사업소득	거주자의 종합소득 중 사업활동에 의하여 획득하는 소득
각사업연도 소득	법인이 존속 중에 사업활동을 통하여 획득하는 소득

2. 차이 원인

구분	소득세법상의 사업소득	법인세법상의 각사업연도 소득
1. 소득개념 차이	소득원천설에 따라 사업과 관련된 수익과비용만을 총수입금액과 필요경비에 산입한다.	순자산증가설에 의하여 순자산증가액을 익금에, 순자산감소액을 손금에 산입한다.
2. 과세방법 차이	열거주의 과세방법을 택함으로써 사업소득으로 열거한 것만 포함되고 그 외의 것은 포함하지 아니한다(일부 유형별 포괄주의 채택).	포괄주의 과세방법을 택함으로써 소득을 종류별로 구분하지 아니하고 모든 소득을 각 사업연도 소득에 포함하여 종합과세한다.
3. 개인과 법인의 차이	사업소득은 대표자 자신의 소득이고 고용관계에 있지 아니하므로 대표자의 인건비나 퇴직급여충당금 등은 필요경비의 대상이 되지 않는다.	법인과 법인의 대표이사와는 별개의 인격체이고 대표이사는 위임관계에 의하여 근로를 제공하므로 대표이사의 인건비 등은 원칙적으로 손금대상이다.

3. 차이 내용

1) 과세소득의 범위와 과세방법상의 차이

항목	소득세법상 사업소득	법인세법상 각사업연도 소득
이자소득·배당소득·기타소득·양도소득	사업소득에 해당하지 않음.	각사업연도소득에 포함됨.
농업 중 작물재배에서 발생하는 소득	해당 과세기간의 수입금액의 합계액이 10억원 이하인 경우에는 사업소득에서 제외	각사업연도소득에 포함. 단, 농업소득세(지방세)를 기납부세액으로 공제함.
결손금의 통산	사업소득의 결손금을 다른 종합소득에서 통산함으로써 종합소득금액에서 공제됨.	원천을 구분하지 않으므로 해당사항 없음.
이월결손금공제	종합소득에서 공제함.	각사업연도소득에서 공제함.

항목	소득세법상 사업소득	법인세법상 각사업연도 소득
대손충당금	대여금에 대하여 설정 불가, 설정률은 1%와 대손실적률 중 큰 비율로 함	대여금에 대하여 설정가능. 설정률은 1%와 대손실적률 중 큰 비율로 함.
유가증권처분손익과 고정자산 처분손익	총수입금액·필요경비불산입(단 복식부기의무자의 경우는 제외)	익금·손금에 산입.
자산평가차익	총수입금액불산입	보험업법 등 법률에 의한 평가차익, 합병·분할평가차익, 화폐성회외화자산·부채의 평가차익, 증권투자회사의 유가증권 평가차익, 유동화전문회사의 통화스왑계약 평가차익은 익금산입하고 그 외의 것은 익금불산입.
양도자산의 시부인	시부인함(월할상각)	시부인하지 않음
양도자산의 상각부인액	세무조정없이 유보금액을 소멸시킴	손금산입(△유보)
양도자산의 시인부족액	소멸시킴	소멸시킴
시설개체 등으로 인한 생산설비폐기손실	폐기시에는 필요경비불산입하고, 처분시 장부가액에서 처분가액을 차감한 금액을 필요경비에 산입	폐기시에는 장부가액에서 1,000원을 차감한 금액을 손금산입하고 처분시에는 1,000원을 손금산입
자산수증익과 채무면제익	• 사업과 관련이 있으면 총수입금액에 산입하되 이월결손금 보전에 충당한 경우에는 총수입금액불산입 • 사업과 관련이 없는 경우에는 총수입금액에 불산입함(증여세가 과세됨).	익금산입하되 이월결손금 보전에 충당한 경우에는 익금불산입
보험차익	• 사업용자산의 멸실·손괴로 인한 보장성보험차익, 단체퇴직보험의 보험차익은 총수입금액에 산입 • 일반보장성보험 보험차익은 미열거소득이고 저축성보험의 보험차익은 이자소득(7년 미만) 또는 미열거소득(7년 이상)임.	모든 보험차익을 익금산입
비과세소득	사업소득금액 계산시 공제	과세표준 계산시 각사업연도 소득금액에서 공제
조세특례제한법상의 준비금·일시상각충당금	결산조정만 가능	결산조정 또는 신고조정 가능
부가가치세법상의 간주공급	• 개인적공급, 사업상증여 : 총수입금액 • 자가공급, 폐업시잔존재화 : 총수입금액 아님	법인세법상의 익금에 해당하지 않음. 단 개인적공급의 경우 부당행위계산부인 대상이면 익금에 산입됨
기업업무추진비 한도	사업장별 한도산출	법인전체의 한도산출

항목	소득세법상 사업소득	법인세법상 각사업연도 소득
기 부 금	사업소득금액 또는 종합소득금액 계산시 공제	각사업연도 소득계산시 공제. 정치자금을 기부할 수 없음
일반기부금한도	30%(종교단체기부금은 10%)	10%(사회적기업은 20%)
사립대학장학금	특례기부금	특례기부금

2) 개인과 법인의 차이

구 분	소득세법상 사업소득	법인세법상 각사업연도 소득
대표자 인건비	대표자 인건비(급여·상여·퇴직금)는 전액 필요경비불산입 대표자인 사업자 자신의 건강보험료는 손금산입함	① 대표자 급여 : 손금산입 ② 대표자 상여금 : 손금산입. 단, 급여 지급기준초과지급액은 손금불산입 ③ 출자임원 건강보험료 : 손금산입 ④ 출자임원 퇴직금 : 한도내 손금산입
퇴직급여충당금	대표자에 대해 퇴직급여충당금을 설정할 수 없음.	출자임원을 포함한 모든 임직원에 대해 설정 가능
가지급금인정이자	대표자의 자금인출은 출자금의 반환이므로 인정이자 계산대상이 아님	출자자 등에 대한 업무무관가지급금은 인정이자 계산 대상임
일시상각충당금 또는 압축기장충당금	(2종) 국고보조금·보험차익	(7종) 국고보조금·공사부담금·보험차익·합병평가차익·분할평가차익·자산교환차익
손금산입특례	결산조정만 가능	결산조정·신고조정 선택가능(조특법상준비금, 일시상각충당금)
가사관련경비	필요경비불산입	(규정없음)(지출시 손금불산입)
소득처분	미규정(실무상 "유보"처분은 관리하고 있음)	① 사외유출 - 배당·상여·기타소득·기타사외유출 ② 사내유보 - 유보, △유보
지급이자의 손금불산입(필요경비불산입)	① 채권자 불분명 사채이자 ② 건설자금 이자 ③ 초과인출금 이자 ④ 업무무관차입금이자	① 채권자 불분명 사채이자 ② 비실명 채권·증권이자 ③ 건설자금 이자 ④ 업무무관자산 등 이자
배당소득이중과세조정	해당사항 없음(배당세액공제)	수입배당금 익금불산입
적용세율	7단계 초과누진세율 적용	4단계 초과 누진세율 적용

제4절 근로소득

I 개요

1. 근로소득의 의의

근로소득이란 근로의 제공에 대한 반대급부로 받는 대가로서 근로조건의 내용을 이루는 급여를 말하며 명칭에 관계없이 고용관계 기타 이와 유사한 계약에 의하여 근로를 제공하고 지급받는 봉급·상여·수당 등 모든 대가를 말한다. 근로소득과 타 소득을 구분하는 가장 본질적인 속성은 근로자의 종속성을 들 수 있으며 보통은 고용계약에 의하여 그 법률관계가 성립되지만, 회사의 이사나 감사와 같이 위임계약이나 공무원과 같이 공법상의 근로관계에 의하여 성립될 수도 있다.

II 근로소득의 종류

1. 원천징수 여부에 따른 구분(국내 근로소득과 국외 근로소득)

1) 원천징수 대상 근로소득(국내근로소득)

국내에서 거주자나 비거주자에게 다음에 해당하는 근로소득을 지급하는 자는 그 거주자나 비거주자에 대한 소득세를 원천징수 하여야 한다.
① 근로를 제공함으로써 받는 봉급·급료·보수·세비·임금·상여·수당과 이와 유사한 성질의 급여
② 법인의 주주총회·사원총회 또는 이에 준하는 의결기관의 결의에 따라 상여로 받는 소득
③ 「법인세법」에 따라 상여로 처분된 금액
④ 퇴직함으로써 받는 소득으로서 퇴직소득에 속하지 않는 소득
⑤ 종업원 등 또는 대학의 교직원이 지급받는 직무발명보상금(기타소득으로 과세되는 직무발명보상금은 제외)

2) 원천징수 제외대상 근로소득(국외근로소득)

다음 중 어느 하나에 해당하는 소득은 원천징수 대상 근로소득의 범위에서 제외한다.
① 외국기관 또는 우리나라에 주둔하는 국제연합군(미군은 제외)으로부터 받는 근로소득
② 국외에 있는 비거주자 또는 외국법인(국내지점 또는 국내영업소는 제외)으로부터 받는 근로소득. 다만, 비거주자의 국내사업장과 「법인세법」에 따른 외국법인의 국내사업장의 국내원천소득금액을 계산할 때 필요경비 또는 손금으로 계상되는 소득은 제외한다.

2. 근무기간 및 과세방식에 따른 구분(일반근로자와 일용근로자)

일용근로자란 근로를 제공한 날 또는 시간에 따라 급여를 계산하거나 근로를 제공한 날 또는 시간의 근로성과에 따라 급여를 계산하여 받는 자로서 근로계약에 따라 일정한 고용주에게 3개월 이상(건설공사에 종사하는 자는 1년 이상) 계속 고용되어 있지 않은 업무 종사자를 말한다.(소령 20) 일반근로자는 일용근로자 이외의 자를 의미하며 일용근로자가 근로소득을 종합소득과세표준에 합산하지 않고 원천징수로써 납세의무를 종결하는 반면 일반근로자는 근로소득을 종합소득과세표준에 합산하여 과세한다.

〈인적용역을 제공하고 획득하는 소득원천의 분류〉

독립적 신분으로 제공	일시적 제공	기타소득		
	계속적 제공	사업소득		
종속적 신분으로 제공	일시적 제공	근로소득으로 과세하되 일용직 근로소득으로 분류하여 과세		
	계속적 제공	재직중에 지급받는 경우	근로소득으로 과세하되 일반 근로소득으로 분류하여 과세	
		퇴직후에 지급받는 경우	일시불로 받는 경우	퇴직소득
			연금형태로 받는 경우	연금소득

III 근로소득의 범위

근로소득이란 명칭 여하에 불구하고 고용관계, 기타 유사한 계약에 의하여 근로를 제공하고 지급받는 모든 대가를 말한다.(소령 38 ①) 근로소득은 그 지급된 금액의 명목이 아니라 성질에 따라 결정되어야 할 것으로서, 그 금액의 지급이 근로의 대가가 될 때는 물론이고 근로를 전제로 그와 밀접히 관련되어 근로조건의 내용을 이루고 규칙적으로 지급되는 것이라면 근로소득에 해당한다.

1. 근로소득에 포함되는 것

구 분	근로소득의 범위
(1) 급여 등	① 근로를 제공함으로써 받는 봉급·급료·보수·세비·임금·상여·수당과 이와 유사한 성질의 급여
	② 법인의 주주총회·사원총회 또는 이에 준하는 의결기관의 결의에 따라 상여로 받는 소득
	③ 「법인세법」에 따라 상여로 처분된 금액
	④ 근로수당·가족수당·전시수당·물가수당·출납수당·직무수당 기타 이와 유사한 성질의 급여
	⑤ 근속수당, 명절휴가비, 연월차수당, 승무수당, 공무원의 연가보상비, 정근수당 등
	⑥ 보험회사, 투자매매업자 또는 투자중개업자 등의 종업원이 받는 집금(集金)수당과 보험가입자의 모집, 증권매매의 권유 또는 저축을 권장하여 받는 대가, 그 밖에 이와 유사한 성질의 급여

구분	근로소득의 범위
(1) 급여 등	⑦ 급식수당·주택수당·피복수당 기타 이와 유사한 성질의 급여
	⑧ 기술수당·보건수당 및 연구수당, 그 밖에 이와 유사한 성질의 급여
	⑨ 시간외근무수당·통근수당·개근수당·특별공로금 기타 이와 유사한 성질의 급여
	⑩ 출퇴근 교통비 명목 및 체력단련비 명목으로 지급하는 금액 포함
	⑪ 벽지수당·해외근무수당 기타 이와 유사한 성질의 급여
	⑫ 종업원등 또는 대학의 교직원이 지급받는 직무발명보상금(기타소득으로 과세되는 직무발명보상금은 제외)
(2) 급여성 대가	① 기밀비(판공비 포함)·교제비 기타 이와 유사한 명목으로 받는 것으로서 업무를 위하여 사용된 것이 분명하지 아니한 급여
	② 공로금·위로금·개업축하금·학자금·장학금(종업원의 수학중인 자녀가 사용자로부터 받는 학자금·장학금 포함) 기타 이와 유사한 성질의 급여
	③ 여비의 명목으로 받는 연액 또는 월액의 급여
	④ 퇴직으로 인하여 받는 소득으로서 퇴직소득에 속하지 아니하는 퇴직위로금·퇴직공로금 기타 이와 유사한 성질의 급여
	⑤ 휴가비 기타 이와 유사한 성질의 급여
(3) 기타 경제적 이익	① 종업원이 주택(주택에 부수된 토지 포함)의 구입·임차에 소요되는 자금을 저리 또는 무상으로 대여받음으로써 얻는 이익
	② 주택을 제공받음으로써 얻는 이익, 다만 다음 중 어느 하나에 해당하는 자가 아래 에 해당하는 사택을 제공받는 경우에는 종업원에 대한 복리후생측면에서 과세대상에서 제외한다. ⊙ 주주 또는 출자자가 아니거나 소액주주인 임원 ⓒ 임원이 아닌 종업원(비영리법인 또는 개인의 종업원을 포함함) ⓒ 국가·지방자치단체로부터 근로소득을 지급받는 자
	③ 종업원이 계약자이거나 종업원 또는 그 배우자 기타의 가족을 수익자로 하는 보험·신탁 또는 공제와 관련하여 사용자가 부담하는 보험료·신탁부금 또는 공제부금 다만, 아래 보험료는 근로소득 과세대상에서 제외함 - 단체순수보장성보험과 단체환급부보장성보험의 보험료중 연 70만원 이하의 금액 - 임직원의 고의(중과실 포함)외의 업무상 행위로 인한 손해의 배상청구를 보험금의 지급사유로 하고 임직원을 피보험자로 하는 보험의 보험료
	④ 퇴직보험, 퇴직일시금신탁, 「근로자퇴직급여 보장법」에 따른 보험 또는 신탁이 해지되는 경우 종업원에게 귀속되는 환급금. 다만, 종업원이 해당 환급금을 지급받는 때에 「근로자퇴직급여 보장법」에 따라 퇴직금을 중간정산하여 받은 경우는 제외함
	⑤ 계약기간 만료전 또는 만기에 종업원에게 귀속되는 단체환급부보장성보험의 환급금
	⑥ 법인의 임원 또는 종업원이 해당 법인 또는 해당 법인과 특수관계에 있는 법인으로부터 부여받은 주식매수선택권을 해당 법인 등에서 근무하는 기간 중 행사함으로써 얻은 이익(주식매수선택권 행사 당시의 시가와 실제 매수가액과의 차액을 말하며, 주식에는 신주인수권을 포함함)
	⑦ 근로자가 부담해야 할 급여에 대한 소득세 등을 사용자가 부담한 경우에는 그 소득세액

2. 비과세 근로소득

다음에 해당하는 근로소득과 퇴직소득에 대해서는 소득세를 과세하지 아니한다.(소법 12 3호)

1) 국방의무 수행 관련 급여
① 복무 중인 병이 받는 급여
② 법률에 의하여 동원된 자가 동원직장에서 받는 급여
③ 작전 임무를 수행하기 위하여 외국에 주둔 중인 군인·군무원이 받는 급여
④ 종군한 군인·군무원이 전사(전상으로 인한 사망을 포함)한 경우 그 전사한 날이 속하는 과세기간의 급여

2) 학자금
초·중등교육법 및 고등교육법에 의한 학교와 근로자직업훈련촉진법에 의한 직업능력개발훈련시설의 입학금·수업료·수강료 기타 공납금 중 다음의 요건을 갖춘 학자금으로써 당해 연도에 납입한 금액
① 당해 근로자가 종사하는 사업체의 업무와 관련 있는 교육
② 당해 근로자가 종사하는 사업체의 규칙 등에 의하여 정하여진 지급기준에 따라 받는 것일 것
③ 교육·훈련기간이 6월 이상인 경우 교육·훈련 후 당해 교육 기간을 초과하여 근무하지 아니하는 때에는 지급받은 금액을 반납할 것을 조건으로 하여 받는 것일 것

3) 생산직 근로자의 연장시간근로·야간근로·휴일근로로 인하여 받는 급여

(1) 비과세 범위

생산직 및 그 관련 직에 종사하는 근로자로서 급여 수준 및 직종 등을 고려하여 근로자가 연장근로·야간근로 또는 휴일근로를 하여 받는 다음에 해당하는 급여

비과세대상 근로자	비과세대상 금액	비과세 한도액
① 광산에서 근로를 제공하는 자로서 생산 및 관련종사자 ② 일용직근로자	연장근로·야간근로 또는 휴일근로를 하여 통상임금에 더하여 받는 급여	전액 비과세
① 공장근로자 ② 운전원 및 관련종사자, 배달 및 수하물 운반종사자, 돌봄·미용 관련·숙박시설 서비스 종사자		연 240만원 이내 금액
어업을 영위하는 자에게 고용되어 근로를 제공하는 자	「선원법」에 따라 받는 생산수당	

(2) 대상근로자

월정액급여 210만원 이하로서 직전 과세기간의 **총급여액이 3,000만원 이하**인 근로자(일용근로자를 포함)로서 다음 중 어느 하나에 해당하는 사람을 말한다.

① 공장 또는 광산에서 근로를 제공하는 자로서 생산 및 관련종사자
② 어업을 영위하는 자에게 고용되어 근로를 제공하는 자(선장 제외)
③ 운전원 및 관련종사자와 배달 및 수하물 운반종사자

(3) 월정액급여

이 경우 월정액급여는 매월 직급별로 받는 봉급·급료·보수·임금·수당, 그 밖에 이와 유사한 성질의 급여(해당 과세기간 중에 받는 상여 등 **부정기적인 급여와 실비변상적, 복리후생적 성질의 급여는 제외**)의 총액에서 연장근로·야간근로 또는 휴일근로를 하여 통상임금에 더하여 받는 급여 및 「선원법」에 따라 받는 생산수당(비율급으로 받는 경우에는 월 고정급을 초과하는 비율급을 말함)을 뺀 급여를 말한다.

> 월정액급여 = 매월 지급받는 급여총액 − 상여 등 부정기적 급여 − 실비변상적 급여 − 복리후생적 급여 − 연장시간근로·야간근로·휴일근로로 받는 급여 − 생산수당(월 고정급을 초과하는 비율급)

* 연간상여금지급총액을 매월 분할하여 지급하는 경우에는 월정액급여로 본다(소기통 12-6).
* 매월 지급받는 급여총액이란 총급여액을 의미하는 것으로 해석되어야 하며 비록 당해 급여항목별 지급액이 크기가 매월 변동한다 하더라도 근로자의 월급여 계산시 매월 계산되는 항목인 경우에는 급여에 포함되어야 한다(소기통 12-17…2).

4) 식사 또는 식사대
① 근로자가 사내급식 또는 이와 유사한 방법으로 제공받는 식사 기타 음식물
② 식사 음식물을 제공받지 아니하는 근로자가 받는 월 20만원 이하의 식사대

5) 실비변상적인 성질의 급여
① 법령·조례에 의한 위원회 등의 보수를 받지 아니하는 위원 등이 받는 수당
② 선원법에 의하여 받는 식료
③ **일직료·숙직료·여비로서 실비변상 정도의 금액**(종업원이 소유하거나 본인 명의로 임차한 차량을 종업원이 직접 운전하여 사용자의 업무수행에 이용하고 시내출장 등에 소요된 실제여비를 받는 대신에 그 소요경비를 해당 사업체의 규칙 등으로 정하여진 지급기준에 따라 받는 금액 중 월 20만원 이내의 금액을 포함)
④ 법령 등에 의하여 제복을 착용하여야 하는 자가 받는 제복·제모·제화
⑤ 병원·시험실·금융회사 등·공장·광산에서 근무하는 사람 또는 특수한 작업이나 역무에 종사하는 사람이 받는 작업복이나 그 직장에서만 착용하는 피복(被服)
⑥ 특수분야에 종사하는 군인이 받는 낙하산강하위험수당·수중파괴작업위험수당·잠수부위험수당·고전압위험수당·폭발물위험수당·항공수당·비무장지대근무수당·전방초소근무수당·함정근무수당 및 수륙양용궤도차량승무수당, 특수분야에 종사하는 경찰공무원이 받는 경찰특수전술업무수당과 경호공무원이 받는 경호수당
⑦ 「선원법」의 규정에 의한 선원으로서 기획재정부령이 정하는 자(외국근로자 생산직 근로자에 대한 비과세규정을 적용받는 자 제외)가 받는 **월 20만원 이내의 승선수당**, 경찰공무원이 받는 함정근무수당·항공수당 및 소방공무원이 받는 함정근무수당·항공수당·화재진화수당
⑧ 광산근로자가 받는 입갱수당과 발파수당

⑨ 다음 중 어느 하나에 해당하는 자가 받는 **연구보조비 또는 연구활동비 중 월 20만원 이내의 금액**
  ㉠ 「유아교육법」, 「초·중등교육법」 및 「고등교육법」에 따른 학교 및 이에 준하는 학교(특별법에 따른 교육기관을 포함)의 교원
  ㉡ 「특정연구기관육성법」의 적용을 받는 연구기관, 특별법에 따라 설립된 정부출연연구기관, 「지방자치단체출연 연구원의 설립 및 운영에 관한 법률」에 따라 설립된 지방자치단체출연연구원에서 연구활동에 직접 종사하는 자(대학교원에 준하는 자격을 가진 자에 한함) 및 직접적으로 연구활동을 지원하는 자
  ㉢ 「기초연구진흥 및 기술개발지원에 관한 법률 시행령」에 따른 중소기업 또는 벤처기업의 기업부설연구소와 연구개발전담부서(중소기업 또는 벤처기업에 설치하는 것으로 한정)에서 연구활동에 직접 종사하는 자
⑩ 방송·통신·신문 등 언론기업 등에 종사하는 기자·논설위원·만화가 등이 취재활동과 관련하여 받은 취재수당 중 월20만원 이내의 금액, 이 경우 취재수당을 급여에 포함하는 경우는 20만원 상당 금액을 취재수당으로 본다.
⑪ 근로자가 벽지에 근무함으로 인하여 받는 **벽지수당**(벽지가 아닌 곳에서 근무하는 동일한 직급 및 동일한 업무를 수행하는 자의 급여에 추가하여 지급받는 수당을 말함)
⑫ **근로자가 천재·지변 기타 재해로 인하여 받는 급여**
⑬ 법령·조례에 의한 위원회 등의 보수를 받지 아니하는 위원(학술원 및 예술원의 회원을 포함) 등이 받는 수당
⑭ 국가 또는 지방자치단체가 지급하는 다음의 어느 하나에 해당하는 것
  ㉠ 「영유아보육법 시행령」에 따른 비용 중 보육교사의 처우개선을 위하여 지급하는 근무환경개선비
  ㉡ 「유아교육법 시행령」에 따른 사립유치원 수석교사·교사의 인건비
  ㉢ 전문과목별 전문의의 수급 균형을 유도하기 위하여 전공의(專攻醫)에게 지급하는 수련보조수당
⑮ 「수도권정비계획법」에 따른 수도권 외의 지역으로 이전하는 「국가균형발전 특별법」에 따른 공공기관의 소속 공무원이나 직원에게 한시적으로 지급하는 월 20만원 이내의 이전지원금

6) 사회보장성 급여

① 국민연금법에 의하여 받는 반환일시금(사망으로 인한 것에 한함)·사망일시금
② 국가유공자 등 예우 및 지원에 관한 법률에 의하여 받는 보상금 및 학자금 및 전직대통령 예우에 관한 법률에 의하여 받는 연금
③ 「산업재해보상보험법」에 따라 수급권자가 받는 요양급여, 휴업급여, 장해급여, 간병급여, 유족급여, 유족특별급여, 장해특별급여, 장의비 또는 근로의 제공으로 인한 부상·질병·사망과 관련하여 근로자나 그 유족이 받는 배상·보상 또는 위자(慰藉)의 성질이 있는 급여
④ 「근로기준법」 또는 「선원법」에 따라 근로자·선원 및 그 유족이 받는 요양보상금, 휴업보상금, 상병보상금(傷病補償金), 일시보상금, 장해보상금, 유족보상금, 행방불명보상금, 소지품 유실보상금, 장의비 및 장제비

⑤ 「공무원연금법」, 「군인연금법」, 「사립학교교직원 연금법」 또는 「별정우체국법」에 따라 받는 요양비·요양일시금·장해보상금·사망조위금·사망보상금·유족보상금·유족일시금·유족연금일시금·유족연금부가금·유족연금특별부가금·재해부조금·재해보상금 또는 신체·정신상의 장해·질병으로 인한 휴직기간에 받는 급여

⑥ 국민건강보험법·고용보험법·국민연금법·공무원 연금법·사립학교교직원연금법·군인연금법에 의하여 국가·지방자치단체 또는 사용자가 부담하는 부담금

⑦ 「고용보험법」에 따라 받는 실업급여, 육아휴직 급여, 육아기 근로시간 단축 급여, 출산전후휴가 급여 등, 「제대군인 지원에 관한 법률」에 따라 받는 전직지원금, 「국가공무원법」·「지방공무원법」에 따른 공무원 또는 「사립학교교직원 연금법」·「별정우체국법」을 적용받는 사람이 관련 법령에 따라 받는 육아휴직수당(「사립학교법」에 따라 임명된 **사무직원이 학교의 정관 또는 규칙에 따라 지급받는 육아휴직 수당으로서 월 150만원 이하의 것을 포함**)

7) 국외에서 받는 급여 등

다음에 해당하는 금액에 대해서는 근로소득세를 과세하지 않는다.

① 국외 또는 「남북교류협력에 관한 법률」에 따른 북한지역에서 근로를 제공(원양어업선박 또는 국외 등을 항행하는 선박이나 항공기에서 근로를 제공하는 것을 포함)하고 받는 보수 중 월 100만원[원양어업선박, 국외등을 항행하는 선박 또는 국외등의 건설현장 등에서 근로(감리업무를 포함)를 제공하고 받는 보수의 경우에는 월 500만원] 이내의 금액(소령 16 ① 1). 단, 공무원과 재외공관장의 감독을 받는 자의 경우는 근로자가 받는 수당 중 국내에서 지급받는 금액을 초과하는 금액에 한한다.

② 공무원(「외무공무원법」에 따른 재외공관 행정직원 및 이와 유사한 업무를 행하는 자), 「대한무역투자진흥공사법」에 따른 대한무역투자진흥공사, 「한국관광공사법」에 따른 한국관광공사, 「한국국제협력단법」에 따른 한국국제협력단, 「한국국제보건의료재단법」에 따른 한국국제보건의료재단 및 「한국산업인력공단법」에 따른 한국산업인력공단의 종사자가 국외 등에서 근무하고 받는 수당 중 해당 근로자가 국내에서 근무할 경우에 지급받을 금액상당액을 초과하여 받는 금액 중 실비변상적 성격의 급여로서 외교부장관이 기획재정부장관과 협의하여 고시하는 금액(소령 16 ① 2 차).

8) 자녀의 출산·보육관련 급여

근로자 또는 그 배우자의 출산이나 **6세 이하의 자녀**의 보육과 관련하여 사용자로부터 지급받는 급여로서 **월 20만원** 이내의 금액은 비과세한다(소법 12 3 머).

9) 기타 비과세 근로소득

① 외국정부(외국의 지방자치단체와 연방국가인 외국의 지방정부를 포함) 또는 국제연합과 그 소속 기구의 기관에서 근무하는 사람으로서 외국정부 또는 국제기관에 근무하는 사람 중 대한민국 국민이 아닌 사람이 그 직무수행의 대가로 받는 급여. 다만, 그 외국정부가 그 나라에서 근무하는 우리나라 공무원의 급여에 대하여 소득세를 과세하지 않는 경우만 해당한다(소법 12 2 차).

② 교육기본법에 따라 받는 장학금 중 대학생이 근로를 대가로 지급받는 장학금(대학에 재학하는 대학생에 한함)에 대해서는 근로소득을 과세하지 않는다(소법 12 3 서).

10) 직무발명보상금

「발명진흥법」에 따른 직무발명으로 받는 다음의 직무발명보상금으로서 **연 700만원 이하**의 금액(소법 12)
① 「발명진흥법」에 따른 종업원등이 사용자등으로부터 받는 보상금 다만, 다음의 종업원등에 해당하는 경우 제외한다.
  ㉠ 사용자가 개인사업자인 경우: 해당 개인사업자 및 그와 친족관계에 있는 자
  ㉡ 사용자가 법인인 경우: 해당 법인의 지배주주등 및 그와 친족관계 또는 경영지배관계에 있는 자
② 대학의 교직원이 소속 대학에 설치된 「산업교육진흥 및 산학연협력촉진에 관한 법률」에 따른 산학협력단으로부터 받는 보상금

11) 복리후생적 급여(소령 17의4)

① 다음의 어느 하나에 해당하는 사람이 기획재정부령으로 정하는 사택을 제공받음으로써 얻는 이익
  ㉠ 주주 또는 출자자가 아닌 임원
  ㉡ 기획재정부령으로 정하는 소액주주인 임원
  ㉢ 임원이 아닌 종업원(비영리법인 또는 개인의 종업원을 포함)
  ㉣ 국가 또는 지방자치단체로부터 근로소득을 지급받는 사람
② 「조세특례제한법 시행령」에 따른 중소기업의 종업원이 주택(주택에 부수된 토지를 포함)의 구입·임차에 소요되는 자금을 저리 또는 무상으로 대여 받음으로써 얻는 이익 다만, 다음의 종업원이 대여받는 경우는 제외한다.
  ㉠ 중소기업이 개인사업자인 경우: 해당 개인사업자와 친족관계에 있는 종업원
  ㉡ 중소기업이 법인인 경우: 해당 법인의 지배주주등에 해당하는 종업원
③ 종업원이 계약자이거나 종업원 또는 그 배우자 및 그 밖의 가족을 수익자로 하는 보험·신탁 또는 공제와 관련하여 사용자가 부담하는 보험료·신탁부금 또는 공제부금 중 다음의 보험료등
  ㉠ 단체순수보장성보험과 단체환급부보장성보험의 보험료 중 연 70만원 이하의 금액
  ㉡ 임직원의 고의(중과실을 포함) 외의 업무상 행위로 인한 손해의 배상청구를 보험금의 지급사유로 하고 임직원을 피보험자로 하는 보험의 보험료
④ 공무원이 국가 또는 지방자치단체로부터 공무 수행과 관련하여 받는 상금과 부상 중 연 240만원 이내의 금액
⑤ 「영유아보육법」에 따라 직장어린이집을 설치하거나 지역의 어린이집과 위탁계약을 맺은 사업주가 부담하는 비용

세부내용 1

[1] 급여의 자진 반납에 대한 세무처리 (소집 20-0-3)

① 반납하는 급여를 회사가 모금하여 근로자명의로 기부하는 경우
  ⇨ 당초에 지급한 급여를 근로자의 소득으로 보아 세무처리
② 회사가 당초 급여를 인건비로 처리, 근로자는 일부를 반납하는 경우
  ⇨ 당초에 지급한 급여를 근로자의 소득으로, 회사는 반납받은 금액을 익금(잡수익 등)으로 세무처리

③ 회사가 근로자의 실수령액을 인건비로 회계처리하는 경우
　⇨ 당초 급여에서 반납한 급여를 차감한 금액을 종업원의 소득으로 보아 세무처리

[2] 근로소득으로 보지 않는 사택 제공의 이익 (소집 20-38-2)

주주 또는 출자자가 아닌 임원(주권상장법인의 주주 중 소액주주인 임원을 포함)과 임원이 아닌 종업원(비영리법인 또는 개인의 종업원을 포함) 및 국가·지방자치단체로부터 근로소득을 지급받는 사람이 다음에서 정하는 사택을 제공받음으로써 얻는 이익은 근로소득으로 보지 않는다.
① 사용자가 소유하고 있는 주택을 종업원 및 임원에게 무상 또는 저가로 제공하거나, 사용자가 직접 임차하여 종업원 등에게 무상으로 제공하는 주택을 말한다.
② 사용자가 임차주택을 사택으로 제공하는 경우 임대차기간 중에 종업원 등이 전근·퇴직 또는 이사하는 때에는 다른 종업원 등이 해당 주택에 입주하는 경우에 한하여 이를 사택으로 본다. 다만, 다음의 경우에는 그러하지 아니하다.
　㉠ 입주한 종업원 등이 전근·퇴직 또는 이사한 후 해당 사업장의 종업원 등 중에서 입주 희망자가 없는 경우
　㉡ 해당 임차주택의 계약잔여기간이 1년 이하인 경우로서 주택임대인이 주택임대차계약의 갱신을 거부하는 경우

> 🔍 **사례**
> - 사택에 거주하던 근로자가 인사이동으로 출퇴근이 불가능한 원거리로 전근되었으나 가족이 질병 요양·취학 등 부득이한 사유로 함께 이주하지 못하고 사택에 계속 거주하는 경우, 해당 사택을 제공받음으로써 얻는 이익은 해당 근로자의 근로소득으로 보지 않음
> - 종업원 등에게 제공되는 사택의 경우 「소득세법 시행령」에 따른 요건을 충족하면 주택규모에 관계없이 근로소득에 해당하지 않음
> - 「소득세법」에 따른 '사택'은 「주택법」에 따른 주택을 말하는 것으로써 호텔은 주택에 해당하지 아니하므로 주주가 아닌 임원 등을 위하여 지급한 호텔임차비용은 근로소득에 해당함

세부내용

[1] 비과세대상 출산·보육수당 (소집 12-0-4)

① 근로자 또는 그 배우자의 출산이나 6세 이하(해당 과세기간 개시일을 기준으로 판단) 자녀의 보육과 관련하여 사용자로부터 받는 급여로서 월 20만원 이내의 금액은 비과세한다.
② 6세 이하의 자녀의 보육과 관련한 급여로서 월 20만원 이내의 금액은 자녀 수에 관계없이 지급월을 기준으로 10만원 이내의 금액을 비과세하며, 동 보육수당을 분기별로 지급하거나 수개월분을 일괄지급하는 경우에도 그 지급월을 기준으로 월 20만원 이내의 금액을 비과세한다.
③ 동일 직장에서 맞벌이 하는 근로자가 6세 이하의 자녀 1인에 대하여 각각 보육수당을 수령하는 경우에는 소득자별로 각각 월 20만원 이내의 금액을 비과세한다.
④ 근로자가 2이상의 회사에 근무하면서 6세 이하 자녀보육수당을 매월 각 회사로부터 중복하여 지급받는 경우에는 각 회사의 보육수당 합계금액 중 월 20만원 이내의 금액에 대하여 소득세를 과세하지 않는다.

[2] 외항선원이 지급받는 승선수당 등의 비과세 범위 (소집 12-12-2)

① 「선원법」에 따라 승선 중인 선원에게 공급하는 식료에 대해서는 비과세되는 것이나, 휴가기간 동안에 지급받는 급식비는 이에 포함되지 아니하며, 승선 중인 선원이 식료품비 명목으로 일정액을 현금으로 지급받는 경우에는 과세대상 근로소득에 해당한다.
② 외항선원이 유급휴가기간 동안에 지급받는 급여도 국외에서 근무를 제공하고 받는 보수로서 월 500만원까지는 소득세가 과세되지 않는다.

[3] 종업원의 부임수당 (소집 12-12-3)

① 전근하는 종업원이 지급받는 부임수당 중 이사에 소요되는 비용상당액은 과세대상 근로소득에 해당하지 않으나, 이사에 소요되는 비용상당액을 초과하는 부분과 숙박비등 명목으로 지급받은 금액은 근로소득에 해당한다.
② 외국인근로자가 근로계약 이행을 위해 국내 입국시 소요되는 항공료 또는 근로의 제공 완료 후 출국할 때 소요되는 항공료 등을 해당 회사에서 지급하는 경우 동 금액은 실비변상적 성질의 급여에 해당하지 않는다.

[4] 해외근무에 따른 귀국휴가여비 (소집 12-12-4)

국외에 근무하는 내국인근로자 또는 국내에 근무하는 외국인근로자의 본국휴가에 따른 여비는 다음의 조건과 범위 내에서 비과세되는 실비변상적 급여로 본다. 이 경우 실제 귀국휴가에 따라 지급받는 소요경비를 의미하는 것이며, 실제 본국휴가를 사용하지 아니하는 근로자에게 지급하는 귀국휴가여비 상당액은 과세대상이다.

1. 조건
    ① 회사의 사규 또는 고용계약서 등에 본국 이외의 지역에서 1년 이상 근무한(1년 이상 근무 하기로 정한 경우를 포함) 근로자에게 귀국여비를 회사가 부담하도록 되어 있을 것
    ② 해외근무라고 하는 근무환경의 특수성에 따라 직무수행상 필수적이라고 인정되는 휴가일 것

2. 실비변상적 급여로 보는 범위
    왕복교통비 (항공기의 운행관계상 부득이한 사정으로 경유지에서 숙박한 경우 그 숙박료를 포함)로서 가장 합리적 또는 경제적이라고 인정되는 범위 내의 금액에 한하며, 관광여행이라고 인정되는 부분의 금액은 제외된다.

[5] 해외출장여비의 실비변상적급여의 범위 (소집 12-12-5)

① 회사의 업무수행을 위하여 근로자가 해당 회사의 '해외출장비 지급기준'에 따라 지급 받는 출장비로 출장목적, 출장지, 출장기간 등을 감안하여 실지 소요되는 비용을 충당할 정도의 범위 내에서 지급하는 경우 실비변상적인 성질의 급여에 해당되어 비과세 된다.
② 종업원이 업무수행을 위한 해외출장으로 인하여 실제 소요된 항공료·숙박비를 선지출하고 해당 법인으로부터 그 지출한 금액을 정산하여 지급받는 경우로서 해당 해외출장 비용이 「소득세법」에서 규정한 증빙(신용카드매출전표, 현금영수증, 세금계산서, 계산서)에 의하여 확인되는 때에는 동 금액은 해당 종업원의 근로소득에 해당하지 않는다.

[6] 자기차량운전보조금의 비과세 범위 (소집 12-12-6)

구분		비과세여부
타인(배우자, 장애인 가족 포함) 명의 차량		불가
종업원이 본인 명의로 임차한 차량		가능
공동명의	부부 공동명의 차량	가능
	배우자 외의 자와 공동명의 차량	불가

[7] 연구보조비 또는 연구활동비의 비과세 범위 (소집 12-12-7)

다음 하나에 해당하는 자가 받는 연구보조비 또는 연구활동비 중 월 20만원 이내의 금액은 실비변상적 급여로 비과세한다.

① 「유아교육법」「초·중등교육법」및「고등교육법」에 따른 학교 및 이에 준하는 학교(특별법에 따른 교육기관을 포함)의 교원
② 「특정연구기관육성법」의 적용을 받는 연구기관, 특별법에 따라 설립된 정부출연연구기관, 「지방자치단체출연 연구원의 설립 및 운영에 관한 법률」에 따라 설립된 지방자치단체출연연구원 에서 연구활동에 직접 종사하는 자(대학교원에 준하는 자격을 가진 자에 한함) 및 직접적으로 연구활동을 지원하는 자

▶ ②의 직접적으로 연구활동을 지원하는 자라 함은 다음의 자를 제외한 자를 말한다.
  - 연구활동에 직접 종사하는 자(대학교원에 준하는 자격을 가진 자에 한함)
  - 건물의 방호·유지·보수·청소 등 건물의 일상적 관리에 종사하는 자
  - 식사제공 및 차량의 운전에 종사하는 자

③ 「기초연구진흥 및 기술개발지원에 관한 법률 시행령」의 기준을 충족하여「기초연구진흥 및 기술개발지원에 관한 법률」에 따라 인정받은 중소기업 또는 벤처기업의 기업부설연구소와 연구개발 전담 부서(**중소기업 또는 벤처기업에 설치하는 것으로 한정**)에서 연구활동에 직접 종사하는 자

Ⅳ 근로소득금액의 계산

1. 계산구조

근로소득금액은 총급여액에서 근로소득공제를 적용한 금액으로 한다.(소법 20 ②)

> 근로소득금액 = 총급여액(비과세소득 제외) − 근로소득공제

2. 근로소득공제

1) 일반급여자의 경우

근로소득이 있는 거주자에 대해서는 해당 과세기간에 받는 총급여액에서 다음의 금액을 공제한다. 다만, 공제액이 **2천만원을 초과하는 경우에는 2천만원을 공제**한다(소법 47 ①)

총급여액	공제액
500만원 이하	총급여액의 70%
500만원 초과 1천500만원 이하	350만원+(500만원을 초과하는 금액의 40%)
1천500만원 초과 4천500만원 이하	750만원+(1천500만원을 초과하는 금액의 15%)
4천500만원 초과 1억원 이하	1천200만원+(4천500만원을 초과하는 금액의 5%)
1억원 초과	1천475만원+(1억원을 초과하는 금액의 2%)

2) 일용근로자의 경우

일용근로자에 대한 공제액은 1일 15만원으로 한다.(소법 47 ②)

V 근로소득에 대한 원천징수시기 및 과세방법

1. 일반급여자의 경우

1) 월별 원천징수

원천징수의무자가 매월분의 근로소득을 지급할 때에는 근로소득 간이세액표에 따라 소득세를 원천징수하여 징수일이 속하는 달의 다음 달 10일까지 납부하여야 한다.(소법 134 ①)

2) 연말정산

원천징수의무자는 다음 중 어느 하나에 해당할 때에는 연말정산 규정에 따라 소득세를 원천징수 하며, ①의 경우 다음 연도 2월분의 근로소득에 대해서는 월별 원천징수 규정하는 바에 따라 소득세를 원천징수한다.(소법 134 ②)

① 해당 과세기간의 다음 연도 2월분 근로소득을 지급할 때(2월분의 근로소득을 2월 말일까지 지급하지 않거나 2월분의 근로소득이 없는 경우에는 2월 말일)
② 퇴직자에게 퇴직하는 달의 근로소득을 지급할 때

3) 종합과세

일반급여자의 근로소득은 종합소득과세표준에 합산되므로 월별 원천징수는 예납적 원천징수에 불과하다. 그러나 근로소득만 있는 거주자의 경우에는 종합소득과세표준 확정신고의무가 면제된다.

2. 일용근로자의 경우

원천징수의무자가 일용근로자의 근로소득을 지급할 때에는 그 근로소득에 근로소득공제를 적용한 금액에 원천징수세율을 적용하여 계산한 산출세액에서 근로소득세액공제를 적용한 소득세를 원천징수한다.(소법 134 ③) 일용근로자의 급여액은 원천징수를 함으로써 급여액을 종합소득과세표준에 합산하지 않고 과세가 종결된다.

Ⅵ 근로소득의 수입시기

근로소득의 수입시기는 다음에 따른 날로 한다.(소령 49 ①②)

종류	수입시기
급여	근로를 제공한 날
잉여금처분에 의한 상여	해당 법인의 잉여금처분결의일
인정상여	해당 사업연도 중의 근로를 제공한 날. 이 경우 월평균금액을 계산한 것이 2년도에 걸친 때에는 각각 해당 사업연도 중 근로를 제공한 날로 함
퇴직위로금·퇴직공로금 등	지급받거나 지급받기로 한 날
도급 기타 이와 유사한 계약에 의하여 급여를 받는 경우로 해당 과세기간의 과세표준확정신고기간 개시일 전에 해당 급여가 확정되지 아니한 때	그 확정된 날. 다만, 그 확정된 날 전에 실제로 받은 금액은 그 받은 날

> **세부내용**
>
> **[1] 성과금의 귀속시기** (소집 24-49-2)
>
> ① 매출액·영업이익률 등 계량적 요소에 따라 성과급상여를 지급하기로 한 경우 해당 성과급상여의 귀속시기는 계량적 요소가 확정되는 날이 속하는 연도가 되는 것이고, 영업실적과 인사고과에 따른 계량적·비계량적 요소를 평가하여 그 결과에 따라 차등 지급하는 경우 해당 성과급상여의 귀속시기는 직원들의 개인별 지급액이 확정되는 연도가 되며, 이때 재직 중 성과에 따라 퇴직 후 지급받는 경우도 포함한다.
> ② 법인이 종업원에게 성과급으로 자기주식을 지급하는 경우 성과상여에 대한 수입시기는 ①에 따라 귀속되며 상여금의 평가는 지급당시의 시가에 의하여 계산한다.
>
> **[2] 연차수당의 수입시기** (소집 24-49-3)
>
> 「근로기준법」에 따른 연차 유급휴가일에 근로를 제공하고 지급받는 연차수당의 수입시기는 소정의 근로일수를 개근한 연도의 다음연도가 되는 것이며 그 지급대상기간이 2개 연도에 걸쳐 있는 경우에는 그 지급대상 연도별로 안분하여 해당 연차수당의 근로소득 수입시기를 판단한다.

제 5 절 연금소득

I 개요

연금이란 당사자에게 질병·노령·사망 등 특정 사유가 발생한 경우 당사자 및 유족의 생활보장을 위하여 매년 일정액으로 지급되는 금액을 의미한다.

II 연금소득의 범위

1. 공적연금소득의 범위

공적연금소득은 해당 과세기간에 발생한 다음의 소득으로 한다.(소법 20의3 ① 1)

1) 국민연금법에 의하여 지급받는 각종 연금

국민연금법에 의한 연금소득 중 유족연금, 장애연금 등은 비과세대상이며(법 제12조 제4호 가목), 노령연금 등 연금소득 과세대상일 경우라도 일시금으로 지급받는 경우에는 퇴직소득으로 과세된다(소법 22 ① 1).

2) 공무원연금법, 군인연금법, 사립학교교직원 연금법 또는 별정우체국법에 의하여 지급받는 각종연금

공무원연금법 등에 의한 연금소득 중 유족연금, 장해연금, 상이연금은 비과세대상이며(소법 12 4 가), 퇴직연금 등 연금소득 과세대상일 경우라도 일시금으로 지급받는 경우에는 퇴식소득으로 과세된다(소법 22 ① 1).

3) 국민연금과 직역연금의 연계에 관한 법률에 따라 받는 연계노령연금·연계퇴직연금

2. 사적연금소득의 범위

1) 사적연금소득의 유형(소법 20의3 ① 2호)

다음에 해당하는 금액을 그 소득의 성격에도 불구하고 연금계좌에서 법으로 정하는 연금 형태 등으로 인출(이하 "연금수령"이라 하며, 연금수령 외의 인출은 "연금외수령")하는 경우의 그 연금은 사적연금소득으로 본다.

① 원천징수되지 않은 퇴직소득(퇴직소득 과세이연분)
② 연금계좌 세액공제를 받은 금액
③ 연금계좌의 운용실적에 따라 증가된 금액
④ 그 밖에 연금계좌에 이체 또는 입금되어 해당 금액에 대한 소득세가 이연(移延)된 소득

2) 연금계좌 납입

연금계좌의 가입자는 다음의 요건을 갖추어 연금계좌세액공제 대상 연금계좌 납입액(이하 "연금보험료"라 함)을 납입할 수 있다(소령 40의 2 ②).

① 연간 1천800만원 이내(연금계좌가 2개 이상인 경우에는 그 합계액)의 금액을 납입할 것. 이 경우 해당 과세기간 이전의 연금보험료는 납입할 수 없으나, 보험계약의 경우에는 최종납입일이 속하는 달의 말일부터 3년 2개월이 경과하기 전에는 그 동안의 연금보험료를 납입할 수 있다.

② 연금수령 개시를 신청한 날(연금수령 개시일을 사전에 약정한 경우에는 약정에 따른 개시일) 이후에는 연금보험료를 납입하지 않을 것

3) 연금수령 요건

'일정한 연금 형태로 인출'이란 연금계좌에서 다음의 요건(의료비 인출인 경우에는 ①과 ③의 요건)을 모두 갖추어 인출하거나 부득이한 사유로 연금을 인출하는 것을 말하며, 원천징수되지 않은 퇴직소득을 해외이주의 사유로 인출하는 경우에는 해당 퇴직소득을 연금계좌에 입금한 날로부터 3년 이후 해외이주하는 경우에 한하여 연금수령으로 본다.(소령 40의 2 ③). 이 경우 연금계좌에서 연금수령한도를 초과하여 인출하는 금액은 연금외수령하는 것으로 본다(소령 40의 2 ⑤).

① 가입자가 **55세 이후 연금계좌취급자에게 연금수령 개시를 신청한 후 인출할 것**

② **연금계좌의 가입일부터 5년이 경과된 후에 인출할 것**. 다만, 이연퇴직소득(퇴직소득이 연금계좌에서 직접 인출되는 경우를 포함함)이 연금계좌에 있는 경우에는 제외함.

③ 과세기간 개시일(연금수령 개시를 신청한 날이 속하는 과세기간에는 연금수령 개시를 신청한 날로 함) 현재 다음의 계산식에 따른 **연금수령한도 이내에서 인출**할 것. 이 경우 의료목적 또는 부득이한 사유로 인한 인출 금액은 포함하지 아니함.

$$\text{연금수령한도} = \frac{\text{연금계좌의 평가액}}{(11 - \text{연금수령연차}^*)} \times \frac{120}{100}$$

* 연금수령연차란 최초로 연금수령할 수 있는 날이 속하는 과세기간을 기산연차로 하여 그 다음 과세기간을 누적 합산한 연차를 말하며, 연금수령연차가 11년 이상인 경우에는 상기 계산식을 적용하지 아니함. 다만, 다음의 어느 하나에 해당하는 경우의 기산연차는 다음을 따름(소령 40의 2④).

  ㉠ 2013년 3월 1일 전에 가입한 연금계좌(2013년 3월 1일 전에 근로자퇴직급여 보장법에 따른 확정급여형퇴직연금제도에 가입한 사람이 퇴직하여 퇴직소득 전액이 새로 설정된 연금계좌로 이체되는 경우 포함)의 경우 : 6년차

  ㉡ 연금계좌의 가입자 사망으로 연금계좌를 승계한 경우 : 사망일 당시 피상속인의 연금수령연차

4) 의료목적 또는 부득이한 인출의 요건 등

(1) 개요

의료목적, 천재지변이나 그 밖에 부득이한 사유로 인출하는 연금소득이란 다음의 어느 하나에 해당하여 연금계좌에서 인출하는 금액을 말한다. 이때 ②에 따라 의료비를 인출하는 경우에는 1명당 하나의 연금계좌만 의료비 연금계좌로 지정(해당 연금계좌의 연금계좌취급자가 지정에 동의하는 경우에 한정)하여 인출할 수 있다(소령 20의2 ①, ③).

① 천재지변, 사망 등의 사유가 발생하여 연금계좌에서 인출하려는 사람이 해당 사유가 확인된 날부터 6개월 이내에 그 사유를 확인할 수 있는 서류를 갖추어 연금계좌를 취급하는 금융회사 등(이하 "연금계좌취급자"라 함)에게 제출하는 경우

② 연금계좌 가입자가 의료비(본인을 위한 의료비에 한정)를 연금계좌에서 인출하기 위하여 해당 의료비를 지급한 날부터 6개월 이내에 기획재정부령으로 정하는 증명서류를 연금계좌취급자에게 제출하는 경우

(2) 재난으로 15일 이상 입원치료가 필요한 경우 인출액

연금계좌 가입자가 「재난 및 안전관리 기본법」상 재난으로 15일 이상의 입원 치료가 필요한 피해를 입은 경우 인출하는 금액은 의료비, 간병인 비용, 보건복지부 장관이 고시하는 최저생계비 등을 고려하여 다음으로 정하는 금액 합계액 이내의 금액으로 한정한다.

① 의료비와 간병인비용 + 연금계좌 가입자 본인의 휴직 또는 휴업 월수(1개월 미만의 기간이 있는 경우에는 이를 1개월로 봄) × 150만원
② 200만원

5) 연금계좌 인출순서

연금계좌에서 일부금액이 인출되는 경우에는 다음의 금액이 순서에 따라 인출되는 것으로 본다. 이 경우 인출된 금액이 연금수령한도를 초과하는 경우에는 연금수령분이 먼저 인출되고 그 다음으로 연금외수령분이 인출되는 것으로 본다(소령 40의 3).

① 과세제외금액(연금소득에 해당하지 않는 금액)
② 이연퇴직소득
③ 연금계좌 세액공제를 받은 금액 및 연금계좌의 운용실적에 따라 증가된 금액

연금계좌의 운용에 따라 연금계좌에 있는 금액이 원금에 미달하는 경우 연금계좌에 있는 금액은 원금이 인출순서와 반대의 순서로 차감된 후의 금액으로 본다(소령 40의3 ⑤).

6) 연금계좌의 이체

(1) 원칙

연금계좌에 있는 금액이 연금수령이 개시되기 전 다른 연금계좌(이하 "이체계좌"라 함)로 이체되는 경우에는 이를 연금계좌의 인출로 보지 않는다. 다만, 다음의 어느 하나에 해당하는 경우에는 인출한 것으로 본다(소령 40의 4 ①). 이 경우 일부금액이 이체(③의 경우는 제외함)되는 경우에는 연금계좌의 인출순서에 따라 이체되는 것으로 본다(소령 40의 4 ③). 또한 이 규정을 적용할 때 연금계좌의 가입일 등은 가입일이 빠른 연금계좌를 기준으로 본 규정을 적용한다. 다만, 연금계좌가 새로 설정되어 전액이 이체되는 경우에는 이체되기 전의 연금계좌를 기준으로 할 수 있다(소령 40의 4 ④).

① 연금저축계좌와 퇴직연금계좌 상호 간에 이체되는 경우
② 2013년 3월 1일 이후에 가입한 연금계좌에 있는 금액이 2013년 3월 1일 전에 가입한 연금계좌로 이체되는 경우
③ 퇴직연금계좌에 있는 일부 금액이 이체되는 경우

(2) 무조건 인출로 보지 않는 경우

다음 중 어느 하나에 해당하는 경우에는 인출로 보지 않는다(소령 40의 4 ②).

① 연금수령요건 중 가입연령요건과 기간경과요건을 충족한 연금저축계좌의 가입자가 개인형퇴직연금제도에 따라 설정하는 계좌로 전액 이체하는 경우
② 연금수령요건 중 가입연령요건과 기간경과요건을 충족한 퇴직연금계좌(개인형퇴직연금제도에 따라 설정하는 계좌에 한함)의 가입자가 연금저축계좌로 전액 이체하는 경우

3. 비과세연금소득

연금소득 중 다음의 어느 하나에 해당하는 소득에 대해서는 소득세를 과세하지 않는다(소법 12 4).

① 「공무원연금법」, 「군인연금법」, 「사립학교교직원연금법」, 「별정우체국법」 또는 「국민연금과 직역연금의 연계에 관한 법률」(이하 "공적연금 관련법")에 따라 받는 유족연금, 장애연금, 장해연금, 상이연금(傷痍年金), 연계노령유족연금 또는 연계퇴직유족연금
② 「산업재해보상보험법」에 따라 받는 각종 연금
③ 「국군포로의 송환 및 대우 등에 관한 법률」에 따른 국군포로가 받는 연금

Ⅲ 연금소득금액의 계산

1. 연금소득금액의 계산

1) 개요

연금소득금액은 총연금액(연금소득에서 제외되는 소득과 비과세소득의 금액은 제외)에서 연금소득공제를 적용한 금액으로 한다.(소법 20의 3 ③)

$$\text{연금소득금액} = \text{총연금액} - \text{연금소득공제}$$

2) 공적연금 소득의 계산 특례(2013년 2월 15일 이후 연금지급이 개시되는 공적연금소득의 계산)

공적연금소득은 해당 과세기간에 수령한 공적연금에 대하여 공적연금의 지급자별로 2002년 1월 1일(이하 "과세기준일")을 기준으로 다음의 계산식에 따라 계산한 금액(이하 "과세기준금액")으로 한다(소령 40 ①). 이때, 공적연금소득을 지급하는 자가 연금소득의 일부 또는 전부를 지연하여 지급하면서 지연지급에 따른 이자를 함께 지급하는 경우 해당 이자는 공적연금소득으로 본다(소령 40 ④).

(1) 공적연금소득 중 「국민연금법」에 따른 연금소득과 「국민연금과 직역연금의 연계에 관한 법률」에 따른 연계노령연금

$$\text{과세기간 연금수령액} \times \frac{\text{과세기준일* 이후 납입기간의 환산소득** 누계액}}{\text{총 납입기간의 환산소득 누계액}}$$

(2) 그 밖의 공적연금소득

$$\text{과세기간 연금수령액} \times \frac{\text{과세기준일* 이후 기여금 납입월수}}{\text{총 기여금 납입월수}}$$

* 과세기준일 적용시 공적연금 관련법에 따라 받는 일시금(퇴직소득세가 과세되었거나 비과세 소득인 경우만 해당함)을 반납하고 공적연금 관련법에 따라 재직기간, 복무기간 또는 가입기간을 합산한 경우에는 재임용일 또는 재가입일을 과세기준일로 보아 계산한다(소령 40 ②).
** 환산소득 : 국민연금법에 따라 가입자의 가입기간 중 매년의 기준소득월액을 보건복지부장관이 고시하는 연도별 재평가율에 따라 연금수급 개시 전년도의 현재가치로 환산한 금액을 말함(소령 40 ⑤).

(3) 과세제외기여금

공적연금소득의 과세기준금액을 산정 시 과세기준일(재임용일 또는 재가입일을 과세기준일로 보아 계산한 경우에는 재임용일 또는 재가입일) 이후에 연금보험료 공제를 받지 않고 납입한 기여금 또는 개인부담금(확인되는 금액만 해당하며, 이하 "과세제외기여금 등") 이 있는 경우에는 과세기준금액에서 과세제외기여금 등을 뺀 금액을 공적연금소득으로 한다. 이 경우 과세제외기여금 등이 해당 과세기간의 과세기준금액을 초과하는 경우 그 초과하는 금액은 그 다음 과세기간부터 과세기준금액에서 뺀다(소령 40 ③).

3) 사적연금소득 과세체계

(1) 연금계좌의 구성 및 인출순서

연금계좌에서 일부 금액이 인출되는 경우에는 다음 ①부터 ③의 순서에 따라 인출되는 것으로 본다(소령 40의3 ①).

① 과세제외금액

과세제외금액이란 연금계좌에서 인출 시 과세대상금액에 해당하지 않은 금액을 말한다. 이러한 과세제외 금액은 다음의 순서에 따라 인출되는 것으로 본다. 다만, ㉠은 연금보험료 세액공제확인서에 따라 확인되는 금액만 해당하며, 확인되는 날부터 과세제외금액으로 본다.

㉠ 인출된 날이 속하는 과세기간에 해당 연금계좌에 납입한 연금보험료(㉡에 해당하는 금액은 제외)
㉡ 인출된 날이 속하는 과세기간에 해당 연금계좌에 납입한 개인종합자산관리계좌의 계약기간이 만료되어 연금계좌로 납입한 전환금액
㉢ 해당 연금계좌만 있다고 가정할 때 해당 연금계좌에 납입된 연금보험료로서 연금계좌세액공제한 도액을 초과하는 금액이 있는 경우 그 초과하는 금액
㉣ ㉠부터 ㉢까지에서 정한 금액 외에 해당 연금계좌에 납입한 연금보험료 중 연금계좌세액공제를 받지 아니한 금액

② 이연퇴직소득

이연퇴직소득이란 거주자의 퇴직소득이 다음의 어느 하나에 해당하는 경우로서 퇴직소득에 대한 소득세를 원천징수하지 않은 과세가 이연된 소득을 말한다(소법 146 ②).

㉠ 퇴직일 현재 연금계좌에 있거나 연금계좌로 지급되는 경우
㉡ 퇴직하여 지급받은 날부터 60일 이내에 연금계좌에 입금되는 경우

③ 연금계좌세액공제를 받은 납입액과 운용수익

연금계좌세액공제를 받은 납입액과 운용수익이란 다음의 금액을 말하며, 이때 ㉠의 경우 연금계좌에 납입한 연금보험료 중 연금계좌세액공제한도액 이내의 연금보험료는 납입일이 속하는 과세기간의 다음 과세기간 개시일(납입일이 속하는 과세기간에 연금수령 개시를 신청한 날이 속하는 경우에는 연금수령 개시를 신청한 날)부터 연금계좌세액공제를 받은 금액으로 본다(소령 40의3 ① 3).

㉠ 연금계좌에 납입한 보험료 중 연금계좌세액공제를 받은 연금계좌 납입액
㉡ 연금계좌의 운용실적에 따라 증가된 금액
㉢ 그 밖에 연금계좌에 이체 또는 입금되어 해당 금액에 대한 소득세가 이연(移延)된 소득

(2) 연금수령의 경우 과세방법

연금수령	과세방법	
〈1순위〉 과세제외금액	과세제외	
〈2순위〉 이연퇴직소득 원천징수 이연분	이연퇴직소득세의 70%(실제수령연차가 10년을 초과하는 경우 60%)를 원천징수하여 연금소득으로 무조건 분리과세	
〈3순위〉 연금계좌 납입분 + 운용수익	1,500만원 초과 = 연금소득 종합과세	
	1,500만원 이하 (선택 ① 또는 ②)	① 연금소득 종합과세
		② 연금소득 분리과세(3~5%)*

*다음의 구분에 따른 세율. 이 경우 다음의 요건을 동시에 충족하는 때에는 낮은 세율을 적용한다.
① 연금소득자의 나이에 따른 다음의 세율

나이(연금수령일 현재)	세율
55세 이상 70세 미만	5%
70세 이상 80세 미만	4%
80세 이상	3%

② 원천징수되지 아니한 퇴직소득을 연금계좌에서 연금형태로 인출하는 경우 그 연금에 대해서는 3%
③ 사망할 때까지 연금수령하는 종신계약에 따라 받는 연금소득에 대해서는 4%

(3) 연금외수령의 경우 과세방법

연금외수령	과세방법
〈1순위〉 과세제외기여금	과세제외
〈2순위〉 이연퇴직소득 원천징수 이연분	이연퇴직소득세 원천징수
〈3순위〉 연금계좌 납입분 + 운용수익	기타소득 무조건 분리과세 15%

(4) 이연퇴직소득세액 및 원천징수세액의 계산

① 이연퇴직소득세의 계산

$$이연퇴직소득세 = 퇴직소득\ 산출세액 \times \frac{상기\ (1)의\ ①\ 및\ ②에\ 해당하는\ 금액}{퇴직소득금액^*}$$

* 환급하는 경우의 퇴직소득금액은 이미 원천징수한 세액을 뺀 금액으로 한다.

② 원천징수세액의 계산

$$원천징수세액 = 연금외수령\ 당시\ 이연퇴직소득세^* \times \frac{연금외수령한\ 이연퇴직소득}{연금외수령\ 당시\ 이연퇴직소득}$$

* 연금외수령 당시 이연퇴직소득세:

$$\left[\ 연금외수령\ 전까지의\ 이연퇴직소득세\ 누계액\ -\ 인출\ 이연퇴직소득\ 누계액에\ 대한\ 세액\ \right] \times \frac{인출퇴직소득\ 누계액}{이연퇴직소득\ 누계액}$$

2. 연금소득공제

연금소득이 있는 거주자에 대해서는 해당 과세기간에 받은 총연금액(분리과세 연금소득은 제외)에서 다음 표에 규정된 금액을 공제한다. 다만, **공제액이 900만원을 초과하는 경우에는 900만원을 공제한다.**(소법 47의 2 ①)

총연금액	공제액
350만원 이하	총연금액
350만원 초과 700만원 이하	350만원+(350만원을 초과하는 금액의 40%)
700만원 초과 1400만원 이하	490만원+(700만원을 초과하는 금액의 20%)
1400만원 초과	630만원+(1400만원을 초과하는 금액의 10%)

Ⅳ 연금소득의 귀속시기 및 과세방식

1. 귀속시기

연금소득의 수입시기는 다음의 구분에 따른 날로 한다(소령 50 ⑤).
① 공적연금소득 : 공적연금 관련법에 따라 연금을 지급받기로 한 날
② 연금계좌 연금수령소득 : 연금수령한 날
③ 그 밖의 연금소득 : 해당 연금을 지급받은 날

2. 과세방식

1) 원천징수 및 연말정산(소득의 지급자)

(1) 원천징수

① 공적연금의 경우

원천징수의무자가 공적연금에 해당하는 연금소득을 지급할 때에는 연금소득 간이세액표에 따라 소득세를 원천징수한다.(소법 143의 2 ①)

② 사적연금의 경우

원천징수의무자가 사적연금소득을 지급할 때에는 그 지급금액에 원천징수세율(5%, 4%, 3%)을 적용하여 계산한 소득세를 원천징수한다.(소법 143의 2 ②)

(2) 연말정산

① 의의

원천징수의무자가 해당 과세기간의 다음 연도 1월분 공적연금소득을 지급할 때에는 연말정산규정에 따라 소득세를 원천징수한다(소법 143의 2 ③).

② 지연지급시 원천징수

공적연금소득을 지급하는 자가 연금소득의 일부 또는 전부를 지연하여 지급하면서 지연지급에 대한 이자를 함께 지급하는 경우 해당 이자는 공적연금소득으로 보고 있으므로, 해당 이자도 공적연금소득에 대한 원천징수규정에 따라 원천징수하여야 한다(소령 40 ④).

2) 종합과세와 분리과세(소득의 귀속자)

(1) 종합과세

연금소득은 종합소득 과세표준에 합산하여 과세하는 것을 원칙으로 한다. 다만, 공적연금 소득만 있는 거주자는 연말정산시 사실상 과세가 종결된 것으로 보기 때문에 과세표준확정신고를 하지 않아도 된다.

(2) 분리과세

사적연금소득 중 다음에 해당하는 연금소득(③의 소득이 있는 거주자가 종합소득과세표준을 계산할 때 이를 합산하려는 경우는 제외하며, 이하 "분리과세연금소득"이라 함) 금액은 종합소득과세표준을 계산할 때 합산하지 아니할 수 있다(소법 14 ③ 9).

① 퇴직소득을 연금수령하는 연금소득

② 세액공제를 받은 연금계좌 납입액 및 연금계좌의 운용실적에 따라 증가된 금액을 의료목적, 천재지변이나 그 밖에 부득이한 사유 등 대통령령으로 정하는 요건을 갖추어 인출하는 연금소득

③ ① 및 ② 외의 연금소득의 합계액이 연 1천500만원 이하인 경우 그 연금소득

⊕ 참고 **연금소득과 관련된 조세정책 정리**

구 분	내 용			
과세시점 선택문제	연금소득자의 증가추이 등을 감안하여 기여금 불입시점에 과세하지 아니하고 연금소득 수령시점에 과세한다. 이러한 조세정책의 수행을 위하여 연금기여금 불입액을 소득공제하는바, 연금소득공제는 타 소득공제제도처럼 비과세의 경제적 효과가 발생하는 것이 아니라 연금소득에 대한 과세시기를 불입시점에서 소득 수령시점으로 과세시기를 이연하는 효과밖에 발생하지 아니한다.			
사용자 부담 기여금 과세문제	사용자가 부담하는 기여금은 사용인의 근로제공에 대한 대가의 일부로서 사용인의 연금소득 재원이므로 사용자의 손비로 처리하고 사용인의 연금소득으로 과세하기 위하여 사용인의 근로소득에서 제외한다.			
가입자의 기여금 과세문제	연금 가입자가 불입하는 기여금은 연금소득 수령시점에 과세하기 위하여 소득공제한다.			
연금소득의 범위	공적연금	국민연금·공무원연금법·군인연금법·사립학교교직원 연금법·별정우체국법에 의한 연금		
	사적연금	퇴직보험연금, 조세특례제한법상의 연금저축에 의한 연금		
	기타	공적연금 및 사적연금과 유사한 것		
연금 기여금 운용 수익과 연금 급여	연금 기여금의 운용수익과 연금 급여에 대하여는 과세한다. 이 경우 그 원천 및 경과조치에 따라 다음과 같이 분류한다.			
	공적연금	2001. 12. 31 이전의 불입·근로제공을 기초로 한 금액		
		2002. 1. 1 이후의 불입·근로제공을 기초로 한 금액	연금형태로 수령하는 경우	연금소득으로 과세
			일시불로 수령하는 경우	퇴직소득으로 과세
	사적연금	퇴직연금	연금형태로 수령하는 경우	연금소득으로 과세
			일시불로 수령하는 경우	퇴직소득으로 과세
		연금저축	연금저축 가입자의 저축금 수령액	연금형태로 수령하는 경우	연금소득으로 과세
				일시불로 수령하는 경우	기타소득으로 과세

제6절 기타소득

I 개요

1. 기타소득의 의의

기타소득이란 과세의 대상으로 열거된 소득으로써 이자소득·배당소득·사업소득·근로소득·연금소득·퇴직소득 및 양도소득 외의 소득을 말한다. 기타소득은 일시적·우발적으로 발생하는 소득으로 이루어져 있으며 기타소득에 해당되는 소득이라 하더라도 사업적인 조직을 갖추고 계속적·반복적으로 발생되는 경우는 사업소득으로 먼저 분류해야 한다.

2. 사업소득과 기타소득의 구분

구분	사업소득	기타소득
개념	• 개인이 영리를 목적으로 자기의 계산과 책임하에 계속적·반복적으로 행하는 활동을 통해 얻는 소득	• 이자·배당·사업·근로·연금·퇴직·양도소득 외에 「소득세법」에서 열거하는 소득
판단기준	• 독립성 : 다른 사업자에게 종속·고용되지 아니하고 자기책임과 계산 하에 사업을 경영하는 것 • 계속·반복성 : 동종의 활동을 계속적·반복적으로 행하는 것 • 영리목적성 : 사업을 경제적 이익을 얻기 위한 의도를 가지고 행하는 것	• 사업 활동으로 볼 수 있을 정도의 계속성·반복성 없이 일시적·우발적으로 발생하는 소득

| 사례 |

유형	사업소득	기타소득
강연료 및 인세	고용관계 없이 직업적으로 강의를 하거나 저작자가 저작권법에 의해 저작권 사용료로 받는 금품	강의나 저술을 전문으로 하지 않는 자가 일시적으로 받는 강연료 또는 기고료·인세
연구 용역비	교수 등이 연구주체가 되어 연구계약을 체결하고 직접 대가로 수령하는 연구비	교수 등이 근로제공과 관계없이 대학으로부터 받는 연구비
문예창작 소득	문필·미술·음악 등 예술을 전문으로 하는 사람이 창작활동을 하고 얻는 소득	신인발굴을 위한 문예창작 현상모집에 응하고 받는 상금
경영자문 소득	변호사·회계사 등 전문직사업자가 독립적인 지위에서 사업목적으로 자문용역을 제공하고 얻는 소득	전문직 사업자가 아닌 자가 고용관계 없이 일시적으로 용역을 제공하고 얻는 소득

Ⅱ 기타소득의 범위

기타소득은 이자소득·배당소득·사업소득·근로소득·연금소득·퇴직소득 및 양도소득 외의 소득으로서 다음에서 규정하는 것으로 한다.(소법 21 ①)

① 상금, 현상금, 포상금, 보로금 또는 이에 준하는 금품
② 복권, 경품권, 그 밖의 추첨권에 당첨되어 받는 금품
③ 「사행행위 등 규제 및 처벌특례법」에서 규정하는 행위(적법 또는 불법 여부는 고려하지 않음)에 참가하여 얻은 재산상의 이익
④ 「한국마사회법」에 따른 승마투표권, 「경륜·경정법」에 따른 승자투표권, 「전통소싸움경기에 관한 법률」에 따른 소싸움 경기 투표권 및 「국민체육진흥법」에 따른 체육진흥투표권의 구매자가 받는 환급금(발생 원인이 되는 행위의 적법 또는 불법 여부는 고려하지 않음)
⑤ 저작자 또는 실연자(實演者)·음반제작자·방송사업자 외의 자가 저작권 또는 저작인접권의 양도 또는 사용의 대가로 받는 금품
⑥ 영화필름, 라디오·텔레비전 방송용 테이프 또는 필름 그 밖 유사한 권리 등을 양도·대여 하거나 사용의 대가로 받는 금품
⑦ 광업권·어업권·산업재산권·산업정보, 산업상 비밀, 상표권·영업권(대통령령으로 정하는 점포 임차권을 포함), 토사석(土砂石)의 채취허가에 따른 권리, 지하수의 개발·이용권, 그 밖에 이와 유사한 자산이나 권리를 양도하거나 대여하고 그 대가로 받는 금품
⑧ 물품(유가증권을 포함) 또는 장소를 일시적으로 대여하고 사용료로서 받는 금품
⑨ 「공익사업을 위한 토지 등의 취득 및 보상에 관한 법률」에 따른 공익사업과 관련하여 지역권·지상권(지하 또는 공중에 설정된 권리를 포함)을 설정하거나 대여함으로써 발생하는 소득
⑩ 계약의 위약 또는 해약으로 인하여 받는 소득
⑪ 유실물의 습득 또는 매장물의 발견으로 인하여 보상금을 받거나 새로 소유권을 취득하는 경우 그 보상금 또는 자산
⑫ 소유자가 없는 물건의 점유로 소유권을 취득하는 자산
⑬ 거주자·비거주자 또는 법인의 특수관계인이 그 특수관계로 인하여 그 거주자·비거주자 또는 법인으로부터 받는 경제적 이익으로서 급여·배당 또는 증여로 보지 않는 금품
⑭ 슬롯머신(비디오게임을 포함) 및 투전기(投錢機), 그 밖에 이와 유사한 기구(이하 "슬롯머신 등")를 이용하는 행위에 참가하여 받는 당첨 금품·배당금품 또는 이에 준하는 금품(이하 "당첨금품 등")
⑮ 문예·학술·미술·음악 또는 사진에 속하는 창작품(「신문 등의 자유와 기능보장에 관한 법률」에 따른 정기간행물에 게재하는 삽화 및 만화와 우리나라의 창작품 또는 고전을 외국어로 번역하거나 국역하는 것을 포함)에 대한 원작자로서 받는 소득으로서 다음 중 어느 하나에 해당하는 것
 ㉠ 원고료
 ㉡ 저작권사용료인 인세(印稅)
 ㉢ 미술·음악 또는 사진에 속하는 창작품에 대하여 받는 대가

⑯ 재산권에 관한 알선 수수료
⑰ 사례금
⑱ 소기업·소상공인 공제부금의 해지일시금
⑲ 다음의 어느 하나에 해당하는 인적용역(⑮부터 ⑰까지의 규정을 적용받는 용역은 제외)을 일시적으로 제공하고 받는 대가
　㉠ 고용관계 없이 다수인에게 강연을 하고 강연료 등 대가를 받는 용역
　㉡ 라디오·텔레비전방송 등을 통하여 해설·계몽 또는 연기의 심사 등을 하고 보수 또는 이와 유사한 성질의 대가를 받는 용역
　㉢ 변호사, 공인회계사, 세무사, 건축사, 측량사, 변리사, 그 밖에 전문적 지식 또는 특별한 기능을 가진 자가 그 지식 또는 기능을 활용하여 보수 또는 그 밖의 대가를 받고 제공하는 용역
　㉣ 그 밖에 고용관계 없이 수당 또는 이와 유사한 성질의 대가를 받고 제공하는 용역
⑳ 「법인세법」에 따라 기타소득으로 처분된 소득
㉑ 「조세특례제한법」에 따른 연금저축에 가입하고 저축 납입계약기간 만료 전에 해지하여 일시금으로 받거나 만료 후 연금 외의 형태로 받는 소득
㉒ 퇴직 전에 부여받은 주식매수선택권을 퇴직 후에 행사하거나 고용관계 없이 주식매수선택권을 부여받아 이를 행사함으로써 얻는 이익
㉓ 종업원등 또는 대학의 교직원이 퇴직한 후에 지급받는 직무발명보상금
㉔ 뇌물
㉕ 알선수재 및 배임수재에 의하여 받는 금품
㉖ 서화(書畵)·골동품의 양도로 발생하는 소득
　"서화(書畵)·골동품"이란 다음 중 어느 하나에 해당하는 것으로서 개당·점당 또는 조(2개 이상이 함께 사용되는 물품으로서 통상 짝을 이루어 거래되는 것)당 양도가액이 6천만원 이상인 것을 말한다. 다만, 양도일 현재 생존해 있는 국내 원작자의 작품은 제외한다(소령 41 ⑭).
　　㉠ 서화·골동품 중 다음 중 어느 하나에 해당하는 것
　　　ⓐ 회화, 데생, 파스텔(손으로 그린 것에 한정하며, 도안과 장식한 가공품은 제외) 및 콜라주와 이와 유사한 장식판
　　　ⓑ 오리지널 판화·인쇄화 및 석판화
　　　ⓒ 골동품(제작 후 100년을 넘은 것에 한정)
　　㉡ ㉠의 서화·골동품 외에 역사상·예술상 가치가 있는 서화·골동품으로서 기획재정부장관이 문화체육관광부장관과 협의하여 기획재정부령으로 정하는 것

　위에도 불구하고 사업장을 갖추는 등 다음의 경우에 발생하는 서화(書畵)·골동품의 양도로 발생하는 소득은 사업소득으로 한다.(소령 41 ⑱)
　　㉠ 서화·골동품의 거래를 위하여 사업장 등 물적시설(인터넷 등 정보통신망을 이용하여 서화·골동품을 거래할 수 있도록 설정된 가상의 사업장을 포함)을 갖춘 경우
　　㉡ 서화·골동품을 거래하기 위한 목적으로 사업자등록을 한 경우

㉗ 종교인소득

종교 관련 종사자가 종교의식을 집행하는 등 종교 관련 종사자로서의 활동과 관련하여 종교단체(종교를 목적으로 「민법」에 따라 설립된 비영리법인 과 그 소속 단체)로부터 받은 소득(이하 "종교인소득"). 다만 종교인소득에 대하여 근로소득으로 원천징수 하거나 과세표준확정신고를 한 경우에는 해당 소득을 근로소득으로 본다(소법 21 ① 26).

㉘ 「전자상거래 등에서의 소비자보호에 관한 법률」에 따라 통신판매중개를 하는 자를 통하여 물품 또는 장소를 대여하고 연간 수입금액이 500만원 이하의 사용료로서 받은 금품

㉙ 「특정 금융거래정보의 보고 및 이용 등에 관한 법률」에 따른 가상자산을 양도하거나 대여함으로써 발생하는 소득(이하 "가상자산소득")〈2025.1.1. 시행〉

세부내용

[1] 위약금과 배상금의 범위

① '위약금과 배상금'이란 재산권에 관한 계약의 위약 또는 해약으로 받는 손해배상(보험금을 지급할 사유가 발생하였음에도 불구하고 보험금 지급이 지체됨에 따라 받는 손해배상을 포함)으로서 그 명목여하에 불구하고 본래의 계약의 내용이 되는 지급 자체에 대한 손해를 넘는 손해에 대하여 배상하는 금전 또는 그 밖의 물품의 가액을 말한다. 이 경우 계약의 위약 또는 해약으로 반환받은 금전 등의 가액이 계약에 따라 당초 지급한 총금액을 넘지 아니하는 경우에는 지급 자체에 대한 손해를 넘는 금전 등의 가액으로 보지 않는다(소령 41 ⑦).

② 계약의 위약 또는 해약으로 인하여 타인의 신체의 자유 또는 명예를 해하거나 기타 정신상의 고통 등을 가한 것과 같이 재산권 외의 손해에 대한 배상 또는 위자료로서 받는 금액은 포함되지 않는다.

③ 교통사고로 인하여 사망 또는 상해를 입은 자 또는 그 가족이 그 피해보상으로 받는 사망·상해보상이나 위자료는 소득세 과세대상소득에 해당되지 않는다.

④ 「공익사업을 위한 토지 등의 취득 및 보상에 관한 법률」에 따라 지급받는 손실보상금(損失補償金) 및 이에 따른 지연손해금은 재산권에 관한 계약의 위약 또는 해약으로 인해 받는 위약금과 배상금에 해당하지 않으며 기타소득에 해당하지 않는다.

[2] 건물명도 합의금의 소득구분 (소집 21-0-6)

임대용 건물을 경락에 의하여 취득한 법인이 해당 건물의 기존 세입자들로부터 해당 건물을 조속하고 원만하게 넘겨받기 위하여 지급의무가 없는 합의금을 지급하는 경우 해당 세입자들이 지급 받는 건물명도 합의금은 기타소득에 해당한다.

[3] 기타소득금액 계산시 소송비용 등의 필요경비 인정여부 (소집 21-0-7)

① 부동산 매매계약의 취소와 관련하여 당초 부동산매매거래를 위하여 거래당사자로서 지급한 중개수수료 및 해당 매매계약 해지를 위한 소송과 관련하여 변호사에게 지급한 보수는 기타소득(위약금)에 대한 필요경비로 산입할 수 있다.

② 재단의 이사장으로서 재단의 이사 및 이사장의 선임권 등 그 재단법인의 사실상 운영자로서의 지위를 물려받을 수 있는 절차를 밟아준 데 대한 사례의 뜻으로 지급받은 금액은 '사례금'에 해당하고, 그 재단의 설립과정에서 개인적으로 투자한 금액은 필요경비에 해당하지 않는다.

③ 아파트를 분양하는 법인이 수분양자의 귀책사유로 분양계약을 해지하면서 해당 법인에게는 해약금이 귀속되고 수분양자에게는 분양대금 반환금과 함께 반환금에 대한 이자상당액이 귀속 되는 경우에는 해당 이자상당액에서 해약금을 차감한 금액이 기타소득에 해당한다.

[4] 경영자문용역의 소득구분 (소집 21-0-9)

거주자가 비영리법인에 경영자문용역을 제공하고 매월 정액으로 받은 경영고문료는 다음의 기준에 따라 소득을 구분한다.

1. 근로소득
   거주자가 근로계약에 의한 고용관계에 의하여 비상임자문역으로 근로자의 지위에서 경영자문 용역을 제공하고 얻은 소득. 이 경우 고용관계여부는 근로계약내용 등을 종합적으로 고려하여 판단한다.
2. 사업소득
   전문직 또는 컨설팅 등을 전문으로 하는 사업자가 독립적인 지위에서 사업상 또는 사업에 부수 적인 용역인 경영자문용역을 계속적 또는 일시적으로 제공하고 얻은 소득
3. 기타소득
   위 외의 소득으로서 고용관계 없이 일시적으로 경영자문용역을 제공하고 얻은 소득

Ⅲ 기타소득금액의 계산

1. 기타소득금액의 계산구조

기타소득금액은 해당 과세기간의 총수입금액에서 이에 사용된 필요경비를 공제한 금액으로 한다.(소법 21 ②)

기타소득금액 = 총수입금액 - 필요경비

2. 기타소득의 필요경비 계산

기타소득금액을 계산할 때 해당 과세기간의 필요경비에 산입할 금액은 다음에 의한다(소법 37).

기타소득 구분			필요경비	
승마투표권 등의 구매자가 받는 환급금			그 구매자가 구입한 적중된 투표권의 단위투표금액	
슬롯머신등을 이용하는 행위에 참가하여 받는 당첨금품 등			당첨 당시에 슬롯머신등에 투입한 금액	
공익법인이 승인을 받아 시상하는 상금 및 부상과 다수가 순위 경쟁하는 대회에서 입상자가 받는 상금 및 부상			거주자가 받은 금액의 80%에 상당하는 금액	실제 소요된 필요경비가 의제대상 금액을 초과하면 실제 소요된 비용
주택입주 지체상금				
서화·골동품의 양도로 발생하는 소득		1억원 이하인 경우	받은 금액의 90%	
		1억원을 초과하는 경우	9천만원 + (소득 - 1억원) ×80%(90%)	

기타소득 구분	필요경비	
무체재산권 등의 양도 및 대여료	60%	실제 소요된 필요경비가 60%에 상당하는 금액을 초과하면 실제 소요된 비용
공익사업관련 지역권·지상권을 설정 및 대여		
일시적인 문예창작소득		
일시적인 인적용역		
종교인 소득	실제 소요된 필요경비가 다음의 금액을 초과하면 그 초과하는 금액도 필요경비에 산입한다. | 종교관련종사자가 받은 금액 | 필요경비 | |---|---| | 2천만원 이하 | 받은 금액의 80% | | 2천만원 초과 4천만원 이하 | 1,600만원+(2천만원을 초과하는 금액의 50%) | | 4천만원 초과 6천만원 이하 | 2,600만원+(4천만원을 초과하는 금액의 30%) | | 6천만원 초과 | 3,200만원+(6천만원을 초과하는 금액의 20%) |	
가상자산소득	가상자산을 양도함으로써 발생하는 소득에 대한 기타소득금액을 산출하는 경우에는 먼저 거래한 것부터 순차적으로 양도된 것으로 본다. 2025년 1월 1일 전에 이미 보유하고 있던 가상자산의 취득가액은 다음에 따라 계산한다. 2024.12.31. 당시 Max[시가, 취득가액]	
그 외의 기타소득	총수입금액에 대응하는 비용의 합계액	

Ⅳ 기타소득의 귀속시기 및 과세방식

1. 기타소득의 귀속시기

기타소득의 수입시기는 다음에 따른 날로 한다(소령 50 ①).

구분	귀속시기
① 광업권 등 양도에 따른 기타소득	Fast[대금 청산일, 인도일, 사용수익일] 다만, 대금 청산 전 자산을 인도 또는 사용·수익 하였으나, 대금이 확정되지 않은 경우 대금지급일
② 인정 기타소득	법인의 사업연도 결산확정일
③ 계약금이 위약금 또는 배상금으로 대체되는 경우	계약의 위약 또는 해약이 확정된 날
④ 연금외수령 소득	연금외수령한 날
⑤ 위 이외의 기타소득	지급을 받은 날

2. 기타소득의 과세방식

1) 원천징수

기타소득에 대해서는 다음에 규정하는 세율을 적용한다(소법 129 ① 6).

① 복권 당첨 등으로 인하여 수령하는 금액이 3억원을 초과하는 경우 그 초과하는 분에 대해서는 30%
② 그 밖의 기타소득에 대해서는 20%
③ 봉사료의 지급금액이 기타소득에 해당하는 경우 5%
④ 연금계좌에서 수령한 소득 중 연금외 수령 소득의 경우 15%

2) 종합과세 및 분리과세

(1) 무조건 종합과세

다음에 해당하는 기타소득에 대해서는 무조건 종합과세를 적용한다.

① 뇌물
② 알선수재 및 배임수재에 의하여 받는 금품

(2) 무조건 분리과세

① 복권당첨금
② 승마투표권등의 구매자가 받는 환급금
③ 슬롯머신등을 이용하여 받는 금품
④ 연금소득의 금액을 그 소득의 성격에도 불구하고 연금외수령한 기타소득
⑤ 기타소득으로서 기타소득금액이 300만원 이하이면서 원천징수된 소득(해당 소득이 있는 거주자가 종합소득과세표준을 계산할 때 이를 합산하려는 경우는 제외)
⑥ 서화(書畵)·골동품의 양도로 발생하는 소득
  개당·점당 또는 조당 양도가액이 6천만원 이상인 서화·골동품(국내 생존작가의 작품 제외)의 양도로 발생하는 소득은 원천징수로서 납세의무가 종결되는 분리과세기타소득에 해당하며, 종합소득의 과세표준에 합산할 수 없다.
⑦ ①부터 ⑥까지의 소득과 유사한 소득

(3) 선택적 분리과세

무조건 분리과세 기타소득을 제외한 기타소득으로서 기타소득금액이 300만원 이하인 경우에는 납세자의 선택에 따라 종합과세를 하지 않고 분리과세로 납세의무를 종결할 수 있다. 다만, 해당 소득이 있는 거주자가 종합소득과세표준을 계산할 때 그 소득을 합산하려는 경우 그 소득은 분리과세 기타소득에서 제외한다.

(4) 신고납부 분리과세

가상자산소득은 종합소득과세표준에 합산하지 않는다. 다만, 그 결정세액을 종합소득 결정세액에 합산하여 확정신고납부 하여야 한다. 또한 **계약의 위약 또는 해약으로 받은 위약금과 배상금(계약금이 위약금과 배상금으로 대체되는 경우에만 해당)**으로서 원천징수 대상이 아닌 소득은 신고납부 분리과세대상에 해당한다.(소법 14 ③ 8 가).

3) 비과세

기타소득 중 다음의 어느 하나에 해당하는 소득에 대해서는 과세하지 아니한다(소법 12).

① 「국가유공자 등 예우 및 지원에 관한 법률」 또는 「보훈보상대상자 지원에 관한 법률」에 따라 받는 보훈급여금·학습보조비 및 「북한이탈주민의 보호 및 정착지원에 관한 법률」에 따라 받는 정착금·보로금(報勞金)과 그 밖의 금품
② 「국가보안법」에 따라 받는 상금과 보로금
③ 「상훈법」에 따른 훈장과 관련하여 받는 부상(副賞)이나 그 밖에 대통령령으로 정하는 상금과 부상
④ 종업원 등 또는 대학의 교직원이 퇴직한 후에 사용자등 또는 산학협력단으로부터 지급받는 직무발명보상금으로서 700만원 이내의 금액 다만, 직무발명보상금을 지급한 사용자등 또는 산학협력단과 특수관계에 있는 자가 받는 직무발명보상금은 제외한다.
⑤ 「국군포로의 송환 및 대우 등에 관한 법률」에 따라 국군포로가 받는 위로지원금과 그 밖의 금품
⑥ 「문화재보호법」에 따라 국가지정문화재로 지정된 서화·골동품의 양도로 발생하는 소득
⑦ 서화·골동품을 박물관 또는 미술관에 양도함으로써 발생하는 소득
⑧ 종교인소득 중 다음의 어느 하나에 해당하는 소득
  ㉠ 「통계법」에 따라 통계청장이 고시하는 한국표준직업분류에 따른 종교관련종사자가 종사하는 종교단체의 종교관련종사자로서의 활동과 관련있는 교육·훈련을 위하여 「초·중등교육법」 및 「고등교육법」에 따른 학교(외국에 있는 이와 유사한 교육기관을 포함)과 「평생교육법」에 따른 평생교육시설의 입학금·수업료·수강료, 그 밖의 공납금
  ㉡ 종교관련종사자가 받는 다음에 해당하는 식사 또는 식사대
    ⓐ 종교관련종사자에게 소속 종교단체가 제공하는 식사, 기타 음식물
    ⓑ ⓐ에 규정하는 기타 음식물을 제공받지 아니하는 종교 관련 종사자가 받는 월 20만원 이하의 식사대
  ㉢ 종교관련종사자가 받는 다음에서 정하는 실비변상적 성질의 지급액
    ⓐ 일직료·숙직료 또는 여비로서 실비변상 정도의 금액(종교 관련 종사자의 소유 차량을 종교 관련 종사자가 직접 운전하여 종교단체의 종교 관련 활동에 이용하고 소요된 실제 여비 대신에 그 소요경비를 당해 종교단체의 규칙 등에 의하여 정하여진 지급기준에 따라 받는 금액 중 월 20만원 이내의 금액을 포함)
    ⓑ 종교관련종사자가 종교의식 등 종교활동을 위하여 통상적으로 착용하는 의복·신발·모자 또는 이와 유사한 물품
    ⓒ 종교관련종사자가 벽지에 종사함으로 인하여 받는 월 20만원 이내의 벽지수당
    ⓓ 종교관련종사자가 천재·지변 기타 재해로 인하여 받는 급여
  ㉣ 종교관련종사자 또는 그 배우자의 출산이나 6세 이하(해당 과세기간 개시일을 기준으로 판단함) 자녀의 보육과 관련하여 종교단체로부터 받는 금액으로서 월 20만원 이내의 금액
  ㉤ 종교관련종사자가 사택을 제공받아 얻는 이익
    종교단체가 소유하고 있는 주택을 종교 관련 종사자에게 무상 또는 저가로 제공하거나, 종교단체가 직접 임차하여 종교 관련 종사자에게 무상으로 제공하는 주택을 말하며, 임대차 기간 중에 종교 관

련 종사자가 전근·퇴직 또는 이사하는 때에는 다른 종교 관련 종사자 또는 직원이 당해 주택에 입주하는 경우에 한하여 이를 사택을 제공받아 얻는 이익으로 본다. 다만, 다음에 해당하는 경우에는 그러하지 아니하다.
  ⓐ 입주한 종교관련종사자가 전근·퇴직 또는 이사한 후 당해 종교단체의 종교관련종사자나 종업원 등 중에서 입주희망자가 없는 경우
  ⓑ 당해 임차주택의 계약잔여기간이 1년 이하인 경우로서 주택임대인이 주택임대차계약의 갱신을 거부하는 경우

4) 종교인소득에 대한 연말정산 등

종교인소득을 지급하고 그 소득세를 원천징수하는 자는 해당 과세기간의 다음 연도 2월분의 종교인소득을 지급할 때(2월분의 종교인소득을 2월 말일까지 지급하지 아니하거나 2월분의 종교인소득이 없는 경우에는 2월 말일로 함) 또는 해당 종교관련종사자와의 소속관계가 종료되는 달의 종교인소득을 지급할 때 해당 과세기간의 종교인소득에 대하여 간이세액표에 따라 계산한 금액을 원천징수한다(소법 145의3 ①). 종교인소득에 대한 연말정산, 소득공제 등의 신고, 원천징수영수증의 발급 또는 원천징수시기에 관하여는 과세표준확정신고 예외 사업소득자의 연말정산 규정을 준용한다.

3. 과세최저한

기타소득이 다음 중 어느 하나에 해당하면 그 소득에 대한 소득세를 과세하지 않는다.(소법 84)

① 승마투표권, 승자투표권, 소싸움 경기투표권, 체육진흥투표권의 환급금으로서 건별로 권면에 표시된 금액의 합계액이 10만원 이하이고 다음 중 어느 하나에 해당하는 경우
  ㉠ 적중한 개별투표당 환급금이 10만원 이하인 경우
  ㉡ 단위투표금액당 환급금이 단위투표금액의 100배 이하이면서 적중한 개별 투표당 환급금이 200만원 이하인 경우
② 복권 당첨금(복권당첨금을 복권 및 복권 기금법령에 따라 분할하여 지급받는 경우에는 분할하여 지급받는 금액의 합계액을 말함) 또는 슬롯머신 당첨금품 등이 건별로 200만원 이하인 경우
③ 그 밖의 기타소득금액이 건별로 5만원 이하인 경우(단, 연금외수령한 기타소득의 경우는 제외)
④ 가상자산 소득금액으로서 해당과세기간 소득금액이 250만원 이하인 경우(2025.1.1. 이후 시행)

제3장 종합소득금액 계산 및 종합소득금액 계산특례

제1절 종합소득금액의 계산 원칙

거주자의 종합소득 및 퇴직소득에 대한 과세표준은 각각 구분하여 계산한다.(소법 14 ①) 종합소득에 대한 과세표준은 이자소득금액, 배당소득금액·사업소득금액, 근로소득금액, 연금소득금액 및 기타소득금액의 합계액에서 종합소득공제를 차감한 금액으로 한다.(소법 14 ②)

제2절 부당행위계산의 부인

I 개요

세무서장 또는 지방국세청장은 배당소득(출자공동사업자의 손익분배비율에 따른 배당소득만 해당), 사업소득 또는 기타소득이 있는 거주자의 행위 또는 계산이 그 거주자와 특수관계인과의 거래로 인하여 그 소득에 대한 조세부담을 부당하게 감소시킨 것으로 인정되는 경우에는 그 거주자의 행위 또는 계산과 관계없이 해당 과세기간의 소득금액을 계산할 수 있다.(소법 41 ①) 이를 부당행위계산 부인이라 한다.

II 적용요건

1. 일정한 소득이 있을 것

2. 특수관계에 있는 자와의 거래

3. 조세부담을 부당하게 감소시킨 것으로 인정되는 경우

Ⅲ 적용대상 거래

조세의 부담을 부당하게 감소시킨 것으로 인정되는 경우는 다음과 같다. 다만, ①부터 ③까지 및 ⑤(①부터 ③까지에 준하는 행위만 해당)는 시가와 거래가액의 차액이 3억원 이상이거나 시가의 5%에 상당하는 금액 이상인 경우만 해당한다.(소령 98 ②)

① 특수관계인으로부터 시가보다 높은 가격으로 자산을 매입하거나 특수관계 있는 자에게 시가보다 낮은 가격으로 자산을 양도한 경우
② 특수관계인에게 금전이나 그 밖의 자산 또는 용역을 무상 또는 낮은 이율 등으로 대부하거나 제공한 경우. 다만, 직계존비속에게 주택을 무상으로 사용하게 하고 직계존비속이 그 주택에 실제 거주하는 경우는 제외한다.
③ 특수관계인으로부터 금전이나 그 밖의 자산 또는 용역을 높은 이율 등으로 차용하거나 제공받는 경우
④ 특수관계인으로부터 무수익자산을 매입하여 그 자산에 대한 비용을 부담하는 경우
⑤ 그 밖에 특수관계인과의 거래에 따라 해당 과세기간의 총수입금액 또는 필요경비를 계산할 때 조세의 부담을 부당하게 감소시킨 것으로 인정되는 경우

Ⅳ 시가의 계산

1. 자산의 고가매입·저가양도시 시가의 계산

특수관계 있는 자로부터 시가보다 높은 가격으로 자산을 매입하거나 특수관계 있는 자에게 시가보다 낮은 가격으로 자산을 양도한 경우, 시가의 산정 방법은 「법인세법」을 준용한다. 시가가 불분명한 경우에는 다음 순서로 계산한 금액을 시가로 본다.

자 산	시가의 범위
주 식 등	「상속세 및 증여세법」을 준용하여 평가한 가액
위 외 의 자 산	• 1순위 : 감정평가법인이 감정한 가액이 있는 경우 그 가액(감정가액이 2 이상인 경우에는 그 감정가액의 평균액) • 2순위 : 「상속세 및 증여세법」을 준용하여 평가한 가액

2. 금전 외의 자산·용역의 제공에 대한 시가의 계산

특수관계자에게 금전 이외의 자산 또는 용역을 제공함에 있어서 시가의 계산를 적용할 수 없는 경우에는 다음과 같이 계산한 금액을 시가로 한다.

1) 유형 또는 무형의 자산을 제공하거나 제공받는 경우

$$\left(\text{해당 자산 시가의 } 50\% - \text{그 자산의 제공으로 받은 전세금·보증금}\right) \times \text{정기예금이자율}^*$$

* 계약일 현재 고시된 정기예금이자율을 적용(현재 1.2%)

2) 건설 기타 용역을 제공하거나 제공받는 경우

$$\text{해당 용역의 제공에 소요된 금액(직접비·간접비 포함)} \times (1 + \text{수익률}^*)$$

* 수익률은 해당 사업연도 중 특수관계자외의 자에게 제공한 유사한 용역제공거래에 있어서의 수익률로서 기업회계기준에 의하여 계산한((매출액-원가)/원가)를 말함

3. 금전의 대여 또는 차용의 경우 시가의 계산

특수관계자 간 금전의 대여 또는 차용의 경우에는 가중평균차입이자율을 시가로 하되, 가중평균차입이자율의 적용이 불가능하거나 과세표준 신고시 당좌대출이자율을 시가로 선택하는 경우에는 당좌대출이자율을 시가로 한다.

Ⅴ 부인의 효과

1. 소득금액의 재계산

2. 법률행위의 유효성

3. 조세포탈범의 구성 ×

4. 대응조정의 불인정

제3절 공동사업에 대한 소득금액 계산의 특례

I 개요

사업소득이 발생하는 사업을 공동으로 경영하고 그 손익을 분배하는 공동사업(출자공동사업자가 있는 공동사업 포함)의 경우 공동사업장을 1거주자로 보아 공동사업장별로 소득금액을 계산한 후, 공동사업자 간의 손익분배비율에 의하여 분배되었거나 분배될 소득금액에 따라 각 공동사업자별로 분배한다. 다만, 특수관계자 간의 공동사업에 있어 조세회피목적으로 공동사업을 영위하는 경우에는 예외적으로 주된공동사업자에게 합산과세한다.

II 소득금액 계산 특례

1. 공동사업 소득금액 계산

사업소득이 발생하는 사업을 공동으로 경영하고 그 손익을 분배하는 공동사업의 경우에는 해당 **사업을 경영하는 장소를 1 거주자로 보아 공동사업장별로 그 소득금액을 계산**한다. 공동사업에는 경영에 참여하지 아니하고 출자만 하는 출자공동사업자(공동사업에 성명 또는 상호를 사용하게 하지 않거나, 공동사업에서 발생한 채무에 대하여 무한책임을 부담하지 않는 자)가 있는 공동사업을 포함한다.(소법 43 ①)

2. 소득금액의 분배

공동사업에서 발생한 소득금액은 해당 공동사업을 경영하는 각 거주자(출자공동사업자를 포함) 간에 약정된 손익분배비율(약정된 손익분배비율이 없는 경우에는 지분비율)에 의하여 **분배되었거나 분배될 소득금액에 따라 각 공동사업자별로 분배**한다.(소법 43 ②)

3. 공동사업장의 결손금 처리

공동사업장에서 발생한 결손금은 각 **공동사업자별로 분배된 금액 범위 내에서 각 공동사업자의 다른 사업장의 동일 소득 또는 다른 종합소득과 통산**한다. 따라서 공동사업장의 결손금은 각 공동사업자별로 분배되었으므로 공동사업장의 이월결손금은 존재하지 않는다.

Ⅲ 공동사업합산과세

1. 의의

거주자 1인과 그와 특수관계인이 공동사업자에 포함되어 있는 경우로서 손익분배비율을 거짓으로 정하는 등 일정한 사유가 있는 경우에는 공동사업에 대한 소득금액 계산의 특례 규정에도 불구하고 그 특수관계인의 소득금액은 그 손익분배비율이 큰 공동사업자(이하 "주된공동사업자")의 소득금액으로 본다.(소법 43 ③) 이는 특수관계자 간 공동사업의 경우에도 원칙적으로 지분 등에 따라 개별과세하도록 개선하되 조세회피 목적으로 공동사업을 영위하는 경우는 예외적으로 합산과세 적용하도록 하기 위함이다.

2. 적용요건(손익분배비율을 거짓으로 정하는 등의 사유)

손익분배비율을 거짓으로 정하는 등의 사유'는 다음에 해당하는 경우를 말한다.(소령 100 ④)

① 공동사업자가 종합소득과세표준확정신고 시 제출한 신고서와 첨부서류에 기재한 사업의 종류, 소득금액 내역, 지분비율, 약정된 손익분배비율 및 공동사업자 간의 관계 등이 사실과 현저하게 다른 경우
② 공동사업자의 경영참가, 거래관계, 손익분배비율 및 자산·부채 등의 재무상태 등을 감안할 때 조세를 회피하기 위하여 공동으로 사업을 경영하는 것이 확인되는 경우

3. 주된공동사업자의 판단

손익분배비율이 같은 경우 "주된공동사업자"란 다음의 순서에 따른 자를 말한다.(소령 100 ⑤)

① 공동사업소득 외의 종합소득금액이 많은 자
② 공동사업소득 외의 종합소득금액이 같은 경우에는 직전 과세기간의 종합소득금액이 많은 자
③ 직전 과세기간의 종합소득금액이 같은 경우에는 해당 사업에 대한 종합소득과세표준을 신고한 자. 다만, 공동사업자 모두가 해당 사업에 대한 종합소득과세표준을 신고하였거나 신고하지 아니한 경우에는 납세지 관할 세무서장이 정하는 자로 한다.

4. 연대납세의무

거주자의 손익분배비율에 따라 공동사업에 관한 소득금액을 계산하는 경우에는 해당 거주자별로 납세의무를 진다. 다만, 주된공동사업자에게 합산과세 되는 경우 그 합산과세 되는 소득금액에 대해서는 주된공동사업자의 특수관계자는 손익분배비율에 해당하는 그의 소득금액을 한도로 주된공동사업자와 연대하여 납세의무를 진다.(소법 2의2 ①)

Ⅳ 공동사업장에 대한 특례

1. 사업자등록 및 관할

공동사업자가 그 공동사업장에 관한 사업자등록을 할 때에는 공동사업자(출자공동사업자 해당여부에 관한 사항을 포함), 약정한 손익분배비율, 대표공동사업자, 지분·출자명세 등을 사업장 소재지 관할 세무서장에게 신고해야 한다.(소법 87 ④) 공동사업에서 발생하는 소득금액의 결정 또는 경정은 대표공동사업자의 주소지 관할 세무서장이 한다. 다만, 국세청장이 특히 중요하다고 인정하는 것에 대해서는 사업장 관할 세무서장 또는 주소지 관할지방국세청장이 한다.(소법 87 ⑤)

2. 원천징수세액의 배분

공동사업장에서 발생한 소득금액에 대하여 원천징수 된 세액은 각 공동사업자의 손익분배비율에 따라 배분한다.(소법 87 ①)

3. 가산세의 배분

공동사업장에 관련되는 가산세가 있는 경우에는 각 공동사업자의 손익분배비율에 따라 배분한다.(소법 87 ②)

4. 공동사업장의 기장의무

공동사업장의 경우에는 해당 공동사업장을 1 거주자로 보아 장부기장 의무 및 장부 비치 의무를 적용한다.(소법 87 ③) 1 거주자가 공동사업과 단독으로 경영하는 사업이 있는 경우 공동사업장의 장부 비치·기장의무는 공동사업장의 총수입금액만을 기준으로 하여 판정하고 단독으로 경영하는 사업장에 대해서는 그 단독사업장의 총수입금액의 합계액을 기준으로 판정한다.

Ⅴ 출자공동사업자의 배당소득에 대한 과세방법

1. 개요

"출자공동사업자"란 다음 중 어느 하나에 해당하지 않는 자로서 공동사업의 경영에 참여하지 않고 출자만 하는 자를 말한다.(소령 100 ①)

① 공동사업에 성명 또는 상호를 사용하게 한 자
② 공동사업에서 발생한 채무에 대하여 무한책임을 부담하기로 약정한 자

2. 소득의 구분

공동사업에서 발생한 소득금액 중 사업의 경영에 참여하지 아니하고 출자만 하는 출자공동사업자에 대한 손익분배비율에 상당하는 금액은 **배당소득**으로 과세한다.

3. 귀속시기

출자공동사업자의 배당소득에 대한 귀속시기는 과세기간 종료일로 한다.(소령 46 3의2)

4. 원천징수

출자공동사업자의 배당소득에 대해서는 **25%**에 해당하는 세율로 원천징수한다.(소법 129 2의 가)

5. 과세방법

출자공동사업자에 대한 배당소득은 당연종합과세대상으로써 금융소득 종합과세대상 금액 산정 시 제외되며 무조건 종합소득금액에 합산한다. 그리고 금융소득이 종합과세 되는 경우에는 다음과 같이 산출세액을 계산한다.

> 산출세액 = MAX {①, ②}
> ① 20,000,000 × 14% + (과세표준 − 20,000,000) × 기본세율
> ② MAX {㉠, ㉡}
>   ㉠ [(다른 종합소득금액[*1] − 종합소득공제)×기본세율]+[출자공동사업자의 배당소득 ×14%]+[금융소득금액× 원천징수세율] : 종합소득비교세액
>   ㉡ [(다른 종합소득금액[*2] − 종합소득공제)×기본세율]+[금융소득금액×원천징수세율]
> *1 출자공동사업자의 배당소득을 제외한 다른 종합소득금액
> *2 출자공동사업자의 배당소득을 포함한 다른 종합소득금액

또한 출자공동사업자의 배당소득은 Gross-up 대상 소득이 아니며 해당 소득에 대해서는 부당행위 계산 부인 규정을 적용한다.

> **⊕ 참고 조합에 대한 현물출자**
> ① 조합에 대한 현물출자의 양도여부
>   동업재산으로 조합에 출자한 자산은 출자자의 개인재산과는 별개의 조합재산을 이루어 조합원의 합유가 되고 출자자는 그 출자의 대가로 조합원의 지위를 취득하는 것이므로 조합에 대한 자산의 현물출자는 자산의 유상이전으로서 양도소득세의 과세원인인 양도에 해당한다.〈대법85누931, 1986.03.11.〉
> ② 양도인정범위(전체범위)
>   토지를 각자가 단독으로 소유한 두 사람이 공동사업을 위하여 각 소유 토지를 현물출자한 경우 공동사업체에 유상으로 사실상 이전되는 것이므로 현물출자자산전체가 양도세 과세대상임〈재일46014-707, 1996. 3.15; 재일 46014-2657, 1997. 11. 12〉

제4절 결손금 및 이월결손금의 공제

I 개요

사업소득금액은 해당 과세기간의 총수입금액에서 이에 사용된 필요경비를 공제한 금액으로 하며, 필요경비가 총수입금액을 초과하는 경우 그 초과하는 금액을 "결손금"이라 한다.(소법 19 ②) 사업소득에서 발생한 결손금은 종합소득금액 계산 시 통산이 가능하지만, 부동산임대업에서 발생하는 결손금은 부동산임대업의 소득금액에서만 공제가 가능하다. 한편 당해 과세연도 이전에 발생한 결손금으로서 전년도부터 이월된 결손금은 이월결손금이라 하며 이는 이월결손금이 발생한 각 소득별로 공제가 가능하다.

II 결손금과 이월결손금의 통산

1. 결손금의 통산

1) 사업소득에서 발생한 결손금

사업자가 비치·기록한 장부에 의하여 해당 과세기간의 사업소득금액을 계산할 때 발생한 결손금은 그 과세기간의 종합소득과세표준을 계산할 때 **근로소득금액·연금소득금액·기타소득금액·이자소득금액·배당소득금액에서 순서대로 공제한다.**(소법 45 ①)

2) 부동산임대소득에서 발생한 결손금

다음 중 어느 하나에 해당하는 부동산임대업에서 발생한 결손금은 종합소득과세표준을 계산할 때 **공제하지 않는다.** 다만, 주거용건물 임대업의 경우에는 그러지 않는다(소법 45 ②).

① 부동산 또는 부동산상의 권리를 대여하는 사업. 다만 지역권과 지상권 등의 권리를 대여하는 사업은 제외한다.
② 공장재단 또는 광업재단을 대여하는 사업
③ 채굴에 관한 권리를 대여하는 사업으로서 대통령령으로 정하는 사업

2. 이월결손금의 통산

부동산임대업에서 발생한 결손금과 사업소득에서 발생한 결손금 중 공제하고 남은 이월결손금은 해당 이월결손금이 발생한 과세기간의 종료일부터 15년 이내에 끝나는 과세기간의 소득금액을 계산할 때 먼저 발생한 과세기간의 이월결손금부터 순서대로 다음의 구분에 따라 공제한다. 다만, 「국세기본법」에 따른 국세부과의 제척기간이 지난 후에 그 제척기간 이전 과세기간의 이월결손금이 확인된 경우 그 이월결손금은 공제하지 않는다.(소법 45 ③)

1) 사업소득에서 발생한 이월결손금

사업소득에서 발생한 결손금 중 공제하고 남은 이월결손금은 **사업소득금액, 근로소득금액, 연금소득금액, 기타소득금액, 이자소득금액 및 배당소득금액**에서 순서대로 공제한다.

2) 부동산임대소득에서 발생한 이월결손금

부동산임대업에서 발생한 이월결손금은 부동산임대업의 소득금액에서 공제한다.

〈요약〉 결손금과 이월결손금의 공제순서

구 분	결손금의 공제순서	이월결손금의 공제순서
부동산임대업외 사업소득	근로소득금액, 연금소득금액, 기타소득금액, 이자소득금액, 배당소득금액에서 순차적으로 공제함	사업소득금액, 근로소득금액, 연금소득금액, 기타소득금액, 이자소득금액 및 배당소득금액에서 순차적으로 공제함
부동산임대소득	다음연도로 이월함	부동산임대업의 소득금액에서만 공제

3) 추계결정 시 이월결손금 공제의 배제

해당 과세기간의 소득금액에 대해서 추계신고를 하거나 추계조사결정하는 경우에는 이월결손금 공제 규정을 적용하지 않는다. 다만, 천재지변이나 그 밖의 불가항력으로 장부나 그 밖의 증명서류가 멸실되어 추계신고를 하거나 추계조사결정을 하는 경우에는 공제하는 것으로 한다.(소법 45 ④)

3. 이자소득 등에 대한 종합과세 시 결손금 및 이월결손금의 공제

위 규정에 따라 결손금 및 이월결손금을 공제할 때 종합과세 되는 배당소득 또는 이자소득이 있으면 그 배당소득 또는 이자소득 중 원천징수세율을 적용받는 부분은 결손금 또는 이월결손금의 공제대상에서 제외하며, 그 배당소득 또는 이자소득 중 기본세율을 적용받는 부분에 대해서는 사업자가 그 소득금액의 범위에서 공제 여부 및 공제금액을 결정할 수 있다.(소법 45 ⑤)

4. 공동사업장의 결손금의 통산과 이월결손금의 필요경비계산

공동사업장에서 결손금이 발생하였을 경우 소득의 통산과 이월결손금의 필요경비계산은 다음과 같이 계산한다(소기통 45-0…1).

1) 결손금의 통산

공동사업장에서 발생한 결손금은 각 공동사업자별로 분배된 금액범위 내에서 각 공동사업자의 다른 사업장의 동일 소득 또는 다른 종합소득과 통산한다.

2) 이월결손금의 통산

이월결손금이 있는 공동사업장의 소득금액계산에 있어서는 이월결손금을 공제하지 아니한 당해 과세기간소득금액을 공동사업자별로 분배한 후 직전과세기간의 소득에 통산하지 아니한 공동사업자의 이월결손금을 공제한다.

5. 결손금 소급공제에 의한 환급

1) 개요

「조세특례제한법」에 따른 중소기업을 경영하는 거주자가 그 중소기업의 사업소득금액을 계산할 때 해당 과세기간의 이월결손금(부동산임대업에서 발생한 이월결손금은 제외)이 발생한 경우에는 직전 과세기간의 그 중소기업의 사업소득에 부과된 종합소득 결정세액을 한도로 하여 계산한 결손금 소급공제세액을 환급신청할 수 있다. 이 경우 소급공제한 이월결손금에 대해서 결손금 및 이월결손금 공제를 받은 때에는 그 이월결손금을 공제받은 금액으로 본다.(소법 85의 2 ①)

2) 환급요건

(1) 중소기업을 경영하는 거주자가 그 중소기업의 사업소득금액을 계산할 때 해당 과세기간의 이월결손금이 발생해야 한다.
단, 부동산임대업에서 발생한 이월결손금은 제외한다.

(2) 결손금 소급공제세액을 환급받으려는 자는 종합소득과세표준확정신고기한까지 납세지 관할 세무서장에게 환급을 신청하여야 한다.(소법 85의 2 ③)

(3) 해당 거주자가 종합소득세 신고기한까지 결손금이 발생한 과세기간과 그 직전 과세기간의 소득에 대한 소득세의 과세표준 및 세액을 각각 신고해야 한다.(소법 85의 2 ④)

3) 환급세액의 계산

(1) 결손금 소급공제세액의 계산

결손금의 소급공제에 의한 환급세액은 '①'의 금액에서 '②'의 금액을 빼서 계산한다.

① 직전 과세기간의 해당 중소기업에 대한 종합소득산출세액

$$\text{직전 과세기간 종합소득 산출세액} \times \frac{\text{직전 과세기간의 사업장별 소득금액}}{\text{직전 과세기간의 종합소득금액}}$$

② 직전 과세기간의 종합소득과세표준에서 이월결손금으로서 소급공제를 받으려는 금액(직전 과세기간의 종합소득과세표준을 한도)을 뺀 금액에 직전 과세기간의 세율을 적용하여 계산한 해당 중소기업에 대한 종합소득산출세액

$$\begin{aligned}\text{환급세액} = &\ [\text{직전 과세기간의 사업장별 종합소득 산출세액}] \\ &- [\text{직전 과세기간 종합소득과세표준} - \text{소급공제결손금액}] \times \text{전기세율} \\ &\times \left\{\frac{\text{직전 과세기간 당해 사업장별 소득금액} - \text{소급공제 이월결손금액}}{\text{직전 과세기간 종합소득금액} - \text{소급공제 이월결손금액}}\right\}\end{aligned}$$

(2) 결손금 소급공제세액의 한도액

$$\text{직전 과세기간 종합소득 결정세액} \times \frac{\text{직전 과세기간의 사업장별 소득금액}}{\text{직전 과세기간의 종합소득금액}}$$

4) 사후관리

(1) 환급 후 경정에 의해 이월결손금이 변경되는 경우

납세지 관할 세무서장은 소득세를 환급받은 자가 다음 중 어느 하나에 해당하는 경우에는 그 환급세액(① 및 ②의 경우에는 과다하게 환급된 세액 상당액)과 그에 대한 이자상당액을 그 이월결손금이 발생한 과세기간의 소득세로서 징수한다.(소법 85의 2 ⑤) 이 경우 이월결손금 중 그 일부만 소급공제 받은 경우에는 소급공제 받지 않은 결손금이 먼저 감소된 것으로 본다.

① 결손금이 발생한 과세기간에 대한 소득세의 과세표준과 세액을 경정함으로써 이월결손금이 감소된 경우
② 결손금이 발생한 과세기간의 직전 과세기간에 대한 종합소득과세표준과 세액을 경정함으로써 환급세액이 감소된 경우
③ ①에 따른 중소기업 요건을 갖추지 아니하고 환급을 받은 경우

① 환급취소세액

$$\text{환급취소세액} = \text{환급세액} \times \frac{\text{감소된 결손금으로서 소급공제받지 아니한 결손금을 초과하는 결손금}}{\text{소급공제한 결손금액}}$$

② 이자상당액 계산

$$\text{이자상당액} = \text{환급취소세액} \times \text{경과일수} \times 0.022\%$$

(2) 직전 과세기간의 경정 등에 의하여 이월결손금이 변경되는 경우

납세지 관할 세무서장은 결손금 소급공제세액계산의 기초가 된 직전 과세기간의 종합소득과세표준과 세액이 경정 등에 의하여 변경되는 경우에는 즉시 당초 환급세액을 재결정하여 결손금 소급공제세액으로 환급한 세액과 재결정한 환급세액의 차액을 환급하거나 징수하여야 하며, 환급한 세액이 재결정한 환급세액을 초과하여 그 차액을 징수하는 때에는 이자상당액을 가산하여 징수하여야 한다.(소령 149의2 ⑤)

제 5 절 채권 등에 대한 소득금액의 계산 특례

I 개요

거주자 또는 비거주자가 채권 등의 발행법인으로부터 해당 채권 등에서 발생하는 이자, 할인액 및 집합투자기구로부터의 이익을 지급*받거나 해당 채권 등을 매도**하는 경우에는 거주자 등에게 그 보유기간별로 귀속되는 이자 등 상당액을 해당 거주자 등의 이자소득 또는 배당소득으로 보아 소득금액을 계산한다.(소법 46 ①) 이는 금융소득종합과세의 시행으로 소득 귀속을 분명히 해야 할 필요성 때문에 채권 등에 대해서는 보유자에게 보유기간 별로 보유기간이자 등 상당액을 귀속시켜 과세하기 위함이다.

* 전환사채의 주식전환, 교환사채의 주식교환 및 신주인수권부사채의 신주인수권행사(신주 발행대금을 해당 신주인수권부사채로 납입하는 경우만 해당)의 경우를 포함한다
** 증여·변제 및 출자 등으로 채권등의 소유권 또는 이자소득의 수급권의 변동이 있는 경우와 매도를 위탁하거나 중개 또는 알선시키는 경우를 포함하되, 환매조건부채권매매거래 등 대통령령으로 정하는 경우는 제외

II 원천징수 특례

1. 채권 등의 범위

채권 등에 대한 소득금액의 계산 특례를 적용하는 채권 등의 범위는 국가나 지방자치단체, 내국법인, 외국법인, 외국법인의 국내지점 또는 국내영업소 등이 발행한 채권 또는 증권의 이자와 할인액 또는 증권과 타인에게 양도가 가능한 증권으로서 다음의 증권을 포함한다. 다만, 법률에 따라 소득세가 면제되는 채권 등은 제외한다.

① 금융회사 등이 발행한 예금증서 및 이와 유사한 증서.
② 집합투자증권 또는 수익증권으로서 설정 및 환매의 방법으로 거래되지 아니하고 계좌간 이체, 계좌의 명의변경, 집합투자증권 및 수익증권의 실물양도의 방법으로 거래되는 것. 다만, 주식시장에서 거래되는 것은 제외한다.
③ 어음. 이 경우 금융회사 등이 발행·매출 또는 중개하는 어음을 포함하되, 상업어음은 제외한다.

2. 채권 등에 대한 원천징수 특례

1) 개인이 법인에게 매도를 하거나 법인으로부터 이자를 지급받는 경우

거주자나 비거주자가 채권 등의 발행법인으로부터 이자 등을 지급받거나 해당 채권 등을 발행법인 등에게 매도하는 경우 그 채권 등의 발행일 또는 직전 원천 징수일을 시기(始期)로 하고, 이자 등의 지급일 등 또는 채권 등의 매도일 등을 종기(終期)로 하여 원천징수 기간의 이자 등 상당액을 이자소득으로 보고, 해당 채권 등의 발행법인 등을 원천징수의무자로 하여 원천징수 규정을 적용한다.(소법 133의2 ①)

2) 법인이 개인 또는 법인에게 매도를 하는 경우

내국법인이 「소득세법」에 따른 채권 등에서 발생하는 이자, 할인액 및 투자신탁의 이익의 계산기간 중에 해당 원천징수대상채권 등을 타인에게 매도하는 경우 원천징수대상채권 등의 보유기간에 따른 이자등에 대하여는 해당 법인이 원천징수의무자를 대리하여 원천징수하여야 한다. 이 경우 그 법인에 대하여는 원천징수의무자로 보아 이 법을 적용한다.(소법 73조⑧)

3) 개인이 개인에게 매도한 경우

해당 거래에 대해서는 원천징수의무가 없다.

3. 보유기간 이자 등 상당액

보유기간*이자 등 상당액의 계산은 다음의 산식에 의해 계산한다.

$$\text{액면가액 등} \times \text{이자율(표면이자율} \pm \text{할인율 또는 할증률)} \times \frac{\text{보유기간}}{\text{이자 등의 계산기간}}$$

* 보유기간의 입증
해당 거주자가 해당 채권등을 보유한 기간을 입증하지 못하는 경우에는 원천징수기간의 이자등 상당액이 해당 거주자에게 귀속되는 것으로 보아 소득금액을 계산한다.(소법 46 ②)

4. 원천징수시기

이자 등의 지급일 또는 채권 등의 매도일

제6절 기타소득금액 계산 특례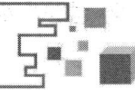

I 비거주자 등과의 거래에 대한 소득금액 계산의 특례

우리나라가 조세의 이중과세 방지를 위하여 체결한 조약(이하 "조세조약")의 상대국과 그 조세조약의 상호합의 규정에 따라 거주자가 국외에 있는 비거주자 또는 외국법인과 거래한 그 금액에 대하여 권한 있는 당국 간에 합의를 하는 경우에는 그 합의에 따라 납세지 관할 세무서장 또는 지방국세청장은 그 거주자의 각 과세기간의 소득금액을 조정하여 계산할 수 있다.(소법 42 ①)

II 상속의 경우의 소득금액의 구분 계산

1. 원칙

피상속인의 소득금액에 대한 소득세로서 상속인에게 과세할 것과 상속인의 소득금액에 대한 소득세는 구분하여 계산하여야 한다.(소법 44 ①) 위 규정에 따라 피상속인의 소득금액에 과세하는 때에는 해당 상속인이 납세의무를 진다.

2. 연금계좌가입자가 사망한 경우(특례)

연금계좌의 가입자가 사망하였으나 그 배우자가 연금외수령 없이 해당 연금계좌를 상속으로 승계하는 경우에는 원칙적인 규정에도 불구하고 해당 연금계좌에 있는 피상속인의 소득금액은 상속인의 소득금액으로 보아 소득세를 계산한다.(소법 44 ②)

III 중도해지로 인한 이자소득금액 계산의 특례

종합소득과세표준확정신고 후 예금 또는 신탁계약의 중도해지로 이미 지난 과세기간에 속하는 이자소득금액이 감액된 경우 그 중도 해지일이 속하는 과세기간의 종합소득금액에 포함된 이자소득금액에서 그 감액된 이자소득금액을 뺄 수 있다. 다만, 「국세기본법」에 따라 과세표준 및 세액의 경정(更正)을 청구한 경우에는 그러지 않는다.(소법 46의2)

제4장 종합소득 과세표준과 세액의 계산

▌ 종합소득과세표준 계산의 흐름도 ▐

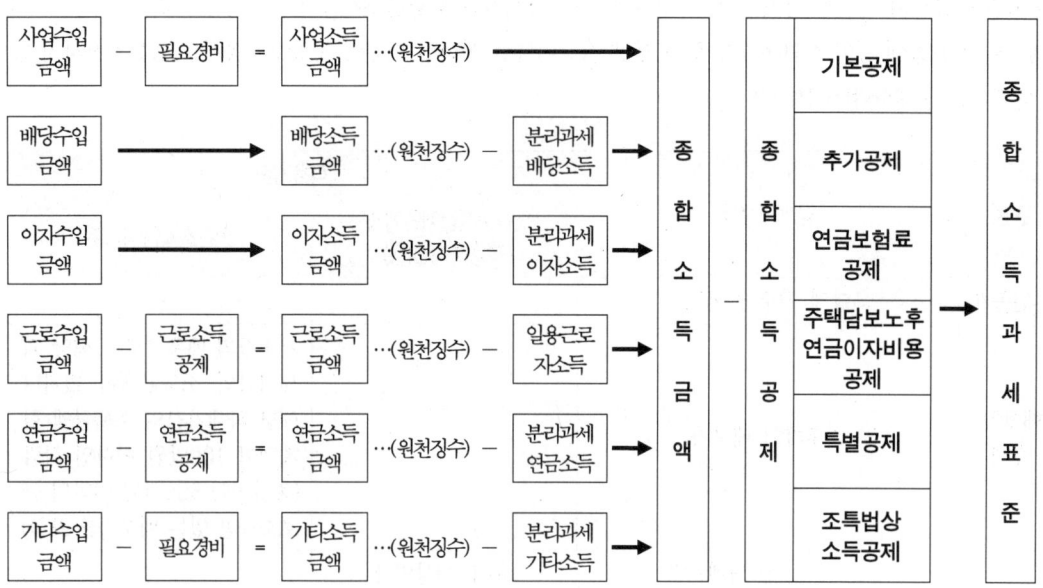

제1절 종합소득공제

Ⅰ 개요

구분	내용
인적공제	① 기본공제 : 대상자 1인당 150만원 ② 추가공제 : 장애인공제, 경로우대자공제, 부녀자공제, 한부모공제
연금보험료 공제	공적연금보험료 납부액 : 전액 공제
주택담보 노후연금 이자비용 공제	Min[해당 과세기간에 발생한 주택담보노후연금 이자비용, 200만원]
특별소득공제	보험료(사회보험료)공제, 주택자금공제

Ⅱ 인적공제 제도

1. 기본공제

종합소득이 있는 거주자(자연인만 해당)에 대해서는 다음 중 어느 하나에 해당하는 사람의 수에 **1명당 연 150만원**을 곱하여 계산한 금액을 그 거주자의 해당 과세기간의 종합소득금액에서 공제한다(소법 50 ①). 기본공제를 적용함에 있어서 과세기간 또는 부양 기간이 1년 미만인 경우에 종합소득공제는 월할계산하지 않고 연액으로 공제한다(소기통 50-0…1).

구 분	공제대상자		적용기준	
			연령기준(장애인에게는 적용하지 않음)	연간소득금액기준
본인공제	당해 거주자 본인		-	-
배우자 공제	거주자의 배우자			거주자의 배우자로서 해당 과세기간의 소득금액이 없거나 해당 과세기간의 소득금액 합계액이 100만원 이하인 사람 (총급여액 500만원 이하의 근로소득만 있는 배우자를 포함)
부양가족 공제	당해 거주자(배우자 포함)와 생계를 같이 하는 부양가족	① 직계존속	60세 이상인자	해당 과세기간의 소득금액 합계액이 100만원 이하인 사람(총급여액 500만원 이하의 근로소득만 있는 부양가족을 포함)
		② 직계비속과 입양자	20세 이하	
		③ 형제자매	20세 이하 또는 60세 이상	
		④ 국민기초 생활법에 규정된 수급자	-	
		⑤ 위탁아동	18세 미만	

1) 기본공제 시 유의사항(소집 50-0-1)
① 장애인의 경우 연령 제한을 적용받지 아니하나 연간 소득금액 합계액이 100만원을 초과하는 경우에는 기본공제 대상에 해당하지 않는다.
② 직계존속에는 배우자의 직계존속(장인, 장모 등) 뿐만 아니라 직계존속이 재혼한 경우 직계존속의 배우자로서 혼인(사실혼 제외) 중임이 증명되는 자를 포함한다.
③ 직계비속의 배우자(며느리 등)는 기본공제 대상에 해당하지 않는다. 다만, 장애인인 직계비속의 장애인 배우자는 기본공제 대상이 될 수 있다.
④ 근로자 및 배우자의 형제자매는 기본공제 대상에 포함될 수 있으나, 형제자매의 배우자(제수, 형수 등)는 기본공제 대상에 포함하지 않는다.
⑤ 동거입양자는 「민법」 또는 「입양촉진 및 절차에 관한 특례법」에 따라 입양한 양자, 사실상 입양상태에 있는 자로서 거주자와 생계를 같이하는 자를 말한다.

⑥ 비거주자의 경우 인적공제 중 비거주자 본인 외의 자에 대한 공제는 하지 않는다.
⑦ 과세기간 또는 부양기간이 1년 미만인 경우에도 월할 계산하지 아니하고 연 150만원을 공제한다.

2) 연간 소득금액의 합계액 100만원의 산정방법(소집 50-0-2)

① 연간 소득금액의 합계액이란 종합소득·퇴직소득·양도소득금액의 합계액을 말한다.
② 거주자와 생계를 같이 하는 부양가족이 해당 거주자의 기본공제대상자가 되기 위해서는 해당 부양가족의 연간 소득금액의 합계액이 100만원 이하인 자에 해당 되어야 하며, 이때의 연간 소득금액은 종합소득과세표준 계산 시 합산되지 아니하는 비과세 및 분리과세 소득금액을 제외한 것을 말한다.
③ 근로소득이 있는 거주자의 배우자에게 사업소득과 부동산임대소득이 있는 경우 해당 배우자의 연간 소득금액의 합계액은 부동산임대소득에서 발생한 해당연도 결손금은 합산하고 사업소득에서 발생한 이월결손금은 합산하지 않는다.

3) 공제대상 직계비속의 범위 등(소집 50-106-2)

공제대상 직계비속의 범위는 다음과 같다.

① 거주자의 직계비속
② 재혼인 경우에 있어서 전 배우자와의 혼인 중에 출생한 자
③ 거주자의 배우자가 재혼한 경우로서 해당 배우자가 종전의 배우자와의 혼인(사실혼 제외) 중에 출산한 자

4) 생계를 같이 하는 부양가족의 범위와 그 판정시기

(1) 원칙

생계를 같이 하는 부양가족은 주민등록표의 동거가족으로서 해당 거주자의 주소 또는 거소에서 현실적으로 생계를 같이 하는 사람으로 한다(소법 53 ①).

(2) 직계비속·입양자에 대한 특례

직계비속·입양자의 경우에는 별거를 하고 있더라도 생계를 같이하고 있는 것으로 본다.

(3) 직계존속에 대한 특례

거주자의 부양가족 중 거주자(그 배우자를 포함)의 직계존속이 주거 형편에 따라 별거하고 있는 경우에는 생계를 같이 하는 사람으로 본다(소법 53 ③).

(4) 거주자·동거가족에 대한 특례

거주자 또는 동거가족(직계비속·입양자는 제외)이 취학·질병의 요양, 근무상 또는 사업상의 형편 등으로 본래의 주소 또는 거소에서 일시 퇴거한 경우에도 생계를 같이 하는 사람으로 본다(소법 53 ② 소령 114).

(5) 공제대상의 판정시기

공제대상 배우자, 공제대상 부양가족, 공제대상 장애인 또는 공제대상 경로 우대자에 해당하는지 여부의 판정은 해당 과세기간의 과세기간 종료일 현재의 상황에 따른다. 다만, 과세기간 종료일 전에 사망한 사람 또는 장애가 치유된 사람에 대해서는 사망일 전날 또는 치유일 전날의 상황에 따른다(소법 53 ④). 또한 해당 과세기간의 과세기간 중에 해당 나이에 해당되는 날이 있는 경우에 공제대상자로 본다(소법 53 ⑤).

> **사례 — [1]**
>
> **연간 소득금액 합계액 100만원의 산정 방법 (소집 50-0-2)**
>
> 【거래 사례】
>
> 〈사례 1〉 거주자 최상현씨의 20×1년 발생 소득금액이 다음과 같은 경우 연간 소득금액의 합계액은?
> 　근로소득 400만원, 강연으로 인한 기타소득 500만원, 퇴직소득금액 100만원
> 　⇒ 연간소득금액 합계액은 220만원임(기타소득금액이 300만원 이하인 경우 분리과세대상 소득으로 종합소득금액에서 제외 가능)
>
> > 종합소득금액 : 120만원, 퇴직소득금액 : 100만원 ⇒ 연간 소득금액합계액 220만원
> > - 근로소득금액 : 400만원 - 280만원 = 120만원,
> > - 기타소득금액 : 500만원 - 300만원(필요경비) = 200만원(분리과세소득)
> > - 퇴직소득금액 : 100만원
>
> 〈사례 2〉 20×1년 발생한 소득금액이 다음과 같은 경우 연간 소득금액의 합계액은?
> 　펀드 투자로 발생한 소득 : 4,100만원, 사적연금소득은 연 200만원
> 　⇒ 연금소득은 1,500만원 이하로 분리과세대상에 해당하며, 펀드 투자로 발생한 소득은 배당소득으로 2,000만원을 초과하였으므로 연간 소득금액 합계액은 4,100만원임
>
> 〈사례 3〉 배우자가 근로소득과 퇴직소득이 있는 경우
> 　배우자가 20×1년 6월 퇴직하면서 퇴직소득금액 90만원 수령, 20×1년 1월부터 6월까지의 총급여액이 500만원인 경우 20×1년 연간 소득금액의 합계액은?
> 　⇒ 연간 소득금액은 240만원(근로소득금액 150만원 + 퇴직소득금액 90만원)
> 　　(해설) 연간 소득금액 합계액은 퇴직소득금액과 근로소득금액의 합계액임
> 　　　* (근로소득금액) = (총급여액) - (근로소득공제)
> 　　　　 150만원 　 =   500만원   -   350만원

2. 추가공제

기본공제대상자가 다음 중 어느 하나에 해당하는 경우에는 거주자의 해당 과세기간 종합소득금액에서 기본공제 외에 다음에서 정해진 금액을 추가로 공제한다. 다만, 한 부모 공제와 부녀자공제에 모두 해당되는 경우에는 한 부모 공제를 적용한다.

구 분		적용기준	공제금액
장애인 공제		장애인	1인당 연 200만원
경로우대자 공제		70세 이상	1인당 연 100만원
한부모 공제		해당 거주자가 배우자가 없는 사람으로서 기본공제대상자인 직계비속 또는 입양자가 있는 경우	연 100만원
부녀자 공제*	배우자 없는 세대주	배우자가 없는 여성으로서 기본공제대상인 부양가족이 있는 세대주	연 50만원
	맞벌이 부부	배우자가 있는 여성	

* 해당 과세기간에 종합소득과세표준을 계산할 때 합산하는 종합소득금액이 3천만원 이하인 거주자로 한정한다.

3. 중복공제 배제

1) 원칙(신고서에 기재된 경우)

거주자의 인적공제 대상자(이하 "공제대상 가족")가 동시에 다른 거주자의 공제대상 가족에 해당되는 경우에는 해당 과세기간의 과세표준확정신고서, 근로소득자 소득·세액 공제신고서, 연금소득자 소득·세액 공제신고서 또는 소득·세액 공제신고서에 기재된 바에 따라 그 중 1인의 공제대상 가족으로 한다(소령 106 ①).

2) 예외(신고서에 기재된 내용이 불명확한 경우)

둘 이상의 거주자가 공제대상 가족을 서로 자기의 공제대상 가족으로 하여 신고서에 적은 경우 또는 누구의 공제대상 가족으로 할 것인가를 알 수 없는 경우에는 다음의 기준에 따른다(소령 106 ②).

① 거주자의 공제대상배우자가 다른 거주자의 공제대상 부양가족에 해당하는 때에는 공제대상배우자로 한다.
② 거주자의 공제대상 부양가족이 다른 거주자의 공제대상 부양가족에 해당하는 때에는 직전 과세기간에 부양가족으로 인적공제를 받은 거주자의 공제대상 부양가족으로 한다. 다만, 직전 과세기간에 부양가족으로 인적공제를 받은 사실이 없는 때에는 해당 과세기간의 종합소득금액이 가장 많은 거주자의 공제대상 부양가족으로 한다.
③ 거주자의 추가공제대상자가 다른 거주자의 추가공제대상자에 해당하는 때에는 ① 및 ②의 규정에 의하여 기본공제를 하는 거주자의 추가공제대상자로 한다.

3) 중도에 사망하거나 출국한 거주자의 동시공제 대상인 경우

해당 과세기간의 중도에 사망하였거나 외국에서 영주하기 위하여 출국한 거주자의 공제대상 가족으로서 상속인 등 다른 거주자의 공제대상 가족에 해당하는 사람에 대해서는 피상속인 또는 출국한 거주자의 공제대상 가족으로 한다(소령 106 ③). 이 경우 피상속인 또는 출국한 거주자에 대한 인적공제액이 소득금액을 초과하는 경우에는 그 초과하는 부분은 상속인 또는 다른 거주자의 해당 과세기간의 소득금액에서 공제할 수 있다(소령 106 ④).

Ⅲ 연금보험료 공제

종합소득이 있는 거주자가 공적연금 관련법에 따른 기여금 또는 개인부담금(이하 "연금보험료"라 함)을 납입한 경우에는 해당 과세기간의 종합소득금액에서 그 과세기간에 납입한 연금보험료를 공제한다(소법 51의3 ①).

Ⅳ 주택담보노후연금 이자비용 공제

연금소득이 있는 거주자가 다음에 해당하는 요건에 해당하는 주택담보노후연금을 받은 경우에는 그 받은 연금에 대해서 해당 과세기간에 발생한 이자비용 상당액을 해당 과세기간 연금소득금액에서 공제한다. 이 경우 공제할 이자상당액이 200만원을 초과하는 경우에는 200만원을 공제하고, 연금소득금액을 초과하는 경우 그 초과금액은 없는 것으로 한다(소법 51의4 ①, 소령 108의3 ①).

① 한국주택금융공사법에 따른 주택담보노후연금보증을 받아 지급받거나 금융기관의 주택담보노후연금일 것
② 주택담보노후연금 가입 당시 담보권의 설정대상이 되는 법에 따른 주택(연금소득이 있는 거주자의 배우자 명의의 주택 포함)의 기준시가가 12억원 이하일 것

> 주택담보노후연금 이자비용공제 = Min [지급받은 연금에서 발생한 이자비용, 연 200만원]

Ⅴ 특별소득공제

1. 의의

특별소득공제라 함은 근로소득이 있는 거주자(일용근로자 제외)가 해당 연도에 지급한 금액 중 보험료공제액, 주택자금공제액을 해당 과세기간의 근로소득금액에서 공제하는 것을 말한다.

2. 보험료공제

근로소득이 있는 거주자(일용근로자는 제외)가 해당 과세기간에 「국민건강보험법」, 「고용보험법」 또는 「노인장기요양보험법」에 따라 근로자가 **부담하는 보험료**를 지급한 경우 그 금액을 해당 과세기간의 근로소득금액에서 공제한다(소법 52 ①).

3. 주택자금공제

1) 원칙

근로소득이 있는 거주자로서 주택을 소유하지 아니하거나 1주택을 보유한 세대의 세대주(세대주가 주택자금 공제를 받지 아니하는 경우에는 세대의 구성원 중 근로소득이 있는 자를 말함)가 취득 당시 주택의 기준시가가 6억원 이하인 주택을 취득하기 위하여 그 주택에 저당권을 설정하고 금융회사 등 또는 「주택법」에 따른 국민주택기금으로부터 차입한 **장기주택저당차입금의 이자(연 800만원 한도)**는 근로소득금액에서 공제하며, 총급여액이 7천만원 이하인 무주택 세대주가 **주택청약종합저축에 납입한 금액(연 300만원 한도)**과 무주택세대주가 국민주택규모 이하의 주택을 임차하기 위하여 **주택임차자금차입금원리금상환액(연 400만원 한도)**을 지급하는 경우 그 금액의 40%를 해당 과세기간의 근로소득금액에서 공제한다(소법 52 ④, 조특법 87 ②).

2) 예외

위 규정에도 불구하고 장기주택 저당 차입금이 다음 중 어느 하나에 해당하는 경우에는 연 800만원 대신 그 해당 금액을 공제한도로 하여 장기주택 저당 차입금이자 상환액 공제 규정을 적용한다.

① 차입금의 상환기간이 15년 이상인 장기주택 저당 차입금의 이자를 고정금리 방식으로 지급하고, 그 차입금을 비거치식 분할상환 방식으로 상환하는 경우: 2천만원
② 차입금의 상환기간이 15년 이상인 장기주택 저당 차입금의 이자를 고정금리로 지급하거나 그 차입금을 비거치식 분할상환으로 상환하는 경우: 1천800만원
③ 차입금의 상환기간이 10년 이상인 장기주택 저당 차입금의 이자를 고정금리로 지급하거나 그 차입금을 비거치식 분할상환으로 상환하는 경우: 600만원

공제항목		개별한도	통합한도	
특별공제	주택청약종합저축 소득공제	연 300만원	연 400만원+ 추가공제[2]	연 600만원, 800만원, 1,800만원, 2,000만원
그 밖의 소득공제	주택의 임차 차입금의 원리금 상환액	연 400만원		
특별공제	장기주택저당차입금[1] 이자상환액공제	연 800만원		

[1] "장기주택저당차입금"이란 다음의 요건을 모두 갖춘 차입금을 말한다. 이 경우 해당 요건을 충족하지 못하게 되는 경우에는 그 사유가 발생한 날부터 소득공제를 적용하지 아니한다(소령 112 ⑧).
  ① 차입금의 상환기간이 15년 이상일 것. 이 경우 해당 주택의 전소유자가 해당 주택에 저당권을 설정하고 차입한 장기주택저당차입금에 대한 채무를 해당 주택의 양수인이 주택취득과 함께 인수하는 때에는 해당 주택의 전소유자가 해당 차입금을 최초로 차입한 때를 기준으로 하여 상환기간을 계산한다.
  ② 주택소유권이전등기 또는 보존등기일부터 3월 이내에 차입한 장기주택저당차입금일 것
  ③ 장기주택저당차입금의 채무자가 당해 저당권이 설정된 주택의 소유자일 것

[2] "고정금리 방식"이란 차입금의 70% 이상의 금액에 상당하는 분에 대한 이자를 상환기간 동안 고정금리(5년 이상의 기간 단위로 금리를 변경하는 경우를 포함)로 지급하는 경우를 말하며, "비거치식 분할상환 방식"이란 차입일이 속하는 과세기간의 다음 과세기간부터 차입금 상환기간의 말일이 속하는 과세기간까지 매년 다음 계산식에 따른 금액 이상의 차입금을 상환하는 경우를 말한다. 이 경우 상환기간 연수 중 1년 미만의 기간은 1년으로 본다.

$$\frac{\text{차입금의 70\%}}{\text{상환기간 연수}}$$

제 2 절 조세특례제한법상 소득공제

I 신용카드 등 사용금액에 대한 소득공제(조특법 126의2)

1. 개요

근로소득이 있는 거주자가 국내에서 사용한 신용카드 등 사용금액이 연간 총급여액의 25%를 초과하는 경우 그 초과금액에 대하여 법 소정의 계산식에 따라 계산된 금액을 해당 과세연도의 근로소득금액에서 공제한다.

2. 소득공제 대상 신용카드 등의 사용금액

소득공제 대상 신용카드 등의 사용금액은 다음에서 열거하는 카드 등을 사용하여 지급하는 금액을 말한다.

① 신용카드를 사용하여 그 대가로 지급하는 금액
② 현금영수증에 기재된 금액
③ 직불카드 또는 선불카드(실지명의가 확인되는 것만 해당), 직불전자지급수단, 선불전자지급수단(실지명의가 확인되는 것만 해당) 또는 전자화폐(실지명의가 확인되는 것만 해당)를 사용하여 그 대가로 지급하는 금액

3. 소득공제금액의 계산

근로소득이 있는 거주자(일용근로자 제외)가 법인(외국법인의 국내사업장 포함) 또는 사업자(비거주자의 국내사업장 포함)로부터 재화나 용역을 제공받고 신용카드 등을 사용하여 지급하는 금액의 연간 합계액(국외에서 사용한 금액은 제외)이 과세연도의 총급여액의 25%(이하 "최저사용금액"이라 함)를 초과하는 경우에는 다음 ①부터 ⑤까지의 금액의 합계액(해당 과세연도의 총급여액이 7천만원을 초과하는 경우에는 ①·②·④ 및 ⑤의 금액의 합계액)에서 ⑥의 금액을 뺀 금액과 ⑦의 금액(2024년 과세연도의 신용카드등소득공제금액을 계산하는 경우로 한정한다)을 더한 금액으로 하되, ⑧에 따른 금액을 한도로 한다.

① 전통시장사용분 × 40%(2023년 4월 1일부터 2023년 12월 31일까지 사용한 전통시장사용분의 경우에는 50%)
② 대중교통이용분(신용카드, 현금영수증, 직불카드 또는 선불카드등 사용분) × 40%
③ 다음에 해당하는 금액(이하 "도서 등 사용분") × 30%(2023년 4월 1일부터 2023년 12월 31일까지 사용한 도서등사용분의 경우에는 40%)
  ㉠ 「출판문화산업 진흥법」에 따른 간행물(유해간행물은 제외)을 구입하거나 「공연법」에 따른 공연을 관람하기 위하여 문화체육관광부장관이 지정하는 법인 또는 사업자에게 지급한 금액(이하 "도서·공연사용분"). 이 경우 법인 또는 사업자의 규모(문화체육관광부장관이 기획재정부장관과 협의하여 정하는 매출액 등의 기준에 따름)에 따른 도서 등 사용분의 인정방법 등에 관하여는 대통령령으로 정한다.

ⓒ 「박물관 및 미술관 진흥법」에 따른 박물관 및 미술관·영화상영관(2023.7.1. 이후 사용분)에 입장하기 위하여 사용한 금액

④ 직불카드 등 사용금액* × 30%

  * 해당 과세연도의 총급여액이 7천만원 이하인 경우에는 전통시장사용분·대중교통이용분 및 도서· 등 사용분에 포함된 금액은 제외하고, 해당 과세연도의 총급여액이 7천만원을 초과하는 경우에는 전통시장사용분 및 대중교통이용분에 포함된 금액은 제외한다.

⑤ 신용카드 등 사용금액 합계액에서 ①과 ② 및 ④을 뺀 금액*(이하 "신용카드사용분"이라 함) × 15%

  * 해당 과세연도의 총급여액이 7천만원 이하인 경우에는 도서 등 사용분을 추가로 뺀 금액을 말한다.

⑥ 다음의 어느 하나에 해당하는 금액 다만, 2023년 1월 1일부터 2023년 12월 31일까지 사용한 신용카드 등사용금액에 대한 신용카드등소득공제금액은 별표에 따라 계산한 금액으로 한다.

  ㉠ 최저사용금액 ≤ 신용카드사용분 : 최저사용금액 × 15%

  ㉡ 신용카드사용분과 직불카드등사용분을 합친 금액 ≥ 최저사용금액 > 신용카드사용

    신용카드사용분 × 15% + (최저사용금액 - 신용카드사용분) × 30%

  ㉢ 최저사용금액 ≥ 신용카드사용분과 직불카드등사용분을 합친 금액

    ⓐ 해당 과세연도의 총급여액이 7천만원 이하인 경우

      신용카드사용분 × 15% + (직불카드 등 사용분 + 도서 등 사용분) × 30% + (최저사용금액 - 신용카드사용분 - 직불카드등사용분 - 도서 등 사용분) × 40%

    ⓑ 해당 과세연도의 총급여액이 7천만원을 초과하는 경우

      신용카드사용분 × 15% + 직불카드등사용분 × 30% + (최저사용금액 - 신용카드사용분 - 직불카드등사용분) × 40%

⑦ 2024년 1월 1일부터 2024년 12월 31일까지의 신용카드등사용금액 연간합계액에서 2023년 1월 1일부터 2023년 12월 31일까지의 신용카드등사용금액 연간합계액의 105% 상당액을 차감한 금액(0보다 작은 경우에는 없는 것으로 본다) × 10%

⑧ 신용카드 등 소득공제금액은 연간 250만원(해당 과세연도의 총급여액이 7천만원 이하인 경우에는 300만원)을 한도로 한다. 다만, 신용카드 등 소득공제금액이 한도를 초과하는 경우에는 그 한도를 초과하는 금액과 다음의 금액의 합계액 중 작거나 같은 금액을 신용카드 등 소득공제금액에 추가한다.

  ㉠ 전통시장사용분과 대중교통이용분의 금액의 합계액(연간 200만원을 한도로 하되, 해당 과세연도의 총급여액이 7천만원 이하인 경우에는 도서 등 사용금액을 추가로 합쳐 연간 300만원을 한도)

  ㉡ ⑦의 금액(연간 100만원을 한도)

> **참고내용 1**

신용카드 등 소득공제 계산 표

구분	사용금액(A)	최저사용금액(B)	초과사용액 (A-B)	공제율 (C)	소득공제액 (A-B) × C
① 전통시장				40%	
② 대중교통				40%	
③ 도서 등				30%	
④ 직불카드 등				30%	
⑤ 신용카드				15%	
합계		총급여액 × 25%			

* 해당 과세연도의 총급여액이 7천만원 초과인 경우 도서 등 사용분 제외

한도액 = ① + ②

① 기본한도

구분	기본한도
총급여액 7천만원 이하	연간 300만원
총급여액 7천만원 초과	연간 250만원

② 추가한도 = Min[㉠, ㉡]

㉠ 기본한도초과액

㉡ 추가한도 한도액

ⓐ 총급여액 7천만원 이하 : Min[전통시장사용액×40% + 대중교통이용액×40% + 도서 등 사용액×30%, 300만원]

ⓑ 총급여액 7천만원 초과 : Min[전통시장사용액×40% + 대중교통이용액×40%, 200만원]

4. 신용카드 등 사용금액에서 제외되는 경우

구분	내용
1) 사업 관련비용	사업소득과 관련된 비용 또는 법인의 비용
2) 비정상적 사용액	물품의 판매 또는 용역의 제공을 가장하는 등 신용카드·직불카드·직불전자 지급수단·기명식선불카드·기명식선불전자지급수단·기명식전자화폐 또는 현금영수증의 비정상적인 사용행위에 해당하는 경우
3) 자동차 구입비용	신규로 출고되는 자동차를 2002년 12월 1일 이후 신용카드·직불카드·직불전자지급수단·기명식선불카드·기명식선불전자지급수단·기명식전자화폐 또는 현금영수증으로 구입하는 경우
4) 보험료 및 공제료	「국민건강보험법」, 「노인장기요양보험법」, 「고용보험법」에 따라 부담하는 보험료, 「국민연금법」에 의한 연금보험료 및 각종 보험계약(생명보험, 손해보험, 우체국보험, 군인공제회 등)의 보험료 또는 공제료
5) 교육비	「유아교육법」, 「초·중등교육법」, 「고등교육법」 또는 특별법에 의한 학교(대학원 포함) 및 「영유아보육법」에 의한 보육시설에 납부하는 수업료·입학금·보육비용 기타 공납금
6) 공과금	정부·지방자치단체에 납부하는 국세·지방세, 전기료·수도료·가스료·전화료(정보사용료, 인터넷이용료 등을 포함)·아파트관리비·텔레비전시청료(종합유선방송법에 의한 종합유선방송의 이용료 포함) 및 고속도로통행료
7) 유가증권 구입	상품권 등 유가증권 구입비
8) 자동차리스료	「여객자동차운수사업법」에 의한 자동차대여사업의 자동차대여료를 포함한 리스료
9) 자산의 구입비용	「지방세법」에 의하여 취득세 또는 등록면허세가 부과되는 재산의 구입비용(주택, 자동차 등)
10) 국가·지방자치 단체에 지급하는 수수료 등	국가·지방자치단체 또는 지방자치단체조합(「의료법」에 따른 의료기관 및 「지역보건법」에 따른 보건소는 제외)에 지급하는 사용료·수수료 등의 대가
11) 금융용역 관련 수수료	차입금 이자상환액, 증권거래수수료 등 금융·보험용역과 관련한 지급액, 수수료, 보증료 및 이와 비슷한 대가
12) 정치자금기부금	「정치자금법」에 따라 정당(후원회 및 각 급 선거관리위원회를 포함)에 신용카드, 직불카드, 기명식선불카드, 직불전자지급수단, 기명식선불전자지급수단 또는 기명식전자화폐로 결제하여 기부하는 정치자금(「조세특례제한법」에 따라 세액공제 및 소득공제를 적용받은 경우에 한함)
13) 일반기부금	일반기부금단체에 신용카드로 기부하는 경우
14) 월세 세액공제액	세액공제를 적용받은 월세액

Ⅱ 기타 조세특례제한법상 소득공제

구분	적용대상	소득공제액
벤처투자조합출자 등에 대한 소득공제(조특법16)	거주자가법소정 조합 등에 출자 또는 투자를 하는 경우	• min(①, ②) ① 출자 또는 투자한 금액 × 공제율 ② 한도: 종합소득금액 × 50%
소기업·소상공인 공제부금에 대한 소득공제 (조특법 86의3)	소기업·소상공인공제에 가입하여 공제부금을 납부하는 경우	• min(①, ②) ① 공제부금납부액 ② 한도: 연 300만원 등
우리사주조합출자에 대한 소득공제(조특법 88의4)	우리사주조합원이 우리사주를 취득하기 위하여 우리사주조합에 출자하는 경우	• min(①, ②) ① 출자금액 ② 한도: 연 400만원

고용유지 중소기업에 대한 소득공제(조특법 30의 3 ①, ②), 고용유지 중소기업 근로자 소득공제 (조특법 30의 3 ③) 등

* 벤처투자조합 출자 등에 대한 소득공제(조특법16)의 공제율

구분	공제율
① 중소기업창업투자조합, 한국벤처투자조합, 신기술사업투자조합 또는 부품·소재전문투자조합에 출자하는 경우 ② 벤처기업투자신탁의 수익증권에 투자하는 경우	10%
③ 개인투자조합이 거주로부터 출자받은 금액을 출자일이 속하는 과세연도의 다음 과세연도 종료일까지 벤처기업 또는 창업 후 3년 이내 중소기업으로서 우수한 것으로 평가받은 기업(이하 '벤처기업 등'이라 함)에 투자 하는 경우 ④ 벤처기업등에 투자하는 경우	3천만원 이하분 100% 3천만원 초과, 5천만원 이하분 70% 5천만원 초과분 30%

제3절 종합소득공제의 배제 및 공동사업에 대한 소득공제 특례 등

I 종합소득공제의 배제

1. 분리과세소득의 소득공제 배제

분리과세 이자소득, 분리과세 배당소득, 분리과세 연금소득과 분리과세 기타소득만이 있는 자에 대해서는 종합소득공제를 적용하지 아니한다(소법 54 ①).

2. 소득공제 배제

1) 증명서류를 미제출한 경우

과세표준확정신고를 하여야 할 자가 서류를 제출하지 아니한 경우에는 기본공제 중 거주자 본인에 대한 분(分)과 표준세액공제만을 공제한다. 다만, 과세표준확정신고 여부와 관계없이 그 서류를 나중에 제출한 경우에는 그러하지 아니하다.(소법 54 ②)

2) 수시부과결정의 경우

수시부과 결정의 경우에는 기본공제 중 거주자 본인에 대한 분(分)만을 공제한다.(소법 54 ③)

3. 비거주자의 경우

비거주자의 경우에는 인적공제 중 비거주자 본인 외의 자에 대한 공제와 특별소득공제, 자녀세액공제, 특별세액공제는 하지 아니한다(소법 122).

II 소득세 소득공제 등의 종합한도(조특법 132의2)

거주자의 종합소득에 대한 소득세를 계산할 때 다음 중 어느 하나에 해당하는 필요경비 및 공제금액의 합계액이 2천500만원을 초과하는 경우에는 그 초과하는 금액은 없는 것으로 한다.

① 「소득세법」 특별소득공제. 다만, 보험료 소득공제는 포함하지 아니한다.
② 벤처투자조합 출자 등에 대한 소득공제
③ 공제부금에 대한 소득공제
④ 청약저축 등에 대한 소득공제
⑤ 우리사주조합 출자에 대한 소득공제
⑥ 장기 집합투자증권저축 소득공제
⑦ 신용카드 등 사용금액에 대한 소득공제

제4절 세액의 계산

I. 세율

종합소득과세표준	세율
1천400만원 이하	과세표준의 6%
1천400만원 초과 5천만원 이하	84만원+(1천400만원을 초과하는 금액의 15%)
5천만원 초과 8천800만원 이하	624만원+(5천만원을 초과하는 금액의 24%)
8천800만원 초과 1억5천만원 이하	1천536만원+(8천800만원을 초과하는 금액의 35%)
1억5천만원 초과 3억원 이하	3천706만원+(1억5천만원을 초과하는 금액의 38%)
3억원 초과 5억원 이하	9천406만원 + (3억원을 초과하는 금액의 40%)
5억원 초과 10억원 이하	1억7,406만원 + (5억원을 초과하는 금액의 42%)
10억원 초과	3억8,406만원 + (10억원을 초과하는 금액의 45%)

II. 세액계산 특례

1. 이자소득 등에 대한 종합과세 시 세액계산의 특례

거주자의 종합소득과세표준에 포함된 이자소득과 배당소득이 이자소득 등의 종합과세기준금액(이하 "종합과세기준금액"이라 함)을 초과하는 경우 당해 거주자의 종합소득산출세액은 다음의 1)과 2) 중 큰 금액으로 하고, 종합과세기준금액을 초과하지 않는 경우에는 2)의 금액으로 한다. 이 경우 출자공동사업자의 손익분배비율에 해당하는 배당소득이 있는 경우 해당 배당소득금액은 이자소득 등으로 보지 않는다.(소법 62)

1) 일반산출세액(A)

종합과세기준금액(2천만원)까지는 원천징수세율(14%)을 적용하고, 종합과세기준금액(2천만원)을 초과하는 금융소득(이자소득 등) 금액에 대하여는 다른 종합소득금액과 합산한 과세표준에 기본세율을 적용한 산출세액. 아래 ①과 ②를 합산한 산출세액.

① 종합과세기준금액(2,000만원) × 14%*
② (종합과세기준금액 초과 금융소득+배당가산액+다른 종합소득금액-소득공제) × 기본세율

2) 비교산출세액(B) :

금융소득 전액에 대하여는 해당 원천징수세율(25%, 14%)을 적용하고, 금융소득을 제외한 다른 종합소득금액에 대한 과세표준에 대하여는 기본세율을 적용한 산출세액. 즉, 아래 (1)과 (2)를 합산한 산출세액을 비교산출세액으로 한다.

(1) 금융소득 × 원천징수세율

다음의 어느 하나에 해당하는 소득에 대해서는 그 구분에 따른 세율을 적용한다.

① 원천징수 되지 않는 이자소득 중 비영업대금(非營業貸金)의 이익에 대한 이자소득: 25%
② 원천징수 되지 않는 이자소득 중 비영업대금(非營業貸金)의 이익을 제외한 이자소득: 14%

(2) (금융소득을 제외한 종합소득금액 - 소득공제) × 기본세율

다만, 출자공동사업자의 손익분배비율에 해당하는 배당소득이 있는 경우에는 금융소득 전액에 대하여는 해당 원천징수세율(25%, 14% 등)을 적용하고, 금융소득을 제외한 다른 종합소득금액에 대한 과세표준에 대하여는 기본세율을 적용한 산출세액과 종합소득 비교세액[*2] 중 큰 세액. 아래 ①과 ②를 합산한 산출세액.

> ① 금융소득 × 원천징수세율[*1]
>
> ② MAX(㉠, ㉡)
>   ㉠ = (금융소득을 제외한 종합소득금액 - 소득공제) × 기본세율
>   ㉡ = 출자공동사업자의 손익분배비율에 해당하는 배당소득 × 14% +(금융소득 및 출자공동사업자의 손익분배비율에 해당하는 배당소득을 제외한 종합소득금액 - 소득공제) × 기본세율
>
> [*1] 비영업대금의 이익에 대해서는 25%, 기타의 금융소득인 경우 14%
>
> [*2] 종합소득비교세액이란 출자공동사업자의 손익분배비율에 해당하는 배당소득에 대하여 14%의 세율을 적용하여 계산한 세액과 이자소득 등(금융소득) 및 출자공동사업자의 손익분배비율에 해당하는 배당소득을 제외한 다른 종합소득금액에 대한 산출세액을 합산한 금액을 말함.

3) 귀속 법인세

종합과세기준금액(2천만원)을 구성하여 일반산출세액 계산 시 14%의 세율을 적용받는 배당소득은 분리과세된 경우와 동일하게 취급하여야 하기 때문에 이중과세 조정을 하지 않는다. 즉, 종합과세기준금액(2천만원)을 초과한 배당소득을 구성하는 부분에 대해서만 다음 산식에 따라 이중과세를 조정한다.

> 배당가산액 : Min[①, ②] × 10%
> ① Gross-up 대상 배당소득 총수입금액
> ② 종합과세되는 금융소득 총수입금액 - 2천만원

> 📌 **사례**

금융소득 종합과세시 세액계산 방법 (소집 62-116의2-1)

【계산 사례】

구분	계산 사례
사례 1	(1) 20×1년 과세연도 소득현황 　• 은행예금이자 : 50,000,000원 　• 회사채 이자 : 50,000,000원 　• 세금우대종합저축의 이자 : 5,000,000원 (2) 종합소득공제 : 6,600,000원
사례 2	(1) 20×1년 과세연도 종합소득 현황 　• 은행예금이자 : 10,000,000원 　• 비영업대금이익 : 20,000,000원 　• 비상장법인 배당 : 50,000,000 (Gross-up 대상) (2) 종합소득공제 : 6,600,000원
사례 3	(1) 20×1년 과세연도 종합소득 현황 　• 은행예금이자 : 20,000,000원 　• 비상장법인 배당 : 40,000,000원 (Gross-up 대상) 　• 사업소득금액 : 30,000,000원 (2) 종합소득공제 : 6,600,000원
사례 4	(1) 20×1년 과세연도 종합소득 현황 　• 은행예금이자 : 20,000,000원 (2005.1.1.이후 발생분) 　• 비영업대금이익 : 10,000,000원 　• 비상장법인 배당 : 30,000,000원 (Gross-up 대상) 　• 사업소득금액 : 40,000,000원 　• 출자공동사업자 배당 10,000,000원 (2) 종합소득공제 : 6,600,000원

종합소득과세표준	세율
1천400만원 이하	과세표준의 6%
1천400만원 초과 5천만원 이하	84만원+(1천400만원을 초과하는 금액의 15%)
5천만원 초과 8천800만원 이하	624만원+(5천만원을 초과하는 금액의 24%)

| 사례 1 | 산출세액의 계산 |

(1) 종합과세 여부 검토

세금우대종합저축의 이자는 분리과세되는 금융소득이므로 종합과세대상에서 제외하고 은행예금이자 및 회사채이자는 100,000,000원으로 종합과세대상임

(2) 종합소득 산출세액의 계산

① 종합과세시 세액

(2천만원 × 14%) + (2천만원초과 금융소득금액 + 다른 종합소득금액 - 종합소득공제) × 기본세율

= (20,000,000 × 14%) + (80,000,000 - 6,600,000) × 기본세율

= 14,656,000

② 분리과세시 세액

금융소득 × 14% = 100,000,000 × 14% = 14,000,000원

③ 종합소득산출세액은 ①과 ②중 큰 금액인 14,656,000원

| 사례 2 | 산출세액의 계산 |

(1) 종합과세 여부 검토

금융소득이 8천만원이므로 종합과세대상임 (배당가산액은 포함하지 않음)

10,000,000원 + 20,000,000원 + 50,000,000원 = 80,000,000원

(2) 종합소득 산출세액의 계산

① 종합과세시 세액

(2천만원 × 14%) + (2천만원 초과 금융소득금액 + 배당가산액 + 다른 종합소득금액 - 종합소득공제) × 기본세율

= (20,000,000 × 14%) + (60,000,000 + 50,000,000 × 10% - 6,600,000) × 기본세율

= 11,056,000원

② 분리과세시 세액

비영업대금이익 × 25% + 그 외 금융소득 × 14% + (다른종합소득금액 - 종합소득공제) × 기본세율

= 20,000,000 × 25% + 60,000,000 × 14% = 13,400,000원

③ 종합소득산출세액은 ①과 ②중 큰 금액인 13,400,000원

사례 3 산출세액의 계산

(1) 종합과세 여부 검토

   금융소득 6천만원이므로 종합과세대상임(배당가산액은 포함하지 않음)

(2) 종합소득 산출세액의 계산

   ① 종합과세시 세액

   (2천만원 × 14%) + (2천만원초과 금융소득금액 + 배당가산액 + 다른종합소득금액 - 종합 소득공제) × 기본세율

   = (20,000,000 × 14%) + (40,000,000 + 40,000,000 × 10% + 30,000,000 - 6,600,000) × 기본세율

   = 13,216,000원

   ② 분리과세시 세액

   금융소득 × 14% + (사업소득금액 - 종합소득공제) × 기본세율

   = 60,000,000 × 14% + (30,000,000 - 6,600,000) × 기본세율

   = 10,650,000원

   ③ 종합소득산출세액은 ①과 ②중 큰 금액인 13,216,000원

(3) 배당세액공제 : 다음 ①,② 중 적은 금액 = 2,566,000원

   ① 배당가산액 : 40,000,000×10% =4,000,000원

   ② 한도액 : 종합소득 산출세액 - 분리과세시 세액(위 (2)② 금액) = 13,216,000 - 10,650,000 = 2,566,000원

사례 4 산출세액의 계산

(1) 종합과세 여부 검토

　금융소득 2천만원 초과여부 계산(배당가산액과 출자공동사업자의 배당은 포함하지 않음)
　20,000,000 + 10,000,000 + 30,000,000 = 60,000,000원 (종합과세대상임)

(2) 종합소득 산출세액의 계산

　① 종합과세시 세액

　　(2천만원 × 14%) + (2천만원 초과금융소득금액 + 배당가산액 + 다른종합소득금액 - 종합소득공제) × 기본세율

　　= (20,000,000 × 14%) + (40,000,000 + 30,000,000 × 10% + 50,000,000 - 6,600,000) × 기본세율

　　= 17,776,000원

　② 분리과세시 세액

　　(비영업대금이익 × 25% + 그 외 금융소득×14%) + Max (㉠,㉡)

　　= [10,000,000 × 25% + 50,000,000 × 14%] + Max (㉠5,250,000, ㉡5,150,000)

　　= 9,500,000 + 5,250,000 = 14,750,000원

　　㉠ (다른 종합소득금액 - 소득공제) × 기본세율

　　　= (50,000,000 - 6,600,000) × 기본세율 = 5,250,000

　　㉡ 출자공동사업자배당소득 ×14% + (기타종합소득금액- 소득공제) × 기본세율

　　　= 10,000,000 × 14% + [(40,000,000 - 6,600,000) × 기본세율)]

　　　= 5,150,000

　③ 종합소득산출세액은 ①과 ②중 큰 금액인 17,776,000원

(3) 배당세액공제 : 다음 ①,② 중 적은 금액 = 3,026,000원

　① 배당가산액 : 30,000,000 × 10% = 3,000,000원

　② 한 도 액 : 종합소득 산출세액 - 분리과세시 세액 (위 (2)② 금액)

　　　　　　　= 17,776,000 - 14,750,000 = 3,026,000원

2. 부동산매매업자에 대한 세액계산의 특례

한국표준산업분류에 따른 비주거용 건물건설업(건물을 자영건설하여 판매하는 경우만 해당)과 부동산 개발 및 공급업(한국표준산업분류에 따른 주거용 건물 개발 및 공급업은 제외하고 구입한 주거용 건물을 재판매하는 경우는 포함)을 경영하는 부동산매매업자로서 종합소득금액에 법소정 자산**의 매매차익(이하에서 "주택등매매차익"이라 함)이 있는 자의 종합소득 산출세액은 다음의 세액 중 많은 것으로 한다.(소법 64 ①).

① 종합소득과세표준 × 기본세율
② [(주택 등 매매차익* - 양도소득 기본공제) × 양도소득세율**] + [(종합소득과세표준 - 주택 등 매매차익**) × 기본세율]

* 주택 등 매매차익 = 해당 주택·토지의 매매가액 - 양도자산의 필요경비(실질거래가액에 의한 취득가액, 자본적지출액, 양도비용 등) - 양도소득 기본공제액 - 장기보유 특별공제액(소령 122 ②)

** 법소정 자산
  ① 분양권
  ② 비사업용 토지
  ③ 미등기양도자산
  ④ 다음에 해당하는 주택
    ㉠ 조정대상지역에 있는 주택으로서 대통령령으로 정하는 1세대 2주택에 해당하는 주택
    ㉡ 조정대상지역에 있는 주택으로서 1세대가 주택과 조합원입주권을 각각 1개씩 보유한 경우의 해당 주택. 다만, 대통령령으로 정하는 장기임대주택 등은 제외한다.
    ㉢ 조정대상지역에 있는 주택으로서 대통령령으로 정하는 1세대 3주택 이상에 해당하는 주택
    ㉣ 조정대상지역에 있는 주택으로서 1세대가 주택과 조합원입주권을 보유한 경우로서 그 수의 합이 3 이상인 경우 해당 주택. 다만, 대통령령으로 정하는 장기임대주택 등은 제외한다.

3. 직장공제회 초과반환금에 대한 세액계산의 특례

직장공제회 초과반환금에 대해서는 그 금액에서 다음의 금액을 순서대로 공제한 금액을 납입연수(1년 미만인 경우에는 1년으로 함)로 나눈 금액에 기본세율을 적용하여 계산한 세액에 납입연수를 곱한 금액을 그 산출세액으로 한다.(소법 63)

$$\text{산출세액} = (\text{초과반환금} - \text{공제액}) \div \text{납입연수} \times \text{기본세율} \times \text{납입연수}$$

공제액 = ① + ②
① 직장공제회 초과반환금의 40%(2010년 12월 31일 이전분은 50%)에 해당하는 금액(㉠ + ㉡)
　㉠ 2010년 12월 31일 이전분

$$\text{직장공제회 초과반환금} \times \frac{\text{2010년 12월 31일 이전 공제료 납입월수}}{\text{총 공제료 납입월수}} \times 50\%$$

　㉡ 2011년 1월 1일 이후분

$$\text{직장공제회 초과반환금} \times \frac{\text{2011년 1월 1일 이후 공제료 납입월수}}{\text{총 공제료 납입월수}} \times 40\%$$

② 납입연수에 따라 정한 다음의 금액

〈납입연수〉	〈공제액〉
5 년 이하	100만원 × 납입연수
5 년 초과 10년 이하	500만원 + 200만원 × (납입연수-5년)
10 년 초과 20년 이하	1천500만원 + 250만원 × (납입연수-10년)
20 년 초과	4천만원 + 300만원 × (납입연수-20)

4. 주택임대소득에 대한 세액계산의 특례

1) 소득금액의 계산

분리과세 주택임대소득에 대한 종합소득 결정세액을 계산할 때 사업소득금액은 총수입금액에서 총수입금액의 60%를 차감한 금액으로 한다(소령 122의2).

2) 세액의 계산

종합소득 결정세액 : ① 또는 ② 선택

① 분리과세 주택임대소득을 포함하여 계산한 종합소득 결정세액
② 분리과세 적용시 세액 : ㉠ + ㉡

　㉠ [총수입금액 × [1 - 50%(60%*)] - 200만원(400만원*)] × 14% - 세액감면**(30%, 75%)
　㉡ ㉠ 외의 종합소득 결정세액

* 등록 임대주택의 경우 60%, 400만원 다만, 분리과세 임대주택소득을 제외한 해당과세기간의 종합소득금액이 2천만원 이하인 경우에만 200만원 또는 400만원을 공제
** 세액감면
　가. 요건
　　소득세법에 따른 사업자등록을 하고 임대사업자 등록 또는 공공주택사업자로 지정되었으며, 임대개시일 현재 기준시가가 6억원 이하인 국민주택규모의 주택
　나. 감면율
　　4년 이상 임대시 30%, 공공지원민간임대주택 또는 장기일반민간임대주택의 경우 8년이상 임대시 75%

5. 연금소득에 대한 세액계산의 특례

사적연금소득 중 분리과세연금소득 외의 연금소득이 있는 거주자의 종합소득 결정세액은 다음의 세액 중 하나를 선택하여 적용한다(소법 64의4).

① 종합소득 결정세액
② 다음의 세액을 더한 금액
  ㉠ 사적연금소득 중 분리과세연금소득 외의 연금소득에 15%를 곱하여 산출한 금액
  ㉡ ㉠ 외의 종합소득 결정세액

Ⅲ 세액공제

구분	범위	적용 대상	이월여부
소득세법	① 배당세액공제	배당소득이 있는 자	불가
	② 기장세액공제	간편장부대상자	불가
	③ 외국납부세액공제	국외원천소득이 있는 자	10년 이월공제
	④ 재해손실세액공제	사업자	불가
	⑤ 근로소득세액공제	근로소득자	불가
	⑥ 자녀세액공제	종합소득자	불가
	⑦ 연금계좌세액공제	종합소득자	불가
	⑧ 특별세액공제 　㉠ 보험료세액공제 　㉡ 의료비세액공제 　㉢ 교육비세액공제 　㉣ 기부금세액공제 　㉤ 표준세액공제	- 근로소득자 근로소득자 근로소득자 종합소득자 종합소득자	기부금의 경우 10년 이월 공제
조세특례제한법	① 정치자금기부금 세액공제	종합소득자	불가
	② 월세세액공제	근로소득자, 성실사업자 등	불가
	③ 성실사업자 등의 의료비. 교육비, 월세세액공제	성실사업자 등	불가

1. 배당세액공제

1) 개요

거주자가 내국법인으로부터 수령하는 배당금에 대해서는 해당 배당금에 대하여 가산한 귀속법인세를 종합소득 산출세액에서 세액공제 방식으로 차감한다.

2) 배당세액공제

배당세액공제 = Min[①, ②]
① 배당가산액 중 금융소득 2천만원 초과분 × 10%
② 종합소득 산출세액 - 분리과세시 산출세액

사례 [1]

배당세액공제 대상 및 공제액의 계산 (소집 56-116의2-1)

【계산 사례】
거주자 김지환씨의 20×1년 귀속 배당가산 적용대상 이익배당금 1억원, 사업소득금액 2,000만원, 종합소득공제 360만원인 경우 배당세액공제금액은?

【계산 방법】
산출세액 계산
1. 배당세액공제액 = (100,000,000 - 20,000,000) × 10% = 8,000,000원
   ※ 배당가산 적용대상 중 2천만원 초과분만 배당가산함
2. 한도액 = MAX (㉠,㉡) - ㉡ = 23,900,000-15,200,000 = 8,700,000원
   ㉠ 20,000,000 × 14% + (80,000,000 + 80,000,000 × 10% + 20,000,000 - 3,600,000) × 기본세율 = 23,900,000원
   ㉡ 100,000,000 × 14% + (20,000,000 - 3,600,000) × 기본세율 = 15,200,000원
   따라서 1, 2 중 적은 금액인 8,800,000원이 배당세액공제금액이다.

사례 [2]

배당소득의 계산시 2천만원 구성순서 (소집 56-116의2-2)

20×1년 귀속 금융소득이 다음과 같이 있는 경우 배당세액공제대상금액은?

이자소득 : 10,000,000원
투자신탁이익 : 10,000,000원
상장법인배당 : 30,000,000원   (계) 50,000,000원

산출세액 계산
배당가산(Gross-Up) 금액 = (50,000,000-20,000,000*) × 10% = 3,000,000원
배당세액공제 대상금액 : 3,000,000원 (한도액은 별도계산)
* 종합과세기준금액(2천만원) 구성순서
이자소득(10,000,000) ⇨ 투자신탁이익 (10,000,000) ⇨ 상장법인배당 (0)

2. 기장세액공제

1) 개요

간편장부대상자가 과세표준확정신고를 할 때 복식부기에 따라 기장(記帳)하여 소득금액을 계산하고 서류를 제출하는 경우에는 해당 장부에 의하여 계산한 사업소득금액이 종합소득금액에서 차지하는 비율을 종합소득 산출세액에 곱하여 계산한 금액의 20%에 해당하는 금액을 종합소득 산출세액에서 공제한다. 다만, 공제세액이 100만원을 초과하는 경우에는 100만원을 공제한다.(소법 56의2 ①)

2) 기장세액공제액 계산방법

$$\text{기장세액공제액} = \text{산출세액} \times \frac{\text{장부에 의하여 계산한 사업소득금액}}{\text{종합소득금액}} \times \text{공제율(20\%)}$$

공제한도 : 100만원

3) 기장세액공제의 적용 배제

다음 중 어느 하나에 해당하는 경우에는 기장세액공제를 적용하지 않는다.(소법 56의2 ②)

① 비치·기록한 장부에 의하여 신고하여야 할 소득금액의 20% 이상을 누락하여 신고한 경우
② 기장세액공제와 관련된 장부 및 증명서류를 해당 과세표준확정신고기간 종료일부터 5년간 보관하지 아니한 경우. 다만, 천재지변이나 화재·전쟁의 재해를 입거나 도난을 당한 경우 등 부득이한 사유에 해당하는 경우에는 그러지 않는다.

3. 외국납부세액공제

1) 개요

거주자의 종합소득금액 또는 퇴직소득금액에 국외원천소득이 합산되어 있는 경우로서 그 국외원천소득에 대하여 외국에서 외국소득세액을 납부하였거나 납부할 것이 있을 때에는 외국소득세액을 해당 과세기간의 종합소득산출세액 또는 퇴직소득 산출세액에서 공제할 수 있다.(소법 57 ①)

2) 외국납부세액의 범위

(1) 직접외국납부세액

직접외국납부세액이란 외국정부에 납부하였거나 납부할 다음의 세액(가산세 제외)을 말한다. 다만, 조세조약에 따른 비과세·면제·제한세율에 관한 규정에 따라 계산한 세액을 초과하는 세액은 제외하되 러시아 정부가 비우호국과의 조세조약의 이행중단을 내용으로 하는 자국법령에 근거하여 조세조약에 따른 비과세·면제·제한세율에 관한 규정에 따라 계산한 세액을 초과하여 과세한 세액은 포함한다(소령 117 ①).

① 개인의 소득금액을 과세표준으로 하여 과세된 세액과 그 부가세액
② ①과 유사한 세목에 해당하는 것으로서 소득 외의 수입금액 기타 이에 준하는 것을 과세표준으로 하여 과세된 세액

(2) 의제외국납부세액

국외원천소득이 있는 거주자가 조세조약의 상대국에서 그 국외원천소득에 대하여 소득세를 감면받은 세액의 상당액은 그 조세조약에서 정하는 범위에서 세액공제의 대상이 되는 외국소득세액으로 본다.(소법 57 ③)

3) 외국납부세액의 공제

(1) 세액공제한도

세액공제 방법에서는 다음의 금액을 한도로 외국소득세액을 해당 과세기간의 종합소득 산출세액 또는 퇴직소득 산출세액에서 공제한다.(소법 57 ①)

$$공제한도 = 종합소득산출세액 \times \frac{국외원천소득}{당해\ 과세기간의\ 종합소득금액}$$

외국납부세액공제한도를 계산함에 있어서 국외사업장이 둘 이상의 국가에 있는 경우에는 사업자가 국가별로 구분하여 계산한다.

(2) 한도초과액의 이월공제

외국납부세액공제 금액을 적용할 때 외국정부에 납부하였거나 납부할 외국소득세액이 해당 과세기간의 공제한도 금액을 초과하는 경우 그 초과하는 금액은 해당 과세기간의 다음 과세기간 개시일부터 10년 이내에 끝나는 과세기간으로 이월하여 그 이월된 과세기간의 공제한도금액 내에서 공제받을 수 있다(소법 57 ②)

4. 재해손실세액공제

1) 개요

사업자가 해당 과세기간에 천재지변이나 그 밖의 재해로 자산총액의 20% 이상에 해당하는 자산을 상실하여 납세가 곤란하다고 인정되는 경우에는 소득세(사업소득에 대한 소득세액)에 그 상실된 가액이 상실 전의 자산총액에서 차지하는 비율(이하 "자산상실비율")을 곱하여 계산한 금액(상실된 자산의 가액을 한도)을 그 세액에서 공제한다. 이 경우 자산의 가액에는 토지의 가액을 포함하지 않는다.(소법 58 ①)

2) 대상세액

재해손실세액공제는 다음에 해당하는 세액을 대상으로 계산한다.

① 재해 발생일 현재 부과되지 아니한 소득세와 부과된 소득세로서 미납된 소득세액
② 재해 발생일이 속하는 과세기간의 소득에 대한 소득세액

〈재해손실세액공제 대상 세액〉

재해발생일 현재	기 과세분	체납세액, 납기미도래분
	과세할 소득	신고기한 미도래분

3) 재해손실세액공제 금액의 계산

재해손실세액공제 금액의 계산은 다음과 같다.

> 재해손실세액공제액 = 공제대상 소득세액 × 재해상실비율*

* 재해상실비율 = 소득별 상실자산가액 / 상실된 자산가액

5. 근로소득세액공제

근로소득이 있는 거주자에 대해서는 그 근로소득에 대한 종합소득산출세액에서 다음의 금액을 공제한다.(소법 59 ①)

근로소득에 대한 종합소득산출세액	공제액
130만원 이하	산출세액의 55%
130만원 초과	71만5천원 + (130만원을 초과하는 금액의 30%)

단, 위 표에 따른 공제세액이 다음 표의 총 급여액에 따라 정한 공제한도를 초과하는 경우 그 초과하는 금액은 없는 것으로 한다(소법 59 ②).

〈총급여액〉	〈공제한도〉
3천300만원 이하	74만원
3천 300만원 초과 7천만원 이하	74만원 - [(총급여액 - 3천 300만원) × 0.8%]. 다만, 위 금액이 66만원보다 적은 경우에는 66만원으로 한다.
7천만원 초과 1억2천만원 이하	66만원 - [(총급여액 - 7천만원) × 1/2]. 다만, 위 금액이 50만원보다 적은 경우에는 50만원으로 한다.
1억2천만원 초과	50만원 - [(총급여액 - 1억2천만원) × 1/2]. 다만, 위 금액이 20만원보다 적은 경우에는 20만원으로 한다.

한편 일용근로자의 근로소득에 대해서 원천징수를 하는 경우에는 해당 근로소득에 대한 산출세액의 55%에 해당하는 금액을 그 산출세액에서 공제한다.(소법 59 ③)

6. 자녀세액공제

1) 개요

종합소득이 있는 거주자의 기본공제대상자에 해당하는 자녀 및 손자녀(입양자 및 위탁아동을 포함하며, 이하 "공제대상 자녀")로서 8세 이상의 사람에 대해서는 다음의 구분에 따른 금액을 종합소득산출세액에서 공제한다(소법 59의2 ①).

① 1명인 경우: 연 15만원
② 2명인 경우: 연 35만원
③ 3명 이상인 경우: 연 35만원과 2명을 초과하는 1명당 연 30만원을 합한 금액

2) 해당 과세기간에 출생하거나 입양 신고한 공제대상 자녀가 있는 경우

해당 과세기간에 출산하거나 입양 신고한 공제대상 자녀가 있는 경우 다음의 구분에 따른 금액을 종합소득산출세액에서 공제한다.(소법 59의2 ③)

① 출산하거나 입양 신고한 공제대상 자녀가 첫째인 경우: 연 30만원
② 출산하거나 입양 신고한 공제대상 자녀가 둘째인 경우: 연 50만원
③ 출산하거나 입양 신고한 공제대상 자녀가 셋째 이상인 경우: 연 70만원

7. 연금계좌 세액공제

구분		내용	
공제액	세액공제 대상금액	구분	납입액
		연금계좌 납입액*	세액공제 대상 = Min[①, ②] ① Min[연금저축계좌 납입액, 600만원*] + 퇴직연금계좌 납입액 ② 한도 : 900만원
		* 해당 과세기간의 종합소득이 1억원(근로소득만 있는 경우 총급여액 1억 2천만원)을 초과하는 거주자는 300만원으로 한다.	
	세액공제액	구분	세액공제액
		해당 과세기간의 종합소득금액이 4천5백만원 (근로소득만 있는 경우 총급여액 5천5백만원) 이하인 거주자	세액공제대상 연금계좌 납입액 × 15%
		위 외의 거주자	세액공제대상 연금계좌 납입액 × 12%
ISA의 연금계좌 전환시 특례		개인종합자산관리계좌의 계약기간이 만료된 날부터 60일 이내 해당 계좌 잔액의 전부 또는 일부를 연금계좌로 납입한 경우 그 납입한 금액(전환금액)을 납입한 날이 속하는 과세기간의 연금계좌 납입액에 포함한다. 세액공제 대상 연금계좌 납입한도 = ① + ② ① 세액공제 대상 연금계좌 납입액 ② 추가한도 = Min[전환금액 × 10%, 300만원*] * 직전 과세기간과 해당 과세기간에 걸쳐 납입한 경우 직전과세기간에 적용된 금액을 차감한 금액으로 한다.	

8. 특별세액공제

1) 보험료세액공제

근로소득이 있는 거주자(일용근로자는 제외)가 해당 과세기간에 만기에 환급되는 금액이 납입보험료를 초과하지 않는 보험의 보험계약에 따라 지급하는 다음의 보험료를 지급한 경우 그 금액의 12%(①의 경우에는 15%)에 해당하는 금액을 해당 과세기간의 종합소득산출세액에서 공제한다. 다만, 다음의 보험료별로 그 합계액이 각각 연 100만원을 초과하는 경우 그 초과하는 금액은 각각 없는 것으로 한다(소법 59의4 ①, 소령 118의4).

① 기본공제대상자 중 장애인을 피보험자 또는 수익자로 하는 장애인전용보험으로서 ②에 해당하는 보험 · 공제로서 보험 · 공제 계약 또는 보험료 · 공제료 납입 영수증에 장애인전용보험 · 공제로 표시된 보험 · 공제의 보험료 · 공제료

② 기본공제대상자를 피보험자로 하는 생명보험, 상해보험, 손해보험료 등

2) 의료비세액공제

(1) 개요

근로소득이 있는 거주자가 기본공제대상자(나이 및 소득의 제한을 받지 않음)를 위하여 해당 과세기간에 대통령령으로 정하는 의료비를 지급한 경우 다음 산식에 따른 금액을 해당 과세기간의 종합소득산출세액에서 공제한다(소법 59의4 ②).

> 의료비 공제액 계산식=[①+②]×15% + ③ × 20% + ④ × 30%
> ① 일반 의료비 : MIN {㉠, ㉡}
>   ㉠ ①을 제외한 의료비-총급여액×3%
>   ㉡ 연 700만원
> ② 특정 의료비
> ③ 미숙아 및 선천성이상아를 위해 지출한 의료비
> ④ 난임시술비

(2) 의료비의 범위

"대통령령으로 정하는 의료비"란 해당 근로자가 직접 부담하는 다음의 어느 하나에 해당하는 의료비(실손 의료보험금을 지급받은 경우 그 실손의료보험금은 제외)를 말한다(소령 118의5).

① 진찰 · 치료 · 질병 예방을 위하여 「의료법」에 따른 의료기관에 지급한 비용
② 치료 · 요양을 위하여 「약사법」에 따른 의약품(한약을 포함)을 구입하고 지급하는 비용
③ 장애인 보장구 및 의사 · 치과의사 · 한의사 등의 처방에 따라 의료기기를 직접 구입하거나 임차하기 위하여 지출한 비용
④ 시력보정용 안경 또는 콘택트렌즈를 구입하기 위하여 지출한 비용으로서 기본공제대상자(연령 및 소득금액의 제한을 받지 않음) 1명당 연 50만원 이내의 금액
⑤ 보청기를 구입하기 위하여 지출한 비용
⑥ 「노인장기요양보험법」에 따른 장기요양급여에 대한 비용으로서 실제 지출한 본인 일부 부담금
⑦ 근로자가 「모자보건법」에 따른 산후조리원에 산후조리 및 요양의 대가로 지급하는 비용으로서 출산 1회당 200만원 이내의 금액
⑧ 「장애인활동 지원에 관한 법률」에 따른 장애인활동지원급여 비용 중 실제 지출한 본인부담금

(3) 공제대상 의료비

① 기타 의료비(일반 의료비)

기본공제대상자를 위하여 지급한 의료비(②부터 ④의 의료비는 제외)로서 총급여액에 3%를 곱하여 계산한 금액을 초과하는 금액. 다만, 그 금액이 연 700만원을 초과하는 경우에는 연 700만원으로 한다.

② 본인 등 의료비(특정 의료비)

다음의 어느 하나에 해당하는 사람을 위하여 지급한 의료비. 다만, ①의 의료비가 총급여액에 3%를 곱하여 계산한 금액에 미달하는 경우에는 그 미달하는 금액을 뺀다.

㉠ 해당 거주자
㉡ 과세기간 개시일 현재 6세 이하인 사람
㉢ 과세기간 종료일 현재 65세 이상인 사람
㉣ 장애인
㉤ 대통령령으로 정하는 중증질환자, 희귀 난치성 질환자 또는 결핵환자

③ 미숙아 및 선천성이상아를 위하여 지급한 의료비

미숙아 및 선천성이상아를 위하여 지급한 의료비 다만, ①과 ②의 의료비 합계액이 총급여액에 3%를 곱하여 계산한 금액에 미달하는 경우에는 그 미달하는 금액을 뺀다.

④ 난임시술비

난임시술비. 다만, ①과 ② 및 ③의 의료비 합계액이 총급여액에 3%를 곱하여 계산한 금액에 미달하는 경우에는 그 미달하는 금액을 뺀다.

3) 교육비세액공제

근로소득이 있는 거주자가 그 거주자와 기본공제대상자(나이의 제한을 받지 아니하되, (3) ②의 기관에 대해서는 과세기간 종료일 현재 18세 미만인 사람만 해당)을 위하여 해당 과세기간에 교육비를 지급한 경우 다음 금액의 15%에 해당하는 금액을 해당 과세기간의 종합소득 산출세액에서 공제한다. 다만, 소득세 또는 증여세가 비과세되는 일정 교육비는 공제하지 않는다(소법 59의4 ③).

(1) 배우자·직계비속·형제자매·입양자 및 위탁아동을 위하여 지급한 교육비

기본공제대상자인 배우자·직계비속·형제자매·입양자 및 위탁아동(이하 "직계비속 등")을 위하여 지급한 다음의 교육비를 합산한 금액. 다만, 대학원에 지급하거나 직계비속 등이 학자금 대출의 원리금 상환에 지출한 교육비는 제외하며, 대학생인 경우에는 1명당 연 900만원, 초등학교 취학 전 아동과 초·중·고등학생인 경우에는 1명당 연 300만원을 한도로 한다.

① 「유아교육법」, 「초·중등교육법」, 「고등교육법」 및 특별법에 따른 학교에 지급하거나 「고등교육법」에 따른 수능시험 응시를 위하여 지급한 교육비

② 다음의 평생교육시설 또는 과정을 위하여 지급한 교육비

㉠ 「평생교육법」에 따라 고등학교졸업 이하의 학력이 인정되는 학교형태의 평생교육시설, 전공대학의 명칭을 사용할 수 있는 평생교육시설과 원격대학 형태의 평생교육시설

ⓒ 「학점인정 등에 관한 법률」및 「독학에 의한 학위취득에 관한 법률」에 따른 과정 중 대통령령으로 정하는 교육과정(이하 각각의 교육과정을 "학위취득과정"이라 함)

③ 대통령령으로 정하는 국외교육기관(국외교육기관의 학생을 위하여 교육비를 지급하는 거주자가 국내에서 근무하는 경우에는 대통령령으로 정하는 학생만 해당)에 지급한 교육비

④ 초등학교 취학 전 아동을 위하여 「영유아보육법」에 따른 어린이집, 「학원의 설립·운영 및 과외교습에 관한 법률」에 따른 학원 또는 대통령령으로 정하는 체육시설에 지급한 교육비(학원 및 체육시설에 지급하는 비용의 경우에는 대통령령으로 정하는 금액만 해당)

(2) 거주자 본인을 위해 지급한 교육비

해당 거주자를 위하여 지급한 다음의 교육비를 합산한 금액

① (1)의 ①부터 ③까지의 규정에 해당하는 교육비
② 대학(전공대학, 원격대학 및 학위취득과정을 포함) 또는 대학원의 1학기 이상에 해당하는 교육과정과 「고등교육법」에 따른 시간제 과정에 지급하는 교육비
③ 「국민 평생 직업능력 개발법」에 따른 직업능력개발훈련시설에서 실시하는 직업능력개발훈련을 위하여 지급한 수강료. 다만, 대통령령으로 정하는 지원금 등을 받는 경우에는 이를 뺀 금액으로 한다.
④ 학자금 대출의 원리금 상환에 지출한 교육비. 다만, 대출금의 상환 연체로 인하여 추가로 지급하는 금액 등 학자금 대출의 원리금 상환에 지출한 교육비는 제외한다.

(3) 장애인 특수교육비

기본공제대상자인 장애인(소득의 제한을 받지 않음)을 위하여 다음 중 어느 하나에 해당하는 자에게 지급하는 대통령령으로 정하는 특수교육비

① 대통령령으로 정하는 사회복지시설 및 비영리법인
② 장애인의 기능향상과 행동 발달을 위한 발달 재활 서비스를 제공하는 대통령령으로 정하는 기관
③ ①의 시설 또는 법인과 유사한 것으로서 외국에 있는 시설 또는 법인

⊕ 참고 **공제대상 교육비**

거주자 본인과 기본공제대상자(나이의 제한을 받지 않음)의 교육을 위하여 지급한 수업료·입학금·보육비용·수강료 및 그 밖의 공납금(이하 "교육비"라 함)의 합계액은 일정 금액의 한도 내에서 교육비세액공제를 적용 받을 수 있다. 이 경우 교육비에는 다음을 포함한다(소령 118의 6 ①).
① 학교급식법, 유아교육법, 영유아보육법 등에 따라 급식을 실시하는 학교, 유치원, 어린이집, 학원 및 체육시설(초등학교 취학 전 아동의 경우만 해당함)에 지급한 급식비
② 학교에서 구입한 교과서대금(초·중·고등학교의 학생만 해당함)
③ 교복 구입비용(중·고등학생만 해당하며, 학생 1명당 연 50만원을 한도로 함)
④ 다음의 학교 등에서 실시하는 방과후 학교나 방과후 과정 등의 수업료 및 특별활동비(학교 등에서 구입한 도서의 구입비와 학교 외에서 구입한 초·중·고등학교의 방과후 학교 수업용 도서의 구입비를 포함함)
　㉠ 초·중등교육법에 따른 학교
　㉡ 유아교육법에 따른 유치원
　㉢ 영유아보육법에 따른 어린이집
　㉣ 학원 및 체육시설(초등학교 취학 전 아동의 경우만 해당함)
⑤ 「초·중등교육법」에 따라 학교가 교육과정으로 실시하는 현장체험학습에 지출한 비용(초·중·고등학교의 학생만 해당하며, 학생 1명당 연 30만원을 한도로 함)
⑥ 「고등교육법」에 따른 입학전형료

⊕ 참고 **교육비세액공제 대상에서 제외되는 금액**

해당 과세기간에 지급받은 장학금 또는 학자금으로서 소득세 또는 증여세가 비과세되는 다음의 어느 하나에 해당하는 장학금 등은 공제대상 교육비에서 제외한다(소령 118의 6 ②).
① 근로복지기금법에 따른 사내근로복지기금으로부터 받은 장학금 등
② 재학 중인 학교로부터 받은 장학금 등
③ 근로자인 학생이 직장으로부터 받은 장학금 등
④ 기타 각종 단체로부터 받은 장학금 등

4) 기부금세액공제(소법 59의4 ④)

거주자(사업소득만 있는 자는 제외, 연말정산대상 사업소득만 있는 자는 포함)가 지급한 기부금이 있는 경우 기부금 세액공제를 적용한다. 이때 기본공제대상자(나이제한을 받지 아니하며, 다른 거주자의 기본공제를 적용받은 사람은 제외)가 지급한 기부금을 포함한다. 기부금 공제한도액은 다음과 같다.

구분	한도액
① 정치자금기부금, 고향사랑기부금, 특례기부금	전액공제
② 우리사주조합기부금	(기준소득금액 - ① 공제액) × 30%
③ 일반기부금	㉠ 종교단체 기부금이 없는 경우 　(기준소득금액 - ① 공제액 - ② 공제액) × 30% ㉡ 종교단체 기부금이 있는 경우 　(기준소득금액 - ① 공제액 - ② 공제액) × 10% +Min[가, 나] 　가. 종교단체 외의 기부금 　나. (기준소득금액 - ① 공제액 - ② 공제액) × 20%

기부금세액공제 계산식

기부금세액공제액 = MIN[①, ②]
① (특례기부금+일반기부금-필요경비기산입기부금) × 15% (1천만원 초과분 30%**)
② 종합소득산출세액-사업소득 또는 원천징수세율을 적용받는 이자소득 및 배당소득에 대한 산출세액*

* 종합소득 산출세액 × $\dfrac{\text{사업소득금액 + 원천징수세율 적용대상 이자소득 및 배당소득}}{\text{종합소득금액}}$

** 2024년 1월 1일부터 2024년 12월 31일까지 지급한 기부금을 해당 과세기간의 합산과세되는 종합소득산출세액(필요경비에 산입한 기부금이 있는 경우 사업소득에 대한 산출세액은 제외)에서 공제하는 경우에는 세액공제액 외에 기부금을 합한 금액에서 사업소득금액을 계산할 때 필요경비에 산입한 기부금을 뺀 금액이 3천만원을 초과하는 경우 그 초과분에 대해서는 10%에 해당하는 금액을 추가로 공제한다.

세부내용

[1] 정치자금기부금 세액공제(조특법 76 ①)

기부 금액	세액공제
10만원 이하	기부한 정치자금 × $\dfrac{100}{110}$
10만원 초과	10만원 초과분에 대해서 특례기부금과 동일하게 취급 ① 사업자가 아닌 거주자 : 기부금 세액공제 적용 세액공제 = 10만원 초과 기부 정치자금 × 15%(3천만원 초과분 25%) ② 사업자인 거주자 : 기부금 필요경비산입(특례기부금과 동일)

[2] 고향사랑 기부금에 대한 세액공제 등(조특법 58)

'거주자가 「고향사랑 기부금에 관한 법률」에 따라 고향사랑 기부금을 지방자치단체에 기부한 경우 다음의 계산식에 따라 계산한 금액을 이를 지출한 해당 과세연도의 종합소득산출세액에서 공제한다. 다만, 사업자인 거주자의 경우 10만원 이하의 금액에 대해서는 다음 표에 따르되, 10만원을 초과하는 금액에 대해서는 이월결손금을 뺀 후의 소득금액의 범위에서 손금에 산입한다(조특법 58).

기부 금액	세액공제
10만원 이하	기부한 고향사랑 기부금 × $\dfrac{100}{110}$
10만원 초과	10만원 × 110분의 100 + (고향사랑 기부금 - 10만원) × 15%

5) 해당 과세연도 중 기본공제대상자 변동시 공제방법

보험료세액공제, 의료비세액공제 및 교육비세액공제를 적용할 때 과세기간 종료일 이전에 혼인·이혼·별거·취업 등의 사유로 기본공제대상자에 해당 되지 않게 되는 종전의 배우자·부양가족·장애인 또는 과세기간 종료일 현재 65세 이상인 사람을 위하여 이미 지급한 금액이 있는 경우에는 그 사유가 발생한 날까지 지급한 금액에 보험료세액공제율(12%), 의료비세액공제율(15%) 및 교육비세액공제율(15%)을 적용한 금액을 해당 과세기간의 종합소득산출세액에서 공제한다(소법 59의 4 ⑤).

9. 표준세액공제

1) 공제금액

표준세액공제는 다음과 같이 적용한다.

① 근로소득이 있는 거주자로서 항목별 세액공제 및 특별세액공제, 월세에 대한 세액 공제를 신청하지 아니한 사람에 대해서는 연 13만원
② 성실사업자로서 의료비공제를 신청하지 않은 자에 대해서는 연 12만원
③ 근로소득이 없는 거주자로서 종합소득이 있는 사람(성실사업자 제외)에 대하여는 연 7만원

2) 성실사업자의 범위

성실사업자란 다음의 요건을 모두 갖춘 사업자를 말한다(소령 118의 8 및 소칙 58의 2, 58의 3).

① 다음 중 어느 하나에 해당하는 사업자일 것
   ㉠ 신용카드가맹점 및 현금영수증 가맹점으로 모두 가입한 사업자. 다만, 해당 과세기간에 신용카드가맹점 가입·발급의무 또는 현금영수증 가맹점 가입·발급의무 등을 위반하여 관할 세무서상으로부터 해당 사실을 통보받은 사업자는 제외한다.
   ㉡ 전사적 기업자원 관리설비 또는 유통산업발전법에 따라 판매시점 정보관리시스템 설비를 도입한 사업자
② 장부를 비치·기록하고, 그에 따라 소득금액을 계산하여 신고할 것(추계조사결정이 있는 경우 해당 과세기간은 제외)
③ 사업용 계좌를 신고하고, 해당 과세기간에 사업용계좌를 사용하여야 할 금액의 3분의 2 이상을 사용할 것

Ⅳ 최저한세(조특법 132 ②)

1. 최저한세 적용대상 소득세
① 거주자의 사업소득에 대한 소득세(중소기업창업투자조합 출자 등에 대한 소득공제(조특법 16)를 적용받는 경우에만 해당 부동산임대업에서 발생하는 소득 포함)
② 비거주자의 국내사업장에서 발생한 사업소득에 대한 소득세

2. 적용제외
소득세 중 다음은 최저한세 대상에서 제외
① 가산세
② 사후관리에 따라 추징·납부하는 감면세액·이자상당 가산액(조특령 126 ①)
③ 최저한세 적용대상으로 열거(조특법 132 ① 3·4)되지 아니한 세액공제 및 감면(조특령 126 ②)

3. 최저한세의 적용
개인이 부담할 소득세는 다음 2가지 방법에 의하여 계산된 세액 중 큰 금액으로 한다.
Max [①, ②]
① 각종 감면 전 사업소득에 대한 산출세액[*1] × 35%(3천만원 초과분은 45%)
② 각종 감면 후 사업소득에 대한 소득세[*2]

②의 세액이 ①의 소득세 최저한 세액에 미달하는 경우 그 미달하는 세액 상당액에 대해서는 감면 등을 하지 않는다.

[*1] 각종 감면 전 사업소득에 대한 산출세액 : 최저한세 적용대상(조특법 132 ② 1, 2)인 특별감가상각비, 준비금, 소득공제, 손금산입 등을 적용하지 아니한 산출세액
사업소득에 대한 산출세액 = 종합소득산출세액 × (사업소득금액 / 종합소득금액)
[*2] 각종 감면 후 사업소득에 대한 소득세 : 최저한세 적용대상인 집행기준 132-126-5에서 규정된 각종 조세지원제도를 적용한 후의 소득세

제5장 신고, 납부

제1절 과세기간 중 신고, 납부, 결정, 징수

I 중간예납

1. 의의

납세지 관할 세무서장은 종합소득이 있는 거주자에 대하여 1월 1일부터 6월 30일까지의 기간을 중간예납기간으로 하여 직전 과세기간의 종합소득에 대한 소득세로서 납부하였거나 납부하여야 할 중간예납 기준액의 50%에 해당하는 중간예납세액을 납부하여야 할 세액으로 결정하여 11월 30일까지 그 세액을 징수하여야 하는데 이를 중간예납이라 한다.(소법 65 ①).

2. 중간예납대상자

종합소득이 있는 거주자는 중간예납 의무가 있으나 다음의 경우는 제외한다.

1) 해당 과세기간 개시일 현재 사업자가 아닌 자로서 과세기간 중 신규로 사업을 시작한 자
2) 다음의 소득만 있는 자
   ① 이자소득·배당소득·근로소득·연금소득 또는 기타소득
   ② 사업소득 중 속기·타자 등 한국표준산업분류에 따른 사무지원 서비스업에서 발생하는 소득
   ③ 사업소득 중 수시부과 결정을 받은 소득
   ④ 다음의 하나에 해당하는 사업에서 발생하는 소득
      ㉠ 예술, 스포츠 및 여가 관련 서비스업 중 저술가·화가·배우·가수·영화감독·연출가·촬영사 등 자영예술가와 직업선수·코치·심판 등 기타 스포츠서비스업
      ㉡ 독립된 자격으로 보험가입자의 모집·증권매매의 권유·저축의 권장 또는 집금 등을 행하거나 이와 유사한 용역을 제공하고 그 실적에 따라 모집수당·권장수당·집금수당 등을 받는 업
      ㉢ 「방문판매 등에 관한 법률」에 따라 방문판매업자를 대신하여 방문판매업무를 수행하고 그 실적에 따라 판매수당 등을 받는 업(연말정산을 한 경우에 한함)
      ㉣ 「조세특례제한법」에 따라 「소득세법」의 적용을 받는 전환 정비사업 조합의 조합원이 경영하는 공동사업
      ㉤ 「주택법」의 주택조합의 조합원이 경영하는 공동사업
   ⑤ 납세조합이 중간예납기간 중의 조합원의 소득세를 매월 원천징수 납부하는 경우의 조합원의 사업소득
   (소법 68)

3. 중간예납세액의 고지 및 징수

과세관청은 1월 1일부터 6월 30일까지의 기간을 중간예납기간으로 하여 직전 과세기간의 종합소득에 대한 소득세로서 납부하였거나 납부하여야 할 중간예납 기준액의 2분의 1에 해당하는 중간예납세액을 납부하여야 할 세액으로 결정하여 11월 30일까지 그 세액을 징수하여야 한다. 이 경우 납세지 관할 세무서장은 중간예납세액을 납부하여야 할 거주자에게 11월 1일부터 11월 15일까지의 기간에 중간예납세액의 납부고지서를 발급하여야 한다(소법 65 ①).

4. 중간예납 방법

1) 정부의 직권에 의한 중간예납세액의 결정(원칙)

중간예납세액은 직전 과세기간의 종합소득에 대한 소득세로서 납부하였거나 납부하여야 할 세액(중간예납기준액)의 2분의 1에 상당하는 금액으로 한다.

> 중간예납세액 = 중간예납 기준액 × 1/2 − 중간예납기간 중 토지 등 매매차익 예정신고납부액

2) 중간예납추계액에 의한 신고(예외)

(1) 추계에 의한 중간예납 신고대상

① 중간예납추계액을 기준으로 신고 가능한 경우(선택사항)

종합소득이 있는 거주자가 중간예납기간의 종료일 현재 그 중간예납기간 종료일까지의 종합소득금액에 대한 소득세액(이하 "중간예납추계액")이 중간예납 기준액의 30%에 미달하는 경우에는 11월 1일부터 11월 30일까지의 기간에 중간예납추계액을 중간예납세액으로 하여 납세지 관할 세무서장에게 신고할 수 있다.(소법 65 ③)

② 반드시 중간예납추계액을 기준으로 신고해야 하는 경우(의무사항)

중간예납 기준액이 없는 거주자 중 복식부기의무자가 해당 과세기간의 중간예납기간 중 사업소득이 있는 경우에는 11월 1일부터 11월 30일까지의 기간에 중간예납추계액을 중간예납세액으로 하여 납세지 관할 세무서장에게 신고하여야 한다.(소법 65 ⑤)

(2) 중간예납추계액의 계산

중간예납추계액은 다음의 계산식 순서에 따라 계산한다.(소법 65 ⑧)

> ① 종합소득과세표준 = (중간예납기간의 종합소득금액 × 2) − 이월결손금 − 종합소득공제
> ② 종합소득 산출세액 = 종합소득과세표준 × 기본세율
> ③ 중간예납추계액
> $$= \left(\frac{\text{종합소득산출세액}}{2} \right) - \left(\begin{array}{c} \text{중간예납기간 종료일까지의 종합소득에 대한} \\ \text{감면세액 · 세액공제액, 토지 등 매매차익예정신고} \\ \text{산출세액 · 수시부과세액 및 원천징수세액} \end{array} \right)$$

5. 납세조합원의 중간예납 특례

납세조합이 중간예납기간 그 조합원의 해당 소득에 대한 소득세를 매월 징수하여 납부한 경우에는 그 소득에 대한 중간예납을 하지 않는다(소법 68).

Ⅲ 부동산매매업자의 토지 등 매매차익 예정신고와 납부

1. 개요

부동산매매업자는 토지 또는 건물의 매매차익과 그 세액을 매매일이 속하는 달의 말일부터 2개월이 되는 날까지 납세지 관할 세무서장에게 신고하여야 한다. 토지 등의 매매차익이 없거나 매매 차손이 발생하였을 때에도 또한 같다.(소법 69 ①)

2. 예정신고와 납부

1) 신고의무자

토지 등을 양도한 부동산매매업자는 그 거래로 인한 매매차익의 유무, 매매 차손 발생의 여부를 불문하고 납세지 관할 세무서장에게 토지 등 매매차익 예정신고를 하여야 할 의무가 있다.

2) 신고기한

부동산매매업자는 매매차익과 그 세액을 매매일이 속하는 달의 말일부터 2개월이 되는 날까지 예정신고를 해야 한다.

3) 납부기한

부동산매매업자는 부동산매매업자의 토지 등 매매차익 예정신고에 의한 산출세액을 매매차익 예정신고기한까지 납세지 관할 세무서, 한국은행 또는 체신관서에 납부하여야 한다.(소법 69 ④)

4) 토지 등 매매차익 예정신고납부세액 계산 방법

토지 등 매매차익 예정신고납부세액은 다음과 같이 양도소득세 계산 방법을 준용하여 계산한다.

① 토지 등 매매차익
 = 매매가액
 (−) 양도자산의 필요경비 상당액(취득가액·자본적지출액·양도비용 등)
 (−) 토지 등의 건설자금에 충당한 금액의 이자
 (−) 토지 등의 매도로 인하여 법률에 따라 지급하는 공과금
 (−) 장기보유특별공제액

② 산출세액
 = 토지 등 매매차익 × 양도소득세율(일반세율 또는 중과세율, 다만 2년 미만 단기 양도자산은 일반세율을 적용함)

Ⅲ 원천징수

1. 개요

원천징수란 소득금액을 지급하는 자가 해당 금액을 지급하는 때에 그 지급금액에 대한 소득세를 미리 공제하여 차액만 지급 받는 자에게 지급하고 공제한 금액은 지급받는 자를 대신하여 지급자가 정부에 납부하도록 하는 국세부과 징수의 한 방법이다. 일반적으로 원천징수제도는 최종의 과세 납부액에 대한 예납적인 것과 원천징수로 납세의무가 종결되는 완납적인 것이 있다.

2. 원천징수의 종류

1) 완납적 원천징수

완납적 원천징수란 해당 소득에 대해서 원천징수의무자가 일정한 세액을 원천징수함으로써 당해 소득에 대한 납세의무가 종결되는 경우를 말한다. 즉, 금융소득 중 비실명금융소득, 배당소득과 일용근로자소득 및 300만원 이하의 기타소득금액으로서 납세자가 선택하는 경우등에는 원천징수로서 모든 납세의무를 이행한 것으로 한다.

2) 예납적 원천징수

예납적 원천징수란 원천징수 이후 당해 소득과 수입금액에 대하여 각 소득등의 과세방법(종합과세)에 의하여 산출세액을 계산하고, 원천징수된 세액을 기납부세액으로 공제한 후 나머지 세액을 최종적으로 납부(또는 환급)하는 것을 말한다. 예납적 원천징수의 경우에는 이후 과세절차가 남아 있으므로 원천징수의무자는 그 소득에 대하여 지급명세서 등 과세자료를 제출하여야 한다.

3. 원천징수의무자

국내에서 거주자 또는 비거주자에게 소득을 지급하는 자는 이 법에 따라 원천징수한 소득세를 납부할 의무를 진다.(소법 2)

구 분	원천징수세율
이자·배당소득 (이자소득 등)	① 비영업대금 이익 : 25%. ② 비실명 이자소득, 배당소득 : 금융실명거래 및 비밀보장에 관한 법률의 적용을 하는 경우에는 90%로 하고 그 외의 경우는 45% ③ 출자공동사업자 배당소득 : 25% ④ 조세특례제한법상의 특례율이 적용되는 이자, 배당소득 등 : 5%, 9% ⑤ 직장공제회 초과반환급 : 기본세율 ⑥ 위 외의 이자소득 등 : 14%

구분		원천징수세율
근로소득	정규근로소득	근로소득 간이세액표에 의하여 산출. 다만, 근로자가 근로소득 간이세액표 해당란 세액의 120% 또는 80%의 비율에 해당하는 금액의 원천징수를 신청하는 경우에는 그에 따라 원천징수할 수 있다.
	일용근로소득	근로소득금액의 6%
원천징수 대상인 사업소득 (봉사료 수입금액 제외)		사업소득 총 수입금액의 3%. 다만, 외국인 직업운동가가 한국표준산업분류에 따른 스포츠 클럽 운영업 중 프로스포츠구단과의 계약(계약기간이 3년 이하인 경우로 한정)에 따라 용역을 제공하고 받는 소득에 대해서는 20%
연금소득	공적연금	기본세율(매월분의 공적연금소득에 대한 원천징수세율을 적용할 때에는 연금소득 간이세액표를 적용)
	사적연금	다음의 구분에 따른 세율. 이 경우 다음의 요건을 동시에 충족하는 때에는 낮은 세율을 적용한다. ① 연금소득자의 나이에 따른 다음의 세율 | 나이(연금수령일 현재)	세율
---	---
55세 이상 70세 미만	5%
70세 이상 80세 미만	4%
80세 이상	3%	 ② 원천징수되지 아니한 퇴직소득을 연금계좌에서 연금형태로 인출(이하 "연금수령"이라 하며, 연금수령 외의 인출은 "연금외수령"이라 함)하는 경우 그 연금에 대해서는 3% ③ 사망할 때까지 연금수령하는 종신계약에 따라 받는 연금소득에 대해서는 4%
	원천징수되지 아니한 퇴직소득을 연금수령하는 연금소득	연금소득을 연금외수령하였다고 가정할 때 계산한 원천징수세액을 연금외수령 원천징수세율의 70%(연금 실제 수령연차가 10년을 초과하는 경우 60%)
기타소득	복권당첨소득중 3억초과분	기타소득금액의 30%
	연금계좌세액공제를 받은 연금계좌 납입액을 그 소득의 성격에도 불구하고 연금외수령한 소득	기타소득금액의 15%
	이외의 경우	기타소득금액의 20%
봉사료 수입금액		봉사료의 5%
퇴직소득금액		기본세율

4. 원천징수 대상 소득 및 세율(소법 129)

원천징수세액을 계산할 때 국내에서 지급된 이자소득 및 배당소득에 대해서 외국에서 외국소득세액을 납부한 경우에는 원천징수세액에서 그 외국소득세액을 뺀 금액을 원천징수세액으로 한다. 이 경우 외국소득세액이 원천징수세액을 초과할 때에는 그 초과하는 금액은 없는 것으로 한다.(소법 129 ④)

5. 원천징수시기

1) 원칙

원천징수의무자가 원천징수대상소득을 지급할 때에는 그 지급금액에 원천징수세율을 적용하여 계산한 소득세를 원천징수한다.

2) 비실명자산소득에 대한 원천징수 특례

원천징수의무자가 「금융실명거래 및 비밀보장에 관한 법률」에 따른 차등과세가 적용되는 이자 및 배당소득에 대하여 고의 또는 중대한 과실 없이 법에서 정한 세율이 아닌 14% 세율로 원천징수한 경우에는 해당 계좌의 실질 소유자가 소득세 원천징수 부족액(「국세기본법」에 따른 가산세를 포함)을 납부하여야 한다. 이 경우 소득세 원천징수 부족액에 관하여는 해당 계좌의 실질 소유자를 원천징수의무자로 본다.(소법 155의7)

6. 원천징수세액의 납부

1) 원칙

원천징수의무자는 원천징수한 소득세를 그 징수일이 속하는 달[금융투자소득(2025.1.1. 이후 시행)의 경우 해당과세기간의 반기 중에 금융계좌가 해지된 경우에는 그 반기 종료일이 속하는 달]의 다음 달 10일까지 원천징수 관할 세무서, 한국은행 또는 체신관서에 납부하여야 한다.(소법 128 ①)

2) 예외(반기납부)

(1) 의의

직전 과세기간(신규로 사업을 개시한 사업자의 경우 신청일이 속하는 반기)의 상시고용인원이 20명 이하인 원천징수의무자(금융 및 보험업을 경영하는 자는 제외) 및 종교단체로서 원천징수 관할 세무서장으로부터 원천징수대상 소득에 대한 원천징수세액을 매 반기별로 납부할 수 있도록 승인을 받거나 국세청장이 정하는 바에 따라 지정을 받은 자는 다음 중 원천징수세액 외의 원천징수세액을 그 징수일이 속하는 반기(半期)의 마지막 달의 다음 달 10일까지 납부할 수 있다.(소법 128 ②)

① 「법인세법」에 따라 처분된 상여·배당 및 기타소득에 대한 원천징수세액
② 「국제조세조정에 관한 법률」에 따라 처분된 배당소득에 대한 원천징수세액
③ 비거주연예인등과 관련된 원천징수세액

(2) 절차

① 신청

반기납부 규정에 의하여 승인을 얻고자 하는 자는 원천징수세액을 반기별로 납부하고자 하는 반기의 직전월의 1일부터 말일까지 원천징수 관할 세무서장에게 신청하여야 한다.(소법 186 ③)

② 승인

신청을 받은 원천징수 관할 세무서장은 해당 원천징수의무자의 원천징수세액 신고·납부의 성실도 등을 고려하여 승인 여부를 결정한 후 신청일이 속하는 반기의 다음 달 말일까지 통지하여야 한다. 이 경우 원천징수의무자가 기한 내에 승인 여부를 통지받지 못한 경우에는 승인받은 것으로 본다. (소법 186 ④)

7. 원천징수세액의 징수

납세지 관할 세무서장은 원천징수의무자가 징수하였거나 징수하여야 할 세액을 그 기한까지 납부하지 아니하였거나 미달하게 납부한 경우에는 당해 원천징수의무자로부터 그 징수하여야 할 세액에 국세기본법에 따른 가산세액(원천징수 등 납부지연가산세액)을 더한 금액을 그 세액으로 하여 징수하여야 한다. 다만, 원천징수의무자가 원천징수를 하지 않은 경우로서 다음 중 어느 하나에 해당하는 때에는 원천징수 등 납부지연가산세액만을 징수한다.(소법 85 ③)

① 납세의무자가 신고·납부한 과세표준금액에 그 원천징수 하지 않은 원천징수 대상 소득금액이 이미 산입된 경우
② 원천징수 하지 않은 원천징수 대상 소득금액에 대하여 납세의무자의 관할 세무서장이 그 납세의무자에게 직접 소득세를 부과·징수하는 경우

제2절 확정신고납부등

I 종합소득 과세표준확정신고

1. 개요

해당 과세기간의 종합소득금액이 있는 거주자(종합소득과세표준이 없거나 결손금이 있는 거주자를 포함)은 그 종합소득과세표준을 그 과세기간의 다음 연도 5월 1일부터 5월 31일까지 납세지 관할 세무서장에게 신고하여야 하며(소법 70 ①), 해당 과세기간에 분리과세 주택임대소득 및 위약금·배상금(계약금이 위약금·배상금으로 대체되는 경우만 해당)의 소득이 있는 경우에도 확정신고의무가 존재한다(소법 70 ②). 이를 종합소득과세표준확정신고라 한다(소법 70 ③).

2. 과세표준확정신고

1) 신고의무자

해당 과세기간의 종합소득금액이 있는 거주자는 종합소득과세표준확정신고의무를 지닌다. 종합소득과세표준확정신고는 당해연도의 종합소득과세표준이 없거나 결손금액이 있는 때에도 적용된다.

2) 과세표준확정신고의 예외

다음에 해당하는 거주자는 해당 소득에 대해 과세표준확정신고를 하지 않을 수 있다.(소법 73 ①)

① 근로소득, 퇴직소득, 공적연금소득만 있는 자
② 연말정산 사업소득만 있는 자(해당연도에 신규로 사업을 개시하였거나 직전연도 수입금액이 7,500만원 미만인 보험모집인 및 방문판매원으로 원천징수의무자가 연말정산한 경우에 한함)
③ 원천징수되는 기타소득으로서 종교인소득만 있는 자
④ 퇴직소득 및 원천징수되는 기타소득으로서 종교인소득만 있는 자
⑤ ①~④에 해당하는 자로 분리과세이자소득, 분리과세배당소득, 분리과세연금소득 및 분리과세기타소득(원천징수되지 않는 소득은 제외)이 있는 자
⑥ 일용근로소득만 있는 자
⑦ 수시부과 후 추가로 발생한 소득이 없는 경우

위 규정에도 불구하고 다음에 해당하는 자는 과세표준확정신고를 해야 한다.(소법 73 ②, ③, ④).

① 일용근로자 외의 자로서 2인 이상으로부터 받는 근로소득·공적연금소득·퇴직소득, 종교인소득 또는 연말정산대상 사업소득이 있는 자로서 연말정산에 의하여 합산신고하지 않은 자
② 보험모집인 또는 방문판매원의 사업소득이 있는 자가 연말정산하여 신고하지 않았거나, 2인 이상의 사업자로부터 받은 소득을 연말정산에 의해 합산신고하지 않은 자
③ 원천징수의무가 없는 근로소득 또는 퇴직소득이 있는 자(다만, 납세조합이 연말정산하여 납부한 자, 비거주연예인 등의 용역제공과 관련된 원천징수절차특례에 따라 소득세를 납부한 자는 제외)
④ 근로소득(일용근로소득 제외)·공적연금소득·퇴직소득, 종교인소득 또는 연말정산 대상 사업소득이 있는 자에 대하여 원천징수의무자가 연말정산에 의해 소득세를 원천징수하지 않은 경우

3. 과세표준확정신고의 특례

1) 납세의무자가 사망한 경우의 과세표준확정신고

거주자가 사망한 경우 그 상속인은 그 상속 개시일이 속하는 달의 말일부터 6개월이 되는 날(이 기간 중 상속인이 출국하는 경우에는 출국일 전날)까지 사망일이 속하는 과세기간에 대한 그 거주자의 과세표준을 신고하여야 한다. 다만, 상속인이 승계한 연금계좌의 소득금액에 대해서는 그러지 않는다.(소법 74 ①)

2) 납세의무자가 출국하는 경우의 과세표준확정신고

과세표준확정신고를 하여야 할 거주자가 출국하는 경우에는 출국일이 속하는 과세기간의 과세표준을 출국일 전날까지 신고하여야 한다.(소법 74 ④) 또한 거주자가 1월 1일과 5월 31일 사이에 출국하는 경우 출국일이 속하는 과세기간의 직전 과세기간에 대한 과세표준확정신고에 관하여도 위 규정을 준용한다(소법 74 ⑤).

3) 신고기한의 연장

거주자가 천재·지변 기타 부득이한 사유로 인하여 과세표준확정신고를 기한 내에 할 수 없을 때에는 국세기본법에 따라 관할 세무서장의 승인을 얻어 그 기한을 연장할 수 있다.

Ⅱ 납부

1. 확정신고납부

확정신고납부란 거주자가 해당 과세기간의 과세표준에 대한 종합소득 산출세액 또는 퇴직소득 산출세액에서 다음에 해당하는 감면세액과 세액공제액을 공제한 금액을 과세표준확정신고기한까지 납세지 관할 세무서, 한국은행 또는 체신관서에 납부하는 것을 말한다.(소법 76 ①, ③)

① 중간예납세액
② 토지 등 매매차익예정신고 산출세액 또는 그 결정·경정한 세액
③ 수시부과세액
④ 원천징수세액(채권등의 이자등 상당액에 대한 원천징수세액은 해당 거주자의 보유기간의 이자등 상당액에 대한 세액으로 한정)
⑤ 납세조합의 징수세액과 그 공제액

2. 분할납부

거주자로서 종합소득세 중간예납세액·토지 등 매매차익 예정신고납부세액·종합소득세 확정신고납부세액이 각각 1천만원을 초과하는 자는 다음에 해당하는 세액을 납부기한 경과후 2개월 이내에 분납할 수 있다. (소법 77)

① 납부할 세액이 2천만원 이하인 때에는 1천만원을 초과하는 금액
② 납부할 세액이 2천만원을 초과하는 때에는 그 세액의 50% 이하의 금액

Ⅲ 성실신고확인서 제출

1. 개요

성실한 납세를 위하여 필요하다고 인정되어 수입금액이 업종별로 일정 규모 이상의 사업자(이하 "성실신고확인대상사업자")는 종합소득과세표준확정신고를 할 때에 비치·기록된 장부와 증명서류에 의하여 계산한 사업소득금액의 적정성을 세무사 등이 확인하고 작성한 확인서(이하 "성실신고확인서")를 납세지 관할 세무서장에게 제출하여야 한다.(소법 70의2 ①)

2. 성실신고확인서 제출의무자

성실신고확인대상사업자는 성실한 납세를 위하여 필요하다고 인정되어 해당 과세기간의 수입금액(사업용 유형자산을 양도함으로써 발생한 수입금액은 제외)의 합계액이 다음의 구분에 따른 금액 이상인 사업자를 말한다. 다만, ① 또는 ②의 업종을 영위하는 사업자 중 변호사업 등 전문 사업서비스업을 영위하는 사업자는 ③에 따른 금액(5억원) 이상인 사업자를 말한다.

구분	수입금액
① 농업·임업 및 어업, 광업, 도매 및 소매업, 부동산매매업, 그 밖에 아래의 사업에 해당하지 않는 사업	15억원
② 제조업, 숙박 및 음식점업, 전기·가스·증기 및 공기조절 공급업, 수도·하수·폐기물처리·원료재생업, 건설업(비주거용 건물 건설업은 제외), 부동산 개발 및 공급업(주거용 건물 개발 및 공급업에 한정), 운수업 및 창고업, 정보통신업, 금융 및 보험업	7억5천만원
③ 부동산임대업, 부동산업(부동산매매업을 제외), 전문·과학 및 기술 서비스업, 사업시설관리·사업지원 및 임대서비스업, 교육 서비스업, 보건업 및 사회복지 서비스업, 예술·스포츠 및 여가관련 서비스업, 협회 및 단체, 수리 및 기타 개인 서비스업, 가구내 고용활동	5억원

3. 성실신고확인대상사업자의 과세표준 신고기한

성실신고확인대상사업자가 성실신고확인서를 제출하는 경우에는 종합소득과세표준확정신고를 그 과세기간의 다음 연도 5월 1일부터 6월 30일까지 하여야 한다.(소법 70의2 ②)

4. 세액공제 및 가산세

1) 세액공제

성실신고확인대상사업자가 성실신고확인서를 제출하는 경우 성실신고 확인비용의 60%에 해당하는 금액을 해당 과세연도의 소득세에서 공제하되, 그 한도는 120만원으로 한다.(조특법 126의6)

2) 가산세

성실신고확인대상사업자가 그 과세기간의 다음 연도 6월 30일까지 성실신고확인서를 납세지 관할 세무서장에게 제출하지 않은 경우에는 다음 금액 중 큰 금액을 가산세로 해당 과세기간의 종합소득 결정세액에 더하여 납부하여야 한다. 이 경우 사업소득금액이 종합소득금액에서 차지하는 비율이 1보다 큰 경우에는 1로, 0보다 작은 경우에는 0으로 한다. 또한 경정으로 종합소득산출세액이 0보다 크게 된 경우에는 경정된 종합소득산출세액을 기준으로 가산세를 계산한다.(소법 81의2) 이때 가산세는 종합소득 산출세액이 없는 경우에도 적용한다.

① 가산세 = 종합소득 산출세액 × $\dfrac{\text{사업소득금액}}{\text{종합소득금액}}$ × 5%

② 해당 과세기간 사업소득의 총수입금액 × 0.02%

Ⅳ 사업장현황신고

1. 개요

사업자(해당 과세기간 중 사업을 폐업 또는 휴업한 사업자를 포함)은 해당 사업장의 현황을 해당 과세기간의 다음 연도 2월 10일까지 사업장 소재지 관할 세무서장에게 신고(이하 "사업장현황신고")하여야 한다. 다만, 다음 중 어느 하나에 해당하는 경우에는 사업장현황신고를 한 것으로 본다(소법 78 ①).

① 사업자가 사망하거나 출국함에 따라 과세표준확정신고를 하는 경우
② 「부가가치세법」에 따른 사업자가 부가가치세법에 따라 예정신고 또는 확정신고한 경우. 다만, 사업자가 「부가가치세법」상 과세사업과 면세사업등을 겸영(兼營)하여 면세사업 수입금액 등을 신고하는 경우에는 그 면세사업등에 대하여 사업장현황신고를 한 것으로 본다.

2. 사업장현황신고서 기재사항

사업장현황신고를 하여야 하는 사업자는 다음의 사항이 포함된 사업장현황신고서를 제출하여야 한다.(소법 78 ②)

① 사업자 인적사항
② 시설현황
③ 수입금액의 결제수단별 내역
④ 계산서·세금계산서·신용카드매출전표 및 현금영수증 수취내역

3. 사업장현황의 조사·확인

사업장현황신고를 받은 사업장 소재지 관할 세무서장 또는 지방국세청장은 다음에 해당하는 사유가 발생할 시에는 그 사업장의 현황을 조사·확인하거나 이에 관한 장부·서류·물건 등의 제출 또는 그 밖에 필요한 사항을 명할 수 있다.(소법 79)

① 사업장현황신고를 하지 아니한 경우
② 사업장현황신고서 내용 중 시설현황, 인건비, 수입금액 등 기본사항의 중요부분이 미비하거나 허위라고 인정되는 경우
③ 매출·매입에 관한 계산서 수수내역이 사실과 현저하게 다르다고 인정되는 경우
④ 사업자가 그 사업을 휴업 또는 폐업한 경우

4. 적용제외

납세조합에 가입하여 수입금액을 신고하는 자 등 다음에서 정하는 사업자는 사업장현황신고를 하지 아니할 수 있다(소법 78 ③).

① 납세조합에 가입하여 수입금액을 신고한 자
② 독립된 자격으로 보험가입자의 모집 및 이에 부수되는 용역을 제공하고 그 실적에 따라 모집수당 등을 받는 자
③ 독립된 자격으로 일반 소비자를 대상으로 사업장을 개설하지 않고 음료품을 배달하는 계약배달 판매 용역을 제공하고 판매실적에 따라 판매수당 등을 받는 자
④ 그 밖에 ①부터 ③까지의 규정에 해당하는 자와 유사한 자로서 기획재정부령으로 정하는 자

Ⅴ 지급명세서의 제출

1. 지급명세서의 제출대상 소득 및 제출의무자

소득세 납세의무가 있는 개인에게 다음의 어느 하나에 해당하는 금액을 국내에서 지급하는 자*는 지급명세서의 제출이 면제되는 소득을 제외하고는 당해 소득에 관한 지급명세서를 원천징수 관할 세무서장·지방국세청장 또는 국세청장에게 제출하여야 한다(소법 164 ①). 또한 지급명세서를 제출하여야 하는 자가 「고용보험법 시행령」에 따라 근로 내용 확인 신고서를 고용노동부 장관에게 제출한 경우에는 지급명세서를 제출한 것으로 본다(소령 213 ④).

① 이자소득·배당소득
② 원천징수대상 사업소득에 대한 수입금액
③ 근로소득(일용근로자의 근로소득 포함)·퇴직소득
④ 연금소득
⑤ 기타소득(아래 ⑥에서 정하는 봉사료 수입금액 제외)
⑥ 봉사료 수입금액
⑦ 장기저축성보험의 보험차익

* 국내에서 지급하는 자에는 법인을 포함하며, 소득의 지급을 대리하거나 그 지급 권한을 위임 또는 위탁받은 자, 납세조합, 원천징수세액의 납세지를 본점 또는 주사무소의 소재지로 하는 자와 사업자단위과세사업자를 포함한다.

2. 지급명세서의 제출기한

지급명세서는 그 지급을 받는 소득자별로 아래 기한까지 원천징수 관할 세무서장·관할지방국세청장 또는 국세청장에게 제출해야 한다.

구분	제출기한
일반적인 경우	그 지급일이 속하는 과세기간의 다음연도 2월 말일까지
사업소득, 근로소득, 퇴직소득, 기타소득 중 종교인 소득, 봉사료의 경우	다음연도 3월 10일까지
휴업 또는 폐업 및 해산한 경우	휴업일 또는 폐업일, 해산일이 속하는 달의 다음다음 달 말일까지
일용근로자의 경우	그 지급일이 속하는 달의 다음 달 말일까지

3. 지급명세서의 제출이 면제되는 소득

다음의 어느 하나에 해당하는 소득에 대하여는 지급명세서의 제출의무를 면제한다(소령 214 ①, 소칙 97).

① 비과세되는 기타소득
② 복권·경품권 기타 추첨권에 의하여 받는 당첨 금품에 해당하는 기타소득으로서 1건당 당첨 금품의 가액이 10만원 이하인 경우
③ 비과세대상 근로소득·퇴직소득
④ 실비변상적 급여
⑤ 승마투표권·승자투표권·소싸움경기 투표권·체육진흥투표권의 환급금에 해당하는 기타소득으로서 1건당 환급금이 500만원 미만(체육진흥투표권의 경우 10만원 이하)인 경우
⑥ 기타소득 과세최저한 규정에 의하여 소득세가 과세되지 아니하는 기타소득. 단, 문예창작소득 및 일시적 인적용역소득에 따른 기타소득은 제외함.
⑦ 안마시술소에서 제공하는 용역에 대한 소득으로서 안마시술소가 소득세를 원천징수하는 소득

Ⅵ 매입자발행계산서

사업자등록을 한 사업자 또는 법인으로부터 재화 또는 용역을 공급받은 거주자가 사업자 또는 법인의 부도·폐업, 공급 계약의 해제·변경 또는 다음의 사유로 계산서를 발급받지 못한 경우 납세지 관할 세무서장의 확인을 받아 계산서(이하 "매입자발행계산서"라 함)를 발행할 수 있다(소법 163의3).

① 재화 또는 용역을 공급한 후 주소 등의 국외 이전 또는 행방불명
② 그 밖에 이와 유사한 경우로서 공급자가 발급하기 어렵다고 인정되는 경우

제3절 결정과 경정

I 개요

소득세는 거주자가 스스로 과세표준과 세액을 계산하여 신고한 금액으로 납세의무를 확정하는 것을 원칙으로 하고 있다. 그러나 개인이 신고를 하지 않거나 신고한 내용에 오류 또는 탈루가 있는 경우에는 기존에 신고한 내용과는 별도로 납세의무를 확정하거나 수정하는 절차가 필요하게 된다. 따라서 이러한 경우에 정부가 적극적으로 과세표준과 세액을 계산하여 개인의 납세의무를 결정하거나 1차적으로 확정된 납세의무를 경정할 수 있도록 하고 있다.

II 결정과 경정의 사유

1. 결정

납세지 관할 세무서장 또는 지방국세청장은 과세표준확정신고를 하여야 할 자가 그 신고를 하지 않은 경우에는 해당 거주자의 해당 과세기간 과세표준과 세액을 결정한다.(소법 80 ①)

2. 경정

납세지 관할 세무서장 또는 지방국세청장은 과세표준확정신고를 한 자(② 및 ③의 경우에는 과세표준확정신고를 하지 아니한 자를 포함)가 다음 중 어느 하나에 해당하는 경우에는 해당 과세기간의 과세표준과 세액을 경정한다.(소법 80 ②)
① 신고내용에 탈루 또는 오류가 있는 경우
② 소득세를 원천징수한 내용에 탈루 또는 오류가 있는 경우로서 원천징수의무자의 폐업·행방불명 등으로 원천징수의무자로부터 징수하기 어렵거나 근로소득자의 퇴사로 원천징수의무자의 원천징수 이행이 어렵다고 인정되는 경우
③ 근로소득자 소득·세액 공제신고서를 제출한 자가 사실과 다르게 기재된 영수증을 받는 등 대통령령으로 정하는 부당한 방법으로 종합소득공제 및 세액공제를 받은 경우로서 원천징수의무자가 부당공제 여부를 확인하기 어렵다고 인정되는 경우
④ 매출·매입처별 계산서합계표 또는 지급명세서의 전부 또는 일부를 제출하지 아니한 경우
⑤ 사업용 계좌 사용 의무자, 신용카드가맹점, 현금영수증 가맹점에 해당하는 경우로서 시설 규모나 영업 상황으로 보아 신고 내용이 불성실하다고 판단되는 경우

3. 재경정 및 재결정

납세지 관할 세무서장 또는 지방국세청장은 과세표준과 세액을 결정 또는 경정한 후 그 결정 또는 경정에 탈루 또는 오류가 있는 것이 발견된 경우에는 즉시 그 과세표준과 세액을 다시 경정한다.(소법 80 ④)

Ⅲ 결정과 경정의 방법

1. 개요

정부가 개인의 과세표준과 세액을 결정하거나 경정하는 경우에는 장부 기타 증명서류를 근거로 하는 실지조사결정, 경정을 원칙으로 한다. 그러나 법에서 정하는 일정 요건을 충족시키는 경우 추계조사결정, 경정을 인정한다.

2. 원칙(실지조사 결정 또는 경정)

납세지 관할 세무서장 또는 지방국세청장은 해당 과세기간의 과세표준과 세액을 결정 또는 경정하는 경우에는 장부나 그 밖의 증명서류를 근거로 하여야 한다.(소법 80 ③)

3. 예외(추계조사결정 또는 경정)

1) 추계결정·경정의 사유

다음에 해당하는 사유로 장부나 그 밖의 증명서류에 의하여 소득금액을 계산할 수 없는 경우에는 소득금액을 추계조사결정할 수 있다.(소법 80 ③ 단서)

① 과세표준을 계산할 때 필요한 장부와 증빙서류가 없거나 한국표준산업분류에 따른 동종업종 사업자의 신고내용 등에 비추어 수입금액 및 주요 경비 등 중요한 부분이 미비 또는 허위인 경우
② 기장의 내용이 시설규모·종업원수·원자재·상품 또는 제품의 시가·각종 요금 등에 비추어 허위임이 명백한 경우
③ 기장의 내용이 원자재사용량·전력사용량 기타 조업상황에 비주어 허위임이 냉백한 경우

2) 추계소득금액의 계산방법

추계소득금액의 계산은 기준경비율을 적용하는 것을 원칙으로 한다. 그리고 수입금액이 일정 금액 미만인 경우에는 단순경비율 적용을 허용하고 있다. 기준경비율·단순경비율은 국세청장이 규모와 업황에 있어서 평균적인 기업에 대하여 업종과 기업의 특성에 따라 조사한 평균적인 경비비율을 참작하여 기준경비율심의회의 심의를 거쳐 결정한 경비율로 한다.(소령 145 ①)

(1) 추계결정·경정시 수입금액계산

추계결정·경정 시의 수입금액은 소득세법상 총수입금액을 말하며 다음의 금액을 포함한다. 이 경우 직전연도 수입금액은 결정 또는 경정된 수입금액을 포함하며, 직전연도 신규사업자, 사업의 일부를 폐지하거나 사업을 추가한 경우에도 실제 발생한 수입금액 기준으로 판정하며 연환산하지 않는다.

① 해당 사업과 관련하여 국가·지방자치단체 및 동업자단체 또는 거래처로부터 지급받은 보조금 또는 장려금
② 신용카드매출전표를 교부함으로써 「부가가치세법」에 따라 공제받은 부가가치세액
③ 복식부기의무자의 사업용 유형자산 양도가액

(2) 기준경비율 및 단순경비율 적용대상자의 구분

단순경비율 적용대상자란 다음 중 어느 하나에 해당하는 사업자로서 해당 과세기간의 수입금액이 복식부기 대상 기준금액에 미달하는 사업자를 말한다.(소령 143 ④)

① 해당 과세기간에 신규로 사업을 개시한 사업자
② 직전 과세기간의 수입금액(결정 또는 경정으로 증가된 수입금액을 포함)의 합계액이 다음의 금액에 미달하는 사업자 다만, 수리 및 기타 개인 서비스업 중 「부가가치세법 시행령」에 따른 인적용역의 경우에는 그 금액을 3천6백만원으로 한다.

업종	기준금액
농업 및 임업, 어업, 광업, 도·소매업, 부동산매매업 및 기타 아래에 해당되지 않는 업	6,000만원
제조업, 숙박 및 음식점업, 전기·가스·증기 및 공기조절 공급업, 수도·하수·폐기물 처리·원료재생업, 건설업(비주거용 건물 건설업은 제외), 부동산 개발 및 공급업(주거용 건물 개발 및 공급업에 한정), 운수업 및 창고업, 정보통신업, 금융 및 보험업, 상품중개업	3,600만원
부동산임대업, 부동산업(부동산매매업은 제외), 전문·과학 및 기술서비스업, 사업시설 관리·사업지원 및 임대서비스업, 교육서비스업, 보건업 및 사회복지서비스업, 예술·스포츠 및 여가 관련 서비스업, 협회 및 단체, 수리 및 기타 개인서비스업, 가구내 고용활동	2,400만원

> ➕ 참고 **단순경비율 적용이 배제되는 사업자**
> ① 의료업, 수의업 및 약국을 개설하여 약사에 관한 업을 행하는 사업자
> ② 변호사업, 심판변론인업, 변리사업, 법무사업, 공인회계사업, 세무사업, 경영지도사업, 기술지도사업, 감정평가사업, 손해사정인업, 통관업, 기술사업, 건축사업, 도선사업, 측량사업, 공인노무사업, 약사업, 한약사업, 수의사업
> ③ 현금영수증가맹점 가입의무자 중 의무가입기한 이내에 가입하지 아니한 사업자(가입하지 아니한 해당 과세기간에 한함)
> ④ 신용카드가맹점 또는 현금영수증가맹점으로 가입한 사업자로서 신용카드(또는 현금영수증)의 발급을 거부하거나 사실과 다르게 발급한 사업자로 다음 하나에 해당하는 경우(통보받은 내용이 발생한 날이 속하는 과세기간에 한정)
>
> | 해당 사유 | 관할 세무서장 통보 |
> |---|---|
> | • 신용카드에 의한 거래 거부
• 신용카드매출전표를 사실과 다르게 발급 | 3회 이상 통보받은 경우로 그 합계금액이 100만원 이상인 경우 |
> | • 현금영수증 발급을 거부
• 현금영수증을 사실과 다르게 발급 | 5회 이상 통보받은 경우 |

(3) 추계소득금액의 계산방법

구분	추계 소득금액 계산
기준경비율 적용대상자	아래 ①, ② 중 적은 금액 + 충당금·준비금등 환입액 ① 수입금액 - 주요경비*-(수입금액 × 기준경비율) 　(복식부기의무자의 경우에는 수입금액에 기준경비율의 1/2) ② {수입금액 -(수입금액 × 단순경비율)} × 배율(복식부기의무자 3.4배, 간편장부대상자 2.8배)
단순경비율 적용대상자	수입금액 - (수입금액 × 단순경비율) + 충당금 준비금등 환입액

➕ **참고** 주요경비 = (매입비용 + 임차료 + 인건비)으로 증빙에 의해 확인된 금액

종류		범위	증빙서류 종류
매입 비용	재화의 매입	재산적 가치가 있는 유체물(상품·제품·원료·소모품 등 유형적 물건)과 동력·열 등 관리할 수 있는 자연력의 매입(전기요금, 가스요금)	• 정규증빙 : 세금계산서, 계산서, 신용카드매출전표(현금영수증 포함) • 정규증빙 수령의무 없는 경우 : 지출 확인되는 영수증 등 • 주요경비지출명세서 첨부제출
	외주 가공비	판매용재화의 생산·건설·건축 또는 가공을 타인에게 위탁하거나 하도급하고 그 대가로 지출하거나 지출할 금액	
	운송업의 운반비	육상·해상·항공운송업 및 운수관련 서비스업을 경영하는 사업자가 사업과 관련하여 타인의 운송수단을 이용하고 그 대가로 지출하였거나 지출할 금액	
사업용 유형·무형자산에 대한 임차료		사업에 직접 사용하는 건축물 및 기계장치 등 고정자산을 타인으로부터 임차하고 그 임차료로 지출하였거나 지출할 금액	
인건비		종업원의 급여, 임금 등, 일용근로자의 임금, 퇴직급여로서 증빙서류에 의해 지급하였거나 지급할 금액(사업소득자에게 서비스용역을 제공받고 지출하였거나 지출할 금액은 인건비에 포함되지 않음)	• 원천징수영수증, 지급명세서 • 부득이한 사유있는 때 : 인적사항 확인, 서명날인한 증빙서류 등

* 주요경비 =(매입비용 + 임차료 + 인건비) 으로 증빙에 의해 확인된 금액

(4) 기타사항

① 연말정산 사업소득의 소득률에 따른 방법

연말정산 사업소득에 대한 수입금액에 연말정산 사업소득의 소득률을 곱하여 계산한 금액을 추계소득금액으로 결정할 수 있다.(소령 143 ③ 1의3)

② 동업자권형에 의한 방법

기준경비율 또는 단순경비율이 결정되지 아니하였거나 천재·지변 기타 불가항력으로 장부 기타 증빙서류가 멸실된 때에는 기장이 가장 정확하다고 인정되는 동일업종의 다른 사업자의 소득금액을 참작하여 그 소득금액을 결정 또는 경정하는 방법을 적용한다. 다만, 동일업종의 다른 사업자가 없는 경우로서 과세표준확정신고 후에 장부 등이 멸실 된 때에는 신고서 및 그 첨부서류에 의하고 과세표준확정신고 전에 장부 등이 멸실 된 때에는 직전 과세기간의 소득률에 의하여 소득금액을 결정 또는 경정한다.(소령 143 ③ 2)

제4절 세액의 징수와 환급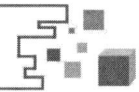

I 세액의 징수

1. 일반적인 경우 징수

납세지 관할 세무서장은 거주자가 다음 중 어느 하나에 해당하면 그 미납된 부분의 소득세액을 「국세징수법」에 따라 징수한다.(소법 85 ①)

① 중간예납세액을 신고·납부하여야 할 자가 그 세액의 전부 또는 일부를 납부하지 않은 경우
② 해당 과세기간의 소득세로 납부하여야 할 세액의 전부 또는 일부를 납부하지 않은 경우

2. 결정 및 경정의 경우 징수

납세지 관할 세무서장은 징수하거나 납부된 거주자의 해당 과세기간 소득세액이 납세지 관할 세무서장 또는 지방국세청장이 결정 또는 경정한 소득세액에 미달할 때에는 그 미달하는 세액을 징수한다. 중간예납세액의 경우에도 또한 같다.(소법 85 ②)

3. 원천징수세액에 대한 징수

납세지 관할 세무서장은 원천징수의무자가 징수하였거나 징수하여야 할 세액을 그 기한까지 납부하지 아니하였거나 미달하게 납부한 경우에는 그 징수하여야 할 세액에 「국세기본법」에 따른 가산세액을 더한 금액을 그 세액으로 하여 그 원천징수의무자로부터 징수하여야 한다. 다만, 원천징수의무자가 원천징수를 하지 않은 경우로서 다음 중 어느 하나에 해당하는 경우에는 「국세기본법」에 따른 가산세액만을 징수한다.(소법 85 ③)

① 납세의무자가 신고·납부한 과세표준 금액에 원천징수 하지 않은 원천징수 대상 소득금액이 이미 산입된 경우
② 원천징수 하지 않은 원천징수 대상 소득금액에 대해서 납세의무자의 관할 세무서장이 그 납세의무자에게 직접 소득세를 부과·징수하는 경우

Ⅱ 환급 및 충당

납세지 관할 세무서장은 중간예납, 토지 등 매매차익 예정 신고납부, 수시부과 및 원천징수한 세액이 종합소득 총결정세액과 퇴직소득 총결정세액의 합계액을 각각 초과하는 경우에는 그 초과하는 세액은 환급하거나 다른 국세, 강제징수비에 충당하여야 한다.(소법 85 ④)

Ⅲ 소액부징수

다음 중 어느 하나에 해당하는 경우에는 해당 소득세를 징수하지 않는다.(소법 86)

구 분	금액기준
원천징수세액[이자소득과 인적용역 사업소득(24.7.1 이후 시행)에 대한 원천징수세액 제외]	1천원 미만
납세조합의 징수세액	
중간예납세액	50만원 미만

제5절 기타 신고 및 의무 등

I 의의

사업자(국내사업장이 있거나 부동산소득 등이 있는 비거주자를 포함)는 소득금액을 계산할 수 있도록 증명서류 등을 갖춰 놓고 그 사업에 관한 모든 거래 사실이 객관적으로 파악될 수 있도록 복식부기에 따라 장부에 기록·관리하여야 한다(소법 160 ①). 이 경우 일정 규모 미만의 사업자가 간편장부를 갖춰 놓고 그 사업에 관한 거래 사실을 성실히 기재한 경우에는 장부를 비치·기록한 것으로 본다(소법 160 ②).

II 장부의 유형

1. 간편장부대상자와 복식부기의무자의 구분

1) 범위

업종별 일정규모 미만의 사업자는 간편장부대상자라 하며 다음에 해당하는 사업자를 말한다(소령 208 ⑤).
① 해당 과세기간에 신규로 사업을 개시한 사업자
② 직전 과세기간의 수입금액(결정 또는 경정으로 증가된 수입금액을 포함)의 합계액이 다음의 금액에 미달하는 사업자

업종구분	장부기장	조정계산서
㉠ 기준금액 미만	간편장부대상자	자기조정가능자
㉡ 농업·임업 및 어업, 광업, 도매 및 소매업, 부동산매매업, 그 밖에 아래 ㉢, ㉣에 해당되지 아니하는 사업	300백만원	600백만원
㉢ 제조업, 숙박 및 음식점업, 전기·가스·증기 및 수도사업, 하수·폐기물처리·원료재생 및 환경복원업, 건설업(비주거용 건물 건설업은 제외), 부동산 개발 및 공급업(주거용 건물 개발 및 공급업에 한정), 운수업, 출판·영상·방송통신 및 정보서비스업, 금융 및 보험업	150백만원	300백만원
㉣ 부동산임대업, 전문·과학 및 기술서비스업, 사업시설관리 및 사업지원서비스업, 교육서비스업, 보건업 및 사회복지서비스업, 예술·스포츠 및 여가 관련 서비스업, 협회 및 단체, 수리 및 기타 개인서비스업, 가구내 고용활동	75백만원	150백만원
㉤ 위 기준금액 이상일 때	복식부기의무자	외부조정대상자

2) 간편장부 적용배제

다음에 해당하는 전문직사업자는 간편장부대상자에서 제외한다.

① 「의료법」에 따른 의료업, 「수의사법」에 따른 수의업 및 「약사법」에 따라 약국을 개설하여 약사(藥事)에 관한 업(業)을 행하는 사업자
② 변호사업, 심판변론인업, 변리사업, 법무사업, 공인회계사업, 세무사업, 경영지도사업, 기술지도사업, 감정평가사업, 손해사정인업, 통관업, 기술사업, 건축사업, 도선사업, 측량사업, 공인노무사업 등 전문직을 영위하는 사업자

3) 신규사업·사업의 일부폐지·사업 추가가 있는 경우 수입금액 판정

일정 규모 미만 사업자의 판단기준은 사업자등록의 신규, 휴·폐업과는 관계없이 직전년도 사업장별 수입금액의 합계액에 의하는 것으로 직전년도에 신규사업·사업의 일부폐지·사업 추가가 있는 경우(기존 사업자의 신규사업 추가 및 일부사업 폐지의 경우를 포함)의 기장의무 판정 시 수입금액은 실제 발생한 수입금액을 기준으로 한다.

2. 복식부기의무자

복식부기에 의한 장부는 사업의 재산 상태와 그 손익거래 내용의 변동을 빠짐없이 이중으로 기록하여 계산하는 부기 형식의 장부를 말하며 다음에 해당하는 경우에는 장부를 비치·기장한 것으로 본다.(소령 208 ①, ②)

① 이중으로 대차 평균하게 기표된 전표와 이에 대한 증빙서류가 완비되어 사업의 재산 상태와 손익거래 내용의 변동을 빠짐없이 기록한 때
② ①의 장부 또는 전표와 이에 대한 증빙서류를 전산처리된 테이프 또는 디스크 등으로 보관한 때

3. 간편장부 대상자

"간편장부"란 다음의 사항을 기재할 수 있는 장부로서 국세청장이 정하는 것을 말한다(소령 208 ⑨).
① 매출액 등 수입에 관한 사항
② 경비지출에 관한 사항
③ 고정자산의 증감에 관한 사항
④ 기타 참고사항

제6절 가산세

1. 가산세 요약

관련법	종류		적용요건	가산세액
소법 81의 11	보고 불성실 가산세	지급명세서·근로소득 간이 지급명세서 미제출·불분명 가산세	미제출 또는 불분명분 모든 사업자에게 적용 ※ 일용근로자도 적용(2007년이후)	미제출(불분명)금액의 1%(3개월 이내 지연제출 0.5%) (근로소득 간이 지급명세서의 경우 미제출 또는 불분명 0.5%, 지연제출 0.25%) ※ 지급명세서 제출 의무 면제분은 제외함 단 기타소득 중 원천징수 영수증 교부 생략 대상도 지급명세서는 제출해야 함
소법 81의 10 ①		계산서 미교부 가산세	복식부기의무자가 계산서를 미교부 또는 사실과 다르게 기재한 경우	미교부(부실기재)한 공급가액의 1%
소법 81의 10 ④		전자계산서 미전송가산세	전자계산서를 미전송*한 경우 *전자계산서 전송기한이 지난 후 재화 또는 용역의 공급시기가 속하는 과세기간 말의 다음 달 11일까지 미전송	공급가액의 0.5%
소법 81의 10 ④		전자계산서 지연전송가산세	전자계산서를 지연전송*한 경우 *전자계산서 전송기한이 지난 후 재화 또는 용역의 공급시기가 속하는 과세기간 말의 다음 달 11일까지 전송	공급가액의 0.3%
소법 81의 10 ②		계산서합계표 미제출·불성실 가산세	복식부기의무자가 매입·매출계산서합계표 미제출 또는 부실기재한 경우	미제출(부실기재)한 공급가액의 0.5%(1월 이내 지연제출 0.3%)
소법 81의 10 ③		매입처별세금계산서합계표 미제출·불성실 가산세	복식부기의무자가 매입처별세금계산서합계표 미제출 또는 부실기재한 경우	미제출(부실기재)한 공급가액의 0.5%(1월 이내 지연제출 0.3%)
소법 81의 10 ④		계산서 미발급 가공발급 위장발급 가산세	계산서 미발급, 가공계산서발급, 가공계산서수취, 위장계산서발급, 위장계산서 수취한 경우	해당 행위에 대한 공급가액의 2% (전자계산서를 발급하여야 하는 자가 전자계산서 외의 계산서를 발급한 경우와 계산서의 발급시기가 지난 후 해당 재화 또는 용역의 공급시기가 속하는 과세기간의 다음 연도 1월 25일까지 계산서를 발급한 경우는 1%)
소법 81의 6		증빙불비 가산세	사업자(소규모사업자, 일정 요건의 추계과세자 제외)가 재화·용역을 공급받고 법정증빙 수취하지 않았거나 사실과 다른 증빙 수취	정규증빙을 수취하지 아니한 금액 또는 사실과 다른 증빙 수취금액의 2%(단 정규증빙 수취의무 면제대상금액과 필요경비불산입 대상 기업업무추진비 금액 제외)

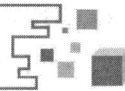

관련법	종류		적용요건	가산세액
소법 81	영수증 수취명세서 미제출 가산세		수입금액 무신고·미달신고 (의료업, 수의업, 약사업을 경영하는 사업자만 적용)	무신고·미달신고 수입금액의 1% ※ 2007년 귀속분부터 적용
소법 81의 4 ① 1	공동사업장 등록불성실 가산세	미등록 허위등록	공동사업자가 사업자등록을 하지 않았거나 거짓으로 등록하는 경우	미등록·허위등록 과세기간 총수입금액의 0.5% ※ 2007년 귀속분부터 적용
소법 81의 4 ① 2		무신고 허위신고	공동사업자가 손익분배비율 등의 신고 또는 변동신고에 대하여 무신고 또는 거짓으로 신고한 경우	무신고·허위신고 해당 과세기간 총수입금액의 0.1% ※ 2007.1.1. 이후 신고 또는 변동신고하는분부터 적용
소법 81의 5	장부의 기록·보관 불성실 가산세		사업자가(소규모사업자 제외)가 장부 비치 기장하지 않았거나 미달한 경우	산출세액 × (무기장·미달 기장소득금액 / 종합소득금액) × 20% ※ 무기장비율 1보다 크면 1로 0보다 작으면 0으로함
소법 81의 8	사업용계좌 미사용 가산세	미사용	복식부기의무자가 사용의무 있는 거래금액에 대하여 미사용시	사업용계좌 미사용금액주1)×0.2% ※ 사업용계좌 사용의무 있는 거래금액 중 미사용분에 한함
		미개설 무신고	복식부기의무자가 사업용계좌를 개설·신고하지 아니한 경우	Max(①,②) ① 미개설(미신고)기간 수입금액× 0.2% ② 사업용계좌 사용의무 있는 거래금액 합계액 ×0.2%
소법 81의 9 ①	신용카드 거부 가산세		신용카드가맹점이 신용카드에 의한 거래를 거부하거나 사실과 다르게 발급한 경우 (세액이 없는 경우에도 적용함)	Max(①,②) ① 건별 발급거부·사실과 다른 발급금액(차액)의 5% ② 5천 원(건별 계산금액 5천 원 미달시)
소법 81의 9 ②	현금영수증 미발급 가산세	미가맹	가입대상자인 사업자가 현금영수증가맹점으로 가입하지 않은 경우	미가입기간 수입금액의 1% * 2011.1.1. 이후 발생하는 소득분부터 적용 (2009.1.1.~2010.12.31. : 미가입기간 수입금액의 0.5%, 2008.12.31. 이전 : 미가입 해당 과세기간 총수입금액의 0.5% 적용함)
		발급거부· 사실과 다른발급· 미발급	현금영수증 발급을 거부하거나 사실과 다르게 발급한 경우 ※ 2008.7.1 이후 공급분부터 건당 5천원 이상인 경우에 한함	Max(①,②) ① 건별 발급거부금액 또는 사실과 다른 발급금액(차액)의 5% ② 5천원(건별 계산금액 5천원 미달시)
			현금영수증을 발급하지 아니한 경우	미발급금액의 20%(착오나 누락으로 인하여 거래대금을 받은 날부터 7일 이내에 관할 세무서에 자진 신고하거나 현금영수증을 자진 발급한 경우에는 10%)

관련법	종류		적용요건	가산세액
소법 81의 7	소법 81의 7	기부금 영수증	기부금 영수증을 발급하는 자가 기부금영수증을 사실과 다르게 기재한 경우	사실과 다르게 영수증에 기재된 금액의 5%
		기부자별 발급명세서	기부금 영수증을 발급하는 자가 기부금발급내역을 작성·보관하지 아니한 경우	미작성·보관금액의 0.2%
소법 81의 2	성실신고확인서 미제출 가산세		성실신고확인대상사업자가 그 과세기간의 다음 연도 6월 30일까지 성실신고확인서를 납세지 관할 세무서장에게 제출하지 아니한 경우	종합소득산출세액×사업소득비율×0.5%
소법 81의 13	특정외국법인의 유보소득 계산 명세서 제출 불성실 가산세		특정외국법인의 유보소득 계산 명세서를 제출기한까지 제출하지 아니하거나 제출한 명세서의 전부 또는 일부를 적지 아니하는 등 제출한 명세서가불분명한 경우에 해당하는 경우	배당 가능한 유보소득금액 × 0.5%
소법 81의 12	주택임대사업자 미등록 가산세		주택임대소득이 있는 사업자가 「부가가치세법」에 따른 기한까지 등록을 신청하지 아니한 경우	사업 개시일부터 등록을 신청한 날의 직전일까지의 주택임대수입금액의 0.2%에 해당하는 금액

2. 가산세의 중복적용 배제

① 무신고가산세·과소신고 가산세·초과환급신고 가산세와 장부 기록·보관 불성실 가산세가 동시 적용되는 경우 큰 금액에 해당하는 가산세를 적용하고, 가산세액이 같은 경우 무신고가산세·과소신고 가산세·초과환급신고 가산세만 적용한다.
② 토지 등 매매차익 예정신고와 관련하여 가산세(예정신고 관련되어 가산세가 부과되는 부분에 한정)가 부과되는 경우 확정신고와 관련한 무신고·과소신고·초과환급 신고·납부·환급불성실가산세는 부과하지 않는다.
③ 원천징수납부불성실가산세와 납세조합불납가산세가 부과되는 경우에는 납부·환급불성실가산세를 적용하지 않는다.
④ 계산서합계표 관련 가산세와 계산서 미교부 가산세가 중복될 때에는 계산서 미교부 가산세는 적용하지 아니하며, 「부가가치세법」에 따라 세금계산서 관련 가산세가 적용되는 부분에 대해서는 계산서 관련 가산세를 적용하지 않는다.
⑤ 「상속세 및 증여세법」에 따라 출연재산보고서 제출의무를 이행하지 아니하거나, 출연받은 재산에 대한 장부의 작성·비치 의무를 이행하지 아니하여 가산세가 부과되는 경우에는 기부자별 발급명세서 미작성(미보관)금액에 해당하는 가산세를 적용하지 않는다.

3. 가산세의 한도

다음의 어느 하나에 해당하는 가산세에 대해서는 해당 의무를 고의적으로 위반하지 아니한 경우에 한하여 그 의무위반의 종류별로 각각 1억원을 한도로 가산세를 부과하며 가산세 한도의 적용기간은 과세기간 단위로 한다.

① 지급명세서제출불성실가산세
② 계산서교부불성실가산세
③ 매출·매입처별계산서합계표 미제출·불성실가산세
④ 매입처별세금계산서합계표 미제출·불성실가산세
⑤ 증빙불비가산세
⑥ 영수증수취명세서미제출가산세
⑦ 사업장현황신고불성실가산세
⑧ 기부금영수증불성실가산세

제6장 퇴직소득세

I 개요

1. 의의

퇴직소득은 거주자·비거주자 또는 법인의 사용인이 계속적인 근로의 제공을 종료하고 현실적으로 퇴직함으로써 지급받는 급부를 말한다. 퇴직소득은 근로자에게 오랜 기간에 걸쳐 누적적으로 발생된 소득을 퇴직하는 시점에서 한꺼번에 종합과세하게 되면 각 연도별로 계산하여 합계한 세액보다 부당하게 높아지므로 이러한 모순을 해소하기 위하여 종합소득과 분리하여 별도로 과세하고 있다.

2. 퇴직소득과 근로소득 및 연금소득의 구분

소득세법에서는 비과세소득으로서 근로소득과 퇴직소득을 함께 규정함으로써 양자를 명백하게 구분하지 않고 있다. 그러나 과세 실무상 근로소득은 종합소득과세표준에 포함되고 퇴직소득은 분류과세 되므로 양자는 구별되어야 한다.

II 퇴직소득의 범위 및 현실적인 퇴직의 범위

1. 퇴직소득의 범위

퇴직소득은 해당 과세기간에 발생한 다음의 소득으로 한다(소법 22 ①).

① 공적연금 관련법에 따라 받는 일시금(2002년 1월 1일 이후에 납입된 연금 기여금 및 사용자 부담금을 기초로 하거나 2002년 1월 1일 이후 근로의 제공을 기초로 하여 받은 일시금)

> **참고 일시금에 의한 퇴직소득**
> 일시금은 다음의 금액(이하 "과세기준금액"이라 함)으로 한다(소령 42의2 ①).
> ① 「국민연금법」 또는 「국민연금과 직역연금의 연계에 관한 법률」에 따른 반환일시금은 다음의 금액 중 적은 금액
>   ㉠ 과세기준일 이후 납입한 기여금 또는 개인부담금(사용자부담분을 포함)의 누계액과 이에 대한 이자 및 가산이자
>   ㉡ 실제 지급받은 일시금에서 과세기준일 이전에 납입한 기여금 또는 개인부담금을 뺀 금액
> ② ① 외의 일시금은 다음 계산식에 따라 계산한 금액
>
> $$\text{과세기간 일시금 수령액} \times \frac{\text{과세기준일 이후 기여금 납입월수}}{\text{총 기여금 납입월수}}$$

② 사용자 부담금을 기초로 하여 현실적인 퇴직을 원인으로 지급받는 소득
③ 그 밖에 ① 및 ②와 유사한 소득으로서 다음에 해당하는 소득
  ㉠ 공적연금 관련법에 따라 받는 일시금의 소득을 지급하는 자가 퇴직소득의 일부 또는 전부를 지연하여 지급하면서 지연지급에 대한 이자를 함께 지급하는 경우 해당 이자
  ㉡ 「과학기술인공제회법」에 따라 지급받는 과학기술 발전장려금
  ㉢ 「건설근로자의 고용개선 등에 관한 법률」에 따라 지급받는 퇴직공제금
  ㉣ 종교 관련 종사자가 현실적인 퇴직을 원인으로 종교단체로 부터 지급받는 소득

2. 현실적인 퇴직의 범위

1) 현실적인 퇴직으로 보는 경우

현실적인 퇴직이란 다음의 사유로 퇴직급여 지급규정, 취업규칙 또는 노사 합의에 따라 퇴직금을 실제로 받는 경우를 말한다. 다만, 사용인이 해당 법인과 직접 또는 간접으로 출자 관계에 있는 법인으로 전출하는 경우에는 현실적인 퇴직으로 보지 않을 수 있다.(소령 43 ①)

① 종업원이 임원이 된 경우
② 법인의 합병·분할 등 조직변경 또는 사업양도, 직·간접으로 출자관계에 있는 법인으로의 전출 또는 동일한 사업자가 경영하는 다른 사업장으로의 전출이 이루어진 경우
③ 법인의 상근임원이 비상근임원이 된 경우
④ 종업원이 「근로자퇴직급여 보장법」에 따라 계속 근로한 기간에 대한 퇴직금을 미리 정산하여 받은 경우
⑤ 법인의 임원이 정관 또는 정관에서 위임된 퇴직급여 지급규정에 따라 무주택자의 주택 구입 자금 마련 등의 사유로 그때까지의 퇴직금을 정산하여 받은 경우(중간정산 시점부터 새로 근무연수를 기산하여 퇴직금을 계산하는 경우만 해당)
⑥ 법인의 직영차량 운전기사가 법인소속 지입차량의 운전기사로 전직하는 경우
⑦ 근로자가 사규 또는 근로계약에 따라 정년퇴직을 한 후 다음날 해당 사용자의 별정직 사원(촉탁)으로 채용된 경우
⑧ 비정규직 근로자(「기간제 및 단시간근로자 보호 등에 관한 법률」에 따른 기간제근로자 또는 단시간근로자)가 정규직 근로자(「근로기준법」에 따라 근로계약을 체결한 근로자로 비정규직 근로자가 아닌 근로자)로 전환된 경우

2) 현실적인 퇴직으로 보지 않는 경우(소기통 22-0-1 ②)

다음에 해당하는 경우에는 현실적인 퇴직으로 보지 않는다.

① 임원이 연임된 경우
② 법인의 대주주 변동으로 인하여 계산의 편의, 기타 사유로 전근로자에게 퇴직금을 지급한 경우
③ 기업의 제도·기타 사정 등을 이유로 퇴직금을 1년 기준으로 매년 지급하는 경우(「근로자퇴직급여 보장법」에 따라 퇴직금을 미리 정산하여 받은 경우를 제외)
④ 비거주자의 국내사업장 또는 외국법인의 국내지점의 근로자가 본점(본국)으로 전출하는 경우

⑤ 정부 또는 산업은행 관리기업체가 민영화됨에 따라 전근로자의 사표를 일단 수리한 후 재채용한 경우
⑥ 2이상의 사업장이 있는 사용자의 근로자가 한 사업장에서 다른 사업장으로 전출하는 경우
⑦ 법인이 「근로자퇴직급여보장법」에 따라 사용인의 퇴직금을 사업연도 종료일을 기준으로 중간정산 하기로 하였으나 그 지급시기와 방법이 구체적으로 확정되지 아니하여 해당 퇴직금을 실제로 지급하지 않은 경우

III 퇴직소득세의 계산

1. 과세표준

퇴직소득에 대한 과세표준은 퇴직소득금액에 퇴직소득공제를 적용한 금액으로 한다.(소법 14 ⑥)

> 퇴직소득 과세표준 = 퇴직소득금액 − 퇴직소득 공제

1) 퇴직소득금액

퇴직소득금액은 과세대상 퇴직소득금액의 합계액으로 한다. 다만, 임원의 퇴직소득금액(공적연금 관련법에 따라 받는 일시금은 제외하며, 2011년 12월 31일에 퇴직하였다고 가정할 때 지급받을 퇴직소득금액이 있는 경우에는 그 금액을 뺀 금액)이 다음 계산식에 따라 계산한 금액을 초과하는 경우에는 그 초과하는 금액은 근로소득으로 본다.

> **참고 임원퇴직소득금액 계산특례**
>
> 임원의 퇴직소득금액은 ① 과 ②를 합한 금액으로 한다. 이때 근무기간과 총급여는 다음의 방법으로 산정한다.(소법 22 ④)
> ① 근무기간: 개월 수로 계산한다. 이 경우 1개월 미만의 기간이 있는 경우에는 이를 1개월로 본다.
> ② 총급여: 봉급·상여 등 근로소득(비과세소득은 제외)을 합산한다.
>
> ㉠ 2019.12.31. 부터 소급하여 3년 동안 지급받은 총급여의 연평균환산액 × $\dfrac{1}{10}$ × $\dfrac{2012.1.1.부터\ 2019.12.31.까지\ 기간}{12}$ × 3
>
> ㉡ 퇴직한 날부터 소급하여 3년 동안 지급받은 총급여의 연평균환산액 × $\dfrac{1}{10}$ × $\dfrac{2020.1.1.\ 이후의\ 근무기간}{12}$ × 2

2) 퇴직소득공제

퇴직소득이 있는 거주자에 대해서는 해당 과세기간의 퇴직소득금액에서 ①의 구분에 따른 금액을 공제하고, 그 금액을 근속연수(1년 미만의 기간이 있는 경우에는 이를 1년으로 보며, 공적연금 관련법에 따라 받는 일시금의 경우에는 각 해당 법률의 퇴직급여 산정에 적용되는 재직기간)로 나누고 12를 곱한 후의 금액(이하 "환산급여")에서 ②의 구분에 따른 금액을 공제한다.(소법 48 ①) 다만, 해당 과세기간의 퇴직소득금액이 퇴직소득공제 금액에 미달하는 경우에는 그 퇴직소득금액을 공제액으로 한다.

① 근속연수에 따른 공제액

〈근속연수〉	〈공제액〉
5년 이하	100만원 × 근속연수
5년 초과 10년 이하	500만원 + 200만원 × (근속연수 - 5년)
10년 초과 20년 이하	1천500만원 + 250만원 × (근속연수 - 10년)
20년 초과	4천만원 + 300만원 × (근속연수 - 20년)

② 환산급여에 따른 공제액

〈환산급여〉	〈공제액〉
800만원 이하	환산급여의 100%
800만원 초과 7,000만원 이하	800만원 + (8백만원 초과분의 60%)
7,000만원 초과 1억원 이하	4,520만원 + (7,000만원 초과분의 55%)
1억원 초과 3억원 이하	6,170만원 + (1억원 초과분의 45%)
3억원 초과	1억5,170만원 + (3억원 초과분의 35%)

2. 세액계산

거주자의 퇴직소득에 대한 소득세는 다음의 순서에 따라 계산한 금액(이하 "퇴직소득 산출세액"이라 함)으로 한다(소법 55②).

(1) 환산급여 계산

$$환산급여 = [\text{퇴직소득금액} - \text{근속연수에 따른 공제액}] \times \frac{12}{\text{근속연수}}$$

(2) 퇴직소득과세표준 계산

퇴직소득과세표준 = 환산급여 - 환산급여에 따른 공제액

(3) 퇴직소득 산출세액 계산

$$\text{퇴직소득 산출세액} = \text{퇴직소득과세표준} \times \text{기본세율} \times \frac{\text{근속연수}}{12}$$

Ⅳ 과세방법 및 수입시기, 확정신고

1. 과세방법(원천징수)

1) 일반적인 경우

국내에서 거주자나 비거주자에게 퇴직소득을 지급하는 자는 그 거주자나 비거주자에 대한 소득세를 원천징수하여 징수일이 속하는 달의 다음달 10일까지 납부하여야 한다.(소법 127 ①)

2) 2회 이상 퇴직한 경우(퇴직소득의 정산)

퇴직자가 퇴직소득을 지급받을 때 이미 지급받은 퇴직소득에 대한 원천징수영수증을 원천징수의무자에게 제출하는 경우 원천징수의무자는 퇴직자에게 이미 지급된 퇴직소득과 자기가 지급할 퇴직소득을 합계한 금액에 대하여 정산한 소득세를 원천징수하여야 한다(소법 148 ①, 소령 203 ①).

$$\text{정산 퇴직소득세} = \text{이미 지급된 퇴직소득과 자기가 지급할 퇴직소득을 합계한 금액에 대한 퇴직소득세} - \text{이미 지급된 퇴직소득에 대한 세액}$$

2012년 12월 31일 이전에 퇴직하여 지급받은 퇴직소득을 퇴직연금계좌에 이체 또는 입금하여 퇴직일에 퇴직소득이 발생하지 아니한 경우 해당 퇴직일에 해당 퇴직소득이 발생하였다고 보아 해당 퇴직소득을 이미 지급받은 퇴직소득으로 보고 위 규정을 적용할 수 있다(소법 148 ②).

3) 퇴직소득에 대한 과세이연 특례(이연퇴직소득세)

(1) 의의

거주자의 퇴직소득이 다음 중 어느 하나에 해당하는 경우에는 해당 퇴직소득에 대한 소득세를 연금외수령하기 전까지 원천징수하지 않는다. 이 경우 소득세가 이미 원천징수된 경우 해당 거주자는 원천징수세액에 대한 환급을 신청할 수 있다(소법 146 ②).

① 퇴직일 현재 연금계좌에 있거나 연금계좌로 지급되는 경우
② 퇴직하여 지급받은 날부터 60일 이내에 연금계좌에 입금되는 경우

(2) 이연퇴직소득세액 및 원천징수세액의 계산

① 이연퇴직소득세의 계산

$$\text{이연퇴직소득세} = \text{퇴직소득 산출세액} \times \frac{\text{상기 (1)의 ① 및 ②에 해당하는 금액}}{\text{퇴직소득금액}^*}$$

* 환급하는 경우의 퇴직소득금액은 이미 원천징수한 세액을 뺀 금액으로 한다.

② 원천징수세액의 계산

$$\text{원천징수세액} = \text{연금외수령 당시 이연퇴직소득세}^* \times \frac{\text{연금외수령한 이연퇴직소득}}{\text{연금외수령 당시 이연퇴직소득}}$$

* 연금외수령 당시 이연퇴직소득세 :

$$\left[\begin{array}{c} \text{연금외수령 전까지의} \\ \text{이연퇴직소득세} \\ \text{누계액} \end{array} - \begin{array}{c} \text{인출 이연퇴직소득} \\ \text{누계액에 대한 세액} \end{array} \right] \times \frac{\text{인출퇴직소득 누계액}}{\text{이연퇴직소득 누계액}}$$

2. 수입시기

퇴직소득의 수입시기는 퇴직한 날로 한다. 다만, 공적연금 관련법에 따라 받는 일시금 중 「국민연금법」에 따른 일시금과 「건설근로자의 고용개선 등에 관한 법률」에 따라 지급받는 퇴직공제금의 경우에는 소득을 지급받는 날(분할하여 지급받는 경우에는 최초로 지급받는 날)로 한다(소령 50 ②).

3. 확정신고

해당 과세기간의 퇴직소득금액이 있는 거주자는 그 퇴직소득 과세표준을 그 과세기간의 다음 연도 5월 1일부터 5월 31일까지 대통령령으로 정하는 바에 따라 납세지 관할 세무서장에게 신고하여야 한다(소법 71 ①). 위 규정은 해당 과세기간의 퇴직소득 과세표준이 없을 때에도 적용한다. 다만, 원천징수된 퇴직소득만 있는 자에 대해서는 그러지 않는다(소법 71 ②).

제7장 양도소득세

제1절 통칙

I 양도의 정의

"양도"란 자산에 대한 등기 또는 등록과 관계없이 매도, 교환, 법인에 대한 현물출자 등을 통하여 그 자산을 유상(有償)으로 사실상 이전하는 것을 말한다. 다만, 다음 중 어느 하나에 해당하는 경우에는 양도로 보지 않는다(소법 88 1).

① 「도시개발법」이나 그 밖의 법률에 따른 환지처분으로 지목 또는 지번이 변경되거나 보류지(保留地)로 충당되는 경우
② 토지의 경계를 변경하기 위하여 「공간정보의 구축 및 관리 등에 관한 법률」에 따른 토지의 분할 등 일정 방법과 절차로 하는 토지 교환의 경우
③ 위탁자와 수탁자 간 신임관계에 기하여 위탁자의 자산에 신탁이 설정되고 그 신탁재산의 소유권이 수탁자에게 이전된 경우로서 위탁자가 신탁 설정을 해지하거나 신탁의 수익자를 변경할 수 있는 등 신탁재산을 실질적으로 지배하고 소유하는 것으로 볼 수 있는 경우

II 양도의 범위

1. 양도에 해당하는 경우(자산이 유상으로 이전되는 경우)

1) 개요

양도의 정의에서 열거한 매도, 교환, 법인에 대한 현물출자 등은 자산이 유상으로 이전되는 경우에 대한 예를 든 것이므로, 열거되지 아니한 경우에도 자산이 유상으로 사실상 이전되는 때에는 모두 유상양도에 해당한다. 자산의 유상이전은 어떤 행위에 보상이 있는 것을 말하므로, 현금으로 대가를 받는 것은 물론 조합원의 지위를 취득하거나, 채무의 면제 등 자산을 이전하고 보상을 받은 것은 자산이 유상으로 이전되는 경우에 해당된다(소집 88-0-2).

자산의 유상이전 사례	대　　가
매매(매도)	금전
교환	부동산 또는 동산
법인에 현물출자	주식 또는 출자지분
공동사업에 현물출자	조합원의 지위
협의매수·수용	현금·채권 또는 대토
경매·공매, 위자료, 대물변제, 부담부증여, 물납	채무의 감소

2) 현물출자

현물출자라 함은 민법상의 출연행위에 해당하는 것으로서 금전 이외의 재산을 그 목적으로 하는 출자이며, 양도소득세의 과세대상이 되는 자산을 현물출자에 의해 법인 또는 조합에 제공하는 경우 이는 사실상 자산이 유상으로 이전되는 경우로 보아 양도소득세가 부과된다.

2. 양도에 해당하지 않는 경우

1) 환지처분, 지목 또는 지번 변경, 토지경계변경 목적의 교환

다음의 어느 하나에 해당하는 경우에는 양도로 보지 않는다(소법 88 ②).

① 「도시개발법」이나 그 밖의 법률에 따른 환지처분으로 지목 또는 지번이 변경되거나 보류지(保留地)로 충당되는 경우
② 토지의 경계를 변경하기 위하여 「측량·수로조사 및 지적에 관한 법률」에 따른 토지의 분할 등 대통령령으로 정하는 방법과 절차로 하는 토지 교환의 경우

2) 양도담보

채무자가 채무의 변제를 담보하기 위하여 자산을 양도하는 계약을 체결한 경우에 다음의 요건을 갖춘 계약서의 사본을 양도소득과세표준 확정신고서에 첨부하여 신고하는 때에는 이를 양도로 보지 않는다.(소령 151 ①)

① 당사자간에 채무의 변제를 담보하기 위하여 양도한다는 의사표시가 있을 것
② 당해 자산을 채무자가 원래대로 사용·수익한다는 의사표시가 있을 것
③ 원금·이율·변제기한·변제방법 등에 관한 약정이 있을 것

위 규정에 의한 계약을 체결한 후 동항의 요건에 위배하거나 채무불이행으로 인하여 당해 자산을 변제에 충당한 때에는 그때에 이를 양도한 것으로 본다.

제2절 양도소득의 범위

Ⅰ 부동산 및 그에 관한 권리

1. 토지 및 건물

토지[「공간정보의 구축 및 관리 등에 관한 법률」따라 지적공부(地籍公簿)에 등록하여야 할 지목] 또는 건물(건물에 부속된 시설물과 구축물을 포함)의 양도로 발생하는 소득(소법 94 ① 1)

2. 부동산에 관한 권리

다음 중 어느 하나에 해당하는 부동산에 관한 권리의 양도로 발생하는 소득(소법 94 ① 2)
① 지상권
② 전세권
③ 등기된 부동산임차권
④ 부동산을 취득할 수 있는 권리(건물이 완성되는 때에 그 건물과 이에 딸린 토지를 취득할 수 있는 권리를 포함)

3. 주택

"주택"이란 허가 여부나 공부(公簿)상의 용도구분과 관계없이 세대의 구성원이 독립된 주거생활을 할 수 있는 구조로서 세대별로 구분된 각각의 공간마다 별도의 출입문, 화장실, 취사시설이 설치되어 있는 구조를 갖추어 사실상 주거용으로 사용하는 건물을 말한다. 이 경우 그 용도가 분명하지 아니하면 공부상의 용도에 따른다(소법 88 7).

Ⅱ 주식 및 출자지분

다음 중 어느 하나에 해당하는 주식 등의 양도로 발생하는 소득에 대해서는 양도소득세를 과세한다(소법 94 ① 3).

1. 주권상장법인의 주식 등으로서 다음의 어느 하나에 해당하는 주식 등

1) 주권상장법인의 대주주가 양도하는 주식 등

(1) 과세대상

자본시장과 금융투자업에 관한 법률에 따른 주권상장법인의 주식 등으로서 대주주가 양도하는 주식 등은 양도소득세의 과세대상이 된다.

(2) 원칙적인 대주주의 범위

① 지분율 기준

법인의 주식 또는 출자지분(신주인수권과 증권예탁증권을 포함)을 소유하고 있는 주주 또는 출자자 1인 및 주식 등의 양도일이 속하는 사업연도의 직전 사업연도 종료일(주식 등의 양도일이 속하는 사업연도에 새로 설립된 법인의 경우에는 해당 법인의 설립등기일) 현재 그와 특수관계인의 주식 등의 양도일이 속하는 사업연도의 직전 사업연도 종료일 현재 소유한 소유주식의 비율이 **1% 이상**인 경우 해당 주주 1인 및 기타 주주.

② 시가총액 기준

시가총액 기준에 의한 대주주라 함은 주식 등의 양도일이 속하는 사업연도의 직전 사업연도 종료일 현재 주주 1인 및 기타 주주가 소유하고 있는 주식 등의 시가총액이 **50억원 이상**인 경우의 당해 주주 1인 및 기타 주주를 말한다(소령 157 ④ 2, ⑤). 시가총액은 주식 등의 양도일이 속하는 사업연도의 직전 사업연도 종료일 현재의 최종 시세가액으로 한다. 다만, 직전 사업연도 종료일 현재의 최종 시세가액이 없는 경우에는 직전 거래일의 최종시세가액에 따른다(소령 157 ⑥).

2) 증권시장에서의 거래에 의하지 않고 양도하는 장외거래주식 등

1)에 따른 대주주에 해당하지 않는 자가 「자본시장과 금융투자업에 관한 법률」에 따른 증권시장에서의 거래에 의하지 않고 양도하는 주식 등. 다만, 「상법」에 따른 주식의 포괄적 교환·이전 또는 주식의 포괄적 교환·이전에 대한 주식매수청구권 행사로 양도하는 주식 등은 제외한다.

2. 주권비상장법인의 주식 등

1) 개요

주권상장법인이 아닌 법인의 주식 등은 전부 양도소득세가 과세된다. 다만, 소유주식의 비율·시가총액 등을 고려하여 주권비상장법인의 대주주에 해당하지 않는 자가 「자본시장과 금융투자업에 관한 법률」에 따라 설립된 한국금융투자협회가 행하는 장외 매매거래에 의하여 양도하는 중소기업 및 중견기업의 주식 등은 제외한다. 이 경우 중소기업에 해당 하는지 여부의 판정은 주식 등의 양도일이 속하는 사업연도의 직전 사업연도 종료일 현재를 기준으로 한다. 다만, 주식 등의 양도일이 속하는 사업연도에 새로 설립된 법인의 경우에는 주식 등의 양도일 현재를 기준으로 한다.(소령157의2 ③)

2) 주권비상장법인 대주주의 범위

"주권비상장법인의 대주주"란 다음의 어느 하나에 해당하는 자를 말한다.(소법 94 ① 3 다)

① 주식 등의 양도일이 속하는 사업연도의 직전 사업연도 종료일 현재 주주 1인과 주권상장법인 기타주주 또는 주권 비상장법인 기타주주의 소유주식의 비율이 **1% 이상**인 경우 해당 주주 1인과 주권상장법인 기타주주 또는 주권 비상장법인 기타주주.

② 주식 등의 양도일이 속하는 사업연도의 직전 사업연도 종료일 현재 주주 1인과 주권상장법인 기타주주 또는 주권 비상장법인 기타주주가 소유하고 있는 해당 법인의 주식 등의 시가총액이 **50억원 이상**인 경우 해당 주주 1인과 주권상장법인 기타주주 또는 주권 비상장법인 기타주주

③ 외국법인이 발행하였거나 외국에 있는 시장에 상장된 주식 등으로서 다음에 해당하는 것(소법 94 ① 3 다, 소령 157 ⑫)
  ㉠ 외국법인이 발행한 주식 등(증권시장에 상장된 주식 등과 국외에 있는 자산으로서 기타자산과 법 부동산에 관한 권리로서 미등기 양도자산등은 제외)
  ㉡ 내국법인이 발행한 주식 등(국외 예탁기관이 발행한 증권예탁증권을 포함)으로서 「자본시장과 금융투자업에 관한 법률 시행령」에 따른 해외 증권시장에 상장된 것

Ⅲ 기타자산

1. 특정주식

1) 과점주주가 소유한 부동산 과다보유법인주식

법인의 자산총액 중 다음의 합계액이 차지하는 비율이 50% 이상인 법인의 과점주주(법인의 주주 1인과 주권상장법인 기타주주 또는 주권 비상장법인 기타주주가 소유하고 있는 주식 등의 합계액이 해당 법인의 주식 등의 합계액의 50%를 초과하는 경우 그 주주 1인과 주권상장법인 기타주주 또는 주권 비상장법인 기타주주를 말함)가 그 법인의 주식 등의 **50% 이상을 해당 과점주주 외의 자에게 양도**하는 경우(과점주주가 다른 과점주주에게 양도한 후 양수한 과점주주가 과점주주 외의 자에게 다시 양도하는 경우로서 과점주주가 과점주주 외의 자에게 양도한 주식 등 중에서 과점주주 외의 자에게 양도하기 전에 과점주주 간에 양도되었던 주식을 포함)에 해당 주식 등 (소법 94 4 다)

① 부동산 등의 가액
② 해당 법인이 직접 또는 간접적으로 보유한 다른 법인의 주식가액에 그 다른 법인의 부동산 등 보유비율을 곱하여 산출한 가액

$$\frac{\text{해당법인의 부동산가액} + \left(\text{해당법인이 보유한 다른 법인의 주식가액} \times \frac{A+B+C}{\text{다른 법인의 총자산}}\right)}{\text{해당 법인의 총자산가액}} \geq 50\%$$

A: 다른 법인이 보유하고 있는 토지 및 건물
B: 다른 법인이 보유하고 있는 부동산에 관한 권리·지상권·전세권과 등기된 부동산임차권
C: 다른 법인이 보유하고 있는 「국세기본법 시행령」에 따른 경영지배관계인 법인이 발행한 주식가액에 그 경영지배관계 법인의 부동산등 보유비율을 곱하여 산출한 가액

* 과점주주가 소유한 부동산 과다보유법인주식과 특정시설을 소유한 부동산 과다보유법인주식의 요건에 해당하는 법인에 한정

특정 주식의 양도비율을 판정할 때 주주 1인과 과점주주가 주식 등을 수회에 걸쳐 양도하는 때에는 과점주주 중 1인이 주식 등을 양도하는 날부터 소급하여 3년 내에 과점주주가 양도한 주식 등을 합산한다.

이 경우 부동산 가액비율, 주식 등 소유비율, 주식의 양도비율에 해당하는 여부의 판정은 그들 중 1인이 주식 등을 양도하는 날부터 소급하여 그 합산하는 기간 중 최초로 양도하는 날 현재의 해당 법인의 주식 등의 합계액 또는 자산총액을 기준으로 한다.(소령 158 ②)

2) 특정시설을 소유한 부동산과다보유법인 주식

「체육시설의 설치·이용에 관한 법률」에 따른 골프장업·스키장업 등 체육시설업 및 「관광진흥법」에 따른 관광사업 중 휴양시설관련업과 부동산업·부동산개발업으로서 기획재정부령으로 정하는 사업을 하는 법인으로서 자산총액 중 ① 및 ② 의 합계액이 차지하는 비율이 **80% 이상**인 법인의 주식 등(소법 94 4 라)

① 부동산 등의 가액
② 해당 법인이 보유한 다른 법인의 주식가액에 그 다른 법인의 부동산 등 보유비율을 곱하여 산출한 가액

⊕ 참고 과점주주가 소유한 부동산 과다보유법인주식과 특정시설을 소유한 부동산과다보유법인 주식 비교

구 분	과점주주가 소유한 부동산 과다보유법인주식	특정시설을 소유한 부동산과다보유법인 주식
업 종	모든 업종	골프장 등 영위 법인
부동산비율	50% 이상	80% 이상
소 유 비 율	50% 이상	제한 없음
양 도 비 율	50% 이상	1주만 양도하여도 대상

2. 이축권

토지 및 건물과 함께 양도하는 「개발제한구역의 지정 및 관리에 관한 특별조치법」에 따른 이축을 할 수 있는 권리(이하 "이축권"). 다만, 해당 이축권 가액을 「감정평가 및 감정평가사에 관한 법률」에 따른 감정평가법인 등이 감정한 가액이 있는 경우 그 가액(감정한 가액이 2이상인 경우에는 그 감정한 가액의 평균액)을 구분하여 신고하는 경우는 제외한다.(소법 94 4 마, 소령 158의2)

3. 영업권 및 특정시설물이용권

다음 중 어느 하나에 해당하는 기타자산의 양도로 발생하는 소득(소법 94 ① 4)
① 사업에 사용하는 토지 및 건물과 함께 양도하는 영업권
② 이용권·회원권, 그 밖에 그 명칭과 관계없이 시설물을 배타적으로 이용하거나 일반이용자보다 유리한 조건으로 이용할 수 있도록 약정한 단체의 구성원이 된 자에게 부여되는 시설물 이용권

Ⅳ 파생상품 등의 거래 또는 행위로 발생하는 소득

「자본시장과 금융투자업에 관한 법률」에 따른 장내파생상품 또는 장외 파생상품 중 다음 중 어느 하나에 해당하는 파생상품 등의 거래 또는 행위로 발생하는 소득(이자소득 및 배당소득에 따른 파생상품의 거래 또는 행위로부터의 이익은 제외)(소법 94 ①, 소령 159의2 ①)

① 「자본시장과 금융투자업에 관한 법률」에 따른 장내파생상품으로서 증권시장 또는 이와 유사한 시장으로서 외국에 있는 시장을 대표하는 종목을 기준으로 산출된 지수(해당 지수의 변동성을 기준으로 산출된 지수를 포함)을 기초자산으로 하는 상품
② 당사자 일방의 의사표시에 따라 ①에 따른 지수의 수치의 변동과 연계하여 미리 정하여진 방법에 따라 주권의 매매나 금전을 수수하는 거래를 성립시킬 수 있는 권리를 표시하는 증권 또는 증서
③ 「자본시장과 금융투자업에 관한 법률」의 규정에 따른 장외파생상품으로서 경제적 실질이 ①에 따른 장내파생상품과 동일한 상품

Ⅴ 신탁수익권의 양도로 발생하는 소득

신탁의 이익을 받을 권리(「자본시장과 금융투자업에 관한 법률」에 따른 수익증권 및 투자신탁의 수익권 등 다음에 해당하는 수익권은 제외하며, 이하 "신탁수익권")의 양도로 발생하는 소득. 다만, 신탁 수익권의 양도를 통하여 신탁재산에 대한 지배·통제권이 사실상 이전되는 경우는 신탁재산 자체의 양도로 본다.(소법 94 ①, 소령 159의3)

① 「자본시장과 금융투자업에 관한 법률」에 따른 수익권 또는 수익증권
② 「자본시장과 금융투자업에 관한 법률」에 따른 투자신탁의 수익권 또는 수익증권으로서 해당 수익권 또는 수익증권의 양도로 발생하는 소득이 배당소득으로 과세되는 수익권 또는 수익증권
③ 신탁의 이익을 받을 권리에 대한 양도로 발생하는 소득이 배당소득으로 과세되는 수익권 또는 수익증권
④ 위탁자의 채권자가 채권담보를 위하여 채권 원리금의 범위 내에서 선순위 수익자로서 참여하고 있는 경우 해당 수익권. 이 경우 신탁 수익자명부 변동상황명세서를 제출해야 한다.

제 3 절 양도 또는 취득의 시기

I 원칙

자산의 양도차익을 계산할 때 그 취득시기 및 양도시기는 대금을 청산한 날이 분명하지 아니한 경우 등을 제외하고는 해당 자산의 **대금을 청산한 날**로 한다. 이 경우 자산의 대금에는 해당 자산의 양도에 대한 양도소득세 및 양도소득세의 부가세액을 양수자가 부담하기로 약정한 경우에는 해당 양도소득세 및 양도소득세의 부가세액은 제외한다.(소법 98)

II 상황별 자산의 양도 및 취득시기(소령 162)

해당 규정을 적용할 때 양도한 자산의 취득시기가 분명하지 않은 경우에는 먼저 취득한 자산을 먼저 양도한 것으로 본다.

① 대금을 청산한 날이 분명하지 않은 경우에는 등기부·등록부 또는 명부 등에 기재된 등기·등록접수일 또는 명의개서일
② 대금을 청산하기 전에 소유권이전등기(등록 및 명의의 개서를 포함)을 한 경우에는 등기부·등록부 또는 명부 등에 기재된 등기접수일
③ 기획재정부령이 정하는 장기할부조건의 경우에는 소유권이전등기(등록 및 명의개서를 포함) 접수일·인도일 또는 사용수익일중 빠른 날
④ 자기가 건설한 건축물에 있어서는 「건축법」에 따른 사용승인서 교부일. 다만, 사용승인서 교부일 전에 사실상 사용하거나 임시사용승인을 받은 경우에는 그 사실상의 사용일 또는 임시사용승인을 받은 날 중 빠른 날로 하고 건축 허가를 받지 아니하고 건축하는 건축물에 있어서는 그 사실상의 사용일로 한다.
⑤ 상속 또는 증여에 의하여 취득한 자산에 대하여는 그 상속이 개시된 날 또는 증여를 받은 날
⑥ 「민법」의 규정에 의하여 부동산의 소유권을 취득하는 경우에는 당해 부동산의 점유를 개시한 날
⑦ 「공익사업을 위한 토지 등의 취득 및 보상에 관한 법률」이나 그 밖의 법률에 따라 공익사업을 위하여 수용되는 경우에는 대금을 청산한 날, 수용의 개시일 또는 소유권이전등기접수일 중 빠른 날. 다만, 소유권에 관한 소송으로 보상금이 공탁된 경우에는 소유권 관련 소송 판결 확정일로 한다.
⑧ 완성 또는 확정되지 아니한 자산을 양도 또는 취득한 경우로서 해당 자산의 대금을 청산한 날까지 그 목적물이 완성 또는 확정되지 아니한 경우에는 그 목적물이 완성 또는 확정된 날.
⑨ 「도시개발법」 또는 그 밖의 법률에 따른 환지처분으로 인하여 취득한 토지의 취득시기는 환지 전의 토지의 취득일. 다만, 교부받은 토지의 면적이 환지처분에 의한 권리면적보다 증가 또는 감소된 경우에는 그 증가 또는 감소된 면적의 토지에 대한 취득시기 또는 양도시기는 환지처분의 공고가 있은 날의 다음날로 한다.
⑩ 과점주주가 소유한 부동산 과다보유법인주식의 경우 자산의 양도시기는 주주 1인과 기타주주가 주식 등을 양도함으로써 해당 법인의 주식 등의 합계액의 50% 이상이 양도되는 날. 이 경우 양도가액은 그들이 사실상 주식 등을 양도한 날의 양도가액에 의한다.

제4절 양도소득 비과세등

I 개요

다음의 소득에 대해서는 양도소득에 대한 소득세(이하 "양도소득세"라 함)를 과세하지 아니한다.(소법 89 ①) 비과세는 당초부터 양도소득세의 납세의무가 발생하지 않는 것으로 양도소득의 납세의무는 발생하였으나 조세정책 목적상 과세하지 않는 면제와 구별된다.

① 파산선고에 의한 처분으로 발생하는 소득
② 농지의 교환 또는 분합(分合)으로 발생하는 소득
③ 다음 중 어느 하나에 해당하는 주택(12억원을 초과하는 고가주택은 제외)과 이에 딸린 토지로서 건물이 정착된 면적에 지역별로 10배(도시지역은 5배)의 배율을 곱하여 산정한 면적 이내의 토지(이하 "주택부수토지"라 함)의 양도로 발생하는 소득
　㉠ 1세대가 1주택을 보유하는 경우로서 일정 요건을 충족하는 주택
　㉡ 1세대가 1주택을 양도하기 전에 다른 주택을 대체취득하거나 상속, 동거봉양, 혼인 등으로 인하여 2주택 이상을 보유하는 경우로서 1세대1주택 특례규정을 적용받는 주택
④ 조합원입주권을 1개 보유한 1세대가 다음 중 어느 하나의 요건을 충족하여 양도하는 경우 해당 조합원입주권을 양도하여 발생하는 소득. 다만, 해당 조합원입주권의 가액이 양도 당시의 실지거래가액의 합계액이 12억원을 초과하는 경우에는 양도소득세를 과세한다.
　㉠ 양도일 현재 다른 주택 또는 분양권을 보유하지 아니할 것
　㉡ 양도일 현재 1조합원입주권 외에 1주택을 보유한 경우(분양권을 보유하지 아니하는 경우로 한정)로서 해당 1주택을 취득한 날부터 3년 이내에 해당 조합원입주권을 양도할 것(3년 이내에 양도하지 못하는 경우로서 다음에 해당하는 경우를 포함)
　　ⓐ 「금융기관부실자산 등의 효율적 처리 및 한국자산관리공사의 설립에 관한 법률」에 따라 설립된 한국자산관리공사에 매각을 의뢰한 경우
　　ⓑ 법원에 경매를 신청한 경우
　　ⓒ 「국세징수법」에 따른 공매가 진행중인 경우
　　ⓓ 「도시 및 주거환경정비법」에 따른 주택재개발사업 또는 주택재건축사업의 시행으로 현금으로 청산을 받아야 하는 토지 등소유자가 사업시행자를 상대로 제기한 현금청산금 지급을 구하는 소송절차가 진행 중인 경우 및 청산금 또는 매도대금을 지급받지 못한 경우
⑤ 「지적재조사에 관한 특별법」에 따른 경계의 확정으로 지적공부상의 면적이 감소되어 지급받는 조정금
⑥ 임대주택사업자의 거주주택 양도로 인하여 발생하는 소득
　1세대가 주택(주택부수토지를 포함)과 「도시 및 주거환경정비법」에 따른 관리처분계획의 인가 및 「빈집 및 소규모주택 정비에 관한 특례법」에 따른 사업시행계획인가로 인하여 취득한 입주자로 선정된 지위*를 보유하다가 그 주택을 양도하는 경우에는 1세대1주택비과세규정을 적용하지 아니한다. 다만, 「도시 및

주거환경정비법」에 따른 재건축사업 또는 재개발사업, 「빈집 및 소규모주택 정비에 관한 특례법」에 따른 소규모재건축사업의 시행기간 중 거주를 위하여 주택을 취득하는 경우나 그 밖의 부득이한 사유로서 대통령령으로 정하는 경우에는 그러하지 아니하다.(소법 89 ③)

* 같은 법에 따른 재건축사업 또는 재개발사업, 「빈집 및 소규모주택 정비에 관한 특례법」에 따른 소규모재건축사업을 시행하는 정비사업조합의 조합원으로서 취득한 것(그 조합원으로부터 취득한 것을 포함)으로 한정하며, 이에 딸린 토지를 포함한다. 이하 "조합원입주권"이라 한다.

Ⅱ 파산선고에 의한 처분으로 발생하는 소득의 비과세(소법 89 ① 1)

"파산선고에 의한 처분"이라 함은 채무자가 경제적으로 파탄상태에 빠져 그의 변제능력으로는 총 채권자에게 채무를 완제할 능력을 상실했을 때 국가가 강제적으로 채무자의 전 재산을 관리, 환가하여 총채권자의 비율에 따라 공평하게 금전으로 배당할 것으로 목적으로 하는 재판상의 절차를 말한다. 사업의 실패 등으로 사실상 파산한 경우라 하더라도 법원의 파산선고를 받지 않으면 이 규정(비과세)이 적용될 수 없는 것이다.

Ⅲ 비과세되는 농지의 교환 또는 분합(소법 89 ① 2)

1. 개요

다음 중 어느 하나에 해당하는 농지를 교환 또는 분합하는 경우로서 교환 또는 분합하는 쌍방 토지가액의 차액이 가액이 큰 편의 4분의 1 이하인 경우에는 비과세되는 농지의 교환 또는 분합으로 본다.(소령 153 ①)
① 국가 또는 지방자치단체가 시행하는 사업으로 인하여 교환 또는 분합하는 농지
② 국가 또는 지방자치단체가 소유하는 토지와 교환 또는 분합하는 농지
③ 경작상 필요에 의하여 교환하는 농지. 다만, 교환에 의하여 새로이 취득하는 농지를 3년 이상 농지소재지에 거주하면서 경작하는 경우에 한한다.
④ 법률에 의하여 교환 또는 분합하는 농지

2. 농지의 범위등

"농지"란 논밭이나 과수원으로서 지적공부(地籍公簿)의 지목과 관계없이 실제로 경작에 사용되는 토지를 말한다. 이 경우 농지의 경영에 직접 필요한 농막, 퇴비사, 양수장, 지소(池沼), 농도(農道) 및 수로(水路) 등에 사용되는 토지를 포함한다(소법 88 8).

3. 교환·분합에 의한 비과세대상에서 제외되는 농지

1) 주거지역·상업지역·공업지역 안의 농지

양도일 현재 특별시·광역시(광역시에 있는 군을 제외)·특별자치시(특별자치시에 있는 읍·면지역은 제외)·특별자치도(「제주특별자치도 설치 및 국제자유도시 조성을 위한 특별법」에 따라 설치된 행정시의 읍·면지역은 제외) 또는 시지역(「지방자치법」규정에 의한 도·농복합형태의 시의 읍·면지역을 제외)에 있는 농지 중 「국토의 계획 및 이용에 관한 법률」에 의한 주거지역·상업지역 또는 공업지역안의 농지로서 이들 지역에 편입된 날부터 3년이 지난 농지.

2) 농지 외의 토지로 환지된 농지

당해 농지에 대하여 환지처분이전에 농지 외의 토지로 환지예정지의 지정이 있는 경우로서 그 환지예정지 지정일부터 3년이 지난 농지.(소령 153 ④ 2)

Ⅳ 1세대1주택 비과세

1. 취지

1세대1주택 비과세 규정의 취지는, 주택은 국민의 주거생활의 기초가 되는 것이므로 1세대가 국내에 소유하는 1개의 주택을 양도하는 것이 양도소득을 얻거나 투기할 목적으로 일시적으로 거주하거나 소유하다가 양도하는 것이 아니라고 볼 수 있는 일정한 경우에는 그 양도소득에 대하여 소득세를 부과하지 않음으로써 국민의 주거생활의 안정과 거주이전의 자유를 보장하여 주려는 데에 있다.

2. 비과세 요건

1세대1주택 비과세요건이란 1세대가 양도일 현재 국내에 1주택을 보유하고 있는 경우로서 **해당 주택의 보유기간*이 2년** 이상인 것**(취득 당시에 조정대상지역에 있는 주택의 경우에는 해당 주택의 보유기간이 2년 이상이고 그 보유기간 중 거주기간이 2년 이상인 것)을 말하며, 주택 및 그 부수토지의 양도 당시의 실지거래가액 **합계액이 12억원을 초과하는 주택은 제외한다.** 한편, 다가구 주택의 경우 원칙적으로 공동주택으로 보는 것이며, 1세대1주택 비과세 규정을 적용할 때 다가구주택을 가구별로 양도하지 않고 하나의 매매단위로 하여 양도하는 경우에는 이를 단독주택으로 본다.

* 주택이 아닌 건물을 사실상 주거용으로 사용하거나 공부상의 용도를 주택으로 변경하는 경우 보유기간은 그 자산을 사실상 주거용으로 사용한 날(사실상 주거용으로 사용한 날이 분명하지 않은 경우에는 그 자산의 공부상 용도를 주택으로 변경한 날)부터 양도한 날까지로 한다.

** 비거주자가 해당 주택을 3년 이상 계속 보유하고 그 주택에서 거주한 상태로 거주자로 전환된 경우 해당 거주자의 주택인 경우는 3년

3. 1세대1주택 비과세의 특례

1) 특정 사유로 인한 일시적 2주택

(1) 대체취득을 위한 1세대 2주택

① 원칙

국내에 1주택을 소유한 1세대가 그 주택(이하 "종전의 주택"이라 함)을 양도하기 전에 다른 주택(이하 "신규 주택"이라 함)을 취득(자기가 건설하여 취득한 경우를 포함)함으로써 일시적으로 2주택이 된 경우 **종전의 주택을 취득한 날부터 1년 이상이 지난 후 신규 주택을 취득하고 그 신규 주택을 취득한 날부터 3년 이내*에 종전의 주택을 양도**하는 경우에는 이를 1세대1주택으로 보아 비과세 규정을 적용한다.

* 종전의 주택이 조정대상지역에 있는 상태에서 조정대상지역에 있는 신규 주택을 취득{조정대상지역의 공고가 있는 날 이전에 신규 주택(신규 주택을 취득할 수 있는 권리를 포함)을 취득하거나 신규 주택을 취득하기 위하여 매매계약을 체결하고 계약금을 지급한 사실이 증빙서류에 의하여 확인되는 경우는 제외}하는 경우에는 3년 이내

② 1년경과 후 취득 요건 적용배제

다음의 경우 종전의 주택을 취득한 날부터 1년 이상이 지난 후 다른 주택을 취득하는 요건을 적용하지 않는다.

㉠ 건설임대주택을 취득하여 양도하는 경우로서 세대전원이 당해 건설임대주택의 임차일부터 당해 주택의 양도일까지의 거주기간이 5년 이상인 경우
㉡ 주택 및 그 부수토지(사업인정 고시일 전에 취득한 주택 및 그 부수토지에 한함)의 전부 또는 일부가 「공익사업을 위한 토지 등의 취득 및 보상에 관한 법률」에 의한 협의매수·수용 및 그 밖의 법률에 의하여 수용되는 경우
㉢ 1년 이상 거주한 주택을 취학, 근무상의 형편, 질병의 요양 기타 부득이한 사유로 양도하는 경우
㉣ 해외이주법에 의한 해외이주로 세대전원이 출국하는 경우

또한 종전의 주택 및 그 부수토지의 일부가 협의매수되거나 수용되는 경우로서 당해 잔존하는 주택 및 그 부수토지를 그 양도일 또는 수용일부터 5년 이내에 양도하는 때에는 당해 잔존하는 주택 및 그 부수토지의 양도는 종전의 주택 및 그 부수토지의 양도 또는 수용에 포함되는 것으로 본다.(소령 155 ①)

(2) 부모봉양을 위한 1세대 2주택

1주택을 보유하고 1세대를 구성하는 자가 1주택을 보유하고 있는 60세 이상의 직계존속(다음의 직계존속을 포함)을 동거봉양하기 위하여 세대를 합침으로써 1세대가 2주택을 보유하게 되는 경우 **합친 날부터 10년 이내에 먼저 양도하는 주택은 이를 1세대1주택으로 보아 비과세 규정을 적용**한다.(소령 155 ④)

① 60세 이상의 직계존속(배우자의 직계존속을 포함하며, 직계존속 중 어느 한 사람이 60세 미만인 경우를 포함)
② 「국민건강보험법 시행령」에 따른 요양급여를 받는 60세 미만의 직계존속(배우자의 직계존속을 포함)으로서 기획재정부령으로 정하는 사람

(3) 상속으로 인한 1세대 2주택

① 개요

상속받은 주택*과 그 밖의 주택**(이하 "일반주택")을 국내에 각각 1개씩 소유하고 있는 1세대가 일반주택을 양도하는 경우에는 국내에 1개의 주택을 소유하고 있는 것으로 보아 비과세 규정을 적용한다.(소령 155 ②)

* 조합원입주권을 상속받아 사업 시행 완료 후 취득한 신축주택을 포함하며, 피상속인이 상속개시 당시 2 이상의 주택(상속받은 1주택이 「도시 및 주거환경정비법」에 따른 재개발사업, 재건축사업 또는 「빈집 및 소규모 주택 정비에 관한 특례법」에 따른 소규모 재건축사업의 시행으로 2 이상의 주택이 된 경우를 포함)을 소유한 경우에는 다음의 순위에 따른 1주택을 말한다.
  ① 피상속인이 소유한 기간이 가장 긴 1주택
  ② 피상속인이 소유한 기간이 같은 주택이 2 이상일 경우에는 피상속인이 거주한 기간이 가장 긴 1주택
  ③ 피상속인이 소유한 기간 및 거주한 기간이 모두 같은 주택이 2 이상일 경우에는 피상속인이 상속개시 당시 거주한 1주택
** 상속개시 당시 보유한 주택 또는 상속개시 당시 보유한 조합원입주권에 의하여 사업 시행 완료 후 취득한 신축주택만 해당하며, 상속개시일부터 소급하여 2년 이내에 피상속인으로부터 증여받은 주택 또는 증여받은 조합원입주권에 의하여 사업 시행 완료 후 취득한 신축주택은 제외한다.

② 동일 세대원 간 상속 특례

상속인과 피상속인이 상속개시 당시 1세대인 경우에는 1주택을 보유하고 1세대를 구성하는 자가 직계존속(배우자의 직계존속을 포함하며, 세대를 합친 날 현재 60세 이상으로서 1주택을 보유하고 있는 경우만 해당)을 동거봉양하기 위하여 세대를 합침에 따라 2주택을 보유하게 되는 경우로서 합치기 이전부터 보유하고 있었던 주택만 상속받은 주택으로 본다.(소령 155 ②)

(4) 혼인으로 인한 1세대 2주택

1주택을 보유하는 자가 1주택을 보유하는 자와 혼인함으로써 1세대가 2주택을 보유하게 되는 경우 또는 1주택을 보유하고 있는 60세 이상의 직계존속을 동거봉양하는 무주택자가 1주택을 보유하는 자와 혼인함으로써 1세대가 2주택을 보유하게 되는 경우 각각 혼인한 날부터 5년 이내에 먼저 양도하는 주택은 이를 1세대 1주택으로 보아 비과세 규정을 적용한다(소령 155 ⑤).

2) 문화재주택

「문화재보호법」에 따른 지정문화재 및 등록문화재에 해당하는 주택과 일반주택을 국내에 각각 1개씩 소유하고 있는 1세대가 **일반주택을 양도하는 경우에는 국내에 1개의 주택을 소유하고 있는 것으로 보아 비과세 규정을 적용**한다.(소령 155 ⑥)

3) 농어촌주택

다음 중 어느 하나에 해당하는 주택으로서 「수도권정비계획법」에 따른 수도권 밖의 지역 중 읍지역(도시지역 안의 지역을 제외) 또는 면지역에 소재하는 농어촌주택과 일반주택을 국내에 각각 1개씩 소유하고 있는 1세대가 **일반주택을 양도하는 경우에는 국내에 1개의 주택을 소유하고 있는 것으로 보아 비과세 규정을 적용**한다. 다만, ③의 농어촌주택에 대해서는 그 주택을 취득한 날부터 5년 이내에 일반주택을 양도하는 경우에 한하여 이를 적용한다(소령 155 ⑦).

① 상속받은 주택(피상속인이 취득후 5년 이상 거주한 사실이 있는 경우에 한함)
② 이농인(어업에서 떠난 자를 포함)이 취득일후 5년 이상 거주한 사실이 있는 이농주택
③ 영농 또는 영어의 목적으로 취득한 귀농주택

4) 취학, 근무상의 형편, 질병의 요양 등으로 인한 1세대 2주택

기획재정부령으로 정하는 취학, 근무상의 형편, 질병의 요양, 그 밖에 부득이한 사유로 취득한 수도권 밖에 소재하는 주택과 일반주택을 국내에 각각 1개씩 소유하고 있는 1세대가 **부득이한 사유가 해소된 날부터 3년 이내에 일반주택을 양도하는 경우에는 국내에 1개의 주택을 소유하고 있는 것으로 보아 비과세 규정**을 적용한다.(소령 155 ⑧).

5) 주택과 조합원입주권을 소유한 경우의 1세대1주택 특례

1세대가 주택 (주택부수토지를 포함) 과 「도시 및 주거환경정비법」에 따른 관리처분계획의 인가 및 「빈집 및 소규모주택 정비에 관한 특례법」에 따른 사업시행계획인가로 인하여 취득한 입주자로 선정된 지위*를 보유하다가 그 주택을 양도하는 경우에는 원칙적으로 1세대1주택의 비과세 규정을 적용하지 않는다. 다만, 「도시 및 주거환경정비법」에 따른 재건축사업 또는 재개발사업, 「빈집 및 소규모주택 정비에 관한 특례법」에 따른 자율주택정비사업, 가로주택정비사업, 소규모재건축사업 또는 소규모재개발사업의 시행기간 중 거주를 위하여 주택을 취득하는 경우나 그 밖의 부득이한 사유로서 대통령령으로 정하는 경우에는 예외적으로 1세대1주택의 비과세 규정을 적용한다.(소법 89 ②).

* 같은 법에 따른 재건축사업 또는 재개발사업,「빈집 및 소규모주택 정비에 관한 특례법」에 따른 소규모재건축사업을 시행하는 정비사업조합의 조합원으로서 취득한 것 (그 조합원으로부터 취득한 것을 포함) 으로 한정하며, 이에 딸린 토지를 포함한다. 이하 "조합원입주권"이라 한다.

6) 장기저당담보주택에 대한 1세대1주택의 특례

(1) 취지

본 규정은 고령화 사회가 진전됨에 따라 정기적인 소득이 없는 노령자가 보유주택을 담보로 연금식 대출을 통해 노후생활 자금을 확보할 수 있도록 지원하고, 노부모 합가에 따른 1세대 2주택 주택수 계산의 특례를 인정하여 노부모 봉양을 장려하기 위하여 도입되었다.

(2) 장기저당담보주택의 요건

국내에 1주택을 소유한 1세대가 다음의 요건을 갖춘 장기 저당 담보 대출 계약을 체결하고 장기 저당 담보로 제공된 주택을 말한다(소령 155의2 ①).

① 계약체결일 현재 주택을 담보로 제공한 가입자가 60세 이상일 것
② 장기 저당 담보 계약기간이 10년 이상으로서 만기 시까지 매월·매분기별 또는 그 밖에 기획재정부령이 정하는 방법으로 대출금을 수령하는 조건일 것
③ 만기에 당해 주택을 처분하여 일시 상환하는 계약조건일 것

(3) 특례내용

① 거주기간 특례

장기저당담보주택을 양도하는 경우에는 1세대1주택 비과세 규정을 적용함에 있어 거주기간의 제한을 받지 않는다(소령 155의2 ①).

② 동거봉양 특례

1주택을 소유하고 1세대를 구성하는 자가 장기저당담보주택을 소유하고 있는 직계존속(배우자의 직계존속을 포함)을 동거 봉양하기 위하여 세대를 합침으로써 1세대가 2주택을 소유하게 되는 경우 먼저 양도하는 주택에 대하여는 국내에 1개의 주택을 소유하고 있는 것으로 보아 1세대1주택 비과세 규정을 적용하되, 장기저당담보주택은 거주기간의 제한을 받지 않는다(소령 155의2 ②).

7) 장기임대주택에 대한 1세대1주택의 특례

장기임대주택 또는 장기가정어린이집과 그 밖의 1주택을 국내에 소유하고 있는 1세대가 요건을 충족하고 해당 1주택(이하 "거주주택")을 양도하는 경우(장기임대주택을 보유한 경우는 1회에 한하여 거주주택을 최초로 양도하는 경우만 포함)에는 국내에 1개의 주택을 소유하고 있는 것으로 보아 비과세 규정을 적용한다.

8) 주택과 분양권을 소유한 경우 1세대1주택의 특례

국내에 1주택을 소유한 1세대가 그 주택(이하 "종전주택")을 양도하기 전에 분양권을 취득함으로써 일시적으로 1주택과 1분양권을 소유하게 된 경우 종전주택을 취득한 날부터 1년 이상이 지난 후에 분양권을 취득하고 그 분양권을 취득한 날부터 3년 이내에 종전주택을 양도하는 경우(3년 이내에 양도하지 못하는 경우로서 기획재정부령으로 정하는 사유에 해당하는 경우를 포함)에는 이를 1세대1주택으로 보아 비과세 규정을 적용한다.(소령156의3 ②)

9) 상생임대주택에 대한 1세대1주택의 특례

국내에 1주택(법령에 따라 1세대1주택으로 보는 경우를 포함)을 소유한 1세대가 다음의 요건을 모두 갖춘 주택(이하 "상생임대주택"이라 함)을 양도하는 경우에는 해당 임대기간에 그 주택에 1년간 실제 거주한 것으로 보아 거주기간을 계산한다.(소령 155의3)

① 1주택의 소유자가 주택을 취득한 후 임차인과 체결한 해당 주택에 대한 직전 임대차계약 대비 임대보증금 또는 임대료의 증가율이 5%를 초과하지 않는 임대차계약(이하 "상생임대차계약"이라 함)을 2021년 12월 20일부터 2024년 12월 31일까지의 기간 중에 체결(계약금을 지급받은 사실이 확인되는 경우로 한정)하고 상생임대차계약에 따라 임대한 기간이 2년 이상일 것
② 직전 임대차계약에 따라 임대한 기간이 1년 6개월 이상일 것
③ 상생임대차계약에 따라 임대한 기간이 2년 이상일 것

V 직전거주주택보유주택 등의 양도소득금액 비과세

장기임대주택과 그 밖의 1주택을 국내에 소유하고 있는 1세대가 다음의 요건을 모두 충족하는 해당 1주택(이하 "거주주택"이라 함)을 양도하는 경우에는 국내에 1개의 주택을 소유하고 있는 것으로 보아 비과세를 적용한다. 이 경우 해당 거주주택이 「임대주택법」에 따라 임대주택으로 등록한 사실이 있고 그 보유기간 중에 양도한 다른 거주주택(양도한 다른 거주주택이 둘 이상인 경우에는 가장 나중에 양도한 거주주택을 말하고 이하 "직전거주주택"이라 함)이 있는 거주주택(이하 "직전거주주택보유주택"이라 함)인 경우에는 직전거주주택의 양도일 후의 기간분에 대해서만 국내에 1개의 주택을 소유하고 있는 것으로 보아 비과세 규정을 적용한다. (소법 155 ⑳)

① 거주주택 : 거주기간(직전거주주택 보유주택의 경우에는 「임대주택법」에 따라 임대주택사업자로 등록한 날 이후의 거주기간을 말함)이 2년 이상일 것
② 장기임대주택 : 양도일 현재 장기임대주택을 「임대주택법」에 따라 임대주택으로 등록하여 임대하고 있을 것
③ 장기어린이집: 양도일 현재 사업자등록을 하고, 장기어린이집을 운영하고 있을 것

Ⅵ 양도소득세 비과세 또는 감면의 배제 등

1. 미등기 양도자산

미등기양도자산(양도소득세 과세대상 자산을 취득한 자가 그 자산 취득에 관한 등기를 하지 아니하고 양도하는 것)에 대하여는 양도소득에 대한 소득세의 비과세에 관한 규정을 적용하지 아니한다.(소법 91 ①)

> **참고 미등기양도자산에 대한 제재**
>
> | 구 분 | 내 용 |
> | --- | --- |
> | ① 비과세·감면규정 적용 배제 | 소득세법·조세특례제한법 및 기타 법률에 의한 비과세 및 감면규정 적용 배제 |
> | ② 실지거래가액 과세 | 실지거래가액에 의한 양도차익 산정 |
> | ③ 필요경비개산공제율 차등 적용 | 저율(0.3%)의 필요경비 개산공제율 적용 |
> | ④ 장기보유특별공제 적용 배제 | 장기보유특별공제 적용 배제 |
> | ⑤ 양도소득기본공제 적용 배제 | 양도소득기본공제 적용 배제 |
> | ⑥ 양도소득세 중과세율 적용 | 70%의 양도소득세 최고세율 적용 |

2. 허위계약서 작성

자산을 매매하는 거래당사자가 매매계약서의 거래가액을 실지거래가액과 다르게 적은 경우에는 해당 자산에 대하여 소득세법 또는 이 법 외의 법률에 따른 양도소득세의 비과세 또는 감면에 관한 규정을 적용할 때 비과세 또는 감면받았거나 받을 세액에서 다음의 구분에 따른 금액을 뺀다.(소법 91 ②)

① 소득세법 또는 이 법 외의 법률에 따라 양도소득세의 비과세에 관한 규정을 적용받을 경우 : Min {㉠, ㉡}
　㉠ 비과세에 관한 규정을 적용하지 아니하였을 경우의 양도소득 산출세액
　㉡ 매매계약서의 거래가액과 실지거래가액과의 차액 중 적은 금액

② 소득세법 또는 이 법 외의 법률에 따라 양도소득세의 감면에 관한 규정을 적용받았거나 받을 경우 : Min {㉠, ㉡}
　㉠ 감면에 관한 규정을 적용받았거나 받을 경우의 해당 감면세액
　㉡ 매매계약서의 거래가액과 실지거래가액과의 차액 중 적은 금액

제 5 절 양도소득금액의 계산

구 분	계산방법	주요 연관 법조문
과세대상	-	비과세 양도소득 : 제89조, 제91조
		양도소득의 범위 : 제94조
양도차익	양도가액 - 필요경비(취득가액 등) = 양도차익	제95조, 제96조, 제97조, 제97조의2, 제98조, 제99조, 제99조의2, 제100조
양도소득금액	양도차익 - 장기보유 특별공제액 = 양도소득금액	제95조, 제102조
양도소득 과세표준	양도소득금액 - 감면대상 양도소득금액 - 양도소득 기본공제액(연 250만원) = 양도소득과세표준	제90조, 제91조, 제92조, 제103조
양도소득 산출세액	양도소득과세표준 × 세율 = 양도소득 산출세액	제92조, 제104조, 제104조의2, 제104조의3
양도소득 결정세액	양도소득 산출세액 - 양도소득세 감면액 = 양도소득 결정세액	제90조
양도소득 총결정세액	양도소득 결정세액 + 가산세액 = 양도소득 총결정세액	제93조, 제114조의2

I 개요

양도소득금액은 양도차익에서 장기보유 특별공제액을 공제한 금액으로 한다(소법 95 ①).

II 양도가액 및 취득가액 등의 산정

1. 산정원칙

1) 양도가액 기준주의

양도차익을 계산할 때 **양도가액**을 실지거래가액(매매사례가액·감정가액이 적용되는 경우 그 매매사례가액·감정가액 등을 포함)에 따를 때에는 취득가액도 실지거래가액(매매사례가액·감정가액·환산취득가액이 적용되는 경우 그 매매사례가액·감정가액·환산취득가액 등을 포함)에 따르고, 양도가액을 기준시가에 따를 때에는 취득가액도 기준시가에 따른다.(소법 100 ①)

2) 양도가액 및 취득가액의 추계결정

(1) 추계사유

양도가액 또는 취득가액을 실지거래가액에 따라 정하는 경우로서 다음에 해당하는 사유로 장부나 그 밖의 증명서류에 의하여 해당 자산의 양도 당시 또는 취득 당시의 실지거래가액을 인정 또는 확인할 수 없는 경우에는 양도가액 또는 취득가액을 매매사례가액, 감정가액, 환산취득가액, 또는 기준시가 등에 따라 추계조사하여 결정 또는 경정할 수 있다.(소법 114 ⑦)
① 양도 또는 취득 당시의 실지거래가액의 확인을 위하여 필요한 장부·매매계약서·영수증 기타 증빙서류가 없거나 그 중요한 부분이 미비된 경우
② 장부·매매계약서·영수증 기타 증빙서류의 내용이 매매사례가액, 「감정평가 및 감정평가사에 관한 법률」에 따른 감정평가법인등이 평가한 감정가액 등에 비추어 거짓임이 명백한 경우

(2) 추계방법

① 매매사례가액

양도일 또는 취득일 전후 각 3개월 이내에 해당 자산(주권상장법인의 주식 등은 제외)과 동일성 또는 유사성이 있는 자산의 매매사례가 있는 경우 그 가액

② 감정가액

양도일 또는 취득일 전후 각 3개월 이내에 해당 자산(주식 등을 제외)에 대하여 둘 이상의 감정평가법인등이 평가한 것으로서 신빙성이 있는 것으로 인정되는 감정가액(감정평가기준일이 양도일 또는 취득일 전후 각 3개월 이내인 것에 한함)이 있는 경우에는 그 감정가액의 평균액

③ 환산취득가액

실지거래가액, 매매사례가액 또는 감정가액을 이용하여 다음의 산식에 따라 계산한 가액을 말한다. 이와 같이 양도 당시와 취득 당시의 기준시가 비율에 따라 환산한 가액은 취득가액을 환산하는 경우에만 적용하며, 양도가액은 환산할 수 없다.

$$\text{양도당시의 실지거래가액, 매매사례가액 또는 감정가액} \times \frac{\text{취득당시의 기준시가}}{\text{양도당시의 기준시가}}$$

2. 양도가액의 산정

1) 원칙

양도소득세 과세대상 자산의 양도가액은 그 자산의 양도 당시의 양도자와 양수자 간에 실지거래가격에 따른다.(소법 96 ①)

2) 양도가액의 의제

거주자가 양도소득 과세대상 자산을 양도하는 경우로서 다음 중 어느 하나에 해당하는 경우에는 그 가액을 해당 자산의 양도 당시의 실지거래가액으로 본다.(소법 96 ③)

(1) 특수관계 있는 법인에게 고가양도하는 경우

「법인세법」에 따른 특수관계인에 해당하는 법인(외국법인을 포함)에 양도한 경우로서 해당 거주자의 상여·배당 등으로 처분된 금액이 있는 경우에는 같은 법인세법에 따른 **시가**

(2) 특수관계인 외의 자에게 고가양도하는 경우

특수관계법인 외의 자에게 자산을 시가보다 높은 가격으로 양도한 경우로서 「상속세 및 증여세법」에 따라 해당 거주자의 증여재산가액으로 하는 금액이 있는 경우에는 그 **양도가액에서 증여재산가액을 뺀 금액**

> ➕ 참고 **고가양도의 유형별 양도가액**
>
> | 양수자 | 양도가액 |
> |---|---|
> | 특수관계 있는 법인 | 시가*1 |
> | 특수관계 있는 개인 | 시가*2 + 증여재산 공제금액*3 |
> | 특수관계 없는 법인 | 시가*2 + 3억원*4 |
> | 특수관계 없는 개인 | |
>
> *1 양도자의 상여·배당 등으로 처분된 금액이 있는 경우에는 시가
> *2 상증법상 평가액
> *3 Min[①시가×30%, ②3억원]
> *4 대가와 시가와의 차액이 시가의 30% 이상인 경우에 공제하는 금액을 말함

3) 양도가액의 추정

양도소득 과세대상 자산의 양도로 양도가액 및 취득가액을 실지거래가격에 따라 양도소득과세표준 예정신고의무자가 그 신고를 하지 아니한 경우로서 양도소득과세표준과 세액 또는 신고의무자의 실지거래가액 소명(疏明) 여부 등을 고려하여 일정한 경우에 해당할 때에는 납세지 관할 세무서장 또는 지방국세청장은 양도가액 및 취득가액의 원칙적인 산정 원리에도 불구하고 「부동산등기법」에 따라 등기부에 기재된 거래가액(이하 "등기부 기재가액")을 실지거래가액으로 추정하여 양도소득과세표준과 세액을 결정할 수 있다. 다만, 납세지 관할 세무서장 또는 지방국세청장이 등기부 기재가액이 실지거래가액과 차이가 있음을 확인한 경우에는 그러하지 않는다.(소법 114 ⑤)

4) 일괄양도(취득)의 경우

토지와 건물을 함께 양도하여 전체 실지거래가액은 확인되나 자산별로 구분이 불분명한 경우에는 취득 또는 양도당시의 시가(감정평가액, 기준시가, 장부가액, 취득가액)를 순차적으로 **적용한 가액으로 안분계산**한다. 이때 토지와 건물 등을 함께 취득하거나 양도한 경우로서 그 토지와 건물 등을 구분 기장한 가액이 안분계산한 가액과 30% 이상 차이가 있는 경우에는 토지와 건물 등의 가액 구분이 불분명한 때로 본다(소법 100 ②, ③). 다만, 다음의 어느 하나에 해당하는 경우에는 제외한다.

① 실지거래가액 중 토지의 가액과 건물 또는 구축물 등의 가액의 구분이 불분명한 경우
② 사업자가 실지거래가액으로 구분한 토지와 건물 또는 구축물 등의 가액이 안분계산한 금액과 30% 이상 차이가 있는 경우 다만, 다른 법령에서 정하는 바에 따라 가액을 구분한 다음의 사유에 해당하는 경우는 제외한다.
   ⊙ 다른 법령에서 정한 토지 또는 건물의 양도가액을 따른 경우
   ⓒ 건물이 있는 토지를 취득하여 건물을 철거하고 토지만 사용 하는 경우

① 건물의 양도(취득)가액

$$\text{토지·건물의 양도(취득)가액} \times \frac{\text{건물 양도(취득)당시의 시가}}{\text{토지·건물의 양도(취득)당시의 시가}}$$

② 토지의 양도(취득)가액

$$\text{토지·건물의 양도(취득)가액} \times \frac{\text{토지 양도(취득)당시의 시가}}{\text{토지·건물의 양도(취득)당시의 시가}}$$

3. 취득가액 및 필요경비의 산정

1) 개요

거주자의 양도차익을 계산할 때 양도가액에서 공제할 필요경비는 다음에서 규정하는 것으로 한다 (소법 97 ①).

① 취득가액. 다만, ⊙의 실지거래가액을 확인할 수 없는 경우에 한하여 ⓒ의 금액을 적용한다.
   ⊙ 자산 취득에 든 실지거래가액
   ⓒ 매매사례가액, 감정가액 또는 환산취득가액취득가액을 순차적으로 적용한 금액
② 자본적지출액 등
③ 양도비 등

2) 취득가액의 산정

(1) 개요

취득가액은 실지거래가액에 의하여 계산하는 것이 원칙이다. 그러나 실지 취득가액을 알기 어려운 경우에는 매매사례가액, 감정가액 및 환산취득가액 등의 보조적 방법을 순차적으로 사용하여 취득가액을 산출한다.

(2) 실지거래가액의 산정

취득에 든 실지거래가액이란 다음의 금액을 합한 것을 말한다.(소령 163 ①)

① 취득원가에 상당하는 가액(현재가치할인차금과 부가가치세법상 폐업시잔존재화규정에 의하여 납부하였거나 납부할 부가가치세를 포함하되 부당행위계산에 의한 시가초과액을 제외)
② 취득에 관한 쟁송이 있는 자산에 대하여 그 소유권 등을 확보하기 위하여 직접 소요된 소송비용·화해비용 등의 금액으로서 그 지출한 연도의 각 소득금액의 계산에 있어서 필요경비에 산입된 것을 제외한 금액
③ 당사자 약정에 의한 대금지급방법에 따라 취득원가에 이자상당액을 가산하여 거래가액을 확정하는 경우 당해 이자상당액은 취득원가에 포함한다. 다만, 당초 약정에 의한 거래가액의 지급기일의 지연으로 인하여 추가로 발생하는 이자상당액은 취득원가에 포함하지 않는다.
④ 합병으로 인하여 소멸한 법인의 주주가 합병 후 존속하거나 합병으로 신설되는 법인(이하 "합병법인") 으로부터 교부받은 주식의 1주당 취득원가에 상당하는 가액은 합병 당시 해당 주주가 보유하던 피합병법인의 주식을 취득하는 데 든 총금액을 합병으로 교부받은 주식수로 나누어 계산한 가액으로 한다.
⑤ ①을 적용할 때 분할법인 또는 소멸한 분할합병의 상대방 법인의 주주가 분할신설법인 또는 분할합병의 상대방 법인으로부터 분할 또는 분할합병으로 인하여 취득하는 주식의 1주당 취득원가에 상당하는 가액은 분할 또는 분할합병 당시의 해당 주주가 보유하던 분할법인 또는 소멸한 분할합병의 상대방 법인의 주식을 취득하는 데 소요된 총금액*을(주식을 취득하기 위하여 사용한 금액을 초과하는 금액은 더하고 분할대가 중 금전이나 그 밖의 재산가액의 합계액은 뺀 금액) 분할로 인하여 취득하는 주식수로 나누어 계산한 가액으로 한다.

  *분할법인 또는 소멸한 분할합병의 상대방 법인의 주주인 내국법인이 취득하는 분할대가가 그 분할법인 또는 소멸한 분할합병의 상대방 법인의 주식(분할법인이 존속하는 경우에는 소각 등에 의하여 감소된 주식만 해당)을 취득하는데 소요된 총금액

(3) 실지거래가액 산정시 특수 문제

① 감가상각비

  필요경비를 계산할 때 양도자산 보유기간에 그 자산에 대한 감가상각비로서 각 과세기간의 사업소득금액을 계산하는 경우 필요경비에 산입하였거나 산입할 금액이 있을 때에는 이를 공제한 금액을 그 취득가액으로 한다.(소법 97 ③)

② 배우자이월과세

  거주자가 양도일부터 소급하여 10년 이내에 그 배우자(양도 당시 혼인관계가 소멸된 경우를 포함하되, 사망으로 혼인 관계가 소멸된 경우는 제외) 또는 직계존비속으로부터 증여받은 토지 또는 건물이나 특정 시설물 이용권의 양도차익을 계산할 때 취득가액은 각각 그 배우자 또는 직계존비속의 취득 당시 취득가액에 해당하는 금액으로 한다. 이 경우 거주자가 증여받은 자산에 대하여 납부하였거나 납부할 증여세 상당액이 있는 경우에는 해당 금액을 필요경비에 산입한다.(소법 97의2 ①)

③ 상속, 증여재산의 경우

상속 또는 증여(부담부증여의 채무액에 해당하는 부분도 포함하되, 증여예시 규정에 의한 증여를 제외)받은 자산에 대하여 취득가액 산정에 있어서는 상속개시일 또는 증여일 현재 「상속세 및 증여세법」 규정에 의하여 평가한 가액(세무서장 등이 결정·경정한 가액이 있는 경우 그 결정·경정한 가액)을 취득당시의 실지거래가액으로 본다.(소령 163 ⑨)

④ 증여 예시의 규정에 따라 과세된 자산

「상속세 및 증여세법」 증여예시의 규정에 따라 증여세를 과세받은 경우에는 해당 증여재산가액(증여세를 과세받은 경우에는 증여의제이익) 또는 그 증·감액을 취득가액에 더하거나 뺀다.(소령 163 ⑩ 1)

⑤ 이익처분으로 인해 과세된 경우

자산을 「법인세법」에 따른 특수관계에 있는 법인(외국법인을 포함)으로부터 취득한 경우로서 거주자의 상여·배당 등으로 처분된 금액이 있으면 그 상여·배당 등으로 처분된 금액을 취득가액에 더한다.(소령 163 ⑩ 2)

⑥ 부동산거래 신고가액이 확인되는 경우 의제취득가액

토지·건물 및 부동산에 관한 권리를 양도한 거주자가 그 자산 취득 당시 공인중개사의 업무 및 부동산 거래신고에 관한 법률에 따라 신고(주택법에 따른 주택 거래신고를 포함)한 실제거래가격을 관할 세무서장이 확인하는 방법(다만, 실제 거래가격이 전 소유자의 부동산 양도소득과세표준 예정신고 또는 확정신고 시의 양도가액과 동일한 경우에 한함)으로 실지거래가액을 확인한 사실이 있는 경우에는 이를 그 거주자의 취득 당시의 실지거래가액으로 본다. 다만, 다음의 어느 하나에 해당하는 경우에는 그러지 않는다(소법 97 ⑦).

㉠ 해당 자산에 대한 전 소유자의 양도가액이 경정되는 경우
㉡ 전 소유자의 해당 자산에 대한 양도소득세가 비과세되는 경우로서 실지거래가액보다 높은 가액으로 거래한 것으로 확인한 경우

3) 기타 필요경비

(1) 실지거래가액 등 적용시 필요경비 계산방법

① 자본적지출액

자본적지출액이란 다음 중 어느 하나에 해당하는 것(그 지출에 관한 신용카드매출전표, 현금영수증, 세금계산서 및 계산서 등 증명서류를 수취·보관하거나 실제 지출사실이 금융거래 증명서류에 의하여 확인되는 경우에 한정)을 말한다.(소령 163 ③)

㉠ 자본적지출액
㉡ 양도자산을 취득한 후 쟁송이 있는 경우에 그 소유권을 확보하기 위하여 직접 소요된 소송비용·화해비용 등의 금액으로서 그 지출한 연도의 각 소득금액의 계산에 있어서 필요경비에 산입된 것을 제외한 금액

ⓒ 「공익사업을 위한 토지 등의 취득 및 보상에 관한 법률」이나 그 밖의 법률에 따라 토지 등이 협의매수 또는 수용되는 경우로서 그 보상금의 증액과 관련하여 직접 소요된 소송비용·화해비용 등의 금액으로서 그 지출한 연도의 각 소득금액의 계산에 있어서 필요경비에 산입된 것을 제외한 금액. 이 경우 증액 보상금을 한도로 한다.

ⓓ 양도자산의 용도변경·개량 또는 이용 편의를 위하여 지출한 비용(재해·노후화 등 부득이한 사유로 인하여 건물을 재건축한 경우 그 철거비용을 포함)

ⓔ 「개발이익환수에 관한 법률」에 따른 개발부담금(개발부담금의 납부의무자와 양도자가 서로 다른 경우에는 양도자에게 사실상 배분될 개발부담금 상당액)

ⓕ 「재건축초과이익 환수에 관한 법률」에 따른 재건축부담금(재건축부담금의 납부의무자와 양도자가 서로 다른 경우에는 양도자에게 사실상 배분될 재건축부담금상당액)

ⓖ ⓐ에서 ⓕ에 준하는 비용으로서 기획재정부령이 정하는 것

② 양도비용

양도비용이란 다음 중 어느 하나에 해당하는 것으로서 그 지출에 관한 증명서류를 수취·보관하거나 실제 지출 사실이 금융거래 증명서류에 의하여 확인되는 경우를 말한다.(소령 163 ⑤)

㉠ 자산을 양도하기 위하여 직접 지출한 비용으로서 다음의 비용

ⓐ 「증권거래세법」에 따라 납부한 증권거래세
ⓑ 양도소득세과세표준 신고서 작성비용 및 계약서 작성비용
ⓒ 공증비용, 인지대 및 소개비
ⓓ 「하천법」·「댐건설 및 주변지역지원 등에 관한 법률」 그 밖의 법률에 따라 시행하는 사업으로 인하여 해당 사업구역 내의 토지소유자가 부담한 수익자부담금 등의 사업비용
ⓔ 토지이용의 편의를 위하여 지출한 장애철거비용
ⓕ 토지이용의 편의를 위하여 해당 토지 또는 해당 토지에 인접한 타인 소유의 토지에 도로를 신설한 경우의 그 시설비
ⓖ 토지이용의 편의를 위하여 해당 토지에 도로를 신설하여 국가 또는 지방자치단체에 이를 무상으로 공여한 경우의 그 도로로 된 토지의 취득당시 가액
ⓗ 사방사업에 소요된 비용
ⓘ 매매계약에 따른 인도의무를 이행하기 위해 양도자가 지출하는 명도비용
ⓙ ⓐ 내지 ⓘ의 비용과 유사한 비용

㉡ 자산을 취득함에 있어서 법령 등의 규정에 따라 매입한 국민주택채권 및 토지개발채권을 만기전에 양도함으로써 발생하는 매각차손. 이 경우 기획재정부령으로 정하는 금융기관(이하 "금융기관") 외의 자에게 양도한 경우에는 동일한 날에 금융기관에 양도하였을 경우 발생하는 매각차손을 한도로 한다.

(2) 기준시가 등 적용 시 필요경비개산공제

양도차익을 산정함에 있어 다음에 해당하는 사유로 취득가액을 실지거래가액 이외의 가액으로 계산하는 경우에는 그 취득가액(보유기간 중 감가상각비로서 사업소득금액 계산 시 필요경비에 산입하였거나 산입할 금액이 있을 때에는 취득가액에서 공제)에 각 자산별로 규정하고 있는 필요경비개산공제 금액을 가산한 금액을 필요경비로 한다. 다만, 취득가액을 환산취득가액으로 하는 경우로서 '환산취득가액 + 필요경비개산공제 금액'이 '자본적지출액 + 양도비용' 보다 적은 경우에는 '자본적지출액 + 양도비용'을 필요경비로 할 수 있다.

① 기준시가에 의해 양도차익을 산정하는 경우
② 실지거래가액에 의해 양도차익을 산정하는 경우로서 취득 당시의 실지거래가액을 인정 또는 확인할 수 없어 취득 당시의 매매사례가액, 감정가액 또는 환산취득가액을 그 취득가액으로 하는 경우(단, 의제취득일이 적용되는 자산에 대하여 실지거래가액과 물가상승률 해당 분의 합계액으로 계산하는 경우 제외)
③ 토지·건물 및 부동산에 관한 권리의 경우 관할 세무서장이 확인하는 방법에 의한 실제거래가액이 취득 당시 실지거래가액으로 인정되지 아니한 경우

> 필요경비 개산공제액
> ⓐ 토지 : 개별공시지가의 3%
> ⓑ 건물 : 국세청장이 산정 고시한 가액의 3%
> ③ 주택(부수토지 포함) : 개별주택가격 또는 공동주택가격의 3%
> ④ 지정지역 오피스텔·상업용 건물(부수토지 포함) : 국세청 기준시가의 3%
> ⑤ 상기 ⓐ·ⓑ 외의 일반건물 : 일반건물 기준시가의 3%
> ⑥ 부동산에 관한 권리
>   ㉠ 지상권, 전세권, 등기된 부동산임차권 : 취득당시 기준시가의 7%
>   ㉡ 부동산을 취득 할 수 있는 권리 및 기타자산 : 취득당시 기준시가의 1%
> ⑦ 미등기양도자산 : 취득당시 기준시가의 0.3%

➕ 참고 실지거래가액에 의한 양도가액 또는 취득가액

구분	납세자의 신고	정부의 결정·경정
양도가액	실지거래가액	• 원칙 : 실지거래가액 • 실가 불분명한 경우 : 매매사례가액, 감정가액 • 시가가 없는 경우 : 기준시가
취득가액	• 원칙 : 실지거래가액 • 실가 불분명한 경우 : 매매사례가액, 감정가액, 환산취득가액	• 원칙 : 실지거래가액 • 실가 불분명한 경우 : 매매사례가액, 감정가액, 환산취득가액 • 시가가 없는 경우 : 기준시가

> ⊕ 참고 취득가액 및 필요경비

취득유형 및 시기		취 득 가 액	기타필요경비
실지거래가액에 의하는 경우	의제 취득일전	의제취득가액 - 감가상각비 (물가상승율로 계산한 취득가액)	자본적지출액 + 양도비
	의제 취득일 이후	실지거래가액 - 감가상각비	자본적지출액 + 양도비
		등기부기재가액 - 감가상각비	자본적지출액 + 양도비
실지거래가액을 인정·확인할 수 없는 경우	의제 취득일전	매매사례가액·감정가액 ·환산취득가액	개산공제액
	의제 취득일 이후	매매사례가액·감정가액 ·환산취득가액	개산공제액

※ 취득가액이 불분명하여 환산취득가액 등으로 추계결정하는 경우에는 해당자산의 취득가액에서 감가상각비를 공제하지 아니함.

4. 배우자등에 대한 이월과세

1) 개요

거주자가 양도일부터 소급하여 10년 이내에 그 배우자(양도 당시 혼인관계가 소멸된 경우를 포함하되, 사망으로 혼인관계가 소멸된 경우는 제외) 또는 직계존비속으로부터 증여받은 토지 또는 건물이나 부동산을 취득할 수 있는 권리 및 특정시설물이용권의 양도차익을 계산할 때 양도가액에서 공제할 필요경비는 다음의 기준을 적용한다.(소법 97의2 ①)

① 취득가액은 거주자의 배우자 또는 직계존비속이 해당 자산을 취득할 당시의 금액으로 한다.
② 자본적지출액은 거주자의 배우자 또는 직계존비속이 해당 자산에 대하여 지출한 금액을 포함한다.
③ 거주자가 해당 자산에 대하여 납부하였거나 납부할 증여세 상당액이 있는 경우 필요경비에 산입한다.

2) 적용요건

(1) 배우자등

배우자 또는 직계존비속 간(이하 배우자등)의 증여는 증여 당시의 증여자와 수증자가 배우자등과 관계가 있음을 그 요건으로 할 뿐 해당 증여자산을 양도하는 당시에도 배우자 관계가 성립될 것을 요하지 않는다. 즉, 배우자로부터 자산을 증여받은 후 이혼으로 배우자 관계가 소멸된 경우를 포함한다. 다만, 사망으로 혼인관계가 소멸된 경우는 제외한다.

(2) 대상자산

배우자등에 대한 이월과세 규정은 토지, 건물, 특정시설물이용권의 양도차익 및 부동산을 취득할 수 있는 권리에 대하여 적용한다. 그러므로 주식 등 출자지분에 관해서는 증여 후 양도행위의 부인 규정을 적용한다.

(3) 10년 이내에 양도

증여일로부터 10년 이내에 양도한 경우에만 본 규정을 적용한다. 다만 사업인정고시일부터 소급하여 2년 이전에 증여받은 경우로서 「공익사업을 위한 토지 등의 취득 및 보상에 관한 법률」이나 그 밖의 법률에 따라 협의매수 또는 수용된 경우 외에는 양도가액에서 공제할 필요경비는 배우자등에 대한 이월 과세 규정 적용을 배제한다.

3) 적용효과

(1) 행위의 주체

배우자 등에 대한 이월 과세규정은 행위의 주체를 판단하는 규정이 아니라 취득가액의 기준을 판단하는 특례이므로 **취득가액은 증여자의 당초 취득가액으로 하되 양도소득세의 납세의무자는 수증자**로 한다. 또한 증여자와 수증자는 양도소득세에 대하여 연대납세의무는 지지 않는다.

(2) 증여세 상당액의 공제

배우자 등에 대한 이월과세 규정 적용 시 거주자가 증여받은 자산에 대하여 납부하였거나 납부할 증여세 상당액이 있는 경우에는 해당 **증여세 상당액을 필요경비에 산입**한다.

$$증여세상당세액의\ 계산 = 10년간\ 증여세\ 총산출세액 \times \frac{이월과세대상\ 증여세\ 과세가액}{10년간\ 증여세\ 과세가액}$$

4) 적용 배제

다음 중 어느 하나에 해당하는 경우에는 배우자 등에 대한 이월과세 규정을 적용하지 않는다.

① 사업인정고시일부터 소급하여 2년 이전에 증여받은 경우로서 「공익사업을 위한 토지 등의 취득 및 보상에 관한 법률」이나 그 밖의 법률에 따라 협의매수 또는 수용된 경우
② 1세대1주택 비과세대상 양도에 해당하게 되는 경우(양도소득의 비과세대상에서 제외되는 고가주택 및 부수토지를 포함)
③ 이월과세 규정을 적용하여 계산한 양도소득 결정세액이 이월과세 규정을 적용하지 아니하고 계산한 양도소득 결정세액보다 적은 경우

5. 가업상속공제 자산의 이월과세

「상속세 및 증여세법」에 따른 가업상속공제가 적용된 자산의 양도차익을 계산할 때 양도가액에서 공제할 필요경비는 실거래가에 따른 필요경비 규정에 따른다. 다만, 취득가액은 다음의 금액을 합한 금액으로 한다. (소법 97의2 ④)

① 피상속인의 취득가액 × 해당 자산가액 중 가업상속공제가 적용된 비율
② 상속개시일 현재 해당 자산가액 × (1 - 가업상속공제적용률)

Ⅲ 장기보유특별공제

1. 개요

장기보유특별공제액이란 양도소득 과세대상 자산(미등기양도자산은 제외)으로서 보유기간이 3년 이상인 토지, 건물 및 조합원입주권(조합원으로부터 취득한 것은 제외)에 대하여 그 자산의 양도차익에 법에서 정한 보유기간별 공제율을 곱하여 계산한 금액을 말한다. 다만, 1세대1주택(이에 딸린 토지를 포함)에 해당하는 자산의 경우에는 그 자산의 양도차익에 별도로 규정한 보유기간별 공제율을 곱하여 계산한 금액을 말하며, (소법 95 ②) 조정대상지역에 있는 다주택을 2년 이상 보유하는 경우 2022.5.10.부터 2025.5.9.까지 양도분에 한하여 장기보유특별공제를 적용한다.

2. 장기보유특별공제액

1) 장기보유특별공제액

1.에 따른 적용대상 양도자산에 대하여 다음 표에 따른 공제율을 곱하여 계산한다.

보유기간	장기보유특별공제율
	토지·건물
3년 이상 ~ 4년 미만	6%
4년 이상 ~ 5년 미만	8%
5년 이상 ~ 6년 미만	10%
6년 이상 ~ 7년 미만	12%
7년 이상 ~ 8년 미만	14%
8년 이상 ~ 9년 미만	16%
9년 이상 ~ 10년 미만	18%
10년 이상 ~ 11년 미만	20%
11년 이상 ~ 12년 미만	22%
12년 이상 ~ 13년 미만	24%
13년 이상 ~ 14년 미만	26%
14년 이상 ~ 15년 미만	28%
15년 이상	30%

2) 고가주택의 경우

(1) 원칙

1세대 1주택(이에 딸린 토지를 포함)에 해당하는 자산의 경우에는 그 자산의 양도차익에 다음 표에 따른 보유기간별 공제율을 곱하여 계산한 금액과 같은 표에 따른 거주기간별 공제율을 곱하여 계산한 금액을 합산한 것을 말한다.

보유기간	공제율	거주기간	공제율
3년 이상 ~ 4년 미만	12%	2년 이상 3년 미만 (보유기간 3년 이상에 한정 함)	8%
		3년 이상 4년 미만	12%
4년 이상 ~ 5년 미만	16%	4년 이상 ~ 5년 미만	16%
5년 이상 ~ 6년 미만	20%	5년 이상 ~ 6년 미만	20%
6년 이상 ~ 7년 미만	24%	6년 이상 ~ 7년 미만	24%
7년 이상 ~ 8년 미만	28%	7년 이상 ~ 8년 미만	28%
8년 이상 ~ 9년 미만	32%	8년 이상 ~ 9년 미만	32%
9년 이상 ~ 10년 미만	36%	9년 이상 ~ 10년 미만	36%
10년 이상	40%	10년 이상	40%

(2) 주택 아닌 건물을 주택으로 사용하는 경우 등(2025.1.1. 이후 시행)

주택이 아닌 건물을 사실상 주거용으로 사용하거나 공부상의 용도를 주택으로 변경하는 경우로서 그 자산이 1세대 1주택(이에 딸린 토지를 포함)에 해당하는 자산인 경우 장기보유 특별공제액은 그 자산의 양도차익에 다음의 보유기간별 공제율을 곱하여 계산한 금액과 거주기간별 공제율을 곱하여 계산한 금액을 합산한 것을 말한다(소법 95 ⑤).

① 보유기간별 공제율: 다음 계산식에 따라 계산한 공제율. 다만, 다음 계산식에 따라 계산한 공제율이 40%보다 큰 경우에는 40%로 한다.

> 주택이 아닌 건물로 보유한 기간에 해당하는 2-1)에 해당하는 보유기간별 공제율 + 주택으로 보유한 기간에 해당하는 2-2)-(1)에 해당하는 보유기간별 공제율

② 거주기간별 공제율: 다음 계산식에 따라 계산한 공제율

> 주택으로 보유한 기간 중 거주한 기간에 해당하는 2-2)-(1)에 따른 거주기간별 공제율

3. 보유기간 등의 계산

1) 원칙

장기보유특별공제 대상 자산의 보유기간은 그 자산의 취득일부터 양도일까지로 한다. 다만, 배우자등 이월공제의 경우에는 증여한 배우자 또는 직계존비속이 해당 자산을 취득한 날부터 기산(起算)하고, 가업상속공제가 적용된 비율에 해당하는 자산의 경우에는 피상속인이 해당 자산을 취득한 날부터 기산한다(소법 95 ④).

2) 사실상 주거용으로 사용하는 경우 등(2025.1.1. 이후 시행)

주택으로 보유한 기간은 해당 자산을 사실상 주거용으로 사용한 날부터 기산한다. 다만, 사실상 주거용으로 사용한 날이 분명하지 아니한 경우에는 그 자산의 공부상 용도를 주택으로 변경한 날부터 기산한다(소법 95 ⑥).

3) 공동상속주택의 거주기간

공동상속주택의 거주기간은 해당 주택에 거주한 공동상속인의 거주기간 중 가장 긴 기간으로 한다(소령 159의4 ②).

Ⅳ 구분계산 및 결손금의 통산

1. 양도소득금액의 구분 계산 등

양도소득금액은 다음의 소득별로 구분하여 계산한다. 이 경우 소득금액을 계산할 때 발생하는 결손금은 다른 소득금액과 합산하지 않는다.(소법 102 ①)

① 토지, 건물, 부동산에 관한 자산, 기타자산
② 주식 또는 출자지분
③ 파생상품 등의 거래 또는 행위로 발생하는 소득

2. 양도차손의 통산 등

양도소득금액을 계산할 때 양도차손이 발생한 자산이 있는 경우에는 해당 자산 외의 다른 자산에서 발생한 양도소득금액에서 그 양도차손을 공제한다. 이 경우 공제방법은 양도소득금액의 세율 등을 고려하여 다음과 같이 정한다.(소법 102 ②)

① 양도차손이 발생한 자산과 같은 그룹의 같은 세율을 적용받는 자산의 양도소득금액
② 양도차손이 발생한 자산과 다른 세율을 적용받는 자산의 양도소득금액. 이 경우 다른 세율을 적용받는 자산의 양도소득금액이 2 이상인 경우에는 각 세율별 양도소득금액의 합계액에서 당해 양도소득금액이 차지하는 비율로 안분하여 공제한다.

감면소득금액을 계산함에 있어서 양도소득금액에 감면소득금액이 포함되어 있는 경우에는 순 양도소득금액(감면소득금액을 제외한 부분)과 감면소득금액이 차지하는 비율로 안분하여 당해 양도차손을 공제한 것으로 보아 감면소득금액에서 당해 양도차손 해당분을 공제한 금액을 감면소득금액으로 본다.(소령 167의2 ②)

V 양도차익 및 양도소득 산정의 특례

1. 고가주택에 대한 양도차익 등의 계산

① 고가주택에 해당하는 자산에 적용할 양도차익

$$양도차익 \times \frac{양도가액 - 12억원}{양도가액}$$

② 고가주택에 해당하는 자산에 적용할 장기보유특별공제액

$$장기보유특별공제액 \times \frac{양도가액 - 12억원}{양도가액}$$

2. 직전거주주택보유주택 등의 양도소득금액 계산 특례

1) 원칙

$$양도소득금액 \times \frac{직전거주주택의\ 양도\ 당시\ 직전거주주택보유주택\ 등의\ 기준시가 - 직전거주주택보유주택\ 등의\ 취득\ 당시의\ 기준시가}{직전거주주택보유주택\ 등의\ 양도당시의\ 기준시가 - 직전거주주택보유주택\ 등의\ 취득\ 당시의\ 기준시가}$$

2) 고가주택의 경우 계산 특례

직전거주주택보유주택 등이 고가주택인 경우 해당 직전거주주택보유주택 등의 양도소득금액은 다음의 계산식에 따라 계산한 금액을 합산한 금액으로 한다.(소령 161 ②)

(1) 직전거주주택 양도일 이전 보유기간분 양도소득금액

$$양도소득금액 \times \frac{직전거주주택의\ 양도\ 당시\ 직전거주주택보유주택\ 등의\ 기준시가 - 직전거주주택보유주택\ 등의\ 취득\ 당시의\ 기준시가}{직전거주주택보유주택\ 등의\ 양도당시의\ 기준시가 - 직전거주주택보유주택\ 등의\ 취득\ 당시의\ 기준시가}$$

(2) 직전거주주택 양도일 이후 보유기간분 양도소득금액

$$양도소득금액 \times \frac{직전거주주택보유주택\ 등의\ 양도당시의\ 기준시가 - 직전거주주택의\ 양도\ 당시\ 직전거주주택보유주택\ 등의\ 기준시가}{직전거주주택보유주택\ 등의\ 양도당시의\ 기준시가 - 직전거주주택보유주택\ 등의\ 취득\ 당시의\ 기준시가} \times \frac{양도가액 - 12억원}{양도가액}$$

3. 부담부증여에 대한 양도차익의 계산

부담부증여(負擔附贈與)에 있어서 **증여자의 채무를 수증자(受贈者)가 인수하는 경우에는 증여가액 중 그 채무액에 상당하는 부분은 그 자산이 유상으로 사실상 이전되는 것으로 본다.**(소법 88 ①) 부담부증여의 경우 양도로 보는 부분에 대한 양도차익을 계산함에 있어서 그 취득가액 및 양도가액은 다음에 따른다.(소령 159 ①)

1) 취득가액

해당 자산의 취득가액에 증여가액 중 채무액에 상당하는 부분이 차지하는 비율을 곱하여 계산한 가액

2) 양도가액

「상속세 및 증여세법」 규정에 따라 평가한 가액에 증여가액 중 채무액에 상당하는 부분이 차지하는 비율을 곱하여 계산한 가액

> ⊕ 참고 **부담부증여의 양도차익 산정**
>
> $$\text{양도로 보는 부분의 양도가액(또는 취득가액)} = \text{해당자산의 가액}^{*1} \times \frac{\text{채무액}}{\text{증여가액}^{*2}}$$

*1 ① 양도시 : 상속세 및 증여세법에 따른 평가액
　② 취득시 : 실지거래가액(실지거래가액을 알 수 없는 경우 매매사례가액, 감정가액, 환산취득가액의 순서로 적용)
*2 증여가액 : 상속세및증여세법에 따른 평가액

양도소득세 과세대상에 해당하는 자산과 해당하지 않는 자산을 함께 부담부 증여하는 경우로서 증여자의 채무를 수증자가 인수하는 경우 채무액은 다음 계산식에 따라 계산한 금액으로 한다.(소령 159 ②)

$$\text{채무액} = \text{총 채무액} \times \frac{\text{과세대상 자산가액}}{\text{총 증여 자산가액}}$$

4. 파생상품등에 대한 양도차익 등의 계산

1) 선물에 대한 양도차익

```
1계약의 손익 =
[(계약체결일의 약정가격 × (A) + (반대거래 계약체결일의 약정가격 또는 최종결제가격) × (A)] × (B)
① (A) 거래방향상수
   ㉠ 매도미결제약정 체결·매수미결제약정 만기도래 = +1
   ㉡ 매수미결제약정 체결·매도미결제약정 만기도래 = -1
② (B) 거래승수: (코스피200선물) 50만원
```

2) 옵션에 대한 양도차익

① 1계약의 반대매매 상계시 손익 : (매도한 옵션의 옵션가격 −매수한 옵션의 옵션가격)×(C)
② 1계약의 만기 도래시 손익 :
{Max[(권리행사결제기준가격 −행사가격)×(A), 0] −옵션가격}×(B)×(C)
(A) 권리행사유형상수: (콜옵션) +1, (풋옵션) −1
(B) 거래방향상수: (매수) +1, (매도) −1
(C) 거래승수: (코스피200옵션) 50만원

5. 양도소득의 부당행위계산

1) 개요

납세지 관할 세무서장 또는 지방국세청장은 양도소득이 있는 거주자의 행위 또는 계산이 그 거주자의 특수관계인과의 거래로 인하여 그 소득에 대한 조세부담을 부당하게 감소시킨 것으로 인정되는 경우에는 그 거주자의 행위 또는 계산과 관계없이 해당 과세기간의 소득금액을 계산할 수 있다.(소법 101 ①)

2) 적용요건

"조세부담을 부당하게 감소시킨 것으로 인정되는 경우"라 함은 다음의 어느 하나에 해당하는 경우를 말한다. 다만, 시가와 거래가액의 차액이 3억원 이상이거나 시가의 5%에 상당하는 금액 이상인 경우에 한한다.(소령 167 ③)

① 특수관계인으로부터 시가보다 높은 가격으로 자산을 매입하거나 특수관계 있는 자에게 시가보다 낮은 가격으로 자산을 양도한 경우
② 그 밖에 특수관계인과의 거래로 해당 연도의 양도가액 또는 필요경비의 계산시 조세의 부담을 부당하게 감소시킨 것으로 인정되는 경우

3) 적용효과

특수관계인과의 거래에 있어서 토지 등을 시가를 초과하여 취득하거나 시가에 미달하게 양도함으로써 조세의 부담을 부당히 감소시킨 것으로 인정되는 때에는 그 **취득가액 또는 양도가액을 시가에 의하여 계산**한다.(소령 167 ④)

4) 적용배제

개인과 법인간에 재산을 양수 또는 양도하는 경우로서 그 대가가 「법인세법 시행령」에 의한 가액에 해당되어 당해 법인의 거래에 대하여 「법인세법」규정이 적용되지 않는 경우에는 양도소득에 대한 부당행위계산의 규정을 적용하지 않는다. 다만, 거짓 그 밖의 부정한 방법으로 양도소득세를 감소시킨 것으로 인정되는 경우에는 그러지 않는다.(소령 167 ⑥)

6. 증여 후 양도행위의 부인

1) 개요

거주자가 특수관계인(이월과세를 적용받는 배우자 및 직계존비속의 경우는 제외)에게 자산을 증여한 후 그 자산을 증여받은 자가 그 증여일부터 10년 이내에 다시 타인에게 양도한 경우로서 ①에 따른 세액이 ②에 따른 세액보다 적은 경우에는 증여자가 그 자산을 직접 양도한 것으로 본다. 다만, 양도소득이 해당 수증자에게 실질적으로 귀속된 경우에는 그러지 않는다.(소법 101 ②)

① 증여받은 자의 증여세(「상속세 및 증여세법」에 따른 산출세액에서 공제·감면세액을 뺀 세액을)와 양도소득세(이 법에 따른 산출세액에서 공제·감면세액을 뺀 결정세액)를 합한 세액
② 증여자가 직접 양도하는 경우로 보아 계산한 양도소득세

2) 적용효과

(1) 행위의 주체

증여후 양도행위의 부인 규정은 기존의 증여행위를 부인하고 실질과세원칙에 따라 양도소득금액을 새로 산출하여 과세하는것이 목적이므로 기존의 증여행위가 부인이 된다면 최초 취득 시기는 증여자가 자산을 취득한 시점으로 보게 된다. 따라서 **양도자는 증여자가 되고 증여자의 취득가액 및 취득 시기를 기준으로 양도소득세를 적용**한다.

(2) 증여세 미부과

증여자에게 양도소득세가 과세되는 경우에는 당초 증여받은 자산에 대해서는 「상속세 및 증여세법」의 규정에도 불구하고 증여세를 부과하지 않는다.(소법 101 ③) 따라서 이미 수증자에게 증여세가 부과된 경우에는 그 부과를 취소하고 수증자에게 환급하여야 하며, 수증자가 타인에게 양도한 것으로 계산하여 직접 납부한 양도소득세는 이를 환급하고, 만일 동 양도소득세를 사실상 증여자가 부담한 것으로 확인되는 경우에는 그 양도소득세를 증여자의 기납부세액으로 공제한다.

(3) 연대납세의무

본 규정에 의해 증여자에게 과세하는 양도소득세에 대하여는 그 증여자와 수증자가 연대하여 납세의무를 진다.(소법 2의2 ④) 이는 재산이 없는 증여자에게 양도소득세를 징수하지 못하는 제도상의 허점을 악용하여 세부담을 회피하는 사례를 방지하기 위함이다.

제6절 과세표준 및 세액의 계산(중과세 포함)

I 과세표준의 계산

1. 개요

양도소득과세표준은 다음의 순서에 따라 계산한다(소법 92 ②).
① 양도차익: 양도가액에서 필요경비를 공제하여 계산
② 양도소득금액: ①의 양도차익에서 장기보유 특별공제액을 공제하여 계산
③ 양도소득과세표준: ②의 양도소득금액에서 양도소득 기본공제액을 공제하여 계산

> 과세표준 = 양도소득금액-양도소득 기본공제

2. 양도소득 기본공제

1) 원칙

양도소득이 있는 거주자에 대해서는 다음의 소득별로 해당 과세기간의 양도소득금액에서 각각 연 250만원을 공제한다.(소법 103 ①)

① 토지와 건물, 부동산에 관한 권리 및 기타자산의 양도소득. 다만, 미등기 양도 자산의 양도소득금액에 대해서는 그러지 않는다.
② 주식 및 출자지분의 양도소득
③ 파생상품등의 거래 또는 행위로 발생하는 소득

2) 특례

양도소득 기본공제를 적용할 때 양도소득금액에 소득세법 또는 「조세특례제한법」이나 그 밖의 법률에 따른 감면소득금액이 있는 경우에는 그 감면소득금액 외의 양도소득금액에서 먼저 공제하고, 감면소득금액 외의 양도소득금액 중에서는 해당 과세기간에 먼저 양도한 자산의 양도소득금액에서부터 순서대로 공제한다.(소법 103 ②)

II 세액의 계산

1. 개요

거주자의 양도소득세는 해당 과세기간의 양도소득과세표준에 다음의 세율을 적용하여 계산한 금액(이하 "양도소득 산출세액"이라 함)을 그 세액으로 한다. 이 경우 하나의 자산이 다음에 따른 세율 중 둘 이상에 해당할 때에는 해당 세율을 적용하여 계산한 양도소득 산출세액 중 큰 것을 그 세액으로 한다(소법 104 ①).

구분		대상자산		양도소득세율
토지·건물 부동산에 관한 권리		1년 미만 보유		50% (주택, 조합입주권 및 분양권의 경우는 70%)
		1년 이상 보유		40% (주택, 조합원입주권 및 분양권의 경우 60%)
		2년 이상 보유		기본세율(분양권의 경우 60%)
		비사업용 토지		기본세율 + 10%
		미등기 양도자산		70%
		조정대상지역 내 주택		① 2년 이상 보유 다만, 이경우 2022.5.10.부터 2025.5.9.까지 양도분에 한하여 기본세율 및 장기보유특별공제를 적용한다. ㉠ 1세대 2주택 : 기본세율 + 20% ㉡ 1세대 3주택 이상 : 기본세율 + 30% ② 2년 미만 보유 Max[㉠ 산출세액, ㉡ 산출세액] ㉠ ①에 따른 세율 ㉡ 60%(1년 미만 70%)
		토지 투기지역 내 비사업용 토지		① 2년 이상 보유 비사업용 토지 기본세율 + 10% ② 2년 미만 보유 Max[㉠ 산출세액, ㉡ 산출세액] ㉠ ①에 따른 세율 ㉡ 40% 또는 50%
기타자산		영업권, 이축권, 특정시설물 이용권, 특정주식, 비사업용 토지 과다보유법인 주식		기본세율 (비사업용토지 과다보유법인 주식의 경우 10%p 추가)
주식 및 출자지분	국내주식	중소기업 주식		① 대주주 : 20%(3억초과분 25%) ② 대주주 외 : 10%
		중소기업 외 주식		① 대주주 ㉠ 1년 미만 보유 : 30% ㉡ 1년 이상 보유 : 20%(3억초과분 25%) ② 대주주 외 : 20%
	국외주식	중소기업 주식		10%
		중소기업 외 주식		20%
파생상품				10%
신탁수익권				20%(3억초과분 25%)

2. 양도소득세액 계산순서

양도소득세액은 이 법에 특별한 규정이 있는 경우를 제외하고는 다음의 순서에 따라 계산한다(소법 92 ③).

① 양도소득 산출세액: 양도소득과세표준에 양도소득세율을 적용하여 계산
② 양도소득 결정세액: ①의 양도소득 산출세액에서 감면되는 세액이 있을 때에는 이를 공제하여 계산
③ 양도소득 총결정세액: ②의 양도소득 결정세액에 감정가액 또는 환산취득가액 적용에 따른 가산세, 주식 등에 대한 장부의 비치·기록의무 및 기장 불성실가산세 및 「국세기본법」에 따른 무신고가산세, 과소신고·초과환급신고가산세, 납부지연가산세를 더하여 계산

3. 자산이 둘 이상의 세율에 해당하는 경우

하나의 자산이 위의 세율 중 둘 이상에 해당할 때에는 해당 세율을 적용하여 계산한 양도소득 산출세액 중 큰 것을 그 세액으로 한다.

4. 특정 자산을 둘 이상 양도하는 경우

해당 과세기간에 토지·건물, 부동산에 관한 권리 및 기타자산을 둘 이상 양도하는 경우 양도소득 산출세액은 다음의 금액 중 큰 것(이 법 또는 다른 조세에 관한 법률에 따른 양도소득세 감면액이 있는 경우에는 해당 감면세액을 차감한 세액이 더 큰 경우의 산출세액)으로 한다. 이 경우 ②의 금액을 계산할 때 부동산과다보유법인 주식 및 특정 업종 영위법인 주식은 동일한 자산으로 보고, 한 필지의 토지가 비사업용 토지와 그 외의 토지로 구분되는 경우에는 각각을 별개의 자산으로 보아 양도소득 산출세액을 계산한다.

① 해당 과세기간의 양도소득과세표준 합계액에 대하여 일반누진세율을 적용하여 계산한 양도소득 산출세액
② 자산별 양도소득 산출세액 합계액

Ⅲ 중과세

1. 미등기 양도자산

"미등기양도자산"이란 토지, 건축물을 취득한 자가 그 자산 취득에 관한 등기를 하지 아니하고 양도하는 것을 말한다. 다만, 다음에 해당하는 자산은 제외한다(소령 168조 ①).

① 장기할부조건으로 취득한 자산으로서 그 계약조건에 의하여 양도 당시 그 자산의 취득에 관한 등기가 불가능한 자산
② 법률의 규정 또는 법원의 결정에 의하여 양도 당시 그 자산의 취득에 관한 등기가 불가능한 자산
③ 비과세요건을 갖춘 교환, 분합하는 농지, 대토하는 농지 및 감면 요건을 갖춘 농지
④ 1세대1주택 및 법에서 정하는 일시적 1세대2주택으로서 「건축법」에 의한 건축 허가를 받지 않아 등기가 불가능한 자산
⑤ 「도시개발법」에 따른 도시개발사업이 종료되지 않아 토지 취득등기를 하지 아니하고 양도하는 토지
⑥ 건설업자가 「도시개발법」에 따라 공사용역 대가로 취득한 체비지를 토지구획환지처분공고 전에 양도하는 토지

2. 비사업용 토지

"비사업용 토지"란 해당 토지를 소유하는 기간 중 법정 기간 동안 거주자의 거주 또는 사업과 직접 관련이 없다고 인정할 만한 상당한 이유가 있는 토지를 말한다. (소령 제168조의6)

제7절 신고, 납부

I 양도소득과세표준 예정신고

1. 의의

양도소득세 과세대상 자산(외국법인이 발행하였거나 외국에 있는 시장에 상장된 주식과 파생상품등의 거래 또는 행위로 발생하는 소득은 제외)을 양도한 거주자는 양도소득과세표준을 다음의 구분에 따른 기간에 납세지 관할 세무서장에게 신고하여야 한다.(소법 105 ①)

① 부동산, 부동산에 관한 권리, 기타자산을 양도한 경우에는 그 양도일이 속하는 달의 말일부터 2개월. 다만, 「국토의 계획 및 이용에 관한 법률」에 따른 토지거래계약에 관한 허가구역에 있는 토지를 양도할 때 토지거래계약허가를 받기 전에 대금을 청산한 경우에는 그 허가일 (토지거래계약허가를 받기 전에 허가구역의 지정이 해제된 경우에는 그 해제일)이 속하는 달의 말일부터 2개월로 한다.
② 주식 및 출자지분(주권상장 · 비상장법인 주식)을 양도한 경우에는 그 양도일이 속하는 반기의 말일부터 2개월
③ 부담부증여의 채무액에 해당하는 부분으로서 양도로 보는 경우에는 그 양도일이 속하는 달의 말일부터 3개월

양도소득과세표준 예정신고는 양도차익이 없거나 양도차손이 발생한 경우에도 적용한다.(소법 105 ③)

2. 산출세액의 계산

1) 예정신고 산출세액의 계산

예정신고납부를 할 때 납부할 세액은 그 양도차익에서 장기보유특별공제 · 양도소득기본공제를 한 금액에 자산별 양도소득 세율을 적용하여 다음과 같이 계산한 금액을 그 산출세액으로 한다(소법 107 ①, ③).

> 예정신고 산출세액 = 양도소득과세표준 × 세 율
> 양도소득과세표준 = 양도차익 - 장기보유특별공제 - 양도소득기본공제

2) 2회 이상 예정신고시의 산출세액의 계산

해당 과세기간에 누진세율 적용대상 자산에 대한 예정신고를 2회 이상 하는 경우로서 거주자가 이미 신고한 양도소득금액과 합산하여 신고하려는 경우에는 다음 계산식에 따라 계산한 금액을 제2회 이후 신고하는 예정신고 산출세액으로 한다(소법 107 ②).

> 예정신고산출세액 = {(기신고한 양도소득금액 + 제2회 이후 신고하는 양도소득금액 - 양도소득기본공제액) × 해당세율} - 기신고한 예정신고산출세액

II 양도소득과세표준확정신고

1. 확정신고

1) 원칙

해당 과세기간의 양도소득금액이 있는 거주자는 그 양도소득과세표준을 그 과세기간의 다음 연도 5월 1일부터 5월 31일까지*납세지 관할 세무서장에게 신고하여야 한다.(소법 110①)

* 토지거래허가전에 잔금을 청산한 경우에는 토지거래계약에 관한 허가일 (토지거래계약허가를 받기 전에 허가구역의 지정이 해제된 경우에는 그 해제일)이 속하는 과세기간의 다음 연도 5월 1일부터 5월 31일까지

2) 특례(신고의무의 면제)

확정신고는 해당 과세기간의 과세표준이 없거나 결손금액이 있는 경우에도 적용한다.(소법 110 ②) 그러나 예정신고를 한 자는 해당 소득에 대한 확정신고를 하지 아니할 수 있다. 다만, 해당 과세기간에 누진세율 적용대상 자산에 대한 예정신고를 2회 이상 하는 경우 등으로서 다음에 해당하는 경우에는 그러지 않는다.(소령 173 ⑤)

① 당해연도에 누진세율의 적용대상 자산에 대한 예정신고를 2회 이상 한 자가 이미 신고한 양도소득금액과 합산하여 신고하지 않은 경우
② 토지, 건물, 부동산에 관한 권리 및 기타자산을 2회 이상 양도한 경우로서 양도소득 기본공제를 감면소득금액 외의 양도소득금액에서 먼저 공제하고 감면소득금액 외의 양도소득금액 중에서는 먼저 양도한 자산의 양도소득금액에서부터 공제함에 따라 당초 신고한 양도소득산출세액이 달라지는 경우
③ 국내 상장·비상장주식 등을 2회 이상 양도한 경우로서 법에서 규정한 양도소득기본공제 순서를 적용함에 따라 당초 신고한 양도소득산출세액이 달라지는 경우
④ 토지, 건물, 부동산에 관한 권리 및 기타자산을 2회 이상 양도한 경우로서 자산을 둘 이상 양도하는 경우 산출세액 비교 과세 규정에 따라 신고하지 않은 경우

2. 자진납부

1) 원칙

거주자는 해당 과세기간의 과세표준에 대한 양도소득 산출세액에서 감면세액과 세액공제액을 공제한 금액을 확정신고기한까지 납세지 관할 세무서, 한국은행 또는 체신관서에 납부하여야 한다.(소법 111 ①)

2) 분할납부

거주자로서 양도소득세 예정 또는 확정신고에 따라 납부할 세액이 각각 1천만원을 초과하는 자는 다음과 같이 그 납부할 세액의 일부를 납부기한이 지난 후 2개월 이내에 분할납부할 수 있다.(소법 112)

납부할 세액	분납세액	분납기한
1,000만원 초과 2,000만원 이하	납부할 세액 - 1,000만원	납부기한 경과 후 2개월 이내
2,000만원 초과	납부할 세액 × 50%	

3. 세액의 계산

확정신고납부를 하는 경우 예정신고 산출세액, 결정·경정한 세액 또는 수시부과 세액이 있을 때에는 이를 공제하여 납부한다.

Ⅲ 추가 신고납부 특례

확정신고기한이 지난 후에 「법인세법」에 따라 법인이 법인세 과세표준을 신고하거나 세무서장이 법인세과세표준을 결정 또는 경정할 때 익금에 산입한 금액이 배당·상여 또는 기타소득으로 처분됨으로써 확정신고를 한 자가 양도소득금액에 변동이 발생하여 추가신고 및 납부가 필요하게 되는 경우 해당 법인(거주자가 통지를 받은 경우에는 해당 거주자)이 소득금액 변동통지서를 받은 날(「법인세법」에 따라 법인이 신고하여 양도소득금액이 변동한 경우에는 해당 법인의 법인세 신고기일)이 속하는 달의 다음다음 달 말일까지 추가신고 납부(환급신고를 포함)한 때에는 기한까지 신고납부한 것으로 본다(소령 173 ③).

Ⅳ 양도소득과세표준과 세액의 결정·경정 및 통지

1. 개요

납세지 관할 세무서장 또는 지방국세청장은 예정신고를 하여야 할 자 또는 확정신고를 하여야 할 자가 그 신고를 하지 않은 경우에는 해당 거주자의 양도소득과세표준과 세액을 결정한다.(소법 114 ①) 또한 예정신고를 한 자 또는 확정신고를 한 자의 신고 내용에 탈루 또는 오류가 있는 경우에는 양도소득과세표준과 세액을 경정한다.(소법 114 ②)

2. 결정, 경정의 방법

1) 원칙

납세지 관할 세무서장 또는 지방국세청장은 양도소득과세표준과 세액을 결정 또는 경정하는 경우, 그 양도가액 또는 취득가액은 앞에서 서술된 양도가액과 취득가액의 산정 기준에 따라야 한다.(소법 제114조 ④)

2) 실지거래가액이 불분명한 경우의 추계결정·경정

양도가액 또는 취득가액을 실지거래가액에 따라 정하는 경우로서 다음에 해당하는 사유로 장부나 그 밖의 증명서류에 의하여 해당 자산의 양도 당시 또는 취득 당시의 실지거래가액을 인정 또는 확인할 수 없는 경우에는 양도가액 또는 취득가액을 매매사례가액, 감정가액, 환산취득가액(실지거래가액·매매사례가액 또는 감정가액을 대통령령으로 정하는 방법에 따라 환산한 가액) 또는 기준시가 등에 따라 추계조사하여 결정 또는 경정할 수 있다(소법 114 ⑦, 소령 176의2 ①).

① 양도 또는 취득 당시의 실지거래가액의 확인을 위하여 필요한 장부·매매계약서·영수증 기타 증빙서류가 없거나 그 중요한 부분이 미비된 경우
② 장부·매매계약서·영수증 기타 증빙서류의 내용이 매매사례가액, 「감정평가 및 감정평가사에 관한 법률」에 따른 감정평가법인등이 평가한 감정가액 등에 비추어 거짓임이 명백한 경우

3. 양도소득세 결정·경정의 통지(소령 177)

양도소득과세표준과 세액의 통지에 있어서는 과세표준과 세율·세액 기타 필요한 사항을 납부고지서에 기재하여 서면으로 통지하여야 한다. 이 경우에 지방국세청장이 과세표준과 세액을 결정 또는 경정한 것은 그 뜻을 부기하여야 한다. 이 규정은 납부할 세액이 없는 경우에도 적용하며 납세지 관할 세무서장은 피상속인의 양도소득세를 2인 이상의 상속인에게 부과하는 경우에는 과세표준과 세액을 그 지분에 따라 배분하여 상속인별로 각각 통지하여야 한다.

V 양도소득세의 징수 및 환급

1. 징수

납세지 관할 세무서장은 거주자가 해당 과세기간의 양도소득세로 납부하여야 할 세액의 전부 또는 일부를 납부하지 아니한 경우에는 그 미납된 부분의 양도소득세액을 그 납부기한이 지난날부터 3개월 이내에 징수한다. 예정 신고납부세액의 경우에도 또한 같다.(소법 116 ①) 또한 납세지 관할 세무서장은 양도소득과세표준과 세액을 결정 또는 경정한 경우 양도소득 총 결정세액이 다음 금액의 합계액을 초과할 때에는 그 초과하는 세액(이하 "추가 납부세액")을 해당 거주자에게 알린 날부터 30일 이내에 징수한다.(소법 116 ②)

① 예정신고납부세액과 확정신고납부세액
② 미납된 부분의 양도소득세액
③ 수시부과세액

④ 비거주자의 국내원천 양도소득에 대한 원천징수세액

2. 환급

납세지 관할 세무서장은 과세기간별로 기납부세액의 합계액이 양도소득 총결정세액을 초과할 때에는 그 초과하는 세액을 환급하거나 다른 국세·강제징수비에 충당하여야 한다. (소법 117)

Ⅵ 주식 등에 대한 장부의 비치·기록의무 및 기장 불성실가산세

구분	기장불성실가산세
일반적인 경우	산출세액 × 무기장·누락기장 소득금액/양도소득금액 × 10%
산출세액이 없는 경우	거래금액 × 0.07%

Ⅶ 감정가액 또는 환산취득가액 적용에 따른 가산세

거주자가 건물을 신축 또는 증축(증축의 경우 바닥면적 합계가 85제곱미터를 초과하는 경우에 한정)하고 그 건물의 취득일 또는 증축일부터 5년 이내에 해당 건물을 양도하는 경우로서 감정가액 또는 환산취득가액을 그 취득가액으로 하는 경우에는 해당 건물의 감정가액(증축의 경우 증축한 부분에 한정) 또는 환산취득가액(증축의 경우 증축한 부분에 한정)의 5%에 해당하는 금액을 양도소득 결정세액에 더한다. 이 규정은 양도소득 산출세액이 없는 경우에도 적용한다(소법 114의2).

제8절 국외자산 양도에 따른 양도소득세

I 국외자산 양도소득의 범위

1. 납세의무자

해당 자산의 양도일까지 계속 5년 이상 국내에 주소 또는 거소를 둔 거주자만 국외자산 양도에 따른 양도소득세 납세의무자에 해당한다.(소법 118의2)

2. 국외자산 양도소득의 범위

1) 원칙

국외에 있는 자산의 양도에 대한 양도소득은 해당 과세기간에 국외에 있는 자산을 양도함으로써 발생하는 다음의 소득으로 한다.(소법 118의2)

① 토지 또는 건물의 양도로 발생하는 소득
② 다음에 해당하는 부동산에 관한 권리(미등기 양도자산 포함)의 양도로 발생하는 소득
  ㉠ 지상권·전세권과 부동산임차권
  ㉡ 부동산을 취득할 수 있는 권리(건물이 완성되는 때에 그 건물과 이에 부수되는 토지를 취득할 수 있는 권리를 포함)
③ 그 밖에 국외에 있는 자산으로서 기타자산의 양도로 발생하는 소득

2) 양도소득 범위에서 제외되는 경우

원칙에 따른 소득이 국외에서 외화를 차입하여 취득한 자산을 양도하여 발생하는 소득으로서 환율변동으로 인하여 외화 차입금으로부터 발생하는 환차익을 포함하고 있는 경우에는 해당 환차익을 양도소득의 범위에서 제외한다.

II 국외자산의 양도가액 및 필요경비등

1. 양도가액

1) 원칙

국외자산의 양도가액은 그 자산의 양도 당시의 실지거래가액으로 한다.

2) 예외

(1) 양도 당시의 실지거래가액을 확인할 수 없는 경우

양도 당시의 실지거래가액을 확인할 수 없는 경우에는 양도자산이 소재하는 국가의 양도 당시 현황을 반영한 시가에 따른다.(소령 178의3 ①)

(2) 시가를 산정하기 어려운 경우

시가를 산정하기 어려울 때에는 그 자산의 종류, 규모, 거래상황 등을 고려하여 「상속세 및 증여세법」 규정을 준용하여 산정한다.

2. 필요경비 등

국외자산의 양도에 대한 양도차익을 계산할 때 양도가액에서 공제하는 필요경비는 다음의 금액을 합한 것으로 한다.(소법 118의4 ①)

1) 취득가액

해당 자산의 취득에 든 실지거래가액. 다만, 취득 당시의 실지거래가액을 확인할 수 없는 경우에는 양도자산이 소재하는 국가의 취득 당시의 현황을 반영한 시가에 따르되, 시가를 산정하기 어려울 때에는 그 자산의 종류, 규모, 거래상황 등을 고려하여 「상속세 및 증여세법」 규정을 준용하여 취득가액을 산정한다.

2) 자본적지출액

3) 양도비용

3. 외화환산

양도차익을 계산함에 있어서는 양도가액 및 필요경비를 수령하거나 지출한 날 현재 「외국환거래법」에 의한 기준환율 또는 재정환율에 의하여 계산한다.(소령 178의5 ①) 해당 규정을 적용함에 있어서 장기할부조건의 경우에는 양도일 및 취득일을 양도가액 또는 취득가액을 수령하거나 지출한 날로 본다.(소령 178의5 ②)

Ⅲ 국외자산의 산출세액

1. 기본공제

국외에 있는 자산의 양도에 대한 양도소득이 있는 거주자에 대해서는 해당 과세기간의 양도소득금액에서 각각 연 250만원을 공제한다.(소법 118의7 ①)

2. 세율

국외자산의 양도소득에 대한 소득세는 해당 과세기간의 양도소득과세표준에 거주자의 일반누진 세율을 적용하여 계산한 금액을 그 세액으로 한다.(소법 118의5 ①)

3. 국외자산 양도소득에 대한 외국 납부세액의 공제

국외자산의 양도소득에 대하여 해당 외국에서 과세를 하는 경우 그 양도소득에 대하여 국외자산 양도소득에 대한 세액(이하 "국외자산 양도소득세액")을 납부하였거나 납부할 것이 있을 때에는 세액공제법과 필요경비 산입방법 중 하나를 선택하여 적용 할 수 있다(소법 118의6 ①).

4. 국외자산 양도소득 기본공제

국외자산의 양도에 대한 양도소득이 있는 거주자에 대해서는 해당 과세기간의 양도소득금액에서 연 250만원을 공제한다. 이 규정을 적용할 때 해당 과세기간의 양도소득금액에 이 법 또는 「조세특례제한법」이나 그 밖의 법률에 따른 감면소득금액이 있는 경우에는 감면소득금액 외의 양도소득금액에서 먼저 공제하고, 감면소득금액 외의 양도소득금액 중에서는 해당 과세기간에 먼저 양도하는 자산의 양도소득금액에서부터 순서대로 공제한다.(소법 118의7 ①, ②)

제 9 절 거주자의 출국 시 국내 주식 등에 대한 과세특례

I 거주자의 출국 시 납세의무

다음의 요건을 모두 갖추어 출국하는 거주자(이하 "국외전출자")는 출국 당시 소유한 국내 주권상장법인의 대주주가 양도하는 주식, 장외거래되는 상장법인 주식, 부동산과다법인주식, 특정업종영위 주식 등을 출국일에 양도한 것으로 보아 양도소득에 대하여 소득세를 납부할 의무가 있다.(소법 118의9)

① 출국일 10년 전부터 출국일까지의 기간 중 국내에 주소나 거소를 둔 기간의 합계가 5년 이상일 것
② 출국일이 속하는 연도의 직전 연도 종료일 현재 소유하고 있는 주식 등의 비율·시가총액 등을 고려하여 양도소득세 과세대상 대주주에 해당할 것

II 국외전출자 국내주식 등에 대한 과세표준의 계산

1. 양도가액

거주자의 출국 시 납세의무가 있는 주식 등(이하 "국외전출자 국내주식 등")의 양도가액은 국외전출자의 출국일 당시의 해당 주식 등의 시가로 한다. 다만, 시가를 정하기 어려울 때에는 다음의 방법에 따른다.(소법 118의10 ①)

① 주권상장법인의 주식 등 : 양도일·취득일(양도일·취득일이 공휴일 등 매매가 없는 날인 경우에는 그 전일을 기준) 이전·이후 1개월 동안 공표된 매일의 「자본시장과 금융투자업에 관한 법률」에 따라 거래소허가를 받은 거래소 최종 시세가액(거래실적 유무를 따지지 않음)의 평균액
② 주권비상장법인의 주식 등 : 다음의 방법을 순차로 적용하여 계산한 가액
　　㉠ 출국일 전후 각 3개월 이내에 해당 주식 등의 매매사례가 있는 경우 그 가액
　　㉡ 상장법인 주식 중 장외거래 주식과 비상방법인주식 : 상증법상 보충적평가액

2. 필요경비

양도가액에서 공제할 필요경비는 거주자의 필요경비 규정을 준용한다.(소법 118의10 ②)

3. 양도소득금액

양도소득금액은 양도가액에서 필요경비를 공제한 금액으로 한다.(소법 118의10 ③)

4. 기본공제

양도소득과세표준은 양도소득금액에서 연 250만원을 공제한 금액으로 한다.(소법 118의10 ④)

5. 분리과세

국외전출자 국내주식 등의 양도소득과세표준은 종합소득, 퇴직소득 및 거주자의 양도소득과세표준과 구분하여 계산한다.(소법 118의10 ⑤)

6. 세율 및 산출세액

국외전출자의 양도소득세는 양도소득과세표준의 다음의 세율을 적용하여 산정된 금액을 산출세액으로 한다.

양도소득과세표준	세율
3억원 이하	20퍼센트
3억원 초과	6천만원 + (3억원 초과액 × 25퍼센트)

Ⅲ 국외전출자 국내주식 등에 대한 세율과 산출세액

1. 조정공제

국외전출자가 출국한 후 국외전출자 국내주식 등을 실제 양도한 경우로서 실제 양도가액이 출국시 신고한 양도가액보다 낮은 때에는 다음의 계산식에 따라 계산한 세액(이하 "조정공제액")을 산출세액에서 공제한다.(소법 118의12 ①)

$$[\text{출국시 신고한 양도가액} - \text{실제 양도가액}] \times 20\%$$

2. 외국납부세액공제

1) 원칙

국외전출자가 출국한 후 국외전출자 국내주식 등을 실제로 양도하여 해당 자산의 양도소득에 대하여 외국정부(지방자치단체를 포함)에 세액을 납부하였거나 납부할 것이 있는 때에는 산출세액에서 조정공제액을 공제한 금액을 한도로 다음의 계산식에 따라 계산한 외국납부세액을 산출세액에서 공제한다.(소법 118의13 ①)

$$\text{외국정부에 납부한 세액} \times \frac{\text{출국시 신고한 양도가액(조정공제 적용하는 경우 실제 양도가액)} - \text{필요경비}}{\text{실제양도가액} - \text{필요경비}}$$

2) 적용배제

다음 중 어느 하나에 해당하는 경우에는 외국납부세액공제를 적용하지 않는다.(소법 118의13 ②)
① 외국정부가 산출세액에 대하여 외국납부세액공제를 허용하는 경우
② 외국정부가 국외전출자 국내주식 등의 취득가액을 출국일 당시의 시가로 조정하여 주는 경우

3. 비거주자의 국내원천소득 세액공제

국외전출자가 출국한 후 국외전출자 국내주식 등을 실제로 양도하여 비거주자의 국내원천소득으로 국내에서 과세되는 경우에는 산출세액에서 조정공제액을 공제한 금액을 한도로 양도금액의 10%와 해당 유가증권의 취득가액 및 양도비용이 확인되는 경우 양도금액에서 취득가액과 양도비용을 차감한 금액의 20%에 해당하는 금액중 적은 금액을 산출세액에서 공제한다.(소법 118의14 ①)

Ⅳ 국외전출자 국내주식 등에 대한 신고·납부 및 가산세 등

1. 신고

국외전출자는 국외전출자 국내주식 등의 양도소득에 대한 납세관리인과 국외전출자 국내주식 등의 보유현황을 출국일 전날까지 납세지 관할 세무서장에게 신고하여야 한다.

2. 납부

국외전출자가 양도소득과세표준을 신고할 때에는 산출세액에서 이 법 또는 다른 조세에 관한 법률에 따른 감면세액과 세액공제액을 공제한 금액을 납세지 관할 세무서, 한국은행 또는 체신관서에 납부하여야 한다. (소법 118의15 ③④)

3. 납부유예

1) 납부유예 신청

국외전출자는 납세담보를 제공하거나 납세관리인을 두는 등 다음 요건을 충족하는 경우에는 출국일부터 국외전출자 국내주식 등을 실제로 양도할 때까지 납세지 관할 세무서장에게 양도소득세 납부의 유예를 신청하여 납부를 유예받을 수 있다.(소법 118의16 ①)

① 「국세기본법」에 따른 납세담보를 제공할 것
② 납세관리인을 납세지 관할 세무서장에게 신고할 것

2) 사후관리

(1) 주식을 양도하지 않은 경우

납부를 유예받은 국외전출자는 출국일부터 5년(국외전출자의 국외유학 등 일정 사유에 해당하는 경우에는 10년) 이내에 국외전출자 국내주식 등을 양도하지 아니한 경우에는 출국일부터 5년이 되는 날이 속하는 달의 말일부터 3개월 이내에 국외전출자 국내주식 등에 대한 양도소득세를 납부하여야 한다(소법 118의16 ②).

(2) 주식을 양도한 경우

납부유예를 받은 국외전출자는 국외전출자 국내주식 등을 실제 양도한 경우 양도일이 속하는 달의 말일부터 3개월 이내에 국외전출자 국내주식 등에 대한 양도소득세를 납부하여야 한다(소법 118의16 ③).

(3) 이자상당액 가산

납부를 유예받은 국외전출자는 국외전출자 국내주식 등에 대한 양도소득세를 납부할 때 납부유예를 받은 기간에 대한 이자상당액을 가산하여 납부하여야 한다. (소법 118의16 ④)

4. 가산세

국외전출자가 출국일 전날까지 국외전출자 국내주식 등의 보유현황을 신고하지 않거나 누락하여 신고한 경우에는 다음의 구분에 따른 금액의 2%에 상당하는 금액을 산출세액에 더한다(소법118의15 ④).

① 출국일 전날까지 국외전출자 국내주식 등의 보유현황을 신고하지 아니한 경우: 출국일 전날의 국외전출자 국내주식 등의 액면금액(무액면주식인 경우에는 그 주식을 발행한 법인의 자본금을 발행주식총수로 나누어 계산한 금액) 또는 출자가액
② 국내주식 등의 보유현황을 누락하여 신고한 경우: 신고일의 전날을 기준으로 신고를 누락한 국외전출자 국내주식 등의 액면금액 또는 출자가액

5. 경정청구

조정공제, 외국납부세액공제 및 비거주자의 국내원천소득 세액공제를 적용받으려는 자는 국외전출자 국내주식 등을 실제 양도한 날부터 2년 이내에 납세지 관할 세무서장에게 경정을 청구할 수 있다(소법118의15 ⑤).

6. 재전입 등에 따른 환급 등

1) 환급 및 납부유예 취소신청

국외전출자(③의 경우에는 상속인)는 다음 중 어느 하나에 해당하는 사유가 발생한 경우 그 사유가 발생한 날부터 1년 이내에 납세지 관할 세무서장에게 납부한 세액의 환급을 신청하거나 납부유예 중인 세액의 취소를 신청하여야 한다.(소법 118의17 ①)

① 국외전출자가 출국일부터 5년 이내에 국외전출자 국내주식 등을 양도하지 아니하고 국내에 다시 입국하여 거주자가 되는 경우
② 국외전출자가 출국일부터 5년 이내에 국외전출자 국내주식 등을 거주자에게 증여한 경우
③ 국외 전출자의 상속인이 국외 전출자의 출국일부터 5년 이내에 국외 전출자 국내 주식 등을 상속받은 경우

2) 환급 및 납부유예 취소처분

납세지 관할 세무서장은 환급 및 납부유예 취소신청을 받은 경우 지체 없이 국외전출자가 납부한 세액을 환급하거나 납부유예 중인 세액을 취소하여야 한다.(소법 118의17 ②)

3) 국세환급가산금 적용배제

다음 사유에 해당하여 국외 전출자가 납부한 세액을 환급하는 경우에는 「국세기본법」 규정에도 불구하고 국세환급금에 국세환급가산금을 가산하지 않는다.(소법 118의17 ③)

① 국외 전출자가 출국일부터 5년 이내에 국외 전출자 국내 주식 등을 거주자에게 증여한 경우
② 국외 전출자의 상속인이 국외 전출자의 출국일부터 5년 이내에 국외 전출자 국내 주식 등을 상속받은 경우

저자약력

원용대

성균관대학교 경영학부 졸업
고려대학교 법무대학원 조세법학 전공(법학석사)

현) • 교보생명 Specialist Financial Adviser
  • ING생명 상속설계 강의
  • Dr.Tax 세무회계컨설팅 대표세무사
  • 세무법인 위더스 논현지점 대표세무사
  • 성균관대학교 산학협력단 자문세무사
  • 한국기술진흥원주최 : 세법강의
  • 소상공인진흥원 자영업 컨설턴트
    (경영진단, 사업타당성분석)
  • 스마트경영아카데미 세법학강사

전) • 세무사
  • 에듀윌경영아카데미 세법강사
  • 상공회의소 세법강사
  • 이나우스아카데미 세법강사
  • 한국세무사회 세무연수원 교수
  • 세무법인 해안 대표세무사

[주요 저서]
• 세법개론(도서출판 미래가치)
• 포인트 세법 핵심이론(도서출판 미래가치)
• 객관식 세법(도서출판 미래가치)
• 원세법학(도서출판 미래가치)
• 원포인트 세법학(도서출판 미래가치)
• 응용논제 120선(도서출판 미래가치)
• 최신 부가가치세 실무(비앤엠북스)
• 최신 양도소득세 실무(주식회사 좋은책)
• 최신 업종별 세무실무(조세통람사)

구범서

현) 세무사

[주요 저서]
• 포인트 세법 핵심이론(도서출판 미래가치)
• 객관식 세법(도서출판 미래가치)

포인트 세법 핵심이론

인 쇄 : 2024년 2월 13일
발 행 : 2024년 2월 19일
공 저 : 원용대 · 구범서
발행인 : 강명임 · 박종윤

발행처 : (주) 도서출판 미래가치
등 록 : 제2011-000049호
주 소 : 서울시 영등포구 선유로130 에이스하이테크시티3 511호
전 화 : 02-6956-1510
팩 스 : 02-6956-2265

ⓒ 원용대, 2024 / ISBN 979-11-6773-415-0 13320
• 낙장이나 파본은 교환해 드립니다.
• 이 책의 무단 전재 또는 복제 행위는 저작권법 제136조에 의거하여 처벌을 받게 됩니다.

정가 33,000 원